青岛市志

·精编·

卷 三

中共青岛市委党史研究院
青岛市地方史志研究院 编

中国海洋大学出版社
CHINA OCEAN UNIVERSITY PRESS

·青岛·

图书在版编目(CIP)数据

青岛市志：精编. 卷三 / 中共青岛市委党史研究院，青岛市地方史志研究院 编. — 青岛：中国海洋大学出版社, 2020.12

ISBN 978-7-5670-2682-7

Ⅰ.①青… Ⅱ.①中… Ⅲ.①青岛-地方志 Ⅳ.①K295.23

中国版本图书馆 CIP 数据核字(2020)第 243089 号

出版发行	中国海洋大学出版社		
社　　址	青岛市香港东路 23 号	邮政编码	266071
出 版 人	杨立敏		
网　　址	http://pub.ouc.edu.cn		
电子信箱	cbsebs@ouc.edu.cn		
责任编辑	孙宇菲	电　　话	0532-85902469
印　　制	青岛泰兴印刷有限公司		
版　　次	2020 年 12 月第 1 版		
印　　次	2020 年 12 月第 1 次印刷		
开　　本	889 mm ×1 194 mm 1/16		
印　　张	30.5		
字　　数	753 千		
印　　数	0001-3000 册		
书　　号	ISBN 978-7-5670-2682-7		
定　　价	698.00 元		

凡 例

一、本志以《地方志工作条例》和《山东省地方史志工作条例》为依据，坚持辩证唯物主义和历史唯物主义的立场、观点和方法，客观记述青岛市自然、经济、政治、社会、文化等各方面的变化状况。本志编纂力求资料丰富、体例规范、文字简练，力争达到思想性、科学性和资料性的统一。

二、2010 年 7 月，青岛市人民政府第 52 次市长办公会决定对首轮《青岛市志》实施精编，将首轮志书 69 卷精编为 8 卷。本志为《青岛市志》（精编）卷三，包括盐业、窑矿制品与冶金、机械设备、船舶 机车车辆 汽车、纺织印染、化学工业、食品加工、电力及电子仪表共 9 篇。每篇一般设章、节、目 3 个层次。

三、本志上限起自事物发端，下限断至 1985 年。为彰明个别事物因果，断限适当下延。本志记述范围为 1985 年市辖市南、市北、台东、四方、沧口、黄岛 6 区及崂山、即墨、胶县、胶南、平度、莱西 6 县。个别内容为反映历史原貌，按当时行政区域记述。

四、本志编纂以首轮志书相关内容为基础，参考档案文献和学术著述，尤其注重吸收最新研究成果，所引用或采用的资料均注明出处。

五、本志条目名称一般采用该条目所表述的事物第一次出现时的名称。在正文中记述该事物的沿革及其后历次所变更的名称。

六、本志采用规范语体文和记述体。使用的文字、标点、数字、计量单位等，均按国家颁布的统一规范书写，个别计量单位兼顾习惯用法。

七、本志时间表述，青岛建置前部分记述中涉及纪年的，采用中国历史纪年，括注公元纪年；在同一自然段或相近自然段中多次出现同一年号（相同或不同年份），则只括注第一个年号的公元纪年。青岛建置后记述则采用公元纪年。

八、本志未在年代前标注世纪的均指 20 世纪。1949 年 6 月 2 日青岛解放前（后），简称"青岛解放前（后）"；1949 年 10 月 1 日中华人民共和国成立前（后），简称"新中国成立前（后）"。

九、本志出现的古旧地名均以下限时地名括注。括注地名为省外的，地名前加注其省名；省内地名则不加注省名。

十、本志称谓一般使用规范简称。如中国共产党青岛市委员会、青岛市人民政府简称市委、市政府，青岛市××局简称市××局。

目 录

第一篇 盐 业

第二篇 窑矿制品与冶金

第三篇　机械设备

第四篇　船舶　机车车辆　汽车

第五篇　纺织印染

第六篇　化学工业

第九篇　电子仪表

第一篇 盐 业

盐为百味之王，是最基本的调味品，所谓"食肴之将"[1]；盐更是人生长发育不可或缺的必需品，"恶食无盐则肿，守圉之本，其用盐独重"[2]。青岛有漫长的海岸线，自古就饶鱼盐之利，盐业历史悠久。相传炎帝时代，位于山东半岛的夙沙（又称宿沙）部落发明制盐术，开始以海水煮乳成盐[3]，为中国制盐之始。经过夏商两代的发展，及至西周时，山东沿海的盐业生产已经颇具规模，成为一个重要经济产业。齐自立国始，"通商工之业，便鱼盐之利"[4]，发展鱼盐业而逐步成为富强之国。春秋时期管仲相齐后，推行一系列改革举措以推动齐国经济发展，其中对盐业生产影响最大、效益最显著的就是"官山海"政策。秦始皇统一天下后将盐业收归国有。秦亡汉兴，开放山林川泽，纵民煮海水为盐，境内盐业生产得到快速发展。秦汉时煮（煎）盐的工具叫"牢盆"，是一种大铁锅。即由官府铸造"牢盆"，发给各地盐官使用，有的"盆"容量达25石、重350斤。魏晋南北朝时，政府对海盐生产管理较松，东魏前期，海盐生产完全由民间自营，政府不予收税，有力地刺激和促进了包括境内沿海地区在内的广大海盐产地的海盐生产。隋唐五代时期，境内胶州、即墨等地都是重要的产盐地。宋元时期，盐的生产由官府包揽，严禁私煮；盐的转运销售亦为官府专营，禁止私人转贩贸易。宋真宗天禧年后，政府开放盐禁，"听人贸易，官收其算"[5]。金元两朝复严禁私人贩盐，一度"计口卖盐"[6]。此外，唐宋以后，因煮盐耗柴甚巨，且产盐少、成本高、极不经济，晒盐逐渐兴起，但海盐生产仍以煎煮为主。清代为加强对盐业的管理，在裁并盐场的同时，一定程度上放松对盐斤运销的管制，允许余盐私贩，促进了盐业发展。嘉庆年间，制盐业呈现出前所未有的繁荣。近代以来，青岛地区除传统盐场外，鳌山湾、横门湾、胶州湾、丁字湾沿岸陆续有开滩晒盐的散户。19世纪末，各盐场先后改煎为晒，青岛盐区煎盐的历史结束。

德国侵占青岛后，将环胶州湾盐田划入其租界之内，设巡捕局管理滩场，征收捐税。日本取代德国侵占青岛后，沿袭德人政策，组织大规模盐业公司，大肆掠夺胶州湾盐业资源。[7]其间，由于当地盐民不断建滩晒盐，青岛盐业也在艰难条件中得到一定发展。至日本全面侵华战争爆发前夕，胶澳盐田产盐量占山东省的60.24％。据《中国盐政实录》记载，40年代山

① 班固.汉书:卷二十四下·食货志第四下[M].郑州:中州古籍出版社,1998:57.

② 管子[M].房玄龄,注.上海:上海古籍出版社,2015:444.

③ 李乃胜.试论"盐圣"夙沙氏的历史地位和作用[J].中国盐业,2013(14):54-60.

④ 司马迁.史记:卷三十二·齐太公世家第二[M].郑州:中州古籍出版社,1998:73.

⑤ 马端临.文献通考:卷一六·征榷考[M].四库荟要本,1778(清乾隆四十三年).

⑥ 脱脱.金史:卷四十九·志第三十·食货四[M].郑州:中州古籍出版社,1998:197.

⑦ 黄尊严.1914-1922年日本对青岛盐业的经营与掠夺研究[A].青岛近代城市史论文集[C].青岛:青岛出版社,2011:151.

东全区有 8 个盐场，其中以胶澳盐场为最大，产量亦最丰。至 40 年代末，胶澳盐场成为中国四大海盐产区之一。

50 年代初，根据首届中国盐务工作会议关于发展集中滩的决定建成的青岛东营新式盐场，为新中国成立后山东省第一个国营盐场。"一五"计划时期，青岛盐业在发展国营盐场的基础上，对私营企业和个体盐场实行社会主义改造。"二五"计划期间启动即墨县大桥盐场扩建工作，但由于受"大跃进"影响，盐业基本建设战线过长，加上国民经济困难，扩建工程没有完工。此后，随着国民经济逐步好转，大桥盐场工程进行续建。在随后的调整整顿过程中，为改变胶州湾盐场产盐质量低的落后状况，以实现盐业生产机械化为目标进行老滩技术改造，并取得成功经验。随着改滩工作持续开展，原盐产量、质量不断提高，特别是盐质提高显著，原盐优一级品率达到 100 %，工效和经济效益均有明显提高。

70 年代末 80 年代初，以青岛东风盐场改滩为模式，境内其他国营盐场亦推平旧滩，重新设计、重新施工、改扩结合，陆续进行老滩技术改造，普遍建成新式盐田，彻底改变了旧式盐田分散零乱的落后面貌，实现"新、深、长"（晒盐要卤新、卤深、长期晒制）新工艺和"塑苫"结晶新技术，保证了海盐稳产、优质、高产。在搞好原盐生产的同时，大搞加工盐、盐化工、盐业机械、海产养殖和第三产业的生产与经营，进行盐虾结合海产养殖。至此，青岛市原盐、盐化工和海产养殖三大支柱产业建设成就突出，对山东省乃至全国人民生活和工农渔牧等行业用盐均做出极大贡献，并成为国内外闻名的重点海盐产区之一。

第一章　盐　场

青岛盐区地处山东半岛中部突出部分的黄海北岸，西南起胶南县小场盐场，东北至即墨县芝坊盐场，约占本市海岸线的 40 %，盐业资源极为丰富。古代沿海先民以海水煮乳成盐，齐拓土至胶东后，沿海盐场发展较快。管仲相齐时，齐国实行盐铁官营的禁榷制度，进一步促进了盐业发展。西汉行官营专卖制，境内计斤即设有盐官专司盐政。唐代设置信阳场，元代设有石河场。明代山东主要有 19 处盐厂，其中包括信阳场和石河场。清康熙时，为克服盐场多而散的状况以便于管理，对盐场进行整顿，到雍正初将山东盐场由 19 处裁减为 10 处，信阳场和石河场予以保留。清末，信阳场归属涛雒场兼管，石河场改称金口场。

19 世纪末德国强租胶州湾后，盐场大部分为德国人控制。日本取代德国后，组织日本商人在此开滩建制盐厂。北洋政府收回青岛时，赎回日本人经营的盐业和盐场，由永裕盐业公司进行生产销售。

新中国成立后，通过社会主义改造和盐田改革，对永裕制盐股份有限公司所属制盐工厂实行公私合营；将地主、富农和永裕公司经营的滩田转为国有，建立地方国营胶州盐场，下辖女姑、南万、上崖、马哥庄、肖家、王家庄、潮海 7 个国营段；个体经营的滩田通过互助合作分别建立合作社，受各场盐务所管理。50 年代末，盐业管理体制改革，省属胶州盐务局改为青岛市盐务局，下辖女姑、海西、南万、上崖、马哥庄、程哥庄、张哥庄、王家庄、潮海和东营 10 个盐场、8 个盐业社。60 年代初，市属 8 个盐业社全部转为地方国营，市盐务局所属盐场（厂）全部为国营或地方国营。60 年代中期，青岛盐区在全国率先开展老滩技术改造和盐田机械制造，至 70 年代共改造和扩建盐田 85.48 平方千米，42 % 的盐田达到"三化四集中"要求，主要生产工序采用机械作业，实现优质、稳产、高产。

80 年代，南万、东风、东营三大国营盐场集中在胶州湾北岸，东起白沙河，西至洋河口，环湾呈半圆形，蜿蜒绵亘50余千米；芝坊、泊子、大桥、胶州、黄岛、龙泉、尹家山、小场8个盐场，分布于即墨、胶县、黄岛和胶南境内沿海一带。此后，随着沿海地区城市化的推进，产盐区域逐步缩小。

第一节 古盐场

青岛地区盐业生产历史悠久，至西汉中叶发展较为迅速。《汉书·地理志》载，汉代置盐官37处，多为主要产盐地[1]，其中计斤位于胶县境内，是有记载的境内最早的盐场。隋唐五代时，食盐资源被广泛开发，产区得到拓展。《新唐书·地理志》载："天下有盐之县一百五"[2]，境内则设置信阳盐场。元代亦设立盐务机构，规定各种政令，制盐方法也得到发展，青岛地区设置石河场。明清两朝，盐业成为重要产业，山东盐区也成为中国北方大产盐区。其中，石河盐场一直是山东地区重要的产盐区之一。青岛盐业无论生产工艺还是生产数量，都较前代有所提高和增长，并保持相对稳定的生产规模。

德国侵占青岛后，将石河场署管理的环胶州湾盐田划入其租界，改称胶澳盐场。日本侵占青岛后接管胶澳盐场。20年代，胶澳盐场被赎回由永裕盐业公司管理，同时民营盐滩也不断增加，大都小规模、小资本经营。[3]30年代末至40年代，由于受时局和战争影响，胶澳盐场面积和产量大大萎缩，但至40年代末，仍为中国四大海盐产区之一。

计斤盐场

齐国拓疆至大海后，依凭海盐生产，大幅增加国家收入。齐桓公时代，管仲首先创制官工业的禁榷制度，成为列国中唯一禁榷的国家，禁榷物品为盐和铁，即将盐和铁收归国家，由政府垄断，实行盐铁官营，但盐的生产放给私人。为促进盐业发展，又"通齐国之鱼盐于东莱，使关市几而不征"[4]，即对于鱼盐贸易，无论"关"或"市"都只管稽查而不征税，推动了盐业更快发展。随着煮盐冶铁为主的家庭手工业兴起，一些拥有巨资的齐国豪民集中于沿海"聚庸煮盐"并以此致富，成为大手工业工场主。春秋末期，齐国改变盐铁官营，允许人们自由生产和运销盐铁产品，一度实行免税，刺激了私营盐铁业大规模生产和经营，齐国沿海城邑出现"采铁石鼓铸，煮海为盐，一家聚众，或至千余人"[5]的大手工业工场。齐国海盐除供应本国外，还销往内陆诸国，"粜之梁、赵、宋、卫、濮阳"[6]，可换取黄金万斤。战国以前，山东地区一直是中国最大的海盐生产基地。

秦始皇统一天下后，将盐业收归国有，各地盐业由郡守或县令管理。秦亡汉兴，开放山林川泽，纵民煮海水为盐，境内一些豪强聚众煮盐，官方也设置官吏使民煮盐。为加强对全国盐业的管理，元狩三年（前120），汉武帝将煮盐收归官府经营，并在产盐区设置盐官，统领盐工煮盐。据《汉书》记载，西汉时共有37县设盐官、分布在27郡，其中18县是海盐产区，而山东就有11县、分布在4郡。其中，琅琊郡计斤县设有盐官，可以推定计斤县为重

① 孔祥军.西汉盐官制度考察[J].江苏商论,2008(9):171-173.
② 宋祁,欧阳修,范镇,等.新唐书:地理志[M];李玉林.南宋至民国时期汀江的商业航运(上)[N].贵州政协报,2020-3-12(A3).
③ 黄尊严.1914—1922年日本对青岛盐业的经营与掠夺研究[A].青岛近代城市史论文集[C].青岛:青岛出版社,2011:153.
④ 管子[M].房玄龄注.上海:上海古籍出版社,2015:156.
⑤ 桑弘羊.盐铁论校注[M].北京:中华书局,1992:119.
⑥ 薛宗正.盐专卖制度是法家抑商思想政策化的产物[J].盐业史研究,1989(2):4-11.
⑦ 班固.汉书:卷二十八上·地理志第八上[M].郑州:中州古籍出版社,1998:101-102.

要海盐产地，应设有盐场。

信阳盐场

唐代，在诸城设置信阳盐场（位于胶南境内）。据《元和郡县图志》密州诸城县条载："县理东南一百三十里滨海有卤泽九所，煮盐，今古多收其利。"[1]后历宋、元、明、清，均为鲁东南最大盐场。陆钺撰《山东通志·疆城志·古迹》载，信阳镇在诸城县"东南一百五十里"。

北宋时，信阳为山东南部盐场，称信阳场。金时，南宋不断从海路北上袭扰，为加强防御，金世宗大定二十九年（1189）于胶西、诸城各设置三镇，信阳既是盐场，又与普庆、草桥同为诸城沿海三镇。元代仍为盐场，属胶莱、莒密司盐使八场之一，驻有盐课大使及巡检各1人。明代仍设信阳镇巡检司，盐课大使增为正、副各1人。

明初在山东设立都转运盐使司。《明史》载："山东所辖分司二，曰胶莱，曰滨乐；批验所一，曰泺口；盐场十九，各盐课司一。"[2]胶莱分司（治所在胶州西关）下辖7场，信阳场即为其中之一。顾炎武《肇域志·山东五》诸城条记载，信阳镇依山负海，设有巡检司、盐课司，很多灶户居住于此，以煮盐捕鱼为生。明宣德五年（1430），朝廷核准对"山东信阳等场盐课，每二大引折阔白棉布一匹"[3]，在全国各大盐场中首开盐课折色之例。

清初承袭明制，山东保留19处盐场，信阳仍设场盐课大使及巡检司。巡检司除负责海防墩台守瞭外，还兼管征收部分额外杂税。乾隆年间，信阳场有盐锅80面，灶地763顷，滩荡地317顷，灶丁1603人。"雍正八年又定该员（盐课大使）催征盐课钱粮之例与州县地丁同"[4]。道光十一年（1831）裁撤信阳盐课大使，归涛雒场兼管，又裁撤信阳场巡检司，此地仍称信阳场，属信阳练。

石河盐场

石河盐场位于胶州境内，元初设立山东盐运司，下辖19个盐场。《元史》载，山东有"盐场一十九"[5]，其中有"石河场"之名，说明石河盐场至迟在元代就已存在。

明朝山东设立都转运盐使司，"山东所辖分司二，曰胶莱，曰滨乐；批验所一，曰泺口；盐场十九，各盐课司一"[6]。石河盐场位于胶州，为胶莱分司下辖七场之一。

清朝初年承袭明制，保留山东19处盐场。据《明会典》记载，信阳、涛洛、石河、行村、登宁、西由、海沧七场隶胶莱分司管理。[7]

据《清盐法志》载，康熙十六年（1677），"巡盐御史迈色会同山东巡抚具题……行村场裁去，归并石河场管理"[8]。石河场经此调整范围大扩。雍正《山东盐法志》载："本场至胶州三十里；本场坐落莱州府胶州城南小寨地方，至省城七百二十里；本场东至即墨县一百里；本场东北至莱阳县行村灶三百里。"[9]从石河场图（图1-1）可以看出，在即墨县城东南部一带，环状分布着徐家滩、沟里滩、田村滩、棘洪滩、

① 李吉甫.元和郡县图志[M].北京:中华书局,1983:299.

② 张廷玉.明史:卷八十·志第五十六·食货四[M].郑州:中州古籍出版社,1998:424.

③ 李东阳,等.大明会典[M].扬州:江苏广陵古籍刻印社,1989:601.

④ 宫懋让,等修,李文藻,等纂.乾隆诸城县志:卷二·志九·田赋考[M].刻本,1764(清乾隆二十九年).

⑤ 宋濂.元史:卷八十五·百官一[M].郑州:中州古籍出版社,1998:420.

⑥ 张廷玉.明史:卷八十·志第五十六·食货四[M].郑州:中州古籍出版社,1998:424.

⑦ 李东阳,等.明会典:卷三十五·盐法一[M].文渊阁四库全书影印本.台北:台湾商务印书馆,1982:1488-1489.

⑧ 张茂炯.清盐法志:卷五十·山东一[M].铅印本.北京:财政部盐务署辑,1920:7.

⑨ 莽鹄立.山东盐法志:卷首 图[M].刻本.1724(清雍正二年).

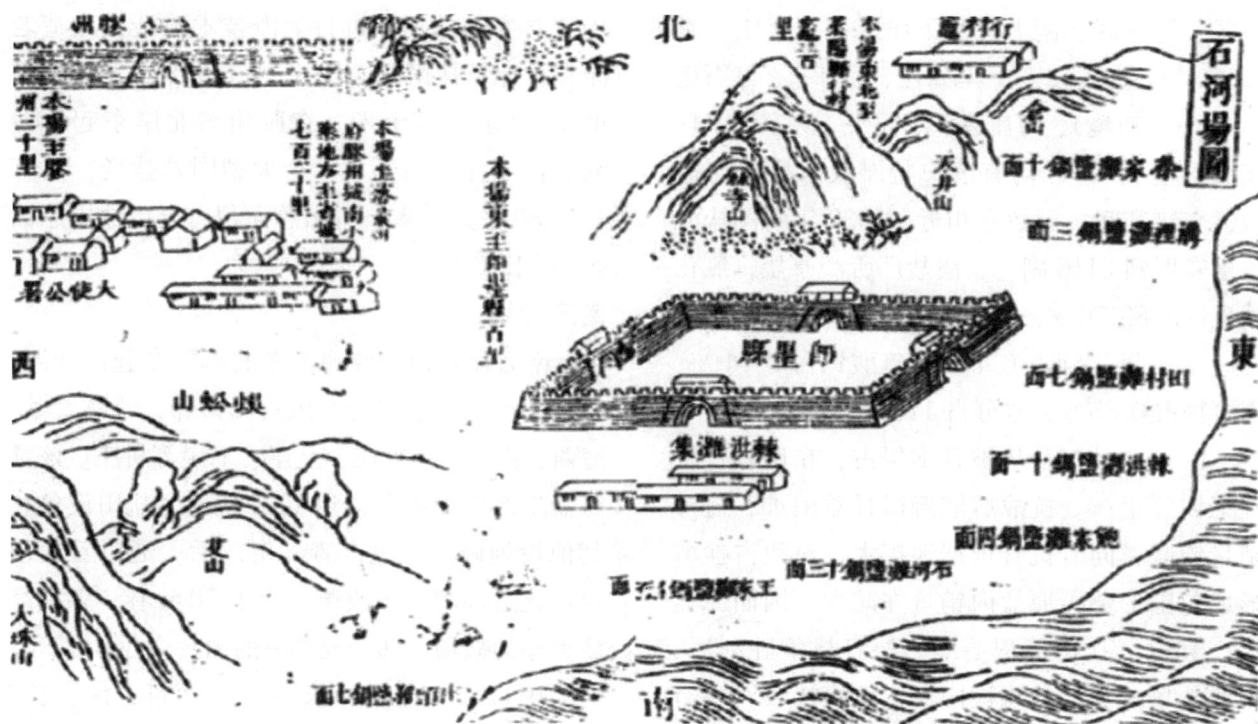

图1-1 清雍正《山东盐法志》载石河场图

鲍家滩、石河滩、王家滩、庄头滩等几大滩池，康熙十六年（1677）归并的行村场位于石河盐场东北部。德占青岛后修建胶济铁路，石河盐场位于胶州城附近，处于胶济铁路沿线，修建铁路占用盐场滩地。《清盐法志》记载：石河场，坐落胶州，距州城二里，距运司治所八百里。东至宁海州四百八十里，西至高密县五十里，南至海一百二十里，北至莱阳县四十里。裁并行村场，在其境内。除胶州滩地划入胶济铁路不计外，东西约广四百余里，南北约袤一百六十里。[①]石河场胶州滩地被划入胶济铁路范围，面积由"东西广五百三十里"减少到"东西约广四百余里"。

1898年，胶州湾附近盐滩划入租界，仍用原煎法制盐，盐产不旺。1908年，萧廷蕃从金口学得晒盐之法，向德国胶澳总督府申请试办获得成功。德占当局开始注意盐业，增辟盐滩。1917年石河场裁撤，改称金口场。

胶澳盐场

中德《胶澳租借条约》签订后，租界内石河场环胶州湾盐田改为胶澳盐场，东起女姑口，西到黄岛。德占之初，环胶州湾盐田废弃过半，盐业生产几乎停顿，附近居民靠购买邻区私盐维持生计。光绪二十六年（1900），阴岛后韩家村韩高志等3人合伙在养鱼港建盐田4副。1908年后，阴岛（1967年更名为红岛）附近始开滩晒盐。1914年，日本乘机侵占胶澳，因其国内工业扩展需盐骤增，遂在胶澳地区竭力开辟盐滩并设立精盐工厂。至1922年，新增制盐工厂19处，未竣工者6处；盐滩已竣工者1380副，未竣工者1342副。此外，当地盐民所开盐滩亦推广至1071副。

1923年3月，中国以1600万日元购回胶澳盐场，所有日商开辟的盐滩及制盐工厂均由永裕公司经营。胶澳盐区收回后即设区管理，1930年6月改称胶澳场。全场分为12区，即女

---

① 张茂炯.清盐法志:卷五十·山东一[M].铅印本.北京:财政部盐务署辑,1920:10.

姑区、海西区、南万区、下崖区、王家庄、潮海区（均在即墨县境）、马哥庄、后韩家、红石崖（均在青岛市境）、海庄区、小石头、陈家港（均在胶县境），每区均有民户盐滩及永裕公司盐滩，交错其间，副数亦相近。1933年商民盐滩数量发展到2116副。胶澳盐厂所产原盐，氯化钠含量占83.76 %，氯化镁占1.52 %，硫酸镁占1.11 %，氯化钾占0.4 %，硫酸钙占0.44 %，不溶物占0.65 %，水分占11.94 %。

1938年胶澳盐场被日本侵占，在伪政权管理下恢复生产。抗战后期海运日益困难，盐外销量锐减，同时抗日根据地扩大，对敌占盐滩形成包围形势，原盐内销量亦减少，因而原盐生产衰退，盐田面积萎缩。抗日战争胜利后，胶澳盐场2/3的盐滩被国民党政府接收，计有女姑、海西、南万、下崖、马哥庄、后韩家庄、王家庄、潮海8区，其余则为解放区民主政权管理。青岛解放后，胶澳盐场全部收复。

第二节 国（公）有盐场

青岛解放后，人民政府接收南京国民政府山东省盐务管理局、胶澳场署及其15个下属单位，并在永裕公司废弃的东营荒滩废墟上重建东营盐场。此后，在积极进行新滩建设的基础上，先后对东风盐场（含潮海盐场）、南万盐

图1-2　青岛南万盐场

场（含女姑盐场）进行老滩技术改造，改造老滩和扩充新盐田总面积65平方千米，比改滩前增加10余平方千米。在胶州湾北岸东起白沙河、西至洋河口形成3个大型国营盐场，共有盐田80平方千米，盐田总面积占全市盐田总面积的74.16 %。

南万盐场

南万盐场位于胶州湾东北部，东起白沙河，西至羊毛沟，隔河与东风盐场为邻，背靠女姑、海西、南万、铁家庄、上崖、下崖等村庄。该场海盐生产历史悠久，到40年代末，盐田设备和其他设施破烂不堪。青岛解放后，通过互助组合作化运动和盐田改革，至1960年春，多种经济类型的盐场全部变成单一的国营企业。

1964年开始推行长芦盐区"新、深、长"（新卤结晶、深卤结晶、长期结晶）先进生产工艺，抛弃"老、浅、短"旧操作，盐质有所提高，并产出少量优质盐。1971年，根据市盐务局"改滩不减产，改后又增产"的要求，采用改扩结合的方法，首先在场南面围海扩滩，修建整齐、集中、先进的结晶区，每个结晶池的面积45平方米，比老式结晶池大20倍左右，随后又将老滩推平，改建为制卤区。1975年开始实施塑料薄膜苫盖结晶池新技术，到1980年改滩结束，盐田生产面积由147254平方米扩大为224432平方米，增加面积52.41 %；当年还配套海盐生产专用收盐机4台、运盐车25辆、活碴机4台、压池机12台。全部盐田均达到结构合理、能适应工艺科学化和机械化作业的要求（图1-2）。

80年代，除抓好改滩收尾、配套和进一步完善工作外，还开展多种经营。从1983年起，利用低浓度蒸发池水养殖对虾。

东风盐场

东风盐场位于胶州湾北岸，东隔羊毛沟与南万盐场为邻，西至大沽河，与东营盐场隔河相望，南依红岛乡，北靠上马镇。场部设于上马镇南1千米处，隶属市盐务局，是全民所有制中型企业，也是国内实现海盐生产机械化的样板盐场。

东风盐场原为分散的民营滩，旧隶石河场。1897年德国建胶澳盐场，后日本取代德国侵占胶澳盐田，北洋政府收回后归胶澳商埠管辖，1938年被日本第二次侵占。1945年被南京国民政府接收，青岛解放后由胶澳盐务局（1950年改为胶澳盐场管理处）管理。其中，马哥庄、后韩家、王家庄、潮海等场盐田后属东风盐场。

50年代初，胶州湾盐田有3种不同的经济类型。一是从1953年民户滩互助组到1956年组成的4个高级盐业社；二是从私人资本永裕公司到实行公私合营后所属的马哥庄、后韩家滩田；三是在"盐田改革"中没收和征用地主、富农的滩田。上述滩田于1957—1960年经过多次调整，组成马哥庄、程哥庄、张哥庄3个盐场，并于1968年进行归并，定名为国营青岛东风盐场。1970年，市盐务局氯化钾厂并入；1978年潮海盐场并入，成为青岛东风盐场原盐生产第三工区。1979年，盐化工生产从该场划出，成为建新盐化厂的组成部分。

东风盐场是国内海盐老滩技术改造最早的盐场。1965年，轻工业部下达海盐生产机械化科研项目，由市盐务局与天津制盐工业科学研究所共同承担，以东风盐场作为中间试验场，将分散、零乱的盐滩改为集中式新型盐场，通过改变旧操作、实施新工艺，减轻盐工劳动负荷，实现海盐生产机械化（图1-3）。于1975年建成包括东、西半场和三工区在内的"三化四集中"的新式盐田，达到优质、高产、稳产、高效的目的。70年代末，东风场原盐除供应系统内精盐原料用盐外，大部转运南方各城市。

自1980年起，该场原盐始终保持轻工业部优质产品、山东省优质产品称号。1984年开始在第一制卤区改建养虾池，并配套建成饵料加工、冷库、育苗厂等。1985年被轻工业部确定为国家盐业企业现代化管理试点单位。

东营盐场

东营盐场是以生产原盐为主、兼产对虾的全民所有制企业，隶属市盐务局。场区位于胶州湾北岸、胶县营房镇境内，东起大沽河，西至洋河口，北靠营房镇，南临胶州湾与青岛市区隔海相望。场部设于营房镇东营村前，东营一带向有煎晒制盐的传统。

新中国成立后，为发展胶州湾盐业生产，国家盐务总局于1949年11月成立建滩委员会

图1-3 1973年，青岛盐务局东风盐场收盐实现机械化

（1950年6月撤销），重建东营盐田。1950年5月基本建成投产，共建成新式盐田164副，总面积131592平方米，年产能力为5.4万吨。新建盐田一改分散落后的生产方式为原料卤水、结晶区、运输、管理四集中的生产经营方式，并采用动力扬水和轻便铁路平板车运输方法，在海盐行业中较为先进，也是新中国成立后山东省第一个国营盐场。同时成立山东制盐公司予以管理，直属盐务总局领导。1958年，山东制盐公司下放山东省，隶属胶州盐务局，并改名为胶州盐务局东营盐场。同年又由省下放到市，改名为青岛市盐务局东营盐场。1967年1月曾改称青岛市东方红盐场，1970年5月定名为青岛东营盐场。

为确保盐场安全和储卤抗雨能力，1951年建成大沽河石咀3个，重修和加固第一、第二、第三段东、西、南3面外坝。1954年扩建第一段水库。1955年6月建成第二段养水圈和洋河大堤第三段工程，同年生产进入正常期，产盐78006吨，超过设计能力5.4万吨的44.46%。1964年学习推广长芦盐区制盐新工艺，实行深（深卤）、新（新卤）、长（长期烤晒）结晶管理获得成功；1966年投资18万元完成全场高压线路输电工程。1972年，山东省盐务局拨款13.90万元，在第二工区安装塑料薄膜苫盖结晶

池120个，面积593平方米，产盐1876吨，同样面积未加塑苫的结晶池只产盐569吨，苫盖的比不苫盖的提高229.70%（图1-4）。

自1979年冬开始，东营盐场自力更生进行盐田技术改造，将第一、第二工区的8行结晶池合并为4行，即4个池子改为1个池子，投资少、见效快，能充分发挥塑苫效用，实现"深、新、长"新工艺，有利于提质增产、减轻工人劳动负荷。其间，中、小改大结晶池181个，计4267平方米塑苫晶面积。1984年开始修建养虾池，并逐一进行冷藏、饵料及其他有关设备的配套，贯彻以盐为主、多种经营的方针。

第二章 生 产

自先秦至秦汉，齐地一直是全国最大的产盐区。此后历朝历代，境内盐场均为重要的海盐产区。但古代煎晒而成的原盐颗粒大且不溶物多，食用不便。日本侵占青岛后，为纾解其国内急需，开始设厂对原盐进行加工，青岛加工盐生产由此起步。至1922年，日商在青岛建成精盐厂17家，产品包括再制盐、餐桌盐、洗精盐、洗涤粉碎盐、洗涤大粒盐等。北洋政府时期，为抵制洋盐，提倡生产再制盐。1923年，青岛永裕盐业公司成立后便开始生产制成盐化工产品，先后生产过碳酸镁、硝磺等。1945年底，南京国民政府将山东盐业株式会社盐田、工厂改组为青岛制盐厂（含青岛永裕精盐公司的盐田、工厂）。1947年6月撤销青岛制盐厂，并将作为敌产没收的永裕精盐公司盐田、工厂予以发还。

图1-4 青岛盐区新滩结晶池采用塑料薄膜苫盖的技术

解放初期，永裕盐业公司在小港工厂设有硫化碱厂。随着国内民食工需对盐产品质量要求的提高，永裕公司于1957年复建全国第一家真空制盐厂。1960年，青岛盐化厂开始生产氧化镁；1970年电解氯化镁提制金属镁项目试制成功，开创中国从卤水中提取金属镁的先例。

80年代不断调整盐产品结构，建新盐化厂开始利用真空制盐工艺生产再制盐。至1985年，青岛加工盐品种主要有再制盐、洗粉盐，盐化工产品主要有氯化钾、溴素、氯化镁、无水硝等，改变了盐产品品种单一局面，满足了城乡居民对盐的质量要求。

第一节　海　盐

青岛海盐生产历史悠久，早期以煎（煮）为主。50年代中期，山东半岛北部沿海发现大量盔形陶器，形状大小不一，与中原地区比较多见的炼铜用盔形陶器不同（图1-5）。据此，有学者认为，山东地区的大型盔形陶器绝不是炼铜或炊饭的用具，尤其是滨海地区，没有炼铜所需要的资源条件，却有丰富的海洋资源，为取海水煮盐准备了条件，故它们很可能是煮盐工具。古代自然盐产量不高，主要用于食用，海盐开发后还被作为贡品献给统治者。《尚书·禹贡》载："海岱惟青州。嵎夷既略，潍淄其道。厥土白坟，海滨广斥。厥田惟上下，厥赋中上。厥贡盐絺，海物惟错。"盐之所以能

作为贡品，除山东为海盐主要产地外，还因为海盐生产在其他地区没有得到开发，被当作稀有物品而受到重视。

最初，海盐生产技术为"煮海水为盐"法，直至19世纪末，基本是对这一生产技术的继承发展及改进与完善。《山东盐法志》载："前清时石河场所属胶州盐田11副，盐锅43面；即墨县盐田15副，草荡4处，盐锅93面；莱阳县盐田2副，草荡4处，盐锅21面；海阳县盐田12副，草荡24处，盐锅54面"，共计盐田40副、草荡32处、盐锅211面。康熙十六年（1677），石河盐场归并附近盐场，每年产盐量达到1629225斤。[1]后再次扩大，嘉庆《山东盐法志》载，"东西广五百三十里，南北袤一百六十里"；"石河场配额票一万一千一百三十三张，每岁应配盐二百二十七万九千九百二十五斤"，盐产量增加65万余斤。[2]1891—1900年，石河及

图1-5　煮盐图

① 莽鹄立.山东盐法志：卷八·法制[M].刻本.1724(清雍正二年).
② 李如枚,崇福.山东盐法志：卷十·转运中[M].刻本.1808(清嘉庆十三年).

胶澳各场先后改煎为晒，境内煎（煮）盐历史至此结束。

青岛盐区建滩晒盐最早的是即墨县大桥村张义春等14人，于1891—1892年2月在村南海滩上所建的7副盐田，面积约700平方米。1896年，即墨县泊子村也开滩晒盐。德占青岛后盐业生产几乎停顿，附近居民亦靠购买邻区私盐维持生计。于是，居民便在阴岛附近开滩晒盐，至1912年有盐田900多副，年产海盐3.5万吨，实物劳动生产率每人每年19吨。日本侵占青岛后，胶澳全区盐业同遭破坏。后来因日本国内闹盐荒，日商开始在青岛大力开筑盐田。至1922年，生产规模扩大为德占时期的3倍，平均年产98635吨，比德占时期提高181.81%；盐工盐民人数4151人，实物劳动生产率每人每年24吨，比德占时期提高26%。

中国收回青岛主权后，永裕盐业公司承办日本人经营的胶州湾所有盐业资产，其中盐田1380副，另有国人私有盐田1064副，合计2444副，面积651326平方米。公司接收后由于经济困难，无力全部修复，盐田数量不断减少，到1937年仅剩750副，比接收时减少45.65%；但同期民户私有盐田却达到1290.37副，比接收时增长21.28%。此时，盐田合计1995.37

副，面积531776平方米，生产规模比接收时缩小18.35%。1922—1937年，平均年产海盐161832吨，1935年产盐高达379045吨。盐工盐民人数3991人，实物劳动生产率每人每年40吨，比日本侵占时期提高66.67%。日本全面侵华战争期间，新建盐田157副，共有2152.37副，面积594776平方米。1938—1945年，平均年产海盐350617吨，其中产量最高的1941年达到466511吨，最低的1938年也达到189096吨；盐工盐民人数4305人，实物劳动生产率每人每年81吨。

日本投降时，胶澳盐场有盐田2070副，面积699660平方米。南京国民政府盐务机关仅接收大沽河以东、白沙河以西的盐场，约占青岛盐区的79%，有盐田1630余副，对大沽河以西的440副盐田则放弃管理。到青岛解放前夕，胶澳盐场全部盐田（含大沽河以西的龙泉、辛安盐场）仅剩1722副，面积581377平方米，比日本投降时接收的盐田减少16.91%。1946—1948年，平均年产海盐仅为169346吨，比日本第二次侵占青岛时期下降51.7%；盐工盐民人数3737人，实物劳动生产率每人每年45吨，比日本第二次侵占青岛时期下降45%。

50年代，青岛盐业发展较快。1950年5月建成东营盐场，盐田总面积13.16万平方米，年产海盐5.4万吨。同时对个体民营滩实行互助合作化，至1965年产盐量达到349579吨，比1960年增加61874吨，提高21.5%。"文化大革命"期间，因管理混乱，产量迅速下降，1976年仅产海盐196046吨，比1965年减产44%（图1-6）。党的十一届三中全会以后，海盐生产有较大发展，1978—1985年，国营盐场平均年产401382吨，比"文革"期间提高59.64%。

图1-6 盐工在结晶池内撒盐种

夙沙氏煮海为盐

盐是人们生活中的必需品，最早的盐是用海水熬制而成，称为"煮盐"。据史料记载，我国历史上最早的煮盐者为夙沙氏。"夙沙氏煮海为盐。"[1] "盐，咸也。从卤，监声，古者宿沙初作煮海盐。"[2] "古者夙沙初作·海盐。"[3] "黄帝时有诸侯宿沙氏，始以海水煮乳，煎成盐，其色有青黄白黑紫五样，盐之作，自此始。"[4] "夙，大徐作宿。古宿、夙通用。"[5] 因此，夙沙又称宿沙，被后世尊为"盐宗"。

另据民间传说，炎帝时期，在胶州湾内生活着一个原始部落，部落首领名叫夙沙，有一天，夙沙刚从海里打了半罐水放到火上煮，一头野猪从眼前飞奔而过，夙沙拔腿就追，等他扛着打死的野猪回来，罐中海水已经熬干，罐底留下一层白白的细末，他用手指蘸取一点尝了尝，味道又咸又鲜，随后便将烤熟的猪肉蘸着吃了起来，感觉味道很鲜美，那白白的粉末便是从海水中熬制出来的盐。2012年，青岛市将"盐宗夙沙氏煮海成盐传说"纳入第三批市级非物质文化遗产名录。

胶州湾开滩晒盐

青岛盐业历史悠久，唐宋以前全出于煎（煮），唐宋以后虽煎晒并用，但仍以煎（煮）盐为主。至清末，晒盐全面代替煎（煮）盐，结束了煎（煮）盐的历史。

晒盐是通过圈围海水的方式，在太阳下暴晒，使水分蒸发掉，逐渐结晶形成固态的盐，期间需要经过纳潮、制卤、结晶、积垛四大工序（图1-7）。1908年，胶州湾始开盐滩晒盐。据《山东盐业志》载："1908年胶州湾阴岛萧家村人萧廷蕃，从金口学来晒盐方法，回村试办"[6]，因"地势气候极称适宜"[7]，"成绩甚佳，业盐者群相仿效"[8]，"为胶州湾近代开滩晒盐之始"。此后，"胶澳盐滩日形发展，阴岛周围已有盐滩斗子九百余副，年产盐六七十万担，多数运销朝鲜、香港、海参崴"[9]。到1912年9月，青岛周围已有盐滩约十几万平方米，年产盐35000吨左右。[10]

图1-7　20年代初的胶州湾盐田（左为放入海水的盐田，中为已经晒好的食盐，右为堆积待售的食盐）

[1] 秦嘉谟，等辑.宋衷，注.世本八种[M].北京:商务印书馆,1957:25.

[2] 许慎，撰.徐铉，等校对.说文解字[M].北京:中华书局,1985:395.

[3] 许慎，撰.段玉裁，注.说文解字注:卷十二·盐部[M].上海:上海古籍出版社,1981:1032.

[4] 张英，王士祯，等.御定渊鉴类函:卷三百九十一·盐三[M].北京:中国书店,1985:176.

[5] 许慎，撰.段玉裁，注.说文解字注:卷十二·盐部[M].上海:上海古籍出版社,1981:1032.

[6] 赵琪，修.袁荣叟，纂.胶澳志:食货志[M].青岛:华昌印刷局,1928:38.

[7] 张武:最近之青岛[M].北京:财政部印刷局,1919:24.

[8] 魏镜:青岛指南:第三编[M].青岛:平原书店,1933:15.

[9] 赵琪，修.袁荣叟，纂.胶澳志:食货志[M].青岛:华昌印刷局,1928:38.

[10] 班鹏志.接收青岛纪念写真[M].上海:商务印书馆,1924:131.

第二节 加工盐

青岛加工盐生产缘起于民国初期，日本先后在青岛设盐厂17处，分布于小港、台西、大港、四方、湖岛、沧口、阴岛、毛岛、女姑等地，尚有工程未完即移交的2处；其中专门生产洗涤盐者5处，洗涤盐和精盐同时生产的12处；全部设计能力为年产精盐150万担（7.5万吨），年产洗涤盐200万担（10万吨）。实际生产从未达到设计水平，常年生产精盐和洗涤盐一般在9万吨左右，1921年生产精盐5万吨。

1922年12月，中国政府出资300万元赎回日本人在青岛经营的盐田及精盐制造厂。次年，永裕公司承购精盐制造厂；1925年5月21日在小港二路正式开工，年产精盐10万担左右。同期，永裕制盐公司开始生产洗涤盐和粉碎洗涤盐，出口日本作工业、渔业之用，日生产能力300吨。到1929年共试制粉碎洗涤盐800吨，后因日本停购而停产。日本第二次侵占青岛后，永裕盐业公司迁往重庆，所属盐田工厂遂由日本山东盐业株式会社管制经营。抗日战争胜利后，国民党政府接管盐田与工厂并成立青岛制盐厂，但再制盐基本停产。

20世纪上叶，国内加工盐生产方法共有3种，即开口锅熬制的再制盐、洗涤机洗涤的洗涤大粒盐和洗涤机先洗涤再经粉碎机粉碎的洗涤粉碎盐。1931年，国内12家精盐公司中，只有青岛永裕盐业公司和上海五和改良天产精盐股份有限公司有洗涤机、粉碎机和开口锅生产再制盐、洗涤大粒盐和洗涤粉碎盐，其余10家精盐公司均为锅熬再制盐。1946年10月23日，南京国民政府财政部盐务总局规定：再制盐是指粗盐溶解后，再精制而成之盐（抗日战争前的精盐）；洗涤盐是指粗盐经卤水洗涤，除去一部分杂质后，色净洁白之盐（即抗日战争前的洁盐）。对以前的精盐、洁盐等名目应予取消，不得再行沿用。青岛则以原盐为原料加工制成再制盐、洗涤大粒盐和洗涤粉碎盐。

1954年6月，永裕盐业公司实行公私合营，洗涤大粒盐生产水平有很大提高。1949-1967年平均年产35934吨，1967年6月因销路不畅停产。此外，该公司还于1954年4月至1962年8月生产过洗涤粉碎盐，年产较高时达5000～6000吨，最低时为1400吨。1953年生产再制盐15吨、1955年生产再制盐29吨，均为锅熬土法生产。

1957年，永裕公司将盐田划归地方国营盐场，成为专业化原盐加工厂。是年3月，复建全国第一家真空制盐厂，填补国内精盐生产空白。1964年对再制盐设备填平补齐后，每年增产肠衣专用盐1万吨。1967年，永裕公司转为全民所有制企业，定名青岛盐化厂。此后，为满足工业用盐和食用盐需求，洗粉盐生产得到发展。1968年建成张戈庄年产2万吨洗粉盐厂。

70年代，社会再制盐需求量增长，青岛盐化厂虽年产4万吨，仍远不能满足需求。1973年，经国家计划委员会批准，在崂山县马戈庄新建年产5万吨再制盐项目，由市盐务局组织立项、设计与施工，1979年2月建成投产。同年7月组建国营青岛建新盐化厂，成为80年代山东再制盐生产重点企业。1984—1985年，建新盐化厂还建成年产能力5万吨洗精盐车间，因以销定产，实际控制在年产3万吨。

至80年代中期，青岛加工盐品种有再制盐、餐桌盐、精制盐、肠衣盐、调味盐、洗精盐、洗涤大粒盐、洗涤粉碎盐8种。许多产品质量先后达到市优、省优、部优。

真空罐制盐

真空罐制盐法源于1824年英国为制糖而发明的真空罐。民国初年，日本盐商在小港盐厂设计4个真空罐用于制盐，经长年多次试验未成。1923年私营永裕公司接收该厂后一直未加利用。

1957年3月，由国家盐务总局设计并经山东省人民委员会批准，国家投资 47.1 万元，在公私合营永裕制盐公司修建年产 1.3 万吨的国内首家真空罐车间，次年 11 月正式投产，为国内真空制盐发展起到示范推动作用。1965 年 3 月，根据 8 年生产实践总结出《青岛永裕制盐公司真空蒸发制盐法》，从真空蒸发制盐的概论、工艺、生产数据、原料、制卤、卤水处理、真空蒸发、生产操作、离心脱水、干燥、成品、劳动组织 12 个方面，做出全面详细阐述，为新厂建设和开工生产提供可资学习借鉴的技术资料。青岛建新盐化厂及山东、上海、新疆等省、直辖市、自治区的十几个精盐厂，即采用青岛盐化厂设计蓝图建厂，并按照其生产工艺流程组织生产。青岛盐化厂还为各新建精盐厂培养大批技术人才。

"葵花"牌餐桌盐

1965 年初，青岛盐化厂开始研制餐桌盐，国庆前夕研制成功并定名为"葵花牌"。当年 9 月 30 日，在北京人民大会堂举行的国庆招待会上，青岛盐化厂"葵花牌"餐桌盐摆上餐桌，结束中国餐桌盐依赖进口的历史。

"葵花"牌餐桌盐大部分出口到日本、马来西亚等地，国内只有涉外大酒店持介绍信才能采购，几乎所有省市都派专人到青岛盐化厂购买"葵花"牌餐桌盐。

第三节 盐化工

青岛盐化工生产是随着海盐晒制的余液（苦卤）和副产品（水芒硝、硝皮子等）的综合利用而发展起来的。19 世纪末即有用卤水点豆腐和用芒硝熟皮子（软化皮子）的做法，只是对晒盐余液和副产品的直接利用，而加工制成盐化工产品，则开始于 1923 年永裕盐业公司成立之后。直至 30 年代中期，青岛盐化工生产规模很小，而且品种少。1937 年仅有永裕公司等工厂生产，年产量仅有碳酸镁 100 吨、无水芒硝 1000 吨。1938 年 2 月，日商山东盐业株式会社在沧口沔阳路 5 号和 6 号设立山东盐业化成工厂，占地面积 156976 市亩，有职工 315 人；设计能力为年产溴素 24～30 吨、氯化钾 30 吨、氯化镁 60 吨、40～45 度液体烧碱 300 吨、漂白粉 300 吨。工厂于 1941 年 8 月—1944 年 4 月陆续建成投产，但生产不到 1 年，即因资源不足、原料缺乏而停产。

1945 年 12 月，南京国民政府经济部正式接收日商山东盐业化成工厂，1946 年 9 月移交青岛制盐厂。1947 年 6 月，盐田工厂发还永裕公司，青岛制盐厂同时撤销。

1950 年 10 月，永裕公司在小港工厂上院（冠县路 126 号）增设硫化碱车间，利用盐田副产品芒硝生产硫化碱，正常年份每年冬季可捞硝 4000 吨（其中永裕盐田 2000 吨、民户盐田 2000 吨），但因硫化碱销路不畅，售价低于成本，故于 1951 年 1 月停产；1952 年下半年销路转旺，市场需求大增，又于当年 10 月复工。硫化碱设计能力为日产 2.7 吨，但因滩产芒硝含泥沙较多，影响产品质量，加之开工之初生产设备简陋，生产工艺落后，操作不熟练，劳动效率低，成本高于售价等因素，于 1954 年 2 月再度停产。

1958 年，各盐场进行苦卤资源综合利用，胶州湾各盐场（厂）共建钾镁肥厂 49 座 51 排灶，其中大灶 9 排、每排计划日产 6 吨，计 54 吨；小灶 42 排、每排计划日产 1.5 吨，计 63 吨；大小灶计划日产共计 117 吨。生产多种盐化工产品，主要是钾镁肥、钠镁肥、卤块（氯化镁）、氧化镁、光卤石、无水芒硝及有水芒硝 7 种，并以钾镁肥为主，连产钠镁肥。至 1964 年，除保留氯化镁和氧化镁外，其他产品全部淘汰。此外还兴建青岛市盐务局女姑氯化钾厂，1959 年设计施工，1961 年试产氯化钾 3 吨，1964 年停产。

70 年代，青岛盐化工业进一步发展，但也

图1-8 青岛建新盐化厂外景

遇到许多困难。1970—1979年，青岛盐化厂金属镁车间生产金属镁70余吨，平均年产7吨，因成本高于出厂价而停产；青岛东营盐化工车间先后生产无水芒硝2682吨、氯化钾909吨、溴素62吨、氯化镁3059吨，但因无淡水源和电力、燃料、原料供应不足等因素，于1981年2月报请山东省盐业公司批准正式关厂；青岛建新盐化厂新建无水芒硝车间（图1-8），设计能力为年产6000吨，但因原料不足，实产仅2000吨左右，于1986年7月停产；青岛盐化厂于1960年1月投产的工业和药用氧化镁，年产200～250吨，后取消氧化镁车间。

第三章 运 销

盐业运销是增加国库积累的重要环节，春秋战国时期，齐国海盐除供应本国所需外，还"通齐国之鱼盐于东莱"[1]，使渔盐之利通输海内，即出口到内陆国家，换取黄金。秦汉时期，齐地所产之盐仍是商品贸易的大宗。自春秋战国起，历代都对盐业运输和销售进行严格控制，运输销售者均须有政府发给单照护运，以备沿途查检，如无单照，或盐与单照不符，或两者相离，均作为私盐处理。单照制度由来已久，宋、元盐钞与盐引，清盐票，民国时税票、执照、准单、凭单、发票、购盐证（折）等，虽名称与格式各异，作用都一致，均为护盐凭让，其功用则在于保障经营者合法行为。日本第二次侵占青岛时期，曾实行统制统配制，指定专商设店承销官盐，其他一律禁止销售，并规定购买数量。

1950年，中国首次盐业工作会议决定，青岛盐业运销管理体制实行公私兼运兼销。是年6月，又改为由国家公收后由经营盐的运销机构包销，盐业运销由此纳入国家专利控制，实行全国统一管理。到80年代中期，食盐、出口盐和国家储备盐仍然实行指令性计划，各级产销机构都要按国家下达的分配、调拨计划所规定的数量和销盐区域进行购销，不准自由选择。

第一节 运 输

20世纪初，盐的运输主要以人力推车、马车、小船等工具为主，沿公路、河流进行，"出口之盐，多由轮船散仓装运，行销各省区盐斤，系用席包或麻袋包装，每包容量约四百斤，由轮船或帆船装载"[2]。胶济铁路建成通车后，铁路运输逐步增加。1943年9月建成大港6号码头，为盐集存外运专用，由盐务系统管理。

---

① 管子[M].房玄龄,注.上海:上海古籍出版社,2015:156.
② 中国实业志:山东省第七册[M].复印本.第六七、六八页(庚).

新中国成立后，在不断改进仓坨运输管理、调整原盐运输流向的同时，盐业系统不断进行基础设施建设，改善运输条件。1952年，大港6号码头移交青岛港务局，盐业租赁码头部分场地用于存盐，坨地逐年减少。1953年，山东省盐务局修建张戈庄盐场至南泉火车站的运盐公路，全长12.35千米，1954年建成使用。1955年，坨地近6万平方米，容量21万吨。1956年10月建设张戈庄至南泉火车站铁路支线，全长14.24千米，1958年10月通车。由于正值"大炼钢铁"时期，是年11月大部分线路即被拆除，1960年11月复建，1961年通车使用，全长14.87千米。1961年，坨地减少到3万平方米，容量12万吨。

60年代起，随着国家和地方交通设施建设，盐的运输方式发展为汽车公路运输、火车铁路运输、轮船海运（图1-9），彻底摆脱人力、畜力运输，内河运输也退居次要地位，运输量大幅提高。1979年4月，省一轻工业局制盐工业公司在胶南龙泉大殷圈修建运盐码头1处，面积5700平方米。是年，坨地减少到2.2万平方米，容量6.5万吨，坨容紧张。1981年，投资43万元在大港建浮桥码头1处，年装卸能力30万吨，次年建成使用。1982年，省盐业公司在黄岛盐区建码头1处，码头600平方米，坨地4200平方米，仓库90平方米，1983年建成使用。

坨地

坨地指露天堆放盐的场地。民国初期，青岛存盐坨地系中日商人组合，1922年改为官坨。大港5号码头系输出或借运的盐，坨地面积44185平方米，每平方米存盐2.3吨，共计储盐能力10万吨；小

港坨地存盐大都售于零售盐店或用于精盐原料及当地民食工需，坨地面积3636平方米，每平方米存盐2.2吨，计有储盐能力8000吨。此外，永裕盐业公司小港、台西镇仓坨两处各存盐约3万吨。4号码头原坨地面积22514平方米、小港盐坨面积1735平方米，因输出不旺，于1928年退出。鉴于5号码头盐煤并用，盐质污染严重，于1943年始用6号码头为盐业专用码头，储存能力直至40年代末变化不大。

1955年6月，胶澳盐场共有6个坨地，总面积140718平方米，可存盐50.75万吨。大港存盐船运销外省，少量市销；小港存洗涤盐的原料盐；张哥庄、摩天岭、女姑存盐坨地除干线运销省外，还与龙泉存盐同样就坨本销。胶澳盐场国营、地方国营、公私合营、民营等盐滩划分为11个盐区（女姑、海西、南万、下崖、马哥庄、后韩家、王家庄、潮海、东营、龙泉、辛安），按照方便就近原则分别集坨，有盐区还要集坨2处。海西、南万、马哥庄、后韩家、王家庄、潮海、东营、辛安集大港坨地；海西、南万、下崖集摩天岭坨地；女姑、龙泉为本区集本坨；马哥庄、王家庄、潮海集张哥庄坨地。永裕盐业公司自产部分原盐集小港坨地。

1961年存盐坨地8个，面积90660平方米，容量39.2万吨。龙泉坨地划归昌潍专区胶南

图1-9 铁路运盐专用线在外运大包装粒盐

图1-10 1978年,青岛晶山企业总公司坨工组正在盐山上工作

个盐坨交由青岛市盐务局归口管理;按照当年年报制度规定,将往年不予统计的青岛盐化厂小港坨地和青岛建新盐化厂站台货场重又进行统计。80年代,因产盐存于盐台子直接运往码头(中转坨)集港或装车运出(图1-11),因而多数近场坨地失去存在价值,先后停止使用。

运力

1942年,日本山东盐业株式会社成立船务科,购置驳船7只、拖轮1只。到日本投降时有146马力拖轮3只,驳船、帆船16只,由山东盐务管理局接收作为抵偿永裕盐业公司的战时损失,1947年交付永裕盐业公司管理使用。1954年6月1日实行公私合营,市人民政府拨款100万元,其中37.40%用于技术改造。1955年、1956年又连续投资23.6万元用于盐田和船运设备更新,使驳、帆船达到38只计2600吨位。1957年,船队划归胶州盐务局驻青岛办事处;1958年改属大港放盐处。

县;小港坨地作为青岛盐化厂厂内原料盐储存地点,未再统计到全局坨地之中;摩天岭等坨地取消,由改建后的南万盐场场部附近坨地代替;大港、女姑、张哥庄等坨地建制未变。另又增加南万段、九大组、羊毛沟3个临时集销盐用坨地和王家庄临时集中转运用坨地。坨地个数似有增加,但面积减少35.57%、容量减少22.76%。主要原因是自1958年后,6号码头大港坨地由港务局占用而减少,女姑、张哥庄坨地历年荒废及修建铁路占用等(图1-10)。

1979年坨地面积85137平方米,容量274631吨,坨地分布及面积、容量,较前又有所变化。取消南万段、九大组、羊毛沟等3个临时盐坨和王家庄临时中转坨及张哥庄坨地。烟台地区即墨县大桥、芝坊、泊子和昌潍地区胶南县龙泉、小场共计5

图1-11 原盐集运青岛大港六号码头之盐坨

1962年，青岛盐业汽车队成立，附属于市盐务局供销科，以运盐为主。1963年，埠口盐场驳船4只拨给大港运销处（原称放盐处），1964年和1965年，文登县盐务局机轮4只、青岛水产捕捞公司汽船1只又先后拨给大港运销处（原称放盐处）。1970年报废汽船1只；1972年，市盐务局拨款建造汽船1只，同年售给东风盐场、东营盐场驳船各1只。1974年，市盐务局又拨款购置汽船1只。

至1985年，青岛盐区共有各种载重汽车41辆，分别隶属各生产企业（图1-12）。

装卸

民国以前，盐的装卸主要是靠人力，其次是畜力。直到民国时期，在装船时，距离较近者2人抬筐倒入仓内，较远者装麻袋或散装，用人力独轮小推车或畜力车拉或驮运装船；卸船时2人抬220斤的大筐，从2米左右深的盐仓登岸，然后经过斜坡而上逐渐升高50米左右的木桥板（每页长约8米，宽40～50厘米，厚8厘米以上），到达不断增高至10余米的垛顶。每筐1筹，以筹计量，10筐1吨，储存于法定坨区。放销装包码垛，也完全是靠人力筑装。

1953年首次使用卸盐机，结束此前卸盐靠人力的历史。但滩盐装船仍然多用人力独轮小推车运输，仅东营盐场有人力推动的场内轻轨平板斗车，是较为先进的工具。至80年代初，人力装卸工具才逐渐被动力机械所代替。主要有拖拉机、运盐车、皮带输送机、堆坨机和大、小地中衡等，实现装卸、运输计量机械化。

图1-12 青岛新建盐化厂大包装粒盐外运出厂

第二节 内 销

青岛海盐内销较少，主要供应附近地区并逐渐扩展到山东、河南、安徽、福建、湖南和徐州等省市。永裕盐业公司精盐除少量在青岛销售并个别年度运销济南外，其余全部委托天津久大公司包销运往上海、南京、镇江、芜湖、安庆、蚌埠、九江、汉口、岳州、长沙、湘潭、常德、沙市、宜昌等长江沿岸地区销售，年销售4400吨左右，1929年则只销售19吨。1937年1—8月，永裕盐业公司生产大粒洗涤盐2620吨，运销沙市。抗日战争爆发后，日商垄断青岛原盐，大部分销往南京、上海以及沿江四省鄂、湘、皖、赣地区。

50年代，青岛产原盐以内销为主，主要销往山东、上海、安徽、江西、广东、湖北、浙江、江苏、湖南、广西、河南、大连等省市。1958年11月，国内首家真空罐再制盐在青岛盐化厂（原永裕公司）投产，并供应市场。50年代中期至60年代末，青岛产洗涤粉碎盐年销量约在5万吨，少者3万吨，多者8万～9万吨，销往山东、上海、江西、陕西、安徽、江苏、山西、黑龙江、北京等省市；1968—1978年平均年销 22059 吨，1968 年最少时为 12649 吨，1977 年最多时为 33373 吨，销售地区与上述大体相同。为扩大供应量和产品销售覆盖面，1979 年在青岛建新盐化厂建成再制盐车间并投产，每年投放市场 10 余万吨，其中内销 8 万多吨，遍布国内 24 个省、市、自治区。

第三节 外 销

历史上，青岛盐以出口为大宗。德国侵占时期，除供应租界内民食外，其余大部分由中国盐商销往香港。清末民初产大于销，年有积压，盐业处于困境。"民国初年，盐业大盛，多销于朝鲜香港海参崴等处。"[1] 1912 年 5 月，朝鲜商人在青岛签购 5000 吨合同，为青岛原盐输出朝鲜之始。1914 年经日商销往朝鲜釜山 1 万吨。

1915 年日本接管青岛盐业后，除少量内销盐和部分运销香港外，大部分由日商直接销往朝鲜、日本。1915 年和 1916 年销盐为 4 万～5 万吨，其中朝鲜占 80%以上。1917—1922 年年均输出原盐 157530 吨，其中日本 108176 吨、占 68.67%，朝鲜 33935 吨、占 21.54%；中国香港等地区 15419 吨、占 9.79%。精盐、洗粉盐销售以日本需要为依据，年约 5 万吨以上。1922 年中国收回青岛后，与日本签约规定：1923—1938 年，中国每年向日本出口食盐 100 万～350 万担，工业盐数量不限，输日盐由青岛永裕盐业公司等商家承办。1924 年停销日本，1926 年又重新签订青岛原盐输出日本协议，至 1947 年再未间断。1925 年，青岛永裕盐业公司输往美国西雅图 2.5 万吨盐。1923—1948 年平均年销原盐 190437 吨，仍以日本、朝鲜较多，占 80%以上，但年度、流向有所变化。

新中国成立后，以内销为主，外销盐很少，1956—1958 年出口日本，1960 年停止对日出口。1961 年虽有少量出口，以后多年未再恢复。1980 年试销日本 3090 吨。1982 年以后，主要出口马来西亚、新加坡等东南亚国家，年销量在万吨以上。

《胶澳总督府颁布盐田规则》

1897 年德国侵占青岛后，将石河场管理的胶州湾盐田划入租界内，改称胶澳盐场。1900 年后开始引入滩晒法，盐田逐渐扩大。盐田的开筑、晒制并无制度，运销也处于自由状态。1908—1910 年间，胶州湾共有盐滩 254 处，晒盐斗子 961 付，丰年产量 150 万担，歉年产量约 90 万担，平均年产约 120 万担。1909 年，胶澳总督府"在阴岛设巡捕局，专管盐事……凡运盐出口先领凭单，旬盐一担纳码头税洋三分。又有存栈及装船费，亦每担三分。每付斗子按年收税四元，分两期缴纳。是为德人征收盐税之始。"[2] 1911 年 3 月 12 日，胶澳总督府又发布盐田规则，总督府管辖采盐权，盐田 5000 平方米即年征滩税国币 4 元；外运出口 100 斤纳费 0.03 元，以取得采盐、输盐自由。同年，中德两国就租界盐业问题达成中德会定盐务条规 7 条，规定中国派专人驻青岛胶澳海关，负责就近征稽滩税，逐年交给德国总督府，由总督府征收营业捐。

德占末期，青岛盐开始输往中国香港、海参崴和朝鲜。青岛盐输出境外既可以不受条约限制，又可逃匿重税，获利颇多，故境外盐商接踵而至。以 1913 年为例，青岛共输出盐 170 万担，其中香港占 60%，海参崴及俄领沿海计 25%，朝鲜釜山、仁川共计 15%。[3]

《青岛产盐输出一般协定》

1922 年，北洋政府与日本签订《山东悬案

---

① 中国实业志:山东省第二册[M].复印本.第三五页(丙)。

② 景本白.胶州湾盐业调查录[M].北京:盐政杂志社,1922:1.

③ 于晨曦.1897—1914 年青岛盐业出口概况及其变化探析[J].佳木斯职业学院学报,2016(5):449.

细目协定》，其中第六章及其附件第八项对盐业做出专门规定，自 1923 年起"往后十五年间，每年在最高额三万五千万斤、最低额一万万斤之范围以内购买青岛盐"，期满后另行协议；"中国政府对于日本所购买之青岛盐，允照大正十年一月日本政府所定之盐质检定规则施行品质（颜色在内）之检定"①。每年具体"购买量数，如因中日两国国内之生产状况或盐之需要而有难于接受上列最高或最低量数之事情时，可不拘上开之协定量数，其该年购买量数临机协定之"②。但其中对于输出手续、盐价等问题均未做出具体规定。随后，中日双方续开青岛盐输出会议。

1926 年 2 月 12 日，北洋政府盐务署与日本政府专卖局在北京签订《青岛产盐输出一般协定》，共 9 条，含 1 个附件。主要内容为：日本专卖局购买盐的种类、数量及购买价格，每年由日本专卖局与经理输出人协定；日本专卖局在协定有效期内不增加，不另收新税捐；日本专卖局购买盐的经理输出人定为永裕盐业公司，指定期间以 1937 年 12 月 31 日为限；经理输出人如不能履行义务时，由中国盐务署与日本专卖局协议更换；日本工业家购买盐，由持有日本专卖局输入命令的工业家向中国盐务署所特许输出的盐商在青岛港内购买，输入日本内地；日本工业家购买盐的输出税及码头捐等均应照旧额征收，但中国盐务署得另由中国盐商征收每担银 0.03 元，作为公费；日本专卖局对于日本工业家发放青岛盐输入命令时，每次将该工业家的名称、盐的种类、数量及输出地点随时通知驻青岛的中国盐务官署。③

第四章 盐 政

管仲相齐时制定的食盐专卖制度是一种民制、官收、官运、官销的政策，在食盐的生产环节许民自制，官给价收购或征之以低税；在销售环节实行计口授盐，但盐价并不高，通常是在每升盐的成本价之上加收一二钱，也有只加收半钱者。这一政策，既调动了生产者的积极性，也大大增加了国家的财政收入。④自此始，盐利一直是国家重要的经济来源，历代均设专管机构管理盐务，并隶属财政部门。至清代，山东盐务机构为山东都转盐运使司。德国胶澳总督府于 1909 年在阴岛设巡捕局，管理滩场征收捐税。日本取代德国后，胶澳盐场由日本驻青岛守备军司令部兼管。北洋政府于 1923 年底成立青岛盐务稽核支所、青岛运副公署和青岛盐务缉私警长办事处，管理青岛盐政、产销和缉私护税工作。1932 年 8 月，南京国民政府财政部始将盐务行政机关统归于青岛盐务稽核支所管理。至此，青岛盐务产、运、销、税、缉五大要政归于统一。

1937 年 4 月，南京国民政府收回盐税主权，改组中央及各地盐务机关，在青岛盐区成立胶澳、金口两个盐场，隶属山东省盐务管理局。日本全面侵华战争爆发后，青岛盐政"即陷于停顿，人员解体、案卷荡然、滩坨破坏、枭犯蜂起"⑤。1938 年 1 月，伪青岛盐务管理局成立，下设总务、产销、会计、盐警四科，负责青岛盐务管理；产销经营及向日本运盐则由伪山东省盐务局驻青岛办事处和山东盐业株式会社管

① 班鹏志.接收青岛纪念写真[M].上海:商务印书馆,1924:231-232.
② 班鹏志.接收青岛纪念写真[M].上海:商务印书馆,1924:236.
③ 赵琪,修.袁荣叟,纂.胶澳志:食货志[M].青岛:华昌印刷局,1928:43-44.
④ 史继刚.中国古代私盐的产生和发展[J].盐业史研究,2003(4):8-13.
⑤ 青岛指南[M].青岛:新民报印务局,1939:114.

理。1945年12月，南京国民政府在青岛组建山东盐务管理局；后又于1946年2月成立青岛盐务管理分局，与山东盐务管理局合署办公，专管胶澳盐场产、销、运输业务。1947年6月，裁撤青岛盐务管理分局，成立胶澳盐场公署，与山东盐务管理局划分工作范围分开办公，由上海路6号迁址大港沿2号；胶澳盐场公署下辖12个盐区，盐警139人。1949年2月17日，山东省盐务局发文撤销胶澳盐场公署，自3月1日起自办场务。

青岛解放后，人民政府接收山东省盐务管理局、胶澳场署及其15个下属单位，正式成立胶澳盐务局，1950年改名为胶澳盐场管理处。1958年由省属下放到市管，改名为青岛市盐务局。1960年，局属8个盐业社全部转为地方国营盐场，至此，原胶州湾局属4种经济类型的盐场，变成单一的国营经济实体。

1979年，随着区划变动，3县1区8个集体盐场和7个盐务所由市盐务局归口管理，除大桥盐场是政企合一外，其他7个场与所同名，场管生产、所管盐政。1983年7月，市盐务局改称青岛市盐业公司；1984年4月20日，加挂青岛市盐务局牌子。

第一节 专营制度

从夙沙氏煮海为盐到春秋战国前，山东盐产品一直自由产销。齐国施行"官山海"政策，改变了盐业管理的无政府状态。秦统一中国后，设置计斤县和盐官。汉武帝实行盐铁官营，将煮盐业收归官府经营，在全国各地产盐区设置盐官，统领盐工煮盐，征收盐税。东汉时期盐官归郡县管辖，其后历代各朝均设局置官管理盐务，但名称各异，机构繁简不一。唐朝第五琦开创榷盐法、刘晏更定折中法，宋朝范祥改行钞法，元朝推行引岸制，明代推行开中法、纲法，清沿明制推行票法和纲法，民国时期为

外商包办。其间，官制、官运、官销，民制、官收、商运、商销，或者民运民销方式等在山东交替实行，各时期对盐的运销均实行严格控制，一般都划分销区，指定专门经销食盐的部门或者盐商专营，并在运盐途中实行运照管理。第一次世界大战期间，日本驻青岛守备军司令部成立青岛盐业组合，主要负责盐业发展、盐价制定、盐的制造、贩运等事宜。

新中国成立初期，对盐务实行统销政策。1950年6月，省盐务管理局根据国家盐务总局指示，对原盐实行公收，公收原则是国营、地方国营、公私合营（自用原料除外）盐场所产盐斤实行随产、随集坨、随公收，对民营盐场产盐按照国家安排的生产计划统一进行公收和分配调拨，生产企业除按规定范围组织近场放销外不得自销。1952年，食盐销售由各级供销社经销。1954年，国家对盐的生产运销实行严格的计划管理，生产单位必须按计划安排进行生产，集体盐场的盐由国家公收，按分配调拨计划统一放销，运销单位必须按计划批发销售。1955年，食盐经营实行国、合分工，国营盐业公司负责组织货源，国营商店、供销合作社、公私合营商店、合作店、私商从国营盐业公司批购进货，自营零售，或批转给个体商贩零售。至1956年2月，山东盐业产、供、销全部纳入国家计划。

1959年1月，国家将盐列为中央统一调拨物资，由轻工业部负责综合平衡，编制分配调拨计划（草案），提交全国计划会议研究确定，由国家计委下达执行。食盐列为关系国计民生一类商品，实行指令性分配调拨。1964年1月，山东盐的申请、分配、调拨计划的编制和下达，由省轻工业厅盐务局统一归口管理（包括省内供销、工业部门及中央直属企业需要的食盐、工业盐、农牧业盐及渔盐需要量）。山东盐业发售运销主要方式是执行分配放销手续，该手续分为就场放销、代办运输转运外销和定点供应3种形式。

根据国务院统一部署，1965年实行盐业"托拉斯"。"文化大革命"后期，"托拉斯"组织解体，但盐的运销计划管理办法未变。1967年，公私合营商店转为国营或集体商店，食盐的批零销售，城市由国营商店承担，农村由基层供销社承担。1984年，山东产盐区改革公收管理体制，实行港站收盐，按等定价。是年7月，山东省要求调拨盐取消公收，实行港站收购办法，由各场送盐到站，盐运站按计划发运各销地及直供单位，近场县、区用盐仍实行近场放销，确保正常供应。

1985年7月，省第一轻工业厅、省工商管理局、省税务局、省供销社联合发文规定：所有盐的生产企业，必须严格执行国家下达的生产、分配、调拨计划，按照规定价格和区划范围组织近场放销，不得自销。盐的销区市场调运和批发销售，统一由省供销社归口管理（定点工业用盐、原划定就场放销的除外），各销区盐业二、三级批发站是当地的专业贸易中心，按经济区划设置网点。盐的零售业务由各地供销社负责，国营商店、集体单位和个人经营食盐零售业务，必须经工商行政部门批准，并到指定的盐业批发部门进货，执行国家规定的价格。

官山海

山东濒临大海，地势平坦，便于从事鱼盐业生产，自夏朝就有关于海盐生产的记载。西周姜太公在夏、商两代海盐生产基础上，进一步提出发展鱼盐业思想。及至春秋时期，齐国统治者在继承姜太公"便鱼盐之利"盐业政策基础上，继续发展鱼盐业，并不断对盐业政策进行改进和完善，以图使国家能够获得更丰厚利润。其中最具有改变性的盐业政策当属管仲在齐国厉行的"官山海"之策。

"官山海"实施的具体措施，就是根据人口数量来预算人口消耗盐的数量，同时不再按人头征税。"官海"即制盐业的国家垄断性经营和食盐专卖，具体做法是准许平民采伐枯柴煮海水生产食盐。所产食盐，一部分以税收形式由政府征收，余下部分统统由政府收购。以征税和统购方式积存的食盐全部由政府掌握控制，再由政府组织食盐运输和销售。时齐国已经建立较为严密的户籍制度，并据此实行"计口售盐"。即按照户内人口定量分配销售。《管子·海王》载："终月，大男食盐五升少半，大女食盐三升少半，吾子食盐二升少半。"①销售价格与政府从煮盐平民手中收购的食盐价格，有一个较大价差，政府从中取得财政收入（煮盐平民将一部分产盐作为赋税无偿交给政府，政府对这一部分食盐的销售所得则为纯收入）。在此，食盐销售价格显然是一种政府垄断价格，价格差的获取显然是一种政府垄断利润。

"官山海"政策改变了齐国盐业管理无政府状态，强化了官府对盐业管理，其结果正如《史记》所言："齐桓公用管仲之谋，通轻重之权，徼山海之业，以朝诸侯，用区区之齐显成霸名。"②

盐铁专卖

元狩四年（前119），汉武帝重用桑弘羊、东郭咸阳和孔仅，开始实行盐、铁专卖政策。③其中规定：煮盐及其贩卖，全部收归官府，不许私人经营；盐民不准自置煮盐锅，煮盐锅由国家发给，私自煮盐的没收生产用器物，还要处以斩去左脚趾的刑罚；盐民产盐自负盈亏，国家按官价收购，收购到的盐基本就地出售，或由官家、商人运销各地，盐价由国家规定，如要变动，须经皇帝批准；盐官归大农丞管，直属中央政府。同时为拉拢盐铁商人，并防止

① 管子[M].房玄龄,注.上海:上海古籍出版社,2015:421.
② 司马迁.史记:卷三十·平准书第八[M].郑州:中州古籍出版社,1998:70.
③ 晋文.桑弘羊与西汉盐铁官营[J].江苏大学学报(社会科学版),2010,12(4):38-42.

他们捣乱、破坏专卖制实施，武帝下令任用盐铁商人中的大户充当各地盐铁官府属吏。为强化专卖，在山东盐区设盐官11处，此后历经昭、宣、元、成、哀、平六世，山东盐区一直推行官营专卖。东汉至南北朝时期，官营专卖与征税制交相沿用。

计斤盐官

秦统一中国后，在计斤故址设置计斤县，属琅琊郡管辖，为重要产盐区。

西汉武帝实行盐铁官营后，在全国各地重要产盐区设置盐官，统领盐工煮盐，征收盐税。全国计有盐官35处，分布在27郡，隶属大司农，其中包括琅琊郡计斤县盐官。依汉官例，盐官秩次如县令。

王莽末年废止官营煮盐政策。东汉时期，一定程度上恢复官府经营盐业政策，但同时允许私人煮盐，时盐官归郡县管辖。其后各朝均对盐务极为重视，皆设局置官加以管理，但名称各异，机构不一。

就场专卖制

就场专卖制始于唐宝应元年（762），盐铁使刘晏为解决军费急需，将盐政管理由直接专卖制改为民制、官收、商运、商销的间接专卖制，即在产盐地区设置盐官，就场向盐户收购食盐，再将盐税加入卖价，售与商人销售，所过州县不再征税，此为"就场专卖"之始。[①]

政策实施过程中，为提高运销能力，还采取一些改善运销条件的办法，按时将官盐运往常平仓存储，以应急需，官府收入大增，"天下之赋，盐利居半"[②]。其中，山东盐税收入占全国盐利的11%以上。

通商行盐由此成为后世推行盐法的传统办法。唐贞元四年（788），因盐法混乱，采取无

限加价的办法，饬各地执行，导致盐价日高。尤其是偏远地区，因运输困难，盐价猛涨，谷数斗只能换盐一升，私盐日盛，官收不能过半。

盐引制

明万历四十五年（1617），山东对盐的运销改行纲法，即按商人所领盐引编成纲册，每年发一新纲，凭所存旧引由商人赴盐场直接向盐民收购食盐坐销或运销。[③]为缓和官商矛盾，允许商人把纲册永远据为窝本（专利凭证），每年照册分派新引，商人据以垄断运销，并成为世袭专商，开商收、商运、商销之例。此后，在例行纲法的同时，又在部分地区实行票法。即无论何人，只要照章纳税即可领票支盐运销，但不得世袭。

清沿明制，山东都转盐运使管理山东盐产及山东全省、河南九属、安徽二属、江苏五属运销征税事宜。按票法运销的盐为票盐，依纲法运销的盐为纲盐；按纲法运销盐斤的商人为纲商，凭票本运销或租借票本坐收盐利的商人为票商；经过特许，可在指定盐场收购全部食盐转卖给运商的为场商，以购盐凭证在指定盐场购盐，到指定引岸销售的为运商、岸商或埠商。清乾隆年间，法定以225市斤为1引；纲商需拥有800引的资本，票商亦需有10引盐的购运能力，始得立名充商。时山东有引商100多家，多来自外省；票商40多家，多出自省内。为加强盐商管理，分别将盐商组成若干纲，每纲设纲头1人，负责办理引票及交税事宜。纲商初为12纲，每纲有资本4万多引。清乾隆五十四年（1789），经调整，纲商计101家；票商分6纲，计43家。

至清道光中叶，盐税频增，加之规费及附加奇重，导致十商九累，亏课误运甚多，进而

① 陈明光.试论唐代刘晏理财的特点及其历史地位[J].福建师大学报(哲学社会科学版),1984(2):118-123+79.
② 宋祁,欧阳修,范镇,等.新唐书:食货志四[M].郑州:中州古籍出版社,1998:274.
③ 周宇华.盐引制度简介[J].中国税务,2015(3):36-37.

发展到商逃岸荒，引岸多废，各岸收归官办。由此山东盐业运销复有官办、局办之分（官办，即以地方官任行盐之事；局办，即设官运局委员经营）。

《征收盐课章程》

为垄断胶澳制盐权，1910年3月12日，德国胶澳督署颁布《征收盐课章程》，其中规定：凡在"胶澳德境以海水做成盐斤，譬如晒盐、煎盐等，统归本督署自由之权"；"本督署随时可以准人作出盐斤，其费按其所用之地面，每付斗子，即五千米打，每年应缴费洋四元"；"凡有人将德境内做成之盐斤运出德境，或因营业需用盐斤，每担应缴费洋三分"。该章程同时规定，"倘有违背此项章程漏费者，即罚洋自二十元至二千元之多。如试行未成者亦坐。倘被罚之人无力缴洋，即监押至三阅月之久，该罚款自五元至二十元偿一日。惟本督署辅政司知会该管各署方可罚办"[①]。

1912年，胶澳督署对盐斗税进行调整，每付斗子增至15元。

1914年日本取代德国侵占青岛后，仍沿用德占时期规定征收盐税。

青岛盐业组合

第一次世界大战期间，日本工业用盐由年需1000万担左右猛增至1600万～1700万担，年差700万担左右全靠从青岛输入。

1918年10月7日，日本驻青岛守备军司令部制定《青岛盐业组合规则》和《青岛盐业规则》，批准成立青岛盐业组合，主要负责盐业发展、盐价制定、盐的制造、贩运等事宜。同时宣布盐田开发、使用均需经日本驻青岛守备军司令部许可，并规定输入日本的盐税每担3钱，而输入到中国各省的盐税每担2.5元，附加捐1.5～1.8元。

永裕盐业公司

按照华盛顿会议决定，1922年北洋政府拟收回日本在青岛的胶澳盐田，但因日方在经营盐田时建造了大量地面设施，其作价所要求的盐田补偿费竟高达700万元，同时要求中国方面免除其海关税厘，并向日本出口青盐100万担。北洋政府无力满足这些条件，只好决定将盐田向商界招标拍卖。随后，久大精盐公司击退日商和国内各竞争对手，最后以300万元中标。1923年，作为久大精盐公司在青岛分厂的永裕盐业公司开始投产。永裕盐业公司下设永大、裕大两家工厂。至此，永大承办大小19所制盐工厂，裕大经营收回的盐田达6万余亩。青岛盐田被收回后，根据协议规定，中国每年向日本输出青盐300万担。永裕盐业公司经北洋政府批准，成为外销青盐专商。

为销售永裕盐业公司海盐，1926年专门成立汉口信孚盐业运销公司。在青岛将青盐交外商货轮直运武汉，或经上海租界转运武汉，避免沿途关卡检查，然后再分途运往沙市、宜昌与常德、岳阳等口岸销售。日本再次侵占青岛后，对永裕公司控制盐田生产，对制盐工厂则任其自为，其业务归口于山东盐业株式会社。抗日战争胜利初期，永裕盐业公司被国民党当局以敌产名义没收，改名为"青岛制盐厂"。1947年5月发还给"永久团体"，这是青岛市各企事业发还最晚的一家。

1954年6月，永裕盐业公司实行公私合营，同时改名为公私合营永裕制盐公司，并于1957年1月1日将其女姑、海西、南万、马哥庄、后韩家原盐生产部分的5个滩场办事处的盐田划归地方国营盐场，永裕制盐公司仅管理加工盐及化工生产。1967年1月1日，公私合营永裕制盐公司改名为国营青岛盐化厂。

---

① 谋乐.青岛全书[M].青岛:青岛印书局,1912:101.

第二节 缉 私

所谓私盐，是指违反官府有关禁令而私自生产、运输、销售的食盐。私盐的产生和泛滥通常同官府的食盐政策，特别是食盐专卖政策关系密切。[①]古代地广人稀，制盐地方偏僻，加之私煮私销有利可图，因此在漫长的历史进程中始终"私鬻不绝"[②]。为禁绝私盐，历代统治者均采取严厉的法纪，"夫以国家专营之事业而私人违禁以为之，此其干犯法纲，固非寻常商货漏私逃税者比矣，是以向来法令皆于私盐之禁为独严"[③]。在缉私过程中，一方面通过控制盐源尽力堵住私盐源头，即在制盐地派专人管理；另一方面通常利用民间举报、鼓励协助稽查。至清乾隆五十三年（1788），山东引票各州县卫均设有巡役数名至百余名不等。巡役由地方官督饬稽查并连环互结按名发给腰牌，私盐由巡役巡查。

清末民初，德日占领当局除征收盐田地亩捐、缴纳输出国外费和极少之码头费外，所有食、渔盐向不征税。为防止轻税盐倾销重税区，加强缉私护税、保护滩场和护运盐斤，胶澳商埠督办公署设立青岛盐务缉私警长办事处，在盐区扼要地带设防驻警进行查缉。1923年12月16日，将胶澳盐场盐田划分为12个盐区进行管理，缉私队将12个区分为3个缉私区：第一缉私区为红石崖、海庄、陈家港、小石头；第二缉私区为马哥庄、潮海、王家庄、后韩家、下崖；第三缉私区为女姑、南万、海西。以上各地分别附设分驻所。1928年由于盐民乡民抗税而发生马哥庄大刀会事件，仅盐务员警被杀者就达31人。1930年冬缉私警长办事处改为场警

局，1931年4月改称税警局，隶属青岛盐务稽核支所，并将分区改称分局。1932年又改为胶澳税警区，下设税警区长、2个分区长、3个队长、7个分队长。至1936年，胶澳区税警共有207人，枪炮171支。

30年代末，日伪青岛盐务局设有盐警科，并有1个盐警大队，下设3个中队。1941年8月又扩编2个中队，各盐场设分队。至1944年6月，盐警官兵增至536人，步枪348支，手枪30支。40年代后期，南京国民政府设山东省盐务管理局警务科驻守青岛，下设11个区队539名盐警官兵，分点驻于市区和滩场。1947年12月，扩充为2个盐警大队，下设8个中队22个小队，并有"骏良"号巡洋舰1艘，共计盐警官兵1070人，分驻于市区五号、六号码头，沧口，四川路和场区东洋咀、马哥庄、前海西、宿流、南万、李家女姑、上崖、铁家庄、泥洼、萧家、后韩家。

青岛解放后，为保护滩场秩序，加强缉私护税，成立胶澳盐务局监护营，营部驻6号码头，下属3个连队：一连分点驻东营、龙泉、辛安；二连分点驻女姑、海西、南万、下崖；三连分点驻马哥庄、阴岛、潮海。还有一个骑兵排，驻防不固定，随机应变。1950年更名为山东省盐警一大队，各连改称中队，序号及防地均未变，大队部驻东洋咀。1952年4月，盐警大队改变建制，在胶澳盐场管理处（原胶澳盐务局）内设盐警科，下设12个小队（班），各队序号及驻地为：第一、二小队驻6号码头；第三小队驻海西；第四小队驻摩天岭；第五小队驻古岛；第六小队驻马哥庄；第七小队驻东洋咀；第八小队驻王家庄（暂住青岛）；第九小队驻潮海；第十、十二小队驻东营；第十一小

---

① 史继刚.中国古代私盐的产生和发展[J].盐业史研究,2003(4):8-13.

② 宋祁,欧阳修,范镇,等.新唐书:食货志四[M].郑州:中州古籍出版社,1998:274.

③ 张茂炯.清盐法志:卷四·通例·缉私门[M].铅印本.北京:财政部盐务署辑,1920.

队驻龙泉；女姑仅派盐警干部1人，辛安未驻部队。1952年底撤销盐警建制，官兵转业。其间，人民盐务缉私部队按照中国首届、二届盐务会议精神和《私盐查缉处理暂行办法》，执行胶澳盐区保卫和缉私护税任务。

"文化大革命"期间，盐区生产秩序不能正常运行。

中共十一届三中全会召开后，随着经济社会的迅速发展，对私盐的稽查和管理逐步加强。1981年5月1日，市政府颁布《关于保护盐业生产的通告》，重申《私盐查缉处理暂行办法》，对盗窃、哄抢原盐及其他犯罪行为，依法追究，严加处理。1982年设立4个盐区派出所，即崂山县公安局东风盐区派出所、崂山县公安局南万盐区派出所、胶县公安局东营盐区派出所和即墨县公安局大桥盐区派出所。对盐区派出所实行双重领导，编制经费在市盐务局，建制和组织业务领导归市公安局。盐区派出所作为当地公安部门派出机构，维护盐区治安秩序，进行护盐护场，查处偷抢原盐和破坏生产设备等案件。为加强守卫力量，1982年11月24日成立青岛市盐务局经济民警中队，一分队在东风盐场，二分队在南万盐场，三分队在东营盐场，四分队在建新盐化厂。经济民警是建警单位的组成单位，由局、场（厂）保卫部门分管，在保卫与军训方面接受市公安局指导。盐区派出所和经济民警中队建立后，使过去哄抢、偷盗原盐及生产设备的局面得到缓解，经济损失也逐年减少，建所、建队前的1981年被抢被盗原盐3900多吨，连同其他损失共为80多万元，建所建队后经济损失连年锐减。

王家滩盐民暴动

1919年6月5日，莱阳盐贩赴即墨金口王家滩盐场购盐，盐警以为他们是抢盐便开枪射击，当场打死3人、驴骡8头，还捉获20人、驴骡30头。后经即墨县府派人审问并验明证据，死者及捉获20人是来买盐而非抢盐。

当时，中国盐税稽核所所长、英国人贝尔逊与金口盐警队部分盐警表里为奸，对沿海群众敲诈勒索，肆行迫害。县府官员因畏惧贝尔逊的权势，只把捉获之人和牲口放走了事，对杀人罪责只字不提，引起附近居民不满。莱阳、海阳、即墨3县沿海居民千余人齐集王家滩，将盐警住房焚毁，并将看守住房盐警杀死。同日，海阳行村盐警住房也被暴动农民焚毁。金家口盐警及盐务所官员连夜逃至即墨城躲避，群众便将盐所房舍焚毁。后又集结在金家口以北的现龙山（属莱阳县），准备与前来镇压的官兵决战。

随后，从潍县调来军队进驻金家口，带兵官佐对盐警暴行很不满，加之新到任的即墨警佐姜茂堂对事件原委很清楚，遂上书山东省当局，详细陈述官吏盐警的蛮横残暴及盐民的悲惨处境。山东省当局对暴动群众改剿为抚，晓喻暴动群众解散。此后改用"寓税于价"办法，不再缉拿私盐。

胶澳盐潮

1922年，中国化学工业的开拓者、天津久大精盐公司经理范旭东与胶澳盐商张成勋等，同济南东纲公所合资创办永裕盐业公司。1923年北洋政府招商承办日本盐商经营的盐田1377副、工厂17处及附属之土地、器具及事业，永裕盐业公司以国币300万元得标。此事引起青岛总商会会长隋石卿的不满。而永裕盐业公司中标后又急功近利，在隋石卿等商人的影响下，原本就对永裕盐业公司垄断青盐输出权、抬高民用盐价和增加盐民赋税强烈不满的胶澳盐民迅速集结起来。

1923年7月，下崖盐民孙毓樟、南万盐民万耀卿等联合棘洪滩、马哥庄、阴岛、河套一带的滩主盐户，成立胶澳民户盐田联合会，孙毓樟、万耀卿分任会长、副会长，要求胶澳商埠督办公署取消青盐输出包办，开通青盐销路，以济盐民困苦,未果。随即组织滩主盐户到市区游行,赴胶澳商埠督办公署请愿,并多次袭击永裕盐业公司股东,聚众焚毁董事丁敬臣住宅,殴伤丁敬臣。9月又联络即墨、莱阳等地滩主盐户约300人,手执"盐户请愿、驱逐奸商"及"力争输出"等字样的小旗,到胶澳商埠督办公署请愿,沿途散发传单,反对包办盐务输出。10月2日,青岛总商会致电北京政府财政部总长、盐务署署长:胶澳"盐民风潮愈闹愈烈。今又倾动全体二次请命,人数过多,轰动市面,惊扰万状。若不速解决,势必演成惨剧,变生莫测"①。10月6日,胶澳商埠督办公署致函青岛总商会,要求劝散盐户请愿团,其中提出,"除该盐户代表等酌留数员与绅商接洽,设法调停解决,其请愿团人等应即散归静候,不独可免久羁困顿,万一经久不散,莠民乘间抵隙扰杂混闹滋事端,则本署职责所在自应严行取缔,依法办理,难免玉石俱焚,因人受累。虽曰事属可悯,究竟法不容情。为保护良民,预防后患计,除饬警亭维持秩序,谕令解散外,相应函请贵总商会切实开导,各令散归,以免牵累"②。10月9日,青岛总商会致函胶澳民户盐田联合会谓:"转请贵会传知各盐户先行回家,各安生业,静候中央解决,俟必要时再行来青。好在相距不远,往返尚便。"③但盐务署核

查后认为,胶澳民户盐田联合会及青岛市总商会"所称各节均与事实不符"④,这进一步引起盐民的不满。10—12月,民户盐田联合会组织胶澳盐民两次冲击永裕盐业公司,要求取消专营,维护盐民权益,并包围胶澳商埠督办公署,将北洋政府盐务署驻青特派员驱出青岛。

1924年7月12日,永裕盐业公司正式接管盐产并召开股东大会时,胶澳民户盐田联合会以武力突袭会场,再次发生冲突。永裕盐业公司除董事长范旭东被救出外,其他董事重、轻伤各1人,大宗杂器被捣毁,损失逾万元。对此,胶澳商埠督办公署进行了镇压,孙毓樟被看管,孙希朋等7人被捕。随后,胶澳民户盐田联合会发布宣言书:"我盐民为个人身家性命计,为万世祖业财产计,宁为黄泉之鬼魂,不作奸商之牛马。数万男女老幼奔走呼号,匍匐请愿,诚为饭碗问题,生机运动。为今之计,宁为玉碎不为瓦全,苟我盐民愚而可欺,请来垄断一试!爰述盐民苦衷,深望海内仁人君子幸垂察焉,主持正谊,助除奸商,不胜盼祷之至。"⑤

此后,经胶澳商埠督办高恩洪召集双方谈判,永裕盐业公司同意将承购的盐滩租与盐民,并准许隋石卿等商人一次性临时出口盐产品作为经济补偿。至此,胶澳盐潮方告平息。

① 胶澳商埠档案史料汇编(一)[M].青岛:青岛出版社,2013:399.
② 胶澳商埠档案史料汇编(一)[M].青岛:青岛出版社,2013:399.
③ 胶澳商埠档案史料汇编(一)[M].青岛:青岛出版社,2013:399.
④ 胶澳商埠档案史料汇编(一)[M].青岛:青岛出版社,2013:401.
⑤ 胶澳商埠档案史料汇编(一)[M].青岛:青岛出版社,2013:402.

第二篇 窑矿制品与冶金

境内砖瓦及冶金业历史悠久，远古文字资料多湮没不可查，商代墓砖已有实物可考。至晚在西周时，青岛地区已经完全进入青铜文化时期。春秋战国时期，出现土法冶铁炼钢；战国中叶以后，铁器逐渐推广普及，除生产工具和兵器外，还有少量的生活用具、车马器、杂器等。根据考古发现，战国晚期人们已熟练地掌握各种铁质器物的铸造技术及工件的脱碳热处理技术，能熟练地生产块炼铁渗碳钢件，或用含碳不一的块炼铁锻扣成形经淬火而获得高、低碳钢件，已大量采用铁金属范以及铁金属范芯大批生产薄壁铸铁器，标志着铁器生产技术已脱离初始阶段而进入了成熟阶段。[①]秦朝时，秦始皇琅琊台行宫的"千秋万岁"瓦当表明，境内砖瓦业已经发展到较高水平。同期，冶铁管理机构体系逐渐形成，冶铁手工业得到较快发展。西汉时期实行铁铜官营，凡有铁矿开采冶炼的郡县，或者于冶炼之外又兼铸造铁器的地方，设立大铁官；郡不出铁者，置小铁馆，熔铸生铁。西汉中期以后逐渐发展出"炒钢"技术，打通生铁、钢、熟铁之间的界限。[②]两晋南北朝仍循汉制，设置专门机构掌管金属冶炼和兵器制造，并在产铁州郡设立铁官。此后各个朝代，铁业管理机构时设时撤，职官名目变化繁多。唐代，薛国老曾在境内莱西南墅村南采掘铁矿。同时，唐宋时期境内平度、莱西等地已有淘金活动。明朝初年，官营铁业一度兴盛，明廷曾于产铁之地设官营铁厂，置官办理；万历年间，官营铁业瓦解，民营铁业逐渐壮大；明末因宦官税使横征暴敛，冶铁业遭受沉重打击。明清时期，砖瓦业已颇具规模。明朝赵殷姓由云南迁至胶南立村（后称石灰窑村），烧制石灰。清初，各地铁矿相继被封，严重阻碍了冶铁业的发展；康熙时期，旧矿得到恢复；乾隆开始，在矿业中废除官办，改为商办，沿用"听民开采，官收其税"的政策。此后，钢铁冶炼业有了一定进步。青岛建置初期，建筑材料生产主要有砖、瓦和石灰，民营铁工厂也开始在市区出现并得到初步发展。

德国侵占青岛后，德国人在青岛建立机制砖瓦厂和轮窑，开始生产红砖、红瓦；创建水雷枪械修理所、修船所、胶济铁路四方工厂等，其中均有与钢铁相关的工作。20世纪初，市区陆续建立起一批专门铸造机器零件或铸管的私营工厂（称为铸造厂、翻砂厂或铁工厂），生产灰口铁、白口铁或玛钢铸件，这类工厂规模很小，多则二三十人，少则几个人，除配备鼓风机、清理滚筒等机械外，其余全部为手工作业；石料生产等民族建材业得以发展，水泥生产开始起步。日本侵占青岛后，为制造维修机车零件，在四方工厂设立打铁厂、铸钢厂，后又建起2吨化铁炉1座，冶炼钢水，浇铸机件，这是青岛最早的炼钢炉，也是青岛最早的现代冶金设施；20年代初又增建铸钢厂，并增

---

① 徐学书.战国晚期官营冶铁手工业初探[J].文博,1990(2):36-41+32.
② 王志豪,王前进.浅析中国古代冶铁技术[J].中国铸造装备与技术,2018,53(5):11-14.

设炼钢炉和熔钢炉。这期间，日本商人相继在青岛建成一批铁工厂。同时，以冶炼、金属加工和机器修理为主业的民营铁工厂逐步发展，但设备简陋，多以手工业为主。南京国民政府接管青岛后，在人民大众强烈要求抵制洋货、收回主权的爱国浪潮推动下，民族机器钢铁工业发展逐步加快，轧钢行业正式起步，生产门类日益齐全，产品品种也不断增加，东益、利生、复记等民营工厂生产的车床、刨床、锅炉等产品均可与舶来品相媲美。至30年代，本市建材、冶金生产渐趋兴盛，生产能力大大提高。日本全面侵华战争时期，日本人开办砖瓦厂、石材厂、钢铁厂，设立青岛窑业组合，对民族企业强行霸占、破坏或予以控制，强制砖瓦及冶金产品实行统一价格、统一销售和调配，以保证军事设施的建造，民族建材冶金业日见萧条。抗日战争胜利后，各民营砖瓦厂、冶金厂经营困难，加上煤炭紧缺，大部分停产歇业；各水泥厂也基本停产关闭，唯有石材业尚惨淡经营。

青岛解放后，窑矿及冶金业迅速恢复，在国家政策引导下，逐步形成国营、地方国营、私营企业共同发展的局面；在生产中，吸收和利用苏联先进技术，逐步形成一系列生产工艺。"大跃进"时期，一批小水泥厂、小石墨矿、钢铁厂、炼钢炉相继投产，其后在国民经济调整中均停产关闭。1962年后，建材冶金行业贯彻中央"调整、巩固、充实、提高"的方针，生产逐步回升，产品品种增加，生产工艺、生产能力进一步提高。70年代后期，县属水泥企业得到迅速发展，社队砖瓦厂再度崛起，成为砖瓦生产主力军；冶金工业企业坚持自力更生，采取扩建、改建、分建、新建等方式发展生产，先后新建一批工厂，并积极支援全国和本省"三线"建设，还有部分企业以"会战"形式组织联合"攻关"，大力开发新产品，制造成功一批关键设备。

80年代，青岛建材冶金业引进国外先进技术和设备，主要生产设备达到国际七八十年代水平，部分产品及生产线跨入国际先进行列，主要产品门类具备一定规模和优势。同时，一些大中型企业和条件较好的小型企业先后推行目标管理、价值工程、市场调查与销售预测、网络计划技术等多种现代化管理方法和手段，使企业管理跃上新台阶。

第一章　窑制品

至迟在商代，青岛地区就开始烧制砖瓦。迄至清末，境内生产砖瓦时，窑工以木质砖瓦模手工操作制坯，以柴草为燃料，用马蹄型小土窑焙烧，主要生产青砖和小弧瓦。烧制石灰的主要方法为借坡挖洞筑窑，以柴草烧制。清末，莱西望城镇、潭格庄亦建有石灰窑，采用当地石灰石做料，用松柴烧制。

德国侵占青岛后，德商开办数座窑厂和水泥厂，建成第一座轮窑，砖瓦业引入机器生产，青岛机制砖瓦业初具规模。近代本地民族机制砖瓦，最早始于1913年3月刘明卿开办的祥利窑厂[①]，是山东省民族工业最早的机制砖瓦厂。至30年代，本市具备一定规模的砖瓦窑厂有30余家，规模较小的砖瓦窑遍及周围各县，全市砖瓦业进入兴盛期。日本第二次侵占青岛后，强行霸占或控制中国人开办的砖瓦窑厂，设立青岛窑业组合，先后独资、合资开办10余家砖瓦厂，垄断窑业生产。40年代后期，日商将其独资、合资的部分窑厂以折价和招标的形式出售，民营砖瓦窑厂经营十分困难，大部分窑厂停产歇业。

---

① 中国实业志:山东省第十册[M].复印本.第七九六(辛)页.

青岛解放后，军地各级机关或政府部门通过接管、购买、承租等方式陆续恢复砖瓦窑厂生产，并随着管理体制的变化而不断进行合并、更名和技术改造，使生产逐步规模化、专业化、半机械化。私营砖瓦厂也通过生产合作、私私合营、公私合营等方式逐步实现生产设备与技术共享并向规模化聚拢。第一个五年计划时期，推广轮窑焙烧新技术，促进全市砖瓦工业发展。50年代末，由于受"大跃进"影响，社会基本建设投入加大，砖瓦厂、石灰厂、水泥厂等迅速增加，但在随后的调整过程中大都下马。1967年，青岛开始生产平板玻璃。

70年代初，根据国家大办"五小"（小钢铁、小煤窑、小水泥、小化肥、小机械）企业的指示精神，一批县办、社办工厂相继建立。

70年代末，各县、社砖瓦厂通过技术革新

和工艺改造实现半机械化生产，砖瓦工业发展较快，生产效益大幅提高；地方国营砖瓦厂则受限于原料供应等原因大部转产。水泥生产发展迅速，各生产企业纷纷挖潜改造，在工艺装备、生产技术、产品质量等方面步入全国先进行列。石灰生产逐步萎缩。

第一节　砖　瓦

至迟在商周时期，境内有关地区就已开始烧制砖瓦。商代墓砖、秦琅琊台"千秋万岁"瓦当皆有实物可考。明清时期，砖瓦业已颇具规模，明朝胶南立村（后称石灰窑村）后即借坡挖洞筑窑、以柴草烧制石灰。清末，莱西望城镇、潭格庄亦建有石灰窑。其间，生产砖瓦时，窑工以木质砖瓦模手工操作制坯，以柴草为燃料，用马蹄型小土窑焙烧，主要生产青砖和小弧瓦。

德占青岛后，德国人在大窑沟设立捷成窑厂，建成第一座轮窑（图2-1），砖瓦业引入机器生产。

之后，又在胶县麻湾河口开办大成窑厂，用德国产瓦机制作平瓦，另在孤山、沙岭庄分别设立砖瓦厂，均备有50马力原动机。[①] 至此，青岛机制砖瓦业初具规模，每年生产砖、瓦600万块（页）。民国初期，日本人先后

图2-1　1899年，捷成洋行在大窑沟建成大型蒸汽砖瓦厂，由F.H.施密特公司施工建造。随后，大量印有"DIEDERICHSEN JEBSEN & Co.TSINGTAU"款识铭文的各款西式牛舍瓦、卷筒瓦、鱼鳞瓦以及少量中式板瓦出现在各建筑房顶

---

① 赵琪,修.袁荣叟,纂.胶澳志[M].民国十七年(1928)铅本影印.台北:成文出版社,1968:867.

建成孤山窑厂、青岛地所建物株式会社、东华公司青岛支店、岩城商会、村本炼瓦工厂等；刘明卿投资2.6万元在湖岛村开办祥利窑厂，是山东省民族工业最早的机制砖瓦厂。至1921年，同和①、永记、春记②、裕兴和、德源泰、义和祥等窑厂先后建立。1922～1924年，谦盛合、泰记、玉昌、公兴义等8家窑厂相继设立，共建有土窑30余座，其后由于砖竞争激烈先后停产关闭。30年代，随着市区大规模城建需要，砖瓦生产规模迅速扩大，合计年产砖2300万块、瓦300万片，总值40余万元。③除外资砖瓦厂以外，益丰、福兴、和丰、永盛和、全盛、双合盛、春和、利和、大兴、同丰、三盛窑④和万丰实业股份有限公司等30余家较有实力、规模较大的民族资本砖瓦窑厂相继设立（图2-2），规模较小的砖瓦窑遍及周围各县。据《中国实业志》记载，胶县有"土窑十二家，资本六〇〇〇元，工人二五〇人"⑤。日本第二次侵占青岛后，组建窑业组合并开办砖瓦厂，先后独资、合资开办光正窑厂、青岛窑厂、祥裕窑厂、谦和窑厂等10余家砖瓦生产厂，垄断了窑业生产；40年代后期，先后将这些砖瓦窑厂以折价和招标形式出售。其间，受日资企业挤压，民营砖瓦窑厂大都破产倒闭，至1947年仅存11家；1949年底，维持生产的砖瓦企业仅8个，产值205万元。

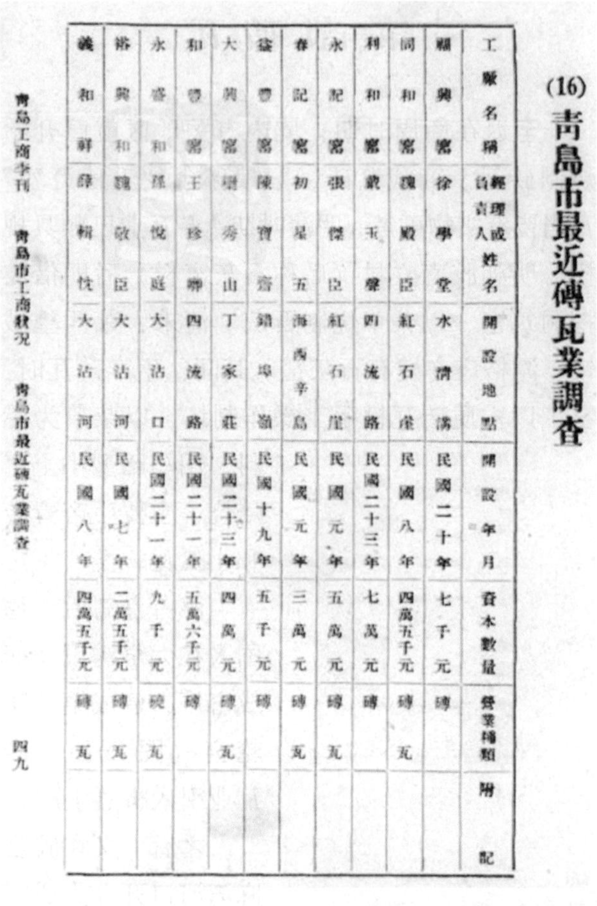

青岛解放后，军地各级机关或政府部门通过接管、购买、承租等方式陆续恢复砖瓦窑厂生产，私营砖瓦生产企业大多效益不佳，生产时开时停。此后，新生窑厂、建设窑厂、劳工窑厂合并成立青岛建筑工程公司第五窑厂。1952年，青岛郊区私营砖瓦窑厂有60余个；次年，青岛市窑业生产合作社成立，下设制砖、制瓦、石灰车间。第一个五年计划时期，通过推广青岛建筑公司窑厂用轮窑焙烧代替土窑焙

（16）青岛市最近砖瓦业调查

工厂名称	经理或请人姓名	开设地点	开设年月	资本数量	营业种类	附记
裕兴窑	徐学堂	水清沟	民国二十年七月	七千元	砖瓦	
同和窑	戴玉臣	红石崖	民国二十三年	五万元	砖瓦	
利和窑	张殿臣	红石崖	民国元年	三万元	砖瓦	
永记窑	丁五星	青西海岛	民国元年	五万元	砖瓦	
春记窑	齐寶斋	辛家庄	民国十九年	四万元	砖瓦	
盛窑	陈镇埠	沙子口	民国二十三年	四万六千元	砖瓦	
大兴窑	王经山	四流路	民国二十一年	五千元	砖瓦	
和盛和	孙廷	大沽口	民国二十一年	九千元	砖瓦	
永盛和	敬臣	大沽河	民国七年	二万五千元	砖瓦	
裕兴和	赖悦	大沽河	民国八年	四万五千元	砖瓦	
义和祥	翔悦					四九

图2-2　刊载于1936年《青岛工商季刊》第四卷第1期的"青岛市最近砖瓦业调查"表第1页⑥

① 青岛市工商状况:青岛市最近砖瓦业调查[J].青岛工商季刊,1936,4(1):49.
② 中国实业志:山东省第十册[M].复印本.第七九六(辛)页:民国八年春记窑厂开设于青岛之薛家岛;第七九七、七九八(辛)页:分东西两工厂,东厂在青岛薛家岛草场窑子村,西厂在青岛薛家岛辛岛村,资本共一万四千元,每厂亦有德国式轮窑一座,制泥机、制瓦机各一座,出品为洋式红色砖瓦。
③ 山东省志:建材工业志[M].济南:齐鲁书社,1994:130.
④ 青岛市工商状况:青岛市最近砖瓦业调查[J].青岛工商季刊,1936,4(1):49-50.
⑤ 中国实业志:山东省第十册[M].复印本.第八〇〇(辛)页.
⑥ 青岛市工商状况:青岛市最近砖瓦业调查[J].青岛工商季刊,1936,4(1):49-50.

烧新技术，加速土窑砖瓦企业改造，促进了全市砖瓦工业发展。1956年11月，双合盛窑厂、三盛窑厂、益丰窑厂、裕兴窑厂和新兴瓦厂正式合并，成立公私合营双合盛窑厂；年底，国营青岛砖瓦窑厂和公私合营双合盛窑厂、万丰窑厂及部分石灰厂合并成立青岛窑石总厂。是年，青岛海西砖瓦厂年产砖1477.5万块、瓦277.7万页，实现产值70万元，成为青岛市砖瓦生产骨干企业，所产黏土瓦远销北京、上海等地。1958年，双合盛窑厂试制成功烟囱砖、七孔空心砖、陶瓷砖、耐火砖等新产品；流亭窑厂又试制成功大筒子瓦、小筒子瓦、大左翅瓦、大右翅瓦、中左右翅瓦、小左翅瓦、小右翅瓦、檐瓦、鞍子瓦、斜钩瓦、挂钩瓦11种新产品，解决了青岛市人民政府大楼修缮工程缺异形瓦的难题。

50年代末，由于受"大跃进"影响，社会基本建设投入加大，砖瓦生产呈畸形繁荣之势，各县社、村纷纷兴办砖瓦厂，胶县、平度县和即墨县社、村开办砖瓦厂或窑业合作社近30个。此后，经过调整逐步回到正常发展轨道。其间，积极推广砖瓦生产内燃烧砖、窑外预热等新技术、新工艺，石灰生产通过新建新式窑、改变送风及装窑方式使产量增加，煤耗下降，同时减轻了职工劳动强度，提高了劳动效率。

"文化大革命"初期，砖瓦企业生产遭到严重破坏，产量徘徊不前。70年代生产形势开始好转，全市各砖瓦厂纷纷进行窑炉改造，提高新建、扩建轮窑进行砖瓦焙烧技术升级。至70年代末，各县、社砖瓦厂通过技术革新实现半机械化生产，通过工艺改造使生产效益大幅提高。

80年代，市区砖瓦生产企业相继转产，郊区各砖瓦厂充分发挥企业自主权，增加基本建设投入，推广节能效果更好的地下轮窑和隧道窑，扩大生产规模、提高产品质量。1980年，胶南县建筑材料厂生产的黏土瓦在全国黏土瓦质量评比中获第三名。1982年，胶县砖瓦厂生产的150号黏土砖在全国质量评比中被评为优质产品。1984年，平度县砖瓦厂红砖被评为全国优良产品；胶县砖瓦厂生产的150号黏土砖在山东省同行业评比中被评为第一名。1985年，莱西县砖瓦厂黏土砖一级品率达到100%。

至1985年，全市乡镇砖瓦生产企业98个，从业人数10658人，工业总产值3496.1万元，全部固定资产原值3662.0万元，流动资金2149.0万元，利税总额661.1万元。[①]是年，平度县砖瓦厂红砖被评为山东省优良产品。

《设立开设砖瓦窑章程》

德国侵占青岛后，为加强对砖瓦生产的管理，于1899年3月28日颁布《设立开设砖瓦窑章程》四款，其中规定："凡欲开设砖瓦窑厂而不用机器者，必先缮具禀帖禀请辅政司准否，俟查勘该地势无妨碍之处方准开设，若有关系大局之事自应立定限制，虽已准开设随时亦可查销"；"凡立一厂，每窑一座每月须纳费洋银四元。自西历本年四月初一日起，按每月初一日以前即将规费交纳辅政司，如本月交过规费方准办理下月之事。现在定明规费四元，将来是否增减，应俟揆度情势再行定夺"；"设若有地从未开设砖窑，现有数人均禀请欲在该地设厂者，视所出规费多寡为断，至少在四元之数"；"倘有不遵章程者，罚洋至二十元，亦可将砖瓦以及窑内所用器具充公"[②]。

复合永窑厂

刘子山早先开办福和永杂货行，以经营草帽缏和木材为主。1913年在大窑沟创办福和永

① 山东省志:建材工业志[M].济南:齐鲁书社,1994:137.
② 谋乐.青岛全书[M].青岛:青岛印书局,1912:72.

窑厂[1]，《青岛市志》中记为"复合永窑厂"，注册资本金5万银元，雇佣工人250人。窑厂有德式制砖机和制瓦机各1台，年生产建筑用砖600万块、瓦30万页，年销售额达7万银元。1914年，因大窑沟周围土源用尽，窑厂迁至红石崖，占地面积20亩，建设砖棚2座（可容纳砖坯100万块），生产设备有小土窑5座，职工70名，以手工制作砖坯，再经土窑焙烧，年产砖300万块。1918年，窑厂开始采用沽河泥土生产瓦，主要设备有手摇压瓦机，年产30万页。每片德式牛舌瓦背面都有"LIü TSZE SCHAN TSINGTAU青岛刘子山监制"的德文和中文字样。"LIü TSZE SCHAN"是刘子山的德文译名。1922年，窑厂投资兴建1座轮窑，年产砖量增加到500万块，工人增至360名，占地扩大到70亩。

另据载，刘子山1914年买下德商所建红石崖窑厂，添置机械设备，增加大转窑一座，创办永记窑厂，资本0.5万元，有工人82名，每天工作12小时，厂址位于红石崖街102号。

1920年，王殿甲、戴玉声、魏殿臣等人合伙在红石崖建立同和窑厂，[2]占地面积60亩，有大转窑一座，安装锅炉、气力机、压瓦机、压砖机等设备[3]，职工200人，年产砖250万块、瓦20万页。其中，砖坯以手工操作，瓦坯是用手摇压瓦机制作，后改用马拉压瓦机制坯。

1945年，滨北专署没收"永记""同和"两厂，1951年初由胶州专署接管，定名为红星窑厂；8月1日划归胶县实业公司，更名为益民窑一厂。次年4月，复合永窑厂并入该厂。使该厂拥有轮窑2座（16门、20门各1座）、蒸汽锅炉1台、制砖机1台、制瓦机2台，主要生产手砖、机砖、平瓦、脊瓦、半瓦等产品，砖由轮窑焙烧，瓦由小土窑焙烧，当年生产红机砖440万块、红手砖572万块、瓦122万页，价值40.1万元，固定资产37.8万元（原值），有职工295人。

青岛砖瓦窑厂

1946年10—11月，日商将其独资、合资的部分窑厂以折价和招标的形式出售，其中，光正窑厂折价出售给青岛市社会局、孤山窑厂出售给青岛市政府。

1949年8月，中国人民解放军第三十二军后勤部生产合作社接管光正窑厂，改称三二合作社田家村窑厂，开始手工生产砖瓦；1951年更名为公营沪记公司窑厂。1950年1月，青岛建筑公司用25匹布作价购买孤山村旧窑厂和部分土地，成立青岛建筑公司窑厂，这是青岛市第一个国营砖瓦厂。同年，海军青岛基地某团和基地供应社协同承租私营立兴窑厂，更名为海军青岛基地供应社建华砖窑厂；10月25日与山东军区后勤部生产处生建公司青岛分公司合并，更名为生建窑厂。1951年3月，崂山郊区办事处在接管私营小砖瓦厂基础上建立崂山窑厂。1952年5月，市人民政府接管合丰窑厂并更名为水清沟窑厂；6月青岛建筑工程公司成立后，将国营和公营的青岛建筑公司窑厂、沪记公司窑厂、生建窑厂、崂山窑厂划归该公司管理，并分别命名为青岛建筑工程公司第一窑厂、第二窑厂、第三窑厂、第四窑厂。1953年4月，青岛建筑工程公司厂务处组建成立青岛建筑材料公司，青岛建筑工程公司第一、二、三、四窑厂分别更名为青岛建筑材料公司第一、二、三、四窑厂。1954年，青岛建筑材料公司第三窑厂停产；同年11月1日，第一、二、四窑厂与明水灰石厂合并成立青岛砖瓦窑厂，成为青

① 贺伟.风雨半城山：刘子山传奇[M].青岛：青岛出版社，2017:41.
② 青岛市工商状况：青岛市最近砖瓦业调查[J].青岛工商季刊，1936,4(1):49-50.
③ 胶南县志[M].北京：新华出版社，1991:206.

岛市唯一大型砖瓦生产企业，产品主要供给全市大型建筑工程。

1958年3月1日，青岛市地方建筑材料公司成立，青岛砖瓦窑厂随之撤销。3月27日，青岛砖瓦窑厂一车间改为青岛地方国营水清沟窑厂、二车间改为青岛地方国营楼山后窑厂、三车间改为青岛地方国营流亭窑厂、四车间改为青岛地方国营石灰窑厂。

青岛窑石总厂

30年代，随着市区大规模城建需要，益丰窑厂、双合盛窑厂、万丰实业股份有限公司等一批较有实力、规模较大的砖瓦窑厂相继设立。

1952年8月1日，万丰实业股份有限公司更名为公私合营万丰实业股份有限公司；1954年改为公私合营万丰窑厂。此后，在对资本主义工商业实行社会主义改造过程中，双合盛窑厂、三盛窑厂、益丰窑厂、裕兴窑厂和新兴瓦厂申请并实行公私合营。1956年11月，5家私营窑厂正式合并成立"公私合营青岛双合盛窑厂"。随后，由国营青岛砖瓦窑厂和公私合营双合盛窑厂、万丰窑厂及部分石厂成立青岛窑石总厂。

1958年3月1日，青岛市地方建筑材料公司成立，青岛窑石总厂和青岛砖瓦窑厂随之撤销。

青岛海西砖瓦厂

1952年，藏马县（旧县名，治泊里）土产百货公司投资建立藏马益民窑厂，主要设备有土窑4座、制瓦机1台（用畜力带动）、瓦棚1座，固定资产2万元。

1954年，益民窑一厂更名为胶南县红石崖窑厂。1956年10月1日，胶南县红石崖窑厂划归青岛市轻工业局，后又与藏马益民窑厂合并，改名为青岛海西砖瓦厂，增加瓦轮机、旋床、高压锅炉、汽力机等设备，有职工323名。当年产砖1477.5万块、瓦277.7万页，实现产值70万元，成为青岛市砖瓦生产骨干企业，所产黏土瓦远销北京、上海等地。

1960年，青岛海西砖瓦厂划归胶南县，更名为胶南县红石崖砖瓦厂；1970年5月又更名为胶南县建筑材料厂。1980年，胶南县建筑材料厂黏土瓦在全国黏土瓦质量评比中获第三名，1986年被评为山东省优质产品。该厂还生产过日用玻璃、国防用光学玻璃、平板玻璃、压花玻璃、生铁、水泥等，县水泥厂、玻璃厂均系该厂水泥、玻璃车间扩建而成，是胶南建材工业母厂，为青岛重要砖瓦生产厂家。

第二节　石　灰

明朝赵姓、殷姓由云南迁至胶南，立村（后称石灰窑村）烧石灰。清末莱西望城镇、潭格庄亦建有石灰窑。30年代，石灰产量迅速提高。40年代，胶南县七宝山村群窑密布，石灰业已有较大规模。各石灰窑（厂）所需原料多数利用当地资源，自采自用；石灰销售因受运输条件限制，主要销往本地、邻县及青岛市区，销往外地的多以设栈（点）方式销售。

解放后，青岛建筑公司窑厂、青岛沪记公司窑厂开始生产石灰，后分别更名为青岛建筑工程公司第一窑厂和青岛建筑工程公司明水灰石厂，新生窑厂、建设窑厂、劳工窑厂合并成立青岛建筑工程公司第五窑厂。1954年11月1日青岛建筑材料公司第一窑厂和灰石厂并入国营青岛砖瓦窑厂。是年，胶南县供销社在七宝山建立石灰窑业生产合作社。1956年1月23日，胶县成立城南窑业生产合作社。1958年，胶南县石灰窑业生产合作社共有漏窑3座、焖窑10余座，有职工53人，年产石灰1.2万吨。同年，胶县艾山公社新建一石灰厂，用筒窑烧制石灰，当年生产石灰800吨，完成产值3万元，实现利润0.5万元（1961年因产品滞销停产）。是年，青岛地方国营石灰窑厂共生产石灰9450吨，完成产值44.8万元，实现利润7.3万元。其间，青岛砖瓦窑厂对石灰烧制工艺进行改造，自行设计施工将原两盆窑改为竖窑，1959年济南全国石灰生产现场会介绍并推广其先进经验，较好地改善了工人劳动条件和强度，属国内首创。50年代末，青岛钢厂、青岛生建机械厂、青岛化工厂、青岛油漆厂等企业先后开始生产石灰；青岛砖瓦窑厂四车间组建为青岛地方国营石灰窑厂，成为市区唯一全民所有制石灰专业生产厂。60年代，青岛地方国营石灰窑厂先后更名为青岛建材公司石灰厂、青岛石灰厂，通过改进送风及装窑方式进一步降低煤耗，提高生产效率，减轻工人劳动强度。后又新建大竖窑和抽气窑，石灰产量大幅提高。

70年代，随着建筑需求增大，青岛砖厂开始生产石灰，崂山县、胶县、胶南县、莱西县相继建立一批土石灰窑进行石灰生产。1970年，青岛砖厂开始生产石灰；9月崂山县石灰厂成立，有土窑1座、职工22人。同年，胶县麻湾窑厂在胶东火车站北侧建起2座土石灰窑，翌年春新建1座直径1.5米、高12米双筒塔式石灰窑。1975年，青岛砌块厂亦开始生产石灰，莱西县唐家庄公社在上柳庄村南建起石灰窑厂。1976年，胶县艾山公社石灰厂恢复生产，里岔公社新建一石灰厂，胶县水泥厂石灰产量达20503吨，创建厂以来最高水平。同年，胶县麻湾窑厂北车间独立，定名为胶县水泥二厂，继续生产石灰；崂山县石灰厂更名为崂山县建筑材料厂，仍附产石灰。各厂所用石灰石除胶南县和莱西县在当地采购外，市区及其他县大部分厂家从淄博、潍坊、昌乐、益都等市、县采购，煤炭基本上靠国家调拨，产品基本靠企业自产自销。

80年代，县以上石灰专业生产厂所剩无几，而市郊各乡镇企业及农民合伙开办小石灰窑迅速发展。此间，青岛石灰厂扩大产品产量，拓宽经营范围，先后增加轻烧镁、重烧镁、轻烧镁制品，引进本地先进技术设备、生产硫酸镁，利用石灰生产中的二氧化碳生产硼砂，产品有

的销往德国、古巴及东南亚国家，成为全国唯一生产钙、镁、硼3个化工门类的厂家。

青岛石灰厂

1950年，青岛建筑公司窑厂在生产砖瓦的同时开始生产石灰。1951年10月，青岛沪记公司窑厂在章丘县明水镇利用当地石灰石资源生产石灰。1952年7月，青岛建筑公司窑厂和青岛沪记公司窑厂分别更名为青岛建筑工程公司第一窑厂和青岛建筑工程公司明水灰石厂。同年8月1日，新生窑厂、建设窑厂、劳工窑厂合并成立青岛建筑工程公司第五窑厂，厂址设在原新生窑厂，生产设备有盆窑11座、瓮窑8座；1952年，因市商业局拟建沙岭庄仓库而停产搬迁，次年其全部资产、人员并入青岛建筑工程公司第一窑厂。1953年4月，青岛建筑工程公司第一窑厂和明水灰石厂分别更名为青岛建筑材料公司第一窑厂和明水灰石厂。1954年1月18日，因明水灰石厂所产石灰在销往青岛时经常变质，遂将大部分资产和人员回迁至沙岭庄火车站附近大沙路13号，更名为国营青岛建筑材料公司灰石厂，原厂为其分厂；8月，由于石灰销路不畅，明水分厂撤销。11月1日，青岛建筑材料公司第一窑厂和灰石厂并入国营青岛砖瓦窑厂，成为第一车间和第四车间。

1958年3月，青岛砖瓦窑厂四车间划归青岛市地方建筑材料公司，厂名定为青岛地方国营石灰窑厂，成为市区唯一全民所有制石灰专业生产厂。1962年，青岛地方国营石灰窑厂更名为青岛建筑材料公司石灰厂。1966年1月10日，青岛市建筑材料公司石灰厂改名为青岛石灰厂。

焖窑

明代烧制石灰主要方法为借坡挖洞筑窑，以柴草烧制，每窑次一般产石灰200～500公斤。清朝末年，莱西望城镇、潭格庄石灰窑亦采用当地石灰石做料，一次性上足料，用松柴烧制，烧成后拆除另装。30年代，烧制石灰开

始采用煤炭做燃料，石灰产量迅速提高，每窑产量平均达1万公斤，有窑户每年可烧三四十窑。40年代，胶县石灰生产多为砖瓦业附带生产项目，石灰石自外地采购，以焖窑烧制石灰，每窑烧制周期为7天（堆石1天，烧窑3天，冷却3天），装窑、出窑均靠扁担、大筐手工操作。

1952年，明水灰石厂经改造后计有盆窑、瓮窑19座，青岛建筑工程公司第五窑厂生产设备有盆窑11座、瓮窑8座。1956年胶县城南窑业生产合作社用焖窑生产石灰，翌年将砌石焙土烧制石灰的焖窑改为筒窑，以煤为燃料，装料、烧制、出窑间歇式作业。1958年胶南县石灰窑业生产合作社共有漏窑3座、焖窑10余座，年产石灰1.2万吨。

1970年，胶县麻湾窑厂在胶东火车站北侧建起2座土石灰窑，翌年春新建1座直径1.5米、高12米的双筒塔式石灰窑。1973年，胶县水泥厂新建年产3000吨石灰窑1座。

竖窑

1957年，青岛砖瓦窑厂四车间对石灰烧制工艺进行改造，自行设计施工将原两盆窑改为竖窑。窑身呈圆柱形，中间最大直径4米，炉高16米，炉体分预热带、煅烧带、冷却带和出灰四部分，炉体用普通红砖砌成，石灰石和煤由上部添加，底部出石灰，平均每4小时为一生产周期，每座竖窑日产石灰20吨，比原产量提高50%，每吨石灰平均煤耗由423公斤降到250公斤。明火窑（盆窑）生产时，要在40℃~60℃高温环境下作业，改建竖窑后劳动环境和强度得到较大改善。

1959年，在济南召开的全国石灰生产现场会上，介绍并推广了青岛砖瓦窑厂竖窑烧石灰的先进经验，认为竖窑产量高、质量好、煤耗低；改间歇作业为连续作业；较好地改善了工人劳动条件和强度，属国内首创。会议将其竖窑烧制石灰工艺规程定为全国竖窑须执行的规

章制度。其具体规程是：入窑的石灰厚度不超过10厘米；对各种煤种的更换必须先经小窑试验后，再确定耗煤量；定时（4小时）定量出石灰，使隔带平衡；每层煤实行差热煅烧（中部和边部各1/3）。

1958—1959年，青岛地方国营石灰窑厂为扩大生产，先后新建5座45立方米竖窑，年生产能力达3.8万吨；装窑改用卷扬机、小推车，大大减轻了工人劳动强度，生产效率提高30%。

抽气窑

1964年，青岛建材公司石灰厂将石灰窑通风改为电动鼓风机送风，使每吨石灰煤耗降为191公斤。1965年改用轨道矿车装窑。同时，利用石灰烧制过程中分解的二氧化碳试产碳酸钙新产品，当年共生产碳酸钙4吨。1966年1月10日，青岛市建材公司石灰厂改名为青岛石灰厂。

1967年，青岛石灰厂在向上海、北京等地学习的基础上，总结出"勤出勤装、定时定量、压住边火、分清三带"的先进经验，使每吨石灰耗煤降为183公斤。1969—1970年又先后淘汰45立方米竖窑，新建160立方米大竖窑和55立方米抽气窑，使石灰产量大幅提高，1971年共生产石灰26277吨。

第三节　水泥

德国侵占青岛时期，德国人首先在沧口蔡坑附近建起水泥厂，先后历经日本人办、中日合办、私营几个阶段，40年代末停产关闭。

50年代末，社会基本建设投入加大，推动了水泥生产发展。1958年，市建筑工程局建成青岛第一水泥厂，拥有职工288人，主要设备有普通立窑1座、水泥磨1台；在沧口区楼山后建立青岛第二水泥厂，主要设备为小土窑1座，设计生产能力为年产200~300号矿渣硅酸盐水泥8000吨；1960年又增建小土窑1座，生

产规模扩大为年产水泥1.6万吨。1963年，青岛第一水泥厂并入第二水泥厂，年生产能力扩至3.2万吨，主要设备有普通立窑2座、水泥磨2台、生料磨1台、烘干机1台、破碎机1台；10月，更名为青岛水泥厂。1964年，市房产管理局预制构件厂土法上马建起水泥生产车间，主要设备有土窑1座、生料磨和水泥磨各1台，设计年产325号火山灰质硅酸盐水泥1万吨。同期，胶县、胶南、莱西等地也相继建起水泥厂，生产水泥用的主要原料是石灰石、无烟煤、黏土、石膏、莹石、铁石、矿渣，除煤炭由国家统一调拨外，其余均由企业自行采购，后因国民经济调整，这些小水泥厂于1961年后陆续停产。

70年代初，根据国家大办"五小"（小钢铁、小煤窑、小水泥、小化肥、小机械）企业的指示精神，莱西县、平度县、即墨县、崂山县均办起水泥厂，各建简易土窑或小土窑1座，配以生料磨或水泥磨进行水泥生产。其中，莱西县水泥厂设计日产水泥9吨；平度县水泥厂投资27万元，有职工101人，设计生产能力为年产300号火山灰质硅酸盐水泥7000吨；即墨县水泥厂设计生产能力为年产325号普通硅酸盐水泥1万吨；崂山县水泥厂投资100万元，有职工130人；城阳公社城阳水泥厂设计生产能力为年产水泥1万吨，有职工280人；1978年，崂山县流亭公社和红岛公社水泥厂先后建立，胶县城关公社建起1.5万吨社办水泥厂。这些小水泥厂大部分设备落后，技术力量薄弱，产品标号低，经营出现亏损。

70年代末，全市水泥生产发展迅速，各生产企业纷纷挖潜改造，在工艺装备、生产技术、产品质量等方面步入全国先进行列。80年代，各水泥生产企业纷纷挖潜改造，扩大生产能力，提高产品质量，应用新技术，增加新品种，土窑生产被淘汰，立窑逐步走向机械化生产。1980年，青岛房产水泥厂将土窑改造成往复式半机械化立窑，增加生料磨直径，年产量达到2

万吨，同时解决了劳动强度大、生产环境差的问题。同年，青岛水泥厂扩建生料磨系统，新建机立窑1台，年设计生产能力达20万吨。1982年，胶县麻湾窑厂将两台球磨机更新为更大直径双室球磨机；城阳水泥厂扩建改造年产8.8万吨水泥生产线，主要设备有盘塔式机立窑1座、生料磨和水泥球磨机各2台、立式破碎机1台，生产产品为425号普通硅酸盐水泥和425号火山灰质硅酸盐水泥。同年，崂山县水泥厂对立窑系统进行改造，使年生产能力由2.2万提高到4.4万吨；并开始新建5万吨水泥生产线，增加不同直径球磨机各3台、新建简易机立窑1座，至1984年4月试产时形成年产8万吨生产能力。1983年，胶县水泥一厂完成工艺设备改造，新建摆辊式机械化立窑1座，新建和改建球磨机房2处、圆形水泥库11个，更换球磨机1台，安装大型包装机和其他配套设备，共完成土建面积2850平方米，设计生产能力为年产水泥4.4万吨；青岛水泥厂与国家建筑材料工业局建筑材料科学研究院合作试验成功生料"预加水成球"新技术，经南京水泥设计院改进，获国家建材局科技成果四等奖，其主机设备获国家发明专利，并在全国逐步推广应用；胶县水泥二厂对立窑喂料系统进行改造，安装生料配煤电子控制台及其系统装置，稳定生料流量，提高入窑生料均匀度。1984年，青岛水泥厂为解决扩建后设备不平衡和部分主机设备不适应生产状况，更新水泥磨1台，对矿渣烘干车间进行改造，增设10平方米卧式电收尘设备，改善烘干工序作业环境。同年，青岛房产水泥厂更新水泥磨1台。1985年，青岛崂山建筑材料厂投资兴建年产4.4万吨盘塔式立窑水泥生产线；胶南县水泥厂与临朐县电子仪器厂技术合作，对生料配料系统进行改造，配料控制实现微机化管理；平度县水泥厂实施立窑配套技术改造，新增水泥磨合生料球磨机各1台，新增水泥生产能力8万吨，主要设备有生料磨2

台、水泥磨 3 台、机立窑 2 台、烘干机 1 台，形成年产 15 万吨水泥生产的能力。

山东兴业株式会社

1917 年德国人在沧口蔡坑附近建立立窑水泥厂，为山东生产水泥之端始。1918 年，该厂被日本人占有后改名为山东兴业株式会社，后改为中日合办，1931 年更名为山东水泥公司，注册资本为 100 万日元，设备为旧式日制立窑，日产水泥 300 桶（每桶 380 磅，合 17.5 公斤）[①]。水泥生产原料石灰石主要来源于砟山、湖田等地，黏土来源于塔埠头、阴岛，煤炭主要从淄川采购；水泥产品基本是自产自销，主要在本市及济南、大连、上海等地销售。

1945 年 10 月，山东水泥公司由南京国民政府经济部鲁豫晋区特派员办公处作为敌伪财产接收。1947 年 5 月 22 日以招标方式出售给郝日增私人经营，标价 5.25 亿元，不久停产关闭。

青岛水泥厂

1958 年，市建筑工程局在城阳火车站以东投资 945 万元建成青岛第一水泥厂，拥有职工 288 人，主要设备有普通立窑 1 座、水泥磨 1 台；在沧口区楼山后建立青岛第二水泥厂，主要设备为小土窑 1 座，设计生产能力为年产 200～300 号矿渣硅酸盐水泥 8000 吨。1963 年，山东省建设厅认为青岛水泥生产不符合"就地取材、就地生产、就地销售"的"三就"政策，决定停止青岛水泥生产。后经青岛市要求同意撤销第一水泥厂，恢复青岛第二水泥厂。青岛市将第一水泥厂的设备迁至第二水泥厂，对其进行设备改造，使年生产能力扩至 3.2 万吨，主要设备有普通立窑 2 座、水泥磨 2 台、生料磨 1 台、烘干机 1 台、破碎机 1 台。是年 9 月 9 日，青岛第二水泥厂正式恢复生产，10 月更名为"青岛水泥厂"，主要产品为 300 号矿渣硅酸盐水泥。

1969 年，青岛水泥厂自力更生将普通立窑改造成液压传动摆辊式机械化立窑，1971 年新增球磨机 1 台，并在北京水泥设计院支持下在水泥磨上安装全国第一台新型旋风式选粉机，使磨机产量提高 40 %。1978 年，该厂与唐山水泥机械设计研究所联合研制成功用于输送熟料的惯性振动输送机，属 70 年代国际水平。至 1978 年，青岛水泥厂水泥出厂合格率和富裕标号合格率始终保持在 100 %，当年被建筑材料工业部评为"全国小水泥质量信得过企业"。1979 年在机械化立窑上安装 20 平方米卧式电收尘装置，克服了电收尘不能在立窑上应用的技术难题。是年，"青岛"牌 425 号矿渣硅酸盐水泥被评为山东省优质产品。

1980 年，该厂扩建生料磨系统，新建机立窑 1 台，年设计生产能力达 20 万吨。次年，将锤式破碎机改为链条式破碎机，使入窑煤粒度小于 3 毫米的颗粒达 85 %以上。同年，"青岛"牌矿渣硅酸盐水泥获国家银质奖，为立窑水泥业最高奖。

煅烧降耗

1964 年，青岛水泥厂为节约燃料、降低成本，试验成功燃料中掺加炉渣、烟道灰新工艺，打破烧熟料必须用优质煤的传统模式，成为全国水泥生产中资源综合利用的首创，每年炉渣、烟道灰利用量为 3000 吨，节约无烟煤 15 %～20 %，节约标准煤 1171 吨。同年，在学习南海水泥厂差热煅烧基础上，采用立窑差热煅烧工艺，改善窑内通风均匀性，使水泥质量由 300 号提高到 400 号，每吨熟料标准煤耗由 214 公斤降至 198 公斤，熟料标号达到硬练 470～500 号。1966 年，每吨熟料标准煤耗降至 106 公斤，跃居全国先进水平。

1970 年，胶县水泥二厂将普通立窑改造为半机械化立窑，在生产矿渣水泥基础上，试制成功掺加沸石作生产水泥混合材料新工艺。1971年，青岛水泥厂在水泥磨上安装全国第一台直径1.5米新型旋风式选粉机，使台时产量由6.6吨提高到9.2吨，磨机产量提高40%；次年，对立窑配煤流量控制系统进行改造，由人工流量抽查控制改成电子皮带秤控制，提高入窑生料质量。1973年，莱西县水泥厂利用县电厂煤渣代替黏土生产水泥获得成功，使每吨熟料耗用标准煤减少8公斤。1975年，莱西县水泥厂由使用莱芜钢铁厂炉渣改用莱西南墅石墨矿电厂煤渣作混合材料，生产成本大幅度下降，同时对设备进行改造，扩大水泥生产能力，当年产水泥10005吨，实现利润4万元。1977年，平度县水泥厂淘汰喂料盘，采用机械皮带传输喂料。1978年，胶县水泥一厂对立窑配煤系统进行改造，由人工控制改为自动喂料、由人工搅拌改为土洋结合的库底机械配料，自制8台皮带秤、3个配电盘、1个生料自动下料控制箱，提高配料比例合格率，同时减轻操作工人劳动强度。

1982年，莱西县水泥厂采用本地产沸石全部替代混合材料，使原料成本降低7.81元/吨，煤炭用量也有所减少，当年实现利润29万元。1983年，青岛水泥厂采用复合矿化剂煅烧新技术，熟料标号提高，每吨熟料耗标准煤平均降低10～20公斤。

粉尘治理

1978年，胶南县水泥厂开始粉尘治理，自制除尘设备36台，铺设吸尘管道200米，采用脉冲式、旋风式、洗涤式等6种除尘技术；次年，在生料配煤中采用电子自动计量数字显示仪装置，解决计量不准、配料不稳和粉尘浓度

大的问题，使产品出厂合格率和富裕标号合格率均达到100%。在此基础上，1980年改造烘干工艺，安装旋风式水洗二级除尘装置，10月联合国工业发展组织水泥技术考察团参观考察水泥密封生产技术，给予较高评价。1984年，胶南县水泥厂29个扬尘点有23个达到国家标准，每年可回收生、熟料1000吨，被国家劳动总局评为"全国文明生产先进单位"。

1985年，胶县水泥一厂在生料配料系统和水泥包装处分别安装36袋和72袋脉冲除尘器各1台，除尘率分别达到90%和94%；在配料系统安装1台自制54袋简易布袋除尘器，降尘率达98%；针对立窑卸料和石灰石破碎工序粉尘浓度大状况，安装2台高压静电除尘器，降尘率达92%以上；烘干机采用旋风收尘加滤化方法，降尘率达95%；立窑则采用喷雾降尘新工艺，使立窑烟尘浓度由1078.9毫克/立方米降为78毫克/立方米，降尘率达93.7%，远低于国家规定排放标准。其中，立窑喷雾降尘新工艺获山东省科技成果发明奖和青岛市技术发明三等奖。是年，经环保部门3次测试，全厂14个扬尘点全部达到国家标准，在青岛市水泥防尘竞赛会上获第一名。[1]

第四节 玻 璃

青岛最早的玻璃制品厂为创立于1928年的亚东玻璃工厂[2]，主要产品为台灯罩、灯壶、玻璃瓶及灯等日用玻璃制品。[3]40年代初，立初、天兴和、福兴昌等玻璃经营店铺兼制照面镜。

解放初期，市北区多家玻璃店铺联合组成青岛市联成制镜厂，经营生产各种规格照面镜。

① 胶州市志[M].北京:新华出版社,1992:237.

② 中国实业志:山东省第九册[M].复印本.第五一四(辛)页载:厂址位于万寿路14号,有厂屋四十间,占地三亩,备有本国出品之压力机二部,及火油机一部,压力机每部值八百五十元,火油机每部值四百元。组织性质为合资,资本数为8000元,有工人43人、职员3人,月薪总数60元。

③ 中国实业志:山东省第九册[M].复印本.第五二一(辛)页.

1954年又联合数家手工业玻璃店铺组成青岛市第一制镜生产组；1955年10月，台东区十几家制镜手工业者组成青岛市第二制镜生产组。1956年，第一、二制镜生产组合并组成青岛市制镜生产合作社，随后开始生产玻璃管。1958年，改称青岛市手工业管理局玻璃厂，试产玻璃管和玻璃器皿。1960年，吸收郓城路玻璃厂及其他从事玻璃工艺品生产的工匠成立青岛市手工业管理局玻璃生产合作社，成为青岛市玻璃工艺生产唯一企业，生产纳入国家计划。1961年扩建小池炉，生产医药瓶、暖瓶、酒瓶等产品。1966年7月改名为青岛市工农玻璃厂；9月，利用鞍山钢铁厂拆除设备材料自行设计建造二机平板玻璃窑炉，年设计生产能力为20万标准箱，当年12月8日竣工，次年8月13日正式投产，结束了本市不能生产平板玻璃的历史。当年生产3毫米、5毫米平板玻璃69620标准箱；次年共生产各种规格平板玻璃22.5万标准箱，产品供不应求。由于工程投资少、见效快，受到建筑材料工业部重视和表扬，并被树为国家二机窑样本窑。1969年11月，在山东省临沂地区全国平板玻璃小窑会上进行介绍并推广先进经验，该厂产品参加阿尔巴尼亚地拉那成果展，平板二机窑成为援外样板窑。

1972年，胶南县建材厂建成平板玻璃厂房和横火焰炉型平板玻璃生产线，年设计生产能力为10万标准箱，1975年正式投产，当年共生产2毫米、3毫米厚平板玻璃4万标准箱。1976年，青岛东方红玻璃厂投资80万元，将2号日用玻璃窑改建成生产2.5毫米小平拉平板玻璃窑，年设计生产能力为3500标准箱。其间，各玻璃厂先后开发生产出光学玻璃、磨光玻璃、双层熔接中空玻璃、压花玻璃、钢化玻璃等新产品，新产品投产后多因质量低、技术性能差、成本高、销路不畅等因素，时间不长即停产，

有的研制成功后未投入批量生产。1976年底，青岛工农玻璃厂针对二机平板窑炉所产玻璃质量指标达不到设计要求状况，将二机平板窑炉改造成四机平板窑炉，设计年生产能力50万标准箱；1977年9月正式动工，1978年10月改造工程结束。四机平板窑为横火焰分隔蓄热室燃油熔炉，熔化率为每日960公斤/平方米，设有4台有槽垂直引上机，机宽2.95米，玻璃板宽2.2米，该窑溶化温度、窑压、玻璃液面、油压、油温雾化气压力均实行自动控制。此后，企业扭亏为盈，经济效益明显提高。1979年，青岛工农玻璃厂生产2毫米、3毫米、5毫米平板玻璃51.15万标准箱，完成工业总产值767万元，实现利润51.63万元；是年，胶南县建材厂投产压花玻璃。

1980年，胶南县建材厂对小平拉生产工艺进行改造，生产能力扩大到年产3毫米平板玻璃20万标准箱。1981年5月，青岛市工农玻璃厂更名为青岛建华玻璃厂。同年，胶南县建材厂玻璃车间划出成立胶南县玻璃厂，1984年又将日用玻璃车间析出改为青岛振华玻璃厂。[①] 1983年，胶南县玻璃厂对二机平板玻璃窑炉进行冷修改造，玻璃板宽由2.1米增至2.5米，年产能力增加到25万标准箱；同时安装余油回收装置和自动换向装置，解决换向时炉内黑烟外冒及熔化温度、窑压不稳定造成的燃料油浪费等难题，节约能源并降低生产成本。1984年，青岛建华玻璃厂开始筹建四机无槽垂直引上平板玻璃生产线，次年3月改建工程破土动工，窑炉为横火焰分隔蓄热室燃油熔炉，熔化率每日1200公斤/平方米，设计生产能力60万标准箱/年，其中白色玻璃30万标准箱、彩色吸热玻璃30万标准箱；另外还投资148万元从比利时托雷多公司引进全套原料计量和混合设备，通过微机控制提高配料计量精度和混合料均匀度。

---

① 胶南县志[M].北京:新华出版社,1991:208.

1985年，青岛建华玻璃厂由隶属轻工业部门改属建材工业系统。其时，其主厂区位于四方区会昌路20号、分厂位于湖青路11号，全厂占地面积70534平方米，建筑面积40633平方米，主要产品有2~6毫米平板玻璃和0.5公斤酒瓶；拥有固定资产897万元，职工1613人。当年生产平板玻璃520888标箱；实现总产值1131万元，年创利润484.4万元，是山东省生产平板玻璃的中型骨干企业。

第二章 非金属矿制品

青岛地区非金属矿蕴藏丰富，品种繁多，尤以石墨、花岗石、大理石、透辉石等储量较大，在山东省乃至全国占有较大优势。境内非金属矿开采和利用最早始于清代，初期主要是花岗石的开采和加工。20年代开始先后对氟石、石棉、石墨和滑石等进行开采加工。其中，石墨以其资源丰富、开采历史久远、品质优良而享誉国内外。

至80年代中期，本市部分非金属矿石制品在加工技术、产品质量、生产能力及品种规格等方面位居全国或山东省前列。其中，石材产品畅销欧美、日本及东南亚市场。石墨生产主要有鳞片石墨、胶体石墨、石墨制品三大类、20多个品种、200多个规格的高中档石墨产品，产品出口38个国家和地区；南墅石墨矿是全国大型石墨生产综合性企业，其石墨储量、开采能力、深加工能力、产品出口能力和新产品开发能力均居全国之首。石棉生产亦在全国和山东省同行业中占有重要位置。

第一节 石 材

境内石材开采和利用最早始于清代，初期多以个体业户为主，主要靠手工开采花岗石并进行粗加工，用于住房建造，另有一部分用于制作石磨、阶石、石碑、石臼、石碾等，产量低且销路窄。德国侵占青岛后，对石料开采实行强制管理，使采石场主要集中于沙子口一带。1905年成立的益和成石工局，是第一家由中国人开办的石材工场。日本侵占青岛后，于1915年在崂山南窑丰岛（位于沙子口附近）开设采石场。1917年6月，新聚成石厂建立，主要生产加工花岗岩石器制品。1922年，福祥号（1940年更名为振华营造石材厂）开始在浮山大金顶开采花岗石。至此，青岛有采石厂数十家，所开采花岗石料均由海路运至市区或大连、上海等地。

30年代随着城市建设规模的扩大，所需石料迅速增加。1932年11月中国石公司成立，1934年7月18日改称青岛中国石公司股份有限公司，主要设备均购于德国，主要产品有建筑用花岗石、玉佛石、各种人造云石，并加工制造陵墓碑、塔及其他艺术品。1940年2月，日商投资2万元建立小谷洋行工务所，从事花岗石开采和经营；3月，由中国人投资6000元开办的东盛石材局成立。同期，各县区纷纷成立小型石矿厂，从事花岗石的开采和加工。

新中国成立后，市政府推动国有或公有公司、私营企业通过生产合作、私私合营、公私合营等方式陆续合并为国营青岛料石厂。1950年7月，市房地产管理局接管青岛中国石公司，更名为青岛建筑公司采石处并恢复生产，主要产品有石料、石槽、石桌、石凳和其他建筑用石等，产品除自产自销外，国家重大工程项目用料由国家按计划调拨。1951年4月，公私合营红星土木建筑公司石场在胶南县薛家岛区山里乡原私营采石厂旧址成立。1952年，青岛建筑工程公司成立后，青岛建筑公司采石处和公私合营红星土木建筑公司石场分别更名为青岛建筑工程公司第一石厂、海西石厂。同年，青岛建筑工程公司接管振华营造石材厂，将其并入青岛建筑工程公司第一石厂。1953年4月，青岛建筑工程公司第一石厂和海西石厂分别更名为青岛建筑材料公司第一石厂和海西石厂；6月，青岛建筑材料公司将第一石厂一分为三，分为第一石厂、第二石厂、第三石厂；7月，第三石厂因产品滞销并入第二石厂。1953年，青岛建筑工程公司第一石厂承接天安门广场人民英雄纪念碑碑心石毛坯开采和粗加工任务，其后又分两批完成人民英雄纪念碑底座花岗岩石料的开采和粗加工任务。1954年11月，青岛建筑材料公司第一、第二石厂合并，定名为国营青岛料石厂；青岛建筑材料公司海西石厂更名为国营青岛海西石厂。1955年开始，市建设局料石厂、市劳动局以工代赈办工处、青岛李村联营社、国营青岛海西石厂先后并入国营青岛料石厂。至1958年，国营青岛料石厂辖有石场11处，拥有固定资产（净值）20万元，职工720人。1960年又划出10个山场分别成立采石厂，以乱石生产为主，青岛料石厂仅为浮山山场生产花岗岩石料，加工酸洗槽、氯化塔、石滚等产品。其间，各采石厂花岗石开采仍沿用传统方式，后采用"井炮"技术开矿。

1965年，青岛料石厂筹建大理石加工车间；1966年开始生产花岗石磨光板材，当年生产96平方米；1967年11月，在城阳建立大理石分厂。1968年，青岛大理石厂亦开始试制生产花岗石磨光板材。1969年1月16日，青岛大理石厂成立，5月正式投产，主要加工生产不同规格雪花白磨光大理石板材，所需原料是从外地购买的大理石荒料，当年生产3626平方米。

70年代，随着城乡建设发展，大理石需求量大幅增加。1970年，平度县建立大泽山大理石矿。1971年，青岛大理石厂由生产单工板材产品扩大为生产加工大理石滴定台、台灯、石盒和其他工艺品，并开始出口创汇。1972年，平度县投资20万元建立平度县大理石厂，利用大泽山大理石矿资源加工生产雪花白、山水灰

云、条灰等品种大理石板材。1975年，平度县大田大理石矿建立。70年代中期，青岛料石厂先后研制成功刨石机、凿岩风镐机，实现料石加工机械化，刨石机获1978年全国科学大会奖，并成为国内石材企业中首先使用凿岩风镐的单位。同期，青岛大理石厂对设备进行更新改造，先后从国内和日本购进自动上沙螺杆式锯石机，桥式、逆转式粗磨磨光机、液压切割机、自动加压式单人操作磨光机等，机械化程度有较大提高。

70年代末改革开放后，随着国家基本建设不断发展，国内装饰石材需求量激增，花岗石板材呈现供不应求局面。1981年，平度大理石厂被建设部定为装饰大理石定点生产企业；次年开始采用金刚石锣加工花岗石毛板，其"311"雪花白大理石薄板被评为山东省优质产品，1983年又被评为国家建筑材料工业部优质产品，并获国家银质奖。1983年，平度大理石厂相继开发出天然水板画、盆景盘、镇尺、石刻看盘等大理石工艺品。同期，青岛料石总厂开始使用无声破碎剂，提高了花岗石成材率，降低了生产成本；同时借鉴国外石材加工技术，利用国产设备和原料研究成功火焰爆裂技术，并开发出火烧拉毛板材新产品，填补了国内空白。1984年，胶南县建筑材料厂开始生产大理石板材。同年1月，平度县制革厂转产大理石材，改名为青岛大理石薄板厂，10月初步建成锯石、磨光、切割、成品生产线，次年从意大利莫尔丹梯公司引进一条大理石薄板和标准板生产线，年设计生产能力12万平方米。1985年3月，莱西县建材厂改为莱西县大理石矿，主要由外地购进荒料生产大理石板材。

《订立打石告示》

德国侵占青岛后，开始对石料开采实行强制管理。1901年12月12日，胶澳总督府颁布《订立打石告示》，其中规定，此前中国地方官府核准的各石头开采场所均予以废止，自1902

年1月1日起："有欲打石者,必须在地亩局领有准票,并无费用。惟此项准票以半年为期,亦可由地亩局员随时撤销禁止。如所准击打之处,应按丈量局划立界内,不得乱行击打。至丈量局所立之界石,该领票者宜偿费用。欲领准票,其年前停止始者,限于西历本年十二月三十一号投票,均特先准;旋准初领票者。其无准票,不准打石,倘敢故违,查出重罚。至领有票者,亦应在丈量局所立界石以内击打,更不准出界石以外。"①

1903年,胶澳总督府对上述打石告示进行修订,并于6月4日颁布实施,其中规定:"嗣后凡欲击打石头者,必须投地亩局领准票,并无费用。此项准票,地亩局员可以随时撤销;如未先经调销者,即于每该年底作废。至于所准击打之处,应按丈量局划出界内,不得乱打,但丈量局竖立之界石,该领票者宜偿费款。其无准票竟敢打石或打石打越丈量局定界者,一经查出,即按德律第三百七十端第二条罚洋至一百五十马克之多至监押六礼拜之久。"②

人民英雄纪念碑碑心石

1949年9月30日,中国人民政治协商会议第一次全体会议通过决议,为纪念在人民革命战争、民族解放战争和民主运动中牺牲的人民英雄,决定在天安门广场建立人民英雄纪念碑。1952年5月10日,首都人民英雄纪念碑兴建委员会正式成立,北京市委书记彭真担任委员会主任,副主任由建筑学家梁思成、郑振铎担任,下设工程处,分设计、施工、采石、美术等7个组;此外,专设一个委员会,在中国科学院现代史研究所所长范文澜领导下,研究浮雕画片所需的史料题材。8月1日,纪念碑修建工程正式开工。

建立人民英雄纪念碑,碑心石的选择是关键。位于市区东侧、崂山最西端的九座山峰称为浮山,大约形成于白垩纪,距今至少1万3千亿年以上,历来以"出好石"著称,浮山岩石以肉红、灰白两色为主,地质学家称其为青岛岩。兴建委员会在全国历经三个多月的实地考察和反复比较、分析下,认为浮山的紫百合色花岗岩具备硬、韧、纯、细等特点,不易风化,能够长久屹立;而且,它的底色有黑色斑点和白色斑点,刻字后会反衬字的美。最终选定浮山花岗岩石料作为人民英雄纪念碑碑心石。

碑心石的毛坯开采和粗加工任务由青岛建筑工程公司第一石厂承担,1953年4月11日开始施工。为保证毛坯石材在运输和雕刻过程中不折断,石料在开采时的厚度必须达到2~3米,毛坯重量达到300吨以上。面对完整开采大石料的难题,从南京、上海等地招募的技术工人也无计可施。后来,人民英雄纪念碑兴建委员会施工组负责人陈志德得知崂山清石峪村有一位被称为"石神"的老石工李开山,便把他请到采石现场。

李开山领到采石任务后,决定放闷炮炸出巨石坯材。经过深思熟虑,首先选定一处平整石壁,在上面用黑炭笔画出一块长15米、宽3米的待采石坯,然后沿着长方形石材的4条边缘线凿出40多个炮眼,分别装上炸药。爆炸后,巨石有两个边缘确实被炸出裂隙,但另外两个边却并没有均匀裂开。原因是为保险起见,使用的炸药分量过轻,因此没能得到预期结果。于是,李开山和工人们决定用"蚂蚁啃骨头"的方法,首先根据纪念碑毛坯所需尺寸,在岩石荒料四周挖出5米多深的槽,并将外围部分处理完全,使碑石凸显出来,然后在石料底部每间隔0.4米左右用钢钎打上通孔,横贯底部;另外,在石料长边两边对向凿出8个置放千斤

---

① 订立打石告示[N].青岛官报,1901-12-14(1).
② 谋乐.青岛全书[M].青岛:青岛印书局,1912:74.

顶的窝龛，并在其中放置一个200吨的千斤顶。一切准备就绪，在横贯孔中凿进上宽下窄的楔子，几十名工人持重锤同时对这几十个钢楔捶击加压。经过41天的开凿，重达300多吨的大料石终于完整地从山体中剥离出来（图2-3），经过第一次加工整形后减重至280吨，长15米、宽3.1米、厚1.8米。1953年8月10日，施工组采用杠杆原理，将大料石抬起、架空，用钢丝绳将石板缠牢，然后在山坡上铺设道木和铁轨，在山坡、山脚都挂上钢索和绞磨；最后，两端各由工人牢牢把住，一点点收放钢索，在统一指挥下，碑心大石料便顺着铁轨缓缓下滑，移动60米后滚到半山腰处的一块平地，经过转向、翻身，二次加工成长14.7米、宽2.92米、中间厚1米、两边厚0.8米的石料，重量也随之减为102吨。次日下午，石料被安全放下山。

石料从料石场运到大港货运站，大约有15公里，途中需要经过1座山岭、4个村落、10余处桥梁以及市内交通最为繁华的街道。经过考虑，来自鞍山的老起重工提出一种最古老的办法——滚杠。工人们先铺设一个移动"铁轨"，以松木作枕木，上面满满地铺上一层钢管，再在钢管上垫上4根宽约半米的大木方，在其上面再加上一层钢管和一层木板，随后，工人们花一天时间用千斤顶把大石料放上去。8月19日，大石料由山场起运。在铁轨前方用推土机当牵引，拉着轮滑组中的一根钢索前进；每前进一段距离就要把最后面的枕木移到最前面，如此循环往复，9月27日安全到达车站。

图2-3　1953年4月23日，青岛市建筑材料公司第一石厂经过艰苦努力，顺利完成人民英雄纪念碑碑心石巨石的开采任务

碑心石运到火车站后，由于铁路载重不足，根本没法上火车。经过负责人陈志德多方协调，终于找来一辆运力90吨的皮车，可是90吨车皮最多只能超载10%。于是，再次将大石料重量减到94吨。历时17天，运石专列于10月13日抵达北京，北京西直门火车站鞭炮齐鸣，朱德总司令亲自带队在车站迎接。随后，青岛起重工人们又用老办法，在路上用钢管交替铺垫，滚动运输，花3天时间把石料运到天安门广场纪念碑工地；施工队按照设计方案，对其进行了最后一次加工，经过精雕细琢，石料再次瘦身，厚度减少为0.6米，重约60吨。

此后，青岛建筑工程公司第一石厂又分2批完成138块58.6立方米的人民英雄纪念碑底座花岗岩石料开采加工任务。

1958年4月22日，人民英雄纪念碑在天安门广场正式落成。青岛建筑工程公司第一石厂受到国家建碑委员会的表彰和嘉奖，12名起重运输工人在北京受到了周总理等党和国家领导人的亲切接见和表彰。

平度县大理石厂

1970年4月，平度县建立大泽山大理石矿。1972年3月又投资20万元，在红旗路东段路南建立平度县大理石厂，利用大泽山大理石矿资源加工生产雪花白、山水灰云、条灰等品种的大理石板材。1975年建立大田大理石矿。1977—1983年，共投资113万元增置设备与厂房，年产大理石薄板能力达到6万平方米。其间，1981年被建筑材料工业部定为定点企业；1982年，该厂生产的"银光"牌311雪花白大理石薄板被评为山东省优质产品，次年被评为建筑材料工业部优质产品，获国家银质奖。

1985年，大泽山大理石矿、大田大理石矿分出，县大理石厂设有大锯、磨光、成品、工艺、机修等车间，主要设备46台，年产大理石板82218平方米。

第二节 石 墨

境内石墨资源主要分布在莱西县和平度县，胶南县亦有少量储藏。莱西县石墨矿资源位于刘家庄、岳石、北墅一带，南北长约12公里，东西宽约7~8公里，面积近百平方公里。平度县石墨资源主要分布在张舍、明村、矫戈庄、刘戈庄、门村、李园、云山、洪山等地。胶南县石墨资源主要分布在宝山、丛家屯、七宝山、薛家沟及黑埠沟周围。

20年代中期，莱西南墅石墨生产开始起步，至40年代中期形成一定规模。初期，基本采用土法选矿，露天平面开采方式，遇软岩用镐刨，采下的矿石用小推车运走。

新中国成立后，南墅石墨厂开始注重开采设计，采矿方式改为凹陷露天开采，沿上盘矿岩接触面开沟，平行矿体走向推进，垂直矿体走向采矿，同时开采若干矿体；矿石提升用辘轳，矿石运输增加手推矿车和马车。1950年，该厂利用自制偏心筛生产出4个规格、不同粒度的石墨产品。1951年对选矿设备进行改造，增加球磨机，更新部分选矿设备；1952年又增加浮选机、离心脱水机、筛分机、球磨机、蒸

汽发电机，浮选机加装翻浪板，基本实现机械化选矿。1953年石墨产品开始出口创汇。1954年莱西县兴建北墅生建石墨矿。1956年6月6日，南墅石墨厂改称南墅石墨矿；是年，该矿新增移动式压风机、凿岩机、单筒卷扬机和自卸汽车等设备，并在矿区铺设轻便铁道，使打孔采石、提升矿石、运输矿石等工序初步实现机械化作业；次年新增双筒卷扬机和空气压缩机等设备。1957年，南墅石墨矿研制生产出含碳量达99％的高碳石墨，结束了高碳石墨产品依赖进口的历史。1958年，因全民大炼钢铁，石墨供不应求，莱西、平度、胶南、胶县纷纷兴办石墨矿；其中平度罗头石墨矿、胶南石墨矿、胶县石墨矿规模较大。1959年，北墅石墨矿研制成功利用氢氟酸浸泡石墨生产高碳石墨生产工艺，并获得含碳量99.99％的高纯石墨，后因产品销路问题而停产；同年，又研制成功光谱石墨，结束了仪表生产所需光谱石墨依赖进口的历史。

60年代初，国民经济调整后，仅保留南墅石墨矿和北墅生建石墨矿，其余各矿厂陆续停产。1962年，南墅石墨矿试制成功拉丝石墨乳，通过建筑材料工业部和机械工业部技术鉴定，当年投入批量生产，填补了国内拉丝石墨乳生产空白，具有良好涂敷性，是金属加工中理想的润滑剂，并具有高温下延长模具使用寿命等特性，产品广泛应用于军工、机械、冶金等领域。同年，该矿使用悬辊式磨粉机加工生产出（一）200目和（一）325目石墨粉，主要销往军工、冶金、铸造等行业。1963年，南墅石墨矿研制成功玻璃器皿脱模润滑剂石墨乳。1964年，南墅石墨矿生产的"工矿"牌鳞片石墨被国家定为出口免检产品。1965年，南墅石墨矿研制成功干燥胶体石墨F-1级和F-2级，水剂胶体石墨S-0级和S-1级，填补了石墨生产空白，至年底生产干燥胶体石墨5.588吨、水剂胶体石墨8.537吨。同年，该矿研制成功5吨

轨道电机车，使矿石运输工效提高 5 倍。1966年，南墅石墨矿采用高速粉碎机粉磨石墨，试制生产出粒度为 10～20 微米微粉石墨，主要用于精密制造、粉末冶金和石墨乳生产；同年，该厂矿石装车由装岩机替代手工装车，1967 年矿石运输采用直流电机车，1970 年开始使用潜孔钻、挖掘机和推土机，后增置装岩机 2 台、挖掘机 2 台，使凿岩和装运矿石完全实现机械化，年采掘能力由 30 万立方米提高到 40 万立方米。至此，南墅石墨矿成为全国同行业第一个采、装、运全部实现机械化的企业。

1970 年，第四机械工业部投资 270 万元在平度县新建山东平度碳素厂，利用当地石墨资源加工生产石墨制品，主要产品有高纯石墨坯料和石墨模具。70 年代中期，莱西、平度等县社（队）石墨矿（厂）纷纷成立，石墨及制品产量不大。70 年代后期，青岛地区石墨业由生产初级石墨产品为主转向采、选、加工、制品并重，并开始向高科技领域发展。1976 年，南墅石墨矿用气流喷射磨生产出用于化肥催化剂的 10 微米鳞片石墨微粉，经相关质量检验和催化剂厂试用，产品技术性能完全达到丹麦进口石墨微粉标准，被化学工业部列为化肥催化剂用微粉石墨定点生产厂。1978 年，南墅石墨矿生产的"工矿"牌鳞片石墨被评为全国建材工业名牌产品。1979年 3 月，南墅石墨矿与北京石油化工研究所共同研制出膨胀石墨密封材料，经大连仪器厂试用和测试，性能可替代美国进口产品。是年，该厂高碳石墨获国家银质奖，电碳石墨和鳞片石墨获山东省建材系统优质产品奖。

80 年代，境内石墨开采技术有较快发展，矿山设备趋向专业化、大型化；各石墨矿先后采用电爆破、微差挤压爆破、非电导爆破等技术。其后，北墅石墨矿及莱西县石墨矿等以收购乡镇（村）石墨矿半成品石墨为原料进行加工为主，采矿量逐渐减少。1980 年，南墅石墨矿新研制开发的模锻石墨乳获建筑材料部及山东省科技成果二等奖；1982 年，该厂生产的 MD-2 型水基石墨润滑剂获建筑材料部科技成果二等奖。1983 年，青岛电子材料厂研制成功膨胀石墨，并建成年产 10 吨的膨胀石墨生产车间；是年，南墅石墨矿生产的膨胀石墨密封材料、彩电显像管石墨乳、水基石墨润滑剂获国家经委优秀新产品奖。1984 年，南墅石墨矿生产的锻造石墨乳获国家经济委员会优秀新产品奖，翌年获国家银质奖。其间，青岛电子材料厂"黑鲤"牌中碳系列产品获山东省优质产品称号，鳞片石墨中碳系列产品（70 个规格）在1985 年全国石墨行业评比中获得第一名，并获国家银质奖。至 80 年代中期，全市县级以上石墨生产单位有山东南墅石墨矿、山东北墅石墨矿、青岛电子材料厂、莱西县石墨矿；另有各乡镇石墨生产企业 20 余个。

南墅石墨矿

1926 年，河北人张景山在南墅勘探、测绘，并收买土地，准备建厂开矿，后因争讼搁浅。1936 年，4 名沈阳人在南墅采集石墨矿石，进行简单加工，带走样品。1943 年 4 月，日本侵略军占据南墅，7 月建石墨采矿厂和选矿厂，定名为天津耐火材料株式会社南墅矿山，对石墨资源进行掠夺性开发。1945 年 8 月底，莱西县民主政府接收南墅矿山；12 月，胶东行署西海区采矿办事处进驻南墅矿山护矿，1948 年 7 月恢复石墨矿山生产和建设，10 月正式成立南墅石墨厂。1948 年，南墅石墨厂由中国人民解放军渤海军区后勤部接收，改名西海采矿办事处。1949 年转给华东工业部第三军工局，1956 年 6 月 6 日改称南墅石墨矿。此后隶属关系多次更迭，1983 年划归青岛市建筑材料工业公司。

到 1985 年，南墅石墨矿占地面积 225.91万平方米，其中建筑面积 15.54 万平方米；职工 2719 人，其中工程技术人员 72 人，管理人员 209 人，成为拥有自备电厂、采矿、选矿、石墨加工、石墨制品、彩电石墨乳生产线、汽车运输队、铁路运输、机械制修等10个车间的综合性企业，是国内主要石墨生产、加工基地；主要产品有鳞片石墨、石墨制品和石墨乳等。

山东平度碳素厂

1970年，第四机械工业部投资270万元在山东省平度县城区建立山东平度碳素厂，由省化工厅调拨原料，生产高纯石墨坯料，设计能力为年产量100吨。当年两次派员赴上海碳素厂学习。1972年1月改名山东省平度无线电石墨制品厂，并开始试制高纯石墨，10月生产出第一炉高纯石墨并进入少批量试产阶段，高纯石墨坯料各项指标均达到部颁标准。至1974年亏损60万元。1975年10月建成450平方米热解石墨加工车间，试制石墨制品，生产各种规格石墨模具，开始扭亏增盈。

1977年8月更名为山东省平度电子材料厂，至1980年，先后试制成功热解石墨栅极、石墨涂层器件等，但经济效益不景气，由年盈利60万元降至年亏损22万元。1980年10月，天然石墨车间建成投产，主要生产天然鳞片石墨，年产1500吨，企业扭亏增盈[1]。1981年又对天然石墨车间进行改造，年生产能力为6000吨，并初步试制成功高碳石墨产品。1982年，针对外贸不收购混合目产品的情况，对天然石墨车间进行第三次改造，新建2号分目楼生产分目产品，生产能力达到7000吨。1983年石墨制品车间投产，生产膨胀石墨和柔性石墨，中碳石墨品种达到15种，高碳石墨达9种[2]。当年盈利91.7万元，创建厂以来最高纪录[3]。

1984年有主要设备45台，年产石墨6055吨。其主要产品有混合目石墨、分目石墨、高碳石墨、膨胀石墨、石墨纸、石墨制品等6个大类

20多个品种。其中，中碳石墨589、890两个品种被评为建筑材料工业部优质产品，中碳石墨589、890、590三个品种被评为省优质产品。

1985年5月，山东省平度电子材料厂更名为青岛电子材料厂，同年获国家"中碳系列石墨（71个规格）银质奖"，年产量7502吨[4]，有职工1000人，注册资金6000万元，拥有年产万吨石墨、3000吨高碳石墨、5000吨可膨胀石墨、高纯石墨、石墨模具30万套生产线各一条[5]。

第三节 石 棉

青岛地区石棉储量不大，主要分布于莱西县南墅镇、日庄镇，崂山县王哥庄镇峰山以南及胶南县七宝山东约10里的石灰山上。30年代初，竞成石棉工厂于辽宁路73号成立，"自行采矿、自行提制"，为青岛最早生产石棉制品的厂家，主要生产初级石棉保温材料和防火材料。胶县是主要石棉生产地之一，平均年产石棉500吨，除在青岛地区加工外部分销往日本，每吨售价100～120元。

50年代初，青岛石棉试验工厂成立。"大跃进"期间，台东区工业局组织区属袜子厂、织布厂、木厂、火柴厂等加工石棉制品，使石棉制品产量猛增，1958年为17435.6吨，1959年达43454吨，1960年高达54108吨。至1966年，石棉制品行销华东、华北、东北、西北、西南、中南六大地区的14个省、市的石油、化工、农机、冶金、煤炭、铁路、交通、军工等行业。

1981年1月，青岛石棉制品厂、青岛第二石棉制品厂、建材局汽车保养厂、炉渣砖厂、

① 平度县志[M].济南:山东省出版管理处,1987:320.
② 山东省志:建材工业志[M].济南:齐鲁书社,1994:194.
③ 平度县志[M].济南:山东省出版管理处,1987:320.
④ 平度县志[M].济南:山东省出版管理处,1987:320.
⑤ 山东省志:建材工业志[M].济南:齐鲁书社,1994:194.

石棉原料加工厂联合成立青岛石棉制品总厂。同年，该厂生产的101#石棉垫片被评为建筑材料工业部优质产品，次年荣获国家银质奖。1982年，"星轮"牌石棉橡胶刹车带和石棉橡胶盘根被评为山东省优质产品、国家建筑材料工业局优质产品。

80年代中期，青岛石棉制品业先后研制生产专供"嘉陵"牌和"重庆"牌摩托车制动与传动用50型石棉橡胶刹车片、密封材料——石棉油浸填料、特种绝缘石棉纸、缓蚀石棉密封填料和耐高温石棉布等产品。

青岛石棉试验工厂

1950年3月25日，市人民法院投入100袋面粉的资金，资方人士杨振喜投入织绳机、木制弹花机、电机各1台及部分工具和办公用品（折合50袋面粉资金），借用10余间民宅，正式成立青岛石棉试验工厂。建厂之初有职工13人，占地面积约300平方米，在一无技术、二无专用设备情况下，利用市场遗留外国石棉样品进行分析研究，采用手摇纺线车、木制脚踏织布机等简易设备，土法生产出石棉制品。至年底，共生产石棉粉、石棉线、石棉布、石棉绒、石棉纸、石棉垫等11个品种石棉制品50吨。所需原料温石棉、角闪石石棉（蓝石棉）主要由国家依据生产计划统一分配，不足部分议价自购；产品以自销为主，主要销往青岛各棉纺织厂、青岛发电厂、铁道部四方机车车辆工厂等。

1952年，研制成功并投产用于保温隔热、填衬材料及复制其他石棉制品的普通石棉布、石棉编绳、石棉扭绳和石棉方绳等新产品。1953年5月更名为青岛实业石棉制品厂。1954年增加适用于活塞、阀门杆等密封用石棉盘根的生产。1955年又开始研制石棉摩擦制动制品。1959年研制成功并投产用于各种机动车辆及机械减速、制动的带型制动材料——石棉橡胶（铜丝）刹车带；同年开始向日本、苏联等国出

口石棉绳、石棉线、石棉布、油浸盘根。翌年又投产刹车片、隔热片等新产品，形成系列石棉摩擦制动制口。"大跃进"期间，该厂加大低档石棉粉、玻璃丝石棉绳、石棉板生产，试制成功风笼开条机，淘汰手摇纺线车；将新增10台手工织带机改为电动织布机。1961年，研制成功盘根连续化成型机，使卷制盘根实现多道工序合为一体的连续化生产；将清网联合梳棉机改造成罗拉梳棉机；完成10台罗拉梳棉机和5台捻线机改造，研制成功浆布机、松绳机、盘根折叠机、刹车带折叠机等。是年起，投产年产量1吨的151产品和年产量2000支的218产品，研制成功并投产隔膜石棉布和电解石棉布、普通耐酸绳和特等耐酸绳、油浸石棉盘根和橡胶石棉盘根3类产品。同年，国家又相继拨给该厂2台双联梳棉机、3台捻线机、1台合股机，使石棉机纺能力初具规模。1962年，更名为青岛石棉制品厂。

1975年底，市科学技术委员会组织会战，青岛石棉制品厂突破原棉处理、脱水烘干、酒精萃取等技术难关，翌年4月建成年产15吨短纤维石棉无尘纺纱中试生产线；10月通过国家建筑材料工业总局鉴定。同年，该厂研制成功石棉橡胶刹车带压延贴胶工艺，每年可使该厂节约汽油约400吨，并减轻环境污染，在全国同行业中属首创并保持领先地位。1979年，青岛石棉制品厂生产的"星轮"牌橡胶石棉盘根和石棉橡胶刹车带被评为山东省优质产品。此后，青岛石棉制品厂所需原料基本自行采购，石棉多从青海省茫崖石棉矿和祁连石棉矿、四川省新康石棉矿和四川石棉矿、辽宁省朝阳石棉矿和姚安石棉矿、山东省日照石棉矿等采购，所需部分蓝石棉从英国进口；所需半成品石棉线主要从莱阳及浙江慈溪、余姚等地购进。石棉制品销售主要通过各类订货会和登门推销等形式自销，产品畅销全国各地（西藏自治区除外），并出口蒙古、朝鲜、古巴、越南、智利、

丹麦、柬埔寨、缅甸、印度、印度尼西亚等国。1978—1984年，还开发生产石棉织带、石棉被、聚四氟乙烯石棉盘根等产品。

1981年1月，青岛石棉制品厂、青岛第二石棉制品厂、建材局汽车保养厂、炉渣砖厂、石棉原料加工厂联合成立青岛石棉制品总厂。1984年1月，原青岛第二石棉制品厂从青岛石棉制品总厂中分出。

1985年，青岛石棉制品总厂有职工1533人，建筑面积2.7万平方米，主要设备有3200吨压延机和圆式盘根机等300余台，年生产能力可达4000吨，固定资产原值1113万元。[①]

青岛第二石棉制品厂

1966年9月28日，青岛第一硅酸盐砖厂因转产石棉制品而改称为青岛第二石棉制品厂，有职工105人，生产石棉板504.4吨，上缴利润30.28万元。1971年，该厂采用一次成型漏板法生产保温桶所需内撑材料——石棉粒，其后将生产工艺改为先压制板材再冲压成型，使产量大幅度提高，当年生产石棉粒4.7吨，产品销往山东省内各保温瓶生产厂。1972年，采用国产耐高温石棉进行石棉垫片耐高温试验。同年，针对干法石棉纺纱生产工艺落后、粉尘严重超标情况，与陕西陶瓷非金属矿研究所、青岛建筑材料研究所共同合作，利用1片英国产无尘石棉布研制出一整套短纤维石棉水选、打浆、成膜、捻线、萃取等湿法无尘纺纱新工艺，并试制成功无尘纺纱拉膜机。1973年试制成功耐650℃高温101#石棉垫片，并于次年投入生产，解决了平板玻璃生产用国产石棉垫片耐温差、强度小、寿命短、成本高的难题。为玻璃生产配套需要，又研制开发出耐温650℃以下100#石棉垫片。1977年试制成功适用于军

工、化工等行业特殊要求的耐高温、高压石棉橡胶耐酸板，其耐酸性能超过英国"人面狮"牌石棉橡胶板，填补了国内空白，1978—1984年共生产8.75吨。同期还开发生产耐酸石棉填料、中低压石棉橡胶板。

1981年1月，青岛第二石棉制品厂与青岛石棉制品厂、建材局汽车保养厂、炉渣砖厂、石棉原料加工厂联合成立青岛石棉制品总厂。1984年1月，又从青岛石棉制品总厂中分出。

第三章　金属冶炼及制品

金属冶金业和金属工具的出现，表明青岛地区在龙山文化时期已经进入铜石并用时代[②]，至晚在西周时期完全进入青铜文化时期。冶铁是在冶铜基础上发展而来的，春秋时期，境内已有土法冶铁。管仲相齐时，推行"官山海"政策，使齐国成为盐铁富国。至迟在春秋末期，境内已有人工锻炼的钢。战国中叶以后，铁器逐渐推广普及。[③]秦汉时期，冶铁管理机构体系逐渐形成，冶铁手工业得到较快发展。魏晋南北朝到元代以后的铁业管理机构时设时撤。唐宋时期，境内已有淘金活动，但一直是旋开旋停，未形成规模生产。明朝初年，官营铁业一度兴盛；万历年间，官营铁业瓦解，民营铁业逐渐壮大；明末，因宦官税使横征暴敛，冶铁业遭受沉重打击。清康熙年间，旧有铁矿得到恢复；乾隆开始，在矿业中废除官办，改为商办，沿用"听民开采，官收其税"的政策。此后，钢铁冶炼业有了一定进步。民国时期，国民政府农商部、农业部及实业部先后设定矿权，允许人民承租并发给开采执照。

① 山东省志:建材工业志[M].济南:齐鲁书社,1994:200.
② 王克奇,王钧林,主编.山东通史:先秦卷[M].济南:山东人民出版社,1993:63.
③ 徐学书.战国晚期官营冶铁手工业初探[J].文博,1990(2):36-41+32.

青岛建置后，民营铁工厂开始在市区出现并得到初步发展。德国侵占青岛后，现代钢铁工业逐步兴起。20世纪初，陆续建立起一批专门铸造机器零件或铸管的私营工厂（也称铸造厂、翻砂厂或铁工厂），生产灰口铁、白口铁或玛钢铸件。日本侵占青岛后，在四方工厂设立打铁厂、铸钢厂，建起化铁炉冶炼钢水、浇铸机件，这是青岛最早的炼钢炉，也是青岛最早的现代冶金设施；20年代初又增建铸钢厂，并增设炼钢炉和熔钢炉。20年代后期，本埠民族机器钢铁工业发展逐步加快，轧钢行业正式起步，生产门类日益齐全，产品品种也不断增加。日本全面侵华战争期间，通过投资设厂、强占强买或强迫合作等手段控制了青岛冶金业。至青岛解放前，机器铁工业已经败落不堪。

青岛解放后，市军事管制委员会接管各冶金企业，并分别移交中央、省、市有关部门管理。新中国成立后，在市人民政府统一组织和管理下，奠定本市地方国营冶金工业基础，形成国营、公私合营、私营和合作社（或生产组）4种经济类型并存的新格局。

中共十一届三中全会后，本市冶金业逐步突破原来的发展模式，通过技术改造和设备引进改变了设备陈旧、产品落后的状况，扩大了产品的生产能力，提高了产品质量，优质名牌产品连年增加。

第一节　淘金

境内平度、莱西等地均有金矿分布，至迟在唐宋时期已有土法淘金活动。近代以来，为掠夺黄金资源，日本自1912年起先后多次调查平度等地金矿，并掠夺大量黄金。1918年，地质工作者王臻善调查平度等县金矿。二三十年代，中国地质专家对包括平度旧店金矿在内的金矿进行多次调查，取得不少成果。1935年秋，姚心田、姜文廷、段守棠等调查平度等县金矿。

据同年进行的第五次矿业调查报告，平度县旧店、三座山、双山和即墨县马山均为黄金产地。日军全面侵华战争期间，金矿是其掠夺重要对象，日占当局先后派遣大批人员对各地金矿进行调查，其中平度等县为重点地区。

新中国建立初期，华东工业部矿产勘测处胶东矿产调查队由谢家荣领队，历时3个多月对山东省矿产资源开展规模最大的一次矿产调查。但由于国家百废待兴，黄金工作没有得到应有重视，生产状况一直不够理想。1957年，平度旧店金矿建立。1958年，地质部山东地质办事处组建成立山东省第一支黄金专业地质队——胶东一队四分队（807地质队前身），在莱西、平度、即墨等地进行金矿普查，并对包括平度、即墨等地的金矿点进行勘查。60年代，根据国家要求和部署，山东省地质局807地质队（第六地质队前身）再次在平度、莱西等地开展金矿点检查工作。"文化大革命"开始以后，由于压缩各级矿业管理机构，黄金生产处于无政府状态，受到很大影响。70年代中期，在国家高度重视和有力推动下，黄金生产得到较快发展。1976年，平度县金矿开始筹建，并于次年底建成。

70年代末，各项工作逐步恢复。根据国家有关黄金勘探的方针政策，平度等产金县制定群众找矿、探矿奖励和补贴办法，激发广大群众探采黄金的积极性。1980年11月，平度县旧店镇金矿开始筹建，1981年建成投产。

莱西淘金

莱西沙金矿分布广泛，有8条富集带、30多处矿点，分原生金矿和沙金矿两大类，有着1000余年淘金历史，南墅镇董格庄西北方向有唐代淘沙金遗迹、东馆村北金岭山等地亦有古人淘沙金遗迹；唐家庄乡闫家村东北沟北侧有古人淘金废井，当地人称"金坑"；韶存庄乡战家村小河岸有百多年前淘金遗下的垂直老洞；南岚乡曹家、任家庄和河头店镇小沟子等地也有古人淘金遗迹。据传，南岚乡岚子村曾有人拾到水饺大的金块。

古代淘金，先用铁锹等工具把含金的矿砂挖掘出来，然后再一点一点地放进盆、盒、箕等淘洗工具中淘洗。后来出现专门淘洗工具，即通常是用杉木、松木或其他木料做成的木槽（大、小、高、矮、长短任意），槽底每隔1~2寸制成十字斜方格，格与格之间的间隙宽度与深度约二厘米。淘洗时，把木槽安放成10~15度的坡度（坡度不能太大），然后把磨细的矿粉置于木槽上端，使流水从槽上端流过木槽并对矿粉进行冲洗，利用金子比重大的特点，让水冲刷掉泥沙，留下金沙、金屑；在冲洗过程中，不时地用小木片把矿粉轻轻由下向上拨搅。经过反复冲洗，呈白色的沙、泥沫随水流从槽下部流出，呈黑色的为含金粉末，留在各斜方格间隙中。冲洗一段时间，待木槽最下部（尾部）方格间格中有黑色粉末时，冲洗结束。然后把木槽晒干，用小毛刷把槽内黑色粉末扫集一起，即得金精矿。①

近代，淘金者日渐增多，南岚乡尖顶村西水沟中、周格庄乡簸箕掌村小学北水沟中、日庄镇后庞格庄西北小河中、姜家屯小河拐弯处、福山后村西小沟中及芝河沿岸均有人淘过沙金。福山后村民迟振颜祖孙，在村西小淘金，上收200~300元；河头店镇董家庄宫振河曾淘得4.5分重的金粒；韶存庄乡战家村胡方光淘金2年，获利300元，金沙多为毛毛金，但成色好。1965—1975年，全县个体淘金量达711两，其中1969年淘得沙金235两②。

平度金矿

平度黄金矿产资源主要分布在旧店、灰埠、张舍、大田、大泽山、云山等镇，其中以旧店金矿最为悠久。旧店金矿矿床范围东以区域性招平断裂为界，西延至郝家沟金矿；区内金矿化集中分布于东西长约8公里、南北宽6~7公里的长方形地带内，并被洞里、碎石山断裂分割，构成由西向东依次展布的旧店、九里夼、上庄3个矿段，其中旧店矿段矿脉数量多，矿化相对较好，而自北向东矿脉数量逐渐减少，规模变小，矿化强度亦逐渐减弱。③

有关旧店开矿采金的记载，自唐至宋屡不乏见，明万历元年（1573）后一直时开时停。万历二十四年，太监陈增曾尝试开采旧店附近金矿。据民国《平度县志》载，县"东北诸山有金矿。明万历时，太监陈增尝于旧店附近开采。土人私采者多匪类"④。清道光末年（1850），翟弄针、翟罾星等10人由外地招募亡命之徒踞此采金聚赌。

清咸丰年（1851—1862）间，此地私开金矿颇具规模，且屡起纠纷。咸丰五年，未入流（明清对九品以下官吏统称）孙九翱呈称，山东莱州府平度州雕化涧、金山、三座山等处发现金苗，遍及周围二十余里，情愿自备资斧，试行开采。清廷遂命令山东巡抚崇恩酌派道府大员，带领孙九翱于所称金苗各处亲历查勘，据实具奏。崇恩派人调查后奏报朝廷："平度州金矿，得不偿失，请仍封禁。"⑤咸丰八年，给事中清安上奏朝廷，称山东平度州三座山、雕化涧等处发露金苗，堪以开采，有商人薛普等情愿自备资斧，前往承办。咸丰帝再次谕令崇恩派员查勘。崇恩派人实地查勘后于咸丰九年四月奏称，勘明该处并无金苗，薛普等人又查传不到，显系情虚避匿，因此建议继续封禁。给事

① 郭漾光.土法淘金[J].山西化工,1986(1):65.

② 莱西县志[M].济南:山东人民出版社,1990:310.

③ 代军治,李绪俊,殷茜,杨言辰.山东平度旧店金矿床1号脉深部成矿远景评价[J].黄金,2004(12):10-13.

④ 尚庆翰.民国平度县续志:疆域志[M].民国二十五年铅印本,1936:54.

⑤ 清实录山东史料选(中)[M].济南:齐鲁书社,1984:1334.

中清安随后上奏，薛普等因在京贸易，未得即时投案，得信后赴省呈请委办，知已奏明封禁，兹仍愿承办。据此，清廷令继任山东巡抚"文煜即传该商薛普等到案，委派妥员，带同前往平度州确实查勘。如果矿苗丰旺，除费用外尚有盈余，堪供课税，即责令该商等试行开采。倘系该商一面之词，诸多窒碍，亦著据实具奏，照旧封禁"。之后，此事不了了之。咸丰十一年，该处聚集匪徒三四千人，搭盖棚厂，肆行开采，地方官不能禁止。每遇械斗，互相杀伤，地方官不敢过问，以致附近地方道路梗阻。咸丰皇帝"著谭廷襄迅派妥员前往该处，确切查明，如有匪徒聚集滋扰，即严拿承办，将私挖之矿立时封禁，以遏乱萌"[①]。同治六年（1867），美国驻烟台领事山福尔要求当地官员为其雇募百余人试挖金沙，英国驻烟台领事阿查理及继任马安等人与山福尔等相互勾结，以逛山游水为名，潜往旧店等地寻觅金沙，并在报纸上宣传山东矿藏之富，以期招致各国浪人糜集于此。他们蔑视地方政府章法，自带洋枪、利刃和铁镢，见有金矿之处，不论官荒民地随意试挖。后来，意大利、普鲁士等国人，亦先后来此挖掘金矿。

光绪十一年（1885），山东候补道李宗岱等在旧店村以北的双山设矿局兴工采金，初以旧法箕淘，后采以西法，至十三年上半年全矿生产达到高峰。不到一月情况急转直下，无法盈利。据光绪十六年春马建忠《富民说》所载，金矿开办以来，"计用机厂二十余万，储料而三万，工匠之费十余万，矿师薪工五、六万，贷款息银四、五万。而现存硫金三十余吨，亦

值十余万。若所有借款转为本，不必克期还清，则以所得浮金、硫金之数核诸已用之款，犹不得谓无利之矿也"[②]。光绪十七年八月，旧店金矿倒闭。此后由于战事不断及社会动荡，开办矿务事便长期搁置，厂房、机器折变净光，而当地民间淘金业却始终未停。

1935年，王埠后村郑永连（旧店镇联庄会会长）在双山西南蝎子山用原始方式生产，经营一年亏大本。翌年攀上九里夼村周和轩，又聘请招远县温延龄主持开办，年年出金不少。抗日战争爆发后生产一直未停。1940年7月，周和轩、郑永连投靠国民党平度保安团李得元部，其合办采金业随之解散。其间，金矿多为私人合伙开采，有招远县刘永祥、杨昆千、杨建文，旧店张立发，九里夼林福正、张从仁等，以厂口涧孙玉林发动开办的万利金矿为最盛，雇工150多人，经营近两年共获金300多两。1943年冬，西海专署办事处派赵立勋、梅春和领导办矿，招募300多工人，翌年春正式投产并转为公办，日产黄金最多达十五六两。1946年秋，雨水大，矿井积水过多，加之国民党军队进攻解放区，遂再次停办。[③]

1956年，九里夼、东庙东、北庙东、南庙东（有资料记载为西庙东[④]）、厂口涧等五个村联合成立生产合作社，集体开矿采金，集中起100多人劳作，日产黄金最多达20两。1957年秋，建立山东平度旧店金矿，大集体企业，日产黄金最多达二三两。1959年7月29日，山东平度旧店金矿因资源不足，被批准停产。1960年3月复建，年底又撤销。1963年，九里夼大队开始采金，1966年因矿井塌陷而停办。[⑤]1967

① 清实录山东史料选（中）[M].济南:齐鲁书社,1984:1391+1471.

② 平度文史资料（第四辑）[M].青岛:平度县文史资料研究委员会编印,1988:35.

③ 平度工业志[M].济南:山东省新闻出版局准印证2010年青第030号,2010:212.

④ 平度县志[M].济南:山东省出版管理处,1987:319.

⑤ 平度县志[M].济南:山东省出版管理处,1987:319.

年，九里夼村重新开矿采金，历时近年，生产黄金500多两，但因缺乏技术，乱采乱挖，矿井多处颓废塌陷而作罢。[①]

1976年5月，投资105万元筹建平度县金矿，1977年12月建成，次年投产，年产黄金614小两、白银388小两，亏损1.6万元。1980年，平度县金矿投资40万元进行扩建，年产黄金2420小两、白银4941小两，开始扭亏增盈，年盈利20.3万元；同年11月，作为乡镇企业的旧店镇金矿开始筹建，第二年建成投产，到1983年年产黄金1057小两。1984年，山东省黄金公司在旧店镇金矿投资230万元，增置日处理矿石50吨机械化选场，于1985年竣工投产，采用炭浮选法处理尾矿，日产黄金4小两。

至1985年，平度县金矿设有3个采区、6个矿井，主要设备38台，罐笼提升系统1套，年产黄金4650小两；旧店镇金矿有职工370人，主矿区东起黑虎崖西侧，西至旧店村北，全长1170米，设有2个探井、2个平道，年产黄金1050小两，实现利润11万元。[②]

黄金大王李宗岱

李宗岱，号山农，祖籍广东省南海县佛山镇，出身巨富、官宦世家。其祖父三弟兄可琼、可瑞、可蕃，在清朝嘉庆年间同登进士，授翰林。荣归时建祠堂，祠门有对联一副："父子状元天下有，同胞三翰世间稀。"李宗岱聪颖好学，早年中进士，授翰林。清同治八年（1869）出任山东布政使，十三年任山东督粮道，光绪三年（1877）转任山东济东泰武临道（济南、东昌、泰安、武定四府及临清直隶州）道台兼山东盐运史，官居四品。

李宗岱来自广东，见识过美国洋行资本运作，深受洋务运动影响，为官时又主管地方财政经济，纵观所管辖地区遍地黄金，遂广积钱财，立志经营实业。但清政府规定"商务矿务不能由官任之"。为此，李宗岱当机立断，趁洋务运动兴起之时，广积钱财，去官经营矿务。

光绪九年（1883），李宗岱首开栖霞金矿，但因当地百姓认为开矿挖地阴气上升，阳气耗尽，必遭灾难而群起反对，再加旱情严重，登州知府怕百姓动乱而察情停办。光绪十一年，李宗岱筹白银45万两（借汇丰银行18万两、淮军银行6万两，各商股21万两）开办平度县旧店金矿，并疏通北洋大臣李鸿章给予支持。次年5月31日，李鸿章给李宗岱发电："机器春杵到后，井开深，多横路，出砂约需加本若干，获利若干，祈与壁赤（美国技师）议明，顷商汇丰，可借10万金以内，息六厘。果有厚利，鸿当作保或请来津商订。"平度金矿开采数年，因井深水大，采掘、通风、排水困难重重，加之硫化铁金矿石不易选炼，成本加重，资金亏乏，致使45万两白银化归乌有，尚欠外债10万串。

在开采平度金矿时，李宗岱就认识到："开金矿不仅要懂经营、会管理，还要有先进的技术设备才行，仅靠土法采矿难以发财致富"，于是高价聘请美国壁赤、瓦遵、阿鲁士威等技师到玲珑踏探矿源，认为矿苗甚佳，条件优越，开凿有望。光绪十三年，李宗岱主持开办招远金矿局，再次集股开采玲珑山红石崖矿洞，当年获净金360两。李宗岱踌躇满志，决定筹措官商资本，招聘美国技师，购买美国机器扩大开采。

光绪十五年底，李宗岱邀请旅美华商谭锦泉等人集股设立开源矿务公司，李自任督办，计划开采登州府宁海州（烟台）境内的牟平、宁海两处金矿，因股本不足而搁浅。光绪十七年，招远玲珑金矿一处矿井发生塌方矿难，30余名工人当场殒命。经过反复权衡，李宗岱决

---

① 平度工业志[M].济南:山东省新闻出版局准印证2010年青第030号,2010:212.

② 平度县志[M].济南:山东省出版管理处,1987:319.

定将平度、开源与招远玲珑山三矿合一。当年十二月六日，经李鸿章批准，领官款银25万两，加之林道琚、李赞芬集股30万两，成立官商合办招远矿务公司，李宗岱续任督办，陈世昌、徐麟光为会办，李锡功为董事，安排陆续将平度、宁海旧矿从美国购置的采掘机器设备运至招远，并高薪聘请美国技师，多雇熟练工匠，增开新的矿洞。

光绪十八年（1892）春天，玲珑金矿终于挖出新的宽大矿脉，品位每吨达百克以上，当年获净金2500两。其后几年产量剧增，采金大盛。极盛时期矿工达3000人，雇用把头120多个，日产黄金1500余两。为加快黄金开采，李宗岱派招远矿务公司总办李赞芬斥重金到美国购买洋机设备，积极扩大生产。但失之于用人不当，李赞芬一意孤行，购回铁碾等大批无用之物，不光无助开采，反倒欠债10万银元。李宗岱气愤之极，上告政府，将李赞芬革职查办，没收全部股金。

甲午战争失败后，李鸿章失势。光绪二十一年十二月，山东巡抚李秉衡以"矿夫聚集，易与屯威海之日军发生冲突"和"该矿办无成效"为由，奏请止办。次年一月八日，奉旨将招远矿务局查封并炸毁。其后两旬，李宗岱郁闷而死。[①]

第二节　铸　铜

青岛境内有着十分丰富的铜锌或铜锌铅共生矿资源。西周时，辖境已经进入青铜时代。

龙山文化时期，境内已开始冶炼青铜、制作铜器。胶县西菴遗址、崂山县财贝沟遗址、霸王台遗址、十梅庵遗址，胶南县东皂户遗址，莱西县南岚遗址，即墨县西合舍遗址等，都是重要的青铜文化遗址。[②]1976年，胶县西菴遗址发掘出土一批商周时期铜制车马器，主要有铜辖、铜扼箍、铜銮、铜軜尾等[③]。

东周时期，境内冶铜及铜器加工比较发达，市区及胶县、即墨、崂山、平度、胶南等区县均有丰富青铜器物出土。[④]1974年，胶县三里河遗址出土两件铜锥，系铸造而成，化验结果表明，含铜约为73%，含锌约为23%，含锡、铅、硫、铁约4%，是一种不太纯的黄铜。[⑤]1975年，即墨县段泊岚公社孟戈庄村出土2件春秋时期的铜铧犁，两翼长20厘米，脊长12.5厘米，两翼宽15.5厘米，两侧均有刃口，斜刃，锋利；銎为三角形口。[⑥]

两汉时期，境内铸铜技术达到较高水平，铜器种类较多，造型精美，有的刻有铭文和纹饰。1978年，崂山县城阳公社古庙大队汉墓发掘出土铜制随葬器物多件，其中包括铜豆1件、铜镜3件、铜印1方、铜刷1件。[⑦]2000年，平度县界山汉墓1号墓发掘出土铜器39件（组），包括壶1件、鼎1件、熏炉1件、钵1件、盆1件、行灯1件、提梁壶2件、洗2件、勺1件、镜刷5件、案足一组共4件、案栏一组共4件、瑟枘一组共4件、铜钉一组共17枚、铜镜19件、四乳镜2件，另有小铜环3件；3号墓发掘出土铜器20件，包括壶5件、铜泡一组共3件、饰件3件、镈4件、耳杯扣件5件，此外

① 赵东祥."黄金大王"李宗岱[J].春秋,2010(4):20-23;谭洪安."淘金道台"李宗岱[N].中国经营,2015-01-19(E04).

② 李保金.青岛历史古迹[M].青岛:青岛出版社,1997:12.

③ 胶县西菴遗址调查试掘简报[J].文物,1977(4):63-71+88.

④ 王克奇,王钧林,主编.山东通史:先秦卷[M].济南:山东人民出版社,1993:63-64+204.

⑤ 王克奇,王钧林,主编.山东通史:先秦卷[M].济南:山东人民出版社,1993:381.

⑥ 王灵光.山东即墨出土铜铧犁[J].农业考古,2008(1):154.

⑦ 孙善德.青岛市郊区发现汉墓[J].考古,1980(6):564-565.

还有蹄形鼎足及洗、盘、镜等器物残片。[1] 2008—2009 年,胶州板桥镇遗址发掘出土北宋时期铜簪 1 枚、铜镜 1 件。其中,铜簪长 14 厘米,截面呈扁形;铜镜为八出葵花形,弓形钮,直径约 12 厘米、缘厚 2 厘米,素缘,中间两周炫纹分为内外二区,内区四字铭文"忠孝之家",外区八字铭文"长命富贵,家和永昌"[2]。2011 年,胶南市张家楼镇土山屯墓地出土汉代铜器 17 件,其中铜镜 5 件、錕 2 件、印章 1 件、印模 1 件、铜刷 6 件、铜带钩 1 件、铺首衔环 1 件。[3]

1909 年,同顺铜器铺在胶县铁市街成立,资本 200 元,工人 3 人,主要生产卍寿香盒;1913 年,位于胶县山货市南堰的全祥铜器店开业,资本 300 元,工人 5 人,主要生产香盒、烛台。[4]第一次世界大战爆发前后,日本扩军备战,大肆搜掠物资,中日商民毁钱铸铜,走私贩运。据海关统计,日本第一次侵占青岛时期及北洋政府统治青岛时期,经由青岛港出口的铜达 150 万担,价值关平银 2100 万两。其中,仅 1916 年日商经青岛港口、铁路往日本走私贩运的净铜就达 67 万担,海关估价 960 万两;是年铜块出口额占青岛出口贸易总额的 53.7 %。由于毁钱铸铜,大量外运,造成青岛市面辅币短缺。1945 年,陈介孚在归化路 13 号开办介孚铸造厂。

1951 年 9 月,即墨冢子头铜业生产合作社成立,这是境内第一家县属金属制品企业。1952 年,长聚、集福、东聚昌、光福等 9 个铜、铝铸造个体业户先后组成铸铜和铝制品两个小组;1955 年 7 月两组合并,成立青岛铜铝铸造生产合作社。青岛铜铝铸造生产合作社有社员 70 人,除进行铜铝铸造外,还从事日用铝制件小商品的生产,并为其他单位加工轧延铜片;共有资金 700 元,是社员缴纳的入会费和股金;设备只有 1 台小型轧延机、1 台皮带车床、1 台抛光机、3 台小电动机和 2 吨铜铝器材及搜集来的铜、铝边角碎料。

1958 年,国家号召"大搞铜铝",青岛水暖器材合作社、铜铝铸造生产合作社与小五金合作社、机械修配合作社合并,组成青岛新华第三机械厂;后经调整,成为青岛重型机械厂,专业从事铜、铝零部件铸造。1961 年,青岛新兴金属制品厂投资兴建铝片轧制车间,开始研制日用铝制品生产。1962 年,青岛市贯彻《手工业三十五条》,青岛重型机械厂改称青岛铜铝铸造生产合作社。1963 年,青岛新兴金属制品厂试制生产铝制饭盒、面盆、菜盆以及各种规格铝锅和铝制杂件;次年,该厂两个车间划出,组建青岛钢精制品厂,除生产日用铝制品外,还对外加工铝板材,成为山东省唯一日用铝制品专业生产厂家。到 1965 年,青岛钢精制品厂能轧制 20 多种规格的铝板材,生产各种规格的铝饭锅、蒸屉等 53 个品种,上百个规格的日用铝制品器皿。1966 年,青岛铜铝铸造生产合作社转为合作工厂,称青岛铜铝铸造厂,是山东省唯一的铜、铝铸造企业。1968 年,青岛铜铝铸造厂增加拔丝、拔棒生产业务,具有生产圆铜丝、扁铜丝以及圆铜棒、方铜棒、异型铜棒等的技术。

70 年代,精铝制品兴盛起来,青岛铜铝铸造厂的生铝铸造小商品停产。1977 年,始建于 1966 年 10 月的即墨砖瓦厂转产铜铝加工,更名为即墨铜铝材加工厂,在北京铜材厂帮助下,

① 林玉海,荆展远,王艳.山东青岛市平度界山汉墓的发掘[J].考古,2005(6):32-42+98-103+2.
② 王磊,周丽静,张晶.山东胶州板桥镇遗址考古发现及相关问题[J].齐鲁文化研究,2010(00):197-205.
③ 郑禄红,翁建红.山东青岛市土山屯墓地的两座汉墓[J].考古,2017(10):32-59+2.
④ 中国实业志:山东省第十一册[M].复印本.第六六六、六七五页.

1978年生产铜板、铜棒材673吨，1980年试制成功T2宽度400毫米紫铜板；1984年更名青岛铜材厂。1985年，胶南县电解铜厂筹建，电解铜年产能力为600吨，是一个处理杂铜的乡镇企业。

铜币

先秦时期，各国铸币未形成独立体系，多与青铜器混在一起铸造。春秋时期，境内开始铸造铜制刀币。战国时，即墨为齐国重要城市，人口聚集、商业发达，铸造铜币得到广泛流通。铸币因似刀形，故名齐国刀币，种类有节墨之法化、安阳之宝化、齐之法化等。其中，"节墨"即即墨，"法化"即标准铸币，节墨之法化就是即墨邑铸币。节墨之法化始铸年代为春秋中晚期，面文"节墨邑之法化"，背文"开邦"，铸作精细。1954年，即墨孟庄出土齐刀17件，其中1件是安阳刀，其余均为齐法化；1958年，平度出土齐刀94件，其中节墨刀1件、齐之法化5件，其余均为齐法化。1956年，莒南出土齐刀约109件，其中包括节墨之法化2件；1960年，济南市区五里牌坊出土一瓮古代铜铸币，计有刀币59件，其中包括节墨之法化3件。[①]1986年7月，胶县后屯乡发现一批战国末期流通于齐国的"賹四化""賹六化"圜钱，重约二千克。[②]1990年4月，平度市发现一件罕见战国时期"㝵"刀钱范，系一泥制砖范，残缺不全，尚存刀首与刀身部分，刀身部分有"ㄈ"刻痕，因范面为阴刻，铸出钱币阳文为"ㄋ"即为一"㝵"字。经考证为齐国在即墨所铸明刀之范。[③]

秦汉时始设专门铸币场所。1978年，崂山县城阳公社古庙大队汉墓发掘出土五铢钱一串，约50枚，锈蚀较重。铜钱为紫红色，均有周廓，穿之左右有篆书"五铢"二字；有的钱孔下部有一"半星"，有的钱孔上部有一"横廓"，也有的钱孔四周不带任何记号。[④]1982年，胶县出土1200多公斤古钱，其中除少量汉代"五株"钱和唐代"开元通宝"外，大量是宋钱，而北宋钱又多于南宋钱。该地还发现金代海陵王时期"正隆元宝"铜钱。[⑤]2000年平度界山汉墓1号墓发掘出土汉代五铢钱30枚。[⑥]2011年，黄岛区张家楼镇土山屯墓地出土汉代五铢钱百余枚，其中包括大量磨郭五铢钱。[⑦]境内各地还出土一批汉代石质四铢半两钱范，其中，1953年即墨古城出土1件、1958年10月楼山后出土全范4件及碎范多块、1987年平度出土2件、2000年即墨蓝村镇古城村出土2件。此外，1990年即墨蓝村镇鲁家埠村还发现1件汉代铜制五铢钱范。[⑧]说明汉时境内有多处具有相当规模的铸币场所。

胶州板桥镇遗址2008—2009年发掘时出土大量铜钱，有北宋时期大观通宝、淳化元宝、崇宁通宝、崇宁重宝、圣宋元宝、熙宁元宝、元祐通宝、元符重宝、宣和通宝等，还有金朝大定通宝等。[⑨]

① 王克奇，王钧林，主编.山东通史:先秦卷[M].济南:山东人民出版社,1993:205.

② 毛公强.青岛胶县出土賹化圜钱[J].中国钱币,1987(4):69.

③ 杨树民.山东平度发现战国"㝵"刀钱范[J].考古与文物,1994(5):20.

④ 孙善德.青岛市郊区发现汉墓[J].考古,1980(6):564-565.

⑤ 中国历史学年鉴[M].北京:人民出版社,1983:356.

⑥ 林玉海，荆展远，王艳.山东青岛市平度界山汉墓的发掘[J].考古,2005(6):32-42+98-103+2.

⑦ 郑禄红，翁建红.山东青岛市土山屯墓地的两座汉墓[J].考古,2017(10):32-59+2.

⑧ 程玉柱.山东地区出土汉代钱范研究[D].山东大学,2016;朱活.青岛楼山后出土的西汉半两钱范[J].文物,1959(9):45;王灵光，姜保国，王新夏.山东即墨出土西汉钱范[J].考古与文物,2005(6):93.

⑨ 王磊，周丽静，张晶.山东胶州板桥镇遗址考古发现及相关问题[J].齐鲁文化研究,2010(00):197-205.

铜制容器

平度东岳石战国墓葬1960年发掘出土铜制容器6件，其中包括鼎1件、敦2件、豆1件、提梁壶1件、盘1件、舟1件，器壁较薄；此外，还有刻文残铜器片1件，刻有人形、扁形、植物形、波浪形和三角形等纹饰。[1]

1975年汛期，因胶河洪水侵蚀，在胶县西菴遗址中段东部断崖坍塌一墓，采集到一批随葬铜制容器，包括铜簋1件，半球形腹，兽耳，有珥，腹部和圈足都饰饕餮纹，通高14.4厘米；铜方彝1件，直腹，有盖，素面，通高24厘米；铜尊1件，喇叭口，中部微鼓，腹和圈足饰饕餮纹，通高24厘米；铜爵2件，形制相似，其中一件较瘦高，柱纽下为圆座形，腹部饰宽饕餮纹，通高22.4厘米，鋬内有铭文"父甲"二字，另一件器形略低矮，蘑菇形柱纽，腹部饰窄饕餮纹，下为环形纹，通高19厘米，鋬内有铭文"冉父癸"三字；铜觯1件，通高12厘米。[2]

平度县麻兰公社岔道口村1976年发现7件西汉后期青铜器，其中包括钫2件、簋2件、鼎1件、钟2件。[3]

崂山县城阳公社古庙大队汉墓1978年发掘出土1件汉代铜豆，已残破但可复原。该铜豆无盖、敛口、鼓腹，两侧有对称小扁形竖钮，通体素面，仅在腹之中部有一道较宽凸弦纹，细柄，柄中部有一凸棱，圈足；豆盘口径10厘米、足径7厘米、通高12厘米。[4]

平度界山汉墓2000年发掘出土铜器39件(组)，其中包括壶1件、鼎1件、钵1件、盆1件、提梁壶2件等容器，此外还有蹄形鼎足及洗、盘等容器残片。[5]

铜制兵器

铜制兵器出现于商周时期。在周代，特别是东周战争和社会生活中，以铜剑为代表的铜制兵器曾起着重要的作用。1956年，崂山郊区东古镇村遗址发掘出土东周时期铜镞5件，分为二式。其中，I式，镞身侧面作等腰三角形，两腰略成弧状，断面作等边三角形；铤系铁质，已锈蚀残缺；镞身长26厘米，后锋相距宽19厘米，铤残长1.9厘米。II式，双翼，中脊突出，两刃三锋，镞部与镞身有明显的分界；镞末渐细，长2.8厘米，锋宽1.1厘米，通长4.8厘米。[6]

平度东岳石战国墓葬1960年发掘出土剑(8支)、戈(12件)、镞(41件)等一批铜制武器。其中，最长的一支剑剑身上有斜方格纹，镞两侧有动物型图案。[7]

胶县西菴遗址1976年发掘出土一批商周时期铜制兵器，包括戈2件，其中一件援作长三角形，无胡，脊有三凸棱；援后部两面饰以盾形花纹，其内密布凸起小圆点，中间一圆孔；阑内拐角处各一穿；内作长方形，装柲外露部分饰阴线方框，长22.5厘米。铜钩戟1件，作"卜"字形，脊两侧有血槽；椭圆形銎，下沿前后面都伸出方框，銎中段前后面各有二穿，为加固柲部之用；脊下两面饰以夔纹；銎上四周有凸棱；钩斜上伸出，末端下弯，有血槽，两面也饰夔纹；短方形内；长29厘米。铜镞20件，形制相同，两锋、三刃，中脊断面作柱形；

① 山东平度东岳石村新石器时代遗址与战国墓[J].考古,1962(10):509-518+3-6.

② 胶县西菴遗址调查试掘简报[J].文物,1977(4):63-71+88.

③ 李秀兰.山东平度市出土一批青铜器[J].文物,1993(4):95-96.

④ 孙善德.青岛市郊区发现汉墓[J].考古,1980(6):564-565.

⑤ 林玉海,荆展远,王艳.山东青岛市平度界山汉墓的发掘[J].考古,2005(6):32-42+98-103+2.

⑥ 青岛市崂山郊区东古镇村东周遗址[J].考古,1959(3):143-146+169+174.

⑦ 山东平度东岳石村新石器时代遗址与战国墓[J].考古,1962(10):509-518+3-6.

后锋锐利，长至关部，铤为圆柱形，长6.5厘米。另有铜甲2套，其中胸甲、背甲各一套。[①]

铜镜

中国铜镜制作始于新石器时代，直到清代中晚期才被玻璃镜取代。铜镜的发展，代表着青铜铸造和装饰工艺水平的不断提高。两汉时期，铜镜制造业空前繁荣，铸造工艺与表现手法都达到新阶段。

崂山县城阳公社古庙大队发现一座汉墓，1978年发掘出土铜镜3件，均完整。其中包括昭明镜1件，半球形圆钮，十二连珠纹座，平素缘，锈蚀较垂，有的文字不清楚，右旋六言铭文二十四字"内清质以昭明，光而象夫日月，心忽扬而愿忠，然口口而不口"，径12.3厘米、边厚0.5厘米；日光镜1件，扁圆钮，圆座，平素缘，座外靠边缘处有一圈铭文，右旋四言篆书铭文八字"见日之光，长不相忘"，径7厘米、边厚0.4厘米。连珠纹镜1件，圆形钮，十二连珠纹，平素缘，与昭明镜十二连珠纹座相同，径4、边厚0.3厘米。[②]

平度界山汉墓1号墓2000年发掘出土铜镜19件、四乳镜2件，还有铜镜残片。[③]2011年，黄岛区张家楼镇土山屯墓地出土汉代铜镜5件。其中，昭明镜1件，圆形、圆钮、圆钮座，座外一周内向八连弧纹带，连弧纹间有简单纹饰，其外两周栉齿纹间有铭文："内清以昭明光象夫日月不泄"，直径11.1厘米、缘宽1.15厘米、厚0.55厘米；四乳蟠螭纹镜1件，圆形、圆钮、并蒂联珠纹钮座，座外为一周栉齿纹及一周凸弦纹，其外两周栉齿纹间为四乳及四螭纹环绕，四乳有钮座，四螭呈钩形躯体，勾外侧伸出青龙、白虎头颈部，四螭内、外两侧饰较复杂的鸟纹等，直径18.9厘米、缘宽1.6厘米、厚0.7厘米；昭明连弧纹铭带镜1件，圆形、圆钮、圆钮座，座外一周内向八连弧纹带，连弧纹间有简单纹饰，其外两周栉齿纹间有铭文："内青以昭光象夫日之月不泄"，直径8.9、缘宽1.1、厚0.45厘米；日光镜1件，圆形、圆钮、圆钮座，座外一周内向八连弧纹带，连弧纹间有简单纹饰，其外两周栉齿纹间有铭文："见日月光，长不相忘"，字间填以菱形纹、涡纹等，直径7.8厘米、缘宽0.6厘米、厚0.4厘米；重圈昭明铭带镜1件，圆形、圆钮、并蒂联珠钮座，两周凸弦纹圈及栉齿纹将镜背分为内、外两区，两区内均有篆体铭文，内区铭文为"内清质以昭明，光辉象日月，心扬而（愿），然雍塞而忽泄"，外区铭文为："洁清而事君，也欢眚明，佳玄锡之流，超疏远日忘，怀美之穷，承欢之可说，莫窕之慕景，（愿）思毋"，直径18、缘宽1、厚0.6厘米。[④]

胶州板桥镇遗址2008年发掘时出土北宋时期铜镜一件，为八出葵花形，弓形钮，直径约12厘米、缘厚2厘米，素缘，中间两周炫纹分为内外二区，内区四字铭文"忠孝之家"，外区八字铭文"长命富贵，家和永昌"。[⑤]

第三节　制铁

境内铁矿主要分布在莱西、胶南等县，春秋时期已出现土法冶铁。据《国语·齐语》记载，春秋初齐国已开始使用铁制农具。齐桓公时代，管仲首先创制官工业禁榷制度，成为列

① 胶县西菴遗址调查试掘简报[J].文物,1977(4):63-71+88.

② 孙善德.青岛市郊区发现汉墓[J].考古,1980(6):564-565.

③ 林玉海,荆展远,王艳.山东青岛市平度界山汉墓的发掘[J].考古,2005(6):32-42+98-103+2.

④ 郑禄红,翁建红.山东青岛市土山屯墓地的两座汉墓[J].考古,2017(10):32-59+2.

⑤ 王磊,周丽静,张晶.山东胶州板桥镇遗址考古发现及相关问题[J].齐鲁文化研究,2010(00):197-205.

国中唯一禁榷的国家，禁榷物品是盐和铁，即将盐和铁收归国家，由政府垄断，实行盐铁官营。据《国语·齐语》记载，管仲相齐时，"美金以铸戈剑矛戟，试诸狗马；恶金以铸斤、斧、鉏、夷、锯、欘，试诸木土"。此处的"美金"指青铜，"恶金"指铁。《管子·海王》篇说："今铁官之数曰：一女必有一针一刀，若其事立。耕者必有一耒、一耜、一铫，若其事立"。《国语·轻重乙》篇也说："一农之事，必有一耜、一铫、一镰、一鐯、一椎、一铚，然后成为农。……一女必有一刀、一锥、一箴、一鈬，然后成为女。请以令断山木，鼓山铁。"[①]说明管仲相齐时，铁制农具和工具已经非常普及。春秋末期，齐国改变盐铁官营，允许人们自由生产和运销盐铁产品，还一度实行免税，刺激了私营盐铁业的大规模经营，齐国沿海城邑出现"采铁石鼓铸，煮海为盐，一家聚众或至千余人"[②]的大手工业工场。战国中叶以后，铁器逐渐推广普及，除生产工具和兵器外，还包括少量的生活用具、车马器、杂器等。根据考古发现，战国晚期人们已能熟练掌握各种铁质器物的铸造技术及工件的脱碳热处理技术，能熟练地生产块炼铁渗碳钢件，或用含碳不一的块炼铁锻扣成形经淬火而获得高、低碳钢件，大量采用铁金属范以及铁金属范芯大批生产薄壁铸铁器，标志着铁器生产技术已经脱离初始阶段而进入成熟阶段。[③]1956年，崂山郊区东古镇村遗址发掘出土一件东周时期铁带钩，也足以说明当时的冶铁技术已经达到较高水平。[④]

秦汉时期，冶铁制铁技术大大提高，以烤蓝和淬火为例，当时两道铁器防锈和提高硬度、强度的技术处理工序达到相当高的水平。西汉武帝时，将冶铁收归官营，凡有铁矿开采冶炼的郡县，或者于冶炼之外又兼铸造铁器的地方，设立大铁官；郡不出铁者，置小铁馆，熔铸生铁。官府在全国有铁矿的地方设置铁官49处，分布在40个郡国，其中包括境内琅琊郡和胶东国之郁秩县。[⑤]西汉中期以后逐渐发展出"炒钢"技术，打通生铁、钢、熟铁之间的界限。[⑥]到东汉时，已掌握比较成熟的炼钢技术。1978年，崂山县城阳公社古庙大队汉墓发掘出土铁镢1件，两股均为扁长条状，通长10.5厘米、宽1.2厘米、厚0.2厘米。[⑦]2000年，平度界山汉墓1号墓发掘出土铁壶3件、铁鍪1件、铁钁1件、铁剑残片4块，另有棺木铁拉环4件、铁棺钉5件；3号墓发掘出土4块铁剑残片。[⑧]2011年，胶南市张家楼镇土山屯墓地出土汉代铁剑1件，扁条茎，凹形铜剑格，剑身修长，中脊起棱，断面呈菱形；剑格上有金饰，黑褐色漆木剑鞘中上部绘菱格纹；残长92厘米。[⑨]上述铁器的发现，说明汉代冶铁手工业得到空前发展，铁器种类和数量大大增加、质量稳步提高。两晋南北朝仍循汉制，设置专门机构掌管金属冶炼和兵器制造，并在产铁州郡设立铁官。

据史料记载，唐代有一称之为薛国老的人曾在莱西县南墅村南开采铁矿。至迟在南宋嘉

① 管子[M].房玄龄,注.上海:上海古籍出版社,2015:151+422+459.

② 桓宽.盐铁论:卷二·复古第六[M].明嘉靖三十二年序刻本,1553:6-7.

③ 徐学书.战国晚期官营冶铁手工业初探[J].文博,1990(2):36-41+32.

④ 青岛市崂山郊区东古镇村东周遗址[J].考古,1959(3):143-146+169+174.

⑤ 王克奇,王钧林,主编.山东通史:先秦卷[M].济南:山东人民出版社,1993:188.

⑥ 王志豪,王前进.浅析中国古代冶铁技术[J].中国铸造装备与技术,2018,53(5):11-14.

⑦ 孙善德.青岛市郊区发现汉墓[J].考古,1980(6):564-565.

⑧ 林玉海,荆展远,王艳.山东青岛市平度界山汉墓的发掘[J].考古,2005(6):32-42+98-103+2.

⑨ 郑禄红,翁建红.山东青岛市土山屯墓地的两座汉墓[J].考古,2017(10):32-59+2.

熙二年（1238），莱西境内已有铁器加工。明、清时期铁匠炉能打制锄、锨、镢等铁制农具，南墅锄板、保驾山铁锨久负盛名；店埠乡崔家岭镰刀有百余年历史，清光绪三十二年（1906）创号"崔石"镰刀以来，畅销胶东和东北三省，历久不衰。①据传，灵山卫石姓铁匠系明代永乐年间由云南迁来，延续600余年，建县胶，东红石、西红石、前红石、翁沟、唐家庄、岭西头、台子沟、王台等地有红炉200余盘。台子沟鹰膀锄刃、陈家庄菜刀、泊里出白刀、王台燕窝锨等在当地享有盛名。②

青岛建置当年，民营永顺铁厂开业，这是市区第一家铁厂，成为青岛民族铁工业的先声。之后，又有锦利、合顺成等民营铁工厂先后成立，大都是以冶铸、制作铁器、农具为主的个体小型手工业作坊。德国侵占青岛后，先后创建水雷枪械修理所、修船所（后改名总督府工厂、船坞工艺厂、水师工厂、青岛造船厂等）、胶济铁路四方工厂等，其中均有钢铁制造。日占时期，开始建设化铁炉和炼钢炉等冶金设施，青岛现代钢铁工业开始起步。1914年日本侵占青岛后，为制造维修机车零件，在胶济铁路四方机车工厂设立打铁厂。1917年，谭锡畴受农商部派遣调查山东地质矿产时，详细查勘胶县七宝山铁矿。1918年7月，瑞祥和铸造厂在云南路158号成立，从业人员30人，资本5500元，这是青岛成立最早的专门金属铸件厂。此后，以机器修理、冶炼和金属加工为主业的民营铁工厂也逐步发展，先后出现德盛荣、天永和、东益、同昌泰等工厂20多家，但规模均不大，设备也很简陋，多以手工业为主。至1919年，青岛有各类铁工厂、铸造厂、铁工作坊43家，其中华商23家、日资20家。这些铁工厂

和作坊大多资本较少，一般只有1000～3000元，其中资本不足1000元的有14家；日常业务以从事零部件加工、机器修理为主，不能制造整机；大多数铁工厂没有动力机器，使用动力的华商铁工厂只有永顺铁工厂（资本4000元）、朱同兴翻砂工厂（资本3000元）、永利号铁工厂（资本2万元）3家企业。同期，在日占当局扶持和引导下，日本商人也争先创办铁工厂，到1921年底共设原田铁工所、梅泽铁工厂、市河铁工所等10多家。南京国民政府时期，在大众强烈要求抵制洋货、收回主权的爱国浪潮推动下，青岛民族机器铁工业得到较快发展。30年代初，全市共有包括机器制造企业在内的中外资铁工厂47家，资本总额280万元（包括四方机车厂），职工2800人。③到1937年，机器铁工业增至163家；产品品种也不断增加，生产门类日益齐全，东益、利生、复记等民营工厂生产的车床、刨床、火柴机、面粉机、钻床、榨油机、抽水机、锅炉等产品均可与舶来品相媲美。

新中国成立后，青岛钢铁工业得到较快发展。50年代末"大炼钢铁"运动期间，曾对莱西县南墅、日庄、河头店等乡镇铁矿点进行大规模开采。1958年建立南墅铁矿，有职工120名，年采矿石8万吨，供给莱阳钢铁厂；胶南县建立七宝山铁矿、龙古铁矿等县属铁矿以及一些公社铁矿。1959年3月，青岛第五钢铁厂迁至胶南县大村，建立青岛大村铁矿，内设三个矿区，有职工3000余人，投产初期日产富铁矿最高达3000吨，但因矿石储量较少，当年8月便停产。是年，南墅镇西泥牛庄铁矿点有300人开采，次年达到3578人，开采矿石196126吨；1960年采矿石275696吨，主铁矿石基本挖

① 莱西县志[M].济南:山东人民出版社,1990:312.

② 胶南县志[M].北京:新华出版社,1991:205.

③ 庄维民.近代山东市场经济的变迁[M].北京:中华书局,2000:473-474.

尽，1962年停采。其间，在全市范围内修建起各种各样土炼铁炉，但产品多是氧化铁渣一类土铁；同时，在7个钢铁厂和一些有能力炼铁的厂家中共建有1.6～6立方米小高炉356座、13立方米小高炉22座、28立方米高炉6座、55立方米高炉4座，所产生铁都是含硫很高的砂型面包铁。1961年5月，根据省委指示，小高炉逐渐停产。到1962年底，全市所有炼铁高炉全部下马。

60年代，根据机械工业发展需要，本市加强独立铸造厂及机械厂铸造车间的建设。在机械产品批量大、铸件比重大的企业，如拖拉机厂、内燃机厂、电机厂等，建立或扩建成机械化、流水作业的铸造车间，形成大批量生产能力。1970年以后，南墅铁矿所采铁矿石主要供给烟台"小钢联"。70年代，全市在铸造行业推广冲天炉技术，对于提高炉温、降低焦铁比起到良好效果。1970—1971年，青岛钢厂先后将3座20吨化铁炉改造为25吨化铁炉，并安装热交换器，将入炉风温度提高到200℃～300℃，提高了化铁炉熔化率，适应了转炉生产速度。1971—1974年，胶南县宝山、大村两公社开采部分铁矿石供应砖瓦厂炼铁车间，年产900余吨。1975年以后，矿石降价，南墅铁矿连年亏损，1979年停采，1980年转产石墨。

70年代末，围绕提高经济效益，对钢铁生产进行新的调整，对消耗高、亏损大的企业实行关停并转，莱西铁厂、崂山铁厂等13立方米以下的高炉相继停产或转产[①]，其他钢铁企业得到全面改造，青岛钢铁工业发生巨大变化，实力不断增强。1984年4月，青岛钢厂新建两座

50吨/小时化铁炉，取代3座25吨/小时化铁炉。1985年5月15日，鲁南铁合金厂并入青岛钢厂，有55立方米高炉两座，生产铸造生铁和炼钢生铁，设计能力为年产生铁6万吨。

东周时期铁带钩

1956年，崂山郊区东古镇村遗址发掘出土1件东周时期铁带钩，说明冶铁和铁器制作达到一定水平。[②]1978年，崂山县城阳公社古庙大队汉墓发掘出土铁镢1件，两股均为扁长条状，通长10.5、宽1.2、厚0.2厘米。[③]2000年，平度界山汉墓1号墓发掘出土铁壶3件、铁鍪1件、铁镬1件、铁剑残片4块，另有棺木铁拉环4件、铁棺钉5件；3号墓发掘出土4块铁剑残片。[④]2011年，胶南市张家楼镇土山屯墓地出土汉代铁剑1件，扁条茎，凹形铜剑格，剑身修长，中脊起棱，断面呈菱形；剑格上有金饰，黑褐色漆木剑鞘中上部绘菱格纹；残长92厘米。[⑤]上述铁器的发现，说明汉代冶铁手工业得到空前发展，铁器种类和数量大大增加、质量稳步提高。

铁岭庄冶铁场

1982年在平度县云山镇铁岭庄村发现大型汉代冶铁遗址，遗址呈东西深沟状，分为南北两半，深约3米，面积4500平方米，暴露有矿渣、焦石、陶器残片和房址、瓦片等。遗址东侧有一条南北大路，西200米左右是一条由北向南流的小河。该遗址是山东省发现的规模最大的铁矿遗址之一，其规模大、出土冶铁工具多，证明这里曾是汉代一处非常重要的冶铁和锻造兵器、制作农具的场所，也是胶东半岛屈指可数的经济重镇。

① 山东省志:冶金工业志[M].济南:山东人民出版社,1998:146-147.

② 青岛市崂山郊区东古镇村东周遗址[J].考古,1959(3):143-146+169+174.

③ 孙善德.青岛市郊区发现汉墓[J].考古,1980(6):564-565.

④ 林玉海,荆展远,王艳.山东青岛市平度界山汉墓的发掘[J].考古,2005(6):32-42+98-103+2.

⑤ 郑禄红,翁建红.山东青岛市土山屯墓地的两座汉墓[J].考古,2017(10):32-59+2.

在冶铁术刚发明时，炼铁炉很小，构造也十分简单，炉子侧部只有一个小孔用来送进空气。在冶铁时，把矿石和木炭一层夹一层的从炉子上面加进去，生起火，用一个风囊鼓动着，把空气不断地压送到炉子中去，以促进炉中木炭的燃烧。由于这种风囊不大，用人力所鼓动出来的风又不够有力，很难把空气压过三四米厚的原料，因此所吹旺的炭火温度就不够高，炉中矿石就不可能熔化，被还原的铁从炉中出来时，不是流动的，而是呈软绵状态，这就是人类最早冶炼出的"块炼铁"。块炼铁由于疏松多孔，质软、夹杂物较多，也常被称为海绵铁。[1]至秦汉时期，冶铁制铁技术大为提高，以烤蓝和淬火为例，两道铁器防锈和提高硬度、强度的技术处理工序达到相当高的水平。

板桥镇遗址铁钱

1996 年，胶州板桥镇遗址发现堆积如山的宋朝铁钱，这些铁钱锈结成巨大一块，其形状中间高，四周低，南北狭长，最厚处高约 1.5 米。因工程施工，被分解成数块，通过清理获取十几块，总重量 30 余吨，其中最大的一块重约 16 吨（图 2-4），其余重量在 0.5～6 吨不等，能辨认字迹的有圣宋元宝、崇宁通宝、崇宁重宝、大观通宝、政和通宝等，均为北宋徽宗时期铸币。2008—2009 年，在 1996 年出土铁钱位置东侧约 30 米和东北侧约 50 米处，再次发现锈结成块的宋代铁钱 10 余吨，其特征完全一致。[2]

青岛制铁所

1942 年，日占当局为减轻掠运铁矿石压力，成立由日本钢管株式会社独资经营的青岛制铁所（即南日钢），厂址设在北距沧口火车站半华里处，为便于原料和生铁运输，有专用铁路通到厂内。1943 年 9 月建成第一座 250 立方米炼铁炉及其附属设备，炼铁炉的结构大体上与当时汉阳钢铁厂的高炉相似；供电、供汽由公大纱厂负责。该炉投产后，因设备简陋，再加上热风温度低、焦炭灰分过高（达 30%），造成操作困难，同年 11 月就被迫停产。随后，日本华北开发株式会社入股制铁所，与日本钢管株式会社各出资一半，合资经营。1944 年 3 月 20 日，第二座 250 立方米炼铁高炉建成并点火开炉，此后生产较为顺利。日本战败投降后，该炼铁炉于 1945 年 8 月 20 日停产，共计生产 17 个月，产铁 49181 吨。所用铁矿石来自金岭镇

图 2-4　1996 年在胶州板桥镇遗址发现的宋代铁钱锈结块

---

① 杨宽.试论中国古代冶铁技术的发明和发展[J].文史哲,1955(2):26-30.

② 王磊,周丽静,张晶.山东胶州板桥镇遗址考古发现及相关问题[J].齐鲁文化研究,2010(00):197-205.

焙烧矿（约占30%）和利国驿矿（约占70%），焦炭则来自沧口以北2公里处的娄山后炼焦厂（即北日钢）。其生产的生铁含硅量和含硫量分别高达3.23%～7.17%、0.15%～0.68%，几乎全部不合格。1945年12月1日，该制铁所由南京国民政府军政部特派员办公处接收，1946年1月移交经济部特派员办公处冶炼组，未再生产。[①]

山荣机械厂

1953年初，由山荣制铁厂、义兴铁工厂、德昌铁工厂、鲁新铁工厂、同兴行铁厂、师禹铸锅厂、隆祥面粉厂、郭兴诚木型所8家私营小工厂联合组建私营山荣机械厂，隶属胶东企业公司。

1954年8月，经市人民政府批准，该厂成为本市第一批公私合营企业。1955年4月，恒丰、天生、泉记、恒聚昌4家皮革店和宝生铁工厂先后并入，企业划归市重工业局。1956年更名为山荣铸造厂，同年大鲁铁工厂并入，1958年划归市冶金工业局。同年12月，以山荣铸造厂水清沟分厂为基础，合并裕丰、新兴、土产站、印模厂、汽车修配厂等10个小单位，成立青岛第七钢铁厂。

1959年6月，青岛第七钢铁厂更名为"青岛玛钢厂"，隶属四方区工业局，1961年划归市机械工业局（重工业局）。1962年，青岛铸造厂部分工人和资产转给联华缝纫机厂，其余部分全部并入青岛玛钢厂。同年，青岛玛钢厂转为国营企业。

第四节 炼 钢

至迟在汉朝，境内已经掌握比较成熟的炼钢技术。1978年，在莱西岱野西汉木椁墓中出土钢剑、刀各1把，削1件，研究鉴定表明：这些兵器"全系烤蓝处理，锈迹很少，淬火度很强，锋刃犀利"[②]。但古代炼钢工艺简单，主要就是将生铁反复锻造。

1914年日本侵占青岛后在四方工厂设立铸钢厂；1921年增建铸钢厂641平方米，增设炼钢炉1座、熔钢炉1台，冶炼钢水，浇铸机件，这是本市最早的炼钢炉。1939年，日本大和工业株式会社强行侵夺民营胶东铁工厂并将其更名为"东亚重工业株式会社"，先后建立1.5吨电炉两座，成为青岛的炼钢企业；1942年建设1座1吨电弧炉生产铸钢件，1943年又建成1座5吨电弧炉生产普碳钢。1946年10月南京国民政府派员接收该厂，交给四方机厂管理，定名为沧口分厂，1948年底全部停产。

解放初，四方机车车辆厂很快恢复炼钢生产，1949年全市电炉钢产量达到31吨，1950年达700吨。此后每年都以成倍数量增长，到1957年钢产量达到17671吨，占山东省产钢量的82.96%。此间，全市只有四方机车车辆厂一家生产电炉钢。1958年，转炉钢在本市成为工业产品。

"大跃进"期间，全市掀起大炼钢铁高潮，一举建起7个钢铁厂和6个炼钢车间，同时发动各行各业兴建土炼钢炉。1959年6月18—24日，为促进全国炼钢生产，冶金部和全国重工业工会联合在青岛举行全国转炉炼钢经验交流会议，决定在全国推广青岛转炉炼钢脱硫经验。在"大炼钢铁"运动影响下，全市电炉钢和转炉钢产量均迅速上升，1959年总量增加到16.68万吨，1960年达29.14万吨。但所炼钢质量多数不能用，浪费不少人力物力。1961年贯彻"调整、巩固、充实、提高"的国民经济调整方针，本市将6吨以下小转炉全部淘汰，

① 山东省志:冶金工业志[M].济南:山东人民出版社,1998:42;青岛通鉴[M].北京:中国文史出版社,2010:329.

② 王克奇,王钧林,主编.山东通史:先秦卷[M].济南:山东人民出版社,1993:190.

只保留青岛第三钢铁厂 4 座 6 吨侧吹转炉。1962 年，青岛第三钢铁厂合并青岛轧钢厂、青岛钢丝绳厂，成立青岛钢厂，开始生产开口镇静钢和沸腾钢，浇注上小下大钢锭；1963 年，通过开展"比、学、赶、帮"活动提高技术水平，工艺设备进行填平补齐，生产能力有很大提高，试炼出多个新钢种；1964 年产量达到 7.28 万吨，占山东省钢产量的 78.03 %。1965 年 10 月，青岛电度表厂在水清沟湖岛征地 27.79 亩筹建磁钢车间，同时派员赴上海磁钢厂学习生产工艺和技术。1966 年 3 月成立青岛磁钢厂，7 月 1 日，铸造铝镍钴永久磁钢试制成功。

60 年代后期，青岛钢厂 6 吨转炉车间完成技术改造和工艺流程优化，70 年代建起电炉生产钢水浇铸工件。1978 年 10 月 14 日，青岛钢厂第一台制氧机建成投产，转炉炼钢开始由空气炼钢向氧气炼钢过渡；同年 12 月，1 号、2 号两座转炉改为氧气侧吹转炉。是年 11—12 月，青岛钢厂试炼低合金高强度钢。1979 年 10 月，青岛钢厂第二台 3200 立方米／小时制氧机投产。是年，青岛磁钢厂增添两台压铸机，成立组合件生产车间，10 月 17 日生产出第一批用铝镍钴永久磁钢压铸的组合件，开始为电度表生产厂家提供配套；年底，由于市场对铁氧体磁钢需量减少，铁氧体磁钢停止生产。同年，一机部授予青岛产磁钢"信得过"产品和部优产品称号；铝镍钴永久磁钢则被授予山东省优质产品称号。

1980 年，青岛钢厂转炉钢产量达到 6113 吨；电炉钢产量达到 34.32 万吨，创该厂侧吹转炉年产量历史最高纪录。1981 年 9 月，青岛钢厂建成 5 吨炼钢电弧炉 1 座，电炉钢生产能力扩大到 13 万吨／年，当年该厂电炉钢产量突破 1 万吨。同年，青岛磁钢厂试生产五类柱晶磁钢，铝镍钴永久磁钢在全国同行业质量评比

中连续第三年获总分第一名。1982 起，青岛钢厂为消除转炉烟尘污染，开始对炼钢转炉进行改造，在不停产的前提下完成转炉改造和烟尘治理工程。1982—1983 年，青岛钢厂 3 号、4 号空气侧吹转炉相继改为氧气侧吹转炉，为生产新钢种提供良好冶炼条件，同时提高钢产量；期间先后试炼数种新钢种。1982 年后，青岛钢厂为增加企业效益，改以生产硅钢、锰钢、碳素结构钢、优质碳素结构钢、低合金结构钢以及铸钢。1983 年，青岛磁钢厂铸造的铝镍钴磁钢再获部优产品称号；1984 年产量高达 393 吨，并第二次获山东省优质产品称号。1984 年，青岛钢厂试炼成功焊接结构用耐候钢。1985 年初，青岛钢厂建成具有国内先进水平的 2 座 15 吨氧气顶吹转炉以及与其相匹配的"双湿""双文"除尘系统，形成年产 30 万吨钢的设计能力，当年 5 月两座转炉正式投产。[①]同年 9 月末，青岛钢厂淘汰 4 座侧吹转炉，治理烟尘污染。同年，青岛磁钢厂生产的铝镍钴永久磁钢开始出现供过于求的趋势，该厂进一步改造磁钢生产线，开始研制新产品，使磁钢生产从以铝镍钴为主走向多品种发展的道路。

电炉钢

1939 年，日本大和工业株式会社强行侵夺民营胶东铁工厂，更名为东亚重工业株式会社，1942 年建成 1 吨希洛脱式电弧炉，生产铸钢件。次年又建成一座同类型 5 吨电弧炉生产普碳钢。1945 年 10 月，南京国民政府接收"东亚重工业株式会社"，仍生产铸钢件；同时接收浦贺船渠青岛工厂，改名海军青岛造船所，建起一座 1 吨电炉，浇铸船舶铸件。1949 年国民党当局南逃时，将设备拆往台湾。青岛解放前夕，全市只有四方机厂沧口分厂一座 5 吨电炉炼钢浇铸铸钢件。解放后，该厂迅速恢复 5 吨和 1.5 吨电弧炉炼钢生产，使 1949 年全市电炉钢产量达

---

① 山东省志:冶金工业志[M].济南:山东人民出版社,1998:180-181.

到31吨，1950年达700吨。到1957年钢产量达到17671吨，占山东省产钢量的82.96%。

1958—1960年"大跃进"运动期间，在"大炼钢铁"号召影响下，全市电炉钢生产迅速上升，有条件的机械铸造企业相继建立电炉。青岛汽轮机厂建起1.5吨电弧炉1座，四方机厂5吨电弧炉扩容为8吨。1958年6月30日，四方机车车辆厂试炼成功发电机矽钢。1959年，青岛铸造机械厂建成1.5吨电弧炉1座，四方机厂的8吨电炉和汽轮机厂的1.5吨电炉扩容为10吨和3吨。1960年电炉钢产量达3.30万吨。1961年贯彻"调整、巩固、充实、提高"八字方针后，机械铸造企业电炉钢产量调整到1.26万吨，1963年降到最低点0.73万吨。1964年又回升到1.12万吨，直到1969年，全市电炉钢产量基本保持在1.5万吨以下。1971年、1979年和1984年分别突破2万吨、突破3万吨和4万吨。

青岛钢厂1967年建成一座50公斤小电炉，冶炼合金钢，铸造轧机导板、钢管穿孔顶头和冷拔内外模等。1970年建起一座1.5吨电炉，以生产钢水浇铸工件为主，并生产部分普碳钢、电机硅钢、变压器硅钢、16Mn等钢种的钢锭。1973年，1.5吨电炉改为3吨，并配用2700千伏安变压器和10吨吊车各1台。1979年电炉钢产量达到6274吨，1980年产量达到6113吨。1981年9月又增建5吨电炉1座，设计生产能力年产钢3万吨，当年使青岛钢厂电炉钢产量突破1万吨，1984年达2.02万吨。

四方机厂炼钢炉

1914年11月日本侵占青岛后，为制造维修机车零件，在胶济铁路四方机车工厂设立铸钢厂。1921年增建铸钢厂641平方米，增设炼钢炉1座、熔钢炉1台，用2吨酸性转炉熔炼钢水、浇铸机械零件，是青岛最早的炼钢炉（图2-5）。

1922年，中国北洋政府收回四方机厂，1929年5月由南京国民政府接收。七七事变发生后，南京国民政府命令将该厂炼钢用的2吨酸性转炉及其附属设备先后转移至张店、济南等地。

1938年1月10日，日军再次侵占青岛，将该厂改名为华北车辆株式会社青岛工厂。1943年自造2吨转炉投产。1945年抗日战争胜利后，该厂被南京国民政府接收并交还胶济铁路管理，改称四方机厂[①]。

图2-5　1925年《铁路公报》第84期刊载的胶济铁路四方机厂炼钢图

---

① 山东省志:冶金工业志[M].济南:山东人民出版社,1998:169.

大炼钢铁

1958年，在"以钢为纲，全面跃进"的口号下，全国掀起轰轰烈烈的大炼钢铁运动。其间，青岛一举发展起7个钢铁厂、2个炼铁厂、6个炼钢车间，并在全市范围内修建起小高炉、小转炉、炒钢炉、坩埚炉、一脚踢等各种各样的土炼钢铁炉，其中包括1.6～6立方米的小高炉356座、13立方米小高炉22座、28立方米高炉6座、55立方米高炉4座，但产品多是氧化铁渣一类的土铁和含硫很高的砂型面包铁。当年10月，市重工业局一分为二，改为机械工业局和冶金工业局，以加强对"大炼钢铁"的领导。11月，市委根据上级指示，停止各学校、街道的钢铁生产，在全市钢铁基地和各工厂钢铁生产车间的基础上成立7个钢铁厂。其中，以"青岛市钢铁筹备处"和"青岛民兴机器制造厂"为基础组建青岛第一钢铁厂；全市120多个工商企业、手工业团体在城阳镇北组建的钢铁基地为青岛第二钢铁厂；将青岛机械厂、青岛农具机械厂、青岛五金批发站等单位在楼山后建设的钢铁基地和青岛建华轧钢厂在楼山后的轧钢车间合为青岛第三钢铁厂（图2-6）；以市南区、市北区、台西区、卷烟厂、第六橡胶厂等12个单位的钢铁工地、车间为基础，组建青岛第四钢铁厂；将台东区6个钢铁工地合并，组建青岛第五钢铁厂；以手工业局钢铁厂、第三车辆厂冶炼车间、青岛动力机械厂炼铁营（分厂）、手工业局机械试验厂炼钢车间等单位为基础，组建成立青岛第六钢铁厂；以山荣铸造厂（山荣分厂）、土产站、印模厂、汽车修配厂等单位组成青岛第七钢铁厂。同时，对分散在四方机车厂、青岛纺织机械厂、青岛生建机械厂、青岛自行车厂、第一棉纺织厂、第六棉纺织厂、青岛车辆厂等单位的炼钢、炼铁车间也都进行定点、定型、定产、定员、定领导整顿。

1960年8月31日，省委在青岛召开炼钢生产会议，号召全省职工迅速开展一个大炼钢铁的群众运动，以保证完成和超额完成全年钢铁生产任务。会议要求迅速集中力量，在全省范围内开展一个群众性的大炼钢铁运动。会上，青岛自行车厂介绍该厂在炼钢过程中实行精细化生产管理的经验，并向全省炼钢单位发出高产、优质、低成本的竞赛倡议。[①]

1961年，市委贯彻中央"调整、巩固、充

图2-6　青岛第三钢铁厂生产场景

① 青岛通鉴[M].北京:中国文史出版社,2010:549.

实、提高"八字方针，根据省委指示，按照"关停并转"原则对部分钢铁生产单位进行调整，小高炉逐渐停产。到 1962 年底，全市 7 个钢铁厂和一些炼钢、炼铁单位，除保留青岛第三钢铁厂 6 吨转炉炼钢和轧钢生产部分外，其余全部下马，部分人员、物资充实到青岛第三钢铁厂。

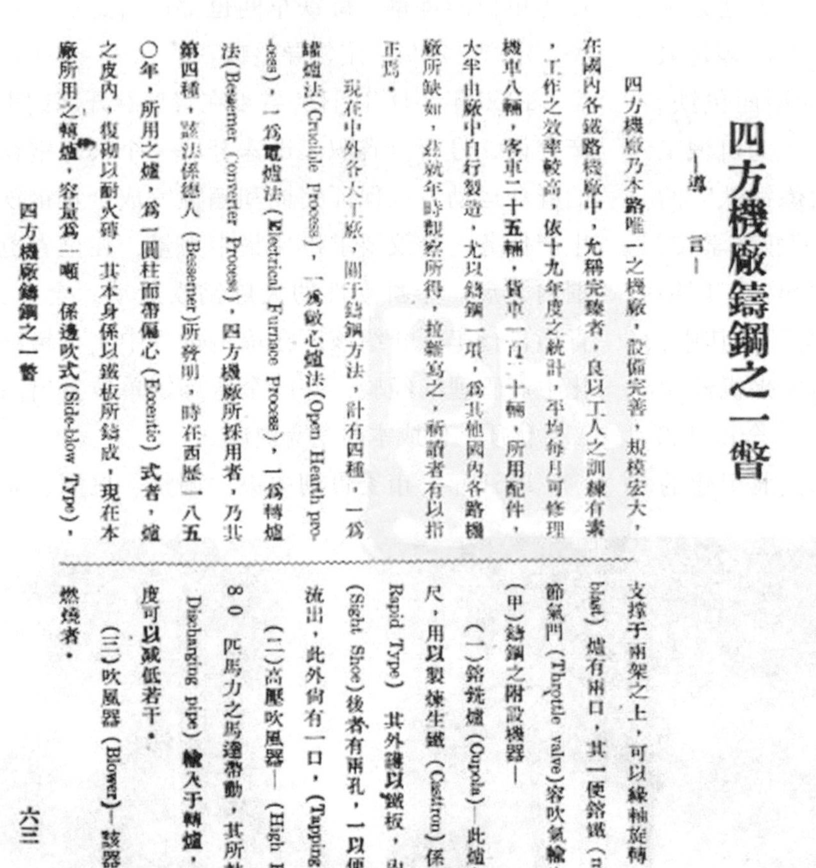

四方機廠鑄鋼之一瞥

——導　言——

熊同壽

四方機廠乃本路唯一之機廠，設備完善，規模宏大。在國內各鐵路機廠中，允稱完善者，良以工人之訓練有素，工作之效率較高。依十九年度之統計，平均每月可修理機車八輛，客車二十五輛，貨車一百二十輛，所有配件，大牢由廠中自行製造，尤以鑄鋼一項，為其他國內各路機廠所缺如。茲就年時觀察所得，拉雜寫之。新讀者有以指正焉。

現在中外各大工廠，關於鑄鋼方法，計有四種。一為諾法（Bessemer Converter Process）、一為電煆法（Electrical Furnace Process）、一為坩堝法（Crucible Process）、一為敞心煆法（Open Hearth process）。四方機廠所採用者，乃其第四種。諳法係德人（Bessemer）所啟明，時在西曆一八五〇年，所用之爐，為一圓柱而帶偏心（Eccentric）式者。爐之度可減低若干。

（甲）鑄鋼之附設機器——

（一）鎔銑爐（Cupola）——此爐有三噸容量，最約十七英尺，用以製煉生鐵（Castiron）係生鐵迅速式（Steward Rapid Type），其後襯以鐵板，內砌以火磚，其下部聯于（Sight Shoe）後者有兩孔，一以便觀察，一以便鎔滓（Slag）流出，此外倚有一口。

（二）高壓吹風機——（High Pressure Blower）以便鎔銑入特爐

（三）吹風器（Blower）——該器用以鼓風導入鎔銑爐而助燃燒者。

廠所用之頓爐，容量為一噸，係透吹式（Side-blow Type），廠之度內，復刷以耐火磚，其本身係以鐵板所鑄成，現在本法（Bessemer Process）式者。爐之度可減低若干。

支撐于兩架之上，可以繞軸旋轉，以便得適宜之吹氧（blast）爐有兩口，其一便鎔鐵（molten iron）流入，其一為節氣門（Throttle valve）容吹氧輸入。

八〇匹馬力之馬達帶動，其所鼓之風，由八寸牛之洩管（Discharging pipe）輸入于特爐，該器全套以冷水，俾溫度可以減低若干。

燃燒者.

六三

図 2-7　《胶济铁路交通大学同学会季刊》1931 年卷第 2 期刊载的四方机厂转炉炼钢介绍[2]

百炼钢

百炼钢是我国古代的一种制钢工艺，出现于汉代，其主要特点就是制炼过程中需要反复加热锻打、千锤百炼。具体做法就是通过对块炼铁的锻打去渣，得到熟铁，因熟铁质软，此后需要在炭火上反复高温炼制、锻打渗碳，以增加表面硬度，因此被称为"百炼钢"。三国时期，百炼钢已普遍推广。百炼钢因炼制过程耗时费力，生产效率很低；但也由于制作艰难，产品性能较好，千百年来一直受到人们的赞许。[1]

转炉钢

1931 年出版的《胶济铁路交通大学同学会季刊》，载文称四方机厂炼钢炉采用的是转炉法炼钢（图 2-7）。转炉钢是指在转炉内以液态生铁为主要原料，将高压空气或氧气从转炉的顶部、底部、侧面吹入炉内熔化的生铁液中，靠铁液本身的物理热和铁液组分间化学反应产生热量，使生铁中的杂质被氧化去除而炼成的钢。其主要品种有碳素钢、低合金钢和少量合金钢。

转炉钢按炉衬的耐火材料性质可分为碱性转炉钢和酸性转炉钢；按气体种类为分空气转炉和氧气转炉；按气体吹入炉内的部位可分为顶吹转炉钢、底吹转炉钢和侧吹转炉钢，还有顶吹、底吹复合转炉钢等。其中，碱性氧气顶吹和顶底复吹转炉由于其生

① 王志豪,王前进.浅析中国古代冶铁技术[J].中国铸造装备与技术,2018,53(05):11-14;何堂坤.百炼钢及其工艺[J].自然辩证法通讯,1981(05):64.

② 熊同寿.四方机厂铸钢之一瞥[J].胶济铁路交通大学同学会季刊,1931(2):80-85.

产速度快、产量大、单炉产量高、成本低、投资少，为目前使用最普遍的炼钢设备。

现代氧气转炉钢生产效率高，质量也很好，被广泛应用，成为世界的主要钢类。

第五节　钢　材

本地钢材生产始于30年代，生产设备和技术均非常落后，至1949年产量仅为600吨。

新中国成立初期，只能用切割废船板为坯料进行轧材。1952年，青岛自行车厂开始生产冷轧带钢，次年又用外购钢为原料生产热轧带钢。1956年，公私合营青岛建华轧钢厂建成山东省第一套小型开坯轧钢机，开始生产钢坯；是年，青岛自行车厂兴建直径32毫米机组，以人力推磨式转拉成型、手工焊接加工成自行车部件所用的直缝钢管。1957年，青岛建华轧钢厂在昌乐路3号建成设计能力2.5万吨／年的线材车间，开始生产线材，此为本市生产线材之始。同年，青岛钢管厂建起人工转拉成型的高频焊管机组，生产焊接钢管，以后改用乙炔排焊。1958年，为解决地方工农业急用薄钢板之需，青岛建华轧钢厂在昌乐路5号院建起一架薄钢板轧机，但因设备简陋，所产薄钢板质量较差，次年停产。1959年4月，青岛第三钢铁厂增建开坯轧机1套，5月25日建成投产，用钢锭和方坯轧制圆钢、扁钢、轻轨、角钢等产品年生产能力约5万吨；11月在楼山后兴建950毫米薄钢板车间。同年，青岛建华轧钢厂并入青岛钢厂，此后生产的主要品种有热轧碳素钢薄钢板、电工用热轧硅钢板、优质碳素钢薄钢板、单张热轧镀锌薄钢板、低合金结构钢薄钢板等。同年12月1日，青岛钢厂开始建设无缝钢管车间。1962年，青岛第三钢铁厂并入青岛钢厂，成为轧钢车间。同年1月，青岛钢厂试轧出13个规格的无缝钢管，3月开始正式生产，形成年产钢管4000吨的生产能力，当年实际生产钢管119吨，翌年达到880吨。1964年6月起，青岛钢厂以实现双机轧制、增加薄钢板产量、解决普碳薄钢板短缺问题为目标，对薄钢板车间进行改造扩建；1966年轧机操作实现机械化；1967年采用燃油链式连续加热炉，在国内属首家。1973—1974年，青岛钢厂通过大修改造、增加设备以及酸洗、退火、打头、精整等相应的设施，使钢管生产设备逐步完善。形成年产1万吨冷拔无缝钢管的综合生产能力。1977年，青岛钢厂发明轧管机球形顶头新工艺，将顶头由子弹形改为球形，便于加工，提高了使用寿命。

1981年成立青岛自行车带钢厂，承担自行车行业钢材加工复制任务；同年6—7月，青岛钢厂薄钢板车间试制的0.6×1000×2000毫米镀锌薄钢板填补山东省钢材产品一项空白。1983年，青岛钢厂试制成功鳍片异型无缝钢管；1984年，试制成功冷拔多头内螺纹无缝锅炉管，经鉴定各项主要指标都达到国外同类产品水平，成材率达70％以上。是年，青岛钢厂生产的普通碳素钢热轧薄钢板被评为山东省优质产品。1985年，青岛钢厂中小型钢年产量达到52445吨。

义昌信铁工厂

1934年，烟台义昌信商行青岛分号从日本购进直径215毫米二重交替横列式四组轧钢机1套，在泰安路21号办起义昌信铁工厂，工厂占地1.92亩，聘用日本、朝鲜技术人员，利用废旧船板钢为原料，切割成条作坯料，轧制小型圆钢、扁钢、竹节钢等简单断面的钢材，年产300余吨，是为青岛生产小型型材之始。义昌信铁工厂是青岛首家轧钢厂，开创青岛轧钢业。

1938年，该厂因原料缺乏停工。1944年被日商用87箱"红锡包"香烟强行购买，更名为大和铁工厂。1945年日本投降后，该厂由南京国民政府敌产清查委员会接管。1946年烟台义昌信商行青岛分号以10250万元法币从南京国民政府手中赎回，次年开工，并改称建华制铁厂。1948年1月，于志安、曲滋崙等人用250两黄金购置建华制铁厂，改称青岛建华企业股份有限公司压钢厂，生产圆钢、方钢、扁钢、竹节钢、铁道钉、铆钉等产品，当年产钢材340吨，职工38人，年产值25.5万元。解放前，这是青岛唯——家钢材生产厂。

青岛解放后，青岛建华企业股份有限公司的钢材生产和四方机车车辆厂的炼钢很快恢复，当年产钢31吨、钢材557吨。1952年8月，青岛建华企业股份有限公司股东刘执中等3人为抵还债务，将所持的股权呈交政府，改称公私合营青岛建华压钢股份有限公司。1955年1月，公私合营青岛建华压钢股份有限公司划归山东省工业厅直接管理后，国家投资56.8万元，在昌乐路3号新建型钢、线材车间，占地面积约2000平方米，1956年6月投产，改名为公私合营青岛建华轧钢厂。1957年，国家又投资31.5万元，在昌乐路5号扩建开坯车间，占地面积9200平方米。

新华钢丝厂

青岛的钢丝绳生产始于50年代，生产厂家是两个手工生产合作社(组)：青岛市钢丝绳生产组，职工51人，有手工制绳机15台；青岛市铁丝网生产合作社，职工52人，以生产铁丝网为主，兼生产钢丝绳，有制绳机3台，制绳合股机1台、缕子车2台。两社(组)均属市手工业管理局管辖，以手工摇轮合绳，露天作业，产量低，无质量保证。

1958年6月1日，以钢丝、铁丝为主要原料的青岛市钢丝绳生产组、青岛市第四文教用品生产合作社、青岛市钢丝网生产合作社、青岛市电镀生产合作社、青岛市五金制钉组联合成立青岛市新华钢丝厂，厂址设在广昌路17号，职工280人，全部设备及流动资产共63.27万元，以手工制钢丝绳为主，兼产书钉等小商品，主要生产原料钢丝，依靠天津钢厂钢丝绳分厂的小把线和不合格品。该厂设备破旧、简陋，除少量产品可机器制作外，绝大部分靠露天手工操作，共有手工股绳机28台，日产钢丝绳9吨。为发展生产，增加22寸拉丝机4台、10寸和8寸拉丝机10台、筐兰式捻股机和成绳机7台。1958年共完成产品1173吨，其中钢丝绳910吨、钢绞线263吨，实现产值263万元，税金13.04万元，利润29.78万元。当时，该厂是山东省唯一生产钢丝绳的企业[①]。

为适应工农业发展需要，扩大该厂生产能力，解决本省钢丝绳自给问题，省冶金工业厅责成市手工业管理局投资500万元，建设一个中等规模的、年产万吨钢丝绳的专业化工厂。1959年春，新华钢丝厂新厂在楼山后破土动工，6月1日易名为青岛钢丝绳厂，企业性质由大集体转为全民所有制，隶属市冶金工业局；到年底，热处理车间、拉丝车间、钢丝绳车间及配套的变电室、锅炉房全部建成并投产钢丝绳、钢绞线。1961年，全部设备安装完毕并相继投产，实现机械化生产，结束手工生产钢丝绳露天作业的历史。1962年7月1日青岛钢丝绳厂并入青岛第三钢铁厂，定名为青岛钢厂钢丝绳分厂。1963年该厂决定停止钢绞线的生产，试验并扩大商品钢丝生产，主要产品有自行车辐条钢丝、地排车辐条钢丝、胶管钢丝、弹簧钢丝等；1964年研制成功化学涂铜和电镀黄铜轮胎钢丝，并开始生产中碳结构钢丝、预应力钢丝和扁钢丝。

1965年1月1日，该厂正式与青岛钢厂分离，隶属省重工业厅。当年，该厂第一代拉丝机全部淘汰，改为单卷筒抱簧式拉丝机，生产能力大大提高，并在全国同行业7个重点厂家评比中名列第一。1966年购买和自制捻股机4台，钢丝绳设备配置趋向合理。同年建起24头

---

① 青岛通鉴[M].北京：中国文史出版社，2010：525.

镀锌炉1座，研制成功并投产热镀锌钢丝，可生产直径12.5毫米、15.5毫米的镀锌钢丝绳；还试验成功瓦林吞式和西鲁式线接触钢丝绳。

"文化大革命"期间，该厂钢丝绳生产出现大起大落的局面。1970年1月1日划归市重工业局，1976年钢丝绳产量达到6217吨。其间，钢丝绳出口阿尔巴尼亚、朝鲜和越南等国家。

进入80年代，该厂在提高产品质量、创优质名牌上下功夫。1980年，该厂"巨力"牌光面钢丝绳被评为山东省优质名牌产品。1982年，根据国际橡胶行业发展趋势，研制成功直线性回火轮胎钢丝。1984年2月，将一条旧热镀锌生产线改造为轮胎钢丝生产线并投入生产。1985年1月，直线性轮胎钢丝通过省级技术鉴定，产品填补国内空白，质量达到日本同类产品技术指标。

镀锌薄钢板

热轧薄钢板是本市生产的唯一板材，1958年，为解决地方工农业急用薄钢板之需，青岛建华轧钢厂在昌乐路5号院建起一架薄钢板轧机，但因设备简陋，所产薄钢板质量较差，次年停产。1959年11月，青岛第三钢铁厂在楼山后兴建950毫米薄钢板车间，1963年达到设计要求。

1964年6月起，青岛钢厂以实现双机轧制、增加薄钢板产量、解决普碳薄钢板短缺问题为目标，对薄钢板车间进行改造扩建；1966年10月实现950毫米薄钢板轧机双机架生产，轧机操作实现机械化。1967年采用燃油链式连续加热炉，在国内属首家。1970年轧机机后安装摆动台，以电动压下代替人工把闸，辊道送钢使用立式折迭机代替人工折板，减轻工人劳动强度；以电感应轧辊预热器淘汰燃煤预热器，提高机械化作业水平。

1971年冶金工业部安阳会议决定，由冶金工业部、山东省补助130万元扩大薄钢板生产，轧制普碳优质薄钢板和电机、变压器硅钢片以

及镀锌薄钢板。后经省冶金局和市重工业局研究决定新建1200毫米薄钢板车间，1974年4月破土动工，1978年7月竣工。其中，1200毫米薄钢板车间镀锌机组于1977年5月开始施工，1980年12月投入生产，作业线长36.5米，设备总重35吨，设计产量为年产0.35～2×1000×2000毫米镀锌薄钢板3000吨。1980年12月试制成功，1981年6月到7月试制成合格的0.6×1000×2000毫米镀锌薄钢板238吨，填补山东省钢材产品一项空白。

第六节　金属铸件

境内金属铸件生产始于十九世纪末，德国商人开办的船坞工艺厂和四方工厂，两厂均建有大型铸造车间，铸造船舶和机车所需机器零件。1918年7月在云南路158号成立的瑞祥和铸造厂是开业最早的民营钢铁铸件厂；1919年1月，同合铁工厂在利津路14号成立。此后，陆续建起一批专门铸造机器零件或铸管的私营工厂（称之为铸造厂、翻砂厂或铁工厂），生产灰口铁、白口铁或玛钢铸件。这类工厂规模很小，多则二三十人，少则几个人，除有鼓风机、清理滚筒等机械外，其余均为手工作业。此类民间冶铁铸造厂40年代达到最盛，仅在1940—1946年间就有34家铸造厂开业，各厂从业人员最多30人、最少5人。据1947年3月出版的《青岛统计》第三期记载：全市共有冶炼业民营工厂57家，资本4255.38万元，其中独资16家、合资41家，从业人员411人，配备动力设备的只有47家，年产生铁铸物413吨、熟铁制品155吨。1945年日本投降后，青岛海军工厂接收美国援助的1吨炼钢炉，开始生产铸钢件，1949年国民党逃离青岛时运走。直至青岛解放前夕，青岛铸造业仍然处于小规模作坊式手工劳动的状态。40年代后期，胶济铁路四方工厂在生产任务严重不足的情况下，

为码头、地方工业制作铸钢件或机件，采用柴油化铜炉化铜、冶炼冷铸车轮、炼制矽锰弹簧钢均获成功。

新中国成立后，经过三年经济恢复，至1952年末全市冶铸业达到79家，其中工业户5家、手工业户74家，投资总额77.12万元，全部职工922人，营业额30.5万元。主要产品有生铁铸件、玛铁制品、铜铝铸件毛坯、电解铜、铸铁锅等，年产量为1336吨。第一个五年计划期间，全市大型机械厂均建立铸造车间，同时通过联合扩大、公私合营逐步把分散的私营小厂改造为具备专业化、大批量生产条件的铸造厂，添置机械设备，改造化铸炉，承接通用性较大的铸管、铸件生产任务，并为小机械厂生产毛坯件。至1956年，以生产铸件为主的公私合营企业有27家，从业人员1345人。规模较大的专业厂有公私合营山荣铸造厂和公私合营山河铸造厂。此外，专产铸铁件的还有谦顺铸造厂、洪利铸造厂、振东铁工厂、同聚铸造厂、大鲁铁工厂、联营铸造厂、联合铁厂、锦华铸造厂、宝隆铸造厂、益民铸锅厂等。50年代末，山荣铸造厂改为青岛玛钢厂，生产的玛钢件开始出口。同期，青岛开始生产硅铁，青岛实业化工厂、青岛化学肥料厂、青岛纺织机械厂、青岛国棉六厂、青岛国棉三厂、青岛铸造机械厂等都曾生产过硅铁，所用设备多数是由电石炉改制而成的1800千伏以下的小矿热炉。

60年代，为适应机械工业发展，本市加强独立铸造厂及机械厂铸造车间建设，在机械产品批量大、铸件比重大的企业如拖拉机厂、内燃机厂、电机厂等，建立或扩建成机械化、流水作业的铸造车间，形成大批量生产的能力。青岛电站阀门厂自1966年开始研制和生产电站用高温高压阀门以来，铸件生产不断扩大，每小时5吨造型生产线采用国际先进的树脂砂造型技术，其发明的GM砂造型专利属国内首创。

70年代铸造行业推广冲天炉技术，对于提高炉温、降低焦铁比起到良好效果。青岛拖拉机厂建造的大间距侧置风口曲线炉膛热风冲天炉，当铁水温度控制在1380℃～1420℃时，焦铁比达到1∶15和1∶17，铸造车间装备全套机械化设备。1976年青岛玛钢厂从丹麦引进无箱挤压半自动造型线，使玛钢管件铸造向机械化、自动化、无尘方向发展。

70年代末80年代初，国家实行改革开放政策，对国民经济结构进行调整。青岛市贯彻中央指示精神，对全市钢件铸造企业生产进行调整。平度玛钢厂转产，青岛压铸厂并入通用机械厂，铸件生产主要依靠企业铸造车间。1985年，本市机械工业系统独立铸造厂只有5家，即青岛玛钢厂、青岛韧铁厂、即墨铸锻厂、胶县铸钢厂、青岛压铸厂，职工总数2653人，固定资产原值1726万元，工业总产值1764万元，利润总额127万元；全系统年产铸铁件32130吨，铸钢件6703吨。

四方机厂自制铸钢转向架

30年代之前，中国铁路货车的四轮转向架，其边架多系钢板曲成菱形，中间承重横梁则多用型钢铆制，零件多而易松动。鉴于此，四方机厂特试照美国设计，将两个边架及横梁三个部件，用铸钢整个铸成，既坚固，又可免却松动的隐患。1933年5月前已装成两架（图2-8），用于一辆30吨货车在路行驶，结果尚称良好。每转向架计边架两个、重526公斤，承樑一个重363公斤，价值共合国币533元。[①]

介孚铸造厂

1945年，陈介孚在归化路13号开办介孚铸造厂，生产皮鞋钉，后因原料昂贵转产铜铝铸件，青岛解放前夕处于停产状态。1952年重新

---

① 林凤岐.四方机厂自制铸钢转向架[J].工程周刊,1933,2(8):113+116.

图 2-8　30 年代初，四方机厂自制的铸钢转向架

1975 年，青岛磁钢厂更新耗能高频熔炼炉，安装可控硅中频熔炼炉，并开始采用壳型铸造新工艺；同时，铝镍钴永久磁钢形成 13 个系列 160 个型号。1976 年对关键铸造工序进行改造，建成从混砂、送砂到打砂的生产流水线；1977 年建成煤气发生炉和烘烤砂型的隧道窑；1978 年设计建成配砂、造型和烤箱生产线，自制新型浇铸车，安装水压电缆和机械浇铸中频感应圈。10 月，国家仪表总局在青岛召开全国磁钢生产现场会，肯定这一改造成果并予以推广。同年，第一机械工业部授予青岛产磁钢"信得过"产品和部优产品称号，铝镍钴永久磁钢则被授予山东省优质产品称号，青岛磁钢厂被评为全国磁钢行业先进企业。

开业，1953 年和他厂合并组建水暖器材合作社，转产水暖器材。1958 年，水暖器材合作社与铜铝铸造生产合作社及小五金合作社、机械修配合作社合并组成青岛新华第三机械厂，后经调整组成为青岛重型机械厂，专业从事铜铝零部件铸造。

青岛磁钢厂

1965 年 10 月，青岛电度表厂在水清沟湖岛征地 27.79 亩筹建磁钢车间，1966 年 3 月成立青岛磁钢厂，7 月 1 日试制铸造铝镍钴永久磁钢成功。1967 年开始技术改造和研制开发新产品，次年试制成功钡铁氧体、锶铁氧体和锰铁氧体 3 种磁性材料样品。

1981 年，青岛磁钢厂试生产五类柱晶磁钢，铝镍钴永久磁钢在全国同行业质量评比中连续第三年获总分第一名。1983 年铸造的铝镍钴磁钢再获部优产品称号，1984 年第二次获山东省优质产品称号。同年，青岛磁钢厂进一步改造磁钢生产线，开始研制新产品——金属钕及钕铁；10 月，采用氧化物熔盐电解工艺试制成功纯度为 95 %、99 % 的金属钕和成分为 70 %～30 % 钕、20 %～27 % 铁、1 %～2 % 镨的钕铁，并进行试生产，使磁钢生产从以铝镍钴为主走向多品种发展道路。

第四章 通用零部件

20 世纪初，随着机械工业企业与产品的增多，一些小型机械（铁工）厂以铸造和制造机器零件为主，产品用于社会维修或与主机生产厂配套，通用性较大的零件开始商品化，通用基础件制造业逐步发展起来。30 年代，中国制链厂以制造铆钉、螺钉、螺母、链条为主。40 年代青岛建国铆钉制造厂专产铆钉、螺钉。40 年代后期，青岛合中铁工厂在全省最先生产滚动轴承，采用进口钢球、外协圈套坯料，加工组装成 504、505 两种规格的单列向心球轴承。

新中国成立后，机械工业迅速发展，机械产品种类、产量、社会拥有量大幅增长，为适应单机配套和社会维修需要，开始安排紧固件、轴承、铸件的生产计划，并建立专业生产厂。50 年代末，轴承、紧固件逐步统一采用国家标准或机械工业部颁布标准生产，各专业生产厂不断进行技术改造，扩大生产规模和生产能力，开发新产品。同时，先后成立青岛轴承厂、胶县轴承厂，逐步发展起轴承、液压元件、气动元件、标准紧固件、密封件、弹簧、齿轮、阀门、粉末冶金制品等制造业。

60 年代，对通用零部件企业进行统一规划和调整，建立以地方国营企业为主、集体所有制企业为辅的零部件制造业。70 年代，为组织专业化生产、扩大生产能力，将青岛标准件二厂、标准件三厂、标准件七厂、标准件工模具厂、汽车配件厂合并组成标准件二厂，成为全省规模最大的标准件厂。

80 年代，由于国民经济调整，各厂推行现代化管理，加强技术改造，生产能力、产品水平、质量普遍提高。

第一节 轴 承

本市轴承制造始于 40 年代中期。50 年代随着国家机器制造业日渐发展，工业轴承需求量不断增加，民营立成铁工厂、德敬钢球厂、德成炉铁工厂又先后投产钢球与轴承，轴承品种主要有滚珠和滚针两种普通型号及车用轴承，但均未形成专业生产。60 年代前期对轴承工业进行大调整，全省仅保留青岛与济南、烟台轴承厂 3 个轴承厂。此后，轴承行业经过改组与调整，逐步走向专业化生产，产品产量及品种不断增加。

1966 年，青岛轴承生产合作社试制成功工业用 8205、8206 两种推力球轴承，1967 年改名青岛轴承厂并进行设备更新和扩建，逐步形成工业轴承生产能力。1969 年，204、205 两种型号向心球轴承投产，为工厂发展成为轴承专业生产厂奠定基础。1970 年，省机械工业厅确定该厂以滚针轴承为产品发展方向并于 1971 年正式投产，1973 年滚针轴承品种增加到 10 个、滚针规格达到 35 个。1980 年轴承品种增加到 70 多种，年产轴承能力达到 60 万套，产品开始打入国际市场，成为初具规模的轴承专业生产厂。

80 年代国家实行经济体制改革，企业根据市场需求组织生产，轴承生产在努力提高产品质量的同时逐步转向高精度产品。青岛钢球厂 1980 年钢球产量达到 3.6 亿粒，比 1978 年翻一番。1983 年后又相继研制成功 0.5 毫米铍青铜球、3/16 英寸无氧铜球、YG8 合金球、黄铜球、奥氏体球、玛瑙球、宝石球等新品种，并迅速组织批量投产。其中，为航天工业部研制的 3/16 英寸无氧紫铜球填补一项国内空白，精度达到美国同类产品水平并替代进口。

合中铁工厂

1947 年，民营合中铁工厂开业，初用进口钢球和外协圈套坯料加工组装成 504、505 两种规格的单列向心球轴承，此为青岛轴承制造之始。但由于设备技术等原因，产量很低，年产不足 4000 套。

1956 年，合中铁工厂实现公私合营，1957 年立成铁工厂并入，1958 年改名为青岛轴承厂。经过国家投资改造扩建，至 1963 年达到年产 30 万套轴承的生产能力；产品品种增加到 42 种，除单列向心球轴承外，又开发推力球轴承、双列向心短圆柱滚子轴承等，精度均为普通级。1962 年转为国营企业。1964 年，市重工业局根据国民经济调整方针和专业化生产要求，决定该厂停产轴承，转产钢球，改名为青岛钢球厂。1965 年实现全面转产并开始承担军用微形钢球试制，至 1978 年钢球品种增加到 82 个、产量达到 1.8 亿粒、产值 461 万元。1979—1981 年，青岛东方红钢球厂、青岛减速机厂先后并入。

1985 年，青岛钢球厂有职工 1114 人，其中工程技术人员 32 人；企业总占地面积 2.64 万平方米，建筑面积 1.33 万平方米，其中厂房建筑面积 0.9 万平方米；拥有金属切削机床 266 台、锻压设备 23 台、起重运输设备 11 台；固定资产原值 6533 万元、净值 293 万元；年产工业钢球 43526 万粒；工业总产值 936 万元，实现利润 276 万元，上缴利税 238 万元。"飞燕"牌钢球为山东省优质名牌产品，荣获省工商局颁发的著名商标称号。产品畅销国内 29 省、市 6000 多家用户，出口到 36 个国家和地区。

青岛第五锻铁社

1954 年，在沧口一带区域从事锻打锄镰锨镢等民用五金产品、修理自行车业务和走街串巷从事修配钥匙、打白铁、修补家用五金的个体户，分别组成青岛第七锻铁组、青岛第五自行车社和白铁生产组。1955 年 1 月，青岛第七锻铁组转为青岛第五锻铁社。1958 年 5 月，白铁生产组合并到青岛第五锻铁社，9 月第五锻铁

社与第五自行车社合并，成立青岛农具机械厂，厂址位于沧口区永宁路 3 号，隶属沧口区联社。1959 年 6 月，青岛农具机械厂迁至京口路 40 号，1961 年成为市轻工业局直属企业。建厂初期有职工 169 人，生产设备仅有鼓风机、电焊机各 1 台及部分手工工具，固定资产 0.7 万元；主要生产各合作社原有产品，包括农具、建筑五金、生活和产用小五金等 20 多个品种、40 多个规格，以杆、尖为主导产品。随着企业发展，先后试制生产汽车车架、三轮车方向盘、钢丝绳车、积尘器、洗毛机等产品，根据市场需要试制马车轴承和离合器轴承。

1962 年 3 月，青岛农具机械厂更名为青岛小型农具厂，7 月又更名为青岛第七五金厂，开始试制生产汽棒并作为主导产品，附带生产地排车和胶皮大车棚、金属家具床和轴承产品。1963 年 7 月，再更名为青岛轴承生产合作社，将工业轴承作为生产发展方向。企业主要生产铁皮黄油杯和大桶盖，附带生产大车盘和部分球墨机钢球[①]。次年改由市手工业管理局金属制品工业公司管理。1966 年，根据机械工业发展要求，开展群众性技术革新活动，自制专用设备推进工业轴承试制生产，先后试制成功工业用 8205、8206 两种推力球轴承。1967 年改为青岛轴承厂，划归青岛农机公司。此后进行设备更新和扩建，逐步形成工业轴承生产能力。1969 年划归市重工业局，是年，自主研制的 204、205 两种型号向心球轴承投产，产量达到 11 万套。60 年代末，先后将铁皮黄油杯和大桶盖等主导产品及工艺设备分别移交沧口区服务大队和崂山县李村公社西大村，成为轴承生产专业厂。

1970 年，省机械工业厅确定青岛轴承厂以滚针轴承为产品发展方向，1971 年正式投入滚针轴承生产。1972 年 5 月划归市第二轻工

---

① 马小维,等.青岛市机械工业总公司史志(1950-2012 年)[M].青岛:内部编印,2012:256.

业局金属制品工业公司。1973 年滚针轴承品种增加到 10 个，滚针规格达到 35 个。1980 年再次划属市重工业局（机械工业局）。是年，轴承年生产能力达到 60 万套，轴承品种增加到 70 多个，并首次出口 C6205 碳素钢向心球普通级轴承。同时，还生产军用战备器材箱、毛纺单位用 BC272 斩刀油箱、地毯行业用提起式染线机等新产品。1981 年，该厂生产的 3 种工业轴承打入国际市场，成为初具规模的轴承专业生产厂。[①]

1985 年，青岛轴承厂拥有职工 423 人、固定资产原值 279 万元、净值 144 万元，主要设备有金属切削设备 78 台、锻压设备 25 台，生产工业轴承 56 万套，工业滚针 56 万支，工业总产值 238 万元，利润 2 万元。[②]

第二节 阀门

本市阀门制造始于 1956 年，国营青岛同友水暖器材厂应社会需要开始小批量生产工业用低压阀门，年产 50 吨。1958 年，根据工业行业需要开始生产高压阀门，至 1960 年，年产阀门猛增至 660 吨，其中高、中压阀门 19 吨。50 年代末，开始试制生产低压阀门，青岛阀门厂率先投产，后青岛通用机械厂、青岛红星阀门厂、即墨阀门厂、青岛沧口阀门厂、青岛汽车配件十厂均先后生产低压及高、中压通用阀门。

60 年代初，随着电力工业和船舶工业迅速发展，阀门产品需求量与日俱增。在省机械工业厅统一安排下，全省各地市开始组建专业厂。1960 年 9 月，国营青岛同友水暖器材厂改建为青岛阀门厂，专业生产高、中、低压通用阀门。1964 年，青岛汽轮机厂根据产品配套需要试制生产电站阀门，后转给电站阀门厂生产。1966

年，青岛电站阀门厂投产电站阀门，年产量 100 余吨。1967 年，即墨第二五金厂改建为即墨阀门厂，专业生产高、中、低压通用阀门，70 年代末发展成为机械工业部阀门定点生产厂，并且产品开始出口。

80 年代，本市阀门产品成为一个小型行业。青岛阀门厂形成铸钢、铸铁、铸铜生产能力。至 80 年代中期，市机械工业系统阀门生产企业共 6 家，其中专业生产厂 4 家，即青岛电站阀门厂、青岛阀门厂、即墨阀门厂、青岛石化阀门厂；共有职工 3584 人，其中工程技术人员 152 人；企业总占地面积 36 万平方米、建筑面积 11 万平方米，固定资产原值 4302 万元；工业总产值 2587 万元，利润总额 286 万元；全系统年生产高、中压阀门 1298 吨（其中电站阀门 749 吨）、低压阀门 3526 吨，船用阀门 44895 组。

民兴铁工厂

1943 年 12 月，位于华阳路 58 号的私营民兴铁工厂开业。初期，主要业务是机械修配并制造部分机器零件。

解放后，该厂主要以接受加工订货的形式生产炭黑升降机、轮胎成型机头等橡胶机械和织布机、打包机、烘干机、磨囊机等纺织机械。1956 年公私合营时，并入同姓、盛泰、志成、永发炉 4 家铁工厂，改名为公私合营民兴机器制造厂。此后，主要生产棉籽脱绒机、雷蒙粉石机、饲料粉碎机、颚式破碎机、罗茨鼓风机、400×2 轧钢机、薄板机等产品。产品开始向轧钢、矿山等大型机械设备方面转移，形成重型机械产品企业的锥形。

1959 年 6 月，公私合营民兴机器制造厂与市手工业管理局所属第二机械厂合并，改名为国营青岛重型机械厂，厂址在四方区宜昌路 36 号。随后，国家投资进行基础建设，新建铸钢

---

① 马小维，等.青岛市机械工业总公司史志(1950-2012 年)[M].青岛:内部编印,2012:255-256.

② 山东省志:机械工业志[M].济南:山东人民出版社,1994:611.

车间，增添批大型机械设备，主要生产100吨摩擦压力机、雷蒙粉碎机、3A乙型浮选机、HT119型湿碾机、250×175颚式破碎机、锤式粉碎机等矿山设备。

1959年10月，根据省市统一规划，青岛重型机械厂选定郊区楼山后徐家宋戈庄北侧、原青岛第一钢铁厂（苏联援建，1959年7月停建）址建设新厂，1960年11月完成搬迁。1963年4月因国民经济实行调整"停产保点"，大部分人员和机械设备扩散调出；其中，254名职工调入青岛电器厂，铸钢车间整体调拨青岛农业机械厂，后又转给青岛汽轮机厂。1965年9月13日，青岛重型机械厂恢复生产，将铸钢车间从青岛汽轮机厂连同1.5吨电弧炉和人员设备重新调回，改名青岛第一阀门厂。1966年9月24日改名为青岛电站阀门厂，当年投产电站阀门，成为电站阀门专业生产厂。初期，主要生产5NW机组以下小口径低压力系列的截止阀、安全阀、排污阀、水位表和铸钢件等产品。1967年后企业进行扩建和技术改造，开始生产为大、中型发电机组配套的截止阀、闸阀、安全阀、止回阀、调节阀等多系列、多品种高中压电站阀门，以及为发电设备、锻压机械、水泥、矿山等行业配套的碳素钢、合金钢铸钢件。至1970年，年产量增至456吨、产值达到1086万元。1974—1979年先后向阿富汗、越南、索马里等7个国家出口电站阀门572件、29吨。

1979年，青岛电站阀门厂自制多头钻床、铣钻组合机床等10余台专用设备投产。1981年又创造镁硅砂合金涂料新工艺，提高铸件表面质量，年产量达到1500吨，具备为60万千瓦发电机组配套的生产能力，电站阀门生产能力跃居全国同行业之首，产品品种发展到20大类、100个型号近300个品种规格，其中电站阀门、双杠杆安全阀两种产品分别获机械工业部

图2-9　1982年，青岛电站阀门厂试制的J741X-2540型液动截止阀，填补了国内空白，并用于葛洲坝二江工程

和山东省优质产品称号；产品覆盖全国电厂、电站，出口量逐年增加。1982年为葛洲坝二江工程研制成功密封液压截止阀（图2-9），填补国内一项空白，成为机械工业部电站阀门定点生产厂。

1985年，青岛电站阀门厂拥有职工1924人、固定资产原值2104万元、净值1196万元，主要设备金属切削设备178台、锻压设备18台，生产高中压阀门1141吨、铸钢件4745吨，工业总产值1153万元，利润146万元。[①]

青岛联建机器厂

1952年1月，由安顺铁工厂（1943年6月开）、华兴铁工厂（1948年4月开业）、云合铁工厂（1950年8月开业）、建新铁工厂（1949年8月开业）、永兴铁工厂（1949年4月开业）、广发诚铁工厂（1923年开业）、泰昌铁工厂（1946年11月开业）、元昌铁工厂（1949年7月开业）8家私营铁工厂合并组建青岛联建机器

---

① 山东省志：机械工业志[M].济南：山东人民出版社，1994：642.

厂,厂址位于市北区小港路5号和小港二路6号。1954年,并入顺泰化铜厂和裕记化铜厂,1955年4月实现公私合营。

1956年9月,青岛联建机器厂与青岛同友水暖器材厂合并,改名为公私合营青岛同友水暖器材厂。1960年9月改建为青岛阀门厂,专业生产高、中、低压通用阀门;11月迁至台西区台西一路1号。1961年6月,由台西区工业局划归市重工业局,并转为全民所有制企业。1965年10月改名为青岛第二阀门厂,1966年9月重新恢复青岛阀门厂。至1967年产品品种增至100多个、年产低压阀门14.86万件1207吨。根据造船工业发展需要,1968年开始试制船用阀门,1970年归口第六机械工业部管理,全部转产船用阀门。是年9月,迁至沧口区湖清路6号和大沙路7号新厂区,占地面积为47650平方米。至1972年,阀门产品发展到24个系列195个品种,并大批量承接大型船舶阀门订货合同。1975年,在第六机械工业部阀门分工定点会议上,其产品阀箱、钢闸阀被列为全国配套重点产品。1980年开始进入国际市场,止回阀、截止阀等产品出口到新加坡、巴基斯坦、伊朗等国家,成为国内唯一出口船用阀门的工厂。

1983年,经中华人民共和国船舶检验局青岛办事处进行"工厂认可"检验,青岛阀门厂成为全国阀门行业第一家"工厂认可"合格单位。其时,产品品种发展到46个系列515个品种,年产量超过4万组;主导产品GB309-76型内螺纹青铜截止阀和GB590-76A160-50法兰铸铁截止阀长期稳定在一等品水平(图2-10),产品畅销全国18个省市230多家用户。[1]

至1985年,青岛阀门厂拥有职工583人、固定资产原值357万元、净值149万元,主要

图2-10 80年代,青岛阀门厂生产的GB590型铸铁截止阀

设备有金属切削设备107台、锻压设备7台,生产船用阀门44005组、铸铁件286吨,工业总产值331万元,利润42万元。[2]其主导产品7字牌GB590-76A160-50法兰铸铁截止阀荣获山东省优质产品奖。

第三节 密封件

60年代中期,市南区一街道办集体生产单位开始生产橡胶三角带,青岛密封件制造业由此起步。1965年,该厂改为橡胶配件厂,开始小批量生产橡胶密封件,1970年正式批量生产骨架式油封和〇型橡胶密封件,年产40万件。1976年与市南机械加工厂合并组成青岛农机橡胶配件厂。1978年7月被农业机械部选定作为国家生产农机橡胶密封件重点厂进行装备,改名为青岛密封件厂,并转为全民所有制企业,隶属市机械工业局。

① 马小维,等.青岛市机械工业总公司史志(1950-2012年)[M].青岛:内部编印,2012:294-296.
② 山东省志:机械工业志[M].济南:山东人民出版社,1994:642.

80年代，青岛密封件厂先后完成硅胶○型圈、防泥水油封、双弹簧油封、高压油封等多个部、省、市级技术攻关项目，成为全国重要的密封件生产企业。

青岛市南中山路管区五金电器厂

1958年，市南区中山路办事处组织街道闲散家庭妇女和青年成立居民生产小组，主要有潍县路电器维修组、北京路手推车安装组、保定路活页加工组、大沽路合股组等。1960年，各生产组合并成立中山路管区五金电器厂，隶属市南区中山路生产管理委员会。1962年街道工业体制调整，由市手工业联社命名为青岛市第六五金生产合作社，隶属市南区手工业生产合作联社。

1965年10月，市第六五金生产合作社更名为青岛市南机械加工厂，隶属市南区工业局。1967年开始试制C616车床、732K摇臂钻床和印刷机真空泵。1970年迁至浮山所村东。①

青岛市南橡胶配件厂

1958年，市南区民政局在团岛成立生产自救组，又名炼油组，主要业务为回收废机油，补胶鞋等。60年代中期，生产自救组开始生产橡胶三角带；1965年改为青岛市南橡胶配件厂，划归市南区工业局管理。1966年开始小批量生产橡胶密封件。1970年正式批量生产骨架式油封和○型橡胶密封件，年产40万件。至1975年，年产能力达到500万件。

1976年1月，与青岛市南机械加工厂合并组建为青岛农机橡胶配件厂，主要生产拖拉机、内燃机用密封件，厂址在市南区浮山所村东。②

青岛农机橡胶配件厂

1978年7月，青岛农机橡胶配件厂被农业机械部选定为国家生产农机橡胶密封件重点厂进行装备。同时，第一机械工业部为解决机械产品"三漏问题"（漏油、漏水、漏气），也把密封件作为重点攻关项目，并确定青岛农机橡胶配件厂为全国密封件发展重点企业。规划要求1980年达到年产密封件3000万件（是年生产能力700万件）。为实现上述规划，1978年，第一机械工业部投资200万元人民币，国家计委又为引进密封件技术批转投资150万美元。由于青岛农机橡胶配件厂系集体所有制企业，两项投资不能落实。为保证国家重点项目落实，市重工业局于1978年9月提出申请，经市革命委员会工业交通办公室批准，以青岛农机橡胶配件厂为主体，集中青岛铸造机械厂、青岛生建机械厂、青岛液压元件厂的橡胶密封件生产技术人员，成立全民所有制企业——青岛密封件厂，1979年1月划归市重工业局。

1980年，青岛密封件厂成立厂办橡胶密封件研究所，引进具有国际70年代水平的全套密封件生产设备、测试仪器和密封件生产技术；1982年12月建成投产，并被机械工业部批准为二类所。是年，该厂产品规格由300个增加到1300个；当年，企业首次向新加坡出口密封件2000件，密封件作为独立产品进入国际市场。

至1985年，先后为农业机械部科技局完成拖拉机、内燃机密封件（手扶拖拉机）研制、油封结构参数研究、密封标准化编制等攻关项目，为第一机械工业部基础件局完成挤压密封件硅胶研究、S/SD/SDD波形唇研究、防泥水油封研制、阀杆油封研制、耐压油封研制、双向回流油封研制等攻关项目，为省机械工业厅完成骨架油封质量攻关S、SD的研制项目，为市机械工业局完成乙丙酸封水图试制项目。企业产品发展到挤压型密封件、旋转轴唇型密封件、轴承密封件、气门导杆密封件、往复运动密封件等5大类近3000个品种规格，为主机配套和

---

① 马小维,等.青岛市机械工业总公司史志(1950-2012年)[M].青岛:内部编印,2012:228.

② 马小维,等.青岛市机械工业总公司史志(1950-2012年)[M].青岛:内部编印,2012:228.

引进技术国产化配套发挥很大作用；骨架油封、气门导杆油封、轴承密封圈后被机械电子工业部列为替代进口产品。

1984年，企业又从日本荒井制作所引进阀杆密封件制造技术和设备，次年从英国伍德威尔公司引进轴承密封件制造技术和设备。1985年，该厂取得《山东省产品采用国际标准验收合格证》，其密封件产品由为农机配套扩大到汽车、机车车辆、矿山机械、轻纺、轴承、仪表、机床、电机电器等12个行业；全国农机行业中，6个金牌产品和8个银牌产品的主要密封件均采用该厂产品。当年，该厂密封件产量达到2504万件，产品质量达到国际同类产品水平。其中，"凤冠"牌骨架油封和○型密封圈连续五年被评为部优产品。[①]

第四节　紧固件

本市最早生产标准紧固件的企业是1935年开业的中国制链厂，以制造铆钉、螺钉、螺母、链条为主。1939年日商建立铃木铁工厂，生产铁路道钉和螺钉；1947年拍卖给私人经营，改名为建国铆钉螺钉制造厂。直至40年代末，青岛机器制造业长期处于修配阶段，整机制造很少，标准紧固件行业始终未能得到发展。据1949年8月调查统计，全市机器铁工业制钉业有10家民营工厂，职工57人，月产螺丝铆钉74.5吨。

50年代起，各机器制造部门对标准紧固件的需求与日俱增，推动标准紧固件行业迅速发展。为支援农业生产，1950年山东省组织机械制造厂大批生产解放式水车，省工业厅在安排水车生产计划的同时，扶持青岛建国铆钉螺钉制造厂专产水车用螺钉、螺栓、螺母等紧固件。公私合营时期，先后有11家私营小厂并入，生产规模扩大，1956年改名为青岛建国铆钉厂。

1958年，国家标准局发布第一批紧固件国家标准，青岛建国铆钉厂自制3台双击自动冷镦机、4台搓丝板，开始按国家标准制造精制螺钉、螺母，逐步用单机自动化生产来代替手工操作。1961年，公私合营青岛建国铆钉厂改为青岛标准件厂。是年，台东八路五金厂开始生产垫圈、螺栓。1962年，青岛标准件厂转为地方国营企业，陆续投产盖型母、蝶型母、槽型母、厚螺母、带孔螺栓、锥销等一批新产品。1964年，台东八路五金厂转向专业生产标准紧固件，改名为青岛标准件六厂。至1966年，全市专业生产标准紧固件企业发展到5家，年产标准紧固件1.14亿件。同年，市重工业局成立标准件公司，统管全市13家标准件生产厂。1967年，青岛标准件厂在平阴县建立分厂，1972年建成后与青岛标准件厂脱钩。其间，青岛标准件六厂于1969年与青岛冷拔厂合并改名为青岛标准件二厂，1972年又并入青岛标准件三厂、标准件七厂、标准件工模具厂、汽车配件三厂，成为山东省规模最大的标准件厂。1979年，全市机械工业系统年产标准紧固件3.48亿件。

80年代，本市标准件行业通过企业整顿、推行现代化管理、加强技术改造，生产能力、产品质量普遍提高。但由于技术装备陈旧落后，标准紧固件生产厂家均以生产低强度初级产品为主，产品多为农机行业各主机厂配套。

第五章　五金制品

境内自古就有日用五金业存在，近代以前多为个体手工生产，在城市和集镇也有固定红炉户或作坊。青岛建置之初，蔡连顺在台东瑞

---

① 马小维,等.青岛市机械工业总公司史志(1950-2012年)[M].青岛:内部编印,2012:228-229.

云路创办永顺铁工厂，生产铁锅、小农具等五金制品，为市区第一家专门从事五金制品生产的业户。20年代中期，建筑五金用品生产开始起步。至30年代，本市五金制品业有较大发展，逐步变手工操作为机械制作，成为山东建筑五金制品业主要集中地，主要产品有建筑房屋用铁件、门锁、合页、插销和铁钉，以及铁门、铁窗等。其间，冀鲁制针厂率先使用机器生产手缝针，为山东省最早使用机器生产五金制品的厂家之一。40年代，受时局影响，仅存少量五金制品厂维持生产。

青岛解放后，五金制造业相继恢复生产，并新组建许多小型私营生产厂。"一五"计划期间，随着对手工业和资本主义工商业的社会主义改造，小型五金厂逐步合并为数个大型公私合营工厂，有的成为综合性建筑五金制品企业，部分企业生产方式由手工劳动发展到机械化生产。"二五"计划期间，一批小型工具五金制造企业通过合并、扩建等形式扩大生产，形成批量生产能力，产品由锉刀、丝锥、板牙等手工工具发展到高速钢车刀、锯片、滚丝轮、钢锯条等200多个品种规格。

60年代，青岛建筑五金生产规模扩大，其中青岛铁丝产量全省最高；铝制品生产开始起步，产品包括各种规格铝锅、壶、饭盒等；车锁生产纳入国家计划。其间，随着石油液化气的普及，本市开始煤气用具生产，主要产品为液化气钢瓶及灶具。70年代，国家与山东省持续投资五金制品业基本建设与技术改造，重点用于提高日用精铝制品、各种锁、建筑五金和工具五金等产品的生产能力，提升产品规格质量，五金生产得到快速发展，其中，青岛粉末冶金研究所实验厂投产的硬质合金刀具和可转位刀具，填补了山东省空白。

80年代，随着经济体制改革，各生产企业均采取措施提高产品质量，开拓国内外市场。1980年建筑五金实行定点生产，青岛制钉厂和青岛建筑五金厂成为全省仅有的2个全民所有制定点生产厂，产品主要有圆钉、木螺丝、镀锌丝、合页、插销、铁制门窗等。1982年起，青岛崂山工具厂产品开始进入国际市场。至1985年，全市五金制品工业总产值1.91亿元，占全省五金制品工业总产值的25%；主要产品有双头呆扳手、各种锉、手用钢锯条、铁丝、圆钉、木螺丝、日用精铝制品、缝衣针、秋皮钉等。其中，"红叶""玫瑰""白兰"手用缝纫针、"黄海"牌液化石油气钢瓶获国家质量奖银牌，17种产品获轻工部优质产品称号，20种产品获山东省优质产品称号。

第一节　工　具

至二三十年代，本市铁工业多为作坊式手工操作生产，主要产品为钢锉和铁锤。1936年，全市有修理和生产钢锉、铁锤的私营铁工厂8家，共有职工44人，资本950元；其中6家从事旧锉翻新、2家生产铁锤。40年代初，市内增加一家小锉厂，年产锉刀9480支，及少量生产丝锥、板牙、车刀等产品。

新中国成立后，一些从事工具制造的私营小厂相继出现。"一五"计划期间，随着对手工业和资本主义工商业的社会主义改造，小型工具厂逐步合并，至1955年，生产工具的私营企业有12家，从业人员514人；其中，青岛工具制造厂有职工213人，拥有车、刨、铣等各类机床59台。1956年全部实行公私合营后，全市共有青岛工具制造厂、华东工具厂、同昌泰工具厂、同顺炉工具厂、三友炉工具厂、新华铁工厂6家专业生产刃具和手工工具的企业，生产方式由手工劳动发展到机械化生产，产品仍以锉刀、丝锥、板牙为主。"二五"计划期间，又有一批小型企业通过合并、扩建形成批量生产能力，如青岛制锉厂、青岛锯条厂、青岛第三五金工具生产合作社、青岛崂山工具厂等，产品由手工工具发展到高速钢车刀、锯片、滚丝轮、钢锯条等200多个品种规格。

60年代，按照山东省部署，本市对刃具生产行业进行调整。70年代，各生产企业相继增添专用设备，提高生产能力。其中，青岛粉末冶金研究所实验厂投产硬质合金刀具和可转位刀具，填补了山东省内空白；青岛刃具厂先后开发细齿三面刃铣刀、齿轮混刀、白钢车刀3种新产品，扩大生产规模，产量连续三年以平均28%的速度增长，1979年达到135万件，创历史最高水平。其间，先后建起市北五金工具厂、青岛工具一厂、青岛工具二厂、即墨工具厂（青岛光华工具厂）、莱西县轻工机械厂、即墨县玛钢厂、青岛马哥庄工具厂、青岛机床刀具厂等，全市工具专业厂增至16家。

70年代末，各生产企业均采取措施提高产品质量，开拓国内外市场。1982年，青岛刃具厂开始试制丝锥，青岛钢锉厂100～450毫米锉刀、青岛锯条厂手用钢锯条、青岛工具一厂活络扳手分获机械工业部优质产品称号和山东省优质产品称号。同年，青岛崂山工具厂产品开始进入国际市场，先后销往美国、法国、日本及中国香港等30多个国家和地区，被国家批准为机电产品出口扩权企业，成为本市规模最大的工具专业厂。1985年，全市五金制品工业总产值1.91亿元，占全省五金制品工业总产值的25%，主要产品有双头呆扳手、各种锉、手用钢锯条、铁丝、圆钉、木螺丝、日用精铝制品、缝衣针、秋皮钉等。[①]

青岛制锉生产合作社

1925年，日本商人在青岛开办东华锉铺，从事旧锉翻修。1937年，东华锉铺和成立不久的青岛锉铺歇业，原东华锉铺雇员先后创办新青岛、义生、源成、华昌等锉铺，主要进行旧

锉翻新及少量新锉制作。

1955年，玉昌等8个锉铺组成青岛制锉生产小组，共28人；永鑫炉等6个锻铁业户组成青岛第九锻铁生产小组，共25人。下半年，两小组合并组成青岛制锉生产合作社，主要生产扁锉、方锉、三角锉3大类产品。1956年又吸收23个制锉业户成立公私合营青岛工具厂，人员增加到144人，由以修旧翻新为主转向以制造新锉为主。当年产各种规格和型号钢锉23万支，创工业产值19.6万元，实现利润6万元。1958年职工增加到273人，有剁锉机5台，产量达77.2万支，工业产值123.5万元，实现利润45.9万元。

1958年，公私合营青岛工具厂制锉车间30余名工人划出，并吸收部分个体制锉业户组成青岛钢锉厂，1962年改为合作社；1965年又转为合作工厂，恢复青岛钢锉厂名称。1966年有职工313人，钢锉产量128万支，销售额20.6万元。1971年职工增加到409人，产量180万支，工业总产值246万元，实现利润88.3万元。1979年和1980年，青岛产钢锉在山东省钢锉质量评比中两次获总分第一名。1980年钢锉开始出口外销，当年出口13.6万支，出口交货值14.04万元。1981年，该厂产三角锉获轻工业部和山东省优质产品称号。同年，在全国锉刀质检中，该厂产三角锉获第一名、半圆锉和方锉获第三名、圆锉获第四名、扁锉获第八名，五大类产品获总分第一名。1982年，该厂产五大类锉刀获轻工业部质量评比总分第三名；当年产量达220.12万支，工业产值完成302万元，实现利润31.5万元，创历史最好水平。

至80年代中期，青岛钢锉厂有职工737人，拥有金属切削机床44台、锻压设备29台、气体压缩机4台、焊接及切割设备3台、电热

---

① 山东省志：二轻工业志[M].济南：山东人民出版社，1997：227-228.

设备9套、金属材料实验机4台、五金加工设备57台；年产各种钢锉312.9万支，工业产值452万元，实现利税48.2万元。

青岛工具厂

1952年，4家私营小厂合并组建私营青岛华东工具厂；同年9月，数家私营铁工厂联营开办股份有限公司，厂址在内蒙古路13号。1958年，上述两厂与同昌泰工具厂实行公私合营，组建为青岛工具厂，主要生产丝攻、板牙、丝攻绞把、板牙架等，为全市同行业最大企业。1966年转为地方国营企业。1968年，工厂开始迁移至济宁地区泗水县泉林；1970年搬迁完毕，改名为山东工具厂。

1970年，根据市政府安排，市重工业局利用原青岛工具厂厂房及遗留部分人员、设备，成立青岛刃具厂，主要生产直柄麻花钻、复合中心钻两个品种。其后，随着各行业工具需求量增长，陆续开发生产细齿三面刃铣刀、齿轮滚刀、白钢车刀等新产品。1976年，按照市经委和市重工业局安排，接受生产122榴弹炮专用异型刀具及该炮三机（平衡机、复进机、驻退机）的任务，经过技术准备、工装制造、小批试制等工作，于1978年经大型试验合格后进行批量生产。1981年，该厂生产的中心钻和锥钻打入国际市场。1982年开始试

制和生产丝锥；同年9月正式恢复青岛工具厂厂名（图2-11），厂区占地面积10566.6平方米。1984年后，根据市场需要，逐步调整产品结构，增加低压电器产品，主要生产一般交流电机线路保护用热继电器。[①]

至1985年，青岛工具厂拥有职工301人、固定资产原值277万元、净值165万元，主要设备金属切削设备94台、锻压设备19台，生产各种刃具106万件、低压电器元件6万件，工业总产值141万元，利润18万元。[②]

信生铁工厂

1954年，信生铁工厂采用土法仿制活扳

图2-11 80年代的青岛工具厂及厂区

① 马小维,等.青岛市机械总公司史志(1950-2012年)[M].青岛:内部编印,2012:299-300.

② 山东省志:二轻工业志[M].济南:山东人民出版社,1997:182.

手,经半年多反复试验制成样品,经有关技术部门鉴定认定合格,填补了山东省活扳手生产空白。当年10月,在北京全国活扳手评比中,该厂活扳手被列为名牌产品。1956年,信生铁工厂实现公私合营,迁到台湛路扩建厂房、增置生产设备,月产活扳手1287把。1957年,活扳手生产量达34732把,创产值16.98万元,实现利润4.36万元。其后,随着工业发展和国家压缩活扳手进口量,为满足市场上对活扳手日益增多的需求,经组织规划,信生铁工厂与其他生产活动扳手企业合并为青岛工具厂,以生产活扳手为主要产品,兼营生产其他五金制品。

1963年,青岛工具厂三车间划出,成立青岛五金工具生产合作社,后又改为青岛工具一厂。1964年,工具一厂研制开发15英寸大规格活扳手,当年投入批量生产,年产各种活扳手5.70万把,产值达78.5万元。1965年产量猛增至9.56万把,工业产值104.5万元。"文化大革命"时期,产量忽上忽下,1966年工业产值仅50.31万元;1968年生产回升,生产各种规格活扳手17.14万把,实现利润34.49万元;1974年生产再度出现下滑,活扳手产量为16.38万把,产值仅为68.29万元,实现利润仅7.51万元。1975年活扳手产量达33万把,工业产值达143.7万元。次年,活扳手产量为49.52万把,并开始外销出口,当年出口交货量为21.94万把,占全年总产量的44.8%。

70年代末生产步入正轨,1979年活扳手产量达114.51万把,出口交货量达80.4万把,创工业总产值439.06万元,实现利润139.88万元,产品畅销全国各省、市、自治区,远销欧洲、美洲、东南亚各国及港澳地区。1980年,在全国98个生产活扳手企业的产品质量测试中,青岛工具一厂生产的8英寸活扳手按项目检查达到82.5分,列全国第一;同年获省第二轻工业厅优质产品证书。1985年4月,在全国

五金产品测试中,该厂8英寸、10英寸活扳手均获100分;9月,该厂"铁牛"牌、"青工"牌活扳手获轻工业部优质产品称号,8英寸、10英寸活扳手获山东省优质产品称号。同年,青岛工具一厂又研制出70型活扳手,取代原65型活扳手,畅销国内外市场。

青岛气焊脚踏车修配合作社

1956年,青岛气焊脚踏车修配合作社试制生产呆扳手2000把,成为山东省第一个生产呆扳手的厂家。1957年,扳手生产纳入国家计划,该厂产呆扳手2000套(每套16~22英寸共8件)产品由商业部门统购包销。1958年易名为青岛市第五机械厂,仍以生产呆扳手为主。当年增加皮带床8台、砂轮机3台、铣床1台、钻床6台,生产设备开始逐步更新。1961年,贯彻中共中央《手工业三十五条》精神,第五机械厂先后分为四个生产合作社。其中,青岛第一五金生产合作社有职工161人,以生产呆扳手为主,年产呆扳手1500套。

1964年,青岛第一五金生产合作社由莘县路13号搬迁到镇江路7号,更名为青岛工具二厂,并投资扩建厂房、调配增加人员,先后增加各种设备20台(套),其中空气锤与摩擦压力机的配套使用成为全国扳钳行业独创工艺。1965年又研制开发出梅花扳手新产品,成为全国呆扳手、梅花扳手重点生产厂家,职工增到381人,年产呆扳手9.2万套,企业实现利润50余万元。1972年,呆扳手产量达11.05万套,创工业产值424.85万元。之后,企业不断开发新产品,先后生产出管子钳、套筒扳手、简易扭力扳手、省力扳手、S65重型套筒扳手以及大规格敲击扳手等100余种规格新产品,产品销往全国26个省、市、自治区,并出口欧、亚、美洲20多个国家和地区,在山东省同行业中处于领先地位。1979年,在全国19个生产厂家参加的质量检测中,该厂产呆扳手获第一名、梅花扳手获同类产品第二名,1980年和1984年

两获山东省优质产品称号。其间，该厂产呆扳手、梅花扳手使用"双鱼"牌商标、出口产品使用"钻石"牌商标。

1985年，青岛工具二厂拥有职工516人，各种设备110台，年产呆扳手13.7万套（比1957年提高137倍）、梅花扳手9.07万套，共创工业产值404万元，实现利润47万元；呆扳手和梅花扳手销量分别占山东省总销量的85%和91%。

青岛第五钟表修配服务社

1958年，青岛第五钟表修配服务社开始试生产螺纹工具，并由修配服务向生产型过渡，1960年生产手用丝锥3.85万件、圆板牙5.99万件。1964年增添攻溜机、滚丝机等新设备，逐步由手工操作向机械化生产转变，产量亦随之提高。1965年生产手用丝锥22.5万件、圆板牙13.76万件。其间，所产螺纹工具主要有公制和英制两种系列产品。

1966年，青岛第五钟表修配服务社改名为青岛工具三厂，成为本市螺纹工具生产专业厂。同年，先后增置国家统一型号的螺丝磨床，自制组合丝锥和滚丝棒，提高劳动生产率和产品质量，减轻工人劳动强度。此后，按照国家标准，逐步形成公制系列产品，英制系列产品被淘汰。1968年，依据自身需要试制成滚压滚丝轮。1971年前，青岛工具三厂生产的螺纹工具使用"众工"牌商标，之后使用"工"字牌。1975年研制出机用丝锥、滚压丝轮两个新产品。同时，滚压滚丝轮也由自用发展为商品。当年生产手用丝锥80.42万件，机用丝锥3.54万件，圆板牙56.8万件，滚压丝轮1932副；产值达182.82万元。

1981年9月，该厂"工"字牌商标改为"鲁工"牌商标。1984年，产手用丝锥143.97万件，机用丝锥15.33万件，圆板牙58.27万件，滚压滚丝轮840副，年产值261.43万元，实现利税66.17万元。

青岛五金制品厂

1959年，青岛第二文教用品社易名青岛五金制品厂，派人学习上海锯条厂手用钢锯条制作，土法制造出刨齿机、分路机、下料机、切头机等锯条生产设备，当年9月试制出第一批手用钢锯条；次年投入批量生产，年产手用锯条380万支，填补本市生产手用钢锯条的空白。1963年改名为青岛第一小五金生产合作社，当年产手用钢锯条169.5万支；1965年增加到779.6万支。1966年，生产合作社过渡为合作工厂，取名为青岛日用五金一厂，产量降为236万支，产品商标由"猫"牌改为"晶华"牌。

1967年，青岛第一小五金生产合作社合并青岛钢丝网厂后人员增加到378人，仍以生产手用钢锯条为主，兼产其他小五金产品。1971年手用钢锯条产量达到2317.5万支，1975年为2238.1万支。1976年，手用钢锯条市场需求量增大，青岛日用五金一厂开始专产手用钢锯条，并改造和增加设备实现机械化操作，扩大并提高生产规模和能力。1978年改名为青岛锯条厂，成为本市手用钢锯条专业生产厂，年产4697万支，工业总产值377.56万元。其间，自1973年山东省开展质量评比以来，青岛锯条厂生产的手用钢锯条连续5次获山东省第一名。1982年，在全国同行业产品测试中，该厂手用钢锯条名列第二；次年获山东省优质产品称号。

至1985年，青岛锯条厂有职工551人，年产"晶华"牌钢锯条7143万支，工业总产值997万元，实现利润164.2万元；产品除满足青岛市场需求外，还销往山东各地市以及全国各省、市、自治区，销量居全国首位。是年，在全国同行业产品评比中，青岛锯条厂生产的手用钢锯条列第一名，并获轻工业部优质产品称号。

硬质合金刀具

1971年，山东省青岛粉末冶金研究所实验厂开始生产切削刀具和可转位切削刀具，其中YT5、YT15、YT20等型号硬质合金刀具填补山东省 YT 硬质合金空白，最高年产量达 72 吨。

80 年代，随着经济体制改革深入发展，为国民经济各部门生产发展需要，实验厂研制出各类生产粉末冶金制品。其中，为卷烟厂研制的卷烟机用水性纸切纸刀、切纸轮以及方刀、圆片刀，比高速钢制品工效提高 10 倍、寿命延长 10 倍，分别填补了国内和山东省空白，产品供应全国 146 家卷烟厂，被中国烟草工业总公司列为卷烟厂用刀片定点生产厂；研制的牙膏皮冲模，每套可冲制牙膏皮 150 万～250 万支，使用寿命比合金钢模具提高 375 倍；开发的非标准刀具和工模具等异型产品，累计制成 500 多种硬质合金制品。

第二节 建筑五金用品

1915 年，协兴旭铁工厂建成，主要生产建筑房屋用铁件。1932 年，新生铁工厂、德泰实业工厂和日新制铁工厂先后开业，主要生产门锁、合页、插销和铁钉。1933 年，天兴德陈记铁工厂建立，主要生产铁门、铁窗。1934 年，德泰实业工厂从日本购进圆钉机 13 台、拔丝机 1 台，开始生产圆钉。1937 年，青岛中华制钉厂建成投产。1938 年，义昌永制钉厂亦从事圆钉生产。这一时期，山东建筑五金制品业主要集中在青岛市。此后，因战争影响和原料奇缺，各建筑五金生产厂家纷纷倒闭或歇业。至 1948 年，本市仅存 3 家制钉厂，用旧铁丝、旧电缆维持生产。

新中国成立后，6 家制钉厂和德盛永等 6 家铁工厂恢复生产。1950 年，马永义、王焕文等人分别集资建成泰丰制钉厂和东昌铁丝制钉厂。1951 年，联仁制钉股份有限公司成立。同年，中华制钉厂开始生产圆钉、加工铁丝，并更名为力中五金制造股份有限公司。1952 年，周先

谦等集资建成华阳螺钉厂股份有限公司，生产木螺丝钉。1956 年，青岛 9 个私营制钉厂合营并改称公私合营青岛联仁制钉厂，生产圆钉、鞋钉、铁丝、木螺钉，成为综合性建筑五金制品企业。大陆五金厂合营后，建成公私合营青岛建筑五金厂。[①]

60 年代，本市拥有圆钉厂、木螺钉厂和铁丝厂，其中铁丝产量在全省最大，1962 年达 1.53 万吨，镀锌铁丝 4828 吨。1966 年，冀鲁针厂开始生产镀锌铁丝。1967 年，青岛宝石厂开始研制镀锌丝生产，当年产镀锌丝 436 吨，除自用外，还销往哈尔滨、大连等地。

70 年代，各厂通过搬迁、改造厂房设施，更新生产设备，进行工艺改造，建筑五金产品规格质量均大幅提升。1970 年，市场上镀锌扁铁丝脱销，青岛宝石厂自制设备投入生产，当年产镀锌扁铁丝 16 吨，1972 年出口镀锌丝 303 吨。1978 年，青岛宝石厂生产设备增至 6 台，年产镀锌扁铁丝 203 吨，产值达 29.84 万元；次年产量为 1217 吨。1979 年，青岛产"三星"牌木螺丝被省第二轻工业厅评为优质产品，1980 年开始出口，当年外销 116 万件。

1980 年起，建筑五金实行定点生产，青岛制钉厂和青岛建筑五金厂成为全省仅有的 2 个全民所有制定点生产厂，建筑五金产品主要有圆钉、木螺丝、镀锌丝、合页、插销、铁制门窗等。是年，"三星"牌圆钉获省优质产品称号。同年，青岛宝石厂产量达到 1553.5 吨，产值 217.49 万元，创历史最好纪录，当年出口镀锌钢丝 803 吨。1983 年，青岛宝石厂研制出镀铜扁丝，当年产 177 吨，创工业产值 26.55 万元。1981—1985 年，全市出口各种类型的插销 84 万个，交货值 21 万元，产品主要销往沙特阿拉伯等国。

1985 年，本市制钉业有职工 2012 人，年产

---

① 山东省志:二轻工业志[M].济南:山东人民出版社,1997:261-262.

圆钉 16371 吨，木螺丝 61273 万件，创工业总产值 2856 万元，实现利润 583.6 万元；圆钉系列由 64 个规格发展到 45 个品种 533 个规格，当年出口圆钉 12318 吨，成为全国同行业出口最多的产品；"三星"牌圆钉获部优产品称号。全市累计出口合页 3418 万副，交货值达 1530 万元，主要销往港澳、东南亚、中东等十几个国家和地区。青岛宝石厂生产镀锌丝 492.18 吨，工业产值 72.35 万元，生产镀铜扁丝 242 吨，创产值 36.3 万元。

德盛永五金厂

1925 年，德盛永五金厂开业，主要生产合页、插销，是本埠生产建筑五金最早的厂家之一。1952 年，德盛永五金厂联合其他 5 个铁工厂组成私私合营大陆建筑五金厂；1956 年成为公私合营大陆建筑五金厂，有职工 146 人，原料（带钢、线材）自购，产品自销。1958 年职工增加到 588 人，产品也由十几个品种增加到 30 多个品种，仍以生产合页、插销为主。1965 年合页产量达到 70 万副、插销 200 万个，完成工业产值 146 万元，实现利润 23.9 万元。1966 年，大陆建筑五金厂改称国营青岛建筑五金厂；翌年迁址四方区小白干路新厂址，同时对生产设备进行更新改造，建成两条合页自动生产线，年产合页 720 万副。1968 年，该厂产 H 型合页开始出口外销。因受"文化大革命"影响，1974 年仅完成工业产值 187 万元，实现利润 11.4 万元。

70 年代末，企业对生产设备不断进行更新改造，基本实现半自动化、自动化连续生产。1979 年合页产量完成计划的 153.24 %，插销完成计划的 110.7 %，创工业产值 528 万元，实现利润 113 万元，是企业效益最好的一年。1980 年生产合页 521 万副、插销 476 万个、砂布 745 万张，并开始生产 H 型铁铰链、双轴合页。是

年，"雄狮"牌钢插销在山东省历次评比中均荣获第一名。1983 年，"三鱼"牌棕刚玉页状砂布被评为山东省优质产品。1984 年，"雄鸡"牌钢插销获轻工业部和山东省优质产品称号、150 号砂布获全国同行业评比第一名。

国营青岛建筑五金厂位于四方区小白干路 144 号，系全民所有制企业，隶属市第二轻工业局五金工业公司。1985 年，工厂占地 1.88 万平方米，厂房面积 3905 平方米，职工 548 人，其中工程技术人员 9 人；固定资产原值 261 万元，净值 168 万元，自有流动资金 57 万元；年产合页 426 万件、插销 806 万件；工业总产值 549.9 万元，其中出口产值 93.8 万元；利税总额 72.9 万元，其中利润 45 万元；劳动生产率 9800 元／人。[①]

德泰实业工厂

1934 年，江鹤泉开办德泰实业工厂，从日本购进圆钉机 13 台、拔丝机 1 台，开始生产圆钉。1938 年，义昌永制钉厂成立，亦从事圆钉生产。1946 年，先后有 4 个制钉厂投入生产。1947 年后，生产日趋衰落，各厂基本处于半停产状态。

新中国成立后，制钉业发展较快，50 年代有 3 个新厂陆续投产。其中，1952 年周先谦集资 2 万元、招工 12 人开办的华阳螺钉厂股份有限公司，专业生产木螺丝，当年产木螺丝 226 万件，成为本市木螺丝专业生产厂。1956 年 1 月，青岛制钉业 9 个私营厂实现全行业合营，改称公私合营青岛联仁制钉厂，共有职工 367 人、鞋钉机 50 台、圆钉机 60 台、木螺丝机 19 台、拔丝机 6 台，主要生产鞋钉、圆钉、木螺丝、铁丝等产品，成为本市唯一制钉企业。同年，制钉业生产纳入国家计划，原料按计划调拨，产品亦由青岛五金工具批发站统购包销。1957 年企业调整，职工增加到 461 人，1965 年拥有职工 887 人，

---

① 山东省志：二轻工业志[M].济南：山东人民出版社,1997:269.

1966年改名为国营青岛制钉厂。

1976年后，青岛制钉厂研制和生产出口异型钉，同时研制成功水泥钉、双帽钉、螺旋钉等产品，使圆钉发展到45个花色533个规格，形成系列产品。其普通钉主销国内市场；美制钉、英制钉、家具钉、箱钉、油毡钉、墙钉、涂料钉、地板钉等销往国外市场。[①]1980年，青岛制钉厂产30毫米×1.6毫米圆钉被山东省评为优质产品；1981年，在上海全国圆钉三个规格质量评比中又荣获第一名。

至1985年，全厂占地6.78万平方米，建筑面积3.4万平方米，职工2012人，其中工程技术人员10名，固定资产原值1304万元、净值888万元，定额流动资金678.77万元；年产铁丝2.29万吨，鞋钉、圆钉、木螺钉等小五金制品6.1亿件，总产值2856万元，全员劳动生产率14990元/人，利税总额752万元，其中利润583.64万元。[②]

第三节　日用五金制品

日用五金制品包括炊事用具、取暖用具、日用器具和家用锁具四大类产品，境内自古就有日用五金业的存在。青岛建置之初，蔡连顺在台东瑞云路创办永顺铁工厂，生产铁锅、小农具等五金制品，为市区第一家专门从事五金制品生产的业户。1929年，忠记制针厂创办，为本市最早的手缝针制作厂家。1931年12月，冀鲁制针厂开业投产。30年代，五金制品业有较大发展，逐步变手工操作为机械制作。冀鲁制针厂率先使用机器生产手缝针，为山东省最早使用机器生产五金制品的厂家之一。

本市自行车锁的生产始于50年代后期。60年代初，青岛新兴金属品制造厂试产日用精铝制品，本市日用铝制品生产由此起步。1969年，青岛北海铝制品厂（军办工厂）由从事铝板加工转向生产日用铝制品。70年代，本市煤气用具生产开始发端，主要生产厂家有青岛煤气用具厂，主要产品为液化气钢瓶及灶具。1972年，青岛北海铝制品厂开始研制生产铝压力锅，其产品有22厘米、24厘米、26厘米3种规格。其间，因受"文化大革命"影响，全市日用铝制品产量下降。"文化大革命"结束后，铝制品产量开始回升，1978年回升至1400吨，创工业总产值1000余万元，产品销往全国29个省、市、自治区及出口外销。1979年，青岛工艺美术机械制修厂和青岛第二轻工业局机械厂也开始批量生产石油液化气灶具。

1980年，青岛铝制品产量达2694.12吨，创工业总产值1674.27万元。1985年，青岛铝制品总厂、青岛铝制品厂、青岛铝制品总厂分厂生产铝制品2445.4吨，创工业总产值2288万元。此外，青岛还有部分街道厂家，如四方区铝铁制品厂、市南区金属制品厂等，也拾遗补阙地生产日用铝制品，以满足社会的需要。其间，青岛产自行车锁在全国评比中获第一名并销往国外。

冀鲁制针厂

1931年12月，青岛冀鲁制针厂开业投产，日产手缝针60万支，产品以"双钱""三角""黑龙""狮球"为商标，销往胶东半岛及河北各地。1932年，冀鲁制针厂以高价购得日本手缝针专用生产设备——制鼻机全部技术资料，将生产工艺由原来的砸鼻、穿孔、分割三机生产改造成一台机完成，改造后的设备称联三速度机，生产效率大为提高，生产规模迅速扩大；职工人数也由69人发展到121人。1933年，忠记制针厂因经营不善倒闭，其生产设备被冀鲁

---

① 山东省志:二轻工业志[M].济南:山东人民出版社,1997:265-266.

② 山东省志:二轻工业志[M].济南:山东人民出版社,1997:268.

图 2-12　40 年代后期的冀鲁制针厂

场需求（图 2-13），市场供应有所缓解。其间，该厂产手缝针以"红叶""玫瑰""白兰""莲花"注册，代替"双龙""狮球""富贵花""鲁王""如意"商标。1966 年，国营青岛大华制针厂（1956 年成立）和公私合营启东制针厂（1957 年成立）并入国营青岛冀鲁制针厂，改称青岛制针厂，成为本市唯一生产手缝针的企业。

1970 年 6 月，青岛制针厂与青岛制钉厂、沂水县工业局联合筹建沂水针钉分厂，1972 年建成投产，1973 年产缝衣针 8 亿支，1976 年定名为沂水针钉厂。[①]

1979 年，青岛制针厂成为国内手缝针生产

制针厂收买。此后，冀鲁制针厂产手缝针打破德国、日本产手缝针分占中国南、北方市场的局面，开始行销全国。日本第二次侵占青岛后，冀鲁制针厂被日商国分壮介以 10.1 万元联银券强行购买，改称青岛冀鲁制针厂株式会社。1946 年，尹致中以归还财产所有权名义购买收回，并恢复原名（图 2-12）。

青岛解放后，市政府派人参加冀鲁制针厂管理委员会，参与管理。1955 年收归国有，成为地方国营企业，改称国营青岛冀鲁制针厂。1957 年有职工 847 人，当年产手缝针 301162.5万支，工业总产值 1011.2 万元。此后，因生产缝衣针工艺复杂，周期长，产值小而造成产量下降。产品除在国内市场销售外，开始外销出口。1961 年，由于产量下降，造成供应紧缺，市场上曾出现 0.2 元买一支针，或一个鸡蛋换一支针现象。是年 9 月，中共中央对外联络部部长耿飚、中共山东省委书记白如冰到厂视察，要求采取措施，恢复手缝针生产能力，满足市

图 2-13　冀鲁制针厂创造成功自动刨针机

---

① 山东省志:二轻工业志[M].济南:山东人民出版社,1997:237.

重要厂家,"红叶"牌手缝针被评为山东省优质产品,并获轻工业部优质产品称号。1984年,该厂产"玫瑰"牌手缝针被评为山东省优质产品。1985年,在轻工业部全国缝衣针质量测评中,青岛制针厂有11个规格产品获第一名,并获国家银质奖。

1985年,青岛制针厂全厂房屋建筑面积4.04万平方米,固定资产原值902.9万元,净值632.4万元,职工1251人,拥有专用设备197台;年产缝衣针23.52亿支,占全省总产量的77%,外销量71317万支;产铁丝1.17万吨,产值1487.92万元,利税284.1万元,其中税金70.78万元。[①]

青岛新兴金属品制造厂

1961年,青岛新兴金属品制造厂为适应市场需求,开始试产日用精铝制品。次年10月试制成功大号饭盒。1963年外购铝片试产精铝菜盆、面盆。同年投资兴建年产铝片900吨的轧片车间,工人增至181人。1964年4月1日,新兴金属制品厂划出两个车间组建青岛钢精制品厂,生产日用铝制品并对外加工铝板材,成为山东省唯一日用铝制品专业生产厂家。1965年能生产提桶、高矮锅、水壶、中箅锅、双用快锅、漏勺、面菜盆、水舀等53个品种上百个规格日用铝制品器皿。表面处理由单一洗白发展为砂光、抛光、氧化、抛光氧化、电抛光等7种,产品质量全部达到标准。1968年铝制品产量为648.46吨,创工业总产值760.22万元,实现利润131万元(图2-14)。

1979年3月,青岛钢精制品厂改称青岛铝制品总厂。1980年,增产炒锅、双箅锅、蒸炒锅、银耳锅、电水壶、电奶锅等品种,表面处理增加转移印花,材质增加铝合金制品,其理化性能比纯铝制品提高1~2倍,质坚体轻,导热快。

1985年,青岛铝制品总厂厂房建筑面积1.038万平方米,拥有职工822人,其中工程技术人员21人,设备100台,固定资产原值461.3万元、净值304万元。当年产精铝制品1550.60吨(其中铝锅106.37万只、铝壶

图2-14　青岛钢精制品厂生产的"工农"牌、"玉鸟"牌钢精制品合格证及其使用与保养须知

---

① 山东省志:二轻工业志[M].济南:山东人民出版社,1997:237+242.

45.64 万把、饭盒 23.84 万个），产值 1354 万元，利税总额 314 万元，其中税金 184 万元，全员劳动生产率 16272 元 / 人。[①]

青岛第五机械厂

1955 年，青岛市气焊脚踏车修配小组在生产自救组基础上组建成立，隶属市手工业管理局。1956 年，修配小组改称合作社，有人员 40 名。1958 年与冶铸、制棉、第二铁器等多家合作社合并成立青岛第五机械厂，有职工 2500 人。60 年代初的国民经济调整时期，第五机械厂分成第二自行车修配、秤具、螺钉等几个小型生产合作社。1966 年，第二自行车修配生产合作社改称青岛电气焊五金加工厂，有职工 30 余人，主要从事铝桶制作、电气焊加工生产经营业务。1970 年冬开始研制液化气钢瓶，1974 年投入批量生产，成为本市唯一液化气钢瓶生产厂家，当年生产 1200 只。1975 年，青岛电气焊五金加工厂制成石油液化气灶具 4100 台。1977 年，青岛电气焊五金加工厂改称青岛煤气用具厂，液化气钢瓶成为其主导产品。1978 年冬，经市第二轻工业局批准，红星阀门厂并入。

80 年代初，青岛液化气钢瓶生产摆脱手工操作，形成自动化生产流水线，完善各种监测手段，提高产品产量和质量。同时将煤气灶具更新为铝板面、电镀面，产品具有脉冲电子打火装置。1981 年，该厂产"青煤"牌液化气钢瓶获省第二轻工业厅优质产品奖。1982 年，经省劳动局等单位鉴定，"黄海"牌液化气钢瓶达到 CJ3-1-80 液化气钢瓶标准，1984 年被轻工业部评为优质产品，1985 年被评为山东省优质产品，同时获国家质量银质奖。

1985 年，青岛煤气用具厂与日本商家签订设备引进合同，投资 800 万元引进不锈钢灶、阀门生产设备 26 台（套），年产不锈钢灶具能力达 40 万台。主要产品有 YSZ-GD 高低两用双眼灶和 YSZ-DDI200 电子自动点火灶两种石油液化气灶具，另外还生产 YS21-DN 型四气（沼气、天然气、煤气、石油液化气）通用灶。其产品除满足本市和本省市场外，还销往全国 20 多个城市和地区。

青岛第三文教用品生产合作社

1957 年，青岛第三文教用品生产合作社试制成功马蹄型自行车锁投放市场，1964 年自行车锁生产被纳入国家计划，产品由商业部门统购包销，计划外部分由企业自销。1966 年，青岛第三文教用品生产合作社改称青岛车锁厂，成为本市自行车锁唯一专业生产厂。该厂产 64-2 型和 81-1 火箭型自行车锁适用于 28 型自行车，82-7 型电镀自行车锁适用于 26 型自行车和坤式自行车，钢丝绳锁适用于各类自行车、摩托车、地排车、儿童车等。各式自行车锁有烤漆和电镀两个系列。

1980 年，青岛车锁厂生产车锁 277 万把，产品在全国 15 个自行车锁厂产品评比中获第一名。1982 年销往新加坡、伊朗及非洲各国共计 20.02 万把。1985 年年产 316 万把，创生产最高纪录。

---

① 山东省志：二轻工业志[M].济南：山东人民出版社,1997:240-241.

第三篇 机械设备

夏商时期，境内已有铜器铸造和劳动工具生产，春秋时已能大量制造铁质农具。直至清末，工具制造才逐渐打破手工作坊式生产方式，开始出现以修理机器或制造铁器、农具为主的小型民营铁工厂。19世纪末，德国商人先后建立水雷枪械修理所、海军修船所、四方铁路工厂。20世纪初，日本商人相继建起10余家铁工所。20年代中期，华昌铁工厂试制车床成功，成为境内最早的机床制造厂。至1933年，东益、金城、源盛炉、德顺炉、泰东等民营铁工厂相继试制出机床。30年代，全市有机械（铁工）厂163家，各厂生产均使用动力机，拥有各类金属加工机械，产品包括各类机床、低速柴油机、棉纺机械、农用机具及农产品加工机械、自行车等。抗日战争爆发后，本地机械工业遭到严重破坏。国民党政府和军队撤离时，将胶济铁路四方机厂、青岛海军工厂的部分设备和人员分别迁到陕西、湖北、四川等地，部分民营工厂也随之内迁。日军侵占青岛后，强占所有官办兵工厂、机械厂，并以强占、强买、强迫合作等手段吞并或控制规模较大民营工厂，肆意开办45家日资机械厂，百余家民营铁工厂被迫停业或倒闭。抗日战争胜利后，南京国民政府接管青岛，日本兵工厂全部变成国民党联勤总部兵工署第四十四兵工厂的属厂，国民党地方部队则抢掠民营铁工厂机器设备和物资兴办兵工厂，再加上通货膨胀等，多数民营铁工厂停产。国民党军队撤离青岛前夕，又把兵工厂和船厂主要设备、物资、人员运走，搬不走的设备就地破坏，机械工业基本崩溃。

青岛解放后，市军事管制委员会将接管的机械工厂分别移交中央、省、市有关部门。青岛市实业公司负责组织地方国营企业恢复发展生产，统一收归管理入城后接收经营的机器铁工厂，同时组建青岛实业机械厂，形成国营、公私合营、私营和合作社（或生产组）4种经济类型并存的格局。"一五"计划期间，市重工业局以建立正规生产技术、管理技术和加强技术后备为主要内容，对下属企业进行系统技术改造，全面提高机械制造水平。同时，从建立产品设计机构入手，开展技术攻关，提高产品测绘仿制能力，市机械工业系统国营企业在新产品设计能力和制造水平方面都有不同程度提高。其间，地方重点企业与国家驻青机械工业企业相配合，承担国家重点计划任务，开发出柴油机、普通车床、纺织机械、磨料等国家紧缺的机电产品，并开始支援发展中国家。"大跃进"时期，市机械工业系统对原有企业进行改建和扩建，同时增设内燃机、汽轮机、铸造机械、重型机械、机床、拖拉机、汽车制配等机电项目和工厂，基本形成大中小型企业相结合、主机和配套相结合、制造和修理相结合的工业体系。"二五"计划期间，青岛市机械研究所、青岛市农业机械科学研究所、山东青岛粉末冶金研究所相继建立，组织企业和科研单位、高等院校合作共同完成国家重点科研任务攻关，取得一批科技成果，同时培养出一批具有一定技术水平的科研人员。60年代初，本市机械工业压缩基建投资，经过调整，内燃机、农业泵、金属切削机床、锻压设备、交流电机等行业得以继续发展，新发展小四轮拖拉机、重型汽车、电站汽轮机、机引农具等产品。"文化大革命"期间,全市机械工业重点为农业、钢铁工业、"三线"建设和五小工业（小煤窑、小钢铁、小电力、小化肥、小动力）服务。各机械企业坚持"自力更生、立足本市"原则,采取扩建、改建、分建、新建及重大工程"会战"等方式,集中全市人力、物力、财力,先后新建青岛汽车制造厂、压铸厂、韧铁厂、液压元件厂等一批工厂;并按照中央关于"三线"建设指示,抽调部分企业技术人员、生产工人和设备在聊城、济宁等地建起13个分厂,支援全国和山东省"三线"建设。

70年代末开始,本市机械工业系统加强企业整顿与管理、调整生产结构、引进先进技术、扩大服务领域、全面推行质量管理,建立以承包责任制为主的多种形式经济责任制,从主要为重工业、农业、国防建设服务转变为同时为国民经济各部门、人民生活及扩大出口需要服务,开发轻工、纺织、食品包装等机械生产。加强科研体系和科技队伍建设,开展各层次学历教育和在职技术业务培训教育,进行技术创新和改造,提高科研单位研究水平,增强企业职工技术能力。同时大力发展乡镇、村办机械工业。至1985年,全市乡镇以上机械工业企业731个,主要有动力机械、农机、机床与工具、汽车、铁路机车、船舶、重型矿山机械、石油化工机械、轻工机械、纺织机械、兵器、通用机械、通用基础件等制造业,工业总产值267446万元,占全省机械工业总产值的23.57%。[1]

第一章 机 床

20年代,华昌铁工厂仿制出美式皮带车床,开创本地民营铁工厂机床制造的历史。30年代,又有东益、金城、源盛炉、泰东等铁工厂相继仿制出皮带机床,品种发展到车、刨、钻、铣、插床及铣齿机等;其中,利生、东益、金城3家铁工厂以生产机床为主,利生铁工厂规模较大,1937年成为本市民营机器制造业第一大厂。40年代,又有部分铁工厂制造过皮带机床,但未形成商品。至1949年,全市没有一家专业生产厂,仍处于少量生产皮带机床的状态。

新中国成立后,国家为提高机械工业生产能力和水平,将金属加工设备制造业作为重点行业进行建设,本市铸造机械工业得以率先发展,锻压机械工业开始起步。青岛机械总厂开始承接国家订货,成为全国首家铸造机械专业生产厂,奠定了国家铸造机械工业的基础。[2]青岛生建机械厂、胶县机床厂开始试制初级锻压机械。60年代初,山东省对金属切削机床行业进行整顿,青岛机床厂得以保留,职工成半削减,产量陡然下降。60年代中期,全市机床行业通过贯彻"工业七十条",铸造机械企业加大投入增添设备,生产能力提高、产品质量趋向稳定。胶县机床厂先后试制成功多型号曲柄可倾式压力机,以及拉丝机、剪头机、35-12.5矫直机,由此奠定本市锻压机械制造业的基础,全市锻压机械生产逐步形成专业化。青岛锻压机械厂和青岛生建机械厂两家主要生产企业被第一机械工业部列为锻压机械定点企业。

"文化大革命"期间,农业、矿山、冶金、化工机械制造业的发展,促进并带动金属切削机床制造业的发展,不仅机床专业生产厂增多,而且大、中型机械工厂都建起"后方"车间,大量制造机床,产品以普通车床为主,并研究开发专用机床、精密机床、自动机床、组合机床。新产品开发由企业自行设计或与科研部门联合设计,专业厂主导产品逐步形成系列化。

[1] 山东省志:机械工业志[M].济南:山东人民出版社,1994:14.

[2] 马小维,等.青岛市机械工业总公司史志(1950-2012年)[M].青岛:内部编印,2012:262.

至1978年，全市机床生产企业最多时达24个，其中专业厂4个；全市机械工业系统先后试制生产出比较先进的金属切削机床品种60多个。

80年代，全市只保留青岛生建机械厂和青岛机床厂两个机床专业厂。1980年，青岛生建机械厂生产的BD6050型刨床在全国鉴定会上被评为具有国内先进水平的刨床；1981年生产的BC6063型刨床在连续两年被评为一等品后，于1983年获得国家银质奖，成为同行业唯一银质奖产品。至1985年，全市机械系统有青岛机床厂、青岛锻压机械厂、青岛生建机械厂、青岛铸造机械厂等机床专业厂家。

第一节 金属切削机床

20年代，华昌铁工厂试制多型号皮带车床。30年代，多家私营铁工厂相继试制出车床、刨床、钻床、铣床、插床及铣齿机等机床品种。其中利生、东益、金城3家铁工厂以生产机床为主。但直至解放前，本地没有一家专业机床生产厂，生产的机床均属初级产品，且仅能小批量兼产。

新中国成立后，本市机床制造业逐步恢复生产经营，部分私营铁工厂经过整顿组合后开始生产皮带车床和通用简易机床。其间，青岛机械总厂、青岛动力机械厂、青岛生建机械厂等新建或改建厂分别开始生产车床、钻床、牛头刨床等不同产品。至1953年末，全市累计生产各类简易机床153台。

"大跃进"时期，国家重视机械工业生产，本市机床制造企业发展迅速。1958年，青岛生建机械厂相继投产C620、C615、C250型精密车床，成为本市机床行业首家专业生产厂；胶县机床厂开始试制生产6英尺皮带车床、8英尺皮带车床、立式钻床、B665牛头刨床、8英尺龙门刨床，当年生产各类机床总计84台。同年，青岛机床厂和青岛机械修配厂成立，当年，青

岛机床厂在生产皮带车床、牛头刨床的基础上，又试制成功Y-35型滚齿机，填补了山东省内制齿机械的空白。1959年，胶县机床厂试制成功压力机、拉丝机，并逐步发展成全国最大的螺旋压力机生产厂，为本市机床制造业的稳定持续发展奠定基础。至1960年末，全市机床年产量达到614台，比1957年的76台增长7倍，品种也增加到10余个。其间，由于受"浮夸风"影响，生产企业盲目追求数量，忽视质量，次品率明显上升，且生产的大部分是皮带机床，精度低，只能加工粗糙零件。

1961—1963年，本市借国民经济调整之机，适时对机床生产企业进行压缩，只有生建机械厂和青岛机床厂保留传统产品，其他兼业厂大部分停产。1963年全市共生产机床189台，仅为1960年的30%。此后，随着国民经济的好转和社会需求量的增加，原先生产过机床的企业不断研制开发新产品，至1965年，全市机床产量回升到526台。

60年代后期至70年代末，随着汽车、纺织、农机、化工机械制造业的发展，各种通用机床需求量大增，机床制造专业厂家增多，许多大、中型机械工厂也大量制造机床。其间，全市机床生产企业最多时达24个，其中专业厂4个；产品以普通车床为主，并开发研制专用机床、全齿轮精密机床、组合机床等，新产品开发全部由企业自行设计，专业厂主导产品逐步形成系列化。1976年，机床产量达到高峰，全市年产3828台，比1965年增长6.3倍。至1978年末，全市机械工业系统先后试制生产一批较先进金属切削机床，包含各类车床、刨床、钻床、铣床、镗床、磨床、制齿机床、切削机床、电火花加工机床等60多个品种。

中共十一届三中全会召开后，本市经过调整，只保留青岛生建机械厂和青岛机床厂两个机床专业厂；其中，金属切削机床制造业在机械工业系统中起到先导作用。1980年，青岛生

建机械厂生产的 BD6050 型刨床在全国鉴定会上被评为具有国内先进水平的刨床；1981 年，该厂生产的 BC6063 型刨床在连续两年被评为一等品后，于 1983 年获得国家银质奖，成为同行业唯一获得银质奖的产品。

华昌铁工厂

1920 年，青岛商会会长隋世卿出资 3000 元做东，购买天津路 41 号德占时期开办的铁工厂，并投资添置设备，取名华昌铁工厂，以徐惠堂、宋子云为正副经理。[①]工厂成立之初，仅有旧车床 1 台、钻床 1 台和几只老虎钳，有 5～6 名工人和 5 名徒工，主要为发电厂、自来水厂及各大纱厂配制零件、修理机器，并开始研制生产机器设备。1923 年，工厂曾为青岛驻军（时张宗昌督鲁）生产机枪，每日可生产 30 挺。[②]1926 年，华昌铁工厂试制出 4 英尺、6 英尺、8 英尺、10 英尺皮带车床，开创本地民营铁工厂机床制造的历史。1929 年更名为利生铁工厂，董事长由隋世卿之子隋敬舆担任，厂长为杨学修，技术副厂长为冷韶亭。1930 年迁至广西路 55 号，工人发展至 300 余人，工厂占地 3000 平方米，

拥有流动资金 3 万元，各种设备 60 余部；设有车工部（机械加工）、翻砂部（铸造）、钳工部、冷作部（铆工）等（图 3-1），仍以修配为主，也生产零星小设备，成为初具规模的机械生产厂家。至 1935 年，工厂有 18 种规格的产品，质量不亚于欧美制品。其中，该厂生产的"狮轮"牌车床、刨床、铣齿机、钻床，曾获全国铁路沿线出产货品展览会的"超等奖状"。

1936 年 4 月，利生铁工厂迁址蒙古路 29

图 3-1 利生铁工厂生产车间

---

① 曾繁铭,金洵昌.青岛纺织大事记 1900-1989(征求意见稿)[M].青岛:内部编印,1989:5.

② 曾繁铭,金洵昌.青岛纺织大事记 1900-1989(征求意见稿)[M].青岛:内部编印,1989:6.

号;是年,机床销售量达到80台,远销天津、汉口等地。至1937年,该厂发展成为本市民营机器制造业第一大厂,有资本3万元,雇佣工人最多时达300余人,有车床40余台,设翻砂、车工、钳工3个车间;产品除机床外,还有锅炉、压瓦机等30个品种。1938年5月4日,利生铁工厂被迫作价14.5万元卖于日商名古屋丰和重工业株式会社,并改名为沧立丰和重工业株式会社青岛工厂,12月又改称丰田式铁厂,停产机床,改产军火。

1939年,丰田式铁厂在大水清沟购地100多亩扩建新厂房,1940年10月由蒙古路陆续迁至新址;1941年3月部分开工生产,工厂占地面积74026.02平方米,从业人员有日本人62人、华人775人,机械设备268台,主要为各棉纺织厂修复被炸毁的纺织机械设备,之后也生产少量建筑机械、矿山设备等。太平洋战争爆发后,丰田式铁厂被日商三井洋行集团财买[1],改为制造迫击炮、手榴弹和修理枪械等,为日本侵华战争服务。

青岛机床厂

1956年实行公私合营时,建中机器厂与三阳、荣发两家铁工厂合并成立公私合营建中机电厂,后又有复顺铁工厂加入。同年,永源、中亚、瑞茂、鸿发、义信、洪太成、纯德聚、鼎建、建新炉、新生炉等10家铁工厂与华盛木铺合并成立公私合营永源染织机械修配厂,次年又有义兴铁工厂并入。

1958年12月19日,建中机电厂和永源染织机械修配厂合并组建为青岛机床厂[2],厂区分布于台东区东太平村、通化路、沈阳路、长春路、台东一路和东兴路,隶属台东区工业局。以机械修配为主,同时还生产一部分锉刀、锯条、火柴机、皮带车床和Y35、Y37滚齿机等产品。1962年,改由四方区工业局管理。1964年,厂部及大部分车间迁至四方区宜昌路12号,铸造车间迁至长春路。1965年划归市重工业局。1966年开始大批量生产C616车床,1968年试制成功Y38-1滚齿机并发展为主导产品。70年代开始生产制齿机床系列产品,先后试制成功Y31125和Y3150B滚齿机、Y3780涡轮母机、Y2350创齿机、Y9550对研机等制齿设备以及T68镗床、X62W万能铣床、M131W万能磨床等机械设备。1975年四方铸造厂湖岛厂区(四方区兴隆路159号)划归该厂。1979年长春路铸造车间划归青岛铸造厂。

1981年,青岛机床厂开发出C64125端面车床、洗碗机、圆织机、QF75蜂窝煤机和C618仪表车床等新产品,1982年试制成功HS-100型回转式密封圈试验台,1983年消化吸收国外先进技术试制成功QLB-450×450型100吨平板硫化机。此后,相继开发双层、双层双面、减重、微机控制型4种100吨平板硫化机。其中,1985年开发的微机控制型100吨平板硫化机,填补了国内空白,被机械工业部定为方向性产品。

1985年,青岛机床厂为全民所有制,隶属市机械工业局,是机械工业部生产中小型齿轮机床定点厂和省机械工业厅重点企业。拥有固定资产原值846万元、净值491万元;有职工770人,主要生产设备金属切削机床182台、锻压设备3台;全年完成工业总产值572万元,实现利润97万元。[3]

牛头刨床

1953年,青岛生建机械厂生产B665型牛头刨床2台;1959年开始批量生产,年产100余

① 曾繁铭,金洵昌.青岛纺织大事记1900-1989(征求意见稿)[M].青岛:内部编印,1989:10.
② 马小维,等.青岛市机械工业总公司史志(1950-2012年)[M].青岛:内部编印,2012:285-287.
③ 山东省志:机械工业志[M].济南:山东人民出版社,1994:133.

台。其间，胶县机床厂曾于1958年试制生产B665牛头刨床。60年代中期，第一机械工业部正式确定将北京机床二厂定点生产的B665型牛头刨床转给青岛生建机械厂，该厂牛头刨床产量大幅度提高，1965年达到400台。1966年，青岛机械修配厂开始生产B665牛头刨床作为产品方向。1967年，青岛生建机械厂针对B665型牛头刨床弱点，参照国外同类产品性能，自行设计和试制成功国内第一台BA6063型牛头刨床；两年后又试制成功BC6063型牛头刨床并投入大批量生产，成为主导产品。

70年代初，青岛生建机械厂开始组织工艺技术攻关，对刨床床身、滑枕、摇杆三大主要部件加工工艺进行改革，重点研制专用机床。研制成功后，产品产量由年产不足千台增至1500台，基本满足了用户需求。至1974年，青岛机械修配厂累计生产B665牛头刨床617台。1975年，青岛生建机械厂在第一机械工业部统筹安排下，组织联合调查组，先后调查8省11个地区的43个用户单位，在摸清用户需求基础上，进行牛头刨床系列化设计，边试制边投产，先后开发出BC6063A型、BD6063型、BD6050型、B6066型、B6071型等牛头刨系列产品。1980年，青岛生建机械厂生产的BD6050型刨床，在全国鉴定会上被评为具有国内先进水平的刨床；1981—1982年，BC6063型刨床在连续两年被评为一等品后，于1983年获得国家银质奖，成为同行业唯一银质奖产品。

第二节 锻压机械

锻压机械又称金属成形机床。50年代初为迅速恢复机械工业，本市组织部分铁工厂试制简易锻压机械。第一个五年计划时期，青岛生建机械厂试制成功剪床、压力机等初级锻压机

械，后又试制成功第一台滚丝机，为其之后承制精密机床和变修配为制造奠定了基础。"大跃进"期间，胶县机床厂陆续投产简易锻压机械，先后试制成功曲柄可倾式压力机、矫直机等锻压机械新产品，由此奠定本市锻压机械制造业的基础。国民经济调整时期，国家调整锻压机械生产，青岛生建机械厂确定以滚丝机为专项产品，与胶县锻压机械厂一起成为第一机械工业部生产锻压机械定点厂。

60年代后期至70年代，除压力机外，胶县锻压机械厂还先后开发出压块机、多工位镦锻机、大型滚剪机等10种新产品。80年代，又先后研制成功大行程冲床、多工位自动冷镦机等多种锻压机械，以及1.2米×1.2米跨超声速风洞柔壁喷管、食品三片罐电阻焊组合机、三片罐电阻焊制罐生产线、易拉罐生产线等，填补多项国家空白。同期，青岛生建机械厂滚丝机国内销售约占全国同类产品产量的70%以上；胶县锻压机械厂则以双盘摩擦压力机、上移式精压机等为主导产品，成为全国摩擦压力机主导生产企业之一。

滨北大华铁工厂

1946年4月5日，山东军区滨北军分区诸城县武装部修械所在桥上村成立，主要任务为修理枪械。1947年2月由诸城县武装部划归滨北军分区武装部直属，改名为滨北大华铁工厂[1]，厂址迁至冯家庄子村。1948年春移交地方建制，改建为滨北益农铁工厂，隶属滨北专署实业科。1949年6月，厂址由诸城县冯家庄子迁胶县城西关花行街27号；年末职工增至62人，开始生产铁锅、烤火炉。1950年，胶东专署撤销，企业上交山东省工业局管理。1951年7月又下放胶州专区实业公司，转为地方国营，更名为胶县益农铁工厂。1952年9月，山东省胶州地委机关所属宏大铁工厂并入，改名为胶县铁工

① 马小维,等.青岛市机械工业总公司史志(1950-2012年)[M].青岛:内部编印,2012:262-266.

厂，企业员工人数达到 152 人，计有各类土简机床 24 台，主要产品有小型织布机、轧花机、手摇钻、水车等。1956 年 3 月划归山东省昌潍专区工业局，1958 年 10 月下放胶县工业局管理，11 月改名为胶县机床厂。至此，除能够生产饲料粉碎机、锅驼机等农用机械外，还先后试制 6 英尺、8 英尺皮带车床、立式钻床、B665 牛头刨床、8 英尺龙门床、夹板、弹簧锤、65 公斤空气锤、三滚机、10 吨剪切机等简易锻压机械，产品方向逐步转向机床生产。

由于行政区划往复变更，1960 年 9 月，胶县机床厂移交青岛市重工业局；1961 年 3 月又移交昌潍地区工业局，下半年更名为胶县锻压机械厂。1962 年 6 月上交省机械工业厅，1965 年 1 月下放昌潍地区工业局，1970 年 12 月下放归属胶县革命委员会生产指挥部，1973 年 1 月又上交昌潍地区工业局。由于行政区划再次变更，1979 年 1 月又移交青岛市重工业局。其间，企业自筹与国家投资累计 1070 万元用于扩建改造，新建厂房、车间 29057 平方米，更新设备 187 台，修建铁路专用线 1070 米；先后试制成功 Y83-400 金属屑压块液压机、W35-12.5 校正弯曲压力机，732-28、232-16 钢球自动冷镦机，B5100 插床、Y54 插齿机，B2016A、B2031 龙门创床，25 米×12000 米大型滚剪机，J53-400 吨、J53-630 吨、J53-1000 吨双盘摩擦压力机和 82 毫米迫击炮、56 式 145 毫米四联高射机枪等。其中，企业生产的 ZA49-800 多工位自动热墩机、82 毫米迫击炮分获 1978 年全国科学大会奖，J53-160 型压力机和 093-25×12000 大型滚剪机获第一机械工业部科学大会奖。1979 年企业产品质量在全国同行业质量检查中首次名列第一。同年，2500 吨摩擦压力机获第一机械工业部科技成果二等奖。

1980 年 12 月，胶县锻压机械厂更名为青岛锻压机械厂，成为本市机械工业系统直属大型国营企业。是年，该厂 J53-300 吨双盘摩擦压力机获机械工业部优质产品奖；1981 年，该厂"多角"牌 J53-300 型双盘摩擦压力机获国家银质奖，153-160 吨型双盘摩擦压力机获山东省优质产品奖，1.2 米×1.2 米跨超声速风洞（柔壁喷管）获山东省科研成果一等奖。1984 年，国家经济委员会、中国企业家协会确定青岛锻压机械厂为全国 20 个现代化管理试点企业之一。次年，该厂 1.2 米×1.2 米跨超声速风洞（柔壁喷管）与"青锻"牌螺旋压力机双获国家科技进步一等奖。其间，该厂共生产 11 大类 20 个品种 40 多个规格锻压机械 4313 台，产品分布全国 29 个省、市，市场保有量达到 80%；同时出口罗马尼亚等 12 个国家。

1985 年，青岛锻压机械厂有职工 1910 人，其中工程技术人员 115 人；企业总占地面积 26.16 万平方米，建筑面积 9.55 万平方米，其中厂房建筑面积 4.11 万平方米；设 22 个科室、6 个生产车间，并有计量、理化、电测试验中心各 1 处，附设技工学校；固定资产原值 2245 万元、净值 1210 万元；拥有主要生产设备 346 台，其中金属切削机床 217 台、锻压设备 16 台；年产锻压机械 245 台，其中大型 183 台；工业总产值 1779 万元，利润总额 292 万元，实交利税 272 万元，全员劳动生产率 9565 元。[①]

Z 型系列滚丝机

1957 年，青岛生建机械厂开始批量投产 S933 型滚丝机。1961 年，试制 GWP80 型滚丝机获得成功。同年，第一机械工业部将长沙机床厂 Y88 型滚丝机生产任务及半成品转给青岛生建机械厂生产，从此滚丝机被确定为专项产品。在中国第一汽车制造厂协助下，1963 年自

---

① 山东省志:机械工业志[M].济南:山东人民出版社,1994:144-146.

行设计并试制成功 Z28-80A 型滚丝机，使产品生产走上自我设计自行建造的发展道路。1964年年产量由 1961 年的 23 台回升到 115 台。

60 年代后期，青岛生建机械厂先后设计和试制成功并投产 Z28-40、Z28-75、Z28-100、Z28-200 等 4 种型号滚丝机，形成具有中国风格的滚丝机系列产品。"四五"计划期间，由于工厂体制反复变更，造成生产管理混乱，生产一度下降，产品质量首次出现不合格品。到 1975 年，滚丝机产品品种增加到 8 个，年产量达到 165 台。其中，Z28-75 型滚丝机因结构紧凑、体积小、重量轻、操作使用方便、性能可靠，1978 年获青岛市科学大会奖，1981 年被评为山东省优质产品，1983 年获机械工业部优质产品奖。

1983—1985 年，青岛生建机械厂自行设计开发成功 Z28-6.3、Z28-12.5、Z28-20 型 3 种型号滚丝机换代产品。至 1984 年底累计生产各种型号滚丝机 3806 台，其中出口援外 300 多台，国内销售约占全国同类产品产量的 70 % 以上，畅销国内 28 个省市，远销东南亚 20 多个国家和地区。

压力机

1958 年，胶县机床厂开始陆续投产夹板锤、弹簧锤、65 公斤空气锤、三滚机、10 吨剪切机等简易锻压机械。1959 年，先后试制成功 15 吨、35 吨、60 吨曲柄可倾式压力机；1960 年圆满完成仿苏 124～160 吨双盘摩擦压力机试制任务，同年归口第一机械工业部机器工业局管理，成为国家锻压机械制造定点专业厂。1961 年，先后试制投产 160 吨、300 吨双盘摩擦压力机。

1963 年，胶县锻压机械厂在国营庆华电机厂技术资料基础上，自行设计试制成功国防工业急需的 JD 系列 40 吨、63 吨、125 吨、250 吨

上移式精压机，1964 年生产 35 吨、60 吨可倾压力机和 160 吨、300 吨双盘摩擦压力机等 4 种主要产品 83 台。1966 年起，先后开发出 J53-400 型、J53-630 型、J53-1000 型、J53-1600 型双盘摩擦压力机，2500 吨双螺杆液压螺旋压力机等新产品，1977 年 8 月被第一机械工业部机床工具局确定为 160 吨、300 吨、400 吨、630 吨、1000 吨双盘摩擦压力机的主导生产厂之一。同年，与山东工学院联合设计并试制成功 J53-1600 吨压力机并于年底通过部级鉴定，为 J53 系列产品填补一项空白，1978 年获第一机械工业部科学大会奖。此后，相继开发成功 J53-1600 和 J53-2500 双盘摩擦压力机、JA58-2500 双螺杆液压螺旋压力机等新产品，其中 2500 吨摩擦压力机获第一机械工业部科技成果二等奖。

1981—1983 年，青岛锻压机械厂先后研制成功 J93-400 和 J93-630 摩擦压力机、10 吨双向锻造螺旋压力机、160 吨高效节能压力机等多种锻压机械，其中 10 吨双向锻造螺旋压力机获山东省 1981 年科技成果二等奖。引进联邦德国西玛克—哈森莱维尔公司螺旋压力机生产技术制造的 QHJ53-400 型、1000 型、1600 型、2500 型双盘摩擦压力机达到国际先进水平。

第三节 铸造机械

19 世纪末，民营永顺铁厂经营冶铸业。随着工商业发展，二三十年代又有朱同兴、瑞祥和、义聚盛、同合、振东、德胜荣、合昌、合丰、复合、长隆、山荣等民营铁工厂相继从事铸造小农具和各种机器毛坯及零部件，但其冶铸生产多为手工操作，其他机器制造业均无或不能制造铸造机械。[①]

---

① 马小维,等.青岛市机械工业总公司史志(1950-2012 年)[M].青岛:内部编印,2012:92.

青岛解放后，根据国家建设需要，铸造机械工业得以率先发展。1954年，青岛机械总厂承接为长春第一汽车制造厂、沈阳重型机械厂、北京第一机床厂、兰州石油机械厂等国家重点建设企业生产铸造机械任务，当年试制成功20立方米/时移动式松砂机和5马力碎铁机，次年试制成功112型碾轮式混砂机、121型带式松砂机、6~25立方米筛砂机、240~380升涂料搅拌机、334型喷丸设备、Np12型震动落砂机、311型和313型清理滚筒等40种铸造机械（图3-2），1956年又试制成功35种新产品，成为全国首家铸造机械专业生产厂。同年，青岛生建机械厂亦开始试生产筛砂机、振动筛、焦炭筛、铸铁丸设备等铸造机械。1957年，两厂共生产50个品种的铸造机械637台/1458吨。1958—1960年，全市共生产铸造机械4060台。其中1959年生产1706台，1960年生产铸造机械产品品种15个、年产量649台。

1961年，青岛铸造机械厂划归省农业机械厅后转产农业机械，铸造机械基本停产，全年仅生产72台/281吨。1962年9月又恢复铸造机械生产。1963年生产的S111A、S114A型碾轮式混砂机等7种产品共12台，首次出口支援发展中国家。青岛生建机械厂铸造机械产品品种则逐年增加，至1963年末增加到19种，但产量下降，1962年全年只生产136台，仅为1960年产量的20%。1961—1963年，全市铸造机械累计产量只有1424台，是前三年总产量的35%，为历年最低。

1964—1967年，青岛铸造机械厂完成全套非标准设备制造任务，先后为陕西秦川、汉中、宝鸡机床铸造厂，青海西宁、宁夏银川、贵州都匀铸造厂，以及贵州贵阳农机铸造厂等厂家制造全套非标准设备。其间，青岛生建机械厂于1965年试制成功QD-17型三辊磁选机、QD-003型电磁振动给料机等清理设备及M1120熔腊炉、12M9118旋转工作台等精密铸造设备，从而使该厂铸造机械生产走上专业化系列化道路。1974年，青岛铸造机械厂承接由济南铸锻机械研究所设计的XZB148B型气动微震压实造型线加工制造任务，产品完成并在山东拖拉机厂、天津拖拉机厂安装使用后，于1978年鉴定各项技术指标均达到设计要求。1975年7月，第一机械工业部确定青岛铸造机械厂重点发展大中型砂处理、清理设备，气动微震造型机与造型线以及抛丸叶轮、叶片等耐磨材料部件。

1976年，全市铸造机械生产企业增加到3家。是年起，青岛铸

图3-2 青岛铸造机械厂制造的碾轮转子式混砂机（左）和碾轮式混砂机

造机械厂加快产品开发，先后研制成功熔炉配料机械、砂处理设备、脱箱震压造型机、微震压实造型机、自动热芯盒射芯机、水力清砂室、抛丸清理室、射压造型线、高压造型线、多工位自动造型线、磁型铸造设备、熔模铸造成套设备、熔模蜡制备生产线、铝活塞金属型铸造机、压铸机、铸造车间除尘设备等近百种铸造机械和20多条流水线及自动化生产线。1977年，与济南铸锻研究所联合进行抛丸器性能结构试验，并自行研制成功Q3023型、Q3024型、Q3025型高效抛丸器，推进了抛丸清理设备的更新换代；其中，双方联合研制的S1114型碾轮混砂机获1978年全国科学大会奖。

1980年，青岛铸造机械厂试制成功国内最大S1330型碾轮转子式混砂机，并于当年装备河南洛阳第一拖拉机厂。至1983年，共研制新产品25种，其中自行设计18种、联合设计3种、试制4种，获得国家、部、省、市优秀科技成果奖9项。1980—1985年，该厂设计的Q383型双行程吊链式抛丸清理机、Q392型通过式抛丸清理机、S1125A型碾轮式混砂机，先后获机械工业部科技成果三等奖、科技进步三等奖，产品填补了中国铸造机械产品系列空白，部分产品达到70年代国际先进水平。

到1985年，全市拥有青岛铸造机械厂、青岛第二铸造机械厂、青岛第三铸造机械厂、青岛生建机械厂等10家铸造机械专业生产企业，占全国铸造机械专业生产企业总数的1/5，其中机械工业部定点企业4家，占部定点企业的1/5。

胶东企业公司青岛总公司机械厂

1949年9月，胶东军区后勤部军械处修械厂以随部队入城部分人员为基础，创建胶东企业公司青岛总公司机械厂[①]，厂址在蒙古路29号（后变更为长春路2号、沈阳路52号），占地面积7200平方米，建筑面积2130平方米，职工60人，主要生产再生铁、元钉、元铁，承担加工修理任务。1950年5月，胶东军区西海军分区供给处建华铁工厂20余人，由掖县沙河镇迁至本市并入该厂；同年8月，随同胶东企业公司划归山东省军区后勤部。

1952年7月1日，青岛市实业公司永大铁工厂、大同企业公司机械厂、华丰铁工厂及公安局修械所等生产单位并入，企业更名为青岛实业机械厂，隶属市实业公司。1953年10月，市工商局所属青岛度量衡厂并入，12月更名为青岛机械总厂。此外，市实业公司还归口管理山荣铸造厂、建华轧钢厂、青岛自行车厂、联仁制钉厂、大华针厂、启动针厂、青岛消火器材厂、建国铆钉厂等8个企业。

1954年1月12日，市工业局成立，市实业公司撤销。10月，青岛机械总厂改隶市工业局，更名为国营青岛机械厂，原归口管理的8个企业及青岛度量衡厂全部划归市工业局。是年承接为国家重点建设企业生产铸造机械任务，当年试制成功全国第一台20立方米/时移动式松砂机和5马力碎铁机。

1955年1月，国营青岛机械厂划归省工业厅，更名为山东省工业厅青岛机械厂。1956年10月，青岛联营铸造厂、建兴炉铁工厂和聚成铁工厂3家公私合营企业并入。是年起，以铸造机械为方向进行专业化生产，成为全国首家铸造机械专业生产厂。1958年5月更名为青岛机械厂，8月下放至市重工业局管理。

1959年6月，经市工业生产委员会批准，青岛机械厂更名为青岛铸造机械厂。10月再次上交，隶属新设立的省机械工业厅。"大跃进"期间，国家对该企业投资465万元进行大规模技术改造，新建铸工、装配、锻工、铆焊车间，

---

① 马小维,等.青岛市机械工业总公司史志(1950-2012年)[M].青岛:内部编印,2012:209.

建筑面积共 11016 平方米。企业新增生产设备 144 台，包括 135 磨床等大型关键设备 6 台。1962 年 2 月划归省农业机械厅，改为青岛手扶拖拉机厂，转产农机及配件；当年 9 月，恢复原厂名并恢复铸造机械生产。经国家经济委员会批准，1963 年 3 月划归第一机械工业部第二局管理。是年，全国铸造机械行业规划座谈会确定青岛铸造机械厂主要生产砂处理清理及中、小型造型设备。1964 年起，将 Q118 型、Q112 型清理滚筒转河北保定铸造机械厂，L113 型、L128 型震动落砂机转四川重庆铸造机械厂，S116 型混砂机、C258 型碾轮混砂机转辽宁瓦房店新生机械厂，各种筛砂机、松砂机转青岛生建机械厂进行生产。1958—1965 年，先后开发摆轮式混砂机、造型机、震动落砂机、履带式抛丸机等 36 种新产品；1964—1967 年，先后承担为秦川、汉中、宝鸡机床铸造厂和西宁、银川、都匀铸造厂及贵阳农机铸造厂等"三线"企业的铸造车间提供全套非标准设备制造任务，为支援"三线建设"做出贡献。1970 年，按照第一机械工业部部署，抽调干部、工人 79 人及设备 52 台，组建河南漯河铸造机械厂。是年 9 月又下放青岛市，成为市重工业局（机械工业局）直属企业。

1968—1979 年，国家投资 520 万元在四方区大山先后征地 6.1 万平方米，新建铸造车间和产品试验与调试车间，企业形成生产大中型砂处理、清理设备、气动微震造型机与造型线以及抛丸叶轮、叶片等耐磨材料件的配套生产能力。1975 年第一机械工业部规划会议确定，青岛铸造机械厂重点发展大中型砂处理清理设备、气动微震造型机与造型线、以及抛丸叶轮叶片等耐磨材料部件。至 1983 年，共研制 25 种新产品，填补了中国铸造机械产品系列空白，有 9 种产品分别荣获国家、部、省、市等

不同层次科技成果奖。至 1985 年，青岛铸造机械厂共生产铸造机械 153 个品种 22055 台，创造产值 27038 万元，实现利润总额 5984 万元，向国家交纳利税 6863 万元，为国家投资的 4.8 倍。

1985 年，青岛铸造机械厂固定资产原值 2507 万元、产净值 1392 万元，职工总数 2492 人，拥有主要生产设备金属切削机床 255 台、锻压设备 27 台、铸造设备 34 台，全年共完成工业总产值 1800 万元，实现利润 383 万元[1]。系全民所有制企业，隶属市机械工业局。

青岛机械修配厂

1958 年，青岛机械修配厂成立，建厂初期就开始生产木工机床。1970 年，相继开发 B2012A、B2016A 龙门刨床，至 1976 年累计生产龙门刨床 54 台。

1976 年，青岛机械修配厂改名为青岛第二铸造机械厂，转产铸造机械，使全市铸造机械生产企业增加到 3 家。

1978 年，青岛第二铸造机械厂在研制成功 XZB148B 气动微震半自动造型线辅机后，又先后为国家重点工程项目——长春第一汽车制造厂提供 S83140 型双盘冷却机、DL240 型脉冲袋式除尘器、S42110 型滚筒破碎筛等大型设备；为青岛纺织机械厂提供工作效率为每小时 80 立方米的砂处理线（1983 年投产）；研制成功的 Q585A 型悬链推杆抛丸清理室、ZJ026 型台车式抛丸清理室等填补了国内空白；Q2513A 转台式喷丸清理机被评为机械工业部优质产品，并少量出口。

青岛市机械研究所

1953 年，青岛市五金技术研究委员会创建，归属市工商业联合会管理；1956 年公私合营后转交市重工业局，更名为青岛市重工业局实验室。1958 年，经市政府批准，改建为中国

---

① 山东省志:机械工业志[M].济南:山东人民出版社,1994:154-155.

科学院青岛研究分院机械工业研究所，成为国营单位，隶属市机械工业局。1965年10月改为青岛市机械科学研究所，1969年撤销并入青岛市农业机械科学研究所，1972年6月恢复独立建制，命名为青岛市重工业局机械研究所。

1981年12月，市重工业局机械研究所更名为青岛市机械研究所，所址位于沧口区四流南路74号，占地面积1.1万平方米，建筑面积近6000平方米，科研用房面积1433平方米。主要开展热处理新工艺和金属材料的研究应用，部分基础理论研究及理化计量检测，为青岛地区和青岛机械系统基础零部件攻关及新技术、新工艺、新材料推广应用、机电产品更新换代升级等开展研究，以及科技攻关、科技情报、科技咨询等技术服务工作。主要任务是围绕提高钢铁零件性能，特别是提高零件表面性能，开展化学热处理、表面超硬深度、真空热处理、常规热处理和新合金材料等方面的研究。

1983年，青岛市经济委员会机械工业工艺专业化调整办公室正式确定该所热处理实验厂为青岛市热处理专业化中心厂。1984年9月，该所理化试验室被国家进出口商品检验局认可为进出口金属材料检测单位。凡国家在青岛口岸进口的金属材料，该所可以进行理化检测并出具检测报告。

第二章　动力机械

19世纪末，德国青岛海军修械所开始制造小型蒸汽机与锅炉，此为山东动力机械制造之始。20世纪初，本埠工业渐兴，工业锅炉和柴油机等动力机械需求日增。二三十年代，复记等多家私营铁工厂相继成功仿制锅驼机、柴油机及简易火管锅炉，但因各厂资本、设备、人力所限，均未形成专业化生产。40年代，民营维新电器制造厂等多家铁工厂陆续仿制出小型电机、变压器等简单电工产品。直至40年代末，全市乃至全省没有生产动力机械的专业厂。

新中国成立后，本市组织各厂家相继恢复动力机械生产，并陆续建立起专业生产厂和科研机构，从小批量试产到大规模投产，逐步发展起汽轮机、内燃机、工业锅炉等行业，各类产品均试制研发出系列品种。随着工业锅炉需求量的与日俱增，锅炉生产厂家经公私合营后，逐步扩大生产规模并形成专业化。维新电机制造修配厂试制成功磁电机，青岛纺织机械厂专业生产纺织机械配套电动机；青岛生建机械厂开始投产中小型直流电动机、发电机等电工产品，制成全国第一台组合转子6000千瓦汽轮发电机，填补了国内空白。"大跃进"期间，机械工业系统通过新建和扩建，迅速发展起青岛汽轮机厂、青岛内燃机厂、青岛联成修船厂等一批新型工业企业，试制成功多型号多用途柴油机和汽油机。其中，国营青岛实业消火器材厂成为山东省第一家汽油机生产厂，青岛动力机械厂试制成功冷凝式电站汽轮机，开创本市汽轮机制造先河。

60年代初国民经济调整时期，国家将柴油机制造业列为调整重点，本市通过"关、停、并、转"，仅保留内燃机厂继续生产。青岛生建机械厂将电工产品生产任务转交济南生建机械厂后停止生产。"三五"和"四五"计划时期，本市机械工业基本建设重点主要是以发展短线产品为目标，对企业进行技术改造和支援"三线"建设，先后有13个直属企业抽调人员、设备，在本省内地迁建"小三线"分厂，对改变山东机械工业战略布局做出贡献。60年代后期至70年代，全市工业布局实施统一规划，动力机械工业生产转向为工业生产和社会生活设施配套，工业锅炉生产实现专业化和产能扩大化，汽轮机研制和生产逐步系列化，内燃机生产转向集中为拖拉机和汽车配套，电动机生产形成以微电机为主的产品结构。

80年代集中财力加强重点建设，全市锅炉生产形成4种系列产品，其中低温低压汽轮机开辟利用工业低品位废热发电的新途径，填补了国内空白；汽油机制造业因汽车和农机工业调整而发生较大变化，青岛发动机厂研制成功柴油发动机为中型载重汽车配套动力，青岛内燃机厂、青岛压铸厂转产柴油机为小四轮拖拉机配套，青岛动力机厂发展汽油机成为唯一专业生产厂；电机行业强调专业化生产，青岛电机厂继续研制投产磁电机，青岛纺织机械厂投产高效节能FX系列电动机；全市柴油机制造业形成包括设计、主机制造及配件生产的完整体系，产品产量达到历史的最高峰。

至80年代中期，全市动力机械主要生产企业有青岛汽轮机厂、青岛内燃机厂、青岛动力机厂、青岛锅炉厂、青岛锅炉辅机厂、青岛电站辅机厂、青岛电机厂、青岛四方电机厂、青岛红旗电机厂等，生产的中小型发电设备、柴油机、汽油机、工业锅炉等机电产品成为全国和本省主要产品，畅销国内市场并出口国外。

第一节 蒸汽机

19世纪末，德国海军修船所开始制造工业锅炉。至30年代，源盛炉、晋泰、聚成、同合4家铁工厂及同聚合翻砂厂等先后试制生产小型火管锅炉，供工厂使用。但由于工厂规模不大，加之设备简陋、工艺落后，又非专业厂家，时产时停，产品质量较低。

新中国成立后，随着工业锅炉需求量的与日俱增，至1954年，市机械行业有国营青岛建筑五金厂、义兴铁工厂、元聚铁工厂、聚成铁工厂4家投产工业锅炉，年产量18台/43.67蒸吨。其中国营青岛建筑五金厂年生产锅炉7台/33.4蒸吨。1956年全行业公私合营后，全市锅炉生产厂家逐步扩大生产规模并形成专业化，工业锅炉主要由青岛建筑五金厂（1958年改为青岛汽轮机厂）生产。50年代末，青岛动力机械厂试制成功冷凝式电站汽轮机，开创本市汽轮机制造先河；海军301工厂试制成功6000千瓦汽轮机，是国内首次由非专业生产厂采用国产钢材试制成功的汽轮机产品。此后，随着国民经济调整和全市工业布局统一规划的实施，自60年代中期开始加强工业锅炉和汽轮机的研制生产，国家也给予资金、技术和政策方面的支持。1961年，青岛水暖工程修配生产合作社首次试制成功LSG0.2-8型火管工业锅炉；1964年锅炉产品增加到6种，蒸发量吨扩大到0.7吨。1965年，青岛汽轮机厂开始独立研究设计汽轮机，陆续研制成功冷凝式、背压式、抽汽式及地热汽轮机等系列产品。至是年，青岛汽轮机厂累计生产工业锅炉157台/185.25蒸吨。

1969年，青岛轻工机械厂开始试制KZL型蒸汽锅炉，1970年定型投入批量生产并成为主导产品。1971年国家投资50万元进行扩建，提高生产能力。主导产品工业锅炉型号有KZL0.5-5、KZL1-7、KZL2-7、KZL4-10等4种，蒸发量分别为0.5吨/时、1吨/时、2吨/时、4吨/时，为卧式三回程水火管混合式快装锅炉；产品销售以省内轻工系统为主，省外销售至北京、天津、新疆等17个省、市、自治区。

至80年代中期，本市两个锅炉生产厂家先后开发生产多系列多型号20多个品种的工业锅炉。

青岛市第四机械厂

1955年3月，市南区水暖工程修配生产组成立[1]，地址位于博山路与平度路路口，隶属市

---

[1] 马小维，等.青岛市机械工业总公司史志(1950-2012年)[M].青岛:内部编印,2012:303.

南区手工业联社，主要是以水暖工程的安装维修为主业，兼营白铁加工业务；次年改为青岛水暖工程修配生产合作社，社址位于肥城路9号，隶属市南区工业部。1958年与自行车修配、缝纫机修配和文教用品3个生产合作社合并成立青岛市第四机械厂，1960年改为青岛第四五金厂，厂址迁至登州路3号；其间，主要产品有普通车床、配电盘和整流器等。1961年，第四五金厂解散，企业重新恢复为青岛水暖工程修配生合作社。是年，首次试制成功LSG0.2-8型火管工业锅炉。1967年改名为青岛锅炉制修厂，厂址迁至四方区大沙路6号，划归市手工业管理局管理。1969年起，进一步扩大生产能力，研制成功4吨快装蒸汽锅炉，生产纳入国家计划，成为第一机械工业部和劳动部定点工业锅炉制造厂，卧式快装蒸汽锅炉、水管链条炉排蒸汽锅炉、快装热水锅炉为主导产品。1970年划归市重工业局，1973年划归市第二轻工业局。1974年，青岛锅炉制修厂定名为青岛锅炉厂。

1980年，青岛锅炉厂由市第二轻工业局划归市重工业局，8月与青岛通用机械厂合并，成立青岛锅炉总厂。1983年青岛锅炉总厂撤销，青岛锅炉厂恢复独立经营，隶属市机械工业局。至1985年，先后开发0.1吨、0.3吨、0.4吨、0.5吨、0.7吨、1吨、2吨、4吨、6吨、6.5吨、15吨立式、卧式、水管、火管锅炉及余热锅炉等18个品种，累计生产1990台/4695蒸吨，产品行销26个省、市、自治区。

1985年，青岛锅炉厂共有职工551人，其中工程技术人员28人；企业总占地面积2.49万平方米，建筑面积1.22万平方米，其中厂房建筑面积0.69万平方米；拥有各类设备170台，其中主要生产设备94台，金属切削机床46台、锻压设备8台；固定资产原值450万元、净值275万元；全厂设12个管理科室、4个生产车间，年产164台/510蒸吨，工业总产值744万元，利润总额119万元，实交利税103万元。[①]

青岛建筑公司铁厂

1950年4月，市房产管理局在没收德商格利洋行（罐头厂）的基础上投资建立青岛建筑公司铁厂[②]，系地方国营企业，厂址位于华阳路1号。1952年，多家建筑公司合并成立青岛建筑工程公司，青岛建筑公司铁厂更名为青岛建筑工程公司铁厂。1953年3月，青岛建筑工程公司分为建筑工程和建筑材料两个公司，该厂划归建筑材料公司，更名为青岛建筑材料公司铁厂；1954年11月又更名为国营青岛建筑五金厂。1955年4月青岛度量衡厂并入，年底划归市重工业局。随着国家对私营工商业改造政策的逐步落实，先后又有风记炉、洪发炉、中盛炉、平安机器、天隆、丰年、元聚、新华、富有、双合10家铁工厂及联建铁工厂的一个车间并入该厂。1956年生产方向转为农业排灌机械，企业名称变更为青岛动力机械厂。

1958年6月，青岛动力机械厂迁至四流南路，开始试产电站汽轮机，并更名为青岛汽轮机厂。1961年转产工业锅炉、船用柴油机、军用改装汽车、电站阀门等；1965年恢复生产汽轮机。1970年5月，省革命委员会决定将青岛汽轮机厂全部迁至肥城县，建立山东汽轮机厂。1971年变搬迁为包建，新厂产品方向为汽轮机和大型矿山通用设备，取名肥城通用机械厂。经过10年建设，累计投资3263.8万元，建成8个生产车间，建筑面积9.14万平方米，设备773台，职工780人。在国民经济调整中转归省

① 山东省志:机械工业志[M].济南:山东人民出版社,1994:26-27.
② 马小维,等.青岛市机械工业总公司史志(1950-2012年)[M].青岛:内部编印,2012:243-247.

冶金公司，停产汽轮机。

青岛汽轮机厂在包建肥城通用机械厂的同时，累计完成投资1176.32万元，新建厂房3万多平方米，新增大型、精密设备50余台。1979年荣获第一机械工业部"电站汽轮机行业标兵"称号，成为全国电站汽轮机制造业十大企业之一，归口第一机械工业部电器工业局管理，隶属市机械工业局。1981年，省机械工业厅以该厂为主，组建由本省13家企业参加的齐鲁发电设备公司，大力扩展专业化生产。汽轮机产品按用途分为纯发电机组、热电联产机组、地热机组、湿蒸汽低温低压机组和工业汽轮机6个系列60多种规格。青岛汽轮机厂是国家机械委员会电站汽轮机制造骨干企业之一，山东省唯一生产汽轮机主机的企业。

1958—1985年，青岛汽轮机厂累计生产各系列汽轮机700台，总容量达237.255万千瓦，同类产品占有率达25%～30%。[①]

1985年，青岛汽轮机厂有职工1983人，其中工程技术人员157人；厂区占地面积13.56万平方米，建筑面积7.4万平方米，其中厂房建筑面积5.37万平方米；设有铸造、中小件加工、大件总装、维修、铆焊、叶片、工具、热处理8个车间和15个行政管理科室以及厂办研究所、职工学校、技工学校；固定资产原值3051万元，净值1602万元；拥有各种生产设备752台，其中金属切削机床322台，锻压设备15台；年产汽轮机58台/20万千瓦，汽轮机配件330吨；工业总产值2049万元，利润总额433万元。[②]

汽轮机

1958年，青岛动力机械厂采用苏联图纸试制成功ГК1.5型1500千瓦冷凝式电站汽轮机，

开创本市汽轮机制造先河。1959年1月，海军301工厂试制成功6000千瓦汽轮机，并在青岛发电厂投产发电，这是国内首次由非专业生产厂采用国产钢材试制成功的汽轮机产品；此后共生产8台，陆续安装在本市及潍坊、枣庄3地市投产发电。同年，青岛汽轮机厂开发出ГК0.75型、AK6型两个新品种并小批量投产，1960年产量达到42台/7.35万千瓦。1965年，青岛汽轮机厂独立研究设计汽轮机，陆续研制成功冷凝式、背压式、抽汽式及地热汽轮机等系列产品。1966年7月，青岛汽轮机厂制造成功中国自行设计的首台N1.5-24型1500千瓦快装组合冷凝式汽轮机；12月，又试制成功N3-24型3000千瓦冷凝式汽轮机。1971年初，青岛汽轮机厂试制成功N6-35型6000千瓦冷凝式汽轮机，1973年研制成功N50-35型5万千瓦中压冷凝式汽轮机，年产量突破10万千瓦；产品分单层组合快装式和双层布置两种型式6个品种，功率范围750～6000千瓦，总排汽量每小时4.5～28.5吨，用作小型电站发电机的原动机。其间，青岛汽轮机厂于1968—1971年初先后试制成功RZS-460-1.5型1500千瓦自由活塞式卡车电站燃汽轮机、RZS-460-1.5型2000千瓦自由活塞式船用燃气轮机以及RY-750-0.25型200千瓦卡车移动电源高速燃汽轮机。

1974年，青岛汽轮机厂研制成功既能提供热能，又可产生廉价电力的B3-35/5型和B3-35/10型3000千瓦背压式汽轮机，使背压式热电站能源利用率达89%；1976年试制成功B6-35/5型背压式6000千瓦汽轮机；1977年试制成功C3-35/5型抽气冷凝式汽轮机，可同时提供电力与工业用汽，电负荷与热负荷可按需

---

① 马小维,等.青岛市机械工业总公司史志(1950-2012年)[M].青岛:内部编印,2012:244-247.

② 山东省志:机械工业志[M].济南:山东人民出版社,1994:31.

要调整，在最大抽气量和不抽气条件下均可发出额定功率，共有 15 种规格，功率范围 1500～12000 千瓦，为厂矿热能综合利用提供较理想机组。1979 年 10 月，青岛汽轮机厂自行设计并试制成功中国首台 D3-1.7/0.5 型、3000 千瓦二次扩容式地热汽轮机，首制 2 台装备西藏羊八井地热电站。是年，青岛汽轮机厂 N3-24 型 3000 千瓦冷凝式汽轮机获山东省优质产品称号。

1980 年，青岛汽轮机厂 N3-24 型 3000 千瓦冷凝式汽轮机（图 3-3）荣获国家银质奖，成为汽轮机行业唯一银牌产品。1982 年，青岛汽轮机厂研制成功 D3-1.7/0.5-1 型低温低压汽轮机，在湖南长岭炼油厂安装发电，开辟利用工业低品位废热发电新途径，填补了国内一项空白；产品有 2 个品种，功率 1000～3000 千瓦。1983 年，青岛汽轮机厂设计制造 B6-24/2 型背压式汽轮机（图 3-4），作为中国第一套热电联产汽轮机出口泰国；产品有单层布置和双层布置两种型式 35 个规格，功率范围 750～12000 千瓦。

1985 年，青岛汽轮机厂 B6-35/10 型背压式 6000 千瓦汽轮机获山东省和机械工业部信得过产品称号。

图 3-3　1980 年，青岛汽轮机厂 N3-24 型 3000 千瓦冷凝式汽轮机荣获国家银质奖，成为汽轮机行业唯一银牌产品

图 3-4　1983 年，青岛汽轮机厂设计制造 B6-24/2 型背压式汽轮机，作为中国第一套热电联产汽轮机出口泰国。图为安装现场

第二节 内燃机

清末民初,民族工业渐兴,本地以柴油机作动力的工厂日增。20年代末30年代初,复记、钺发、长顺等数家私营铁工厂相继试制出柴油机,40年代末开始少量生产。

50年代末,青岛联成修船厂设计制造出船用柴油机,国营实业消火器材厂试制投产柴油机、自力更生研制成功汽油机,成为本省第一家汽油机生产厂。60年代初,柴油机制造业被国家列为调整重点,通过"关、停、并、转",将"大跃进"中一哄而上的柴油机生产厂改为专业配件厂或转产其他农机产品,仅保留青岛内燃机厂继续生产汽油机。

60年代末至70年代,随着拖拉机和汽车工业的发展,内燃机生产转向集中为拖拉机和汽车配套。青岛内燃机厂试制成功95系列柴油机,为泰山-25型拖拉机配套;市交通局客车修配厂、省交通厅青岛汽车发动机厂、青岛压铸厂、青岛客车修理厂、青岛第五机床厂先后转产或投产车用汽油发动机。1977年组建青岛动力机厂,专业生产汽车发动机。

70年代末,汽油机制造业因汽车和农机工业调整而发生较大变化。其间,青岛发动机厂研制成功柴油发动机,为中型载重汽车配套动力;青岛内燃机厂、青岛压铸厂转产柴油机,为小四轮拖拉机配套;青岛动力机厂发展汽油机,成为唯一汽油机专业生产厂。1985年,全市柴油机制造业形成包括设计、主机制造及配件生产的完整体系,产品产量达到历史最高峰。青岛动力机厂和省交通厅青岛发动机厂生产汽车发动机的产值、产量、利润创历史最好水平。

青岛实业消火器材厂

1949年10月,私营新华消火器材厂在阳信路12号甲开业,次年迁至大港二路10号。1950年3月,私营安全消火器材厂在聊城路130号开业,9月迁至小港路34号。两厂均以生产泡沫灭火器、酸碱灭火器、四氯化碳灭火器、人力压水车、消防弹、机动消防泵、单管式喷雾器、光口式喷雾器、手摇喷粉器、简喷粉器、防疫用喷雾器等产品为主,并改装消防汽车。1953年6月,私营新华消火器材厂、私营安全消火器材厂进行改组整顿;后于9月合并组建青岛实业消火器材厂[①],系地方国营企业,由青岛实业公司管理,厂址为台东区西仲家洼522号(原鲁东造纸厂厂址)。1954年划归市工业局管理。1955年3月,利用南京产M20汽油发动机改制机动消防水泵双轮车,是年划归青岛机械总厂。1956年进行公私合营,得合成铁工厂并入;同年开始改装油罐车、沥青车、洒水车、抽粪车等多种不同用途的变型汽车。1957年划归市重工业局;是年12月开始自行研制小型汽油机。1958年,公私合营福成铸铝厂、益大铸铜厂和私营永安消防器材社先后并入,青岛机械总厂下放至台东区重工业局。同年开始改装800型客车,试制仿佳瓦250摩托车、仿福特四轮拖拉机、仿大发三轮汽车用发动机以及烟雾发生器等产品;是年3月试制成功Q581型3.5马力汽油机,6月开始生产1140型12马力柴油机和15马力煤气机以及3K9型、6K12型水泵。

1959年,公私合营大美铁工厂并入;3月开始生产4110型40马力柴油机,并被省机械工业厅指定为全省4110型柴油机生产主导厂;4月改名为国营青岛内燃机厂,隶属市机械工业局,成为本省第一家生产汽油机的工厂和机械

① 马小维,等.青岛市机械工业总公司史志(1950-2012年)[M].青岛:内部编印,2012:272-274.

工业部重点企业及小型发动机定点厂。当年试制成功内燃水泵。1960年试制成功Q182型6马力汽油机和自由活塞压力机，并在1140型柴油机基础上试制生产1140型15马力煤气机；是年改隶市农业机械局。1961年10月，市农业机械局与市机械工业局合并，该厂划归市机械工业局。1964年试制成功176F型3.5马力汽油机，并投入大批量生产，产品远销世界26个国家和地区。1965年与天津内燃机研究所联合设计研制1E35F型1马力二冲程汽油机；与吉林工业大学、柳州机器厂联合设计试制顶置汽门175F型6马力汽油机。1968年试制成功275型汽油机。1970年试制投产为泰山25型拖拉机配套的295型24马力柴油机。1976年试制成功6200Z型750马力柴油机。1977年，与天津内燃机研究所联合设计侧置汽门175F型6马力汽油机。1979年根据外商要求对176F型汽油机进行改进，试制生产176F-1型5马力汽油机（图3-5），产品全部出口。1979—1980年试制生产QM-79型5马力煤油机；1980年试制成功6130Z型120马力柴油机。1982年转产市场急需的"山东195型"12马力柴油机（图3-6），并成为主导产品。同年还试制成功185型7.5马力、LJ6102Q-1型140马力柴油机。其间，1966—1982年共出口改型产品39496台，占全国汽油机出口量的1/3。

1985年，青岛内燃机厂占地面积6.05万平方米，建筑面积3.37万平方米；固定资产原值851万元、净值490万元；职工总数1257人，其中工程技术人员78人；工厂设铸造、大件、小件、装配、工具、

图3-5 1979年，青岛内燃机厂据外商要求试制生产的176F-1型汽油煤油两用机[①]

图3-6 1982年，青岛内燃机厂转产的"山东195型"12马力柴油机[②]

① 马小维,等.青岛市机械工业总公司史志(1950-2012年)[M].青岛:内部编印,2012:274.
② 马小维,等.青岛市机械工业总公司史志(1950-2012年)[M].青岛:内部编印,2012:274.

机修6个生产车间和1个家属生产组,17个管理科室、7个政工科室及服务公司;拥有主要设备273台,其中金属切削机床195台、锻压设备11台、其他专用设备66台;具备年产2.6万台195型柴油机的能力,实产1.9万台/16.9万千瓦;工业总产值1345万元,实现利润72万元,上缴利税7万元。[1]

胶济自动车修理厂

1938年10月,日本侵略军北支部队后勤署设立胶济自动车修理厂,系专为修理各类军车而设;其管理和技术人员大都为日军退役的佐、尉级伤残人员和随军技工,另在本地招募工人60余名。1945年10月由南京国民政府军政机构接收,改名为后勤司令部第十汽车修理厂第一分厂,有职工263人。1946年5月又更名为联合勤务总司令部汽车修理厂,职工增至436人。1947年10月再次改名为三〇五厂,管理人员均为军队编制并佩戴军衔。

1949年6月,三〇五厂由青岛市军事管制委员会接管,遗留人员100余人。是年10月移交华东运输公司管理,改为华东运输公司汽车修理厂,主要经营汽车修理和生产部分汽车配件。1950年7月改属省运输公司,更名为山东省运输公司青岛汽车修理厂。1959年4月移交市交通局;6月与山东省运输公司青岛汽车保养厂合并,改名为青岛市交通局汽车修配厂。1962年再次上交省交通厅管理,更名为山东省交通厅青岛汽车修理厂。1963年7月再次下放本市管理,隶属青岛运输公司,改名为青岛运输公司汽车修理厂。1969年开始研究试制CA-10B汽油发动机总成和QD80-1型"东方红"牌电动汽、柴油加油机。1970年投资近千万元设置一条自动造型线。1971年5月收归隶属省

交通厅,定名为山东省交通厅青岛发动机厂,生产任务转入批量生产发动机,为莱芜汽车修制厂生产汽车配套。1979年,按照国家经委对CA-10B型发动机技术改造方案进行技术改造后,机型定为CA-10C。

1980年1月,山东省交通厅青岛发动机厂更名为青岛发动机厂。1981年,从节能和经济性能方面考虑,再次进行技术改造,改产CA-15J型汽油机。1982年,因莱芜汽车修制厂汽车生产下马,改产LJ6102Q-1型柴油发动机。1971—1985年,累计生产CA-10B汽车(汽油)发动机13356台,SD6102柴油发动机492台,汽、柴油加油机783台,柴油机配件146.7万元,累计总产值8250.9万元。1985年5月,参加交通部在北京举办的交通工业产品展览会,LJ6102Q-1型柴油发动机荣获金质奖。

1985年,青岛发动机厂有职工949人,其中技术人员63人;主要设备有金属切削机床198台,锻压设备7台;生产能力为汽车发动机2000台、柴油发动机200台,汽车配件500万元。[2]

青岛第五机床厂

1967年5月,市重工业局技工学校批量生产C616车床,11月试制成功液压龙门刨床。70年代初,本市根据机械行业需要以及技工学校实习工厂的基础和技术力量,撤销市重工业局技工学校建制,以学校既有人员为主体,在学校原址(四方区鞍山路10号)组建成立青岛第五机床厂[3],除承接部分外协加工及铸件生产外,主要生产C615、C616普通车床及JT4033机械动力头。1975年根据本市汽车工业发展需要,开始试制QD-10B型70千瓦汽车汽油发动机,1977年小批量投入生产。

1977年12月,市政府决定以青岛第五机床

① 山东省志:机械工业志[M].济南:山东人民出版社,1994:50-51.

② 山东省志:交通志[M].济南:山东人民出版社,1996:759.

③ 马小维,等.青岛市机械工业总公司史志(1950-2012年)[M].青岛:内部编印,2012:293-294.

厂为基础，将市交通局客车修理厂发动机车间的人员及设备并入，组建成立青岛动力机厂。随后，开始大批量生产QD-10B型汽车汽油发动机，产品列入省、市计划，主要为青岛汽车制造厂配套，年产量达419台。1979年由四方区鞍山路10号迁至湖岛新村1号，经迁厂扩建和技术改造，生产能力迅速提高，1980年产量达到1409台/100764千瓦。1981—1983年经过两次对老产品升级改造，先后开发试制投产D-10C型110马力和QD-15型（QD-15J）115马力两种新型发动机。

适应第一汽车产品的更新换代，青岛动力机厂于1983年开始试制为一汽解放汽车换代产品配套的6102型汽油发动机，成为全国生产此类产品的三个定点厂家之一。1984年6月加入中国解放汽车联营公司，成为解放汽车联营公可专业生产汽车发动机的骨干工厂之一。是年完成QD-6102型135马力汽油发动机两轮样机试制（图3-7），12月通过市级样机监测和技术评审。

1985年，青岛动力机厂占地面积4.4万平方米，建筑面积1.7万平方米；职工795人，其中工程技术人员39人；设有5个车间、13个管理科室；拥有主要设备224台，其中金属切削机床159台，专用设备48台，建成缸体加工等6条半自动生产线；固定资产原值661万元；形成年产5000台汽油发动机能力，年产QD-15型发动机3377台/28.7万千瓦、汽车配件产值49万元，并与第一汽车制造厂合装发动机1284台；全员劳动生产率18190元，工业总产值1417万元，利润总额230万元，实交利税170万元。[1]

柴油机

30年代初，复记铁工厂率先试制出柴油机；之后又有铖发、长顺等数家私营小型铁工厂相继试制生产。这些小型铁工厂大都为作坊式生产模式，设备与制造工艺落后，仅能制造少量小功率简易低速柴油机。1948年，长顺铁工厂每月生产3.6千瓦、14.7千瓦柴油机5台，复记铁工厂每季生产11千瓦柴油机2台、5.8千瓦柴油机4台。

1958年，国营实业消火器材厂试制成功1140型8.8千瓦柴油机，次年投产4110型29千瓦柴油机。"大跃进"期间，全省大力发展动力机械生产，青岛联成修船厂设计制造出1110型18千瓦、3110型55千瓦船用柴油机。1962年，青岛汽轮机厂转产84千瓦船用柴油机。1963年，青岛造船厂试制成功58千瓦低速船用柴油机；至是年，全市共生产各类柴油机31台/2620千瓦。

70年代，随着拖拉机和汽车工业的发展，柴油机生产转向集中为拖拉机和汽车配套。1970年，青岛内燃机厂试制成功95系列295型17千瓦柴油机并大批量投产，为泰山-25型拖拉机配套；1976—1980年先后试制成功6200Z型551

图3-7　青岛动力机厂生产的QD-6102型汽油发动机

---

[1] 山东省志:机械工业志[M].济南:山东人民出版社,1994:53.

千瓦、6130Z 型 88 千瓦柴油机，但未投产。

农村推行联产承包责任制后，小型拖拉机需求量上升，1982 年，青岛内燃机厂开始转产 195 型 8.8 千瓦柴油机，为泰山 -12 型小四轮拖拉机配套。同年，青岛发动机厂研制成功 LJ6102Q-1 型 103 千瓦柴油发动机，作为 5 吨中型载重汽车配套动力。至是年，青岛内燃机厂累计生产 95 系列 295 型 17 千瓦柴油机 9788 台 /17.26 万千瓦。1985 年 5 月，在交通部交通工业产品展览会上，青岛发动机厂 LJ6102Q-1 型 103 千瓦柴油发动机获金质奖章

至 1985 年，青岛内燃机厂、青岛发动机厂两家专业主机厂年生产能力达 2 万余台、20 万千瓦，当年生产柴油机 19128 台 /18 万千瓦。

汽油机

1957 年，国营青岛实业消火器材厂与水泵配套的进口汽油机货源断绝，遂于次年自力更生研制 Q581 型 2.6 千瓦汽油机获得成功，成为山东省内第一家汽油机生产厂。1959 年，青岛机件厂从青岛汽车修配厂析出建厂后，开始生产 2.6 千瓦汽油机，年产量约 2000 台。同年，青岛内燃机厂在 Q581 型汽油机基础上，通过扩大缸径，研制成功 Q182 型 4.4 千瓦汽油机，至 1961 年共生产 953 台。后因该机体积大，质量不够理想于 1962 年停产。

1964 年，青岛内燃机厂将 Q581 型汽油机改为 176F 型，设计更趋合理，可根据用户需要安装水泵等组合件组成汽油抽水机，深受农户好评，产品行销全国，成为主导产品。此后又相继研制成功 1E35F 型 0.735 千瓦汽油机（军工产品）、275 型汽油机、175F 型 4.4 千瓦汽油机（顶置气门）、175 型 4.4 千瓦汽油机（侧置气门）、176F-1 型 3.6 千瓦汽油机（出口型）等 5 种新机型。60 年代末至 70 年代，随着汽车工业发展，本市又有 4 家工厂先后投产车用汽油机，与汽车生产配套。1969 年，市交通局客车修配厂率先转产 CA-10 型汽油发动机，为青岛汽车制造厂 69 型汽车配套。1971 年，省交通厅青岛汽车发动机厂由汽车修理转产 CA-10B 型 70 千瓦汽油发动机，成为汽车发动机专业生产厂。1972 年，青岛压铸厂试制成功 QD492 型 62 千瓦汽油发动机，为 212 吉普车和 130 货车配套。1975 年，青岛第五机床厂开始试制生产 QD-10B 型 70 千瓦汽油发动机。1979 年，省交通厅青岛汽车发动机厂将 CA-10B 型发动机改型为 CA-10C 型 80 千瓦，1981 年又改型为 CA-15J 型 85 千瓦，均使发动机热效率有所提高、油耗降低。至 1982 年，青岛内燃机厂累计生产 5 种型号小型汽油机 165897 台 /400 万千瓦，出口 40097 台。其中，176F 型汽油机累计生产 154487 台，累计出口 39496 台，销往 26 个国家和地区。

1985 年，青岛动力机厂和省交通厅青岛发动机厂共生产汽车发动机 5138 台 /43.4 万千瓦，汽车配件 147 万元，上缴利税 335 万元，产值、产量、利润均创历史最好水平。

第三节　电　机

40 年代，民营维新电器制造厂试制出电动机，成为山东省最早生产电机的专业厂。之后又有民营福寿电器厂仿制出小型电动机，但未批量生产。

新中国成立之初的国民经济恢复时期，维新电机制造修配厂恢复电机生产，试制成功磁电机，为逐步迈向磁电机专业生产奠定基础；青岛纺织机械厂专业生产纺织机械配套电动机；青岛生建机械厂开始投产中小型直流电动机、发电机等电工产品，形成 JO、JR 型两大系列 20 个品种规格（电动机 0.125～360 千瓦、发电机 115～6000 千瓦）。1958 年，青岛生建机械厂制成全国第一台组合转子 6000 千瓦汽轮发电机，填补了国内空白。至 50 年代末，全市电机制造企业发展到 3 家，其中专业制造厂 1 家、兼业

生产厂2家。1960年，全市交流电动机年产量达到20.5万千瓦，直流电动机年产量2906台。1961年，青岛生建机械厂将电工产品生产任务转交济南生建机械厂，1962年停产。

60年代后期，青岛电机厂继续试制磁电机品种并进入国际市场，70年代又开发出磁电机系军工产品，列入军工计划。1971年，四方电机厂开始投产交流电动机，与本厂生产的潜水电泵、电动葫芦、吹风机和排气扇等产品配套，成为小型电机专业生产厂。1973年，四方电机厂又开发出6千瓦、10千瓦、30千瓦、84千瓦4种同步发电机，可供农村、小型企业、修配厂及工地作动力及照明用电，最高年产350台。1975年，青岛东风电机厂开始生产船用交、直流电动机，与船用风机配套，生产任务由第六机械工业部列入国家计划，产品有JO2、Z2C等两个系列24个规格品种，功率0.8~7.5千瓦。70年代末，全市电机制造厂共有4家，1979年共生产交流电动机46.4万千瓦，创历史最好水平。

80年代，电机行业强调专业化生产，产品结构实行调整。青岛电机厂相继研制投产有触点、无触点两大系列28个规格的磁电机。青岛纺织专用电机生产迅速发展，青岛纺织机械厂投产高效节能FX系列电动机，至1983年累计生产电动机200万千瓦，成为本市电机生产大户。其间，又有一批区、县企业转产电机，并逐步发展成为电机专业制造厂。

维新电器厂

1940年，私营维新电器厂创建，厂址位于台东区丰盛路4号，次年迁至丰盛路48号。主要业务是对外维修和加工机电设备。1941年试制出3千瓦电动机，继而又试制1~40千瓦电动机、50千瓦发电机和40千瓦军用发电机等电机产品，成为本省最早生产电机的专业厂。

1953年，维新电器厂生产吹风机300多台，产品畅销济南、上海、兰州等地，1954年全部由市交电公司包销。1956年全行业公私合营时，维新电器厂与交电行业大新电线厂、北洋电器厂、振兴电料行、广和电机修配所、四维医疗电器厂、东记铸铁厂以及其他10余家私营企业，合并成立公私合营青岛交电器材厂，隶属市重工业局。由于交电行业产品繁多，工艺各异，不易集中管理，同年秋又将交电器材厂分为5个企业各自独立经营，原维新电器厂与原四维医疗电器厂、广和电机修配厂、东记铸铁厂组建为公私合营青岛维新电机制造修配厂[①]。1957年开始试制磁电机成功并批量生产，成为该厂主导产品，广泛用于内燃机和农业机械，并单独或与主机配套出口24个国家和地区，出口量占总产量的8%。1958年，青岛维新电机制造修配厂下放至台东区重工业局，1959年迁址桑梓路70号。1961年企业进行扩建，厂址迁至四方区吴石支路472号（后改为西吴家村472号），同年划归市农业机械局；1962年，市农业机械局与市机械工业局合并后，又转属市机械工业局。1964年分出部分人员与设备成立青岛第五仪器厂（后发展为青岛显像管厂），次年再次抽出人员筹备组建青岛压铸厂。

1965年，公私合营青岛维新电机制造修配厂转为国营企业，改名为青岛电机厂。为支援"三线"建设，1966年抽调人员设备在聊城地区建立分厂，1968年独立经营后改为聊城电机厂。1967年，青岛电机厂研制成功以钡铁氧体代替镍、钴等贵重战略物资的新型磁钢，为专业生产磁电机降低成本创造条件，继而在全国同行业中推广应用。此外，还先后开发F30发电机、LK-5客车发电机、Q151汽化器、分马力电机等机电产品。

80年代摩托车开始进入家庭，青岛电机厂相继研制成功投产系列有触电和无触点摩托车

---

① 马小维,等.青岛市机械工业总公司史志(1950-2012年)[M].青岛:内部编印,2012:279-280.

磁电机。其中,"北极星"牌DQC-1型磁电机1981年荣获机械工业部优质产品奖。1981年7月,青岛红旗电机厂并入青岛电机厂。

1985年,青岛电机厂拥有职工837人,固定资产原值434万元、净值292万元,全员劳动生产率6761万元;主要设备金属切削机床103台、锻压设备32台,年产共生产磁电机75223台、分马力电机16813台、拖内配件426万元,工业总产值572万元,利润92万元;青岛红旗电机厂拥有职工285人,固定资产原值209万元、净值145万元,主要设备金属切削机床85台、锻压设备21台,年产交流电动机1万千瓦、分马力电机12956台、微电机1019台,工业总产值360万元,利润30万元。[①]

磁电机

1957年,青岛维新电机制造修配厂试制成功C21型磁电机并成为主导产品,为工厂逐步迈向磁电机专业生产企业奠定基础。1965年,青岛电机厂试制成功第二个磁电机品种DQC-1型内转子结构磁电机,为176F汽油机配套,次年大批量投产;1967年产量突破2万台,成为该厂六七十年代主要产品之一,并随主机进入国际市场,继而单机出口。1967年,青岛电机厂研制成功以钡铁氧体代替镍、钴等贵重战略物资的新型磁钢,为专业生产磁电机降低成本创造了条件,继而在全国同行业中推广应用。

70年代,青岛电机厂又相继开发出CL2型(CWD2型磁电机改型产品)、CD42型两种新型磁电机;1979年后,CL2型成为主导产品。其中,CD42型磁电机系军工产品,结构复杂又没有样机可供参考,国内从未生产;经过技术员谢本勋多方努力设计,终于试制成功并批量投产,产品列入军工计划。1978年国家投资扩建新建青岛电机厂磁钢车间、线圈防尘车间,投产后,产品产量迅速提高,磁电机品种增加到14种,

1983年年产量超过8万台。

1980年,青岛电机厂承接CL2-2型有触点摩托车磁电机,1981年批量投产。此后,又研制成功并投产CL3-2型有触点摩托车磁电机、CFW-4型无触点摩托车磁电机。从1957年生产磁电机至1985年,青岛电机厂先后开发单体与飞轮结构,有触点与无触点两大系列28个规格的磁电机,至1985年末累计生产111万台,单独或与主机配套出口24个国家和地区,出口量占总产量的8%。

纺织专用电动机

1950年,青岛纺织机械厂开始生产纺织专用电动机,为全国纺机配套。1952年,由国家投资新建青岛纺织机械厂电机车间,专业生产纺织机械配套电动机。1953年开始生产采用五位数字编码纺织专用电动机,共有21个品种,为纺织、印染、化纤机械配套。1959年又开发FO、JFO系列产品,使产品实现标准化。

80年代,青岛纺织机械厂投产FX系列电动机,其中FX180M1-4型电机1982年被评为青岛市优质产品。1982年,青岛纺织电机厂转产纺织专用电机。1983年开始生产FO系列产品,当年电机生产能力达到12万千瓦。此后,该厂产纺织专用电动机品种逐年增加,生产规模居全国纺织电机生产厂家第3位,产品行销全国20多个省、直辖市和自治区。

第三章 纺织机械及器材

清末民初,伴随机器棉纺织业的发展,本埠开始出现服务于纺织生产的铁工厂、机器厂。20年代,私营华昌铁工厂开始承揽纺织机械修配业务,之后陆续有私营小型铁工厂涉入纺织机械修配与制造行业。30年代初本地纺织工业

---

① 山东省志:机械工业志[M].济南:山东人民出版社,1993:73.

已具相当规模，纺织器材生产随之兴起，先后有振华木管厂、益兴和木管厂、益祥兴梭管厂建立。40年代初，日资强行收购华昌铁工厂改名为丰田式铁厂，并相继建起木管厂、木梭厂，纺织机械维修与器材加工逐步形成分工。抗战胜利后，各纺织机械企业均被国民党政府收归国有，丰田式铁厂改名为中国纺织建设公司青岛第一机械厂，以修配为主，并开始研制纺织机械；木管厂、木梭厂合并为青岛第一梭管厂。1947年华昌皮结厂成立，另有数家从事纺织机械器材配件加工的私营铁工厂维持经营。至40年代末，从事纺织机械器材生产的厂家有中国纺织建设公司青岛第一机械厂、青岛第一梭管厂、益祥兴梭管厂、益兴和木管厂、华昌皮结厂5家。

50年代初，青岛第一机械厂改名为国营青岛纺织机械厂，成为制造纺织机械成套设备的专业厂家。青岛第一梭管厂经两次更名，于1954年定名为国营青岛纺织器材厂，成为纺织器材制造的专业生产厂。数家私营铁工厂通过公私合营等方式先后并入上述两厂，主要生产木质、塑料、金属等多种器材产品。三年经济困难时期，纺织机械生产急剧下降。60年代中期至70年代初，随着纺织工业的发展，省纺织工业管理局决定在国营青岛第一和第六棉纺织厂机修车间、国营青岛第三棉纺织厂翻砂车间旧址、国营青岛第二针织厂配件车间基础上，先后建立4个纺织配件厂，即以生产棉纺和印染设备配件为主的青岛第一纺织配件厂、以生产织布机配件为主的青岛第二纺织配件厂、以生产印染设备配件为主的青岛第三纺织配件厂和以生产针织设备配件为主的第四纺织配件厂。至1975年，全市共有6家纺机器材厂。

70年代后期，省纺织工业管理局针对本省农机、民用机械和二轻系统机械生产任务不足

的情况，先后选择部分区、县属企业归口转产纺织机械器材。本市选择即墨、胶南部分企业归口转产纺织机械器材，多方筹资对企业进行改造。70年代末80年代初，全市纺织机械生产厂家发展到8家、纺织器材生产企业达到4家。

进入80年代，全省各地大办纺织工业，纺织专用设备需求带动纺织机械制造业继续迅速发展。1984年，第一至第四纺织配件厂同时更名为国营青岛第一、第二、第三、第四纺织机械厂。同期，又有一批县、乡纺织机械制造厂、器材厂建成。至1988年，全市有纺织机械生产企业16家，纺织器材生产企业4家。[①]

第一节 纺织机械

20年代，私营华昌铁工厂开始承揽纺织机械修配业务，也生产零星与纺织机械相关的小设备。30年代，陆续有私营小型铁工厂涉入纺织机械修配与制造行业。1938年日军侵占青岛后，利生铁工厂被日资企业强制收买，并更名为丰田式铁厂。抗战胜利后，丰田式铁厂被国民党政府接收，改名为中国纺织建设公司青岛第一机械厂，并开始研制纺织机械。

50年代初，中国纺织建设公司青岛第一机械厂改名为国营青岛纺织机械厂，开始承揽国家梳棉机制造、专用电机和配套电器产品及各种金属针布的生产任务，成为制造纺织机械成套设备的专业生产厂家和山东纺织机械生产的最大企业，并被纺织工业部确定为全国配套定点生产梳棉机和纺织专用电动机的厂家。70年代，按照省纺织工业厅统一统筹规划，本市选择部分区、县属企业归口转产纺织机械器材，多方筹资对企业进行改造，生产效率、产品产量和质量均有很大提高。

80年代，全市纺织机械生产厂家发展到8

① 山东省志:纺织工业志[M].济南:山东人民出版社,1995:294-295+313.

家,产品品种由梳棉机1种逐步发展到自动接经机、织布机、捻线机、分条整经机、自动络筒机等10余种,生产能力也由年产59台/236吨,逐步发展到6811台/69117吨。

青岛第一机械厂

1945年日本无条件投降后,丰田式铁厂由国民党经济部特派员作为敌伪产业接收。1946年3月1日,奉行政院命令移交中国纺织建设公司青岛分公司,改名为中国纺织建设公司青岛第一机械厂[1],12月15日,由国民党政府经济部接管。其时,工厂占地面积78241.88平方米,有各类机床265台、员工796人,其中职员78人、工人740人、公丁和警卫58人,厂长为何培祯;主要从事纺织机械生产和修配,

并兼产部分纺织器材。1948年4月28日,奉令仿制纺纱机、织布机、钢丝机、清花机、筒子车等,直到1949年5月勉强生产出数台裂鼓式卷筒机。[2]

青岛解放后,中国纺织建设公司青岛第一机械厂被人民政府接管;10月,购买日本人吉岛金井工厂的针布制造设备,建针布工场,开始生产弹性钢丝针布等产品。1951年正式命名为国营青岛纺织机械厂。1953年3月20日,中央人民政府纺织工业部决定将青岛纺织机械厂(图3-8)划归其所属纺织机械制造局直辖。1958年6月9日又下放本市,归口市机械工业局管理。至1959年末,该厂工业总产值达2272万元,产品产量达到9254吨,职工人数增到5592人,固定资产原值为2298万元。1962年1月,纺织工业部决定将青岛纺织机械厂改由部直接管理。[3]

1988年,青岛纺织机械厂占地面积389609平方米,其中建筑面积为272395平方米、工业生产用建筑面积139423平方米;拥有固定资产原值9497.9万元,固定资产净值6366.8万元,流动资金7004万元;有金属切机959台,其中单独马达转动高效机床883台、占全部金切设备的92%,锻压设备133

图3-8 青岛纺织机械厂装配车间

① 曾繁铭.青岛纺织企业简志汇编[M].青岛:内部编印,1989:184-186.

② 曾繁铭,金洵昌.青岛纺织大事记1900-1989(征求意见稿)[M].青岛:内部编印,1989:21+16+23.

③ 曾繁铭,金洵昌.青岛纺织大事记1900-1989(征求意见稿)[M].青岛:内部编印,1989:37+48+55.

台；总产值 8727 万元，生产梳棉机 2309 台，实现利税 3847 万元，其中利润 2644 万元；有职工 5085 人，人均利税 7665 元。

青岛第一纺织配件厂

1964 年 1 月 1 日，在青岛第一棉纺厂机修车间基础上，投资 123 万元组建青岛第一纺织配件厂[1]，隶属省纺织工业局。组建之初，工厂有职工 349 名，其中生产工人 192 名、管理人员 16 名、工程技术人员 15 名；设有 3 个生产工段、4 个职能组；拥有国定资产原值 126.44 万元、净值 68.72 万元，国拨流动资金 24.93 万元；有主要生产设备 55 台，其中自制简易设备 26 台；建有容量为 1206 千瓦的低压配电室；主要生产 19 种锦纺和印染机械设备的易损配件。至 1966 年，工厂主要产品由易损配件发展为细沙配件，职工增加到 502 名，设备加到 73 台；固定资产原值增加到 179.88 万元、净值增到 107.93 万元；年总产量达 150 吨，工业总产值 157.12 万元，实现利润 27.11 万元，上缴利税 21.17 万元。从 1968 年开始，企业先后试制成功并批量投产钢令、锭子两大精密专件。

1971 年 1 月管理体制下放，青岛第一纺织配件厂归属市纺织工业局。之后，根据生产发展需要对钢令、锭子进行工艺技术改造，更新生产设备，使专件生产初具规模。1976 年年产锭子达 13 万套、钢令 57.13 万只，创造工业总产值 201.66 万元，实现利润 52.83 万元，上缴利税 59.91 万元。70 年代后期，企业进一步发展专件生产并开始试制整机产品，试制并批量投产捻线罗拉、罗拉轴承、上罗拉轴承等专件产品和卧式精炼罐等纱线染整设备。1978 年实现利总 100.9 万元、上缴利税 144.6 万元，均创历史最高水平。1980 年，青岛第一纺织配件厂锭子产量达 16.7 万套、钢令产量达 122.6 万只，烘筒产量达 1740 只，工业总产值超过 400 万元。至 1983 年末，形成钢令、锭子、烘筒、上罗拉轴承、罗拉轴承、卧式精炼罐等 6 大系列产品和包括铸锻、铆焊、冲压、钣金、热处理、机加工等比较定整的生产体系。

1984 年 9 月，青岛第一纺织配件厂更名为青岛第一纺织机械厂，厂址位于四方区杭州路 14 号，系全民所有制企业；同年开始生产整机产品。1985 年 2 月，改隶市机械器材工业公司。

棉纺机械

40 年代末，中国纺织建设公司青岛第一机械厂曾试制少量往复式络筒机和丰田式织布机。

新中国成立后，纺织工业部下达制造梳棉机和纺织专用电动机任务，该厂 1950 年 6 月试制两台梳棉机样机，在青岛第四棉纺织厂运转试生产性能良好。此后，又利用丰田式铁工厂梳棉机图纸仿制 CM 型梳棉机，并在此基础上搜集各类梳棉机数据，博采众家之长，经过论证、分析，三次选型、定型，于 1954 年由纺织工业部定型为 1181 型和 A181 型梳棉机，台时产量 5.5 公斤，正式列入该部系列设备行列[2]，并作为中华人民共和国制造的纺织设备出口到欧洲、亚洲等地区。

1956 年，纺织工业部决定以纺织科学研究院牵头，组织中央、山东省和青岛市纺织科研生产单位，组成梳棉机研制小组，以青岛纺织机械厂为制造点，研制生产高产梳棉机。60 年代初研制成功 15 公斤/时和 25 公斤/时高产梳棉机，并先后完成 A186、A186C 型高产梳棉机等数十种新产品试制任务。1964 年纺织工业部在上海召开大型成套设备定型会，审查青岛纺织机械厂设计投产的 1181E、1181F、A184、A185、A186 等多种型号的梳棉机，台时产量由 5.5 公斤分别提高到 7 公斤、12 公斤、25 公斤、

[1] 曾繁铭.青岛纺织企业简志汇编[M].青岛:内部编印,1989:195-197.

[2] 曾繁铭.青岛纺织企业简志汇编[M].青岛:内部编印,1989:185.

30 公斤、40 公斤；每万锭配套量由 54～48 台降低到 A186 型 18～16 台。本着"生产一代、试制一代、预研一代"的精神，青岛纺织机械厂逐步推出 A186C、A186D、A186E、A186F 等新型梳棉机，使万锭配套量降至 15 台。

1980 年，胶南纺织机械厂开始转产 A186C 型梳棉机；1984 年将 BC272B 梳毛机改造为 BC272G、BC272F 两个机型，1985 年又试制成功 BC272H 四联梳毛机，分别获得山东省科技进步二等奖和青岛市科技进步一等奖。

至 1988 年，青岛纺织机械厂累计生产梳棉机 58328 台，纺织专用电动机 2976161 千瓦。

麻、毛纺织机械

70 年代，山东黄（红）麻产量逐步增加，社会对麻袋需求量与日俱增。1977 年省政府决定在全省建设 40 个小型麻纺织厂，由纺织工业厅安排即墨及寿光、新泰、单县等一批纺织机械厂分工配套生产黄（红）麻纺织设备。1979 年列入纺织工业部定点计划产品，山东成为继江苏之后全国第二个麻纺织设备生产基地。

80 年代，社会对毛纺织产品需求突增，1980 年，纺织工业部定点胶南纺织机械厂生产梳毛机。1981 年，省纺织机械公司统一安排部分企业配套生产粗毛纺织设备。次年，胶南第二纺织机械厂开始研制 NO44 单刀剪毛机，1983 年生产 NO41 三刀剪毛机。胶南第三、第四纺织机械厂和即墨纺织机械厂也是纺织工业部、省纺织机械公司生产梳棉机的主要厂家。

染整机械

1974 年，青岛第三纺织机械厂试制生产 MZ302、MZ302A 往复染纱机，供棉绞纱染色用。1975 年、1978 年又先后试制生产出 M004、M006 绳状洗布机，适用于中薄棉纱双头绳状炼漂工艺浸轧溶液或洗涤。1978 年，青岛第一纺织机械厂试制成功 MZ102 型卧式精炼罐。

1980 年，青岛第一纺织机械厂试制 GR201-50 型、100 型高温高压染色机，当年生

产样机各 1 台，以后再未生产。1981 年，青岛第一纺织机械厂使用 X 光无损探伤检验，建立压力容器制造质量保证体系，并取得制造许可证。同年，青岛第三纺织机械厂试制生产 MH571 型、MH571A 型小轧车和 MH576 型、MH576A 型中小轧车，按外形尺寸及工作幅度又分别为 160 型、180 型；次年又试制生产 MH563 型三辊轧车。1982 年，青岛第三纺织机械厂试制生产 M025 汽蒸箱、M122B 卷染机及 MH501、502、504 平洗槽，按外形尺寸及工作幅度又分别为 160 型、180 型。1983 年，青岛第一纺织机械厂试制成功 MF103 型卧式精炼罐，为印染行业提供了新型染整设备。同年，青岛第三纺织机械厂试制生产 MO42 往复堆布机；次年，消化吸收联邦德国克雷尼埃费斯公司烘筒烘燥机设计原理，重新设计生产新型烘筒烘燥机，达到国内同类产品先进水平。1985 年，青岛第三纺织机械厂试制生产 M022 绳状容布箱。

针织机械

1977 年，青岛第四纺织机械厂试制 Z211 棉毛机、Z151 小螺纹机、Z161 袜腰螺纹机、Z503 袜机等针织成台设备。1981 年对 Z211 棉毛机进行全面改型，定型为 Z211A 棉毛机。1983 年研制成功 ZM 毛圈圆纬机，同年通过市级技术鉴定并分别获得山东省和青岛市科技成果三等奖；是年 2 月，研制成功 ZG 单面汗布机，通过市级技术鉴定并列入市级标准。

1984 年，青岛第一纺织机械厂试制成功 YB-100 型针织验布机，填补了山东省空白。同年，该厂还试制成功 LB12-1 型立式自动领布剪裁机，各种技术性能指标相当于日本 MFK-78J 型产品水平；1985 年获青岛市科委优秀科技成果三等奖。其间，青岛第四纺织机械厂先后于 1984 年和 985 年研制出 ZH 竖条圆纬机和 ZS 丝盖棉圆纬机、ZY 衬经衬纬机；其中，ZS 丝盖棉圆纬机 1985 年通过市级技术鉴定并列入市级标准，被省纺织机械公司评为信誉产品。

第二节 纺织器材

30年代初，本市纺织工业已有相当规模，纺织器材生产随之兴起，先后有振华木管厂、益兴和木管厂和益祥兴梭管厂建立。40年代，相继开设曾我木管厂、华北木梭厂，后被接收、合并为青岛第一梭管厂。至40年代末，全市从事纺织器材生产的厂家有4家，从业人员共有200余人。

新中国成立后，青岛第一梭管厂相继更名为国营青岛梭管厂、国营青岛纺织器材厂，以生产木管、木梭为主。60年代，青岛纺织器材厂先后兼并5个单位的人员、设备，具有生产木、塑、金属等多种器材产品的能力。至1966年，青岛生产纺织器材的单位有青岛纺织器材厂、青岛塑料六厂、青岛纸管厂、青岛国棉七厂丁氰车间、青岛第三木器厂、青岛四方纺织零件社6家，生产的纺织器材品种有木梭、纱管、皮结、缓冲皮圈、丁氰皮辊、丁氰皮圈(细纱)、钢筘、钢丝综、钢丝圈、槽筒、集合器、木刺轴、木制配件等。

70年代末80年代初，青岛纺织器材厂形成生产金属纺织器材产品格局，青岛纸管厂、青岛纺织橡胶器材厂先后进行橡胶、塑料纺织器材生产，主要产品有B宝塔纸管、化纤纸管系列和丁腈搓皮板、合成胶带、棉纺胶圈、胶辊等橡胶系列。至1988年，全市共有青岛纺织器材厂、青岛纺织橡胶器材厂、青岛纸管厂、青岛纺织器材修配厂进行纺织器材生产。

曾我木工场

1940年11月，日本人曾我武平以500余元联银券创办曾我木工场，厂址设在蒙古路29号丰田式铁工厂内，后移至四流南路216号，占地2321平方米，主要设备有各种母机24台；1943年又建立木管工场，开始生产木管及纺织木质零件。另外，日本人福岛于1941年在大沙路1号创办华北木梭厂，占地8970平方米，专制木梭[1]。

抗战胜利后，曾我、华北两厂由国民党政府经济部接收，1946年2月拨交中国纺织建设公司青岛分公司，3月划归中国纺织建设公司青岛第一机械厂木管工场、木梭工场。1947年11月，木管工场、木梭工场又从青岛第一机械厂分出，成立中国纺织建设公司青岛第一梭管厂[2]。

青岛解放后，中国纺织建设公司青岛第一梭管厂由市人民政府接管，1952年3月更名为国营青岛梭管厂。1953年12月，中央人民政府纺织工业部批准国营青岛梭管厂改名为国营青岛纺织器材厂，并于次年1月1日正式启用，隶属市纺织工业局。1957年3月5日，纺织工业部决定，自1957年1月1日起，青岛纺织器材厂隶属纺织工业部，由纺织机械制造管理局管理。1959年，益祥兴梭管厂(4月1日)、青岛纺织配件厂(6月30日)、青岛增兴染厂(7月1日)先后并入青岛纺织器材厂。1960年，产木管1309万只，创历史最高水平。1962年7月，公私合营华昌皮结厂并入青岛纺织器材厂。至1962年，台东纺织配件厂、市纺织工业局钢丝圈试验厂等5家小企业也先后并入青岛纺织器材厂。1963年4月，青岛纺织器材厂转归省纺织工业局。1965年11月29日，青岛纺织器材厂正式由沧口区大沙路1号迁到四方区杭州路70号[3]，占地面积8.6万平方米、建筑面积2.8万平方米、职工宿含5406平方米。

从1966年开始，国家对青岛纺织器材厂先

① 曾繁铭,金洵昌.青岛纺织大事记1900-1989(征求意见稿)[M].青岛:内部编印,1989:17-18.

② 曾繁铭.青岛纺织企业简志汇编[M].青岛:内部编印,1989:191-195.

③ 曾繁铭,金洵昌.青岛纺织大事记1900-1989(征求意见稿)[M].青岛:内部编印,1989:21+38+47+52+59.

后投资 175.46 万元用于厂房新建和改造，投资 31.4 万元兴办职工福利设施。1972 年，木管生产移交济宁纺织器材厂。至 1978 年，年产钢箔 5.5 万片、钢综 1.2 亿支、钢丝圈 3.4 万合，塑料纱管 192 万支，金属针布 523 套，总产值达 514.43 万元，固定资产 872 万元，全员劳动生产率 4132 元、职工增至 1245 人。

1987 年，青岛纺织器材厂隶属市纺织工业总公司，有职工 11367 人，占地面积 67405.40 平方米，固定资产原值 1735.8 万元，净值 1171.4 万元，年产钢箔 13.39 万片，钢综 4.36 亿支，钢丝圈 8.4 万合，针布 2002 套，塑料纱管 180 万支，成品钢丝 1200 吨；全年产值 980.4 万元，利税总额 185.2 万元，利润 105.4 万元，全员劳动生产率 7467 元。

木制纺织器材

木制纺织器材主要有木梭、木纱管和木制配件三种。1943 年，曾我木工场兴建木管工场，开始生产木管及纺织木质零件，每月可产木管 10 万支。1946 年，曾我木工场生产木管 39 万支；次年产木管 104 万支。1947 年 11 月，中国纺织建设公司青岛第一梭管厂年产木梭 10 万支，1949 年仅产 1 万支。1949 年，曾我木工场生产木管仅产 15 万支。

青岛解放后，国营青岛纺织器材厂开始试制部分木管配件。通过派人去南方收购原漆，使木管油漆达到完全自制自烘，木管质量亦逐年提高，品种逐步扩大。1952 年，国营青岛梭管厂建起木梭配件车间，是年生产木梭 4 万只。1954 年，国营青岛纺织器材厂开始向外地配套供应木梭，年产木梭 13 万支，产品占据全国大半市场，主要使用东北产柞木作原料；同年产木管 317 万只，1956 年开始供应缅甸纺织厂，以后又向柬埔寨、泰国、圭亚那、赞比亚、巴基斯坦和香港等 14 个国家和地区出口。1958 年 4 月，青岛纺织器材厂生产的木管在全国质量评比中荣获第二名。是年，国营青岛梭管厂木梭产量达 16.5 万

只，并在全国木梭质量评比中荣获第一名；同年开始研究压缩木梭，1962 年 2 月经市纺织工业局组织试用鉴定，普遍反映压缩木梭耐磨、断裂起刺少、消耗量低。为适应织机高速运转需要，1964 年，青岛纺织器材厂首创油浸压缩木梭，获国家科技成果三等奖并推广全国。随后，巴基斯坦、印度、印度尼西亚等国相继订货。1969 年，青岛纺织器材厂年产木梭 76 万只，创历史最高水平。

此外，本地产木制纺织配件（器材）主要是织机部件，原为青岛第一梭管厂产品，50 年代大部分转移至青岛第三木器厂木配件车间专业生产，主要品种有箔框木、走梭板、梭箱背、吊综板、综框、卷布木棍、打梭棒等 20 余种。1970 年青岛第三木器厂开始生产层压木打梭棒和侧板。

金属纺织器材

本地生产的金属纺织器材，主要包括钢箔、钢丝综、钢丝圈、金属针布等。1948 年 10 月，中国纺织建设公司青岛第一机械厂增设针布工场，开始生产钢箔和弹性针布；该厂也是山东最早生产钢丝综的厂家。

1954 年，青岛纺织机械厂将弹性针布转给上海远东针布厂生产。1957 年，青岛纺织机械厂在科研部门和纺织厂协同配合下，吸收苏联先进经验，成功试制金属针布，为高产梳棉机的诞生奠定了基础，当年生产 105 套。1958 年，青岛纺织工业局筹办钢丝圈试验工厂，9 月转移至青岛纺织器材厂继续研制、生产，当年生产 8366 盒，这是中国第一批精纺钢丝圈，填补了国内纺织器材产品的一项空白，改变了钢丝圈长期依赖进口的局面。1959 年，青岛纺织机械厂转产梳棉机后，钢箔由青岛纺织器材厂生产，年产 1.4 万片。

60 年代初，金属针布开始推广，需用渐多。1960 年，青岛纺织器材厂正式生产钢丝综，年产 428 万支。1963 年，省纺织工业局决定由青岛纺织器材厂试制金属针布，并拨给试制费 1.5

万元，从 1967 年开始试制至 1971 年只生产 7 套。1964 年，青岛纺织器材厂开始将原材料 45 钢改为 60 钢，改进工艺、更新设备，将钢丝成型焊头两机合并为联合运转，增加热处理工序，洗综剂用纯碱代替氯化钾，钢丝综产量、质量不断提高。1968 年，该厂开始实行扁模拉拔筘片和氯丁胶粘接筘梁技术，使钢筘片弹性强，光洁度高，牢度强。1975 年以后，青岛纺织器材厂先后试制出开天窗 6903 钢丝圈、瓦楞截面 FU、W321、772、781 型高速钢丝圈、弯弓截面 BR、RSS 型钢丝圈等；其中，772 型钢丝圈运转平稳、重心低、散热性能好，在全国占领先地位，连续 5 年被评为省优质产品。1978 年 4 月，青岛纺织器材厂开始改进工艺和设备，扩大刺条和罗拉锯条针布生产，产品包括 JT-49、JT-38、JT-66、JT-67、JT-21 等多种规格金属针布。

1980 年，青岛纺织器材厂生产的钢丝综获山东省优质产品证书；钢筘被评为部优质产品，1982 年获国家银质奖。1983 年，青岛纺织机械厂从瑞典 ABK 公司、瑞士 GRAF 公司引进金属针布制造设备、技术，使金属针布制造实现连续化、自动化；同时组织力量对引进设备进行消化吸收，复制出多套流水线并形成生产能力。1985 年，青岛纺织器材厂钢综生产设备有两条合丝炉生产线、一套离水器洗综机和 49 台钢综成型焊头联合机。

第四章 农业机械

20 年代初，境内民营铁工厂相继试制出半机械化和机械化的轧花机、榨油机、磨粉机等，复记铁工厂在本省首家试制成功成套面粉加工机械。30 年代末，粮、棉、油加工机械成为民营铁工业的重要产品。太平洋战争爆发后，本地民营机器铁工业开始衰落，工厂相继停业，农产品加工机器制造业受到严重打击，至 40 年代末，全市仅有三四家民营小型铁厂试制抽水机等简易农机具及农产品加工机器，工艺落后且产量很低。

新中国成立后，本市根据国家和山东省提出的农具生产发展要求，在第一个五年计划期间，开始组建农具制造厂，大量生产旧式农具和改良农具，同时积极发展改良双轮双铧犁、解放式水车等半机械化农具。60 年代初，随着各县、区拖拉机站的建立，对配套农具的需求日益迫切，青岛市农具机械厂开始引进生产农机具、农用水泵等机械化农具。其间，市农业机械科学研究所成立后，与制造企业联合设计试制多种机械化农具，使全市耕种与排灌机械制造由半机械化进入以机械化为主的新发展阶段，基本满足了农业生产需要。

60 年代后期至 70 年代，随着拖拉机拥有量的增加，耕种机具产品由以半机械化为主发展到以机械化为主，除为各种拖拉机配上普通机具外，还研制成功整地和农田基本建设机具，以及间作复式耕作机，不少新产品具有国内先进水平。其间，青岛农业机械厂扩建为拖拉机制造厂。

80 年代初，农村开始实行承包责任制，大型机引农具使用受到限制，以生产整地播种机械为主的企业大部分转产。随着农村经济发展及小型拖拉机拥有量的增多，与其配套的犁、耙、播种机等机引农机具产量随之上升，企业生产逐步稳定。但由于大型耕种机械使用较少，耕种机械的研究受到很大影响，新开发项目很少。至 80 年代中期，本市农机具制造逐步建起专业生产厂和农机科研机构，从生产改良型农具、半机械化农具逐步发展到机械化农具的设计、制造和修理的较完备工业体系。

至 1985 年末，本市以生产农业机械、拖内配件、小农具及农机修配为主业的农机行业企业分布于市区及市辖各区、市（县）、乡镇。其中，本市机械工业系统 20 个，年末职工总数 12665 人，工程技术人员 539 人；工业总产值

15465万元，利润总额1320万元；拥有金属切削机床1925台，锻压设备384台，固定资产原值8008万元；主要生产拖拉机、内燃机、排灌机械、耕种机械、收获及场上作业机械、农副产品加工机械、农业运输机械、畜牧机械、农机配件等百余种农机产品，全行业有21种产品获山东省以上优质产品称号，其中部优产品14种、国家银质奖产品1种；拖拉机、饲料粉碎机等产品进入国际市场。

第一节 拖拉机

1957年9月，青岛农具机械制造厂试制成功工农-8型手扶拖拉机，开创了本省拖拉机制造工业历史。全国第二次农业机械化工作会议后，本市先后试制成功手扶拖拉机、轮式拖拉机和小四轮拖拉机。70年代，试制成功大型四轮驱动拖拉机并批量生产。1979年，全市有3家专业主机厂，另有多家企业先后生产过拖拉机；后来，由于产品结构调整，多转产或停产。

80年代，青岛拖拉机厂和崂山拖拉机厂实行紧密联营，小型拖拉机产量占全国产量的5%，

图3-9 青岛农具机械制造厂生产的手扶拖拉机

生产能力在全国四家同机型生产企业中居第二位。1985年，泰山-12型拖拉机被评为山东省优质产品，泰山-25型拖拉机被省机械工业厅列为出口产品。

1988年，全市拖拉机生产企业有青岛拖拉机厂、崂山拖拉机厂及青岛大华机器厂3个专业主机厂，青岛第一农业机械厂、青岛汽车修配厂、青岛内燃机厂、青岛铸造机械厂、青岛模具厂、青岛汽车改装厂以及胶南县农机修造厂、即墨县农机修造厂、崂山县农机修造厂、莱西县拖拉机配件厂等一批亦曾研制和少量生产拖拉机的企业。

青岛农具机械制造厂

50年代中期，在实行私营铁业社会主义改造过程中，本市联合、锦华、永丰、恒泰、洪利、復样、同聚7家铸造厂，鲁东、前进、义兴昌记、仁德、海丰、福兴、协利、善利、源兴炉、泉涌炉等10家铁工厂以及另外2家私营小厂，于1956年1月合并组建公私合营青岛农具机械制造厂[①]，隶属市重工业局；其中，75名私方股东股金共111682.26元，公方股金468067.42元。初期主要生产水车、双铧犁，后又生产马拉播种机、万能饲料粉碎机、"太古"号小麦收割机、20号步犁、4-41型圆盘耙、水泵、TB-540脱粒机、TJ-1500脱谷机等农业机械。其中，脱粒机为本省定点产品，圆盘耙为第一机械工业部定点产品。1957年9月，试制成功全省首台工农-8型手扶拖拉机(图3-9)，开创本省拖拉机制造工业历史。1958年6月，由四方区海泊村111号迁至沧口区四流北路82号，改名为公私合

① 马小维,等.青岛市机械工业总公司史志(1950-2012年)[M].青岛:内部编印,2012:281-282.

营青岛中型农机厂。是年仿制成功仿福格森-27马力（19.85千瓦）轮式拖拉机。1960年转为地方国营企业，并更名为国营青岛农业机械厂。1968年试制成功工农-10型和东方红-12型小四轮拖拉机，次年在省内率先试制成功红旗-24型轮式拖拉机，1973年改型为泰山-25型轮式拖拉机，并被纳入国家拖拉机型谱。

1974年11月，国营青岛农业机械厂改名为青岛拖拉机厂，成为农业机械工业部定点企业。1982年，市政府批准以青岛拖拉机厂为主体，联合崂山拖拉机厂组建"人、财、物、产、供、销"六统一联合经营。是年，为适应农业生产需要，该厂开发生产泰山-12型小四轮拖拉机（图3-10），1983年又开发泰山-120S型四轮驱动拖拉机，形成大、中、小型拖拉机同时生产的产品结构，并研制成功适于中耕、植保需要的宽轮距高地隙拖拉机。1970—1985年，累计生产泰山-25型拖拉机10550台、泰山-12型拖拉机31746台。其中，自1979年起，泰山-25型拖拉机连续6年保持一等品；泰山-12型拖拉机1985年获山东省优质品称号。

1985年，青岛拖拉机厂总占地面积8.79万平方米，建筑面积3.99万平方米，其中厂房建筑面积2.18万平方米；固定资产原值962万元、净值537万元；职工总数1286人，其中工程技术人员61人；设有厂办研究所和铸造、机加工、冷锻铆、总装、机修5个生产车间；主要生产设备307台，其中金属切削机床205台、锻压设备23台、铸造设备22台、起重运输设备13台，有整机安装、部件烤漆、铸造、变速箱4条生产线；年产泰山-12型拖拉机13500台、泰山-25型

拖拉机227台，工业总产值4818万元，实现利润256万元，实交利税150万元，全员劳动生产率37349元。[①]

崂山郊区新式农具汽车修配合作社

1956年11月，崂山郊区新式农具汽车修配合作社组建，后改名为崂山郊区机械厂，初有职工23人，厂分2处（吴家村、李村河南），主要生产水泵、铡草机、收割机、播种机等30余种农用机械并兼事农机具维修，厂区面积3533平方米，有简陋土设备10余台。

1958年，研制成功本省第一台手扶拖拉机。1959年，崂山钢铁厂并入，由集体所有制转为全民所有制，开始小批量生产手扶拖拉机。1962年复由全民所有制转为集体所有制，以生产汽车配件为主。1971年试制成功"泰山-12B"型小四轮拖拉机。当年，在全省小型拖拉机定型会上被选为山东省产小拖拉机统一型号，并定为全省小型拖拉机生产主导厂。1982年共生产拖拉机17628台。是年，与青岛拖拉机厂实行"人、财、物、产、供、销"六统一联合经营。1983年，开发泰山-12型拖拉机进行全国统图，成为国内拖拉机第二代产品，

图3-10 青岛拖拉机总厂生产的"泰山-12"型拖拉机

---

① 山东省志:机械工业志[M].济南:山东人民出版社,1994:213-214.

1985年获省优质产品奖。[①]1985年，与青岛拖拉机厂改为"产、供、销"三统一联营。

1985年，崂山拖拉机厂位于李村京口路87号，属集体所有制企业；占地面积65368平方米，建筑面积3562平方米；设16个科室、7个车间、2个工段，另设有服务公司1处；主要设备228台，其中金属切削机床181台、锻压设备19台；固定资产560.33万元，职工915人；企业固定资产原值560万元、净值286万元，工业总产值1529万元，实现利润42万元。

泰山-12型小四轮拖拉机

1958年，青岛农具机械制造厂、崂山新式农具汽车修配厂分别研制成功27马力轮式及4.5马力手扶式两种拖拉机，并投入小批量投产。同年，即墨农业机械厂也研制成功35马力拖拉机，但未投产。1962年2月，青岛铸造机械厂被调整到农机系统，改成手扶拖拉机厂，当年制出样机两台，尚未批量投产又恢复生产铸造机械。

1966年全国第二次农业机械化工作会议后，全国掀起农业机械化高潮。1967—1968年，青岛农业机械厂先后试制成功工农-10型手扶拖拉机及东方红-12型小四轮拖拉机。同期，崂山新式农具汽车修配厂研制成功东方红-10型和东风-12型两种轮式拖拉机。1969年，青岛农业机械厂与省农业机械科学研究所、莱阳拖拉机修配厂、山东拖拉机厂联合设计山东红旗-24型拖拉机，并在本厂制出样机；该机型即泰山-25型轮式拖拉机，配套动力24马力，无架式后轮驱动，额定牵引力为550～600公斤，电起动最小转弯半径为2米，适用于平原丘陵旱田型、耕、耙、播、收、施肥、植、保等多种田间作业，带有气刹车装置，亦可进行运输用作发电、排灌、脱粒等，为全国质量较好的机型之一。1971年，崂山拖拉机厂以泰山-12A

型小横轴拖拉机为基础，将发动机由驾驶座后置改为前置，研制出新型泰山-12型小四轮拖拉机，被省机械工业厅选为统一型号，并被定为主要生产厂。1976年，青岛拖拉机厂年产泰山-25型拖拉机突破1000台。

1983年，随着全国农村联产承包责任制的全面推行，小四轮拖拉机成为热销产品。青岛拖拉机厂和崂山拖拉机厂实行紧密联营，组建成青岛拖拉机总厂，年产泰山-12型拖拉机7440台、泰山-25型拖拉机500台，小型拖拉机产量占当年全国产量的5%，生产能力在全国四家同机型生产企业中居第二位。

1970—1985年，青岛拖拉机厂累计生产泰山-25型拖拉机10550台、泰山-12型拖拉机31746台。其中，1979—1985年，泰山-25型拖拉机生产连续保持一等品，被省机械工业厅列为出口产品；泰山-12型拖拉机1985年被评为山东省优质产品。

第二节　农用运输机具

青岛解放后的国民经济恢复时期，农村运输得到重视，农业运输机具制造迅速发展，根据国家"农业运输车子化、胶轮化"号召，本市大力改革农村运输工具，人力胶轮车、农用挂车、与拖拉机配套的农用拖车相继研制成功，生产企业、产品种类和产量同步发展。至70年代中期，全市农用拖车生产企业增加到3个。其间，科研单位和生产企业密切配合，先后研究成功并投产多种农用拖车，与泰山-12型等多型拖拉机配套。

至80年代末，手推胶轮车、畜力胶轮车、农用挂车等半机械化、机械化运输工具，均建起专业生产定点工厂，生产初具规模；农用小型机动三轮车也研制成功并投产；青岛楼山农

---

① 马小维,等.青岛市机械工业总公司史志(1950-2012年)[M].青岛:内部编印,2012:282.

机厂成为山东省最大的农用挂车专业定点厂。

青岛车辆制造厂

1956年2月1日，公私合营青岛车辆制造厂由42家私营工商业企业联合组建而成[①]，共有职工632人。其中解放前开业的有7家，开业最早的是1936年兴办的华兴车行；三年经济恢复时期开业的有35家。合营企业分布在市南、市北、台东、四方4区，规模大小不一。1951年建立的生建机械厂拥有职工近200人，是参加合营的最大厂家；最小厂是工农辐条厂，只有3个人。合营企业只有一些比较简陋的生产设备和工具，厂房多是租用民房。合营建厂时，厂部设在台东区姜沟路38号建昌铁工厂，虽然企业在形式上合营，但生产经营方式仍然不变，各企业领导人、生产地点、资金和经济独立核算不变。为尽快做到集中领导、统一指挥，厂部于1957年初迁至内蒙古路17号，并将42个工厂合并成19个。1958年7月，厂址迁至华阳路3号（后门牌号改为7号）并成立机械加工、装配、冶炼等7个车间，同时保留生建机械厂、同昌电镀厂和昌兴炉、裕华、中合成3个铁工厂。同年，市手工业管理局冶炼厂并入，工厂更名为公私合营青岛车辆厂，成为本省第一家专业生产农业运输机具的企业。1959年，并厂工作全部完成，全厂整合为冶炼、翻砂、机械加工、锻压、圈条、钢球、汽棒、装配、维修9个车间。其间，主要产品为"梅花"牌力车。1962年，青岛轴承仪器厂并入。1963年，成立全国手推胶轮车行业组，共有29个成员厂，青岛车辆厂被第八机械工业部定为组长单位。其间，除手推车外，还生产过汽棒、气门嘴和化工产品，试制过小麦收割机。1964年，钢球车间划归青岛钢球厂，八车间划出组建青岛计数器厂。1965年9月，玛钢车间（第一车间）划出成立青岛第二玛钢厂（后改为青岛韧铁厂）。

1966年，公私合营青岛车辆厂转为国营企业，更名为青岛车辆厂。同年，按照上级指示，在聊城地区建立聊城手推车厂，后改为聊城运输机械厂。60年代初至70年代末，根据上级安排，兼业进行15000吨级国防战备船轮机修理，生产双三七高炮击发装置、09工程引船车和54-122榴弹炮助退机、复进机、平衡机等军工产品；60年代后期至70年代中期，试制三轮汽车、四轮汽车、柴油机油嘴油泵、13寸和18寸矿车轮等产品。

1980年，青岛车辆厂生产的JL650型人力胶轮车获山东省和第一机械工业部优质产品称号。1981年11月，以青岛车辆厂为基础成立青岛市力车总厂，原车辆厂家属工厂、胶县内燃机配件厂、青岛船舶配件二厂、青岛韧铁厂为分厂，经济性质不变，由总厂实行统一领导、统一管理。1982年撤销力车总厂，恢复青岛车辆厂名称。1984—1985年，试制苹果分级机、枣分级机和枣清洗机、烧鸡生产线等食品机械。至1985年，累计生产人力车1700万轮，人力车配件4亿件，产品广泛应用于农业、水力、交通、冶金、矿产、建筑等行业，在全国29个省、市畅销不衰，并出口尼泊尔、越南、老挝、南也门、坦桑尼亚、赞比亚等国家。

1985年，青岛车辆厂共有4个厂区，设15个行政科室、7个政工部门、6个生产车间、1个分厂和研究所等，是机械工业部骨干企业和全国力车行业五大厂家之一，全民所有制企业；企业总占地面积4.25万平方米，建筑面积2.7万平方米，其中厂房建筑面积1.65万平方米；固定资产原值627万元、净值295万元；职工总数1389人，其中工程技术人员62人；拥有主要生产设备220台，其中金属切削机床148台、锻压设备35台、起重运输设备32台，除包装工序外全部实现机械化生产；年产人力胶

---

① 马小维,等.青岛市机械工业总公司史志(1950-2012年)[M].青岛:内部编印,2012:275-276.

轮车 81 万轮、配件 1519 万件；工业总产值 1196 万元，实现利润 87 万元，上缴利税 7 万元，全员劳动生产率 8306 元。[1]

平度县农具修配厂

1961 年，平度县钢铁厂修配车间改为平度县农具修配厂，厂址位于红旗路东段路南。1963 年并入县拖拉机总站，始以修配拖拉机为主，兼产耘锄、榨油机、机井钻等；1965 年从县拖拉机总站析出，成立平度县农业机械修配厂，除修配农业机械外，开始生产 140 柴油机机身、牙箱、调速轴等。1969 年改为平度县农业机械修理制造厂，开始生产泥浆泵、冷冻机等。1972 年，按照"又修又造"原则，试制成功 5 吨农用拖车，确定为产品方向。次年，经省机械工业厅批准，转产 7C-5 型拖拉机拖车，年产 156 辆；1979 年，年产拖车 2257 辆。1981 年增加 1 吨、2 吨、7 吨拖拉机拖车及 4 吨、7 吨汽车拖车产品。在科研单位协助下，其研制成功的 7CC-9 型 9 吨自卸农用拖车获农业机械部重大科技成果三等奖，5 吨农用拖车获农业机械部优质品称号。

1983 年，平度县农业机械修理制造厂更名平度县拖车厂；次年又更名为青岛第一挂车厂。

1985 年，青岛第一挂车厂总占地面积 6.29 平方米，建筑面积 2.8 万平方米，其中厂房建筑面积 0.87 万平方米；固定资产原值 432 万元、净值 279 万元；职工总数 537 名，其中工程技术人员 25 名；设有铸造、锻压、加工、制件、总装、后方 6 个车间，13 个行政科室；拥有生产设备 192 台，其中金属切削机床 84 台、锻压设备 18 台、铸造机械 9 台、热处理设备 9 台；年产农用拖车 1532 辆，其中大型拖车 1274 辆；全员劳动生产率 17455 元，工业总产值 878 万

元，实现利润 159.32 万元，实交利税 99 万元。[2]

"梅花"牌人力胶轮车

40 年代末，市区有少数私营自行车行开始改制人力胶轮车。1956 年成立公私合营青岛车辆制造厂，研制成功 700 型和 350 型两种人力胶轮车，当年生产 1.98 万轮[3]，成为本省第一家专业生产农业运输机具的企业。1958 年，山东省号召农业运输战线实现车子化、胶轮化，本市又组建起第二、第三车辆厂，进一步扩大人力胶轮车生产。

1963 年，青岛车辆制造厂在农业机械部支持与协助下，研制成功 JL650 型（双轮）、JL325 型（单轮）两种型号人力胶轮车（图 3-11)，被定为全国标准力车型号，成为企业主导产品，并在 1964 年 8 月全国工业新产品展览

图 3-11 青岛车辆厂产品

① 山东省志:机械工业志[M].济南:山东人民出版社,1994:229-230.
② 山东省志:机械工业志[M].济南:山东人民出版社,1994:230-231.
③ 马小维,等.青岛市机械工业总公司史志(1950-2012 年)[M].青岛:内部编印,2012:275.

会上获得奖状和奖金。1965年，人力胶轮车产量由1956年的2万轮上升到50万轮，为市郊农村运输实现车子化、胶轮化奠定基础。在全国支援"三线"建设中，青岛车辆厂于1966年在聊城地区建立分厂，青岛红旗车辆厂于1970年建立临沂车辆分厂，两厂专业生产手推胶轮车。70年代，青岛楼山农机修配厂试制成功7JX800、7JX600两种型号的畜力胶轮车，大批量投产。1979年，青岛车辆制造厂试制成功800型手推车，次年列入国家计划正式投产。至1979年末，青岛车辆厂、青岛韧铁厂专业生产人力胶轮车，年产60万轮。

1980年，青岛车辆厂产JL650型人力胶轮车获山东省、农业机械部优质产品称号；1982年被列为山东省"六五"计划期间重点技术改造项目，累计投资203万元改建金工车间2186平方米，新建磷化车间和变电室467平方米，新添设备74台（套），年生产能力由100万轮提高到130万轮。当年人力车产量达到110万轮，创历史最高水平，占全国26个力车行业成员厂年总产量的10％。

至1985年，青岛车辆厂累计生产人力车1700万轮、人力车配件4亿件，产品在国内29个省、市畅销不衰，并出口尼泊尔、越南、老挝、南也门、坦桑尼亚、赞比亚等国家。

农用拖车、农用挂车

1958年，本市响应国家号召，组建第二、第三车辆厂，试制成功并投产与拖拉机配套的农用拖车。1961年，莱阳水集修配厂（后更名莱西农机修造厂）开始生产农用挂车，成为辖域最早生产农用挂车的企业，但未形成生产能力和专业化生产。

60年代，在全国大搞农业机械化过程中，农业运输机械被作为重点发展机具之一，生产农用拖车企业、产品种类和产量同步发展。1969年，青岛楼山农机修配厂开始研制生产农用挂车，生产发展迅速，品种和产量逐年提高。

为适应轮式拖拉机迅速增长需求，莱西农机修造厂于1970年重新生产与拖拉机配套的农用挂车，并逐步发展为山东省定点挂车专业生产厂，其与中国农业机械化科学研究院、山东省农业机械科学研究所联合试制的7C-2、7CC-2、7CBH-2型3种型号挂车畅销本省各地。1973年，平度县农机修造厂开始生产农用挂车，7C-5型5吨挂车为主导产品，最高年生产能力达到2500辆。1977年，平度县农机修造厂与中国农业机械化研究院、山东省农业机械科学研究所联合研制成功7CC-9型9吨自卸拖车，系国内最大农用自卸拖车。1979年，青岛楼山农机修配厂农用挂车年产量达到3073辆，比1971年增长17.8倍；产品品种发展到6个，成为省机械工业厅挂车定点厂。同年，莱西县农机修造厂分立析出莱西拖车厂。至是年，青岛楼山农机厂、平度拖车厂、莱西拖车厂专业生产农用挂车，年产量超过6000辆，挂车品种增加到8个，分别与泰山-12、泰山-25、泰山-50和泰山-100四种型号轮式拖拉机配套。

1982年，平度县农机修造厂7CC-9型9吨自卸拖车获农业机械部重大科技成果三等奖。1983年平度农机修造厂改为平度拖车厂，次年改为青岛第一挂车厂。1984年，莱西拖车厂改为青岛第二挂车厂。

第三节 耕种与田间管理机械

第一个五年计划期间，国家开始大规模农田水利建设，大力制造推广改良水车。胶县铁工厂等本地3家工厂水车产量占全省年总产量的23.07％，两家配件生产厂生产水车用管件和铜套，为本省30万部水车配套。1958年，全国农村掀起群众性农具改革运动，青岛农具机械厂开始生产机引农具，至60年代初发展成为机引农具专业生产厂；同时发展机动抽水机及水泵配套生产，青岛内燃机厂成为本省第一家动力与水泵配套成批生产排灌机械的企业。国民经济调整时期，大部分农具生产厂转产配件或从事修理，青岛农业机械厂自主创新开发新产品，成为机引耙、镇压器等大型农具重点生产厂。随着农业生产好转与农村购买力增加，各县农机厂也迅速恢复农具生产，1965年耕种机具生产恢复到历史最好水平。

在70年代"农业学大寨"热潮中，一批县、区农机修配厂又发展成为生产耕种机具定点厂。至70年代末，全市生产耕种机具的企业增加到6家，主要生产机引犁、悬挂通用机架、悬挂轻耙、悬挂谷物联合播种机等4大系列18个品种的机械化耕种机具，1980年产量达到5474台。

80年代，农村实行承包责任制之初，大型机引农具使用受到限制，以生产整地播种机械为主的企业大部转产。即墨农机修造厂及时调整产品结构，积极开发适应专业户、个体户需要的小型或畜力机具，其生产的悬挂犁、铧式犁共有11个品种可与12～80马力拖拉机配套，成为本市唯一耕种机具专业生产厂。

崂山县拖拉机站

1961年8月，崂山县拖拉机站建立，有职工80人、主要生产设备20余台，以制造、维修电动机、高压水泵、泰山-12拖拉机、圆盘耙等为主。1970年，改为崂山县农机修理制造厂，亦是"六五"计划期间本市唯一生产收割机械的企业。1974年，开始生产机引耙；1977年，又开始生产4SXT-1.7型全悬挂卧式双向放铺割晒机。至1978年，机引耙产量增至800台，规格型号为IBQX-1.1十二片悬挂轻耙、IBQX-1.5十六片悬挂轻耙，与泰山-12、泰山-25拖拉机配套。

1979年，山东省农业机械科学研究所通过改进设计，研制成功新型4GL-140、4GL-170型立式割台麦稻收割机，由崂山农机修造厂组织批量生产，与泰山-12型拖拉机配套，作业性能稳定，故障少，生产效率为4～6亩/小时。

进入80年代，因农机具订货量大幅度下降，先后转产自行车、集装箱及MF-66型磨粉机配套总成及XM-4型表面洗麦甩干机、SX-800-1型筛选组合机、XTG-65型橡胶挤出机、10C油底总成，同时承接对外加工中、小型锻件。并改名为崂山通用机械厂。

1985年，崂山通用机械厂位于城阳火车站南侧，占地面积46620平方米，建筑面积7900平方米，设9个科室、4个车间。主要生产设备118台，其中金属切削机床15台、锻压设备61台；固定资产173万元，其中原值160万元、净值96万元，有职工220人，属国营企业。

耕种机械

1954年，公私合营青岛农具机械厂开始生产双轮双铧犁，1958年又开发41片圆盘耙，至60年代初发展成为机引农具专业生产厂。在60年代国民经济调整中，大部分农具生产厂转产配件或从事修理，青岛农业机械厂开发新产品由以仿制为主发展到自行设计，成为机引耙、镇压器等大型农具的重点生产厂。随着农业生产好转与农村购买力增加，各县农机厂也迅速恢复生产农具，1965年耕种机具生产恢复到历史最好水平。青岛崂山郊区新式农具汽车修配厂先后生产铡草机、播种机等耕种机具；即墨农业机械厂试制生产65式插秧机。至1972年，青岛农具机械厂先后生产过双轮双铧犁、20步犁、山地犁、播种机、圆盘耙、灭草机、小麦收割机等10余种畜力和机引耕种机具。

在70年代"农业学大寨"热潮中，一批县、区农机修配厂发展成为生产耕种机具的定点厂。其中，即墨县农机修造厂1970年开始生产机引犁，至1978年年产量达到10870台，占本省11家机引犁生产企业当年总产量的38.52％；1979年经过调整后，仍然是本省保留的3家机引犁专业生产厂之一。1974年，崂山夏庄农修厂开始生产小型机引悬挂谷物联合播种机，规格型号有2BL-8、2BL-9、2BL-11A三种。同期，崂山农机修造厂开始生产机引耙，规格型号为 IBQX-1.1 十二片悬挂轻耙、IBQX-1.5 十六片悬挂轻耙。胶县拖拉机修配厂 1978 年开始生产悬挂通用机架，青岛城阳机械厂、胶县农机修造厂也分别生产悬挂通用机架和机引播种机。至 70 年代末，全市生产耕种机具企业增加到 6 家，主要生产机引犁、悬挂通用机架、悬挂轻耙、悬挂谷物联合播种机等 4 大系列 18 个品种的机械化耕种机具，1980 年产量达到 5474 台。

80 年代，适应农村联产承包责任制需要，即墨农机修造厂及时调整产品结构，积极开发适应专业户、个体户需要的小型或畜力机具，其生产的悬挂犁、铧式犁共有 11 个品种可与 12～80 马力拖拉机配套，成为本市唯一耕种机具专业生产厂。

1985 年，青岛第一农业机械厂（即墨农机修造厂）生产机引犁 809 台，小机引犁 300 台，拥有职工 660 人，灌顶资产原值 444 元、净值 2721 元，主要设备有金属切削机床 96 台、锻压设备 19 台，工业总产值 567 万元，利润 58 万元。[①]

排灌机械

50 年代初期，省政府按照重工业部和农业部组成的水车委员会部署，决定由胶县滨北益农铁工厂引进生产解放式水车。与此同时，青岛新华消火器材厂开始生产人力水车，即墨大华铁工厂研制并投产 51 型解放式水车。第一个五年计划期间，国家开始大规模农田水利建设，大力制造推广改良水车。1956 年，青岛建筑五金厂生产水车 6537 部、10 马力锅驼机 400 台；胶县铁工厂（原胶县滨北益农铁工厂）生产水车 20610 部；青岛农业机械厂生产水车 68817 部；三家工厂水车产量占山东全省年总产量的 23.07%。两家配件生产厂也全力以赴。建国铆钉厂生产水车螺母 300 万件，国营青岛实业消火器材厂生产水车用管件和铜套，为本省 30 万部水车配套。至 1958 年，胶县铁工厂累计生产 3 种型号 4 种规格的水车 41421 部。

1958 年，全国农村掀起群众性农具改革运动。青岛内燃机厂研制成功 Q581 型 3.5 马力汽油机，后又相继开发出 1140 型 12 马力和 4110 型 40 马力柴油机，并引进试制出 6K12、10Д19 型水泵与之配套，首批制成机动抽水机，从而成为本省第一家动力与水泵配套成批生产排灌机械的企业。同年，青岛联成修船厂自行设计试制成功 8K-1.8 型水泵；青岛内燃机厂试制成功内燃机水泵未推广。1960 年，即墨机械一厂试制成功农用水泵并投入批量生产。至 1963 年，青岛内燃机厂累计生产 K 型和 Д 型水泵 3736 台；1964 年开始专业生产农用内燃机。1971 年，青岛四方电机厂开始研制生产潜水电泵，年产 100 余台并成为主导产品。经数次技术改造后，生产规模不断扩大，1979 年产量达到 1321 台。至 1982 年，青岛内燃机厂累计生产 Q581 型、176F 型两种型号汽油抽水机 114577 台。

1984 年，青岛四方电机厂潜水电泵产量超过 2 万台，QY-25 型潜水电泵被评为山东省优质产品。1985 年，青岛四方电机厂生产潜水电泵 6934 台、电动葫芦 22 台 /6 吨，拥有职工 665 人，固定资产原值 239 万元、净值 173 万元，主要设备有金属切削机床 64 台、锻压设备 26 台，工业总产值 390 万元、利润 4 万元。[②]

第四节 场上作业机械

1950 年，即墨大华铁工厂最先研制成功手摇甘薯切片机；1952 年，胶县铁工厂引进生产手摇甘薯切片机和手摇玉米脱粒机。这是本市

① 山东省志:机械工业志[M].济南:山东人民出版社,1994:245.
② 山东省志:机械工业志[M].济南:山东人民出版社,1994:266.

最早生产场上作业机具的两个企业。

1959年，青岛中型农具厂试制成功谷物脱粒机，1964年与青岛农业机械科学研究所联合研制成功TJ-1500型脱粒机并成批生产；1965年又联合研制成功TJ-540型脱粒机，同年还研制成功YC-7型扬场机并通过鉴定投产。1966年，第八机械工业部（原农业机械部）在曲阜召开全国小麦脱粒机选型会，青岛农业机械厂（原青岛中型农具厂）参加全国联合设计的TJ-1100型小麦脱粒机被选为优良机型向全国推荐，成为本省两个专业生产小麦脱粒机的定点厂之一；1964—1970年累计生产小麦脱粒机12440台，1971年转产拖拉机后停止生产。

70年代，崂山脱谷机厂开始试制脱粒机并逐步实现专业化生产。1976年研制成功TF-550型脱粒机并批量投产，1983年试制由中国农业机械化科学研究院组织联合设计的5T-50型脱粒机并批量投产，1984年与省农业机械科学研究所共同研制5TJ-50、5TJ-50B、5TJ-70型3种型号脱粒机通过省级鉴定并投产，成为本省生产小麦脱粒机的定点厂。至1985年累计生产7种型号小麦脱粒机42718台。

1985年，青岛脱粒机厂（原崂山脱谷机厂）拥有职工311人，固定资产原值167万元、净值96万元，主要设备金属切削机床69台、锻压设备18台，工业总产值209万元、利润3万元。[①]

青岛市农业机械科学研究所

1963年8月，青岛市农业机械科学研究所成立，所址位于市南区中山路93号，隶属省机械工业厅。1965年2月迁至台东区大成路108号，1967年12月又迁至通化路2号。1969年市机械科学研究所并入后，下放至市重工业局

（机械工业局）管理，所址迁至曹县路30号（后路牌改为华阳路45号），占地面积900平方米，建筑面积1200平方米。1972年6月，市机械科学研究所恢复独立建制。市农业机械科学研究所仍隶属市重工业局，业务上由省农业机械厅、市科委和市重工业局共同管理。

市农业机械科学研究所在搞好农、副、渔业机械研究的同时，增加食品和包装机械研究设计，并逐渐成为主要科研方向。同时承担轻工、商业、食品等行业部门的部分技术攻关、改造、交流项目。1983年7月成为机械工业部包装委员会的归口单位，1983年11月与济南市农业机械科学研究所共同筹备成立山东省包装和食品机械科技情报网，被选为网长单位。

至80年代中期，市农业机械科学研究所在机构设置上除行政管理机构外，还设有农业机械研究、包装食品机械研究、工厂设计研究、情报资料研究等5个专业研究室以及物理实验、金相实验、化学分析实验3个实验室和1个试制车间。

手摇甘薯切片机

30年代以前，市郊农民从事农田耕作多靠手工和一些由手工业和铁木业社制造的简易农具，没有专业生产农机具的作坊或工厂。40年代末，有少数铁工厂，如兴源、和记、天成、玉德车行等开始兼产独轮力车、水车、抽水机等简单农机具，但制品工艺落后，产量很低，农民极少使用。

青岛解放后，为迅速恢复和发展农业生产，开始建立农具制造厂，大量生产旧式农具和改良农具，有力地支援了农业生产。1950年，即墨大华铁工厂最先研制成功手摇甘薯切片机。该机具备效率高、成本低、操作安全等优点，深受农民欢迎，产品推广到山东省内许多地区。

---

① 山东省志:机械工业志[M].济南:山东人民出版社,1994:284.

第五节 农副产品加工机械

20年代初，几家小型民营铁工厂相继试制出半机械化和机械化的轧花机、榨油机、磨粉机，复记铁工厂在本省首家试制成功成套面粉加工机械。30年代末，粮、棉、油加工机械成为民营铁工业中机器制造行业的重要产品。40年代，本地民营机器铁工业开始败落，各工厂相继停业，农副产品加工机械制造业受到严重打击，直至停止生产。

解放后，胶县益农铁工厂开始生产简易轧花机、弹花机。50年代后期，国家开始有计划地发展农副产品加工机械行业，本市榨油机、小钢磨和农副产品加工工具等产量日益增大。60年代末至70年代，开始生产立式手动液压榨油机、磨粉机和刺滚弹花机，青岛弹花机制造厂逐步成为棉花加工机械定点厂；全市粮、棉、油加工机械生产逐步走向专业化。

80年代，青岛弹花机制造厂成为本省两个主要棉花加工机械生产厂家之一；崂山中韩机械厂成为全市粮食加工机械行业最大定点企业，"双福"牌MFJ3型面粉加工成套设备1985—1986年获山东省、农业部优质产品称号。

大华铁工厂

1949年8月，南海武装部修械所与南海军分区修械所合并成立大华铁工厂，主要为部队修械。1954年2月，更名为山东即墨铁工厂，主要生产小农具。1957年转产水暖器材，1958年8月更名为即墨机械制造厂，10月又更名为即墨第一机械厂。至1960年，产品种类有阀门、插秧机、水泵、球磨机等。其间，试制成功并小批量生产375马力蒸汽机、真空泵、混流泵等新产品。1961年6月更名为即墨机械厂；1962年，合并即墨农业机械制造厂、即墨车辆配件厂，改称即墨农业机械厂。1977年实现产值947万元，工人由1962年的140人增至947人。1980年起，主要产品改为粉碎机；1982年上马年产30万套自行车零件生产线。

1985年8月，即墨农业机械厂更名为青岛大华机器厂。是年，生产饲料粉碎机12748台、饲料加工成套设备297套，固定资产原值1026万元、净值730万元，工业总产值1107万元、利润77万元，有职工1167人，拥有主要生产设备金属切削机床194台、锻压设备66台。[①]

利家铁业社

1952年，平西县在田庄利家成立利家铁业社，有烘炉3盘、铁匠10余人，主要生产锄、镰、锨、镢、叉等。1953年迁至西张戈庄，租用民房为业。1956年增设翻砂车间，自制简易龙门刨，轰动全县。1957年在西张戈庄征地10余亩自建厂房，增加馋头、手摇水车产品；次年增加耘锄、榨油机、简易铣床产品。1959年1月，蓼兰益民铁业社部分并入，改为平度县第二动力机械厂；6月又改称平度县西张戈庄农具厂。1961年，原蓼兰益民铁业社并入部分析出回归。1963年增加摇臂钻、空气锤、马车钢圈产品；1965年开始加工揪钢，生产年余后停产。1967年增加马车底盘产品，被省机械工业厅定为定点厂。1968年增加F32K摇臂钻、45A粉碎机产品。1973年改为平度县农具厂。1976年增加AJ-12X1800型剪板机、泰山-50拖拉机气刹泵产品；1978年增加5吨挂车转向支架产品。1981年平度县玛钢厂撤销，部分并入。

1984年，平度县农具厂改名为青岛第二农业机械厂。1985年生产马车底盘824辆、钢圈15250个、玛钢件262吨、解放牌汽车后桥总成和装载机械驱动轴总成257支。至1985年末，青岛第二农业机械厂拥有职工242人，固定资产原值126万元、净值74万元，有主要设备82

---

① 山东省志：机械工业志[M].济南：山东人民出版社，1994：289.

台，其中金属切削机床 31 台、锻压设备 12 台，工业总产值 176 万元，利润 27 万元。

棉花加工机械

20 年代初，本地民营小型铁工厂试制半机械化和机械化轧花机。1930 年，利生铁工厂也开始生产弹花机，继而又有天永和、光美、长顺等铁工厂投产弹花机，棉花加工机械成为 30 年代末民营铁工业中机器制造行业的重要产品。40 年代末，胶县益农铁工厂开始生产简易轧花机、弹花机，因产品结构简单、价格低廉，很受农民欢迎。至 1955 年，累计生产 16#、24#、32# 三种规格轧花机 952 台。

1970 年，青岛弹花机制造厂开始生产刺滚弹花机，并逐步成为棉花加工机械定点厂。1984 年，该厂在省农业机械科学研究所协助下，研制成功 6MT-80 型弹花机，1985 年成为本省两个主要棉花加工机械生产厂家之一。该厂主导产品有 QT-580、QT-780、6MST-1000 3 种规格弹花机，生产效率 15～50 公斤/时，780 型除弹絮棉外，还可弹布角、线头、破籽棉、羊毛、麻刀等，适于城镇和农村弹棉加工。

油料加工机械

20 年代初，民营小型铁工厂试制半机械化和机械化榨油机。1930 年，利生铁工厂也开始生产榨油机，油料加工机械成为 30 年代民营铁工业中机器制造行业重要产品。

1958 年，青岛通用机械厂研制成功榨油设备；1958—1961 年，青岛中型农具厂试制人力榨油机。1968 年，胶南县农具一厂试制成功 90 吨立式手动液压榨油机，投产后替代传统小型人力榨油机，产品迅速推广到全省。

1980 年，胶南农机修造厂开始生产 6YS-90 和 6YS-100 两种型号榨油机，成为油料加工机械专业定点厂。榨油机成为其主导产品，产量

稳定增长，日产量为 800～1500 公斤/24 时。

1985 年，青岛第三农业机械厂生产手摇油泵 10357 台，拥有职工 259 人，固定资产原值 130 万元、净值 78 万元，主要设备金属切削机床 33 台、锻压设备 4 台，工业总产值 115 万元、利润 7 万元。[1]

粮食加工机械

20 年代初，本地有民营小铁工厂试制半机械化和机械化磨粉机。1930 年，利生铁工厂也开始生产磨粉机，继而又有陆丰铁工厂投产切面机。至 30 年代末，粮食加工机械成为民营铁工业中机器制造行业重要产品。

1959 年，胶南县泊里机械厂开始生产小钢磨和农副产品加工工具，至 1969 年累计生产小钢磨 145 台、农副产品加工工具 4886 件。1969 年又试制成功 MF-66 型"磨筛一体"磨粉机组，并投入批量生产，年产 400 台左右，至 1978 年累计生产磨粉机 2192 台。

1971 年，崂山中韩机械厂试制成功 MF66 型磨粉机，产品销往农村很受欢迎，产量不断增长，1981 年达到 1314 台，1983 年达到 2264 台，成为本市粮食加工机械行业最大定点企业。1984 年，崂山通用机械厂开始转产筛选机和洗麦机。

1985 年，青岛第三农业机械厂生产粮食加工机械 1573 台。同年，崂山中韩机械厂与农机科研单位联合研制成功小型面粉加工成套设备，日产面粉 3 万公斤，适于乡、镇或联合体的小型面粉加工厂，产品畅销全国各地。是年，该厂生产洗麦机 111 台、筛选机 202 台，拥有职工 220 人，固定资产原值 160 万元、净值 96 万元，主要设备金属切削机床 15 台，工业总产值 61 万元、利润 7 万元。[2]其中，该厂产"双福"牌 MFJ3 型面粉加工成套设备 1985—1986 年荣获省、部优质产品称号。

---

① 山东省志:机械工业志[M].济南:山东人民出版社,1994:307.

② 山东省志:机械工业志[M].济南:山东人民出版社,1994:305.

第五章 矿冶石化机械

50年代初，青岛地区只零星制造制酸、制碱及染料工业所需的锅、塔、釜等简单设备，无专业生产厂。青岛化工机械厂试制投产炼油塔和石油工具配件，只是少量生产。第一个五年计划期间，山东省开始定点生产矿山设备，青岛机械厂等10多个工厂为定点厂。50年代中期，来顺机械修配厂制成2台8毫米圆钢轧机，是本省最早生产的冶金机械产品。50年代末，在国家和山东省统一安排下，市机械工业系统以及交通运输、轻工、纺织、公安、教育等系统机修厂、实习厂纷纷开始试制小矿车、破碎机、地质钻机等矿山机械。其中，国营青岛重型机械厂重点发展矿山冶金机械制造，青岛汽轮机厂、胶县机床厂生产矿山机械，四方机车车辆厂、海军501厂、海军301厂、青岛生建机械厂均承担部分冶金设备生产任务；青岛通用机械厂还与青岛化工机械厂、青岛造船厂等企业开始生产石油、化工机械及制药设备。至1960年，全市矿山机械设备生产达到高峰，化工设备专业化生产逐步形成。60年代初进行国民经济调整，降低重工业发展规模，相继关闭地方小型钢铁厂，冶金机械设备生产亦随之停顿，矿山机械制造大规模压缩，化工设备生产处于低潮。

1965年，山东省计划在各县建立年产3000吨合成氨小化肥厂，省机械工业系统承担主要设备配套生产任务，以青岛通用机械厂、济南铆焊厂为主，在全省协作生产。60年代中期，胜利油田开发后，本地一些机械厂相继开发油田工具及配件；70年代开始生产大型石油机械。其间，青岛通用机械厂与胜利油田联合研制成功LCJ5-4型链条抽油机，填补国家采油机械一项空白，获1978年全国科学大会奖。至1978

年，青岛通用机械厂共生产合成氨设备133套，装备130个化肥厂。同期，化工系统开始建立化工机械修理与制造厂，为小化肥成套设备生产配套产品；青岛橡胶机械厂、青岛化工机械厂、青岛四方模具厂（后改为青岛橡胶模具厂）开始生产或转产轮胎成型机头、压缩机、硫化机和橡胶模具。

80年代，青岛石油机械厂开发出各种油田工具及配件，逐步发展成为以钻采设备制造为主的石油机械制造厂，成为本市唯一生产石油机械的专业工厂。同期，青岛机床厂研发出6种具有国内先进水平的橡胶加工与试验设备。至1985年，本市有青岛机床厂、青岛通用机械厂、青岛化工机械厂、青岛橡胶机械厂、青岛橡胶塑料设备厂、青岛石油机械厂、青岛塑料模具厂7个化工设备生产企业，其中只有青岛通用机械厂以生产石油化工机械为主。

第一节 矿山机械

第一个五年计划期间，山东省开始定点生产矿山设备，青岛机械厂等10多个工厂为定点厂。1958年，全民"大炼钢铁"期间，市机械工业系统以及交通运输、轻工、纺织、公安、教育等系统机修厂、实习厂等，纷纷开始试制生产小矿车、破碎机、地质钻机等矿山机械，本市矿山机械制造业由此起步。

1959年，全省矿山机械逐步集中于机械、冶金工业系统企业生产，并加强专业厂建设。是年，民兴机器制造厂与市手工业管理局第二机械厂合并成立国营青岛重型机械厂，由国家投资354万元进行扩建，重点发展矿山冶金机械制造；当年即相继试制成功100吨摩擦压力机（破碎能力12吨/15小时）、雷蒙粉碎机（破碎能力20吨/24小时）、3A乙型浮选机、HT119型湿碾机、250×175颚式破碎机、400/600锤式粉碎机等新型矿山机械设备。同年，青岛通用机械厂转为矿山和冶金机械设备制造，投产M300型、M500型钻探机和3N直径300型半自动钻探机，并接受国家订货；此外，还生产钢丝绳绕制机、拉拨机、轧钢机辊道、笼式破碎机、小型矿车，试制成功3NΦ300型半自动钻机、M150探水机、合成氨制造设备中的空气压缩机、20立方米空气压缩机等较精密产品。另外，青岛汽轮机厂生产50HP蒸汽绞车和0.4×2、1×2两种筛子流槽等采煤、洗选煤设备；胶县机床厂生产叶氏鼓风机、螺式鼓风机、球磨机、雷蒙粉碎机等矿山机械。至1960年，全市矿山机械设备生产达到高峰，年产量达到3032吨。

60年代初，贯彻国民经济"调整、巩固、充实、提高"八字方针，本市降低重工业发展速度，矿山机械制造大规模压缩。青岛重型机械厂于1963年4月实行停产保点，青岛通用机械厂也逐步转向以生产石油化工机械为主。至1965年，只有生建机械厂保留少量矿山机械产品。

第二节 冶金设备

1956年，来顺机械修配厂制造的2台8毫米圆钢轧机，是本省最早生产的冶金机械产品。"大炼钢铁"运动开始后，国家开始有计划地安排冶金机械生产，第一机械工业部安排山东机械工业系统生产19套轧钢机，华东协作区安排山东生产炼焦、炼铁、轧钢机械任务。中共山东省委确定由四方机车车辆厂制造炼焦设备、铁水车、渣罐车，由海军501厂、301厂生产50立方米、100立方米高炉和205轧钢机。同时，本市另外几家较大的机械厂打破行业界限，凡有机械制造能力的企业均承担生产冶金机械设备任务。青岛重型机械厂先后投产初轧机、直径43~46毫米无缝钢管轧机、950毫米薄板轧机；胶县机床厂生产炼铁炉、化铁炉、2吨贝氏转炉；青岛生建机械厂生产5吨化铁炉、3吨

化铁炉、1.2吨贝氏炉。1960年，本市冶金生产出现高峰，冶金机械设备年产量达到2190吨。国家实行国民经济调整后，地方小型钢铁厂相继关闭，冶金机械设备生产亦随之停顿。

70年代，国家发展"小钢铁"生产，省机械工业厅以"会战"方式在全省组织机械企业生产250、750轧钢机，胶县锻压机械厂为轧钢机生产部分配套部件。

第三节 石油机械与化工设备

50年代初，青岛地区只零星制造制酸、制碱及染料工业所需的锅、塔、釜等简单设备，无专业生产厂。1955年，青岛化工机械厂试制投产炼油塔和石油工具配件，只是少量生产。50年代末60年代初，青岛化工机械厂先后试制成功骨粉加工设备、橡胶成型机、三角带硫化机、纯碱与烧碱设备、制药设备等，青岛造船厂、青岛通用机械厂等先后生产过高压反应筒、风机、压缩机、泵、阀、罐等合成氨生产设备，青岛化工设备专业化生产逐步形成。国民经济调整时期，化工设备生产处于低潮。60年代，胜利油田开始开发后，本市及其他地区一些机械厂相继开发油田工具及配件。1965年，山东省计划在全省各县建立年产3000吨合成氨小化肥厂，省机械工业系统承担主要设备配套生产任务，以青岛通用机械厂、济南铆焊厂为主，在全省协作生产。

70年代，青岛相关机械厂开始生产大型石油机械。1973年，青岛通用机械厂投产抽油机和石油钻井绞车；1975年，与胜利油田联合研制成功LCJ5-4型链条抽油机，填补了国家采油机械一项空白，获1978年全国科学大会奖。此后，青岛通用机械厂还与胜利油田联合设计、试制成功12型链条式抽油机。1979年又试制成功公称负荷12吨、最大冲程6米的LCJ12-6型链条抽油机，当年生产2台交付胜利油田使用。

80年代，山东省加强石油与橡胶机械的研究开发与生产，青岛石油机械厂先后试制投产CYJQ14型气平衡抽油机、C126型钢绳抽烟机、FD型油罐呼吸阀、轻烃回收装置、7000系列轴承、高压防喷器配件、600～1600泥浆泵主要配件等，逐步发展成为以钻采设备制造为主的石油机械制造厂，成为本市唯一生产石油机械的专业工厂；青岛橡胶机械厂、青岛化工机械厂、青岛四方模具厂（后改为青岛橡胶模具厂）开始生产或转产轮胎成型机头、压缩机、硫化机和橡胶模具；化工系统也开始建立化工机械修理与制造厂，为小化肥成套设备生产配套产品。同期，青岛机床厂研发6种具有国内先进水平的橡胶加工与试验设备。其中，1982年研制的HS100型回转油封试验台，获国家经济委员会1983年优秀新产品奖；1983年研制成功的QLB450×450型平板硫化机，获山东省科技成果三等奖；采用微机控制100吨硫化机生产工序，1984年获机械工业部科技成果三等奖。

1985年，市机械工业系统有3个企业成批生产石油机械及配件，其中，青岛石油机械厂是本市唯一生产石油机械的专业厂。是年，青岛机床厂生产橡胶加工机械117台/292.5吨，青岛通用机械厂以生产石油化工机械为主，当年生产氮肥设备88台/963吨。

青岛通用机械厂

1933年开业的私营义祥铁工厂，位于台东区沾化路，1954年9月实行公私合营。1956年5月，划归青岛机械制造修配厂管理；12月改建为公私合营义祥机械修配厂，厂址迁至和兴路27号，以机械修配为主。此后，裕华、兴华、建鲁、振鲁、同益、元兴炉、永兴、三和、怡大9家私营铁工厂相继并入，为其下属独立核算单位。1957年，经市重工业局批准，振鲁、三和、元兴炉3家铁工厂并入义祥机械修配厂，怡大铁工厂并入兴华铁工厂。此后转向批量机械制造，先后生产过齿轮机床、鼓风机、榨油机、压瓦机、木工机械、空气压缩机、矿山机械和钻机配件等产品。1958年，恒顺铁工厂并入义祥机械修配厂，建鲁铁工厂由义祥机械修配厂划出；11月，义祥机械修配厂改建为青岛通用机械厂，下属各厂改为生产车间，厂址迁至长春路87号。1959年，转为矿山和冶金机械设备制造，同期开始生产化肥化工设备。

开业于1933年的来顺机械修配厂，1956年实行公私合营。1955年6月组建的青岛第六锻铁生产合作社，后改为地方国营青岛金属制品厂。1959年1月，来顺机械修配厂与地方国营青岛金属制品厂合并组建青岛化肥机械厂；5月改为青岛化工机械厂。

1962年，青岛通用机械厂与青岛化工机械厂合并，组建新的青岛通用机械厂[①]，转为国营企业，厂址迁至沧口区四流南路18号（后改为金华路66号，为生产厂区，厂部为金华路45号）。60年代中期开始生产桥式吊车、双梁桥式吊车等起重设备，真空泵、液下泵、离心水泵、往复式给水泵等工业泵，中压、低压和往复式空气压缩机，橡胶材料试验机、硫化机等橡胶机械以及风机、减速机、工业锅炉、阀门、煤气发生炉、机械除尘设备、造纸设备、印刷机械、铸铁件、工矿设备配件等产品。1970年生产高射机枪配件。1973年开始生产石油设备，其改进设计的1LCJ5-4型链条式抽油机获1978年全国科学大会奖（图3-12）。

1980年8月，市重工业局决定以青岛通用机械厂为主体组建青岛锅炉总厂，1983年又复称青岛通用机械厂；工厂位于沧口区金华路5号，为全民所有制企业，隶属市机械工业局。80年代主要产品为适用于化肥、化工、啤酒、采炼油、橡胶、冶金等行业的碳钢、低合金钢、

① 马小维,等.青岛市机械工业总公司史志(1950-2012年)[M].青岛:内部编印,2012:283-285.

不锈钢及有色金属等各种材料类型的高压、中低压及高低温压力容器以及罐类、塔类、换热器、冷却器及废热锅炉等通用机械和非标准设备。此外，工厂除生产民用产品外，还为军工装备生产过配件，1977—1981年生产54-1式122榴弹炮摇架；1978年荣获第一机械工业部军工改革二等奖。

1985年，青岛通用机械厂取得机械工业部和劳动人事部颁发的压力容器设计和制造许可证，成为山东省首家具有三类高压容器设计和制造许可证的定点企业。是年，该厂拥有职工905人，其中工程技术人员61人；企业总占地面积5.92万平方米，建筑面积3.35万平方米，其中厂房建筑面积1.75万平方米；厂内设容器、机加工、机修等4个车间；拥有金属切削机床96台、锻压设备14台；固定资产原值806万元、净值469万元。1985年实产化工设备88台/963吨，工业总产值731万元，利润总额96万元，实交利税95万元。

氮肥设备

50年代末，青岛通用机械厂开始生产化肥化工设备。1959年生产投产年产800吨的化肥设备低压部分，1962年开始生产烧碱设备、合成纤维设备、制药设备、甲醇设备。60年代中期至70年代，山东省重点发展化肥机械。1965年，山东省计划在全省各县建立年产3000吨合成氨的小化肥厂，省机械工业系统承担主要设备配套生产任务，以青岛通用机械厂、济南铆焊厂为主，在全省协作生产。青岛通用机械厂于当年及次年分别开始生产年产3000吨化肥设备低压部分和高压部分，在化工系统配合下先后研制成功塔器、热交换器、加热器、冷却器、分离器等非标准设备，并配套生产氨压缩机、防腐蚀泵、阀、输送设备及电器等百余种器械。同年，化工系统开始建立化工机械修理与制造厂，为小化肥成套设备生产配套产品。1972年，青岛通用机械厂组织设计制造5000吨合成氨成套设备和硝铵、磷肥设备；当年试制成功年产5000吨化肥设备；并从1974年起为全省9个地区配套5000吨的双系统化肥设备20余套。至1978年，共生产合成氨设备133套，装备130个化肥厂；其化肥设备在青岛市科技大会上获高压化肥设备改革奖。至此，该厂产品销

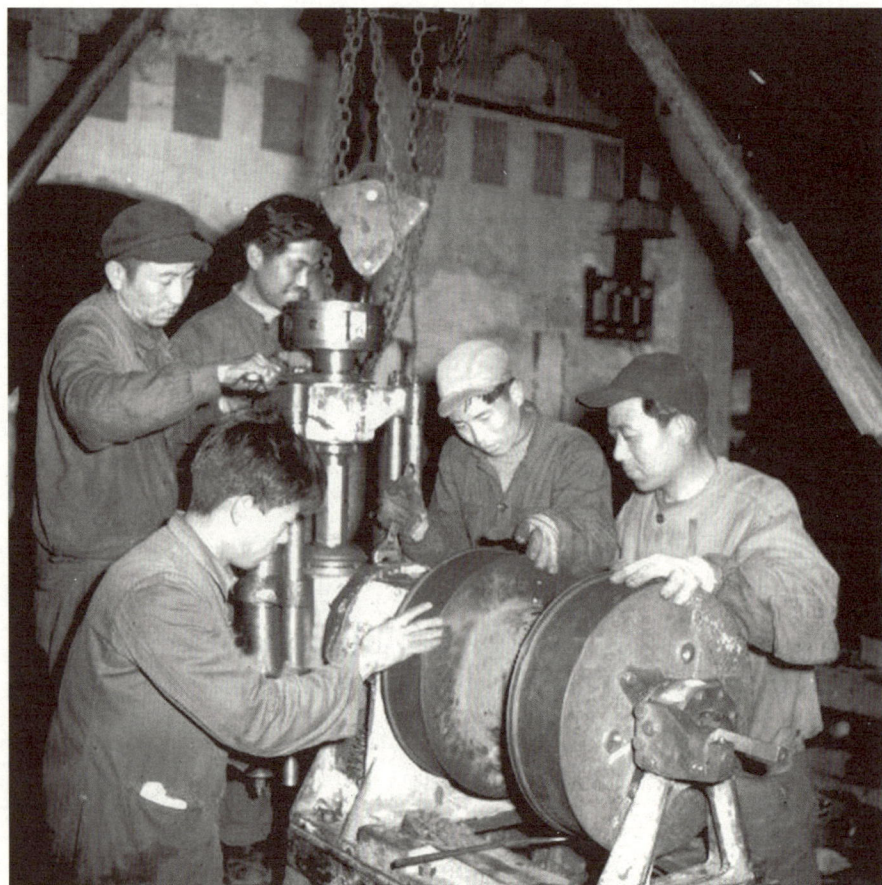

图3-12　青岛通用机械厂职工赶装半自动300攻齿机械

售国内 19 个省、直辖市。1979 年后，因小化肥厂大部分建成，大型化肥厂设备多数外购，化工系统机械厂承揽大部分修造任务，机械工业系统只有青岛通用机械厂还为小化肥厂技术改造生产部分设备。

1981 年，青岛通用机械厂试制成功年产 20000 吨化肥设备；1983 年，该型首台设备在胶县化肥厂安装投产。至 80 年代中期，能够生产合成塔、冷交换器、氨分离器、油分离器、合成氨冷却器、水冷却器、铜洗塔、铜分离器、铜液冷却器等化肥生产工序 4 个工段（合成、铜洗、变换、碳化）的全部设备。

硫化机

1966 年，青岛四方模具厂利用太原橡胶厂提供的图纸生产电动双层硫化机；次年又增加电动个体硫化机和水压力车硫化机产品，当年生产 7 台。到 1973 年，每年产量都在 80 台左右；1974 年降至 43 台，1976 年后产量有所增加，1979 年达到 97 台。是年，青岛化工机械厂开始生产 25T 平板硫化机，1980 年又增加 54T 和 85T 平板硫化机生产。

1982—1985 年，青岛机床厂研究开发 6 种具国内先进水平的橡胶加工与试验设备。其中，1983 年研制成功的 QLB450×450 型 100 吨平板硫化机获省科技成果三等奖，1985 年被评为省优质产品。1984—1985 年相继开发成功双层、双层双面、减重、微机控制型等 4 种 100 吨平板硫化机，使硫化机生产转向系列化。其中微机控制型 100 吨平板硫化机开创机电一体化的新路子，填补了国内空白，1984 年获机械工业部科技成果三等奖。

轮胎成型机头

1973 年，青岛化学实验厂改为青岛橡胶机械厂，开始转产橡胶机械，主要生产轮胎成型机头、平板硫化机、开炼机、A 型立式蜗轮减速机、轮胎硫化模具等。经数年发展，其主导产品轮胎成型机头由单一 4 瓦结构发展到 6 瓦、8 瓦、12 瓦结构；由仅适于卡车胎、农用胎成型，发展到适用于航空胎、工程胎、巨型工程胎、子午线胎等类型轮胎的成型。1978 年，化学工业部橡胶公司在青岛召开"轮胎成型机头统一设计"专业会议，将新成立的中国第一个轮胎成型机头技术协作组设在青岛橡胶机械厂。从此，青岛橡胶机械厂成为该部轮胎成型机头定点生产厂。

1980 年，青岛橡胶机械厂设计出 8 瓦全拆成型机头，翌年又设计出国内首创三角形 6 瓦全拆机头。1985 年，该厂成型机头产量增加到 227 台，所产 465×16-C 轮胎成型机头被评为山东省优质产品。

第六章 日用机械

民国初期开办的同泰车行，以维修自行车和制售自行车配件为业，是本地自行车工业之发端，也是本市日用机械工业之滥觞。30 年代，本市时钟制作业、缝纫机制造业相继起步。其时，同泰铁工厂组装的自行车是本地最早生产的自行车整车，复祥造钟工厂成为本市第一家时钟制造厂，泰丰缝纫机器号等数家小工厂开始从事缝纫机修理、零部件加工制作和仿造缝纫机生产。40 年代，从事日用机械修理、零部件加工和整机生产的厂家逐渐增多。但 40 年代中后期，由于资金不足、设备陈旧且基本以手工操作生产为主，再加上受时局影响，日用机械工业生产基本停顿。

50 年代初，市人民政府组织 10 余家修理、加工缝纫机零部件的厂家组成私私合营青岛联华缝纫机器制造厂；整合数十个自行车零部件生产厂成立国营青岛自行车厂，青岛自行车行业与沈阳、天津、上海 3 城市自行车业并列为中国四大自行车行业。资本主义工商业社会主义改造期间，国营青岛自行车厂与 48 个公私合营厂合并成立公私合营青岛自行车厂；私私合营青岛联华缝纫机器制造厂改为公私合营；市南区50多个钟表修理个体户组成市南区第三钟表合作社，仿制成功本市第一只手表，从此结束其只能修表而不能生产手表的历史。

60年代初国民经济调整时期，为发展民生经济，国家及省、市均投资缝纫机、手表、自行车生产，进行基本建设、增置或引进设备，扩大生产能力。1975年，省轻工业系统组织"三大件"生产大会战，本市成立"三大件"会战办公室，青岛手表厂、青岛自行车行业、青岛缝纫机厂均制订发展规划、更新改造设备，生产能力得到大幅提升。到1978年，国营青岛缝纫机厂形成设备先进、门类齐全、具有现代化生产手段和独立生产能力的大型缝纫机生产厂家。

80年代初，青岛手表厂新建厂房、购买国外先进设备，成为全国同行业中较先进的大型生产厂家；市工业自行车公司成立，筹集资金用于生产设备改造和基础建设。1984年，省政府决定以市工业自行车公司作为龙头企业，联合省内三个自行车整车生产厂和10个零部件生产厂，成立山东青岛自行车联合公司，实行一套机构两种职能，既组织生产经营，又肩负对全省自行车行业的管理。

第一节 自行车

1914年4月18日，上海人曹海泉在山西路24号开办同泰车行，维修从国外进口的各类自行车，同时加工、制造并销售部分自行车零件，此为青岛自行车工业之开端。20年代，金城、福合炉、复兴城、同泰、同益、吉盛恒、润大等铁工厂先后建立，进行自行车零部件生产。1930年，同泰铁工厂组装成功"铁锚"牌脚闸自行车，本市自此始能进行自行车整车生产。

1932年，成立不久的陆丰铁工厂开始试制"气球"牌（后改为"地球"牌）自行车，并于1934年试制成功。此后，又有多家铁工厂进入自行车零部件制造和整车组装行业。至1937年，全市有自行车零件制造厂15家，经营性车行47家[①]，本市自行车工业自成体系，能够独立完成全部零部件的制造和整车组装。日本第二次侵占青岛后，多数自行车零部件生产厂和整车组装厂被日商强占或被迫关闭，日商乘机组建两家自行车零部件生产厂。抗日战争胜利后，全市仅剩6个自行车零部件生产企业陆续恢复生产。到1949年，自行车零部件生产厂只有53个，从业人员423人，且设备陈旧、简陋，其中21个濒临破产。

50年代初，全市有自行车零件生产厂53家。1952年8月，经市政府批准，泰东铁工厂等14个（后发展到23个）私营企业组成青岛自行车制造业第一联营社，震环铁工厂等19个（后发展到33个）私营企业组成青岛自行车制造业第二联营社。其时，青岛自行车行业总资产金额达144.58万元，有各种设备279台。此后，两社分别组装"青岛"牌、"国防"牌自行车，两社年产自行车980辆；翌年总产量达到8482辆。1954年，国营青岛自行车厂成立，当年自行车产量突破万辆大关。1955年6月，华昌等13个私营企业实现公私合营。同年，青岛自行车行业共生产自行车10943辆，零部件产值达486.12万元，单车成本由合营前的136.11元，降至107.44元，生产效率平均提高30%。至1956年底，本市自行车行业全部实行大合营，在利润分配上，也由过去的"四马分肥"，改为按私方所占总资产比例，付给一定的定息。自此，本市自行车行业生产全部纳入国家计划轨道，与沈阳、天津、上海自行车业并列为中国四大自行车行业。1954—1960年，在"国防"

---

① 山东省志：一轻工业志[M].济南：山东人民出版社，1993：271.

牌脚闸载重自行车和"青岛"牌脚闸普通型自行车的基础上，先后生产出"国防"牌普通自行车（图3-13）、"曙光"牌小轮自行车。此后，又生产"红旗"牌脚闸载重自行车和"红旗"牌脚闸普通男女自行车、"红旗"牌中轴变速自行车、"曙光"牌涨闸自行车。并且批量生产过三用母婴自行车、机动三轮车、机动脚踏两用车和无级变速脚踏机动两用车。1960

图 3-13　待组装的大"国防"自行车车架

年，在全国自行车质量鉴定评比中，本市生产的"红旗"牌自行车获得最高分。

60年代，青岛自行车厂归属省轻工业厅管理。山东省青岛自行车厂在"国防"牌自行车生产基础上，1963年起先后试制成功载重型和轻便型各种型号脚闸"金鹿"牌自行车，并逐步形成系列产品。其中，载重型产品分为ZA41、ZA42和ZA43型；轻便型分为QZ、QF（女式）两种型号分脚闸、涨闸、普通闸3种；其次还有508毫米（20英寸）和406.4毫米（16英寸）小型系列自行车产品。1966年试制成功ZHA41型脚闸加重支农车、QE43型脚闸轻便车。是年，化学工业部对"凤凰""永久""飞鸽""国防"4种牌号自行车进行烤漆件检测，确认"国防"牌自行车零部件烤漆质量超过英国产"兰陵"牌自行车，名列第一。同年，"金鹿"牌PA41型自行车出口50万辆。1968年8月试制成功LJ23型无级变速脚踏机动两用车。

70年代，青岛自行车厂下放本市管理。为

扩大自行车行业生产能力，将零部件生产进行大规模扩散，主要生产厂只保留主要零部件生产，一般零部件大部分由区办企业生产。在全省"三大件"会战期间，通过自主革新更新改造设备和工艺，生产能力、效益和水平大幅提高。在全国29个厂家质量鉴定中，"金鹿"牌自行车居第三位。产品重新出口，销往东南亚国家和地区。1973年，青岛自行车行业采用光亮镍工艺代替氰化物铜锡合金工艺，使自行车电镀工艺实现无氰化、连续化、自动化。1975年投产第一条镍—铜—镍—铬一步法电镀自动线。是年，在全国29个厂家质量鉴定中，"金鹿"牌自行车居第三位。1978年革新成功单层镍铁合金／微孔铬新工艺，以铁代替部分镍，减少工序并节省时间。1979年，青岛自行车厂和浙江省轻工业研究所合作，研究成功车圈双层镍铁合金新工艺，在国内首先将国外先进技术应用于电镀行业。[①]是年，组织QE78型和XM76型自行车1700辆出口东南亚地区。70年

① 山东省志：一轻工业志[M].济南：山东人民出版社，1993：274.

代末，开始研发小型化、轻便化和多样化自行车产品，QE76型和QE78型脚闸轻便车、XM76型20英寸小轮径车相继试制生产。

1980年，市工业自行车公司成立。是年，ZA41型"金鹿"牌脚闸载重自行车获轻工业部优质产品称号。同年，省、市两级筹集资金2091万元，用于自行车生产设备改造和基础建设，使全市自行车年产能力达到75万辆，工业总产值超过亿元。

1985年，青岛自行车行业拥有材料复制、金切加工、冲压、焊接、热处理、电镀、油漆等各类生产设备2511台（套）和40条自动化、半自动化专业流水生产线，其中高、精、尖设备70台，半自动化机电控制设备18台，大规模集成电路电子计算机2台；年生产能力达到150万辆，产品以脚闸、载重型自行车为主。当年，青岛自行车行业创汇132.63万美元。

同泰铁工厂

20年代，同泰铁工厂成立。至1930年，厂址位于内蒙古路17号，厂区占地面积5596平方米，建筑面积3688平方米，拥有各种设备33台，资本17万元，职工100余人。是年底，该厂除生产车圈外，开始组装"铁锚"牌脚闸自行车，这是本地最早生产的自行车整车。1932年，同泰铁工厂投资10万元建成同泰胶皮厂，开始生产自行车内、外胎，日产外胎200余条、内胎500余条。

1939年，同泰胶皮厂年产自行车外胎84万余条、内胎100万条，产品除保证青岛地区自用外，还在国内其他地区销售，部分销往东南亚地区。1940年，同泰铁工厂停产自行车，"铁锚"牌自行车从市场上隐退。1945年，同泰橡皮厂改名为同泰橡胶厂，除生产自行车轮胎外，还生产小推车轮胎。

1952年8月，同泰铁工厂在停工12年之后复工投产。1954年9月，同泰铁工厂参与公私合营，隶属国营青岛自行车厂。

青岛自行车厂

1954年1月5日，国营青岛自行车厂组建，厂址位于铁山路83号，占地面积3218平方米，建筑面积4043平方米，投资42万元，职工74人，以加工订货的方法统一组织自行车生产，成为全国第一家大飞轮自行车制造厂。同年6月，市政府批准泰东铁工厂在私营自行车行业中率先实行公私合营；9月，同泰、普华、顺昌、振华4家铁工厂分别实行公私合营，均隶属国营青岛自行车厂管理。

1956年，国营青岛自行车厂与18个公私合营厂合并成立公私合营青岛自行车厂，迁址曹县路29号，隶属市重工业局；占地面积35202平方米，建筑面积29272平方米，固定资产224.4万元，流动资金129.8万元，各种设备444台，设计生产能力年产自行车7万辆和装配3万辆自行车的零部件。当年又有30个私营自行车零件厂实现公私合营，相继并入公私合营青岛自行车厂。1957年，公私合营青岛自行车厂首先采用铜锡合金镀层代替暗镍层，形成铜锡合金—抛光—镀铬—抛光新工艺，为全国自行车行业电镀层体系创出一条新路；镀锌工艺原采用酸性镀锌，后改为氰化物镀锌。

1961年，公私合营青岛自行车厂更名为山东青岛自行车厂，隶属省轻工业厅。1970年7月1日，山东青岛自行车厂由省轻工业厅下放本市管理，隶属市轻工业局。

1980年，市工业自行车公司在山东青岛自行车厂基础上成立，公司既是经济实体，又兼有管理全市自行车行业的职能；公司有直属11个专业生产厂，归口管理16个专业生产厂，拥有自动化、半自动化专业流水生产线40条，有3个系列17个品种投入大批量生产。1981年，市工业自行车公司设计制造PA76型和PA78型普通脚闸、涨闸车以及QE79型涨闸轻便自行车。1982年，设计试制新型农用加重ZA43型自行车。是年，"金鹿"牌自行车在轻工业部组织的全国 42 个定点厂质量考核中，被列为 A 级产品。1984 年，省政府决定以青岛工业自行车公司作为龙头企业，联合本省三个自行车整车生产厂和 10 个自行车零部件生产厂，成立山东青岛自行车联合公司，实行一套机构两种职能，既组织生产经营，又兼负对全省自行车行业的管理职能。1985 年，市工业自行车公司先后设计试制 6 个系列上百个品种，投放市场 44 个品种。经过市场筛选，ZA41 型、ZA42 型、ZA43 型、PA41 型、PA76 型、PA78 型、QE78 型、QE79 型、QE85 型、QF81 型、XMA76 型、TA41 型（邮电专用车）脚闸系列 12 个品种，QE76 型、QF82 型涨闸系列和 QE80 型、QF83 型、QF84 型普通闸系列共 17 个品种投入大批量生产。[①] 1978—1985 年，"金鹿"牌自行车连续 8 次获山东省优质产品称号。

1985 年，青岛工业自行车公司有职工 6577 人，其中工程技术人员 206 人，公司占地面积 241483 平方米，建筑面积 170140 平方米；固定资产原值 5868.2 万元，净值 4168 万元，流动资金 2394.8 万元；有直属带钢厂、大飞轮厂、烤漆厂、电镀厂、整车厂、机械动力厂、研究所实验厂、链条厂、鞍座厂等 11 个专业生产厂，公司对其实行产、供、销、人、财、物"六统一"的直接领导；还有 16 个专业生产厂为该公司配套生产零部件，由公司实行产、供、销"三统一"归口领导。另设自行车物资供应公司、自行车销售公司、自行车科学研究所、自行车科技情报站、质量检测站，均受省第一轻工业厅委托行使省级所、站职能。当年生产自行车 125 万辆，实现工业总产值 16675.5 万元，创利税 4118 万元。[②]

第二节 缝纫机

青岛缝纫机制造始于 30 年代。自 1937 年 2 月起，泰丰缝纫机器号、利康商行、信大缝纫机铁工制造厂等从事缝纫机零部件加工制作和缝纫机整机仿造经销的企业陆续成立，但未形成批量生产。1942—1944 年，福盛义铁工厂和福茂缝纫机器号先后开办，均从事缝纫机零部件生产。1945 年，顺德缝纫机器号和运城缝纫机器号相继开业。1948 年，利康商行组装"大矩"牌缝纫机 40 架。[③]

1952 年初，本市从事缝纫机修理、经营、零部件制造的单位发展到 12 家，其中市南区 6 家、市北区 3 家、台东区 3 家；因人员资金不足、设备陈旧，多以经销、修理为主，个别从事缝纫零部件加工制作。是年 6 月，私私合营青岛联华缝纫机器制造厂组建。1954 年，缝纫机生产纳入国家计划，产品由青岛百货批发站包销。1956 年，私私合营青岛联华缝纫机器制造厂改为公私合营青岛联华缝纫机厂。50 年代末，联华缝纫机厂发展成为一个门类比较齐全、生产管理较为完善的生产企业。

60 年代初，在国民经济困难的情况下，为发展缝纫机生产，本市仍然投资 20 万元用于缝纫机生产基本建设，建成包括机械加工、铸造、木工、烤漆、安装、机修等一整套比较完整的家用缝纫机生产技术装备。60 年代后期，在学习外地经验的基础上，本市缝纫机制造业自行设计和制造独具特色的箱式红外线反射干燥电炉，取代老式煤火炉，缩短烘烤时间，并且无灰尘，便于控制温度，对提高机头烤漆质量和

① 山东省志：一轻工业志[M].济南：山东人民出版社,1993:276.

② 山东省志：一轻工业志[M].济南：山东人民出版社,1993:301-302.

③ 山东省志：一轻工业志[M].济南：山东人民出版社,1993:284.

降低成本起重要作用。到 70 年代末，公私合营青岛缝纫机厂逐步形成设备先进、门类齐全、具有现代化生产手段和独立生产能力的大型缝纫机生产厂家。

1980 年，青岛缝纫机公司成立，直属和归口管理近 20 家企业，青岛缝纫机制造业有较大发展。1985 年，青岛缝纫机公司撤销。是年，青岛产缝纫机自销量达 45%，产品畅销全国 18 个省、市，并在本省建立起 108 处维修服务网点。

青岛联华缝纫机器制造厂

1952 年 6 月 27 日，市人民政府组织顺德、泰丰、永生福、福茂、信大、利康、运城、同健、中华、文兴、广聚、文华、轮昌 13 家从事修理、经销、加工缝纫机零部件的缝纫机号、铁工制造厂和商行实行私私联营，组成私私合营青岛联华缝纫机器制造厂，隶属市工商局；有职工 52 人，年底增加到 153 人，陈旧设备 10 余台，自产机壳、机架和部分零部件，固定资产原值 5.03 万元、净值 4.92 万元，年产值 21.45 万元。当年组装缝纫机 279 架，注册商标为"鹰轮"牌。1954 年创产值 64.92 万元。

1956 年 1 月，私私合营青岛联华缝纫机器制造厂改为公私合营，其中公股占 43.36%，新增加各种设备 20 余台（套），职工增加 260 人；9 月定名为公私合营青岛联华缝纫机厂，并由市工商局划至市重工业局管理，不久，福盛义铁工厂、正大东记铁厂、新泰木器厂先后并入；当年产缝纫机 3868 架。此后，为满足市场需求，不断扩大生产规模。1958 年，国家投资 6.87 万元增置设备，缝纫机年产量达到 12629 架，职工增加到 497 人。1959 年又有全成木器厂、青岛喷漆厂及太和电镀厂并入，使联华缝纫机厂发展成为一个门类比较齐全、生产管理较为完善的生产企业。8 月 1 日，联华缝纫机厂划归市轻工业局管理。1961 年，联华缝纫机厂开始生产"鹰轮"牌家用缝纫机（图 3-14）。

1965 年 4 月，经轻工业部批准，公私合营青岛联华缝纫机厂更名为公私合营青岛缝纫机厂。1966 年 4 月，产品商标由"鹰轮"牌改为"工农"牌；当年拥有职工 820 人，年产缝纫机 4.5 万架。

1967 年 1 月，公私

图 3-14　联华缝纫机厂工人在检查缝纫机质量

合营青岛缝纫机厂改称国营青岛缝纫机厂。1968 年国家投资在沧口区永平路新建铸工车间，1975—1980 年又投资 2000 万元在此为基础上扩建新厂。[①] 其间，于 1970 年设计出机壳 23 轴攻丝机，并在全国推广，对国家缝纫机生产做出了贡献。1974 年，新铸造车间形成型砂风力输送、提升机送砂、环型浇铸、机械造型和机械输送、清砂的铸造生产线，另外还安装无箱挤压铸造生产线。同年，推广机壳、底板、送布轴等 18 种零部件自动生产线工艺，对保证产品质量，提高生产效率起到重要作用。1975 年，推广板式远红线通道炉烘干新工艺，使烤漆生产工艺实现连续化和自动化，耗能少且烤漆质量有保证，居国内先进水平。

"五五"计划期间，国营青岛缝纫机厂参加本市"三大件"（手表、自行车、缝纫机）会战，新上设备 422 台。到 1978 年，形成设备先进、门类齐全、具有现代化生产手段和独立生产能力的大型缝纫机生产厂家，生产能力由 1975 年的 12.45 万架上升到 18.75 万架。1980 年 7 月 1 日，青岛沧口制锉厂由市重工局划出转产缝纫机，称青岛缝纫机试验厂，归属青岛缝纫机厂管理，主要产品为"鹰轮"牌 JA1-1 型家用缝纫机（图 3-15）及 JA2-1 型、JA2-2 型、JA2-4 型系列。其间，还试制成功 JB 型缝纫机、多功能缝纫机和包缝机等。

1985 年，青岛缝纫机厂生产场地主要设在沧口区永平路 29 号，在台东区延安路有 3 个零件车间，电镀车间设在登州路 54 号，全省有 14 家协作配套厂；拥有职工 2499 人；各种设备 865 台（套），其中主要生产设备 851 台（套）、非生产设备 14 台（套），固定资产原值 2110 万元、净值 2045 万元；当年产缝纫机 45 万架，工业总产值 5408.4 万元，净产值 1520 万元；实现利润 679 万元，上缴税金 543 万元。

图 3-15 青岛缝纫机厂生产的"鹰轮"牌 JA1-1 型家用缝纫机销售广告

青岛缝纫机公司

1980 年 8 月，青岛缝纫机公司成立，隶属市轻工业局，下辖青岛缝纫机厂、青岛缝纫机零件厂、青岛缝纫机针厂、青岛缝纫机零件三厂、青岛缝纫机实验厂。归口企业有青岛人造板厂、台东缝纫机二厂、沧口缝纫机配件厂、李村缝纫机厂以及青岛第十五、三十五中学校办工厂等 13 家企业。此后，本市缝纫机制造业发展较快，"春雷"牌 JNI-1 型无切边三线包缝纫机通过鉴定；JAI-1 型家用缝纫机适用于棉、麻、呢、化纤等多种织物的缝制，加配件后，可从事绣花、卷边、镶嵌、打褶以及工业刺绣等，深受用户欢迎。1982 年 12 月 17 日，新产品 JH15-1 型家用多功能缝纫机通过技术鉴定，

---

① 山东省志：一轻工业志[M].济南：山东人民出版社，1993：304-305.

该产品适用于丝绸、涤棉、粗厚棉布的缝纫和绣花。1983年，该产品获山东省轻工业厅优良产品称号。1985年，青岛缝纫机公司撤销，生产归属原有各厂。

第三节 手 表

50年代中期，市南区多个钟表修理个体户组成市南区第三钟表合作社，1956年，利用简单修表工具仿制成功青岛第一只手表，但由于比较粗糙，质量比较差，未能投产。1957年仿制成功三长针手表（17钻），并投入小批量生产，由此揭开本市批量生产手表的历史。1958年，将社内铁工部改为制表部，专业生产手表。之后，根据生产需要，自己设计制作铲床、小旋床、切轮机和立式铣床、4台制表车床，三长针手表除游丝、弦、表盘和钻石外，其余部件由自己制作。1960年4月，本市投资74万元用于手表生产基本建设，轻工业部拨款18万美元用于手表生产设备的引进。

国民经济调整时期，青岛手表厂在国家及省、市的资金和技术支持下，研发设计新产品、引进新设备。1961年3月1日，"青岛"牌601型17钻细机手表正式投入规模生产。1962年，在资金短缺、原材料及专用配件供应严重受阻情况下，青岛手表厂转产仪表，但手表生产亦从未间断，通过外出揽活弥补手表生产费用不足，使手表生产保持自身生产连续性。1965年，本市从地方外汇贮备中拨款5万美元引进国外生产手表关键设备；市手工业管理局也投资30万美元，从国外引进坐标镗床、滚刀铲床、刀具磨床等手表生产专用设备，扩大手表生产能力。当年生产手表8461只，人均产表250只。1970年，全市组织生产17钻"青岛"牌701型手表，当年共生产和组装"青岛"牌和"工农"牌手表50135只，实现了年产5万只手表的发展规划。

70年代中期，青岛手表厂以"三大件"生产大会战为契机，大力引进先进技术、设备，新建工装车间专门担负手表工装生产任务，产品产量大幅上升。70年代末80年代初，青岛手表厂开展新产品研制，增加手表花色品种，购买国外手表生产先进设备，扩大手表生产能力。先后研制成功数字显示石英电子表、多型号单日历男表，"金锚"牌手表、"玫瑰"牌LSS型女表通过鉴定，LSS型女表成为全国唯一符合国际标准最薄、最小型的女士手表，获轻工业部优质产品奖。

70年代末，商业部门对产品不再包销，企业由生产型转为生产经营型。青岛手表厂组建销售队伍，千方百计打开市场销路，当年实现产销基本平衡，1985年年产手表150万只，首次出现销大于产。当年，青岛手表厂试制成功全国最大开面的DTZ型石英音乐塔钟，通过技术鉴定并填补国内空白。

青岛手表厂

1956年3月1日，市南区50多个从事钟表修理业务的个体户，响应市政府"组织起来，走合作生产道路"的号召，组成市南区第三钟表合作社，从事钟表修理业务，社址在中山路122号，隶属市南区手工业联社。1958年，市南第三钟表合作社将铁工部改为制表部，专业生产手表。同年，该社与第一钟表合作社合并，改称青岛第一仪表厂。随后制订生产发展规划，并自制各种生产设备37种、124台。到1960年底，该厂拥有各种制表设备200余台（套），基本具备小规模生产手表的能力。

1961年3月1日，青岛第一仪表厂正式更名为青岛手表厂，划归市手工业管理局，厂址位于四方区东吴家村3号，有职工427人，设擒纵、安装、冲压、机修4个生产车间，引进民主德国84型滚齿机，"青岛"牌601型17钻细机手表正式投入规模生产。1967年，青岛手表厂由东吴家村搬迁到市南区田家村，年底又搬迁到镇江路；是年，有职工 240 人，固定资产 75.5 万元。

1971 年，青岛手表厂按新设计的全国统一手表机心组织试制性生产，装配样机 10 只。1972 年对图纸进行修改，由样机试制转为按修改后设计组织批量生产，当年生产 1.1 万只。1973 年按全国统一机心要求，19 钻"金锚"牌 ZDQA 型手表正式投入批量生产。年底，"青岛"牌 701 型手表停产。1975 年参加"三大件"会战；1976 年，新组建工装车间专门担负手表工装生产，当年产手表 300087 只，产品亦基本定型。1977 年自筹资金 264 万元进行技术改造，1980 年省轻工业厅又拨给外汇用于购买国外手表生产先进设备，使手表年生产能力达到 200 万只。同年 11 月，青岛市低压电器厂划归青岛手表厂。是年，银行贷款 110 万美元用于引进日本表壳生产技术设备，青岛手表厂成为全国同行业中较为先进的大型生产厂家。

1981 年 2 月，青岛工农开关厂也划归青岛手表厂。是年底，职工增加到 3946 人，年产手表 130 万只，实现工业总产值 9980 万元、利润 2667.6 万元，上缴税金 2907.5 万元，成为全国同行业较为先进的大型生产厂家。为确保产品质量，1982 年青岛手表厂购置 10 台高精度计量测试仪器，使测试精度达 0.001 毫米、光洁度达到 14 级，全厂形成三级质量、计量检测网络（图 3-16）。

1985 年，青岛手表厂设有 9 个生产车间，20 个职能科室和 1 个研究所，拥有职工 3968 人；各种设备 1162 台（套），其中精、大、稀设备 33 台（套）、进口设备 345 台（套）；当年产手表 150 万只，创工业产值 11478.6 万元，实现利润 810.3 万元，上缴税金 2726.1 万元。

"青岛"牌手表

1957 年 11 月，市南区第三钟表合作社试制成功三长针（17 钻）手表，定名为"青岛"牌，1958 年 3 月，该手表被省轻工业厅、省手工业联社确认为山东省第一只手表。

1960 年，国家和青岛市进行大量投资，购置大量设备，至 9 月共生产"青岛"牌手表 1200 余只。"青岛"牌手表 17 钻长 3 针手表属于粗马细板手表，为使产品升级换代和实施规范化生产，青岛第一仪表厂在 1960 年下半年开始仿制上海手表厂生产的"上海"牌 17 钻长 3 针手表并获得成功。10 月，青岛第一仪表厂决定停产"青岛"牌 17 钻长 3 针手表，转产仿"上海"牌 17 钻长 3 针手表，定名为"新青岛"牌

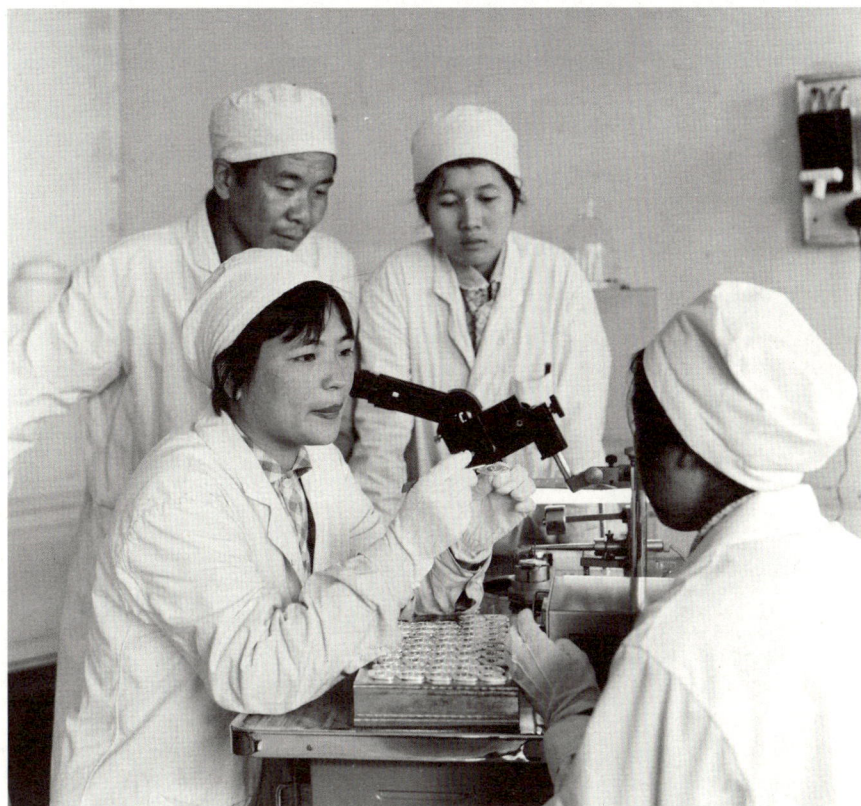

图 3-16　青岛手表厂质检人员在对手表机件质量进行检测分析

601型手表,是年共生产560只。[①]

"玫瑰"牌女表

1980年,为增加手表花色品种,青岛手表厂于3月12日至9月13日派人到上海参加上海钟表工业公司联合成立的女表设计小组;10月,青岛手表厂女表生产领导小组成立。在女表试制过程中,青岛手表厂完成14种手表零部件试制任务。1982年初,青岛手表厂完成425只女表批量试制任务,命名为"玫瑰"牌。6月11日,轻工业部组织全国59个单位,在青岛召开女表样品鉴定会,青岛产"玫瑰"牌LSS型女表通过鉴定,并于年底正式投入大批量生产,产品成为全国唯一符合国际标准最薄、最小型的女士手表,获轻工业部优质产品奖。

"金猫"牌手表

1982年,青岛手表厂产品出现滞销,年底积存手表达9万只。1983年初,商业部门对产品不再包销,使库存量达到50万只,占用资金达700多万元。为打开市场销路,青岛手表厂派3名厂级领导干部下乡赶集、参加各种展销会、倾听各方用户意见,用以指导生产。为证实手表质量,青岛手表厂在山东省多处地方当众将手表放到鱼缸中,以证实手表防水性能的可靠,并组成70多人的销售队伍,分赴全国各地组织促销,当年销出手表124万只,实现产销基本平衡。

1984年5月,青岛手表厂将50只"金猫"牌手表带上飞机,从300米高空扔下,测试手表防震性能。10月,又将350只"金锚"牌手表赠送给考察队员带往南极,通过高湿度、高温、高寒、强磁场和强震荡等多种试验,取得满意效果,提高了青岛手表信誉,打开了市场销路。

1985年,青岛手表厂将销售科改为销售经理部,实行销售承包责任制,销售人员增加到80人,走遍全国25个省、161个市、492个县、800多个销售单位,同500多个销售单位建立起供销关系,全年销出手表156万只,销售额达6300多万元,首次出现销大于产局面。

---

① 青岛通鉴[M].北京:中国文史出版社,2010:517.

第四篇 船舶 机车车辆 汽车

早在石器时代，独木舟就已出现。进入青铜时代后，中国出现木板造船，是造船技术的一次重大进步。中国帆的发明和使用大约在商代，人类开始海洋航行。秦汉时期，船舶修造达到相当高的水平。曹魏注重海运，时境内应有造船场。隋唐时期，中国航运和造船事业继续发展，密州大珠山有船舶修理场。① 此外，唐代水密舱壁的使用，使造船工艺达到新高度②。两宋时期制瓷业发展和指南针应用，有力地推动了海外交通业发展，带动造船技术进步与成熟。明朝中期以后，中国转入闭关自守状态，船舶修造受到较大影响。据《大清会典事例·卷九三五·船政》载，在近代轮船制造业兴起之前，清代民间木船制造业曾一度兴旺，清前期在境内胶州等地设有官船厂，修造潜船、战船。

鸦片战争前后，西方近代船舶、铁路和火车传入中国。19世纪末，德国势力渗透到青岛，近代西方船舶、机车与汽车修造技术随之传入，各方力量纷纷参与在青岛兴建船厂、修建铁路，设立机车车辆组装工厂，汽车也随之在青岛出现。20世纪上半叶，青岛船舶工业以修船为主，机车车辆由最初组装逐步过渡到机车维修和制造。随着汽车数量的不断增加，青岛汽车修理业也应运而生。

新中国成立后，百废待兴。国民经济恢复时期，本市船舶企业边恢复边整顿边发展，船舶修理种类仅限于山东沿海各港口及近海航行的木质和钢质小型船舶。1952年，新中国第一台国产蒸汽机车在四方工厂试制成功，结束了中国不能独立制造机车的历史。第一个五年计划时期，为彻底改变以修为主的局面，尽快发展机客车制造工业，第一机械工业部组织对四方工厂进行第一次大规模技术改造，工厂主产品机、客车均实现升级换代，创造数个第一，如研制成功中国第一台"胜利"型客运蒸汽机车、中国第一台液力传动燃机车、中国第一次自行设计的"人民"型干线客运机车、中国第一列双层客车组、中国第一辆铁路车辆试验车——动力试验车等。汽车修理及配件生产得到恢复发展，公私合营修理厂家逐步转向汽车配件专业化生产，汽车改装业也逐步走向专业化，试制成功"丰收"牌三轮汽车，开创本地制造汽车的历史。

60年代，本市船舶修造规模有所扩大，开始制造多种军用和运输船舶、工程船舶及浮码头、捕捞及冷藏船舶，船舶修理也扩大到中国北方沿海范围，修理品种逐步以钢质船舶为主；机车车辆制造业开始进行第二次技术改造，设计完成并试制成功多种新型内燃机车并实行转产，结束60余年的蒸汽机车修造历史。60年代末至70年代，随着专业汽车制造厂的建立和汽车改装业的兴起与发展，全市汽车配件专业生产厂增至20家，逐步开发改装出民用汽车，公

---

① 圆仁.入唐求法巡礼行记[M].顾承甫,何泉达,点校.上海:上海古籍出版社,1986:38.

② 程晓.我国古代造船技术的兴衰及其启示[D].武汉科技大学,2007.

交汽车、自卸汽车和大客车产量逐年增加；载货汽车开始进入专业化生产阶段。70年代，随着船舶制造业技术力量的提高和经营范围的扩大以及船用设备及配件工厂的不断壮大，本市船舶修造整体实力进一步增强，修船范围扩大到中国沿海各地，修船吨位由中小型船舶发展到万吨级船舶。

80年代，随着改革开放不断深入，本地船舶工业有计划地学习国外先进造船技术和管理经验，开始建造中型货轮、大型钻井船，承修大型远洋运输船舶；机车车辆生产开始全面整顿，管理正式执行生产经营包保经济责任制；全市汽车制造和配件生产行业上品种、上水平、上质量，经济效益亦明显提高。青岛专用汽车制造厂成为中国载货汽车定点生产厂和长春第一汽车制造厂中型货车新产品批量试制及试生产的基地。

第一章 船 舶

据《淮南子·说山训》载，古人"见窾木浮而知为舟"，表明独木舟在石器时代就已出现。青铜时代开始用木板造船。岳石文化时期，东夷人掌握了比较发达的航海技术[①]，帆的发明和使用约始于商代，人类从此开始海洋航行。秦汉时期，时人能够根据海岸地貌条件进行海港建设，就近发展造船生产，进而在重要海港附近形成若干造船中心。秦皇汉武东巡琅琊，不管是入海求仙药，还是渡海征朝鲜，出发地均在山东半岛，因而山东半岛地区可能是中国北方沿海最重要的造船中心。[②]隋唐时

期，军事行为是推动造船业发展的重要原因，胶东地区的海船制造业仍保持一定规模[③]，并承担着制造和修缮渡海舟船的任务。宋辽及宋金时期，胶州板桥镇成为北方唯一港口，海运贸易异常繁荣，其修造船业应该达到一定规模。清代民间木船制造业曾一度兴旺，清前期在胶州设有官船厂。

鸦片战争后，英、美等国商人开始在华设厂，修造船舶。19世纪末，德国侵占青岛后，其政治、经济势力迅速渗透到青岛及山东，出于商业或军事目的，德国商人或商业组织、甚至包括政府力量纷纷在本埠兴建船厂，发展船舶工业[④]，初时以修船为主，兼造小船艇；20世纪初建成第一艘蒸汽机船下水，后又建成16000吨钢制浮船坞，修造船规模扩大，兴盛时有职工1800余人。第一次世界大战期间，日德青岛之战使青岛船舶工业遭到惨重破坏和劫持，到北洋政府收回青岛主权时，本地修造船职工仅有200余人，技术力量大幅下降，仅能制造500吨以下和修理800吨以下的船舶。30年代，本市船舶修造业有所恢复，机械设备有所增加，职工增至1000余人。40年代，受日本侵略战争和内战影响，船舶工业数次出现萧条。至青岛解放前夕，共新造船只不足50艘，修船有港口作业船、货轮、军用舰船以及远洋船舶的航次修理等。

解放初期，仅有海军青岛造船厂、青岛港务局修船厂、青岛黄海水产股份有限公司修船厂3家船厂，机械设备简陋，技术力量薄弱，职工200余名。船舶企业在边恢复边整顿的同时，开始建造1000吨以下小型船舶，船舶修理仅限于山东沿海各港口及近海航行中的木质和

---

① 王克奇，王钧林，主编.山东通史：先秦卷[M].济南：山东人民出版社，1993：76.
② 王子今.秦汉时期的船舶制造业[J].上海社会科学院学术季刊，1993(1)：156-164.
③ 姜浩.隋唐造船业研究[D].上海师范大学，2010.
④ 何兰萍.晚清外商资本与中国近代的船舶修造业[J].上海经济研究，2008(7)：103-111.

钢质小型船舶。60 年代，以地方国营青岛船舶修造厂（1949 年 10 月建立）和公私合营青岛联成修船厂（1956 年建立）为基础组建青岛造船厂，新建青岛东风造船厂，本市船舶修造规模有所扩大，开始制造各种军用和运输船舶、工程船舶及浮码头、捕捞和冷藏船舶，船舶修理也扩大到中国北方沿海范围，修理品种逐步以修理钢质船舶为主。70 年代，随着一批地方和部队船厂技术力量的提高和经营范围的扩大以及船用设备及配件工厂的不断壮大，本市船舶修造整体实力进一步增强，修船范围扩大到中国沿海各地，修船吨位由中小型船舶发展到万吨级船舶。

80 年代，随着改革开放不断深入，本市船舶工业开始建造中型货轮、大型钻井船并出口坦桑尼亚、新加坡等国家和地区；船舶修理能力和水平整体提升，37500 吨以下船舶可以进坞修理，大型远洋巨轮可以停靠深水泊位修理，国际修船市场开始逐步扩大。其间，先后为日本、韩国、美国、苏联、印度、希腊、秘鲁、挪威、波兰和东南亚各国等 20 多个国家和地区承修大型远洋运输船舶，先后成功修理国内外 7 万吨级、8 万吨级、15.2 万吨级、16.43 万吨级和 27.2 万吨级大型远洋运输巨轮。

至 1985 年，全市船舶工业主要企业有 22 家，其中隶属海军 1 家、交通运输系统 1 家、水产系统 13 家、机械工业系统 7 家。[1]

第一节 木帆船

春秋时期，齐之琅琊邑为中国北方沿海最大的港口城邑。春秋末年，吴齐两国在琅琊海域发生激战，此为中国历史上第一次大规模海战，说明境内造船业非常发达。秦汉时期，船舶的承载力、快速性和平稳性等都达到相当高的水平，时人根据海岸地貌条件进行海港建设，就近发展造船生产，在重要海港附近形成若干造船业中心。秦始皇遣方士入海求仙，调用人员数以千计；汉武帝经营朝鲜，"燕齐之间靡然发动"[2]，杨仆楼船军渡海远征朝鲜的出发地东莱，应为中国北方沿海最重要的造船中心。[3] 曹魏注重海运，曾"诏青、兖、幽、冀四州大作海船"[4]。可见环渤海沿岸有多处造船基地。隋唐时，在军事行为的推动下，中国航运和造船事业继续得到发展。胶东地区是隋唐对高丽用兵出海口，所具备的海船制造业必定仍保持一定规模[5]，并承担着制造和修缮渡海舟船的任务，密州大珠山有船舶修理场。[6] 此外，唐代水密舱壁的使用，使造船工艺达到新高度。[7]

宋代造船业有官营和民营两类，通常民营造船场在规模和技术上要强于官营。宋辽对峙使胶州板桥镇成为北方唯一港口，宋朝还在此设立市舶司，提举市舶司兼领临海军使，板桥镇一跃成为北方沿海的行政、军事和经济中心。据《辛巳亲征录》记载，金正隆年间，海陵王

① 山东省志:机械工业志[M].济南:山东人民出版社,1994:401-402.

② 司马迁.史记:卷三十·平准·书第八[M].郑州:中州古籍出版社,1998:67.

③ 王子今.秦汉时期的船舶制造业[J].上海社会科学院学术季刊,1993(01):156-164.

④ 陈寿.三国志:卷三·魏书·明帝纪[M].北京:中华书局,1959:109.

⑤ 姜浩.隋唐造船业研究[D].上海师范大学,2010.

⑥ 圆仁.入唐求法巡礼行记:卷一[M].顾承甫,何泉达,点校.上海:上海古籍出版社,1986:38.

⑦ 程晓.我国古代造船技术的兴衰及其启示[D].武汉科技大学,2007.

大兴土木，于胶西建造大船。元代胶莱运河通航后，漕运船只的需求必然带动相关地区造船和修船业的发展。因而，虽未见诸史料记载，但胶州板桥镇作为宋、金军港和贸易港口以及出使高丽的出海口之一，其修造船业应该达到一定的规模。明朝造船工场的分布、规模和配套达到最高水平[1]，但未见境内相关记载。明中期中国转入闭关自守，禁民出海法令竟实施200年。[2]据《大清会典事例》载，清代民间木船制造业曾一度兴旺，清前期在胶州设有官船厂，修造潜船、战船，但民间造船业未见记载。其时，胶州湾内外还分布着灵山、塔埠头、金口(京口)、女姑口、青岛口等着一众起伏周期不同、靠泊规模不一的大小港口，与之配套，则至少应该存在相应的修船场家。

琅琊战船

春秋时期，冶铁业发展和铁工具的使用推动了齐国造船业的快速发展，舟船种类显著增多，不仅具有海船和水战兵器，而且发生过海战。鲁哀公十年(前485)，吴国会合鲁、邾、郯三国军队攻打齐国，还另派大夫徐承"帅舟师，将自海入齐"[3]，在黄海与齐国舟师进行海战。这一中国古代海防建立的标志，也是史书记载的第一次海战。[4]据此推测，在海战发生的

琅琊港附近，应该存在齐国一处海船建造和维修场所。

前468年，越国由会稽(浙江绍兴)迁都琅琊，随行"死士八千人，戈船三百艘"[5]。秦始皇三次大规模巡视山东沿海地区，两次驻跸琅琊，并令徐市入海求仙人，调用人员尝数以千计。徐市两次东渡，能造出长达"三十米、宽六至八米，能载重6万公斤的漂洋过海的大帆船—海船"[6]。在琅琊台南入海口处，有一长约千米沙滩名"潮湾"，相传为徐市造船之处。[7]由此可见，不管是通过越迁都琅琊，还是通过徐市出海，可以推测该处至少要具备一定规模的船舶维修场所，必然会显著地促进出发地方造船业的发展。[8]

渡海征高丽海船

汉代水军战船能够从齐浮渤海攻朝鲜。魏景初元年，明帝诏令"青、兖、幽、冀四州大作海船"[9]。十六国后赵时，石虎也曾"令青州造船千艘"[10]。表明该地区具有较为发达的兵船制造业，山东半岛沿岸应有造船基地且规模甚大。[11]

隋代，胶东地区是重要造船场所。为渡海征辽，开皇十八年(598)，隋文帝遣水师"自东莱泛海，趣平壤城"[12]；隋炀帝即位后继续对

① 席龙飞.中国造船史[M].武汉:湖北教育出版社,2000:220.

② 程晓.我国古代造船技术的兴衰及其启示[D].武汉科技大学,2007.

③ 杨伯峻,编著.春秋左传注:第四册·哀公·哀公十年[M].北京:中华书局,1981:1656.

④ 杨钊.先秦时期舟船暨水战[J].人文杂志,1998(6):98-99.

⑤ 袁康,撰,吴平,审定.越绝书:卷八·外传记地传[M].文渊阁四库全书本.1781(清乾隆四十六年).

⑥ 广州秦汉考古三大发现[M].广州:广州出版社,1999:20.

⑦ 王军,何云,胡啸.关于弘扬海洋文明 打造现代海洋文化名城的思考——琅琊台历史文化空间发掘与琅琊文化大遗址公园建设[J].中国发展,2015,15(3):46-49.

⑧ 何国卫,杨雪峰.就秦代航海造船技术析徐福东渡之举[J].海交史研究,2018(2):86-95.

⑨ 陈寿.三国志:卷三·魏书·归帝纪[M].北京:中华书局,1959:109.

⑩ 司马光.资治通鉴(上册):卷第九十六·晋纪十八[M].上海:上海古籍出版社,1987:642.

⑪ 赵凯球,马新,主编.山东通史:魏晋南北朝卷[M].北京:人民出版社,2009:135.

⑫ 司马光.资治通鉴:卷一百七十八·隋纪二[M].北京:中华书局,1956:5561.

高句丽用兵并加大造船规模，派遣幽州总管元弘嗣前往东莱海口造船。①1975年在平度县胶莱河下游出土一只隋代木船，残长20.24米，最大宽2.82米，是双体船，两条船身各是一条独木舟，船外缘有翼板，并排的船体中间用横向木板联结，再以铁钉固定。船头有竖孔和U形槽，当是船上建筑物遗迹。胶莱河北流入渤海，古船出口地点距河口不远，现在海水大潮时仍能逆流上涨到古船沉没处。古船底部淤泥中有红螺、背瘤丽蚌、紫石房蛤、四角蛤蜊等海生动物遗壳，说明此地乃是海滩。这是一条近海行驶的船。②杨氏父子的持续征辽造船，极大地推动了胶东地区造船业发展，胶东地区造船业由此达到前所未有的规模。

唐初，胶东地区仍然是对高丽用兵的出海口，承担着制造和修缮渡海舟船任务。太宗时期（647-649）三次征高丽之战③，水军皆是从山东半岛出发，如此大规模出征，所用船只自然有部分是在胶东地区制造和修缮。麟德二年（665），高宗"诏发淄、青、莱、海之兵七千人，遣左威卫将军孙仁师统众浮海赴熊津，以益仁愿之众"④。淄、青、莱、海等州皆位于山东半岛，令该四州出兵自然是由山东半岛乘船出海，如此可以省时省力。

山东半岛作为对高丽用兵基地，唐初虽没有在此大规模制造渡海船只的记载，但胶东地区必然要担负水军船只的制造、维修工作，且海船制造业必定仍保持一定规模。⑤在对朝鲜半岛用兵中虽然使用大量船只，但主要是运送兵员和粮草物资，并没有与高丽水军进行直接战争，作为征高句丽军事行动的一部分，大规模的渡海船只制造极大促进了造船业发展。

大珠山商船

汉代以降，以千树楸种植为生产背景的山东船舶制造有相当规模，隋伐高丽时大集船工于山东造船舰，唐时山东船舰修理与制造仍为人熟知。圆仁所在的遣唐使船队"于密州管东岸，有大珠山。今得南风，更到彼山修理船"⑥。

唐宋时期，船业开始凋零，官船场造的船只仅供当地水军和官府用，多为中小型简陋海船和内河槽船。但密州附近还有少数船匠依靠山林木材资源从事民间造船和修船业，民间造船场的造船质量要比较官船场高。⑦说明密州大珠山一带有船舶修理场。

板桥镇商船

板桥镇自唐高祖武德六年（623）设立后，逐渐成为北方重要港口和贸易重镇。北宋建国后，朝廷与辽、金对峙，登州、莱州被迫闭港。只有密州板桥地区保留对外联系，成为北方唯一对外港口，来自南洋、西亚、高丽和日本等国的很多商船都在此靠岸。⑧金熙宗皇统二年（1142），板桥镇设立榷场与南宋互市贸易，在宋金对峙的多数时间内，板桥镇仍然延续着海港的作用。

由于元朝大都粮食主要取自江浙，元初就着力开发运河，并注重建造船只。胶莱运河凿通后，海运航线逐渐转移至胶州。《大元海运记》记载，元至元十九年（1282）开始兴办海

① 司马光.资治通鉴:卷一百八十·隋纪五[M].北京:中华书局,1956:5654.

② 王冠倬.从文物资料看中国古代造船技术的发展[J].中国历史博物馆馆刊,1983(00):17-33.

③ 刘昫.旧唐书:高丽传[M].北京:中华书局,1975:5322;司马光.资治通鉴[M].北京:中华书局,1956:6245-6246+6252.

④ 刘昫.旧唐书:白一济传[M].北京:中华书局,1975:5332.

⑤ 姜浩.隋唐造船业研究[D].上海师范大学,2010.

⑥ 圆仁.入唐求法巡礼行记:卷一[M].顾承甫,何泉达,点校.上海:上海古籍出版社,1986:38.

⑦ 曹凛.北宋造船三杰[J].中国船检,2009(8):100-103.

⑧ 石玉兵.宋元时期北方海港及相关考古遗存的初步研究[D].吉林大学,2017.

运，造平底船60艘，运粮64000石，从海道至京都。至元二十二年又诏山东等三省造船3000艘运粮。[①]板桥镇、陈村海口在漕粮海上运输中发挥着转运作用，几百甚至上千艘的粮船规模，应该有相应的修造船场所进行保障和补充运输力量。

密州平简

宋元丰元年（1078），宋神宗命朝官出使高丽，朝廷敕明州造万斛船两艘，赐号"凌虚致远安济神舟"与"灵飞顺济神舟"[②]。之后，又于元丰四年和宣和五年（1123）两次建造大船出访高丽，均成功返航。这两次造大船之举，也成功造就了北宋时期的三位造船英杰——明州范子渊、密州平简、进士晁说之。[③]

北宋初期，受北方金、辽和夏等国的海上威胁，各路、州纷纷建立大批官办和民办造船场，以打造江防和海防战船。辽国不仅对北宋虎视眈眈，还几次染指朝鲜半岛。在辽国东征南伐压力下，北宋与高丽政治友好往来明显增多，双方共遣使者达80余次。元丰六年，高丽王徽卒。"讣闻……遣杨景略、王舜封祭奠，钱勰、宋球吊慰"[④]，同时命人速在密州附近的登州、莱州官方船场造几艘出使之船。但官船场造的船多为中小型简陋海船和内河槽船，难堪出使高丽的大任。当时，密州有少数船匠从事民间造船和修船业，于是官船场请来民间船场的一位海船建造工匠平简，带领几十个船匠建造出一艘长度30多米的大海船。

北宋海船普遍采用水密隔舱技术，工艺比唐代又进一步，平简多次南下或北上，因此水密隔舱技术掌握得很纯熟。水密隔舱板由在船底板、两舷肋骨及甲板下的横梁予以环围，并增加隔舱板厚度。这样不仅船体强度增大，又有利于水密性。由于舱板跟船壳板紧密职结，起着加固船体作用，不但增加了船舶整体横向强度，而且取代了加设肋骨工艺，使造船工艺简化。平简监督船匠造船过程中，在船底内部设置水密隔舱时，他检查是否按要求设置好8至13个底舱与底舱之间严格分离的水密隔舱；查看是否用扁铁和钩钉钉牢隔舱板；查看隔舱板与船壳板的隙缝处是否用桐油灰完全密封，使之具备很强的隔水性；查看隔舱壁板是否紧密结合，使之形成箱形结构，增强船体的刚性……

据徐兢《宣和奉使高丽图经》载，元丰七年，钱勰和宋球等人乘坐平简监造的大船，自密州板桥航海而往高丽，只用几天便抵达；而杨景略乘坐他人监造的使船被大风吹至登州，同年8月再由登州出发才到达高丽。平简作为船队纲首，还多次带领船队去高丽为两国政府传递信息，元丰七年（1084）被宋神宗亲授为"三班差使"官衔，以表彰他"三往高丽通国信"[⑤]的功绩。

胶西战船

金太宗天会九年（1131）冬，刘豫为攻打福岛，"起登、莱、密三郡之兵犯福岛寨，失利而去。遂广造战舰"[⑥]。除继续对付山东沿海义军外，还有建设水军南下攻宋的意图。即所谓"刘豫于登、莱、海、密具舟楫，淮阳、顺昌积

---

① 程晓.我国古代造船技术的兴衰及其启示[D].武汉科技大学,2007.

② 脱脱,阿鲁图,等.宋史:卷四八七[M].郑州:中州古籍出版社,1998:2221.李焘.续资治通鉴长编:卷二百八十八·神宗元丰元年[M].北京:中华书局,2004:7052.

③ 曹凛.北宋造船三杰[J].中国船检,2009(8):100-103.

④ 脱脱,阿鲁图,等.宋史:卷四八七[M].郑州:中州古籍出版社,1998:2221.

⑤ 李焘.续资治通鉴长编:卷三四九[M].刘锡五校.文渊阁四库全书本.1781(清乾隆四十六年).

⑥ 李心传.建炎以来系年要录:卷五四[M].北京:中华书局,1956:1956.

刍粟，欲凭藉金人侵我边鄙。"[1]天会十二年，金伪齐联军南下时，伪齐水军已达到战船500艘、水兵2万余的规模。

金正隆四年（1159），海陵王大兴工役，造巨舟于胶西。可见此时胶西应有规模宏大、技术先进的造船场所。正隆六年十月二十七日，金与南宋战争再起，宋浙西水军在密州胶西县沿海大败金浙东道水军，金军海船损失大半。这便是著名的宋金海战。据宋人记载，金浙东道水军"造战船七百只"[2]，其中苏保衡所部400余艘在胶西海战中大部分被消灭，而韩锡所部的300余艘则因尚未驶出港口而得以保全。[3]

山东第一舟

明天启年末期金口开埠后，清初至乾隆年间港口日益繁荣，进出金口港往来丁字湾的各类商船如梭。清咸丰年间，西坦村柳玉君购买一艘"福和泰"号大船进行南北方海运，收入颇丰。

清末，随着青岛港的崛起和河口的淤积，各港港口功能逐渐消退，相应修造船业也随之消失。据《栲栳史话》记载，20年代金口栲栳岛曾经修造船只。[4]

外栲栳村杨志君是"福和泰"号雇员，光绪末年回村集股从东北买回一艘旧船，取名"金长生"号。1920年，杨志君与股东商定扩建"金长生"号，造大船扩大经营。南百里村蓝志川、蓝志三兄弟俩有祖传造船经验，杨志君聘请他们带领木匠队修船。经过数月紧张施工，将"金长生"号改造成一艘宽9米、长60米，人称百余步长的大商船。新"金长生"号船体全部翻新，船板有八寸多厚。有五条桅杆，大桅、二桅均由硬木做成，大桅根部为方形径面，

大如家用八仙桌。船上设置21个货仓，载重量达270吨，另外设有供奉娘娘、财神的专仓及船员起居间等12个，为金口载重量最大的商船，号称"山东第一舟"。

第二节 机动船舶维修

1898年3月6日签订的中德《胶澳租借条约》规定，德国可在胶澳租借地建厂修造船只。是年，德国造船技师奥私他之在青岛建立修船所，以修理小船、小艇为主，兼修各种车辆，1899年底有百余名工匠和两个小型机械车间，此为境内最早的船舶修理厂家。及至20世纪初，船坞工艺厂建成16000吨浮船坞后，方能修理大、中型运输船舶，以及多种类型外国军舰。日本侵占青岛后，日军将浮船坞劫走，修船能力大幅度下降，至40年代先后修理过各种军用舰艇、运输商船及工程船舶。

青岛解放初，仅有海军青岛造船厂、青岛港务局修船厂、青岛黄海水产股份有限公司修船厂3家船厂，机械设备简陋，技术力量薄弱，职工只有200余名。50年代，国家开始重视发展重工业，本地船舶工业逐步壮大，先后组建或创建青岛造船厂、青岛东风船厂、黄岛船厂、中国人民解放军第7811工厂、青岛灵山船厂等14家专业修造船厂，开始修理军用船舶、运输船舶和工程船舶等各类船舶，船舶修理由小型船舶迈向中型、大型船舶，吨级由100吨至9600吨不等。海军青岛造船所先后修理三一航业公司300吨"香山"轮、志新轮船公司4000吨"海王星"轮以及交通部"中102"轮和"中119"轮等运输船舶。1951—1952年，成功修理

① 脱脱,阿鲁图,等.宋史:卷三七九[M].郑州:中州古籍出版社,1998:1746.
② 徐梦莘.三朝北盟会编:卷二三〇[M].上海:上海古籍出版社,1987:1653.
③ 石玉兵.宋元时期北方海港及相关考古遗存的初步研究[D].吉林大学,2017.
④ 刘永辉.即墨栲栳大船帮之兴亡[J].史鉴,2019(3):40-46.

"奥兰琪"轮、"美那"轮等12艘万吨级外轮。1952年7月,青岛港务局修船厂经营范围逐步扩大,由仅限于青岛港船舶修理扩大到青岛地区。50年代后期到70年代初,经营范围又先后扩大到烟台、天津、秦皇岛、营口、大连、连云港以及上海等地区的运输船舶修理,此外还担当大型国轮和外轮航次修理。

60年代,除海军造船厂(1965年更名为中国人民解放军第4808工厂)承担大部分军用舰艇的维修任务外,济南军区后勤部船舶修理厂于1963年开始修船(1965年划归海军北海舰队装备部,更名为中国人民解放军第4811工厂;1973年又归属济南军区后勤部,更名7811工厂),主要修理小型军用船舶。同期,青岛北海船厂为陆军修理J103、J104和JB01、JB02等运输舰艇17艘,开创该厂内燃机船舶修理的先河。70年代,北海船厂在燕儿岛新建2座万吨级干船坞,开始万吨级以上大型运输船舶修理,工程船舶修理由小型工程船理迈向中型船舶,开始坞修大型远洋运输外轮。至1978年末,共

修理各种船舶7000余艘,计200余万综合吨(载货吨和排水量吨合计);其中,先后修理中外万吨级船舶36艘计载货吨52万余吨、各类工程船舶至少266艘。

80年代,北海船厂成为中国座底式钻井平台理想修理基地,开始修理大型工程船舶。青岛灵山船厂、青岛东风船厂也先后修理120~1000吨级钢质工程船舶数十艘。青岛渔轮修造厂先后修理过400吨级渔轮和千吨冷藏船多艘,以及外籍5000吨级远洋渔轮数艘。苏联籍"塔依格诺斯"渔轮修理工程被评为"部优"产品。1984年,青岛造船厂开始军用船舶修理,先后为海军、陆军修理037猎潜艇、军港监测船、布缆船、登陆艇、油船等各类军用船舶,改装037猎潜艇,加装减摇鳍等。其间,修船水平大幅提高,一级品率从1978年的28.6%上升为1982—1985年的100%。

海军青岛造船所

1898年6月,德军在小港西侧菏泽路5号修建水雷枪械修理厂,并建有丁字形栈桥式钢质码头、仓库、简易车间,是为青岛最早的军工厂(图4-1)。1914年日本侵占青岛后,该厂改为洋灰方块制造工场。1925年,奉系军阀张宗昌将其改名为山东第四兵工厂,制造枪弹和手榴弹;1927年又改为海军铁工厂。

1931年,东北海军副总司令沈鸿烈兼任青岛市长,倡议建立海军工厂和海军船坞。同年12月,在海军铁工厂基础上动工开挖船坞,坞长157米,宽

图4-1 青岛海军工厂的车间内部 (Inneren der alten Marine-Werkstatt in Tsingtau)

29 米，其深度在高潮时8 米，低潮时 5 米；该坞坞底、坞壁全用崂山花岗石，石坞之底背捣注0.3～2 米厚的混凝土。船坞工程于 1934 年 4 月竣工后，该厂成为以修船为主的海军工厂（图4-2）。最先进坞修理的是"永翔"号军舰，政记公司的 7000 吨"花甲"号也曾进坞修理。1935 年该厂又建 5000吨级船台，水工设施也较为完善。后来，该厂还承修过美国和意大利的远东舰船。

1938 年 1 月，日本第二次占领青岛后，将原竹内造船所、市河造船铁工厂和大洋海事工业所与青岛海军工厂合并，改名为浦贺船渠株式会社，主要业务是修理商船和军舰，也建造过一些挖泥船、破冰船及小型近海货船，后来还为日军造过一些自杀艇。

1945 年日本投降后，国民党海军当局接收该厂并改名为海军青岛造船所，直接隶属国民党海军总司令部。1947 年，造船所曾接收美国赠送的钢骨水泥浮船坞，总长 119 米，坞宽25.6 米，内宽 19.5 米，坞深 5.8 米，载重量2800 吨，排水量 8500 吨，可容纳 4000 吨级船舶坞修。自 1946 年到 1948 年 7 月，共修理舰艇 241 艘，约 24.1 万吨；修理商船 277 艘，约22.1 万吨；还建成排水量 340 吨的蒸汽机货船和功率为 264 千瓦的蒸汽机拖船等。

1948 年秋，随着国民党军队节节败退，海军下令将青岛造船所南迁台湾高雄，将石船坞

图 4-2 1935 年，《海事（天津）》第 8 卷第 10 期刊载的青岛海军工厂鸟瞰图[1]

坞门沉于胶州湾主航道北侧。1949 年初还将浮船坞先后拖至厦门、广州，最后拖到台湾。

青岛解放后，市军事管制委员会工矿部接管该所，先后改名为山东省工矿部青岛造船所和中央重工业部船舶工业局青岛修造船厂。1950 年 10 月由海军接管，更名为中国人民解放军海军青岛造船厂，1955 年又更名为海军 301工厂，并自行设计制造中国第一代高速炮艇。1958 年成功完成驱逐舰中修，开创修理大功率汽轮机舰船的历史。至 50 年代末，共修理军用船舶 258 艘，计排水量 125262 吨。1965 年 1 月与海军 302 工厂合并，1965 年 7 月 1 日更名为中国人民解放军第 4808 工厂。

船坞工艺厂

1898 年，德国造船技师奥私他之在青岛湾（莱阳路段）建立修船所，以修理小船、小艇为主，兼修各种车辆。1899 年底，修船所有百余名工匠，两个小型的机械车间。

1900 年，胶澳总督府将修船所收归官营，

① 青岛海军工厂鸟瞰图[J].海事(天津),1935,8(10):65.

称为青岛水师厂、青岛船坞工艺厂，同时也称为总督府工厂。此后，随着海运事业的发展，进出青岛港的船只越来越多，该船厂的修理业务也迅速增加。为应付日益增多的修理业务，并发展成一个独立的造船厂，胶澳总督府于1901年9月在后海（大港附近）开工建设大型修船厂，同时在船厂设立一所华人徒工学校，从1902年起招收华人青年在学校学徒。据《青岛水师工务局章程》，所收徒工，必须是山东籍，并由中国人出具铺保，学徒期为4年，然后再晋升师傅工作2年。1902年招收第一批徒工80人，在船厂由一位会汉语的德国人指导学习工厂的全部工序，此外还学习德语、写字、算术等。据总督府报告，从1902年到1908年共招收五期徒工490余人，到1912年10月，先后毕业的学徒有400多人，其中多数在该厂任华工领班和司账。

1905年，船坞工艺厂迁到大港后进行扩建，建造1.6万吨活动浮船坞，可容纳145米长船

只在内进行修理，比日本长崎造船厂船坞还要大，该厂还设有150吨起重机（图4-3），号称亚洲第一大机器，150吨重物可以起送至12米以外，50吨重物起送至25米之远，并能把长160英尺、排水150吨的新造船舶举出水面。其他如炼铁炉等各种机器设备均属最先进。1907年4月1日，新修船厂全部建成并交付使用，有1.6万吨浮船坞1座，与之相配套的150吨大型起重机也同时交付使用；船厂还拥有各种机械设备80余台，均为电力驱动，厂房和码头设施也很完善。

1909年4月1日，该厂被命名为青岛造船厂；6月，该厂拥有工人1759人，除修理军用、民用舰船外，还能独立制造各种船只。到1914年，共建造舰船近40艘，修理大小舰船约500艘次。1910年曾为清政府海军建造"舞凤"号炮舰1艘，长38米，排水量220吨，功率600马力（图4-4）。

日德青岛战争期间，青岛造船厂遭到严重破坏。日本侵占青岛后，将该船厂改称港工局，后改称港工事务所，受日军青岛守备司令部统辖。此后，随着港口的恢复，船厂也恢复使用，厂址迁移到新疆路4号[①]，主要业务是修理商船和军舰，也建造挖泥船、破冰船及小型近海货船，后还为日军造过一些自杀艇。

1922年，北洋政府收回青岛主权后，该船厂改称港工事务所机工厂。1927年7月改

图4-3　1901年，在大港五号码头开建船坞工艺厂（水师工务局），图为配备的150吨电动起重机

---

① 青岛通鉴[M].北京:中国文史出版社,2010:106.

图 4-4　青岛船厂机械制造厂房

厂。1971 年 8 月开始在燕儿岛浮山湾新建大型修造船厂，1977 年 4 月改名为交通部北海船厂。1979 年 12 月北海船厂全面投产，成为中国座底式钻井平台理想修理基地，开始修理大型工程船舶。1982 年 7 月，交通部北海船厂划归中国船舶工业总公司，改称中国船舶工业总公司北海船厂。

16000 吨浮船坞

属青岛港务局，担负青岛港作业船修理任务，兼做其他修理工程。1938 年，日本第二次占领青岛，工厂被浦贺船渠株式会社兼并为分厂。抗日战争胜利后，该厂于 1946 年划归青岛港务局，1948 年仅有 80 余名职工，生产技术力量薄弱。

青岛解放后，人民政府接管浦贺船渠株式会社分厂。1950 年 3 月，青岛招商局船厂并入，主要修理拖轮、商轮及其他工程船舶。1952 年 7 月 1 日开始企业化经营，船厂实行独立核算，先后改称青岛港务局修理厂、修船厂、船舶修理厂。1957 年 3 月划归交通部，更名为青岛船舶修理厂。1968 年 4 月更名为交通部红星船舶修造

1903 年 11 月，青岛船坞工艺厂在大港五号码头开工建造 16000 吨钢质浮船坞（图 4-5），于 1905 年 10 月 12 日建成交付使用，建设费用为 5000 万德国马克，约合华币 2500 万元。浮船坞长 125 米、外宽 39 米、内宽 30 米、深 13 米、浮力 1.6 万吨，另有

图 4-5　1903 年 11 月，船坞工艺厂在大港五号码头开工建造 16000 吨钢质浮船坞，1905 年 10 月 12 日建成交付使用

与之相配套的 150 吨大型起重机一台,可容纳长 145 米的万吨级船舶入坞修理。浮船坞是德国人按照东亚沿海最大船舶设计的,由紧密相连的 5 个部分组成,所有机器均用电力操作,坞内设有电动水泵 10 座,8 个水舱,每个水舱有电动水门 1 座,坞首设有两台电动起重机,每台能吊 20 吨重之物。该浮船坞构造堪称先进,只需要 30 人操作就能浮起在坞船只,被称为亚洲第一大浮船坞。

日德青岛战争期间,德军于战败前的 1914 年 11 月 3 日将该浮船坞沉于海底。1915 年 9 月,日军将浮船坞打捞出水,并于 1916 年 7 月 4 日用"富士"号军舰将其劫运到日本佐世堡军港,旋即转日本福田造船所使用。[①]

军用船舶修理

1905 年 10 月,青岛船坞工艺厂建成 16000 吨浮船坞,能修理各种类型军舰,德国远东舰队数艘驱逐舰均曾进入该浮船坞修理。同时还修理过清朝末期、民国初期的中国舰艇。

1927 年,海军铁工厂开始从事舰艇维修保养,1934 年小港建成万吨级海军干船坞,修理军用舰艇数量增加。南京国民政府海军"永翔"号、"海圻"号、"海琛"号、"肇和"号、"同安"号、"定海"号、"靖海"号、"江利"号、"江春"号等舰先后进坞修理,也曾修理过美国和意大利远东舰艇,1935 年修理中外舰艇 9 艘。1946 年 5 月更名为"海军造船所",当年修理舰艇 74 艘约 7 万吨,1947 年修理舰艇 103 艘约 9.5 万吨,1948 年 1—7 月修理舰艇 64 艘约 7.6 万吨。青岛解放后重建船坞坞门,1950 年 4 月恢复使用,10 月更名为海军造船厂,首先使两艘起义军舰进坞抢修成功,同时为海军青岛基地改装成 4 艘排水量 10 吨巡逻艇。1958 年成功完成驱逐舰中修任务,开创修理大功率汽轮机舰船的历史。至 50 年代末修理军用船舶 258

艘,计排水量 125262 吨。

始建于 1961 年的济南军区后勤部船舶修理厂,1963 年开始修船,当年修理军用船舶 14 艘,计排水量 2200 吨。1965 年划归海军北海舰队装备部管理,更名为中国人民解放军第 4811 工厂,添置修船专用设备,修船技术水平由只能修理军用辅助性船艇发展到能修理战斗舰艇。1973 年再次归属济南军区后勤部,工厂代号易为 7811 工厂。1978—1985 年,在完成生产任务基础上,国家投资 1048 万元进行大规模扩建改造,主要是拆除旧船台,新建 600 吨横拉滑道 1 条及纵移船台 5 条,能修理 600 吨以下各类船舶。建有长 150 米、水深 5 米靠船泊位,4000 吨以下的船舶可以进厂修理。1963—1985 年共修理小型军用船舶 420 艘,计排水量近 5 万吨。

1964 年 6 月,海军造船厂奉海军司令部命令,组建 120 余人的抢修队赴广州 4801 工厂抢修被烧毁的 4 艘"55"甲型中速炮艇,1965 年 5 月完工。70 年代后期与 701 所工程技术人员成功改装导弹艇多艘,1978 年成功完成两艘铝壳鱼雷快艇中修任务,添置铝板、铝材、铝铆钉的热处理及氧化处理设施。此外,还于 1964—1986 年先后派数十名工程技术人员,分期分批赴阿尔巴尼亚、柬埔寨、喀麦隆、扎伊尔等国家,指导修理扫雷艇、猎潜艇、62 型护卫艇等。1981 年 11 月,喀麦隆国防部长在杜阿拉海军总部代表阿希乔总统为中国人民解放军第 4808 工厂赴喀麦隆工程技术人员张忠祥、王文明等 8 人,授予"喀麦隆劳动勋章"。

1964—1988 年,北海船厂共修理军用船舶 27 艘,计排水量 8 万余吨。其中,1964—1968 年为陆军修理 J103、J104 和 JB01、JB02 等运输舰艇 17 艘,开创内燃机船舶修理先河。1979—1988 年又先后为海军修理小型舰艇 4 艘、大型运输舰 6 艘。

---

① 青岛通鉴[M].北京:中国文史出版社,2010:126.

运输船舶修理

19世纪末，青岛船坞工艺厂就开始修理小型驳船和小型货轮等。1905年10月建成16000吨浮船坞，能修理大、中型运输船舶。后浮船坞被日军劫走，修船能力大幅度下降，仅能修理800吨以下运输船舶。1946年，海军造船所修理商船92艘、载货吨约8.9万吨，1947年修理113艘、载货吨约7.5万吨，1948年上半年修理72艘、载货吨约5.7万吨。

青岛解放后，海军青岛造船厂先后修理三一航业公司300吨"香山"轮、志新轮船公司4000吨"海王星"轮以及交通部"中102"轮和"中119"轮等运输船舶。

1952年起，青岛港务局修船厂经营范围逐步扩大，由青岛港扩大到青岛地区。50年代后期到70年代初又先后扩大到烟台、天津、秦皇岛、营口、大连、连云港以及上海等地区。但船舶修理仅靠3条修船滑道及200余吨浮码头修理小型船舶，修船吨位最大的船舶是1965年借用大港六号码头靠船泊位修理的上海海运局3000吨级"战斗33"号货轮。1975年12月，北海船厂在燕儿岛新建两座万吨级干船坞，首次坞修青岛海运局12000吨级"鲁海56"号货轮成功，开始万吨级以上大型运输船舶修理。70年代末，随着改革开放深入发展和新厂全面投产，修船技术大幅度提高，修船一级品率从1978年的28.6％上升为1982—1985年的100％。80年代，第4808工厂、青岛灵山船厂、青岛东风船厂先后承揽和修理钢质运输船舶。

青岛港为中国主要港口之一，也承担着外轮修理任务。1950—1951年，海军青岛造船厂成功修理"奥兰琪"轮、"美那"轮等12艘万吨级外轮。1975年12月，北海船厂两座万吨级干船坞简易投产后，开始承揽外轮修理任务，1977年日本籍12000吨"叁号大盛丸"轮进干船坞修理成功，是历史上第一次坞修大型远洋运输外轮。至1985年，北海船厂先后修理日本籍、希腊籍、印度籍、苏联籍、挪威籍、美国籍及中波公司（中国、波兰）万吨级以上运输船舶数十艘。

工程船舶修理

青岛船坞工艺厂是本埠修理工程船舶最早的厂家，从开业之初到民国时期先后修理过破冰船、挖泥船、起重机船、拖轮等工程船舶。青岛解放至70年代，交通部红星船舶修造厂共修理小型工程船舶数百艘。

1979年12月，北海船厂新厂全面投产后，开始修理大型工程船舶，成为中国座底式钻井平台理想修理基地。1981年7月—1982年1月，为石油工业部修理及改装"渤海四"号钻井平台成功，这是中国第一次修理海上钻井平台。1982—1983年先后两次修理地质部8000吨级"勘探2"号，1984年9月—1985年12月先后4次修理"渤海六"号，其中1985年12月大修"渤海六"号成功。由于平台每隔四年要进行一次特检，国内没有容纳这种平台的超大型船坞，"渤海六"号钻井平台水下部分修理工程提出后，引起许多国家和地区厂家注意。北海船厂为争取此项工程任务，对修理方案进行充分技术论证，决定采取租用日本UKADA公司的半潜驳将平台托出水面、再停靠码头修理的方案，既经济又可靠，得到上级机关和专家认可。中标后仅用20天修理工程项目就全面结束，修理费271万元，为国家节省了外汇。修理质量获ABS验船师认可，并颁发合格证书，填补了中国不能完整修理海上钻井平台的空白。至1985年，北海船厂先后修理上海航道局、天津航道局、营口航道局、烟台救捞局、交通部第一航务工程局第二工程处（驻青岛）、交通部第三航务工程局第五工程处（驻连云港）、连云港港务局、秦皇岛港务局、营口港务局、大连港务局、烟台港务局、石臼港港务局、青岛港务局、国家海洋局北海分局、中国科学院海洋研究所、山东海洋学院等单位的拖轮、浮吊船、考察船、勘探船等工程船舶。

80年代，青岛灵山船厂、青岛东风船厂先后为青岛筑港工程处、第三航务工程局五公司以及青岛港务局等单位修理175～1000吨级钢质工程船舶数十艘。青岛海运局120吨、国家海洋局1000吨、青岛港务局260吨、青岛远洋运输公司120吨、青岛海上安全监督局260吨等钢质工程船舶。

捕捞及冷藏船舶修理

青岛解放时，青岛渔轮修造厂仅能修补小型木质渔船。随着捕捞业发展，渔业船舶增多，工厂规模也不断扩大，成为以修理渔轮为主的专业化工厂，设有450吨、650吨纵向船排滑道，能同时修理650吨以下各种渔轮14艘。至1985年，共修理省内外各类木质、钢质渔轮、渔政船、冷藏船等1843艘，计排水量近40万吨。

五六十年代，青岛船舶修理厂先后修理木质和钢质渔轮多艘，七八十年代先后修理沾化县水产局400吨级渔轮、大连渔业公司400吨级渔轮和780吨级冷藏船、烟台渔业公司3000吨级渔轮和5000吨级远洋渔轮、文登海运局1200吨冷藏船、山东外贸多艘千吨级以上冷藏船。另外还修理波兰籍5000吨远洋渔轮两艘、苏联籍4674吨"塔依格诺斯"远洋渔轮。苏联籍"塔依格诺斯"渔轮修理工程被评为"部优"产品。

80年代，青岛东风船厂先后修理冷藏船、渔轮、钢质渔轮数十艘。1970年，胶县造船厂建厂后，专门从事15～135千瓦小型木质渔轮修理。

第三节 机动船舶制造

本埠制造机动船舶始于19世纪末，起初仅能制造小型木质船，20世纪初开始制造钢质船舶和运煤驳船。其中，1910年为清廷海军部建造"舞凤"号航海炮舰。30年代，青岛海军工厂建造成150吨驳船；40年代建成载重200吨的木质货轮、排水量500吨的钢质吸泥船"金刚"号和300吨"千早"号钢质破冰船。40年代末，分别设计建成长43.90米、宽8.23米、型深5米、载重340吨、功率171千瓦、航速7海里钢质"天运"轮以及排水量200吨、功率206千瓦、航速9海里的钢质拖轮。

50年代，本地造船业开始自力更生，设计制造国防及经济建设急需的小型舰艇，设计建成排水量与功率不等、用途不同的各类小型军用船艇，小功率木质机帆船和小型木质驳船以及200吨级钢质浮码头和水泥浮码头、300吨级钢质油驳船、排水量562吨钢质拖轮；还自行设计建成国内第一艘排水量130吨、功率85千瓦木质渔轮，命名为"五一"号，是国内自行设计的第一艘机动渔轮。

60年代，本市造船业自行设计建成排水量千吨级钢质油轮、运水船、钢质油驳船及90～300吨各种钢质驳船，载货250吨钢质货轮，各类木质渔轮、小型木质机帆船，多种钢质浮码头，100千瓦钢质拖轮等船舶。其中，排水量970吨钢质冷藏船，是青岛地区建造的最大船舶。至60年代末，全市共建造运输船舶50艘、载货吨6000余吨。

70年代，全市共建造运输船舶22艘，计载货吨43225吨。其间，青岛造船厂经过两次较大规模扩建改造，形成放样、酸洗、下料、合拢、机械加工以及武备、通讯的安装试验等技术上配套成龙的船舶制造体系，可建造各类拖轮、钢质浮码头、电焊船等，其建成交付的271型登陆艇和037型反潜护卫艇均获全国科学大会奖。交通部红星船舶修造厂亦建成500吨级钢质油轮、载货1500吨、3000吨钢质甲板驳船以及中国自行设计的第一艘5000吨级钢质江用油轮——"大庆号"（图4-6）。1977年5月16日，青岛灵山船厂与中国人民解放军驻青岛造船厂代表室正式签订8艘600吨钢质方驳船建造合同，船长33米、宽12米、型深2.70米，

图 4-6　1971 年 6 月 25 日，交通部红星船舶修造厂在造船工地举行"庆祝'大庆 409'号 5000 吨油轮下水，向中国共产党的生日五十周年献礼大会"

1979 年 4 月全部建造完工。这是该厂建厂后建造的第一艘船舶。

80 年代，青岛造船厂成功建造满载排水量 8756 吨、载货 5820 吨的沿海钢质散装货轮"鲁海 64"号，填补了山东省空白；北海船厂建造的 1000 吨钢质货驳船被国家定为定型产品；青岛东风船厂建造的 1500 吨钢质自卸自航煤船 1 艘，荣获青岛市产品质量一等奖和国家科技进步三等奖。另外，各造船厂还建造成功 2000 吨级钢质驳船、600 吨钢质甲板驳船，及 50—200 吨各类驳船、100 吨油轮以及 180 吨轮渡船等钢质运输船舶；先后建造各类挖泥船及浮吊船、

住宿船、抛锚船等钢质工程船数十艘，其中 80 立方米冲吸式钢质挖泥船为主导产品。1982 年，青岛渔轮修造厂设计建造木质海防巡逻艇。是年 7 月，由北海船厂组成中国援建坦桑尼亚海军基地浮码头专家组赴坦桑尼亚，于 1984 年 6 月在坦桑尼亚海军基地建成 115 吨钢质浮码头两艘，此项工程得到坦桑尼亚国防部官员高度评价，称赞该组"为中坦人民友谊献身的崇高精神和精湛技艺"。1984 年 8 月—1985 年 5 月，第 4808 工厂为海军建造成排水量 1200 吨钢质炸礁平台驳船 1 艘。1985 年，第 7811 工厂自行设计建造成功率 24 千瓦、排水量 12 吨钢质军

用交通艇 2 艘。

青岛胜利修船厂

青岛一经解放,市委即提出复兴船舶工业计划,台西区委工业部迅速将分散在本地的手工业者、修船工人组织起来,于 6 月底借用邱县路 51 号一间小厂房,成立青岛胜利修船厂,共有职工 134 名,直属台西区委。在此基础上,于 1950 年 4 月成立青岛修船生产合作社,为集体所有制企业,隶属市手工业联社,次年迁至四川路 25 号。创建初期,职工每人出资 200 元作为资本,每工赚 15 斤苞米,扣留 1 斤转化为生产流动资金,历经近 10 个月经营,企业生产规模逐步扩大,开始承揽船舶修理工程。先后并购市北区 1 个铁工部和海员合作社 1 个锯厂。1952 年 3 月,青岛海员生产合作社并入。是年,购买永裕盐场靠海边一块空地(后来四川路 25 号厂址),随即在海滩上填海造地,修建第一座 200 吨级单轨滑道式船台。1953 年建设第二座 300 吨级双轨船台,至 1954 年先后建设 5 座船台,维修各型木质货船、渔船和舨,亦建造舢板,并建造第一条木质帆船——"华翔号"。其时只能承修 100~300 吨、建造 100 吨的木质机动船舶。[1]

1955 年 6 月,在台西区委和区工商联、区产业工会帮助下,复记、益华、义记、鸿发、长发铁工厂和利兴模型厂 6 家私营企业联合成立私私联营联成机器厂,厂部设在巨野路 3 号。1956 年 1 月实行公私合营,私营钺发铁工厂同时并入,成立公私合营联成修船厂,隶属市重工业局,1958 年划归台西区工业局。1958 年 5 月,青岛修船生产合作社转变经济性质,成立地方国营青岛船舶修造厂,隶属省交通厅航运

管理局青岛分局,7 月划归市重工业局,12 月划归市交通局。[2]

为适应青岛地区修造船生产发展需要,经市人民政府批准,1960 年 1 月 1 日,青岛船舶修造厂与青岛公私合营联成修船厂合并成立国营青岛造船厂,隶属市重工业局,厂址为四川路 25 号。随后,中央和山东省累计投资 1300 余万元进行三次扩建,逐步形成建造 7000 吨级船舶能力,成为国家建造中小型船舶重点企业之一。先后建造各种拖轮、趸船、驳船、工程船、挖泥船、保温运鲜船、沿海散装货轮、军用船等 20 多种船舶。[3]1963 年底,企业产品归口第三机械工业部九局(后为第六机械工业部)管理。

80 年代,船厂能够承担各类中小型船舶、液压甲板机械、起重机械和钢结构、轻工食品专用设备、非标准机械及电器设计;能建造载重量 7000 吨以下货轮、油轮、客轮、内河拖轮及 735~2200 千瓦极浅海电力推动及喷水推进三用拖轮等;能加工制造液压电动抛锚机、舵机、拖缆机、直径 3000 毫米以内的铜合金螺旋桨及各种金属的焊铆结构物;生产啤酒喷淋杀菌机、洗瓶机、2.5 吨液压随车吊、豆腐流水生产线及香皂包装机等;承接空船重量 1000 吨以下各类船舶及青岛港区各类船舶的航次修理。

1985 年,青岛造船厂隶属市机械工业局,为全民所有制企业。[4]内设 19 个管理部门、6 个生产车间;拥有主要设备 271 台,其中金属切削机床 89 台(大型 11 台)、锻压设备 27 台(大型 5 台);船坞设有 500 吨级船台 3 座、5000 吨级船台 1 座、焊接平台 3600 平方米、舾装码头 180 米(岸线长 480 米)、起重运输设备

---

① 马小维,等.青岛机械总公司史志(1950-2012 年)[M].青岛:内部编印,2013:249.

② 马小维,等.青岛机械总公司史志(1950-2012 年)[M].青岛:内部编印,2013:249.

③ 山东省志:机械工业志[M].济南:山东人民出版社,1994:399-400.

④ 马小维,等.青岛机械总公司史志(1950-2012 年)[M].青岛:内部编印,2013:249.

56 台。船厂职工 1999 人,其中工程技术人员 131 人;企业总占地面积 14.75 万平方米,房屋建筑面积 5.75 万平方米,其中厂房建筑面积 1.89 万平方米;固定资产原值 1929 万元、净值 1044 万元。年产钢质船舶 33 艘 /3827 吨,工业总产值 1358 万元,利润总额 87 万元,实交利税 5 万元。[1]是省机械工业厅的重点企业,也是山东省造船行业的骨干企业之一。

军用船舶建造

1910 年 12 月,青岛造船厂为清政府海军部建造 1 艘名为“舞凤”号的航海炮舰。该舰为钢质,长 38 米、宽 5.80 米、型深 3 米,排水量 220 吨,功率 441 千瓦,时速 15 海里,载煤量 3 吨,载淡水量 7 吨,装备 65 毫米火炮两门,可配备官兵 26 名。该舰设备与技术性能堪称先进,为青岛最早建成的海军舰艇。1913 年又为新几内亚建造成排水量为 104 吨快艇两艘。1914 年在日德青岛之战中遭到惨重破坏,至 40 年代末青岛再也没有制造军用船舶。

50 年代初,海军青岛造船厂开始为国防急需进行 100 吨以下小型舰艇设计制造。1950 年 5 月—1951 年 12 月,为海军青岛基地设计建造功率 160 千瓦、航速 10 海里、排水量 10 吨的钢质巡逻艇 4 艘。1951 年 2 月,海军修造部组织副厂长陈俊、工程师江迈基等设计 43 吨钢质海岸巡逻艇,于 1952 年 1 月建成两艘,各项技术性能达到设计要求,至 1952 年 12 月共建造 8 艘。此后,又在此基础上设计制造代号为“53”甲型排水量 50 吨的钢质巡逻炮艇,功率 480 千瓦,航速 12.5 海里,配备 25 毫米单管高射炮两门,为海军首型巡逻炮艇,至 1954 年 11 月共建造 8 艘。至 1960 年 10 月,先后为海军青岛基地设计建造木质潜水工作船、钢质挖泥船、钢质泥驳船、钢质交通艇 14 艘,钢质三联体靶船和排水量 70 吨钢质双联体靶船各 1 艘,载重量 600 吨、排水量 1100 吨钢质运水船和运油船各 1 艘。1955 年 8 月,建造完成排水量 28 吨木质快艇两艘,装备海军航空兵部队,1956 年 3 月—1957 年 4 月,为海军部队建造成排水量 70 吨的木质中速炮艇 4 艘,装备两门 37 毫米双管高射炮和两挺高射机枪,装备海军舰艇部队。1956 年 8 月—1957 年 10 月,先后又为中国海军建造成排水量 63 吨钢质登陆艇 10 艘,排水量 7.5 吨钢质水翼快艇 1 艘,该艇成为新中国第一艘钢质水翼快艇。1958 年 10 月,为海军青岛基地自行设计建造成排水量 9.5 吨钢质消磁工作艇 1 艘。1958 年 11 月—1959 年 9 月,自行设计建造成排水量 117 吨的钢质新型高速护卫艇——“八一”艇,装备海军部队,从而使青岛地区小型作战舰艇建造能力有了新的突破。1960 年 3 月—1962 年 6 月,为海军北海舰队自行设计建造成排水量 1110 吨、功率 662 千瓦、航速 9 海里的钢质油轮 1 艘。“文化大革命”开始后,造船基本处于停滞状态。为北海舰队建造的 1 艘 1100 吨运水船于 1965 年 10 月下水,直到 1968 年 12 月才建造完工交付使用。1984 年 8 月—1985 年 5 月,中国人民解放军第 4808 工厂为海军建造成排水量 1200 吨钢质炸礁平台驳船 1 艘。

1963 年,青岛造船厂开始担负军用船舶生产任务。1969 年和 1971 年,经过两次较大规模扩建改造,增加造船设施,形成放样、酸洗、下料、合拢、机械加工以及武备、通讯安装试验等技术上配套成龙的船舶制造体系,造船能力得到进一步提高。1970 年,首次试制 271 型 100 吨水、货登陆艇,同年 8 月进行第一次扩大试验,1971 年 9 月又完成第二次扩大试验,达到技术任务书要求,1978 年获全国科学大会奖。至 1985 年共建造 16 艘。

1970 年,青岛造船厂根据第六机械工业部

---

[1] 山东省志:机械工业志[M].济南:山东人民出版社,1994:400.

指示，在北海舰队支持下，对建造037型反潜护卫艇进行可行性论证，同时抽调技术骨干进行技术培训，成立反潜护卫艇工程办公室，负责该艇全部制造任务。首艇于1971年10月正式开工建造，1973年底完成试航，各项技术性能指标均达到设计要求，交付部队使用（1978年获全国科学大会奖）。1974年9月，青岛造船厂成为037型反潜护卫艇正式定点生产厂家。至1985年末共建造8艘。

1977年5月16日，青岛灵山船厂与中国人民解放军驻青岛造船厂军代表室正式签订8艘600吨钢质方驳船建造合同，船长33米、宽12米、型深2.70米。同年8月正式开工，1978年3月28日建成第一艘，至1979年4月全部建造完工，达到设计要求，交付北海舰队使用。

1982年，青岛渔轮修造厂设计建造成木质海防巡逻艇14艘。同年7月，青岛北海船厂技术科副科长魏启光率领本厂21名技术骨干组成中国援建坦桑尼亚海军基地浮码头专家组赴坦桑尼亚，于1984年6月在坦桑尼亚海军基地建成115吨钢质浮码头两艘，并于同年6月20日举行工程交接签字仪式。此项工程得到坦桑尼亚国防部官员高度评价，称赞该组"为中坦人民友谊献身的崇高精神和精湛技艺"。

1985年，中国人民解放军第7811工厂自行设计建造成功率24千瓦、排水量12吨钢质军用交通艇2艘。

运输船舶制造

1950年，青岛渔轮修造厂自行设计建造首批功率15千瓦木质机帆船4艘，此后陆续建成小型木质驳船13艘，功率21千瓦、29千瓦木质机帆船4艘、3艘。50年代后期，青岛运输船舶制造由以木质船舶为主逐步转为钢质船舶制造。1959年，青岛船舶修理厂设计建成300吨级钢质油驳船1艘。60年代，青岛渔轮修造厂建成功率59千瓦小型木质机帆船10艘。同期，青岛船舶修理厂先后设计建造800吨级钢质油驳船和300吨钢质方驳船、200吨钢质货驳船各1艘，120立方米（540吨）钢质开底泥驳船两艘，100吨钢质货驳船12艘，90吨钢质货驳船15艘以及载货250吨的"鲁海5"号和"鲁海6"号钢质货轮（长36.30米、宽27.20米、型深3.60米、功率184千瓦）。至60年代末，全市共建造运输船舶50艘、载货吨6000余吨，基本都是小型运输船舶。

70年代，青岛开始迈向中型船舶制造，主要产品有驳船、货轮、油轮等种类，全市共建造运输船舶22艘，计载货吨43225吨。1970年8月22日，青岛船舶修理厂在燕儿岛造船工地建成500吨级钢质油轮，至12月共建造2艘；至1972年3月，建成载货1500吨钢质甲板驳船9艘。1971年6月25日，在造船工地举行"庆祝'大庆409'号5000吨油轮下水，向中国共产党的生日五十周年献礼大会"，该油轮长134米、宽19米、型深5.70米，满载排水量7800吨、载油量5000吨、自重1700多吨，是中国自行设计建造的第一艘5000吨级钢质江用油轮，于1977年12月交付使用。1972年2月4日，为刚果（布）建成125吨24斗组合钢质驳船1艘；1976年12月又建成3000吨级钢质油驳船3艘。1979年，青岛灵山船厂先后建成"鲁工驳五""鲁工驳八""鲁工驳十""鲁工驳十二"600吨钢质驳船，同时建成100吨钢质油驳船两艘。

80年代，青岛开始中型货轮建造。1980年，青岛造船厂成功建造长114.98米、宽15.40米、型深8.80米、功率2200千瓦、航速13.4海里、满载排水量8756吨、载货5820吨的沿海钢质散装货轮"鲁海64"号，填补山东省空白。此后，该厂建成长58.72米、宽10.40米、型深4.10米1000吨钢质货驳船4艘，该船稳行好，被国家定为定型产品；建成长71.60米、宽13米、型深5.50米2000吨级钢质驳船两艘。同年，青岛东风船厂建成长88.53米、宽13.60米、型深6米、功率588千瓦的1500吨钢质自卸自航煤船1艘，荣获青岛市产品质量一等奖和国家科技进步三等奖。另外，还建造成600吨钢质甲板驳船1艘及80吨货驳船、50吨油驳船、50吨方驳船、100吨驳船、120吨驳船、100吨油轮以及180吨轮渡船等钢质运输船舶。1981年，青岛灵山船厂设计建造200吨级"青黄浚1"号钢质驳船，1981—1985年共建造60吨和80吨钢质驳船22艘。

工程船舶制造

20世纪初，青岛船坞工艺厂曾制造破冰船、挖泥船、浮船坞等。1942年，青岛工厂先后建成排水量500吨钢质吸泥船"金刚"号和300吨"千早"号钢质破冰船。1949年1月建造成排水量200吨、功率206千瓦、航速9海里钢质拖轮1艘。1952年，青岛港务局修船厂开始制造钢质工程船舶，至1959年先后建造205吨和165吨钢质浮码头以及排水量562吨钢质拖轮各1艘。

60年代，青岛船舶修理厂设计建成275吨和65吨、245吨钢质浮码头各1艘，为中国援建刚果（布）小型木船制造厂建造160吨钢质浮码头和20立方米钢质施工组合机动泥驳船各1艘，为该厂解放后第一批出口船舶。1964年，青岛造船厂首次建造100千瓦钢质拖轮成功，至1981年先后建造100~1440千瓦等型号的内河及近海钢质拖轮71艘，其中304千瓦钢质拖轮51艘。还制造各种钢质挖泥船34艘以及小型浮船坞等船舶。

1970年6月28日，青岛港务局修船厂建成第一艘排水量197吨294千瓦拖轮并交付使用，并在此基础上改进后批量生产，至1982年共建造68艘。该厂还建造成1200吨、115吨钢质浮码头各1艘，200吨钢质浮码头2艘以及150吨电焊船等。1980—1987年，北海船厂先后设计建造成200吨、115吨、250吨、40吨、420吨、110吨钢质浮码头各2艘，63吨浮吊船5艘，150吨承压舟1艘。

80年代，青岛东风船厂先后建造15吨挖泥船、60立方米链斗挖泥船和每小时80立方米冲吸式挖泥船和绞吸式挖泥船、40立方米挖泥船、15立方米电动挖泥船以及45吨浮吊船、住宿船、抛锚船等钢质工程船数十艘，其中80立方米冲吸式钢质挖泥船为主导产品。还制造成功率99千瓦、136千瓦、180千瓦、294千瓦等型号钢质拖轮数十艘。

捕捞及冷藏船舶制造

本市捕捞及冷藏船舶制造始于1952年，始以木质渔轮制造为主，到70年代逐步改为钢质渔轮制造。青岛渔轮修造厂是以生产渔轮船舶为主的专业化工厂，第4808工厂、青岛东风船厂、青岛造船厂、薛家岛船舶修造厂、青岛灵山船厂、北海船厂等都先后制造少量渔轮及冷藏船。

1952年，青岛渔轮修造厂自行设计建成一艘排水量130吨、功率85千瓦的木质渔轮，命名为"五一"号，是国内自行设计的第一艘机动渔轮。1959年，海军301厂建造成排水量30吨、功率45千瓦木质机帆渔轮6艘。1960年9月—1961年5月，海军301厂建成长54.17米、宽8.20米、型深4.10米、功率441千瓦、航速10海里、排水量970吨钢质冷藏船两艘，是青岛地区建造的最大船舶。

1960年，青岛东风船厂开始大批量建造渔轮，至1979年共建造成功率15千瓦、136千瓦、147千瓦、331千瓦各种木质和钢质渔轮123艘，其中功率331千瓦814型钢质渔轮为主导产品。1961—1963年，青岛造船厂先后建造功率44~85千瓦3种型号的小型木质渔轮30艘。五六十年代，共建造排水量130~225吨、功率99~184千瓦各类木质渔轮56艘。1985年，青岛东风船厂814型钢质渔轮获山东省科技进步三等奖。

1970年，青岛造船厂建造成30吨内河钢质保温运鲜船 2 艘、50 吨保温船 4 艘。同年，青岛渔轮修造厂自行设计建成 VQY810 型排水量 271 吨、功率 199 千瓦钢质渔轮 2 艘。该轮采用固定导浆推进、1.6 吨米液压舵机、5 吨/60 米液压绞网机，被国家标准委员会列为近海定型渔轮，成为国家水产总局出口产品之一。1970—1971 年建造排水量 350 吨、功率 294 千瓦 VQY811 型钢质拖网渔轮 3 艘。1971 年开始自行设计建成排水量 143 吨、功率 331 千瓦 VQY814 型钢质光诱围网渔轮 9 艘。1972—1975 年又建造成排水量 350 吨、功率 441 千瓦 VQY812 型钢质渔轮 13 艘。1975 年建成第一艘排水量 375 吨、功率 441 千瓦 VQY8101 型钢质渔轮，经过改进后进行批量生产，至 1987 年共生产 43 艘。1979 年自行设计建造成 VIS401 型、功率 970 千瓦、载重 600 吨冷藏运输船"鲁冷3"号。该船性能良好，主机可遥控，操作方便，冷藏效果好，投入国际航线运行。

1980 年，青岛造船厂建成 59 千瓦钢质淡水渔轮 1 艘；1984 年青岛造船厂建造成 100 吨钢质冷藏收鲜船 2 艘，用于东海、黄海、渤海渔场收购小型渔船的海鲜，并进行装箱、冷藏、保鲜等，同时向小型渔船提供淡水、油料、碎冰和生活用品等。1985 年，青岛造船厂建成 100 吨钢质冷藏船 2 艘。同期，青岛灵山船厂为卧虎山水库建造成 21 吨钢质渔轮 1 艘，薛家岛船厂建成 29 千瓦木质渔轮 2 艘，胶县造船厂建成 100 千瓦和 136 千瓦木质渔轮 4 艘。

第四节　船用设备及配件生产

20 世纪初，青岛造船厂制造过船用锅炉、电机、汽锤及各种机械配件等。三四十年代，青岛海军工厂也曾制造过船用设备及配件。直至解放前，青岛并无船用设备及配件专业生产厂家。

青岛阀门厂于 1952 年建厂后，只能小批量生产工业低压阀门，随着船舶工业迅速发展，船用阀门需求量大增，1968 年开始试制船用阀门，翌年投入小批量生产，1970 年正式转产船用阀门。至 1972 年可生产 24 个系列、195 种规格的船用阀门，并大批量承接大型船舶所用阀门的订货合同。80 年代先后形成铸钢、铸铁、铸铜生产能力，对阀门产量增长起到保证作用。其 CB309-76 型内螺纹青铜截止阀和 GB590-76 型法兰铸铁截止阀质量长期稳定在一等品水平，止回阀和截止阀等产品出口新加坡、巴基斯坦、伊朗等国家，成为国内唯一出口船用阀门企业。

50 年代，海军 301 工厂于先后试制小型高速柴油机和中速中型柴油机易损件，如铜铝合金轴承、气缸衬套、活塞环以及淡水泵、各种传动轴等，1964 年研制的潜艇螺杆泵获 1978 年全国科学大会奖。五六十年代，交通部红星船舶修造厂先后制造过船用 1～2 吨立式锅炉 21 台、2～5 吨卧式锅炉 10 台，并被船检部门作为免检产品。另外还制造过船用推进器、起锚机、舵机、绞缆机、起货机、295 柴油机等。

1958 年，青岛联成修船厂设计制造 1110 型 18 千瓦、3110 型 55 千瓦船用柴油机，青岛造船厂于 1963 年试制成功 58 千瓦低速船用柴油机。1968 年，青岛渔轮修造厂制造 6260 型功率 198 千瓦船用柴油机 2 台，1970—1975 年制造 8300 型功率 441 千瓦船用柴油机 4 台，还先后设计制造 V234QYZ 型 1.2 吨米液压回转式舵机、V234QYS 型 1.6 ～2.5 吨米液压舵机及 JYCF40/70 中高压绞网机等船用设备。

1976 年，青岛风机厂开始研制船用风机，定产后产量逐年增加，成为第六机械工业部船用风机定点生产厂。至 80 年代中期，生产的船用风机品种有直流离心式风机、交流离心式风机、轴流风机等 3 个系列、77 个规格型号，排风量 400 立方米 / 时～25000 立方米 / 时，功率 0.2～13 千瓦。

1979 年 10 月，第 4808 工厂与 701 所工程

技术人员共同改装导弹艇伸缩臂发射架试制成功，导弹装弹时间缩短 5 倍。1984 年 9 月自行设计制造成两台 CD-20-6 型鼓轮式电缆机，全部采用电子液压操纵，由鼓轮式自动收放装置、测力计、自动测速装置等组成，具有无级调速、预余量控制及 20 吨以内张力控制、恒功率输出等功能，经中国船舶工业总公司等 12 个单位鉴定为国内首创，接近国际同类型布缆机性能。该机被"邮电 1"号船采用，完成从上海至日本的海底布缆任务。

另外，青岛船用锅炉厂生产立式、卧式船用蒸汽锅炉共 9 个系列、25 个规格型号，年产蒸发量 1～3 吨锅炉 30 台。青岛无线电三厂主要制造 606 侦察雷达和船用导航雷达等。1980 年，第 7811 工厂组建密封件车间，生产骨架油水封、垫圈、胶条等橡胶密封件及运输带产品。同期，青岛船舶配件厂主要生产船用橡胶制品、玻璃钢制品以及船舶配件机加工等。青岛锚链厂生产船用锚链直径 48 毫米以下的有档和无档锚链共 3 个系列、37 个品种，年产 2000 吨。青岛气割机械厂主要生产船舶工业用 CG-Q5 型半自动气割机。

第二章 机车车辆

鸦片战争前后，铁路和火车知识开始传入中国。德国侵占胶州湾后，通过《中德胶澳租借条约》取得在山东修筑铁路的权利。随后，在修建胶济铁路的同时建设胶济铁路四方工厂，主要任务是组装和修理机车车辆。1914 年日本占领青岛并接管四方工厂后，增建翻砂、客货车、车轮、铸钢车间和实验室等，并增添部分设备。1922 年北洋政府收回青岛主权，胶济铁路管理局机务处随之接收四方工厂，此后，全厂职工人数、生产能力、占地规模及房屋面积、设备总数均有所增加。1938 年日本再次占领四方机厂，交由"满铁"华北事务局管辖，工厂隶属济南铁道事务所。之后，工厂隶属数次更改，厂名亦改称青岛工场。1945 年南京国民政府交通部接收四方机厂后，基本恢复国民政府管辖时的编制。

青岛解放后，四方机厂由市军管会铁道部接收，新中国成立后直属中央人民政府铁道部。50 年代，新中国第一台国产蒸汽机车在四方工厂试制成功，铁道部命名为"八一"号，结束了中国不能独立制造机车的历史。此后，国家为彻底改变机车行业以修为主的生产局面，尽快发展国家机、客车制造工业，开始进行第一次大规模技术改造。1956 年，中国第一台"胜利"型客运蒸汽机车研制成功，结束中国铁路没有自行设计制造的机车牵引旅客列车的历史；新型 22 型客车取代 21 型，成为中国客运主型客车。1958 年试制成功中国第一台液力传动燃机车——"东风"号内燃摩托动车、中国第一次自行设计的"人民"型干线客运机车、中国第一列双层客车、中国第一辆铁路车辆试验车——动力试验车。

50 年代末，四方工厂由第一机械工业部转交铁道部管理，隶属铁道部机车车辆工业管理总局，开始进行第二次技术改造。60 年代初，按照铁道部"先修后造、以修为主、质量第一"的指示，机车、客车生产全部转为修理。同期又根据需要试制两台"上游"型蒸汽机车，完成中国首列低重心列车配套和中国首列被称为"第一个活动楼房"的双层客车鉴定验收出厂，承担并完成中国首次出口锡兰（斯里兰卡）全钢客车的研制设计，组装完成第一台 600 马力"红星"型调车内燃机车。60 年代末开始修理内燃机车。70 年代，铁道部决定对内燃机车系统进行改造，也是工厂的第四次技术改造，同期研制成功东方红（21）型液力传动内燃机车和中国第一列广九空调客车。

80 年代，按照中央"调整、整顿、改革、提高"的方针，工厂推行以"五定作业"为目标的全面整顿，正式执行生产经营包保经济责任制。1985年全面推行经营承包制并展开各项配套政策，工业总产值首次突破亿元大关。

第一节 胶济铁路四方工厂

光绪二十四年（1898）中德签订《胶澳租借条约》，德国取得在山东修筑铁路的权利，次年6月建立山东铁路公司，9月开工修筑胶济铁路。在修建胶济铁路的同时，为胶济铁路通车后需要，山东铁路公司拟在距青岛7公里处的四方调车场旁边、四方村南侧，横亘于青岛与沧口间通行道路的中央，建一个设备、厂房齐全、能担负胶济铁路全部车辆装配和修理任务的铁路总厂。工厂占地面积12.5公顷，计划工厂东侧为职工宿舍预订用地，西侧至海岸为工厂预定用地；厂内建有办公楼、仓库、动力室、机车库、水塔、组装旋床、锅炉厂房、油漆和锻冶厂房、室内迁车台和锯木厂等；预算投资320万马克。1900年10月开始兴建，1902年建成并于次年投产，由德国人阿苏霍伦首任厂长，承担胶济铁路全路机车车辆的组装、制造和修理任务。工厂实行"华人职工控制法"，工作时间为每日9小时，星期日休息。至1914年，累计组装与修理机车客车、

火车1148辆。

1914年11月日军占领四方铁路工厂，将其改称为山东铁道青岛工场。工厂设事务所、13个职场（车间）仓库和试验室，有职工972人、职员30人。至1922年，工厂增建翻砂、客货车、车轮、铸钢职场、实验室等房屋10栋（图4-7），增添设备290台。1922年12月5日，中日签订《中日间关于山东悬案铁路细目协定》，规定胶济铁路及支线和一切附属财产，以3200万银元由北洋政府赎回，并在一个月内交接完毕。

1923年1月5日，北洋政府胶济铁路管理局机务处接收四方工厂，全部厂房、设备、产品和原材料赎金为银元6035362元9角4分。2月，派王承祖为厂长，工厂恢复原名；3月改派杨毅、后又派栾宝德为厂长，改称胶济铁路管理局机务处四方机厂（简称四方机厂），工厂行政机构改为4股、5工场。南京国民政府第一次统治青岛时，该厂属铁道部胶济铁路管理局机务处管辖，厂名为"铁道部胶济铁路管理局四方机厂"。期间于1930年6月1日起实行8小时工作制。至1936年，工厂新建客货车工场、木工场、缝工场和消防室等；扩建油漆场、第二工场装配部、第五工场事务室及机械部、第一工场电石室等，并调整工艺布局；全厂占地面积56英亩（22624.16平方米）、房屋面积251850平方英尺

图4-7 山东铁道四方工场

（23396.865 平方米）；自制和购置设备 55 台，设备总数为 935 台，全厂有职工 1669 人，新造机车 1 台、客车 27 辆、货车 232 辆。是年，生产能力达到年修机车 94 台、客车 348 辆、货车 1656 辆，新造客货车 6 辆的水平。

七七事变爆发后，四方机厂奉命南迁，除车辆残破者外，到 11 月基本撤退完毕，其中大部分调往陇海、粤汉两线，少数军用运输车辆也于 12 月中旬南下完毕。工厂主要机器设备和物资拆卸南运，大部分装于湖南株洲机车工厂，360 名技术工人则分流到洛阳、西安、汉口、株洲等地。

1938 年 1 月日本再次占领四方机厂，2 月 16 日由日本北支方面军接管，工厂作业经营则全由"满铁"承担。3 月工厂隶属"满铁"华北事务局济南铁道事务所，次年 4 月日本设立华北交通株式会社，四方机厂为其隶属单位。1940 年 6 月又改设华北车辆株式会社，四方机厂改称华北车辆株式会社青岛工场，负责桥梁、路岔、信号及其他机械制造，归属后即与胶济铁路局分离。1945 年 11 月 26 日日本投降交接时，全厂在册人数 3070 人，其中中国职工 2767 人（实有 1555)，在册日本人 303 人（实有 206 人）；工厂占地面积 26 万平方米，建筑面积 51300 平方米，机械设备和装置 937 台（件）。

1945 年 10 月 28 日，南京国民政府交通部派曾润琛到青岛接收四方机厂，11 月津浦区铁路局又委派施履楷由昆明至四方机厂任正工程师兼副厂长。接收完毕后即整顿行政组织，基本恢复南京国民政府统辖时期编制，设 7 组 13 场，分别负责管理和生产工作。1946 年 1 月 8 日开始准许原裁减人员复工，至 6 月底共有职工 2048 人，其中职员 124 人。[①]此后，先后改为"交通部济南区铁路局四方机厂""交通部津浦

区铁路局四方机厂"。其间，受战争影响，1948 年濒临破产。至 1949 年 6 月，该厂占地面积 291208 平方米，厂房面积 77682 平方米，机械设备 322 台，员工 1800 余人。

青岛解放后，四方工厂由市军管会铁道部接收，占地面积 583752 平方米，建筑面积 125588 平方米；有机械设备 978 台，其中原动机械 43 台、工作机械 52 台、电力机械 249 台、试验机械 17 台、其他机械 133 台；有职工 1915 人。10 月 27 日起，工厂直属中央人民政府铁道部。1950 年 1 月 25 日进行解放后首次机构调整，设 8 科、12 个工场、1 个分厂。其间，中央铁道部指示"四方铁路工厂将发展为机、客、货车制造工厂"，成为中国第一个专门制造机、客、货车的专业化工厂。为适应新形势需要，1953 年 1 月将铁道部四方铁路工厂改名为"铁道部机车车辆制造局四方机车车辆制造工厂"，并将各生产场一律改为车间；8 月 22 日移交第一机械工业部，改名为"中央人民政府第一机械工业部机车车辆工业管理局四方机车车辆制造工厂"（以下简称"四方机厂"）。"一五"期间，全厂累计生产新造机车 238 台、客车 143 辆、货车 650 辆，平均每年增长总产值 153 %、机车 28.4 %、客车 120.2 %，试制新产品 11 种。[②]1958 年 9 月 22 日又由第一机械工业部转交铁道部管理，隶属铁道部机车车辆工业管理总局。1959 年 5 月 6 日，铁道部决定成立四方车辆研究所，由机车车辆工业总局委托四方机厂领导。

60 年代，四方机厂研制成功中国第一台"东方红Ⅳ"型 4500 马力大功率液力传动内燃机车、中国第一台大功率 200 千瓦战备发电车和军工车，为坦赞铁路设计并制造全部客货干线 DFH2 型液力传动内燃机车和 DFHI 型调车内燃机车，这是中国自行设计的第二代内燃机车，

---

① 四方机车车辆厂志(1994-2000 年)[M].青岛:内部编印,2000:3.

② 四方机车车辆厂志(1994-2000 年)[M].青岛:内部编印,2000:2.

也是中国第一次向国外出口机车。同时还研制援越南 DFH3 型、援阿尔巴尼亚 DFH4 型、援巴基斯坦 DFH5 型液力传动调车内燃机车。1964年，在全国工业新产品展览会上，四方工厂研制的"卫星"型液力传动内燃机车和300马力、1000马力液力传动装置获一等奖，双层客车组和低重心列车组获二等奖，出口锡兰（斯里兰卡）客车（7种）获三等奖，工厂被铁道部评为"客车修造质量标兵"和"新产品试制标兵"。根据铁道部指示，1966年下半年工厂转产内燃机车，结束60余年的蒸汽机车修造历史。

1970年8月，铁道部与交通部合并，四方机厂隶属交通部工业局。1972年9月1日起实行厂、车间、班组3级管理、两级核算，撤销连队，恢复原科室和车间建制。1975年1月铁道部与交通部分开，工厂重属铁道部工业局。1978年8月7日撤销工厂革命委员会，恢复任命厂长，重新实行党委领导下的厂长负责制。

1983年3月，在全厂正式执行生产经营包保经济责任制，工厂开始实行方针目标管理，体现"工厂目标万人挑、人人肩上有指标"。1985年，全面开展以推行经营承包制为重点，并全面展开各项配套政策，逐步开拓改革新局面；5月1日起实行厂长负责制，8月15日起新的组织机构（八部四室、四分厂）运转。是年，工业总产值达10444万元（1980年不变价），全员劳动生产率首次突破万元，各项指标均创历史最好水平。[①]

第二节 组装与修理

1900年11月，胶济铁路四方工厂开始用德国生产的机车、客车、货车零部件组装客车和货车；次年开始组装蒸汽机车，包括调车机车、客货混用机车、货车用机车和客用机车，这些机车均是在德国解体后运至青岛再行组装。至1902年10月共组装机车22台、货车213辆、运煤车245辆；共组装客车38辆，品种有头等客厅车、勤务车、食堂车、头等寝食车、头二等客车、二等客车、二三等客车等。其中一辆头等客厅车结实耐用，于1902年在杜塞尔多夫莱茵工业展览会上获得普遍好评。1905年开始为胶济铁路修理蒸汽机车。

日本侵占青岛后强占四方工厂，进行货车改造和装配制造，从日本等国进口零部件和原材料组装调车机车、客用机车，至1922年制造仿德式15吨棚车40辆。南京国民政府时期组装各种机车18台，新造货车196辆，改造货车66辆；修理机车676台，修理客车2393辆，修理货车12637辆。日本第二次占领青岛时期，组装机车380台，新造货车2173辆，改造货车54辆，组装客车32辆。40年代后期新造货车63辆，改造货车49辆。以上货车均为利用进口零部件和主要原材料进行仿制而成。至40年代末，工厂共组装蒸汽机车443台、客车70辆、货车1350辆；共修理蒸汽机车1920台。

青岛解放后，四方机厂立即着手抢修各种货车，主要有重造、死复、过破、大修、中修和其他修理六类，至1952年底共修货车1689辆，之后修理货车数量逐年减少。60年代初，按照铁道部"先修后造、以修为主、质量第一"的指示，工厂机车、客车生产又全部转为修理。1965年停修货车。1968年，在国家铁路工业修车能力不足情况下，四方机厂根据铁道部指示，开始承担内燃机车修理任务。

组装

1900年11月，胶济铁路四方工厂开始利用来自德国的客车零部件组装客车，至1902年底共组装38辆，品种有头等客厅车、勤务车、食堂车、头等寝食车、头二等客车、二等客车、二

---

① 四方机车车辆厂志(1994-2000年)[M].青岛:内部编印,2000:2.

三等客车等。其中一辆头等客厅车结实耐用，于1902年在杜塞尔多夫莱茵工业展览会上获得普遍好评。同时开始组装货车，至1902年10月共组装货车213辆、运煤车245辆。货车零部件均来自德国。青岛解放前共组装货车1350辆。

1901年，胶济铁路四方工厂开始组装蒸汽机车，至是年10月组装13台；翌年10月底共组装22台。机车均从德国解体后运至青岛，再行组装。1916年从日本等国进口零部件和原材料组装调车机车8台、客用机车2台。

1923～1937年组装各种机车18台。1938～1945年9月组装机车380台。青岛解放前共组装443台蒸汽机车，以供胶济铁路等运营。

机车修理

四方机厂从1905年起开始为胶济铁路修理蒸汽机车，平均每月修理4台，1914—1922年平均每月修4～5台，1923—1936年平均每月修6～9台，1940—1942年共修理319台。1946—1947年共修理83台。青岛解放前共修理蒸汽机车1920台。青岛解放至1952年仍以修理蒸汽机车为主，至1966年（从1967年后停止修理）共修理蒸汽机车1160台。

内燃机车修理始于1968年，在铁路工业修车能力不足的情况下，根据铁道部指示承担小量修理任务。至1985年共修理内燃机车155台。

客车修理

1905年，四方机厂开始修理客车，至1914年修理118辆，均为工厂组装客车。1914—1916年平均每月修理客车50辆，1923—1936年共修理客车3920辆，1940—1945年修理客车190辆，1946—1947年修理客车69辆。解放前共修理客车4316辆，主要是胶济铁路运行的客车。

1949年6月至1985年，共修理客车5599辆。四方机厂从建厂初期至1985年，共修理客车10218辆。

货车修理

1905年，四方机厂开始修理货车，平均月修100辆左右，1916年后平均月修50辆，1923—1936年共修理货车20568辆，大部分为无转向架的10吨、15吨棚车或敞车，还有有转向架的30吨、40吨棚、敞车等。1938年—1945年9月修理货车2155辆，1946—1947年修理货车466辆，解放前共修理货车25319辆。

青岛解放后，四方机厂立即着手抢修各种货车，主要有重造、死复、过破、大修、中修和其他修理六类。至1952年底，共修货车1689辆，平均每月修理42.2辆。1953年后修理数量逐年减少，1965年停修货车。至此，共修理货车2025辆。

第三节 蒸汽机车

日本第一次侵占时期，四方机厂利用进口零部件和主要原材料制造调车蒸汽机车5台。1932年10月—1933年1月，工厂利用破旧车架、配以英国新锅炉和美国新动轮，自制成功蒸汽机车，主要零部件系从日本等国进口，共制造25台。1946—1947年，依靠进口部件制造3台蒸汽机车，最大牵引力为198千牛（20180公斤）。解放前，工厂利用进口零部件和原材料共生产各种蒸汽机车39台。

新中国成立初期，铁路牵引动力仍是蒸汽机车。四方机厂先后试制成功"解放"型、"胜利"型、"人民"型和"上游"型蒸汽机车，其中"解放Ⅰ"型蒸汽机车结束中国不能自己制造机车的历史，"人民"型干线客运蒸汽机车成为五六十年代中国客运的主型机车。至1966年，四方机厂共研制生产4种型号蒸汽机车计627台。

"八一"号蒸汽机车

直至新中国成立之时，中国仍然不能制造蒸汽机车。1952年4月，朱德到四方机厂视察，提出"四方机厂工人要为中国人争气，造出自己的国产机车"的要求，四方机厂开始率先在全国试制"解放"型蒸汽机车。

由于职工在 1949 年 10 月抢修"中苏友好号"蒸汽机车和 1950 年修复"国庆周年号"蒸汽机车中获得成功,积累了较为丰富的生产经验,于是边干边学,对着图纸拆卸机器,然后再组装,逐渐积累经验,并多次召开"诸葛亮会"解决生产技术问题,先后研制、生产上万个大小零部件。特别是老工人丁学文等人攻克月牙板表面渗碳处理难关,其质量达到设计标准且赶上国外先进水平。此后,工人们又先后攻克机车锅炉焊接、机车蒸汽塔和射水器等高压弯管接头等技术难题,又研制成功撬车机和风力锅炉运送机,缩短撬车和运送锅炉时间。1952 年 7 月 26 日试制成功新中国第一台自己制造的"解放Ⅰ"型蒸汽机车(图 4-8),机车车轴排列为 1—4—1,模数牵引力为 236 千牛,机车空重 92.07 吨,车长 22.6 米,设计速度为 80 公里/小时。该机车被铁道部命名为"八一"号。

1952 年 8 月 1 日,四方机厂举行隆重的

图 4-8 四方机厂制造的"解放Ⅰ"型蒸汽机车——"八一"号

"八一"号蒸汽机车落成典礼,从而宣告中国不能自己制造机车的历史结束,揭开中国铁路机车车辆工业史上新的一页。随后,该型机车由四方、大连、齐齐哈尔等厂成批生产,成为中国五六十年代铁路运输动力的主型货运蒸汽机车。至 1960 年,四方机厂共制造生产该型机车 216 台,同年停止生产。

"胜利"型干线客运蒸汽机车

1954—1955 年,四方机厂对解放前留下的老式干线客运蒸汽机车进行改进设计,改称"胜利"型,代号为 SL。1956 年试制出中国第一台该型蒸汽机车,构造速度 110 公里/小时,模数牵引力 166 千牛,机车空重 88.71 吨,至 1959 年共生产 151 台。

"人民"型干线客运蒸汽机车

1957 年,四方机厂根据铁道部决定,对大连机车车辆厂生产的"人民"型干线客运蒸汽机车图纸进行四次重大改进,于 1958 年 4 月 30 日试制出中国第一台"人民"型干线客运蒸汽机车,代号为 RM。该型机车车轴排列为 2—3—1,构造速度 110 公里/小时,模数牵引力 177 千牛,机车空重 89.79 吨。与"胜利"型机车相比,"人民"型机车轮周功率提高 28.9%,单位功率金属消耗量减少 21.4%,单位功率煤耗量降低 11.8%,机车牵引 800 吨四轴客车平道运行速度可达到 94.5 公里/小时。该型机车成为中国客运五六十年代的主型机车。至 1966 年,四方机厂共生产该型机车 259 台。

"上游"型蒸汽机车

1961 年底,四方机厂在大连机车车辆厂、唐山机车车辆厂设计的"上游"型蒸汽机车基础上进行重大改进,试制出 2 台代号为 SY 的"上游"型蒸汽机车,供调车使用。该型蒸汽机车采用全电焊锅炉和铸钢汽缸,并装有粘着增加器、风动摇炉装置、自动调整楔铁装置,机车车轴排列 1—4—1,构造速度为 80 公里/小时,模数牵引力 201 千牛,机车空重 75.5 吨。

该型机车运行性能良好，结构可靠，后根据铁道部决定，改由唐山机车车辆厂定点生产。

1966 年 8 月，四方机厂根据铁道部决定停止研制生产蒸汽机车，转为制造内燃机车。

第四节 内燃机车

1958 年 7 月 30 日，四方机厂根据铁道部"内燃、电力机车并举，以内燃为主"的机车制造方针，开始试制"东风"型液力传动内燃机车，并于 9 月 22 日试制成功，这是中国第一台液力传动内燃机车。虽因结构性能存在问题未批量生产，但为研制中国第一代液力传动内燃机车开辟了新路。1959 年 9 月成功研制中国第一台大马力液力传动内燃机车——"卫星"号，开启中国内燃机车新时代。至 70 年代中期，四方机厂内燃机车相继开发出"红星"型、"东方红"型系列、援外 DFH 系列 10 余个型号的液力传动机车。从 1952 年试制出中国第一台蒸汽机车，到制造出中国第一台液力传动内燃摩托动车，四方机厂成为中国第一家研制生产液力传动内燃机车的厂家，为全国机车制造行业发展起到奠基作用。后来生产液力传动内燃机车厂家均以四方机厂图纸设计、工艺技术为基础。

1983 年后，四方机厂先后为部分矿山、油田以及昆明钢铁公司、重庆特殊钢铁厂、本溪钢铁厂、青岛钢厂、烟台合成革厂、江西华昌公司等单位，研制开发 J21 型等多种不同类型的内燃机车新产品，成为上述厂家铁路运输主力。随着内燃机车液力传动、电传动技术发展之争结束，根据铁道部工业局安排，四方机厂在大连机车车辆厂支持下，于 1984 年正式转产"东风Ⅴ"型电传动内燃机车，该型机车获 1985 年国家技术开发优秀成果奖，产品开发进入跟随生产和独立研制并举的发展时期。[①]

"卫星"型液力传动内燃机车

50 年代末，国民经济快速发展，铁路运输量骤增，国家急需新型大马力牵引机车以满足铁路运输需要。1958 年夏天，铁道部向全国机车生产厂家提出"内燃、电力机车并举，以内燃为主"的制造方针，四方机厂试制液力传动内燃机车项目于 7 月 30 日正式上马。工厂派出专业工程技术人员赴铁道科学研究院、上海交通大学等单位取经，与他们共同设计研制新型机车，经过反复论证和实验，工程技术人员最终设计出图纸并投入生产。

参加新型机车研制的成员都是从各个车间挑选出来的技术尖子，根据设计人员绘制的图纸，技术工人开始试验制作，没有现成的经验和技术数据可以参考，只能边摸索边试验，失败后再重新改进。内燃机车的研制试验设备也非常简陋，工人们用木头在厂房里搭建成临时架子，再将试验用的发动机放在木架上，测热器、曲轴、定子和转子以及仪表等工具也都临时挂在发动机旁边。试验时，技术人员还要拿个板凳坐在仪表边，关注着数据的细微变化。

1959 年 9 月，四方机厂研制的中国第一台液力传动内燃机车正式出厂，并以具有"大跃进"时代色彩的"卫星"号命名，代号 NY1。该型号机车填补了新中国没有液力传动内燃机车的历史。"卫星"号液力传动内燃机车为客运机车，由两台联挂牵引，亦可单独使用；每台机车前部为司机室，后部为动力室，动力室装有两套完全相同而独立的动力装置，每套额定功率为 735 千瓦（1000 马力）；构造速度 140 公里/小时，车重 84 吨。10 月，"卫星"号液力传动内燃机车作为国庆 10 周年的"献礼"，赴京参加全国工业展览。

"卫星"号液力传动内燃机车研制成功后共制造 4 台，主要用于干线客运内燃机车牵引任

---

① 许辉.四方机车车辆厂内燃机车的发展历程[J].内燃机车,1999(1):3-7+49.

务。经过 12 次试运转，走行 4021 公里后发现，该型机车在 100 公里 / 小时以下时性能良好，在 100 公里 / 小时以上时工作性能不稳定，未能完全达到设计要求，后未继续生产。虽然"卫星"号机车没能批量生产，但给中国内燃机车设计制造提供了宝贵技术资料。后来四方机厂研制的"东方红Ⅰ"型内燃机车就是在它的基础上设计生产的。[①]

"红星"型液力传动调车内燃机车

1962 年 11 月，四方机厂在总结研制"东风"型和"卫星"型机车的经验教训基础上，开始研制中国第一台液力传动调车内燃机车，并于 1964 年 1 月研制成功，定名为"红星"型，也属于中国第一代内燃机车。该车的牵引性能和运用可靠程度均达到和超过国外同等功率调车内燃机车的先进水平，专为大型工矿及铁路调车需要而设计制造。机车装有两台 221 千瓦 B2-300 型高速柴油机，前后对称布置，司机室在中部，构造速度为 35～73 公里 / 小时，牵引力为 78～165 千牛，车重 64 吨，轴式为 B-B。该型机车至 1966 年共生产 18 台。

"东方红"型系列液力传动内燃机车

1964 年初，四方机厂在"红星"型机车制造成功基础上，开始研制"东方红"型液力传动内燃机车。在试制该型内燃机车时，关键问题是"曲轴淬火"。经热处理车间工程师李振寰等人通过 3 次工艺方案设计、改进 11 次工艺装备、解剖 34 根曲轴、割取 132 块试样，终于攻克"中频加热喷油淬火"关键课题，保证试制顺利进行。同年试制成功"东方红Ⅰ"型液力传动干线客运内燃机车，1966 年批量生产。该车为双节重联牵引，单功率 1338 千瓦，装有 2 台 12V175ZL（后改装用 12V180ZJA）型高速柴油机和 2 套液力传动装置，运行可靠，操作

方便，性能良好，构造速度为 140 公里 / 小时，车重 84 吨，轴式为 B-B，比较适合于牵引旅客列车，成为中国第一代在干线上运营的内燃机车。自成批投入运营后，除牵引普通旅客列车以外，还牵引国际列车、国宾列车和毛泽东主席等党和国家领导人乘坐的专用列车。至 1972 年共生产 107 台。

1969 年 9 月，四方机厂设计试制成功中国第一台 3675 千瓦大功率液力传动内燃机车，定名为"东方红Ⅳ"型，供干线客货两用。机车与国外同类机车比较，其结构功率 3675 千瓦、机车总长 21000 毫米、燃油储备量 7000 公斤等指标均赶上或超过世界先进水平。该型机车的诞生，标志着中国内燃机车制造工业水平跃入世界先进行列。

1971 年，四方机厂设计出"东方红Ⅱ"型 920 千瓦液力传动调车内燃机车。该型机车装有 1 台 12V180ZL 型高速柴油机和 1 套 SF2010 型液力传动装置，构造速度为 62 公里 / 小时，车重 60 吨，轴式为 B-B。1973 年，根据铁道部统一安排，该型机车转由资阳内燃机工厂生产。

1976 年，四方机厂设计试制成功中国第二代液力传动内燃机车——"东方红Ⅲ"型 1985 千瓦液力传动干线客运内燃机车，1976 年批量生产，1985 年获山东省优质产品奖。[②]该型机车装有 2 台 12V180ZJB 型高速柴油机和 2 套 SF2010 型液力传动装置，有 2 台两轴转向架，构造速度 125 公里 / 小时，起动牵引力 230 千牛。至 1988 年共生产 268 台。

1977 年，四方机厂为云南省米轨铁路设计制造装车功率为 809 千瓦的"东方红ⅩⅪ"型液力传动客货通用调车内燃机车，在开远铁路分局投入使用。该型机车车轴为 B-B，车重 60 吨，构造速度为 50 公里 / 小时，起动牵引力为

① 黄勇.中国第一台液力传动内燃机车"卫星"号诞生始末[J].班组天地,2018(5):70-71.

② 许辉.四方机车车辆厂内燃机车的发展历程[J].内燃机车,1999(01):3-7+49.

194 千牛，装有 1 台 12V180ZJA 型柴油机。至 1985 年共生产 105 台。

援外 DFH 系列液力传动内燃机车

四方机厂从 1968 年起承担为坦赞铁路（即坦桑尼亚—赞比亚铁路）设计并制造生产全部客货干线机车（DFH2 型）和调车机车（DFH1 型）任务。工厂派员到坦、赞两国实地考察，查阅国内外大量与内燃机车生产有关资料，并吸取本厂 1958 年以来设计研制生产内燃机车的经验教训，于 1970 年 9 月试制成功中国首批援外液力传动内燃机车。这是中国第一次出口机车，成为中国机车发展史上的一个重要里程碑。

在援助坦赞铁路机车基础上，还为越南、阿尔巴尼亚、巴基斯坦等国生产 DFH3 型、DFH4 型、DFH5 型液力传动内燃机车，以及国内用 SFJ2 型、SFJ7 型、SFJ8 型等机车，从而形成一套完整的 DFH 系列机车产品，从机车外形、总体布置、主机、传动装置到其他零部件及车内设备各方面均有改进，是四方机厂生产的中国第二代液力传动内燃机车产品。其特点是外形美观大方，车体结构及车内布局合理，体积小，重量轻，牵引性能良好，操纵检修方便，司机劳动条件好等，而且还适用这些国家地区的地理条件和气候。到 1979 年，援外机车共生产 167 台。[①]

第五节　车辆制造

20 世纪上叶，四方机厂主要利用进口零部件及原材料，制造各种型号客车。1916—1922 年进行部分客车改造和装备性制造，平均每月制造 1～2 辆；1923 年开始少量制造三等客车、头等寝食车、头等客车等，至 1936 年共制造客车 27 辆；1940—1945 年 9 月制造客车 68 辆，1945 年 12 月—1947 年制造客车 13 辆，品种有三等客车、头等卧车等（图 4-9）。

图 4-9　四方机厂制造的头等饭车及其内部[②]

---

① 许辉.四方机车车辆厂内燃机车的发展历程[J].内燃机车,1999(1):3-7+49.

② 介绍津浦区铁路局四方机厂:头等饭车[J].中国工程师学会年刊,1948,第 15 届年会卷:51.

1949年10月起，四方机厂在旧型车基础上开始生产制造YZ4型硬座车。50年代，随着国家大规模经济建设需要和中央对工业布局调整，将第一机械工业部国家集中的车辆设计权和极少数优秀设计人员移交四方机厂，成立全国唯一专管铁路客车产品设计的设计科，同时确定四方机厂客车设计的主导权，四方机厂从此成为中国铁路客车产品设计制造主导工厂，其客车产品按其车体结构型号可分为21型、22（23）型、25型和其他车型。此外，还研制生产出列车组系列、国际联运客车、出口客车、餐车、邮政车、行李车、发电车、援外客车等。

1952年，四方机厂开始进行货车新产品试制，是年试制成功P1型30吨棚车，并新造C6型45吨敞车。1953年试制成功C50型敞车，其车体是底架承载式钢架木帮混合结构。根据铁道部指示，1954年四方机厂停产货车。1954年和1957年，四方机厂先后试制生产中国首批21型、22型餐车，21型餐车两端均无通过台，采用103型D轴转向架，餐室面积为10850毫米×2790毫米，定员48人，自重54吨；22型餐车两端各有一个密闭式通过台，采用201型转向架，餐室面积为13290毫米×2914毫米，定员48人，车辆自重54吨。其间，四方机厂于1955年设计、1956年制造中国首批UZ21型邮政车、XL21型行李车，邮政车车辆自重48吨，装载行李容积为55立方米，采用103型转向架，1958年转株洲车辆厂生产。行李车两侧各开行李门1个，2个通过台为半密闭式，采用101型转向架，车辆自重47吨；1958年将通过台改为密闭式，采用103型转向架。1958年，四方机厂对22型餐车进行减轻自重改进设计，后将底图转唐山机车厂。1959年8月，四方机厂试制成功G50型50吨轻油罐车（共造300辆），是年11月试制成功G12型50吨粘油罐车（共造42辆）。

1960年起，四方机厂开始研制发电车，其中有低重心行李发电车、双层客车发电车、广深发电车、广九列车3×200千瓦发电车、军工70型发电车。1961年，四方机厂生产B19型机械保温车20辆。至1961年，四方机厂共制造货车1610辆。1967—968年，四方机厂研制成功3×300千瓦大功率发电车，用于20辆编组干线列车。此外，四方机厂根据不同单位特殊需要，设计研制XY4动力试验车、锅炉车、60军工车、80军工车、50军工车、03军工车、隧道摄影车、SYZ2试验车、EX22维修车等车辆。

80年代，四方机厂通过加强对外技术合作交流，引进吸收国外先进技术和设备，进一步提高客车设计制造水平，为加速中国铁路客车从23.6米到25.5米的更新换代打下坚实基础。

YZ系列硬座"绿皮车"

1954年，四方机厂对大连机车车辆厂设计制造的YZ21型硬座车加以改进，由2～2人座改为2～3人座，定员增加到108人，于1955年投入生产，按车体结构型号可分为21型、22（23）型、25型和其他车型。其中，22型客车车体长23.6米、宽3.105米，构造速度120公里/小时；车体为全金属焊接结构，在钢骨架外焊有金属板，形成封闭壳体，俗称薄壁筒型结构车体；为增加结构强度和刚度，壳体内采用墙板压筋方式，形成整体承载；后来内墙板和保温层又广泛采用塑料贴面板和硬质聚苯乙烯泡沫塑料，具有不吸潮，不需包装，耐碰撞，制造工艺简单等优点。该型车优点是结构比较合理、制造检修方便、安全可靠，其改型有22A、22B、22C三型，三型车之间的区别主要在车体材质上。

中国首批YZ22型硬座车是四方机厂1958年设计、1959年试制、1960年批量生产，该车自重45吨，定员120人。硬座车有两个密闭式通过台，一个温水循环独立锅炉暖房，两个厕所，两个敞开式盥洗室、一个乘务员室；双面固定式半软座椅座位为每排二、三配置，座位之间设有固定式茶桌。1961年在YZ22型基础上设计将车厢取暖方式改为大气压式蒸汽取暖，定员增加到122名，即YZ23型。1962年，对YZ22、YZ23型车重新修改设计，将YZ23型定员又改为120名。1970年对车内造型及部分结构又进行设计改进，仍采用独立取暖房，定员改为116名。1981年又对YZ22型车进行一系列改进设计，定员为118名。至1983年共生产1002辆，是中国主型客车产品。YZ22型客车是中国铁路第二代主型铁路客车，其墨绿色底色和黄色色带涂装的"绿皮车"形象深深地扎根在乘客心中。从50年代末到1985年，一直是中国生产和使用的主型客车，在中国铁路客运中长期占据着主导地位。YZ22型客车根据用途不同，各种类型的客车车厢都拥有特定的代号和编码范围，主要有如下几种：硬座车、软座车、硬卧车、软卧车、行李车、餐车、邮政车等。其中硬座车车厢代号为YZ22型（YZ是硬座汉语拼音的开头字母）。

1967年，四方机厂试制成功YZ25型硬座车，车体长25500毫米、宽3205毫米，采用耐候合金钢无中梁薄壁筒体整体承载焊接结构，其特点是重量轻、速度快、运行平稳、结构合理，是国内公认技术最先进的客车车型，并逐步代替22（23）型客车，是中国此后发展的一种主型客车。此外，还研制生产援外客车、公务车、高级旅游车等。

YW22型硬卧车、RW22型软卧车

1953年，四方机厂自行设计制造出中国首批YW21型硬卧车，至1958年停产，共生产613辆。中国第一辆YW22型硬卧车由四方机厂于1956年设计、1957年试制成功，该车定员59人，车辆自重58吨，构造速度120公里/小时；车内各开敞式单间设置两层横向卧铺，纵向带双层边铺，采用201RD1型转向架，独立温水锅炉取暖。1958年后进行改进，将卧铺改为三层，仍带纵向卧铺，定员增加到77人。1959

年将车自重减到44.7吨，改用202型转向架。1960年该型车由长春机车厂生产，1965年复由四方机厂重新设计YW22型硬卧车，对整体各部分结构都做较大改进，取消纵向边铺，定员60人，自重45吨，于1966年成批量生产。1981年又对该型车加以技术改进，1984年被评为铁道部部优产品，1985年被评为国优产品，并荣获国家银质奖。该型车是铁道部第一个整体车获得国家银质奖的产品。

四方机厂还于1955年设计、1956年试制生产出中国首批RW22型软卧车，车辆自重59吨，定员32人。1959年进行较大改进，使车辆自重减到47吨，构造速度为120～140公里/小时，采用202型转向架。1964年增设机械切式自然通风器，独立燃煤锅炉温水循环取暖。1965年批量生产，共生产142辆。1979年设计、1980年试制出的中国首批YW25型硬卧车8辆，定员66人，自重45吨，采用无中梁低合金钢结构，206型转向架，诱导式空调装置，电热取暖，集中供电。

广九空调列车组

"东风"号双层客车列车组是中国第一列液力传动双层摩托车组，由四方机厂于1958年设计制造，共4辆，后改编入1961年制造的双层客车列车组。该车车体长、宽与22型车相同，结构与双层客车列车组相同；车辆自重47.5吨，全车定员198人，采用202型D轴转向架，构造速度120公里/小时。1969年、1974年又对该车进行两次改进，主要是将车内座椅改为22型车座椅，转向架滑动轴承改为滚动轴承，取消车下暖气主管等。

1958年8月开始设计、1960年试制完成中国第一列低重心轻快稳列车组，1967年对该列车组转向架、制动装置又重新设计。该列车组原由7辆组成，1962年增加到10辆，其中硬座车8辆，软座车、行李发电车各1辆；列车组全长175270毫米、宽3104毫米，自重214吨，

构造速度为 120～140 公里／小时。该列车组为短途区间输送旅客之用,定员 444 人(含软座车 40 人),其主要特点是采用铝合金薄壳结构,列车组外轮廓呈流线型,相邻两车之间共用一转向架,重心低,用高旁承支重等。该列车组首次在中国铁路客车上采用空调装置和空气弹簧、重型制动等新技术。

1960 年设计、1961 年试制成功、1962 年投入运营的中国首列双层客车列车组,运行于中国南方地区。根据夏季太阳辐射热对车内温度影响较大的特点,于 1966 年、1973 年两次加以改进。该列车组由 12 辆车组成,其中硬座车 6 辆、可躺式软座车 3 辆、软卧车 2 辆、行李发电车 1 辆;车体总长为 94468 毫米,车辆自重 655 吨(12 辆);车体结构采用无中梁薄壁筒体电焊结构,中层地板为拱形;全列车组正常定员 1048 人;采用 UD1 型转向架;构造速度为 100～140 公里／小时。其主要特点是室内设备舒适、运行平稳。

广深空调列车组是专供广州—深圳区间的专用列车,由四方机厂于 1965 年设计、1966 年试制完成。该列车组由 11 辆组成,其中 9 辆软座车,小卖部和发电车各 1 辆。车体长、宽与 22 型车相同,采用全钢筒体电焊结构,列车组每辆自重 43.5 吨,构造速度为 120 公里／小时。采用空气调节装置,集中供电,软座车定员 64 人,座椅能回转并能调整三种角度,布局合理,舒适大方。25.5 米轻型高速列车组是适应中国现代高速运行的新型客车,也是中国首次采用的 25.5 米客车。

1978 年,四方机厂在总结原 25.5 米列车和广深列车组的基础上,又设计新型 25.5 米广九空调列车组,并于 1979 年 12 月试制 3 列 40 辆。该列车组由软席座车、软席带播音车、CA25 型餐车(浦镇车辆厂制造)、发电车共 12 辆组成,每辆车内都装有空调装置;全列车组实行集中供电,软座车定员 68 人,自重 45 吨。

该列车组采用国内外新技术、新工艺、新材料,具有安全、可靠、高速、平稳、舒适、美观等特点。其构造速度为 160 公里／小时,车身长 25.5 米,车体结构先进。该列车组 1980 年在广州—九龙通车后深受欢迎。

国际联运客车

1964—1968 年,四方机厂设计制造出 RW18 型软卧车(定员 32 人),用于中越国际联运。车体长 23.6 米,车体外部轮廓尺寸与 22 型客车基本相同。该车采用 30 千瓦轴驱动发电装置及空调装置,用日光灯照明,车辆自重 58.3 吨,转向架采用 UD2 型。1967 年,四方机厂同时设计制造出 YW19 型、定员 16 人的高级软卧车。在两包间之间设中间洗脸室,其余技术参数同于 RW18 型软卧车,车辆自重 51.17 吨,采用 UD3(准轨)、UD4(宽轨)型转向架。

1966—1968 年,四方机厂设计制造的 YW18 型硬卧车,系四轴全钢硬卧车,定员 36 人,车辆自重 55.3 吨,设有空气调节装置,采用 UD2 型转向架,30 千瓦轴驱动式发电装置,构造速度为 120～140 公里／小时。车体长、宽及结构与 22 型基本相同。原设计供中、蒙、苏国际旅客联运,后改为中越国际联运之用。1971—1973 年,四方机厂又设计研制 YW18 型硬卧车供中、蒙、苏国际旅客联运之用。该车定员 36 人,车辆自重 54 吨,采用 UD3(准轨)、UD4(宽轨)型转向架。构造速度为 140 公里／小时。

1984—1985 年,四方机厂设计制造用于中、蒙、苏国际联运的高级软席卧车(新 RW19 型)。该车采用较高的新技术、新材料、新工艺,提高了运行舒适性、平稳性、防寒性及车内照明度。其防寒材料采用聚氨酯现车发泡,隔热性能超过国际标准。这是中国自己设计制造的国际客车第三代产品。该车定员 16 人,车辆自重 52.8 吨,构造速度为 140 公里／小时,其车体长 23600 毫米、宽 3106 毫米。该产品 1987 年获铁道部科技进步二等奖。

援外出口客车

1961—1966 年，四方机厂为锡兰（斯里兰卡）铁路设计制造 134 辆 16.8 米全钢客车，包括三等客车（定员 85 人）、二等客车（定员 42 人）、三等硬座行李合造车（定员 45 人）、客运守车 4 种产品。该车车辆长 16800 毫米、外部宽 2896 毫米，均系全钢电焊筒形结构。车内墙壁板采用高级耐水胶合板，地板敷地板布。二等客车是软席包间式。三等客车设有半软座垫及靠背座椅，采用 SFK1 型转向架，构造速度为 100 公里／小时。为适应该国湿热气候等特点，车体采用防潮、防霉、防白蚁及防海洋性腐蚀措施。该型客车经过实地运营，证明稳定性好、技术水平高、运营方便。

1971—1976 年，四方机厂为坦桑尼亚、赞比亚两国设计制造的 20 米全钢客车，有硬座车（定员 96 人）、硬卧车（定员 48 人）、硬卧播音车、软卧车（定员 28 人）、餐车（定员 18 人）、邮行守车、公务车 7 个品种，共计 102 辆。该型车体长 20937 毫米、宽 2896 毫米，采用有中梁薄壁筒体焊接结构。该车结合坦、赞的气候地理环境、风俗习惯和使用特点，钢结构全部涂以红丹防锈漆，车内涂敷石棉沥青浆，木骨架和胶合板均经防白蚁处理；客室内色调淡雅，采用切式自然通风器，并装用电扇辅助通风。车辆自重 34.6～38 吨，采用 KZ12 型转向架，构造速度为 100 公里／小

时。该型车经实地运营受到坦、赞政府和人民的高度赞誉。特别是在 70 年代周恩来总理代表中国政府向坦、赞两国总统赠送的 20 米全钢公务车，车尾是半圆式玻璃密封瞭望台，列车行进中沿途景物一览无余，更深受喜爱。

第三章　汽　车

20 世纪初，德国将汽车引入青岛（图 4-10），本市由此成为汽车输入最早的中国城市之一。台柳路建成通车后，开始出现营业性客运汽车。20 年代，随着胶济铁路、青岛港物资集散和客商贸易不断增加，以汽车作为运输工具的长途公路客货运输得到发展，汽车数量不断增加，青岛汽车修理业应运而生，英国商人

Tsing Tao, um 1906

by K. Dietrich off

图 4-10　这张照片摄于 1906 年的青岛，说明至迟在此时青岛已有汽车

卫耳开办的"和记汽车公司"是青岛最早从事汽车修理的公司。30年代，为适应汽车修理之需，相继出现私营汽车修理行和生产汽车零配件的小型工厂。日本第二次侵占青岛后，曾创办胶济自动车修理厂，专门修理驻军汽车。40年代末，全市汽车修理企业发展到42家，但仅能修修补补或生产少量汽车零配件。

新中国成立后，本市汽车修理及配件生产得到恢复发展，多数公私合营修理厂家逐步转向汽车配件专业化生产，只有交通运输部门仍保留部分专业汽车修理厂；汽车改装业也随着配件业的发展逐步走向专业化。其间，青岛汽车修配厂试制成功"丰收"牌三轮汽车，成为全市第一个专业汽车制造厂，开创青岛制造汽车的历史。

60年代末至70年代，随着专业汽车制造厂的建立和汽车改装业的兴起与快速发展，在组织专业化协作中，汽车配件生产发展迅速，产品也由单一的零配件发展到总成等部件，全市汽车配件专业生产厂增至20家，遍及城乡各地；汽车改装逐步开发出民用汽车产品，公交汽车、自卸汽车和大客车产量逐年增加；载货汽车开始进入专业化生产轨道。

80年代，随着经济体制改革的逐渐深入，全市汽车制造和配件生产行业上品种、上水平、上质量，经济效益明显提高。青岛万向节厂、青岛精锻齿轮厂、青岛蓄电池厂、青岛弹簧厂成为国内汽车行业配件生产定点厂或重要配套厂；青岛专用汽车制造厂载货汽车和自卸汽车生产屡获佳绩，成为中国载货汽车定点生产厂和长春第一汽车制造厂中型货车新产品批量试制及试生产基地。

第一节 汽车修理

1922年，英国商人卫耳在中山路160号开办和记汽车公司，兼业汽车修理，此为本市汽车修理业之始。1928年，英国商人列德里在曲阜路15号开办汇昌洋行，专门从事汽车修理。到1935年，相继出现大美修理汽车厂、德风修理汽车厂、青岛修理汽车厂等六七家民营小厂，人员最多的20人，资本最多的1万元。1938年10月，日军驻胶济地区部队后勤署在四沧区海岸路10号创办胶济自动车修理厂，专门修理驻军汽车，有技术人员及工人60余人，为唯一的正规汽车修理工厂。至1948年，全市汽车修理企业发展到42家，但仅能修修补补或生产少量汽车零配件。

50年代，本地汽车修理得到较快发展。1952年6月，海军青岛基地后勤部汽车修理厂成立。1956年公私合营后，经过调整改造，多数修理厂家逐步转向汽车配件专业化生产，只有交通运输部门仍保留部分专业汽车修理厂。是年，私营大美修理汽车厂实行公私合营后改称青岛汽车修理厂。1958年，市手工业生产合作社四方区联社创办杭州路汽车修配厂，专事汽车修理。1965年7月，杭州路汽车修配厂更名为青岛四方汽车修理厂，划归四方区工业局管理。1975年，杭州路汽车修配厂分立为青岛四方汽车修理厂和青岛汽车配件二厂两个独立企业，修车能力逐年增强。同时，各区、县工交系统也陆续建成一批小型汽车维修企业，以适应全市各行业汽车保有量逐年增加之急需。据1980年统计，新增区县所属专业汽车修理厂有山东外贸运输公司汽车大修厂、青岛市市级机关汽车修配厂、台东区汽车修理一厂、沧口区汽车修理厂、四方区汽车修理厂、胶南县汽车修理厂、即墨县汽车大修厂、莱西县汽车制修厂8家，产值均在40万元以上。

海军青岛基地后勤部汽车修理厂

1952年6月，海军青岛基地后勤部汽车修理厂（中国人民解放军4406厂）成立。建厂之初有职工40余人，设备6台，专门从事军用汽车修理。1953—1988年，累计修理汽车11369

标准台；其中，修理汽车最多的年份为1985年，修车668标准台。1984年，该厂BJ212吉普车维修工程被海军后勤部授予海军优质维修工程。

至1990年，该厂成为本市规模最大的专业汽车修理企业，有职工685人，其中工程技术人员32人；拥有固定资产原值958万元，工业总产值1440万元，利润总额147万元。

青岛汽车修理厂

1956年，私营大美修理汽车厂实行公私合营后，改称青岛汽车修理厂，修车业务不断扩大，职工陆续增加到300人。1959—1963年，该厂经数次改组与拆并，除维修汽车外，先后生产过3.5马力汽油机、汽车配件、三轮车、小鲁青汽油车等。其中，3.5马力汽油机年产量2000台。

1963年4月，青岛汽车修理厂改称青岛客车修配厂，承修全市的客车（当时仅有轿车、吉普车，全市党政机关及企事业单位总共200余辆）。1969年停止客车修理，转产CA-10汽车发动机，为青岛汽车制造厂配套。1978年又恢复汽车修理，兼产工程装载机。1963—1990年，该厂累计完成汽车大修919辆、中修20辆、小修9890辆。

第二节　配件生产

40年代以前，本市只有为数不多的民营小工厂生产汽车零配件，以适应汽车修理之需，主要厂家及所产主要配件有新冶汽车机件厂生产的汽缸套、气门导管，金盛汽车材料厂生产的轮胎螺丝总成及油封，增德炉生产的汽车板簧及板簧总成。

五六十年代，随着社会汽车保有量逐年增多，汽车配件需求与日俱增，汽车配件生产先由几家国营专业汽车修理厂带头生产，随后一批公私合营小型铁工厂也纷纷投产并逐步向专

业化发展。1954年，海军青岛基地后勤部汽车修理厂和青岛汽车修理合作小组，率先在专业修车的基础上发展汽车配件生产，但因车型杂乱、维修配件缺乏，厂家基本处于多品种、小批量生产状态。海军青岛基地后勤部汽车修理厂开始只生产汽车滑动叉及轴、钢板销、活塞环等。1956年，青岛第六锻铁生产合作社开始生产汽车万向节。1957年，市手工业管理局蓄电池生产合作社开始专业生产汽车蓄电池。1958年，青岛汽车配件厂专业生产汽车水箱。同年，海军青岛基地后勤部汽车修理厂开发的汽车发动机凸轮轴成为该厂配件生产主导产品。1960年，青岛汽车修理合作小组开始生产活塞、活塞环等汽车配件，1961年又开始生产车用钢板圈。1963年，青岛钢板弹簧生产合作社开始生产汽车板簧。1965年，青岛汽车修理合作小组生产自卸汽车之后，又开始生产自卸车用液压缸、转向机液压助力器、液压举升分配阀、助力器以及转子泵等汽车总成。至1967年，全市以生产汽车配件为主要产品的企业发展到6家，包括海军青岛基地后勤部汽车修理厂、青岛汽车修理合作小组、青岛第六锻铁生产合作社、市手工业管理局蓄电池生产合作社、青岛汽车配件厂和青岛钢板弹簧生产合作社，汽车配件年产值达1068万元，是1957年的14倍。

60年代末至70年代，随着专业汽车制造厂的建立和汽车改装业的兴起，在组织专业化协作中，汽车配件生产发展迅速，又有一批小型汽车配件厂相继建立，其中包括青岛红旗机械厂、青岛韧铁厂、青岛汽车配件五厂、青岛汽车配件八厂、青岛汽车配件二厂、青岛汽车配件九厂；产品也由单一的零配件发展到总成等部件。其中，青岛红旗机械厂为汽车配件专业生产厂，主要产品有刹车调整臂总成、飞轮总成、机油泵总成、飞轮齿圈等，为中型载货汽车、吉普车及6102、695等型号柴油机配套。青岛韧铁厂投产汽车差速器、钢板圈、刹车毂

以及后桥壳、减速器壳等。至1978年，全市汽车配件专业生产厂增至20家，遍及城乡各地；汽车配件年总产值达2911万元，比1967年增长172％。

80年代，经济体制改革推动汽车配件行业上品种、上水平、上质量，经济效益亦明显提高。青岛万向节厂、青岛精锻齿轮厂、青岛蓄电池厂、青岛弹簧厂成为国内汽车行业整车厂重要配套厂，青岛汽车制造厂配件车间及县属小型配件厂产品也有较大发展。其中，青岛万向节厂60种型号的主导产品可供国内外百余种牌号汽车配套；青岛精锻齿轮厂生产的汽车差速器行星齿轮、拖拉机TS12直伞齿轮达到"一火两锻冷整型"的国际先进水平，青岛蓄电池厂的主导产品起动型铅蓄电池在全国同行业质量检查评比中4次获第一名。青岛弹簧厂生产的汽车板簧产品发展到11大类36种规格，成为国内汽车行业十几家整车厂的重要配套厂。

青岛市第六锻铁合作社

1954年6月，青岛市锻铁第一生产组成立。1955年3月，青岛市锻铁第二生产组并入；6月改建为青岛市第六锻铁合作社，开始生产汽车万向节，年产量约占全国年总产量的1/2。同年，青岛市工具生产组和青岛市建新螺丝厂并入，1958年6月改建为国营青岛金属制品厂。1959年1月与来顺机械修配厂（1933年开业，1956年1月公私合营）合并组建为青岛化肥机械厂，4月更名为青岛化工机械厂。1961年10月又从青岛化工机械厂划出，改建为青岛五金工具厂，1962年5月改为青岛第三五金厂，1963年7月改为青岛金属制品厂，1964年10月改为青岛市工业管理局汽车零件厂，1966年9月改为青岛市汽车零件厂，1971年1月成为青岛汽车制造厂分厂，1972年2月正式并入青岛汽车制造厂。[①]

1958年10月，台东区太平镇电工组成立，1960年改建为台东区太平镇电工器材厂，次年改为台东区电器制配厂。1964年台东区南仲电工组和利津路电工组相继并入，次年改建为青岛市第三电器修配社，12月青岛市第三铜铝社并入该社，1966年改建为青岛市电器制配厂，1968年改名为青岛机床电器厂。

1975年10月，由青岛汽车零件厂并入青岛汽车制造厂的部分人员设备，与青岛机床电器厂合并组建青岛汽车万向节厂，为集体所有制企业，隶属市重工业局，厂址位于小白干161号。此后，该厂汽车万向节生产能力和产品品种都有很大发展。1975—1989年，累计生产150个品种的汽车万向节、差速器3759113套，成为机械电子工业部的重点企业和中国汽车工业总公司的骨干企业。主导产品有60种型号汽车万向节，可供国内外百余种牌号汽车配套使用；另兼有部分农机万向节和方向机生产。该厂生产的"金"字牌汽车万向节十字轴总成，自1980年起多次获荣山东省和机械工业部优质产品称号，在全国同行业中居领先地位，产品行销国内外。

青岛压铸厂

为适应生产发展需要，1965年市重工业局决定，在青岛锻压中心厂一车间所在的海泊村100号，筹建一间有色金属锻压和压铸方面的专业化工厂，筹建工作由青岛电机厂负责。1966年6月，经市计划委员会、市经济委员会和市重工业局批准，正式成立青岛压铸厂。

青岛压铸厂主要产品为压件和有色金属铸造件，建厂初期主要生产门用压铸件，1969年起先后兼产JLXK-111M型行程开关、CA-10型解放汽车发动机活塞，1973年试制成功QD492型汽车发动机并投入批量生产。1979年，在企业调整中恢复有色金属铸造和压制专业生产；1980

---

① 马小维，等.青岛市机械总公司史志(1950-2012年)[M].青岛:内部编印,2013:281.

年，接受第一机械工业部下达的生产 QD492 型汽车发动机缸盖总成任务，成为该部汽车局缸盖生产定点厂。同时，为山东省外贸公司生产用于粮油食品及化工出口包装的 200 公升闭口钢桶锌铝合金桶盖，并发展成为主导产品。[1]

1982 年，经国家经济委员会和省机械工业厅批准，被定为青岛市压铸专业化中心厂。1985 年，青岛压铸厂隶属市机械工业局，有职工 307 人，固定资产原值 161 万元、净值 101 万元，主要设备有金属切削机床 28 台；生产压铸件 202 吨铜、铝铸件 151 吨，工业总产值 281 万元，实现利润 32 万元。[2]

青岛蓄电池生产合作社

1955 年 11 月，市手工业管理局电池生产合作小组创建，地址在辽宁路 176 号。建厂初期，主要修理各种酸碱蓄电池和蓄电池充电。1956 年，由宏大、宪文、公大、振华、光文、新明、永久、普通 8 家蓄电池、干电池工业社组建的青岛电池工业社并入，改建为青岛蓄电池生产合作社。同年，试制成功全密封"曙光"牌干电池。次年，首制用于汽车启动蓄电池的铅极板获得成功并投产。1958 年 9 月底，与青岛电冰箱社、青岛台东电器维修生产合作社合并组建为青岛市手工业管理局电机厂，厂址除原址外，新增市北区甘肃路 85 号。1959 年开始专业生产蓄电池，主要产品为起动用铅蓄电池和蓄电池铅极板。1960 年 10 月，电机厂、电冰箱社划出后，恢复为青岛蓄电池生产合作社。1961 年 10 月青岛熔炼合作社并入，改建为青岛金属熔炼电池厂，厂址迁至延安三路 63 号。同年，首次试制投产蓄电池橡胶槽，当年生产 3367 套，为专业化生产蓄电池奠定基础。1964 年，该厂被第一机械工业部列为定点生产厂，生产 3 个系列 25 种规格型号的车船及通讯用蓄电池，其主导产品起动型铅蓄电池在 1965 年的全国同行业质量检查评比中连续 4 次获第一名。

1966 年，青岛金属熔炼电池厂改名为青岛蓄电池厂，并由市手工业管理局划归市重工业局。1972 年 1 月，与青岛汽车配件厂、青岛钢板弹簧厂等企业合并为青岛汽车配件厂。其间，生产发展迅猛，品种、产量、销售以及产值、利润等均逐年增长。除生产汽车启动用蓄电池、摩托车和电瓶车电池、固定型蓄电池 4 种主要产品外，还试制低温干荷启动用蓄电池、镉镍碱性干电池等产品。1971 年生产蓄电池 14520 千伏安时、铅极板 649 万片、橡胶 54042 套，分别为 1962 年的 13.7、9.1 和 8.1 倍。

1980 年 6 月恢复独立，仍称青岛蓄电池厂，厂区占地面积 25530 平方米，建筑面积 28971 平方米。此后，在加强企业管理和技术改造基础上，恢复部分老产品，并试制成功 6-QA-100S 型高效蓄电池、牵引车用 DG250 型蓄电池和摩托车用 3-M-14 型蓄电池，改进罗曼电池生产工艺。1982 年，起动型蓄电池在全国同行业质量检查中被评为一等品。1983 年，该厂生产的 3-Q-130 型汽车起动用铅蓄电池荣获山东省优质产品奖；1984 年，荣获机械工业部优质产品奖。[3]

至 1985 年，青岛蓄电池厂拥有职工 776 人，其中工程技术人员 40 人；厂区总占地面积 2.63 万平方米，建筑面积 1.64 万平方米，其中厂房建筑面积 0.68 万平方米；固定资产原值 483 万元、净值 300 万元；设极板、橡胶、组装、熔炼、维修 5 个车间 20 个科室；拥有主要生产设备 130 台，其中专用设备 23 台，铅粉生产线 1 条，金属切削机床 21 台、锻压设备 14 台、起重运输设备 12 台；生产 3-Q、6-Q、DT

① 马小维，等.青岛市机械总公司史志(1950-2012 年)[M].青岛:内部编印,2013:301-302.

② 山东省志:机械工业志[M].济南:山东人民出版社,1994:654.

③ 马小维，等.青岛市机械总公司史志(1950-2012 年)[M].青岛:内部编印,2013:292.

系列 25 种规格的车、船及通讯用蓄电池，年产铅酸蓄电池 131515 千伏安时、铅极板 1212 万片、电瓶橡胶槽 104766 套；工业总产值 1566 万元，利润总额 103 万元，实交利税 202 万元，全员劳动生产率 20259 元。[①]其中，该厂生产的铅酸蓄电池产量占山东省机械工业系统总产量的 2/3，居山东省 4 个专业厂之首。

青岛汽车配件厂

50 年代中期，在四方区工商管理科领导下，由 9 户自行车修理行组建成立第六合作生产小组，1956 年 1 月扩建为四方区第四自行车合作社。1957 年，合作社成立新产品试制小组，试制汽车水箱；次年上半年试制成功 GMC 型汽车水箱。1958 年，四方区第四自行车合作社改建为青岛汽车配件厂，隶属四方区手工业联社。初期，主要生产丰田、大万国、GMC 三种汽车水箱，并兼产部分起动开关和柴油滤清器芯子，因设备简陋，平均月产水箱百余只。1960 年划归市手工业管理局，迁址四方区海泊村 146 号，厂房面积扩大，添置车床、钻床、压延机等生产设备，扩大了生产能力，除原有产品外，新增加布拉格、雪佛兰、福特、大小道奇等型号车用水箱以及东方红、铁牛 54、T234、C45、嘎斯 51 等拖拉机水箱的生产，产品品种达到 10 多个，主要产品为"解放"型汽车水箱。1961 年划归市交通局，1962 年再次划归市手工业管理局，1965 年划归市重工业局标准件公司。1966 年从标准件公司调入部分职工改产模具，改名为青岛模具厂。1967 年，原调入职工重新分出，单独成立青岛模具厂后，恢复青岛汽车配件厂名称。其间，于 1962—1967 年先后转产水车链条和汽车防滑链条，并为青岛汽车制配厂

军用 402 工程车加工操作台、台钳架等部件。[②]1968 年 5 月恢复汽车水箱生产，品种仍以"解放"牌汽车水箱为主。

1972 年，青岛汽车配件厂与青岛蓄电池厂、青岛弹簧厂合并组建新的青岛汽车配件厂。1980 年 6 月从青岛汽车配件厂分出独立经营，遂改名为青岛水箱厂，直属市重工业局。[③]1980—1982 年，先后设计投产解放 CA-10B 和 CA-10C、北京 130 和 JN150、三菱 T653、中依发 W50、吉尔 130、五十铃 TD72、KL-400、尼桑 CK20DD、D450、D750、TXD50、W50、R10-215、泰山 -50 等 16 种型号的新产品。

1985 年，青岛水箱厂隶属市机械工业局，有职工 338 人，固定资产原值 134 万元、净值 93 万元，主要设备金属切削机床 19 台、锻压设备 14 台，生产汽车配件 699 万元，工业总产值 702 万元，实现利润 104 万元。[④]

青岛第一锻铁社

1958 年，第一锻铁社创建，因设备简陋，除生产一些锤、镰、锨、镐等日用铁具外，只能维修改制旧板簧。同年，东太平村小五金加工厂创建，主要生产打砂机弹簧和普通弹簧；1960 年增加沙发簧品种并兼营电器修理，1963 年投产压簧、拉簧等新品种。1963 年，第一锻铁社改为钢板弹簧生产合作社，逐渐形成板簧专业生产能力；此后自制大批专用设备，产量迅速提高，月产量达到 6000 片，后与缝纫机社合并成立青岛红卫汽车板簧厂。1965 年，东太平村小五金加工厂改为青岛弹簧厂，专业生产弹簧及部分汽车电器，试制成功汽车发动机调节器和汽车分电器，填补了山东省两项空白，产品基本满足省内汽车修理行业需要。

① 山东省志：机械工业志[M].济南：山东人民出版社，1994：86.

② 马小维，等.青岛市机械总公司史志(1950-2012 年)[M].青岛：内部编印，2013：253.

③ 马小维，等.青岛市机械总公司史志(1950-2012 年)[M].青岛：内部编印，2013：252.

④ 山东省志：机械工业志[M].济南：山东人民出版社，1994：382.

1972年，青岛红卫汽车板簧厂、青岛弹簧厂与青岛蓄电池厂、青岛汽车配件厂合并组建成新的青岛汽车配件厂。1980年，青岛汽车配件厂划分为青岛钢板弹簧厂、青岛蓄电池厂、青岛水箱厂，各自独立经营。

此后，青岛钢板弹簧厂逐步走向专业化生产道路，通过加强企业管理与技术改造，产品品种、产量质量及生产能力迅速提高，先后试制生产10多种车型（解放CA-10B、跃进NJ130、北京BJ130、黄河ⅡJ150、东风EQ140、日本依士兹等载重汽车、黄河QD351自卸车以及黄河大客车等）的前簧、后簧、副簧共11大类36种型号规格的汽车钢板弹簧总成，以及各种车用、拖拉机用各类弹簧40多种规格，成为全国汽车行业十几家主机厂的重要配套厂。其"建设"牌CA15汽车板簧1985年被评为山东省优质产品。[①]

1985年，青岛钢板弹簧厂隶属市机械工业局，拥有职工527人，固定资产原值225万元、净值102万元，主要设备有金属切削机床21台、锻压设备27台；生产汽车板簧总成7万架，汽车、拖拉机、内燃机弹簧配件224万件，工业总产值606万元，实现利润65万元。[②]

"解放"牌汽车系列配件

60年代末，随着青岛汽车制造厂"解放"型系列载货汽车投产，一批本地配件生产厂家应运而生。

1970年，青岛汽车配件五厂开始生产"解放"牌汽车系列各种车轮、燃油箱。1972年，青岛汽车配件八厂开始生产"解放"牌CA10B型汽车底盘零件。1976年，青岛汽车配件二厂开始批量生产"解放"牌CA10B型汽车手刹车总成。上述三家工厂因产品质量稳定，性能可靠，均成为山东省定点汽车配件专业生产厂。

1977年，青岛汽车配件九厂开始生产"解放"牌CA10B型汽车架、前桥、后桥、驾驶室等配件，"解放"牌CA10B汽车架为该厂主导产品。

1981年，青岛汽车配件二厂开始试制并批量投产JN150手制动操纵装置总成及单件；青岛汽车配件六厂开始生产汽车液压、气压刹车软管及其总成，年产4万支。青岛精锻齿轮厂生产CA-10B、BJ212两种型号汽车差速器行星齿轮，此后又开发BJ212、BJ130、NJ130、JN150、JN162、EQ140等7个系列国产汽车差速器齿轮和拖拉机TS12直伞齿轮，达到"一火两锻冷整型"的国际先进水平，并成功应用此工艺开发生产大直径螺旋伞齿轮，居国内领先地位。

第三节 汽车改装

1950年11月，私营青岛安全消火器材厂利用旧汽车底盘改装成功第一辆消防汽车。至1958年，共改装消防车、洒水车、沥青车、油罐车、抽粪车及军工800型客车等6个品种计109辆。1959年以后，该厂以汽油机生产为主导产品，不再改装汽车。

60年代，本市开始组织专业化生产。青岛汽车修配厂承接改装军用汽车任务，为山东省第一个专用汽车改装厂，并逐步开发民用改装汽车产品。70年代，青岛市公共交通公司修理厂改装成功公交汽车，共改装生产72辆。1978年，胶南县汽车改装厂由生产轻工通用机械转产改装汽车，1979年开发QD340型自卸汽车和QD640型大客车，品种、产量逐年增加。

80年代，汽车改装工业发展较快。青岛汽车制配厂先后试制成功多种型号的自卸汽车，1985年开始生产"斯太尔"系列型号重型自卸汽车，成为国内生产"中国—斯太尔"重型自

---

① 马小维,等.青岛市机械总公司史志(1950-2012年)[M].青岛:内部编印,2013:254.

② 山东省志:机械工业志[M].济南:山东人民出版社,1994:382.

卸汽车的第一家。至 1985 年,青岛客车厂年产改装汽车能力达 400 辆。

QD 系列自卸汽车

1965 年,青岛汽车修配厂更名为青岛汽车制配厂,改属中国汽车工业公司济南汽车制造总厂。1966 年 1 月采用"黄河"牌汽车底盘研制成功 QD350 型自卸汽车,共生产 10 辆。同年又试制成功 QD351 型 7 吨自卸车,1967 年批量投产,为 70 年代主导产品,并成为国内最早生产重型自卸汽车的企业之一。

1964—1969 年,该厂被第一机械工业部收为直属企业,并按专业化生产需要进行技术改造,形成批量生产能力并逐步开发民用改装汽车产品。1972 年经过技术改造,形成年产改装汽车 700 辆的能力。1971 年 8 月重新划归市重工业局,1977 年开始新建虎山分厂。

1980 年,青岛汽车制配厂吸收日本新明和公司的新技术开发出 QD352 型自卸汽车,成为换代产品。1983 年相继研制成功 QD360 型、QD361 型、QD362 型重型自卸汽车,自卸车产品形成黄河、罗曼、斯太尔等六大系列,载重量分别为六种吨级,产量居全国首位。同年,在全国专用改装车展评会评选中获系列化设计奖、优秀设计奖、工艺优秀奖。

"中国—斯太尔"重型自卸汽车

1981—1982 年,青岛汽车制配厂先后试制成功罗曼 QR-12 型(10 吨)、QR-19 型(15 吨)自卸车并投入成批生产。据统计,1981—1983 年,该厂自卸汽车产量分别占全国总产量的 50%、52%和 62%。

1984 年,中国重型汽车工业联营公司开始引进奥地利斯太尔重型汽车制造技术,青岛汽车制配厂承担专用车改装项目,于 1985 年开始生产斯太尔 991.200/K38 (4×2)、1291.280/K38 (4×2) 和 1491.280/K29 (6×4) 等型号重型自卸

汽车,成为国内第一家生产"中国—斯太尔"重型自卸汽车的厂家。之后又相继开发成功QS1291.066A 型、QDZ3320S 型自卸车和罗曼系列 QR19A 强力型自卸车等,产品的可靠性、动态性在全国均居领先地位。

第四节 汽车制造

1958 年,青岛汽车修配厂试制成功"丰收"牌三轮汽车,成为全市第一个专业汽车制造厂,开创本市制造汽车的历史。70 年代,载货汽车开始进入专业化生产轨道。1971—1978 年,国家计划委员会和山东省累计投资 240 万元对青岛汽车制造厂进行扩建,使汽车生产能力大幅度提高,品种不断更新,相继试制成功并投产QD69 型汽车、QD-140 型 4 吨载货汽车、"解放"型 4 吨柴油载货汽车。至 70 年代末,即墨机械制造厂、交通局青岛客车修配厂、青岛车辆厂、青岛第二测试仪器厂、青岛标准件二厂、青岛汽车配件厂、青岛压铸厂、青岛第二汽车制配厂曾分别试制成功各类小型三轮车、四轮车、载货汽车、吉普车,但都未进行商品化生产。

80 年代,面临国内汽油短缺的局面,青岛汽车制造厂与长春第一汽车制造厂签订协议,将其生产的汽油车改装为柴油车,成为中国载货汽车定点生产厂和长春第一汽车制造厂中型货车新产品批量试制及试生产基地。

青岛专用汽车制造厂

1954 年 9 月 15 日,青岛汽车修理合作小组成立,初由 9 人组成,股金总额 110 元人民币,隶属市手工业联合会,租用邹平路 1 号居民院进行经营,主要从事汽车修理。此后,陆续有几个私营小厂并入。1955 年 1 月迁至乐陵路 2 号;5 月,经市手工业生产合作社联社批准,改名为青岛汽车修理合作社;[1]12 月迁至普集路

---

① 马小维,等.青岛市机械总公司史志(1950-2012 年)[M].青岛:内部编印,2013:301-302.

20 号。1956 年起转为生产为主，兼修配，主要产品有活塞环、抽水机、柴油机、鼓风机、汽车挂车、金刚砂等。是年 12 月 29 日转为国营企业，改名为国营青岛汽车修配厂，隶属市交通运输管理局。1957 年 5 月，厂址迁至杭州路 20 号（先后变更为杭州路 72 号、瑞昌路 141 号）。1958 年 4 月试制成功"丰收"牌三轮汽车，成为本市第一个专业汽车制造厂，开创本地制造汽车的历史；7 月 1 日划归市重工业局。随后又陆续试制"丰收"QD130 四轮、六轮载货汽车，"丰收"QD175、QD350 摩托车，"丰收"拖拉机等。1959 年 2 月，青岛新冶汽车配件厂并入。1961 年承接第一机械工业部安排的雷达修理车、飞行指挥车、计算机车、光学修理车及 10 千瓦发电拖车等 10 余种军用改装汽车试制和生产任务。[1]在生产、改装整车的同时，还生产汽缸套、弹簧钢板、活塞导管等汽车配件和 122 榴弹炮等武器装备。1965 年 4 月，经中国汽车工业公司批准，更名为青岛汽车制配厂，划归中国汽车工业公司济南汽车制造总厂。1966 年用"黄河"牌汽车底盘试制成功 QD351 型 7 吨自卸汽车，1967 年批量生产并成为早期援建坦赞铁路的重要施工装备。1971 年 8 月又划归市重工业局。1977 年 3 月 5 日开始在沧口区虎山扩建新厂区，1980 年投产。

1980 年，青岛汽车制配厂试制成功单级活塞式油缸、纵向卧置配带倾卸机构的 QD352 型自卸汽车。至 1983 年又先后研究开发 10 吨、15 吨等 6 种重型自卸车，产品形成系列，其品种、产量及产品的动态特性、使用寿命与可靠性等均居国内同行业首位。

1984 年 6 月 27 日，青岛汽车制配厂改名为青岛专用汽车制造厂。是年开始以重型卡车底盘为主，发展专用车和特种车。1985 年 1 月组装成功中国第一辆 SKD 斯太尔自卸车。1965—1985 年，该厂共生产重型自卸汽车 5991 辆，产品行销国内 28 个省、市、自治区，并先后向巴基斯坦、朝鲜等 13 个国家和地区出口 1600 余辆。[2]

1985 年，青岛专用汽车制造厂位于瑞昌路 141 号，为全民所有制企业，隶属中国汽车工业公司重型汽车联营公司。拥有职工 2023 人，其中工程技术人员 145 人；企业总占地面积 15.46 万平方米，建筑面积 9.09 万平方米，其中厂房建筑面积 3.86 万平方米；固定资产原值 2208.45 万元、净值 1262.97 万元；拥有金属切削机床 197 台、锻压设备 30 台；年产改装汽车 1392 辆，其中自卸车 1342 辆；全员劳动生产率 38468 元，工业总产值 7274.3 万元，利润总额 1551.57 万元，实交利税 1398.1 万元，是国家改装重型自卸汽车的骨干企业。[3]

青岛土产废品站杭州路库废品加工厂

1956 年 8 月，青岛土产废品总店在延安路建立废品加工组，初时只有 1 张木案、2 个台虎钳、1 支气焊把子、1 盘小红炉，共有职工 9 人，以回收的废旧汽车零件为原料开展生产[4]，主要插装和修理汽车，兼产汽车拖斗、大架及海洋仪器等。1957 年 10 月迁杭州路 74 号，改名为青岛土产废品站杭州路库废品加工厂，1959 年 3 月改为青岛土产废品站机械厂。1959 年 6 月划归市第二商业局，改名为市第二商业局机械修配厂。1961 年与市商业局汽车队合并，改为青岛市商业局汽车队，1963 年改名为青岛市商业局机械厂。1965 年划归市重工业局，更名为青岛测试仪器厂；10 月迁址沧口区娄山路

---

① 山东省志:机械工业志[M].济南:山东人民出版社,1994:366.

② 山东省志:机械工业志[M].济南:山东人民出版社,1994:367.

③ 山东省志:机械工业志[M].济南:山东人民出版社,1994:367-368.

④ 山东省志:机械工业志[M].济南:山东人民出版社,1994:358.

2号。1966年3月移交市仪器仪表工业公司，更名为青岛第二测试仪器厂。[1]

1968年7月，青岛第二测试仪器厂重新划归市重工业局，并更名为青岛汽车制造厂，定向从事专业化汽车生产。1969年4月，试制成功QD-69型66千瓦4吨载重汽车，当年生产11辆，填补了本市中型载重汽车制造的空白。随后，在国家扶持下，按照汽车生产需要进行扩建，先后自制3200吨油压机、变速箱盖镗床、变速箱壳平面铣床、凸轮轴加工机床、冷铆机、清洗干燥机等专用设备，建成前桥、车架、驾驶室、电泳涂漆等加工流水线及后桥装配、改装车装配、载货车装配等自动或半自动生产线。1975年开始研制柴油汽车，1977年试制成功以695Q型柴油机为动力的QD141型4吨载货车。1979年按年产5000～20000辆汽车设计、建成的汽车装配自动流水线，全长110米，汽车在线上自动运行，一次组装完毕。1981年试制成功"解放"牌QD-145型农用柴油载货汽车；11月与第一汽车制造厂签订《关于联合组装解放牌柴油载重汽车协议书》，开始第一次合作。1982年加入中国解放汽车联营公司，主要产品为中型载重汽车和工程车；12月加入中国解放汽车工业企业联营公司，实现与中国一汽的松散联营。1982年和1985年，青岛船舶配件二厂和青岛汽车配件五厂先后并入该厂。其间，1969—1985年，先后研究开发20多种车型，累计生产各类中型载货汽车29220辆，其中中型柴油载货汽车产量占全国地方汽车工业总产量的1/5。

1985年，青岛汽车制造厂有职工总数2166人，其中工程技术人员130人；企业总占地面积23.68万平方米，建筑面积5.61万平方米，其中厂房建筑面积3.21万平方米；固定资产原值2102万元、净值1478万元；拥有主要设备362台，其中金属切削机床164台、锻压设备46台、起重运输设备96台，拥有装配、前桥、后桥、车架等工序的4条生产线；具备机械加工、锻压、装配、测试的全部工艺装备和技术手段；载货汽车年生产能力为5000辆；主要产品有4～5吨中型载货车和工程车2大类19个型号，年产4575辆，工业总产值1.33亿元，利润总额2621万元，实交利税2039万元。[2]

QD系列载货汽车

1969年4月，青岛汽车制造厂研制成功第一代产品——QD69型4吨载货汽车（图4-11），

图4-11 1969年4月，青岛汽车制造厂试制成功QD-69型载重汽车，填补了本市中型载重汽车制造的空白

① 马小维，等.青岛市机械总公司史志(1950-2012年)[M].青岛：内部编印，2013：320-321.

② 山东省志：机械工业志[M].济南：山东人民出版社，1994：358-360.

当年生产 11 辆，第二年产量达到 120 辆，至1975 年累计生产 1488 辆。

70 年代，本市载货汽车生产开始进入专业化轨道。1975 年，青岛汽车制造厂开始生产QD-140 型 4 吨载货汽车，1976 年在海南举行的全国第四次国产汽车质量检查试验中顺利通过 5万公里可靠性、耐久性试验。同年，试制成功"解放"型 4 吨柴油载货汽车，在全国推广中型柴油汽车中起到先导作用。1976—1978 年，QD69 型和 QD-140 型汽车相继停产。

1979 年，青岛汽车制造厂开始成批生产 CA-10B"解放"型汽车，其中以QD-145 型柴油载货汽车为代表产品、生产"解放"型车作为过渡产品，为生产QD-141 型新型"解放"汽车打下基础。1980 年，国内汽油短缺，汽油车出现滞销苗头。1981 年，该厂与签订协议，将其生产的汽油车改装为柴油车。1982 年加入中国解放汽车联营公司，成为中国载货汽车定点生产厂和第一汽车制造厂中型货车新产品批量试制及试生产基地。同时，该厂强化企业管理，改进工艺，完善检测系统，建立起质量保证体系，出现产销两旺的好势态。

"黄河"牌自卸汽车

1983 年初，青岛专用汽车制造厂"黄河"牌 JN162底盘试制成功，并以此为基础研制成功"黄河"牌QD361 型（图 4-12）、QD362

型自卸汽车。"黄河"牌 QD381 型自卸汽车为载重量 8 吨的铲斗式自卸汽车，车厢最大容积为 5.5立方米，车厢最大举升角度为 80 度，百公里耗油量不大于 26.5 升。"黄河"牌 QD382 型自卸汽车为载重量 8.5 吨的平底矩形后倾式自卸汽车，车厢最大容积为 7.3 立方米，车厢最大举升角度为 57 度，百公里耗油量不大于 26.5 升。

从 1984 年开始，这两种车型进行举升试验、内泄漏试验、动力性试验、燃料经济性试

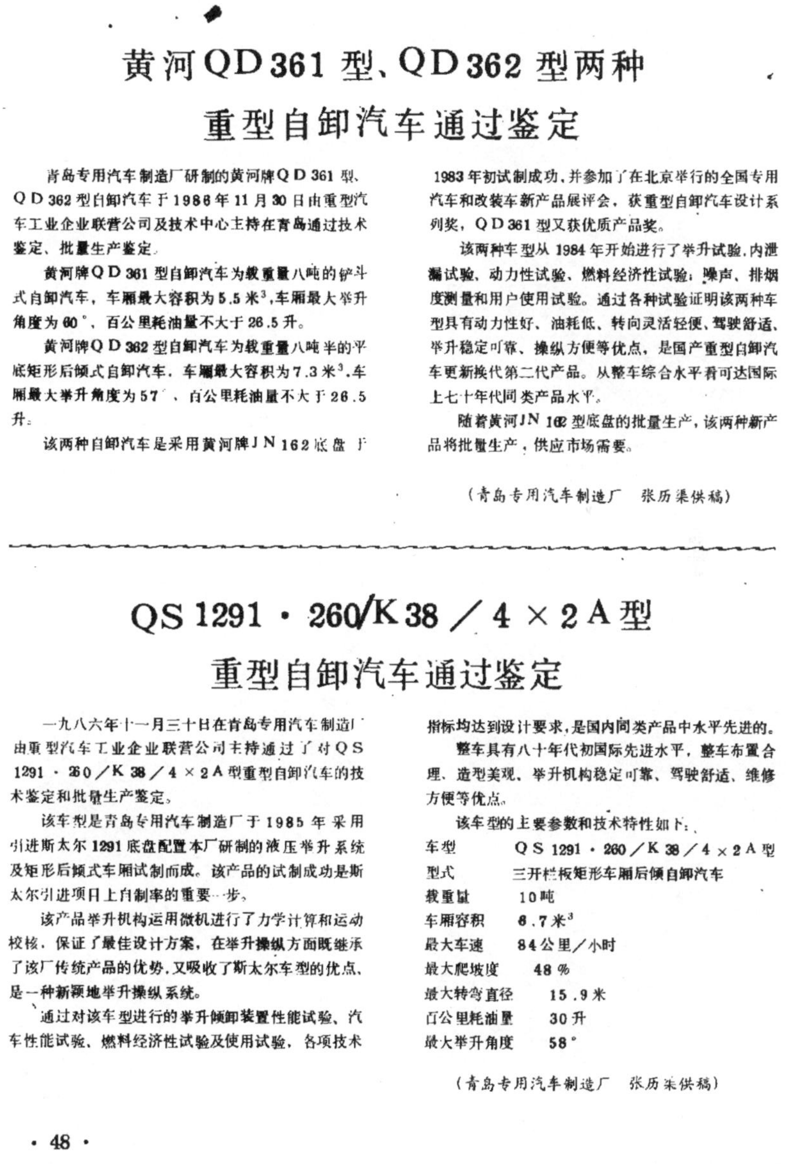

黄河 QD361 型、QD362 型两种
重型自卸汽车通过鉴定

青岛专用汽车制造厂研制的黄河牌 QD361 型、QD362 型自卸汽车于 1986 年 11 月 30 日由重型汽车工业企业联营公司及技术中心主持在青岛通过技术鉴定、批量生产鉴定。

黄河牌 QD361 型自卸汽车为载重量八吨的铲斗式自卸汽车，车厢最大容积为 5.5 米³，车厢最大举升角度为 60°，百公里耗油量不大于 26.5 升。

黄河牌 QD362 型自卸汽车为载重量八吨半的平底矩形后倾式自卸汽车，车厢最大容积为 7.3 米³。车厢最大举升角度为 57°，百公里耗油量不大于 26.5升。

该两种自卸汽车是采用黄河牌 JN162 底盘

1983 年初试制成功，并参加了在北京举行的全国专用汽车和改装车新产品展评会，获重型自卸汽车设计系列奖，QD361 又获优质产品奖。

该两种车型从 1984 年开始进行了举升试验、内泄漏试验、动力性试验、燃料经济性试验、噪声、排烟度测量和用户使用试验。通过各种试验证明该两种车型具有动力性好、油耗低、转向灵活轻便、驾驶舒适、举升稳定可靠、操纵方便等优点，是国产重型自卸汽车更新换代的第二代产品。从整车综合水平看可达到国际上七十年代同类产品水平。

随着黄河 JN162 型底盘的批量生产，该两种新产品将批量生产，供应市场需要。

（青岛专用汽车制造厂 张历渠供稿）

QS1291·260/K38/4×2A 型
重型自卸汽车通过鉴定

一九八六年十一月三十日在青岛专用汽车制造厂由重型汽车工业企业联营公司主持通过了对 QS1291·260/K38/4×2A 型重型自卸汽车的技术鉴定和批量生产鉴定。

该车型是青岛专用汽车制造厂于 1985 年采用引进斯太尔 1291 底盘配置本厂研制的液压举升系统及矩形后倾式车厢试制而成。该产品的试制成功是斯太尔引进项目上自制率的重要一步。

该产品举升机构运用微机进行了力学计算和运动校核，保证了最佳设计方案，在举升操纵方面既继承了该厂传统产品的优势，又吸收了斯太尔车型的优点，是一种新颖地举升操纵系统。

通过对该车型进行的举升倾卸装置性能试验、汽车性能试验、燃料经济性试验及使用试验，各项技术

指标均达到设计要求，是国内同类产品中水平先进的。

整车具有八十年代初国际先进水平，整车布置合理、造型美观，举升机构稳定可靠、驾驶舒适、维修方便等优点。

该车型的主要参数和技术特性如下：

车型	QS1291·260/K38/4×2A 型
型式	三开栏板矩形车厢后倾自卸汽车
载重量	10 吨
车厢容积	6.7 米³
最大车速	84 公里/小时
最大爬坡度	48%
最大转弯直径	15.9 米
百公里耗油量	30 升
最大举升角度	58°

（青岛专用汽车制造厂 张历渠供稿）

· 48 ·

图 4-12　1986 年 12 月，《专用汽车》杂志第六期刊载的两则青岛专用汽车制造厂 3 种重型自卸汽车通过鉴定的消息

验;降声、排烟度测量和用户使用试验。通过各种试验证明该两种车型具有动力性好、油耗低、转向灵活轻便、驾驶舒适、举升稳定可靠、操纵方便等优点,是国产重型自卸汽车更新换代的第二代产品,从整车综合水平看可达到国际上70年代同类产品水平。在北京举行的全国专用汽车和改装车新产品展评会上,两种自卸汽车获重型自卸汽车设计系列奖,QD361型又获优质产品奖。1986年11月30日由重型汽车工业企业联营公司及技术中心主持在青岛通过技术鉴定、批量生产鉴定。随着黄河JN162型底盘的批量生产,该两种新产品投入批量生产,供应市场需要。①

① 张历渠.黄河QD361型、QD362型两种重型自卸汽车通过鉴定[J].专用汽车,1986(6):48.

第五篇 纺织印染

中国丝织业历史悠久，早期技术领先并传播于世界各地。但近代因动力机械纺织业逐步取代手工业纺织业，丝织业发展被超越。[1]鸦片战争后，商业资本对家庭手工纺织印染业的支配，纺织印染品为跨入商品市场需要而生产[2]，导致自纺土纱为原料的手工织业开始以洋纱代替纺织洋布，棉纺业与棉织业分离发展，转向织布业和花边业、草辫业。[3]直至19世纪末，境内纺纱、织布、印染均运用传统手工技术，为家庭手工业，多由女子操作[4]，具有一定规模。但其规模发展状况缺乏系统史料记载。

20世纪初，随着帝国主义势力的侵入，德商在青岛建立缫丝厂，民族缫丝业也随之起步。第一次世界大战爆发后，洋纱、洋布进口量锐减，导致纱布价格飞涨。[5]日本取代德国侵占青岛后，大批日商移居青岛，将投资少、见效快、利润高的纺织工业作为投资重点[6]，日资棉纺织业在青岛确立了优势地位。20年代，随着中国对青岛主权的恢复以及保护发展民族工业政策的出台[7]，青岛口岸与腹地间棉业链条构筑[8]，自然经济加速解体，手工棉纺织业日益消亡。[9]同时，资本扩张与西方动力机械化技术输入，给民族纺织业发展带来机遇。一批民族资本纺织、针织、复制、染织厂相继建立，青岛在中国开辟了早期工业化纺织印染产业，纺织业一举成为青岛工业的支柱产业，成为中国纺织业重镇。[10]30年代，日本资本又增建纺纱厂，青岛民族纺织业发展虽受到遏制，但也在与日资纱厂持续竞争中取得进步，确立了中国近代纺织工业"上、青、天"的格局。七七事变后，青岛地方当局炸毁全部日资纱厂。日本第二次侵占青岛后，推行"以战养战"和摧毁中国民族工业的侵略方针，垄断了青岛纺织业生产、原料市场和产销市场。抗日战争胜利后，国民党政府经济部设立中国纺织建设公司青岛分公司（简称中纺青岛分公司），接管敌伪纺织工厂及其附属单位[11]，形成大型官办垄断性纺织集团与各种大小民营纺织企业共存局面。之后建立起系统的公司组织、基础管理、技术研究和

---

① 张靓.第一次世界大战与中国棉纺织工业的发展[D].东北师范大学,2004:44-45.

② 阚景奎.民国初年山东手工棉纺业生产关系初探[J].民国档案,1996(2):65-66.

③ 吕伟俊,曲春梅.论20世纪初期山东棉纺织业的现代化[J].浙江万里学院学报,2005(3):1-4.

④ 中国实业志:山东省第七册[M].复印本.第七(辛)页.

⑤ 吕伟俊,曲春梅.论20世纪初期山东棉纺织业的现代化[J].浙江万里学院学报,2005(3):1-4.

⑥ 胶海关十年报告(一九一二至一九二一年)[A].帝国主义与胶海关[M].北京:中国档案出版社,1986:180.

⑦ 姜培玉.山东经贸史略[M].济南:山东友谊出版社,1989:222;潘园.青岛纺织业之状况与希望[J].华商纱厂联合会季刊,1923,4(1):32;谷永清.近代青岛棉业研究(1897-1937)[D].南京大学,2011:76+274.

⑧ 谷永清.近代青岛棉业研究(1897-1937)[D].南京大学,2011:100+281.

⑨ 阚景奎.民国初年山东手工棉纺业生产关系初探[J].民国档案,1996(2):65-74+60.

⑩ 江林泽.近代青岛工业发展史论(1891-1937)[J].东方论坛,2017(1):86-92.

⑪ 青岛纺织史[M].青岛:青岛市纺织工业总公司史志办公室编印,1995:201+218.

人才培训等制度，成为纺织工业标准化生产管理的起点。40年代后期，青岛中共地下党组织积极组织工人开展反南迁和护厂斗争，成功地保存了青岛纺织印染工业。[①]

青岛解放后，市军管会接管中纺青岛分公司及其所属的棉纺织、印染、针织、纺织机械等13家企业，成为全民所有制社会主义企业。三年经济恢复时期，青岛纺织印染业在保证国民经济迅速恢复和高速发展中一直占据重要地位。随后，全市纺织系统开展增产节约运动，掀起竞赛热潮，创造出落纱、细纱、织布、保全等21个先进工作法，棉纱、棉布产量和劳动生产率显著提高；新革新项目、新生产技术、新工作法、新经验不断涌现，生产模范人物层出不穷[②]，"郝建秀工作法""五一织布工作法""五三保全工作法"的产生和推广，极大地推动了纺织生产力发展，逐步建成中国近代纺织印染工业基地。第一个五年计划时期，青岛市遵照国家"利用、限制、改造"的政策，组织私营纺织业户走上公私合营道路。同时，为提高企业技术水平和管理能力，开始集训技术工人、培养管理干部，青岛产细布、平布、印染布开始进入国际市场。其间，依照中共中央关于充分利用沿海基地和老基地要支援内地建设的指示及纺织工业部安排，青岛自1953年起支援北京、陕西、河南、河北、新疆和内蒙古等20余个省、市、自治区的纺织工业建设；同时，支援越南、朝鲜、缅甸、巴基斯坦、柬埔寨、圭亚那和埃及等国家纺织工业建设。[③]50年代末，市染织工业局与市纺织管理局合并成立青岛市纺织工业局，统管全市纺织工业。三年困难时期，纺织原料严重不足，纺织系统"关、停、并、转"部分企业，年总产值、年利润总额均大幅下降。经济调整后因扩大青岛纺织技术后方工业，使青岛纺织工业走出低谷。

60年代中期，青岛纺织系统积极抽调人力、物力和财力，在山东省产棉区枣庄、平阴、临清、北镇、诸城、蒙阴、惠民、济宁和泗水等地建起10个棉纺织厂、2个针织厂、1个印染厂，共置纱锭15.23万枚、织机4413台，印染设计能力达3000万米。"文化大革命"期间，纺织工业生产受到严重影响。特别是1974年，纺织厂大面积停工停产。"文化大革命"结束后，为改变行业结构和产品结构不合理现象，更新换代产品，满足市场需求，对老厂进行技术改造和设备更新，增建毛纺织、绒布、帆布、床单、台布企业，扩建化纤和针织企业，加快了青岛纺织印染工业系统化发展速度。

70年代末，纺织印染企业加强专业化管理，推行"四班三运转"工作制，引进国外先进设备，实施技术改造，增强出口产品国际竞争能力，逐步由"保障供给、增加积累"转向"挖潜改造、提高质量、增加花色品种、扩大出口创汇"。此后，随着改革开放走向深入，纺织品由卖方市场向买方市场的转移，纺织业由生产型转向生产经营型，逐渐扩大纺织企业自主权，推行经营承包责任制，工作重点由抓产值、抓产量逐步转向抓品种、抓质量、抓技术改造、抓经济效益、抓引进先进技术和设备、抓出口创汇。至1985年底，全市有乡镇以上纺织印染企业164家，系统工业总产值25.06亿元，占全市工业总产值的25%；从业人员达15.29万人，故有"十万纺织大军"之称。

第一章　棉纺织

迄至19世纪末，境内只生产少量手纺纱和

---

① 青岛纺织史[M].青岛:青岛市纺织工业总公司史志办公室编印,1995:95-96.

② 青岛纺织史[M].青岛:青岛市纺织工业总公司史志办公室编印,1995:124.

③ 青岛纺织史[M].青岛:青岛市纺织工业总公司史志办公室编印,1995:120-121.

土布。即墨、胶州一带农闲季节以土线、土纱织成布匹自给，后发展成为副业。[1]清末民初，中外棉纺织厂相继开业，青岛由此建立起生产工具机械化、生产分工专业化的棉纺织工业，开启山东棉纺业现代化步伐。[2]30年代，民族资本棉纺织业遭到日商竞争与打击[3]，一度出现严重亏损。随着国家振兴棉业政策展开，利用民族主义发展政策与支持国货运动潮流，采取技术培养、产品研发、扩大原棉种植收购等策略[4]，经营渐趋好转。[5]为垄断华北纺织工业，日本制订实施"百万纱锭计划"加紧渗透。[6]至抗日战争爆发前，青岛日资纱厂精纺机和织布机数量超过天津两倍以上[7]，纱锭、织机总数仅次于上海。[8]抗日战争全面爆发后，青岛的日资纺织厂被全部炸毁，设备损坏。[9]30年代末，日商重建纱厂，其设备规模和用工人数较战前缩小半数，产量日缩。抗日战争后期，日本政府强征日商纱厂纱锭纺机，拆除运回日本炼铁。抗日战争胜利后，中纺青岛分公司接管日商棉纺织厂，组织所属棉纺企业开展技术培训与生产促进活动，生产有所恢复，所属各棉纺织厂生产的棉纱、棉布统一由分公司经营，采取定期开盘制方式销售。

青岛解放后，市军管会接收中纺青岛分公司所属棉纺织厂。50年代初，中纺青岛分公司更名为华东纺织管理局青岛分局，所属8个棉纺织厂改称为国营青岛第一至第八棉纺织厂。针对纱布商囤积、哄抬物价的情况，国家实行统购统销政策。国民经济恢复期间，青岛棉纺织业生产的纱锭、织机数仅次于上海，在全国排名第二位，赢得"上青天"的美誉。同时开展爱国增产节约运动，组织生产劳动竞赛，掀起技术研发高潮，一批先进技术成果促进劳动生产率日益增长，推动全国棉纺织业生产技术改进与发展。50年代中期，青岛对私有棉纺织厂家逐步实行公私合营，对设备进行技术改造，产品结构向多元化、多用途方向发展，并积极扩大向东南亚地区的细布出口。建立规范化专业技术教育模式，遵照国家安排为外省地代训管理技术人员，向部分新建棉纺织企业输送管理技术干部和技术工人，为国家棉纺织业技术发展做出贡献。

三年困难时期，由于棉花大量减产，原棉短缺严重，青岛被迫研发野杂纤维产品，全市棉纺织厂关停或半停开，职工减员，设施建设与产量处于低潮。国民经济调整后，原棉供应出现转机，生产逐渐恢复，产品由国家调拨，统一经销。同时开展设备研发技术革新，逐步以国产新型设备淘汰老旧设备，从国外引进部分设备更新。至60年代中期，青岛形成以大中型国营棉纺织厂为骨干的棉纺织业。70年代，相继研发出多种类型电气化程度较高的生产设备及先进生产技术工艺，产品质量与生产效率得以提高。至70年代后期，更新为国产第二代棉纺织设备占比达到60%，同时加大化纤混纺产品生产比重，行业产值效益上升，棉纺织业成为青岛主要出口创汇行业之一。

① 赵琪,修.袁荣叟,纂.胶澳志[M].民国十七年铅本,影印本.台北:成文出版社,1968:847-853.

② 吕伟俊,曲春梅.论20世纪初期山东棉纺织业的现代化[J].浙江万里学院学报,2005(3):1-4.

③ 周志俊.青岛华新纱厂和华北棉业一瞥[A].山东省政协文史资料委员会.山东工商经济史料集萃第1辑[Z]济南:山东人民出版社,1989:5.

④ 日拟统制华北经济——三大纺织会社向华北投巨资[J].银行周报,1936,20(6):6-7.

⑤ 全国棉纺织厂调查报告[J].棉业月刊,1937,1(4):599.

⑥ 日纺织同业会天津支部成立[J].棉业月刊,1937,1(4):625-626.

⑦ 南满洲铁道株式会社产业部.北支那经济综观[M].东京:日本评论社,1939:409.

⑧ 樊泽顺,刘宗伟.那城·那事·那人:青岛120年档案[M].济南:山东画报出版社,2011:72.

⑨ 江林泽.近代青岛工业发展史论(1891-1937)[J].东方论坛,2017(1):86-92.

中共十一届三中全会后，青岛棉纺织业的基础建设投资大幅度增加，进入快速发展时期。在加大厂房改造扩建力度的同时，从国外大量引进全套棉纺织生产设备，与国产设备进行配套，行业规模发展壮大，成为棉纺织业基础建设发展高峰。同时，设备研发能力提升，生产技术工艺快速发展，生产效率大幅增长，棉纱产量创有史以来新高。为适应国际市场需要，开展技术改造和新产品开发，调整品种结构，产品和出口量迅速扩大。至80年代中期，青岛棉纺织工业总产值、出口量、利税总额，均创历史最高水平。

第一节 棉纺织企业

青岛开埠前，境内棉纺织业多为家庭作坊式。民国初期，华新实业公司收购德华缫丝厂筹办华新纱厂，日本军政当局鼓励日资在青岛开办机械化棉纱厂，扩展其工商利益范围[①]，相继开设6家纱厂。20年代中期，全市有私营纺织业户210余家。[②]30年代初，全市有手工棉织场、坊14家，资本合计8140元[③]，大型棉纺织工厂以日资厂最多。[④]此后，日商增建上海、丰田、同兴3家纺织厂，日商棉纺织厂达9家。至1937年，青岛日资纱厂精纺机和织布机数量超过天津两倍以上[⑤]，而民族企业大多规模较小。七七事变后，国民党军政当局撤离青岛前将日商9家纱厂炸毁，日本再次侵占青岛后开始重建，复建后的各纱厂，占地面积为342.6万平方米，建筑面积（包括宿舍等非生产性设施）共50.9万平方米，厂房设备布局更为合理（图5-1）。1946年1月，中纺青岛分公司接收日商纺织厂，分别更名为中纺第一至九棉纺织厂。

青岛解放后，市军管会接收中纺青岛分公司所属棉纺织厂，并对厂房设备进行再建、维修、改造，生产秩序得以恢复。同时，采取以

图5-1 日本第二次侵占时期，日商九家纱厂位置图

① 穆家修,柳和城,穆伟杰.穆藕初先生年谱(1876-1943)[M].上海:上海古籍出版社,2006:144-145.
② 曾繁铭,金洵昌.青岛纺织大事记1900-1988(征求意见稿)[M].青岛:内部编印.1989:8.
③ 胶济铁路管理委员.胶济铁路经济调查报告汇编(分编):青岛市[M].青岛:胶济铁路车务处,1933:27.
④ 帝国主义与胶海关[M].北京:中国档案出版社,1986:210-211.
⑤ 南满洲铁道株式会社产业部.北支那经济综观[M].东京:日本评论社,1939:409.

换货方式对私营织厂进行扶助，全市开工私营织厂迅速增加。1951年1月，中纺青岛分公司改称为华东纺织管理局青岛分局，所属棉纺织厂遂废用"中纺"名称，改称为国营青岛第一至第八棉纺织厂。[1]1966年9月，公私合营青岛华新纺织染印染股份有限公司改为全民所有制企业，青岛形成以9家大中型国营棉纺织厂为骨干的棉纺织业。

80年代，国营青岛第十棉纺厂投产，青岛拥有10家大中型棉纺织骨干企业。

华新纱厂

1913年8月，中方资本家以3万元购买德商的德华缫丝厂，在原址改建棉纺厂，取名华新纺织股份有限公司青岛工厂。1919年12月部分开工，1920年5月全面投产。因此时青岛只有1家日本纱厂，无其他竞争对手，获利颇丰。遂于1921年两次增资17万元，总资本达到27万元，成为青岛最大的民族工商企业，是华新纱厂的第一次发展高峰。1925年青岛掀起抵制日货运动，日商纱厂工人相继罢工。该厂乘机调整管理经营对策，通过增添设备、技术改造，突击发展新产品，开辟外国市场。1928年8月，日商纱厂反压迫、反剥削罢工潮高涨，日商纱厂全部停工4个月。华新纱厂边加紧生产、边派人声援罢工，并向日商纱厂罢工工人捐赠棉衣、食物，并招收熟练工人进厂，1929年使华新纱厂走向第二次发展高峰。[2]1931年"九一八"事变后，由于东三省产品滞销亏损[3]，华新纺织股份有限公司12月3日撤销总公司；华新纱厂在南京国民政府实业部注册，改称青岛华新纺织股份公司，并于1932年1月开始换发新股票，增添新纺纱机，对旧纱机进行大规模改造、仿造，棉纱质量大幅度提高，在国内南方市场颇负声誉。[4]1933年9月，该厂4个品种货样代表国货远赴美国参加芝加哥百年进步世界博览会；后又订购大宗织布和印染机械，增设布场、染场。至1935年底，青岛华新纱厂由单一棉纺厂发展成为华北地区最大的纺织印染联合企业，资本从建厂之初的120万元扩充至固定资产约500万元[5]（图5-2）。七七事变爆发后，华新纱厂与重庆华西公司签约，计划拆卸纱锭2万枚、布机200台及大宗印染设备移内

图5-2 30年代的青岛华新纱厂厂区

① 曾繁铭,金洵昌.青岛纺织大事记1900-1988(征求意见稿)[M].青岛:内部编印,1989:31.

② 青岛纺织史[M].青岛:青岛市纺织工业总公司史志办公室编印,1995:159-164.

③ 邢汝铁,贺洪伟.社会主义改造使青岛华新纱厂走上康庄大道[A].中国资本主义工商业的社会主义改造·山东卷[C].北京:中共党史出版社,1992:498-499.

④ 在日本纱厂夹缝中发展起来的华新纱厂[A].中国民主建国会青岛市委员会,青岛市工商业委员会,编.青岛工商史料第3辑[C].内部编印,1988:145-147.

⑤ 周志俊.青岛华新纱厂和华北棉业一瞥[A].山东省政协文史资料委员会.山东工商经济史料集萃[C].济南:山东人民出版社,1989:10.

地生产；并将青岛厂房及剩余设备作价 170 万元，寄于美商中华平安公司保护之下。后内迁受阻，遂改变计划，在上海购买公共租界莫干山路地基，先后筹建信和纱厂（上海第十二毛纺厂）、信平印染厂和信义机器厂，形成相互联合的"三信"企业。[①] 1938 年 4 月，华新纱厂青岛厂房及剩余设备被日商国光纺绩株式会社强行收买。1941 年 6 月又将产权转让给宝来纱厂，改名仓敷纺绩株式会社（简称仓敷纱厂）。

1945 年被国民政府经济部划归国有，1946 年 1 月由中国纺织建设公司青岛分公司接管，更名为中国纺织建设公司青岛第七纺织厂（简称中纺七厂）。1946 年 6 月 4 日，根据国民党政府颁布的"处理敌伪产业条例"及行政院京三字第 1461 号批示，准于中纺七厂发还民营；10 月 16 日华新纱厂第一批赎厂价款交付山东青岛区产业处理局，中纺七厂一切营业利益归属该厂所有。[②] 1946 年 11 月 11 日恢复原名，将资本额扩充到法币 40 亿元（图 5-3）。

青岛解放后，华新纱厂成为复工最早的企业之一。1950 年 6 月 20 日增资 10 亿元（旧币），7 月成立劳资协商委员会，工人代表正式参与企业管理，生产逐步恢复。1951 年 5 月 19 日华新纱厂印花车间复工，1952 年 7 月 25 日改名为华新纺织印染股份有限公司（简称华新纱厂），1953 年 10 月正式更名为公私合营青岛华新纺织印染股份有限公司。[③] 此后，多数股东将私股转作公股支援国家建设，企业逐渐转变为公营。[④] 1958 年 1 月 4 日正式取消公私合营名称，改称华新纺织染厂。[⑤] 1966 年 9 月 15 日，废除私股，正式改为全民所有制企业，最初名为国营青岛东风纺织染厂，10 月 13 日改称国营青岛第九棉纺织印染

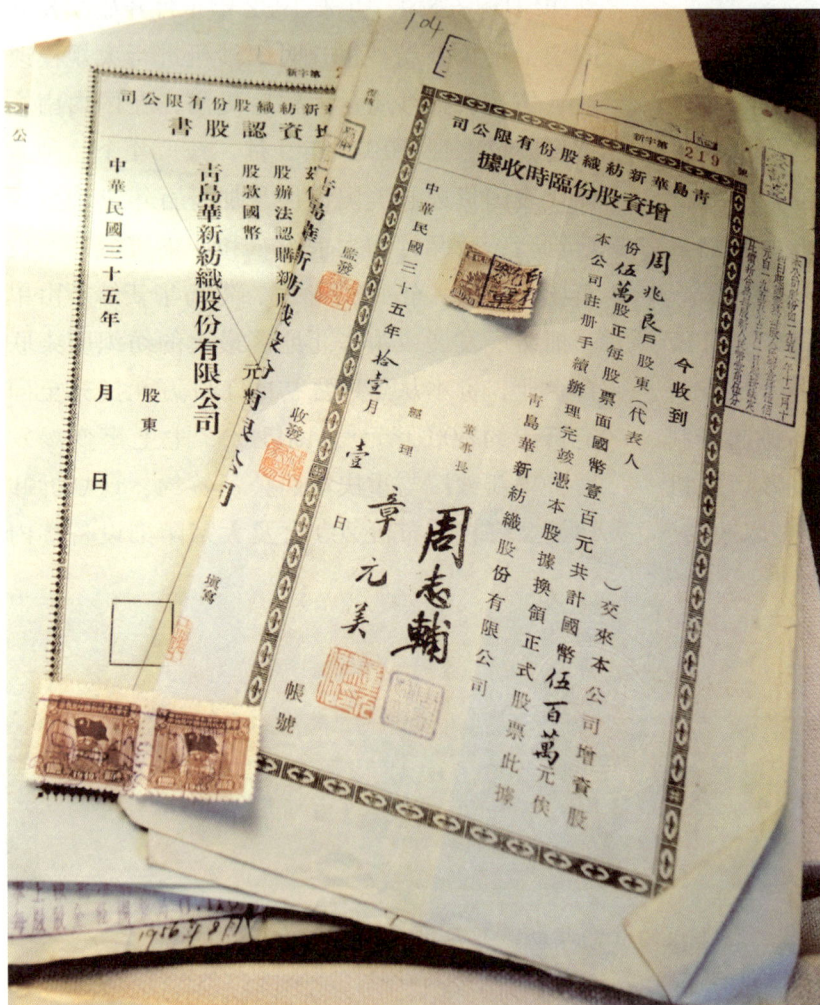

图 5-3　青岛华新纺织有限公司的 1946 年增资股份临时收据

① 曾繁铭,金洵昌.青岛纺织大事记 1900-1988(征求意见稿)[M].青岛:内部编印,1989:15.
② 曾繁铭,金洵昌.青岛纺织大事记 1900-1988(征求意见稿)[M].青岛:内部编印,1989:21
③ 曾繁铭,金洵昌.青岛纺织大事记 1900-1988(征求意见稿)[M].青岛:内部编印,1989:30+32+35+38.
④ 青岛纺织企业简志汇编[M]青岛:青岛市纺织工业总公司编印,1989:36.
⑤ 曾繁铭,金洵昌.青岛纺织大事记 1900-1988(征求意见稿)[M].青岛:内部编印,1989:48.

厂。[①]1978年6月1日，市纺织工业局决定将印染车间划出，改组为青岛第二印染厂，棉纺织部分定名为国营青岛第九棉纺织厂。该厂系全民所有制企业，隶属市纺织工业总公司，为山东省机械棉纺工业的先驱之一，该厂产品"双樱"牌商标为山东省著名商标。

1985年，厂址位于沧口区永平路2号，总占地面积161076平方米，其中厂区占地面积96072平方米，宿舍区面积67000平方米；厂区总建筑面积47047平方米，其中厂房面积30702平方米，仓库面积9003平方米。[②]

内外棉纱厂

1915年10月30日，日本内外棉株式会社青岛支店在四方机厂西北租地23600坪（每坪3.3平方米），筹办内外棉纱厂（又称内外棉纱厂第六工场）。1916年2月投资50万元正式动工，1917年12月开工投产，设纱锭27200枚，线锭11200枚。1922年7月第十一工场建成投产，设纱锭32800枚；1923年4月第十工场建成投产，设纱锭30400枚。至1925年，该厂共占地面积632410平方米，工人3200人。1935年5月10日，第六、第十、第十一工场更名为青岛支店第一、第二、第三工场，总占地面积6万余平方米，总建筑面积3万余平方米；拥有纱锭90400枚，布机627台，线锭11200枚。后开工建设第四工场，七七事变时仅建成厂房，后青岛支店一、二、三工场被炸毁。1938年3月，日商在第四工场基础上复建，至次年7月全部投产，时有纱锭49252枚，线锭8280枚，布机627台；产品有32支、42支纱和线，细布、粗布等22个品种，使用"银月""七弦岛"商标。1946年1月，内外棉纱厂由中国纺织建设公司青岛分公司接收，更名为中国纺织建设公司青岛第二棉纺织厂（简称中纺二厂），厂区占地面积为6.8万平方米，工厂占地面积为2.6万平方米（图5-4）；工人总数1794人，职员64人。生产品种除纱、线外，还有直贡呢、纱哔叽、细布、市布、麻纱、军布等11个，仍沿用"银月"和"七弦岛"商标。[③]

1949年6月，市军事管制委员会接管中纺二厂，有职工1938人、职员95人。1951年定名为国营青岛第二棉纺厂。1953年4月试纺工业纱成功，实现由单纯民用纱布型厂向工业用

图5-4 青岛第二棉纺织厂老厂房

---

① 曾繁铭，金洵昌.青岛纺织大事记1900-1988(征求意见稿)[M].青岛:内部编印,1989:61.

② 青岛纺织企业简志汇编[M].青岛:青岛市纺织工业总公司编印,1989:34-37.

③ 青岛通鉴[M].北京:中国文史出版社,2010:161.

布纺织专业厂的转化。为配套生产橡胶轮胎骨架材料，1954年5月将青岛橡胶二厂棉帘布车间人员和设备并入织布车间，专门生产棉帘布。至1961年成为专门生产棉帘布的工业用布专业化工厂，年生产能力达8000吨。60年代末开始化纤帘布生产试验，1969年12月成立化纤车间筹建处，1971年4月正式试产，1973年二季度下马。1979年11月，扩建1万纱锭国产新设备的纺三车间开工投产，使该厂成为以棉帘布为主的工业用布专业化中型骨干企业，被誉为全国生产工业布"四大家族之一。"80年代，先后投资800余万元购入民用布机和配套设备进行更新改造，1985年底全部设备更新完毕，实现国产化、高速、高效、大容量、大卷装，加快适应交通运输业向高速、多载、节能、轻量化方向发展和橡胶工业骨架材料更新换代的需要。

1985年，厂址位于四方区海岸路22号，系全民所有制企业，隶属市纺织工业总公司，是生产橡胶轮胎运输带骨架材料棉帘、帆布工业用布的专业厂家，为部、省、市三级"企业管理优秀企业"，国家二级企业。工厂占地面积为375443平方米，厂区建筑面积95322.5平方米，工业生产用建筑面积85456.54平方米，非生产用建筑面积9865.96平方米。[①]

大康纱厂

1919年4月，日本纺绩株式会社选定四方西端海泊河入海处为厂址，于9月填海造地动工建立大康纱厂。1921年10月开工投产，占地217800平方米，资本金5200万日元；有日本职员57人，雇用中国工人3500人。1925年，该厂机器设备有纱锭4万余枚、织布机150台，年产棉纱65520件（每件平均为180公斤），年产棉布82500匹（每匹平均为34米）。到1937

年，纱厂总投资2000万元，占地面积6.9万平方米，职工5000余人[②]；拥有纱锭137573枚、织布机3000台，是青岛当时规模最大的日商纱厂。生产棉纱的商标为"童鱼""金货""宫女"等牌，棉布为"花鸟"牌。棉纱主要国内销售，棉布除内销外，还销往日本、朝鲜等国家和地区。1937年12月18日，国民党军队撤离青岛时将该厂炸毁。1938年1月，日本第二次侵占青岛后重修大康纱厂，将该厂面积扩大为339306平方米，有日本职员75人，雇用中国工人2000余人；机器设备有纱锭54980枚、织布机830台，年产棉纱45万件、棉布80万匹。日本投降后，该厂由中国纺织建设公司青岛分公司接收。1946年1月25日，更名为中国纺织建设公司青岛第一棉纺织厂（简称中纺一厂），职工1793人；机器设备有纱锭43548枚、织布机1256台，年产棉纱12276件、棉布333900匹。

青岛解放后，该厂被人民政府接管，1951年定名为国营青岛第一棉纺织厂。70年代后期，国营青岛第一棉纺织厂调整内部工作重点和生产结构，以销定产，产销结合，扩大企业自主权，企业由生产型过渡为生产经营型。通过执行省纺织工业厅制定的捻线、整经和换纬工作法，开展技术操作练兵和比赛活动，工业总产值首次突破7000万元大关。80年代，开发投产新产品20余种，完成384台自动织布机安装任务，织布生产规模扩大。后又新建宽幅布机车间建筑面积7117平方米。1985年5月2日，被市纺织总公司批准为扩权试点单位（图5-5）。同年，涤棉织品市场好转，出口量与效益增长，利税总额1542.6万元，成为青岛市创利创汇大户之一。

1985年，厂址位于四方区杭州路12号，系

---

① 青岛纺织企业简志汇编[M]青岛:青岛市纺织工业总公司编印,1989:7-10.

② 曾繁铭,金洵昌.青岛纺织大事记 1900-1988(征求意见稿)[M].青岛:内部编印,1989:4.

全民所有制企业，隶属市纺织工业总公司，是山东省和青岛市生产人棉纱、人棉布的专业厂家。工厂占地面积191285.75平方米，建筑面积95868.29平方米，生产用建筑面积77796平方米。[①]

宝来纱厂

宝来纱厂全称日本长崎纺绩株式会社青岛支店，总厂设在日本长崎，营业所设在大阪，因该厂使用"宝来"牌商标，故习称宝来纱厂。宝来纱厂始建于1920年3月，1923年11月开工投产，厂址位于沧口小瓮窑头（振华路52号一带），占地面积46.7万平方米，建筑面积1.98万平方米，投资538万银元；开工初期有日本职员45名，雇用中国工人1200人，仅有纱锭2万枚，年产棉布14400件，商标为"宝来"牌。1924年5月，该厂改为日本官营，厂名改为长崎国光纺绩株式会社青岛支店。1932年纱锭增至32768枚。到1937年7月，纱锭又增至46832枚。是年12月18日，国民党军队撤离青岛时将该厂炸毁。

1938年4月，日商国光株式会社强行买下与宝来纱厂相邻的华新纱厂，作价196万日元，购得该厂3万纱锭、300台织布机和全套印染、发电设备，又将原宝来纱厂被炸后的残余机器运来，并从日本购进部分新式机器，拼凑建厂后开工生产，厂名仍为宝来纱厂，年产棉纱2.4万件、棉布30万匹。1940年，纱锭增至36000枚，织布机增至400台。1941年6月，日本国

图5-5 80年代的青岛第一棉纺织厂

光株式会社又将该厂更名为仓敷纺绩株式会社青岛支店，但对外仍继续用宝来纱厂名称。

日本投降后，该厂更名为中国纺织建设公司青岛第七棉纺织厂（简称中纺七厂），留用日本人为顾问兼代理厂长，及数名日本技术人员。1946年2月该厂恢复生产，不久原华新纱厂厂方与国民党青岛市政府几经交涉，用90万法币（约合1311件棉纱）将该厂赎回，仍称华新纱厂。[②]

钟渊纱厂

1920年，日商武腾山治选中沧口海滩附近1300余亩土地为厂址，筹建纱厂。1921年投资1000万两（折合1500万银元），动工建设钟渊纺绩株式会社青岛工场第一期工程，1923年4月纺纱一场建成投产，称钟渊纱厂；次年，第一织布工场建成开工。初建时占地面积92.4万平方米，建筑面积8.8万平方米，有纱锭42240枚、织布机865台，有日本职员143人，中国工人3400人，还招收练习生200余人，分5批去日本神户、大阪等地纺织厂实习；年产棉纱

---

① 青岛纺织企业简志汇编[M]青岛：青岛市纺织工业总公司编印，1989：2-5.

② 青岛通鉴[M].北京：中国文史出版社，2010：173.

9.6万件、棉布684万匹。1931年，钟渊公司将其在上海、青岛、天津所办的7个纱厂，按顺序改称为钟纺公大一至七厂，钟渊纱厂改名为钟纺公大第五厂。至1935年工厂全部建成时，总投资1亿元，工人9200名，规模为本市各纺织厂之冠（图5-6）。到1937年底，纱锭增至133496枚，织布机增至4412台，棉纱商标为"花蝶"牌，棉布商标为"双飞龙"牌。1937年12月18日，国民党军队将该厂炸毁。日本第二次侵占青岛后，重建钟渊，厂名仍为公大纱厂，1939年第一期修复竣工，开工设备仅为炸毁前的39%；第二期工程因太平洋战争爆发中断。有日本职员65人，雇用中国工人3500人；机器设备有纱锭54985枚，织布机1100台，年产棉纱8.64万件，棉布180万匹。日本投降后，该厂由中国纺织建设公司青岛分公司接收，更名为中国纺织建设公司青岛第六棉纺织厂（简称中纺六厂），有职工2250人；机器设备有纱锭54984枚、织布机2142台，年产棉纱20376件、棉布84万匹。[①]

青岛解放后，该厂迅速恢复生产，其产品棉布被解放军后勤部门定为军布，列为免检产品，成为市场紧俏商品。1951年定名为国营青岛第六棉纺织厂。此后，在全国"红五月"劳动竞赛中建立皮辊花过磅制度，细纱值车工郝建秀以优异成绩列全厂之首，被中国纺织总工会总结归纳出一套系统的科学纺纱操作法——郝建秀工作法，并在全国纺织系统全面推广，推动了全国纺织工业生产发展。50年代末60年代初，更新部分自动布机后，产品销售由内销转向出口。为扩大再生产，增装自动布机及配套设备，遂进行一系列扩建。至1975年建成织布三场，土建面积2780平方米，每年为国家创汇287万美元。1978年投资1093万元扩建纺纱工场，扩建面积1.04万平方米，年增税金363万元。1980—1981年投资362万元扩建织布四场，土建面积6510平方米，年创汇300万美元，年增税金143万元。

1985年，厂址位于沧口区四流中路46号，系全民所有制企业，隶属市纺织工业总公司，是以生产出口产品为主的棉纺织大型企业，也是全市规模最大的棉纺织厂。工厂总占地面积411433平方米；其中生产车间建筑面积93054平方米，非筑面积92451平方米，总建筑面积185505平方米。[②]

隆兴纱厂

1921年初，日本日清纺绩株式会社在四方村西北角征地19.2万平方米，建立隆兴纱厂。10月破土动工，共投资2700万日元，1923年4月正式开工，占地19万余平方米，其中建筑面积1.8万平方米；有日本职工28人，中国工人（含个别中国职

图5-6　1931年，钟渊纱厂改名为钟渊公大第五厂

---

① 青岛通鉴[M].北京:中国文史出版社,2010:178.
② 青岛纺织企业简志汇编[M]青岛:青岛市纺织工业总公司编印,1989:27-28.

员）1037 人，纱锭 26360 枚，年产棉纱 20400 件，商标为"宝船"牌。1935 年始建布场，1936—1937 年又新建纺纱三分场，纱锭增至 90980 枚，并有织布机 1472 台，工人总数达 2000 余人，棉布商标为"桃"牌。1937 年 12 月 18 日，国民党军队将该厂炸毁。日本第二次侵占青岛后，重修隆兴纱厂，有日本职员 40 人，雇用中国工人 2000 人；机器设备有纱锭 4.4 万枚、织布机 500 台，年产棉纱 3.1 万件、棉布 50 万匹（图 5-7）。日本投降，该厂由中国纺织建设公司青岛分公司接收，更名为中国纺织建设公司青岛第三棉纺织厂（简称中纺三厂）；有职工 1540 人；机器设备有纱锭 94060 枚、织布机 1330 台，年产棉纱 3.1 万件、棉布 284292 匹。[①]

青岛解放后，该厂被人民政府接管，1951 年定名为国营青岛第三棉纺织厂，有职工 1842 人。1965—1968 年对部分设备进行更新改造，1968 年达到生产高峰。1979 年通过贷款引进设备并进行技术改造，企业生产出现上升，棉布下机一等品率被评为全省第一名。1982 年对织布、准备车间进行翻建，建筑面积达 1 万余平方米，新进仓库 3456 平方米；并进行 11 项技术改造，总投资 2737 万元。特别是气流纺纱引进投产后，企业生产经济效益大幅增长。1985 年创全国纺织同行业一流水平，被评为青岛市企业整顿优秀单位，获得国家经委行业节能先进企业银牌。

1985 年，厂址位于四方区兴隆路 149 号，系全民所有制企业，隶属市纺织工业总公司，是生产府绸出口品的专业厂家；工厂占地面积 192777 平方米，有厂房 55738 平方米，危房改造计 13820 平方米，总建筑面积 96192 平方米。[②]

富士纱厂

1921 年 10 月 6 日，日本富士瓦斯纺绩株式会社建立青岛工场，通称富士纱厂。1928 年 8 月竣工投产，厂址在营子村南，西临胶济铁路，门前是四流路，占地 44 万余平方米，建筑面积 4.2 万平方米，投资 4550 万日元；初开工时有日本职员 26 人，雇用中国工人 850 人；有纱锭 31360 枚，年产棉纱 2.9 万件，商标为"五彩星"牌。1932 年，富士纱厂增设织布工场，安装织布机 480 台，工人增至 1600 人。1937 年 12 月 18 日，厂房、设备、仓库被国民党军队全部炸毁。1938 年 6 月，日商着手重建，次年 8 月恢复生产。机器设备有纱锭 32720 枚，织布机 600 台；年产棉纱 16740 件，棉布 490450 匹，棉布商标为"五星"牌。1942 年增设织染丝绒部，次年增设缝纫线生产部门，后又扩建

图 5-7　1939 年的隆兴纱厂

① 青岛通鉴[M].北京:中国文史出版社,2010:177.
② 青岛纺织企业简志汇编[M]青岛:青岛市纺织工业总公司编印,1989:13-15.

漂染工场，增加各种线带产品。[①]日本投降后，该厂更名为中国纺织建设公司青岛第八棉纺织厂（简称中纺八厂），有职工1876人，机器设备有纱锭39680枚、织布机752台，年产棉纱10428件、棉布30万匹。[②]

青岛解放后，中纺八厂由市军管会接收，并于当月组织复工生产。1951年1月定名为国营青岛第七棉纺织厂，隶属华东纺织管理局青岛分局。1958年更新国产梳棉机，并对清花、并条、粗纱、细纱机进行改造。1965—1966年对设备进行改造，消除条干不匀现象。1977年实施棉纺织改造为毛纺织工程。1985年5月1日，棉纺生产设备全部调入青岛第十棉纺厂和平度、胶县棉纺织厂，该厂正式更名为青岛第二毛纺织厂。[③]

1985年，该厂位于沧口区四流中路187号，系全民所有制企业，隶属市纺织工业总公司，是生产棉纱、布的专业厂家。

丰田纱厂

1933年，日商丰田纺绩株式会社上海工场选址大水清沟村，建立丰田纺绩株式会社青岛工场，通称丰田纱厂。1934年5月破土动工，1935年4月竣工投产（图5-8）。初建时占地面积35万平方米，有日本职员73人，中国工人2000人；机器设备有纱锭37908枚、织布机540台，年产棉纱2万件，商标为"丰鸟"牌，年产棉布47.5万匹，商标为"燕喜"牌。1937年3月又着手建设第二工场，8月竣工。1937年12月18日，国民党军队将该厂炸毁。日本第二次侵占青岛后，重修丰田纱厂。1939年1月开工，有职工2460名，纱锭减至3.6万枚，织布机增至600台。日本投降后，该厂更名为

图5-8 1934年的丰田纱厂

① 曾繁铭,金洵昌.青岛纺织大事记1900-1988(征求意见稿)[M].青岛:内部编印,1989:18.
② 青岛通鉴[M].北京:中国文史出版社,2010:177.
③ 青岛纺织企业简志汇编[M]青岛:青岛市纺织工业总公司编印,1989:163-165.

中国纺织建设公司青岛第四棉纺织厂（简称中纺四厂），有职工 1615 人；机器设备有纱锭 38500 枚、织布机 658 台，年产棉纱 10139 件、棉布 311520 匹。[①]

青岛解放后，该厂由市军事管制委员会接管，有工人 1758 名、职员 92 名。1951 年 1 月 1 日，定名为国营青岛第四棉纺织厂。50 年代，该厂管理工作以"严、细"蜚声全国纺织行业，4 次夺得全国纺织厂际竞赛红旗。1973 起，连续 9 年投资 1028 万元进行老厂改造，由单纯棉纺织转化为山东省中长化纤纺织的重点企业，开创山东省纺织行业"棉改化纤"的先河。1982 年，纺织工业部授予青岛第四棉纺织厂"在设备维修管理工作中取得良好成绩"荣誉奖状。

1985 年，该厂位于沧口区四流南路 62 号，系全民所有制企业，隶属市纺织工业总公司，是以纺织中长化纤产品为主的省级重点厂家；工厂占地面积 173530.92 平方米，生产用建筑面积 102501 平方米，非生产用建筑面积为 20227 平方米。[②]

上海纱厂

1934 年 1 月，日商上海纺绩株式会社选定今四流南路 70 号为厂址开设分厂，名为上海纺织青岛支店，通称上海纱厂。当年 3 月破土动工，次年 5 月 1 日竣工投产，是为上海纱厂第一工厂，占地面积 353600 万平方米，装备有日本丰田式纺机 4.05 万枚，织机 720 台，自备 4800 千瓦发电设备。1937 年 2 月扩建第二工场，纱锭扩展为 5.5 万枚，织机 1440 台。是年 12 月 18 日，第一工场全部被国民党军队炸毁，第二工场纺织机件也被炸毁一部分。1938 年 4 月，日商在第二工场旧址重建上海纱厂，10 月 15 日竣工投产，约有职工 1700 人，纱锭 4.5 万枚，织机 800 台，线锭 3960 枚（图 5-9）。1940 年，与日本东洋棉花公司合办东洋纤维公司，专门处理短纤维；1944 年出资 6600 万元办纯碱、盐酸、漂白粉生产厂。抗日战争胜利后，1946 年 1 月，上海纱厂更名为中国纺织建设公

图 5-9　重建于 1938 年的原上海纱厂锯齿形厂房

---

① 青岛通鉴[M].北京:中国文史出版社,2010:281-282.

② 青岛纺织企业简志汇编[M]青岛:青岛市纺织工业总公司编印,1989:18-21.

司，青岛第五棉纺织厂（简称中纺五厂）。至1949年6月，产品主要有16支、21支、23支、32支、40支、42支棉纱，棉布有细布、斜纹、粗布、特细布及少量府绸；沿用"龙门"商标，1947年改用"大龙门"①。

青岛解放后，该厂由山东省政府生产部接收，1951年定名为国营青岛第五棉纺织厂。1978年5月被授予"全国纺织工业学大庆式企业"称号。1979年，青岛第五棉纺织厂投资926.54万美元、人民币470万元，引进20000枚纱锭和国产300台布机工程，引进联邦德国、瑞士、日本、意大利、丹麦设备，新建土建工程15800平方米，其中主厂房12440平方米，辅房2760平方米、变电所600平方米，于1982年7月正式投产，产品全部出口，3个产品被评为山东省优质产品。1981年棉纱、棉布产量指标全面完成国家计划、并保持全国先进水平。1983年工业总产值首次突破1亿元大关，质量创历史最好水平，全年出口量是1982年的2.62倍。1985年有5个产品被评为山东省优质产品，

获得山东省企业管理优秀奖。

1985年，该厂位于沧口区四流南路20号，系全民所有制企业，隶属市纺织工业总公司，主要生产涤棉混纺纱、线、布，纯棉、纯涤纶纱为辅，是本市大中型骨干企业之一。工厂占地面积264700万平方米，厂房建筑面积95300万平方米②。

同兴纱厂

1934年，日商上海同兴纱厂在沧口勘察选址建厂，1935年7月18日破土动工，1936年10月3日竣工投产，名为同兴纺绩株式会社青岛工场，通称同兴纱厂。工厂建在营子村和板桥坊村西南海边，占地面积35万平方米；有日本职员50名，雇用中国工人2000人；机器设备有纱锭37020枚、织布机1152台，年产棉纱1.5万件、棉布56万匹，商标为"喜鹤"牌。1937年12月18日，国民党军队撤离青岛时将该厂炸毁。日本第二次侵占青岛后，1938年4月重建同兴纱厂，1939年2月开工生产，纱锭增至38248枚，织布机减为700台。日本投降后，该厂由中国纺织建设公司青岛分公司接收，更名为中国纺织建设公司青岛第九棉纺织厂（简称中纺九厂），有职工1400人；机器设备有纱锭38248枚、织布机812台，年产棉纱12432件，棉布351600匹（图5-10）③。

青岛解放后，该厂由市军管会接管，1951年1月定名为国营青岛

图5-10 中纺九厂厂区大门

① 青岛通鉴[M].北京:中国文史出版社,2010:288.

② 青岛纺织企业简志汇编[M]青岛:青岛市纺织工业总公司编印,1989:23-25.

③ 青岛通鉴[M].北京:中国文史出版社,2010:293.

第八棉纺织厂。"大跃进"及经济困难时期，因原棉严重不足被迫部分关车停工；1962年3月则全部停工，820人留厂维修，800余人在厂内进行小商品生产，805人回家住闲，331人被精简。经过国民经济调整，生产恢复发展，1966年上缴利润创50年代以后最高纪录。1968年起进行老厂改造，更新安装设备。1978年贯彻落实"工业三十条"，生产开始逐步恢复正常。1980年根据国际市场需求，更新布机，改换产品，适应出口；其间继续开展老厂改造和设备更新工作。1983—1985年引进联邦德国设备，扩大生产能力。

1985年，厂址位于沧口区沔阳路1号，系全民所有制企业，是主要生产各类棉纱和棉布的厂家，为国家标准化三级企业、青岛市大中型骨干企业；工厂占地面积292104平方米，房屋建筑面积125942平方米，生产用建筑面积55374.9平方米。[①]

青岛第十棉纺织厂

70年代末，乡镇企业兴起，崂山红寨公社决定利用老纺织基地技术力量雄厚、原棉资源丰富等条件筹建红寨公社棉纺织厂。1980年组成筹建委员会，集资贷款，选址小白干路北端流亭机场对面。市纺织工业局为加快发展步伐，决定与红寨公社合资联办。1981年，省计委批复建厂贷款1400万元、设备投资750万元、土建费用650万元；征地121亩，土建面积28200平方米，主厂房17000平方米；市纺织局从本系统抽调技术人员71人，于当年12月先后进厂。是年，红寨公社棉纺织厂易名国营青岛第九棉纺织厂分厂。

1982年，该厂改为全民所有制，定名为国营青岛第十棉纺织厂。1983年6月19日清花投料试产，6月38日细纱纺出第一排管纱，7月22日开工21台细纱机，共8736枚纱锭。当年实现总产值40.59万元，超计划41%；产量完成1140.77吨，超计划39%；棉纱一等一级品率100%。1984年12月8日第一期工程三万纱锭投产。1985年实现总产值2733.88万元、总产量5796.7吨、利润365.47万元，超计划21.74%，超1984年同期104.25%。

1985年，厂址位于崂山县小白干路北端，系全民所有制企业，隶属市纺织工业总公司，为针织用纱专纺厂家；厂房占地面积98130.7平方米，建筑面积52988.82平方米，其中生产厂房总面积46276.82平方米。[②]

第二节 人员设备

清末，青岛手工织布作坊的铁木织机，是境内棉纺织专业化的最早设备。民国初期，民族资本华新纱厂和6家日资纱厂在青岛集中创建，开始大量招收工人，购置棉纺机械化生产设备。30年代，为垄断青岛及腹地棉纺织业，日本实施"百万纱锭计划"，增建纱厂，1937年成为棉纺织从业人数的第一个高峰年。至此，日商纱厂纺纱机主要是英国和美国设备，辅助设备和织布机多为日本生产。华新纱厂自投产开始，增资扩充10多次，先后购进美国和英国纺纱机、英国织布机以及法国、德国、日本及国产印染设备，先进于日商纱厂生产设备。[③]抗日战争爆发前，青岛纱锭、织机总数仅次于上海，在全国排第二位。

抗日战争爆发后，日资纱厂设备大部损毁。日本侵占青岛后，日商重建各纱厂，其设备规模和工人数较战前缩小至半数。此后，日本因

① 青岛纺织企业简志汇编[M]青岛:青岛市纺织工业总公司编印,1989:31-33.

② 青岛纺织企业简志汇编[M]青岛:青岛市纺织工业总公司编印,1989:40-42.

③ 周小娟.周志俊小传[M].兰州:兰州大学出版社,1987:28-30.

战争导致生铁紧缺，从日商纱厂拆除部分纱锭运回日本炼铁，致使青岛纺织设备规模进一步缩减。40年代后期，全市棉纺织设备大多为二三十年代的日本设备，其次为英、美两国设备，工人出勤率严重不足。

新中国成立后，人民政府接管各纺织厂，并对库存设备进行整修安装，棉纺织业得以迅速恢复和发展。至1950年，青岛纱锭、织机数位于全国第二位，1952年末增长至纱锭41.73万枚、线锭3.63万枚、织机1.31万台。1953年起，不断对设备进行技术改造。至1959年，从业人数增至第二个高峰年。三年自然灾害时期，棉纺织企业关停或半停开，全市棉纺织业职工减至一半左右，1964年后开始恢复。60年代，逐步以国产新型设备和国外引进设备淘汰老设备，至70年代末更新为国产第二代棉纺织设备，国产新设备所占比例达到60%。

80年代，青岛各纺织厂陆续引进联邦德国、瑞士、日本、美国、意大利、丹麦产全套棉纺设备，并采取引进、消化、吸收的技术措施，与国产布机等设备进行配套，棉纺织业规模得以发展壮大。1983年，全市棉纺织职工总数为从业人数的第三个高峰年。1985年，因招工人数不足与退休人员较多，职工总数略有减少。

劳动用工

早期棉纺织业因手工操作，劳动力密集、效率低。机器纺织业兴起后，生产具有用工量大、女工多等特点。自1916年内外棉纱厂招工建厂始，至1922年拥有职工1.3万人，占当年全市工人总数的60%。工人来源有市民、市郊农民以及莱阳、蒲台、德州、益都等地农民。一般工人只需简单培训即可上机实际操作，部分纱厂保全、保养等专业工种工人作为练习生赴日本进行短期培训。青岛各日商纱厂初建时，主要管理人员和专业技术人员由日本人担任，每厂50~70人；其中内外棉、钟渊纱厂最多，有100余人。1923年，6家日商纱厂共有工人24544人。[1]

30年代，棉纺织业生产规模不断扩大，从业人员相应增加，各厂用工均在千人以上。1935—1936年，日资新建3座纱厂，使日商纱厂数量增至9个，工人总数超过30000人。[2]1937年6月，用工最多的钟渊纱厂和大康纱厂分别为9880人和5372人，用工相对较少的丰田纱厂和同兴纱厂分别为1673人和1850人。1937年7月，各厂从业人员累计33035人。1939年，日商重建各纱厂，其规模比战前缩小，棉纺织业共有工人18500人，用工最多的钟渊纱厂有2773人，而富士纱厂仅有1161人。

抗日战争胜利后，各纺织厂除留用部分专业技术人员外，大部分职员从内地各省招收。1946年末，中国纺织建设公司青岛分公司和各大棉纺织厂共有职员768人，以江苏人最多，为210余人，其次为山东、湖南、浙江人；职员薪金30~600元不等；在768人中，共有大学毕业者173人、专科毕业者137人、高中毕业者277人、初中毕业者181人。各厂工人几乎全为山东省人，文化程度按中学、小学、粗识、文盲划分，文盲比例最大，占工人总数的46.2%；次为小学，中学仅占2.8%。解放前夕，全市棉纺织工人数近2万人，但出勤率不足40%。

50年代，各厂先后改革劳动用工制度，在基本不增人的原则下，1952年8月全部由两班改为三班运转，实行八小时工作制。1955年3月，全行业女职工达21000余人[3]；1957年从业人员30408人，至1959年增加到35296人，为

① 青岛惨案史料[M].北京:工人出版社,1985:527.

② 青岛惨案史料[M].北京:工人出版社,1985:527.

③ 曾繁铭,金洵昌.青岛纺织大事记1900-1988(征求意见稿)[M].青岛:内部编印,1989:41.

新中国成立后从业人数的第一个高峰年。三年困难时期，部分职工回乡务农、放长假或离职理家，至 1962 年 2 月，青岛第三、四、五、七、八棉纺织厂及华新纱厂等 30 余家企业陆续关厂或停开、半停开，全市棉纺织厂共精简职工 1.7 万人。国民经济调整时期，各厂通过子女顶替、社会招工及国家分配初中、高中毕业生补充劳动力。1964 年 1 月，国务院批转纺织工业部《关于 1964 年棉纺织企业复工方案的报告》，停工各厂陆续复工，收回精简、放长假职工。[1]至 1970 年末，各厂职工总数达 32909 人。1978 年，全行业拥有职工 33019 人，其中管理人员为 1881 人、工程技术人员 650 人。

80 年代，通过新建棉纺厂、改造老厂等，扩大生产能力，用工量大幅增加。1983 年，各厂职工总数达 41725 人，为新中国用工人数第二个高峰年。1984 年，各厂相继招用合同制工人（一般合同期限 5 年）248 人。1985 年，各厂招工人数不足，加之退休人员较多，人员总数略有减少。

设备

1872 年，棘洪滩人工织布作坊的百余台铁木织机，是境内棉纺织业已知最早的规模化生产设备。1916 年内外棉纱厂建立伊始，青岛棉纺织业开始进入机械化生产时期。1919 年华新纱厂集资 120 万元订购美国怀特纺纱机 15000 锭，两年后该厂纱锭总数扩充至 31000 余锭。其后，日本各纺织株式会社纷纷开设纱厂，除部分辅助生产设备为日本制造外，其主要纺纱设备均从英、美等国家进口。1923 年，6 家日商纱厂共有精纺纱锭 539040 枚，占总数的 81.36 %。1924 年，钟渊纱厂购置织布机 865 台，率先增加织布工艺。其后，各纱厂纷纷购置织布机，所购织机多为日本野上、丰田、阪本所制造（图 5-11）。至 1936 年，9 家日商纱厂共有精纺纱锭 662524 枚。[2]同年，全市棉纺锭达 56.84 万枚，占全国总量的 11.15 %；线锭 3.74 万枚；布机 9285 台，占全国 15 %以上，位列全国第二。

据《中国近代纺织史》（1997 年版）载：华新纱厂经过多年发展与扩充，1936 年纱锭拥有量位列青岛第四、线锭拥有量位列青岛第一；并向德国、日本与上海厂商订购各式设备创办染厂，次年春又添印花机及一切附属设备[3]，成

图 5-11　发明于 1926 年的丰田式自动换梭织布机，技术达到国际领先水平

① 曾繁铭,金洵昌.青岛纺织大事记 1900-1988(征求意见稿)[M].青岛:内部编印,1989:58.

② 青岛惨案史料[M].北京:工人出版社,1985:527.

③ 山东工商经济史料集粹[M].济南:山东人民出版社,1989:8.

为纺织印染全能工厂。[1]至1937年,青岛各纱厂安装纱锭710568枚、线锭91216枚、织机12867台,占全国纱锭总数的10%、织机总数的15%,仅次于上海。[2]

日本第二次侵占青岛后,鉴于日商纱厂被炸,设备大部分毁坏,1939年安装纱锭389632枚、线锭29396枚、织机5830台,规模仅相当于被炸前的54.8%、49.5%和45.3%。1944年,日本国内生铁紧缺,日商各纱厂被迫拆除5万锭纱机运回日本炼铁,青岛棉纺织业纱锭规模减至324076枚。

1946年,中纺青岛分公司接收日商各纱厂,以库存设备修正补齐为主。1948年,各厂纱锭增至385808枚,线锭41466枚,织机8126台,发电机30450千伏安,大多是二三十年代的设备;其中日本制造的占76%,英、美两国制造的占24%。1949年,全国拥有棉纺锭516万枚,其中上海、青岛、天津3地拥有比例占全国70%左右,虽然棉纺锭数尚未恢复至抗战前水平,但青岛份额仍占全国7.5%,仅次于上海。[3]

青岛解放后,迅速组织棉纺织业恢复生产,对库存设备进行整修安装。1950年,共拥有纱锭389074枚、织机8064台,分别占全国的7.3%、11.9%,排全国第二位。1952年,纱锭数增至417344枚、布机增至8433台。1956年9月5日,第六棉纺织厂试制成功自动落纱装置;1957年在并条(图5-12)、粗纱、细纱机(图5-13)台上开始推广丁腈橡胶皮辊皮圈代替牛皮皮辊皮圈,梳棉机锡林、道夫、弹性针布开始部分更换全金属锯条针布。[4]

60年代中期,中央为扶持青岛纺织工业扩大出口,于1965年拨款400余万美元引进国外

图5-12　50年代使用的并条机

① 吕伟俊,曲春梅.论20世纪初期山东棉纺织业的现代化[J].浙江万里学院学报,2005(3):1-4.

② 樊泽顺,刘宗伟.那城·那事·那人:青岛120年档案[M].济南:山东画报出版社,2011:72.

③ 张雯雯.昨日辉煌:中国纺织工业"上、青、天"地理格局中的青岛——兼以青岛华新纱厂(1913-1953)为案例[D].中国海洋大学,2009:20.

④ 曾繁铭,金洵昌.青岛纺织大事记1900-1988(征求意见稿)[M].青岛:内部编印,1989:46-47.

图 5-13　50 年代使用的细纱机

图 5-14　1982 年，青岛第五棉纺织厂引进的细纱机

设备①。同时对老式纺机在牵伸等方面进行技术改造，提高并条机、粗纱机、细纱机技术性能；抓棉机改为圆盘式，清花机自动出花拔卷，梳棉机改为"三吸装置"，槽筒机加装座车及穿筘自动化等；对浆纱机增装排气扇，用喷嘴喷射热风烘纱，改进绕纱路线和浆轴传动机构等，使浆纱机的台时产量由 20 公斤提高到 40 公斤。是年 2 月 15 日，第六棉纺织厂实现半自动落纱插管，使纺织工人摆脱了手工拔纱管和插管劳动。1968 年，采用自动抓棉机，由人工过磅混棉喂入改为机械自动抓棉喂入。1969 年，细纱机平面锭子改成培林锭子，后又改为高速分离锭，使锭速由 800 转 / 分，提高到 1800 转 / 分以上。

1978 年，第六棉纺织厂建成拥有国产第二代棉纺新设备的中试车间（纱锭 27456 枚），使全市行业国产新设备比例由 50 年代的 10 ％增至 60 ％。1979 年，第三棉纺织厂引进日本产气流纺纱（4800 头）配套设备，1982 年全面投产。1982 年，各厂采用自动穿经机，比人工穿经每台提高工效 70 ％左右。是年起，第五棉纺织厂先后引进联邦德国、瑞士、日本、意大利、丹麦产 2 万锭全套棉纺设备（图 5-14），并与 300

---

① 曾繁铭,金洵昌.青岛纺织大事记 1900-1988(征求意见稿)[M].青岛:内部编印,1989:60.

台布机等国产设备配套。1984年，第一棉纺织厂用计算机对96台布机作自动监测，使布机效率提高8%，全年可增加产值30万元。1983—1985年，第八棉纺织厂引进联邦德国SKF细纱机摇架、粗纱机摇架共79台；第一棉纺织厂引进联邦德国产细纱机摇架8104套、浆纱机1台、日本产丰田粗纱机4台，比利时产毕卡诺喷气织机40台；第五棉纺织厂再度引进联邦德国产特宽幅喷气织机12台；第九棉纺织厂引进捷克斯洛伐克产气流纺纱机（5200头）设备；第二织布厂从联邦德国引进200公斤筒子纱染色及配套设备；第六织布厂从美国引进剑杆布机40台及配套设备。

至1985年，青岛棉纺业共有细纱锭479900枚、捻线锭96472枚、布机7905台。

第三节 技术工艺

青岛棉纺织业建立初期，日商纱厂技术来自其国内。建设高峰期结束后，适逢全国各地纱厂大多陷入经营困境，华商纱厂与日商纱厂相比，在技术、管理及产品成本上处于劣势。[①]为此，华新纱厂开始进行技能教育，为青岛机械纺织业早期的专业技术培训(图5-15)。40年代后期，中纺青岛分公司组织所属棉纺企业举办技术进修班和技术促进会，为青岛棉纺业首次系统性技术培训和推广。

50年代初，青岛总结出"郝建秀细纱工作法"。同时，纺织工会全国委员会和纺织工业部号召各地总结先进织布操作法和保全工作法，青岛织布能手、技术人员较多，纺织管理部门组织力量参与研究制定"五一织布工作法"和"五三保全工作法"，形成操作技术研发高潮，探索总结出一系列先进工作法和增产节约技术成果，促进了全国纺织操作技术改进与发展；并建立中等技术学校、纺织工业专科学校，开启规范化专业技术教育模式。鉴于青岛技术优势，50年代中期国家安排青岛为新疆、西安、北京、湘潭、江西等地代训技术工人和管理干部，向全国各地新建棉纺织厂输送管理技术干部和技术工人，代训运转工人、保全工人和技工。

60年代初，省纺织工业厅纺织科学研究所，与市纺织工业局纺织科学研究所合并，在青岛成立山东省纺织工业管理局纺织科学研究所(后更名为山东省纺织科学研究所)。70年代，与各棉纺织企业相继研发出多种类型生产、环保机械设备，电气化、自动化程度显著提升，部分填补了国内空白。

图5-15　30年代青岛纺织企业的实验室

---

① 陶铭成.中国纺织工业的危机及其生产部门的对策[J].中国实业,1936,2(1):24.

70年代末，设立山东纺织工学院（原青岛纺织工业学校），青岛拥有了纺织业高等专业院校。1985年，省纺织研究所试验室担负起全省纱、布、染的测试任务，并受委托承担出口纺织品的检验任务。

郝建秀工作法

50年代初，全国纺织企业生产运转时工人的看锭、看台数水平低，由于操作不合理造成的产品质量问题多，原料浪费严重。1950年，青岛纺织业开展以增产节约为主要内容的"红五月"生产劳动竞赛活动，各国棉厂细纱车间对值车工生产的皮辊花实行按机台、按人分别过磅，逐月进行记录，作为考核轮班、个人成绩的依据。青岛第六棉纺织厂细纱车间甲班第三组值车工郝建秀以优异成绩初露锋芒，她每天出的白花最多6两、最少2两，连续7个月平均皮辊花率仅0.25%，而全国平均水平是1.5%，郝建秀出皮辊花率仅为全国平均水平的1/6，引起厂领导和工人们注意，受到工厂领导表扬。郝建秀以此为动力，进一步钻研技术，反复熟练减少断头的操作方法，出白花量逐日减少，值车能力从300锭逐步提高到600锭，但出的白花却始终保持在0.2%~0.3%之间。到1951年2月，平均皮辊花率为0.25%，创连续7个月少出白花新纪录，使细纱生产增加4.6%，皮辊花率降低97.6%，值车能力平均提高65.4%。

1951年2月，山东省工矿企业检查团到青岛检查工作，郝建秀少出白花操作法引起重视。3月，第六棉纺织厂开始对郝建秀工作法进行总结，结论是"三勤、三快"，即眼要勤看、快看，腿要勤跑、快跑，手要勤清洁、快接头。总结送到纺织工会全国委员会后，陈少敏主席指出"这个总结不实际"，要求重新总结。第二次总结仍没离开"三勤、三快"的框子，仍然没总结出郝建秀工作法的主要精神。1951年6月2日，中国纺织工会全国委员会与青岛市总工会等部门联合组织郝建秀工作法研究委员会，研究与总结郝建秀经验。第一天上午观察郝建秀值车操作，下午分成接头动作、接头时间、清洁时间、清洁动作、动作顺序五个组分别进行研究与测定。经过5天时间，总结出郝建秀少出皮辊花的四条主要经验：第一，有正确的劳动态度，工作认真负责；第二，虚心学习，肯动脑筋，提高技术；第三，工作有计划，善于分配劳动时间，能分别轻重缓急进行操作；第四，不浪费劳动时间与劳动力，做到一切以减少断头为中心，以少出皮辊花为目的。被命名为"郝建秀细纱工作法"，又称"五一细纱工作法"，简称"郝建秀工作法"（图5-16）。

郝建秀工作法基本内容有三点：一是工作主动，有规律、有计划、有预见性，是人支配

图5-16 1951年，郝建秀向工人讲解她的细纱工作法

机器,不是机器支配人,按照一定的规律工作,一切争取主动;二是生产合理化,把几种工作结合起来做,做到既省力又省时间;三是抓住细纱工作主要环节,清洁工作做好,断头就少;皮辊花出的少,产量就高,质量就好。"郝建秀工作法"创造的价值主要有四项:其一,使产量增加、原料节约、成本降低、机器寿命延长;其二,节省劳动力,提高工人看台能力,以看车为例,学习郝建秀工作法后,看台能力均提高200锭到300锭;其三,郝建秀工作法既适应于前纺、织布和保全,也适应全市各产业;其四,郝建秀工作法为定额管理打下基础,对实行经济核算创造了条件。

1952年1月,郝建秀所在的青岛第六棉纺织厂细纱行政二组正式命名为"郝建秀小组"。5月,郝建秀小组向全国棉纺厂细纱小组挑战,提出5月份为国家增产27万斤小米财富的口号。全国有455个单位纷纷向郝建秀小组应战。同时,青岛各棉纺织厂普遍推广或试行"郝建秀工作法",部分纺织厂建立推行情况检查制度。① 该法在全国推广后,细纱值车工的看锭能力普遍由400锭提高到600锭、800锭,全国的棉纱产量、质量大幅度提高。1953年6月21日,郝建秀小组向毛泽东写信汇报工作,毛泽东嘱咐中共中央办公厅秘书室给小组回了信。②

总结和推广郝建秀工作法,为新中国工人阶级指出了新的劳动态度和科学的工作方法,树立起国家纺织工业系统的一面旗帜,极大鼓舞了纺织职工的劳动热情和生产积极性。在"郝建秀工作法"影响下,很快形成一个"能手成林、标兵机台成列、表演竞赛成网、互助协作成风、先进经验成套"的生动局面,一大批英雄模范人物纷纷涌现;也为推动和总结先进工作法提供了范例,为总结"五一织布工作法"

"五三保全工作法"提供了经验。

五一织布工作法

在总结、推广"郝建秀工作法"的同时,青岛各纺织厂职工自发掀起总结"织布工作法""并粗工作法""皮辊工作法""保全工作法""揩车工作法"等热潮。青岛第六棉纺织厂织布工王家祥,把"郝建秀工作法"的原理应用到织布上,归纳出五个值车要领:一是机动掌握工作规律,撤底巡回工作;二是科学分配时间,合理调剂劳力;三是交叉操作,节约时间;四是分出轻重缓急,争取少关机台;五是发扬互助精神,调节工作忙闲。织布工王立珂、曲秀英、王秀兰执行他的操作法,经现场测定,每台车生产13×21支细布48.5码,次布率(无),回丝节约50%以上,布面无屑物,整理时间减少,工作效率达96%以上,被群众誉为"王家祥织布工作法"。青岛第四棉纺织厂魏秀英总结出"自动布机工作法",不仅扩大了值车台数(每人值车台数由11台提高到32台),而且主动预防断头,少出疵布,减少停车。青岛第三棉纺织厂郑美花创造出"脑想、眼看、耳昕、手摸"四者并用操作法,减少疵布,入库一等品率提高6.67%。青岛第八棉纺织厂孙秀贞总结出"手脑并用,加强巡回,预防为主""二比一操作法"创造出台时单产4.8码无疵布的全新纪录。

1951年8月24日,华东纺织管理局青岛分局(简称青岛纺管分局)、青岛纺织工会为进一步总结群众的创造经验,抽调出局厂工程师、技术员、管理干部、优秀看车工等30多人组成织布工作法研究委员会,重点总结、研究、制订布场先进工作法。经两个月的调查、研究、测定、归纳,决定自动布机以青岛第四棉纺织厂魏秀英的操作法为主,普通布机以青岛第六

---

① 曾繁铭,金洵昌.青岛纺织大事记1900-1988(征求意见稿)[M].青岛:内部编印,1989:36.

② 曾繁铭,金洵昌.青岛纺织大事记1900-1988(征求意见稿)[M].青岛:内部编印,1989:37.

棉纺织厂王建德、王家祥合成的操作法为主,同时吸收其他各纺织厂优秀值车工操作优点,总结成青岛纺管分局"织布工作法"。

1951年10月,纺织工会全国委员会和纺织部在天津召开织布工作法会议,确定自动布机工作法内容以青岛"魏秀英织布工作法"为基础,普通布机工作法内容以天津第三棉纺织厂姜淑英、青岛第六棉纺织厂王建德、王家祥织布工作法为基础,分别吸收天津、上海、东北等地区织布工个别操作优点,经过系统编辑,制订出全国织布工作法。因为是1951年制定,所以称为"五一织布工作法"。其主要优点:一是巡回有规律,工作主动有计划;二是加强预防检查,减少布面经纱疵点和机器故障;三是合理组织各项动作,善于运用时间,省时省力;四是基本操作又快又好又安全。

1951年11月29日,纺织工业部发出《关于推行一九五一织布工作法的指示》。12月,青岛纺管分局、市纺织工会召集会议,布置全面推广"1951织布工作法"。青岛各棉纺织厂普遍推广或试行"五一织布工作法",部分厂并建立推行情况检查制度,各棉纺织厂织布工自动布机看管面从11~16台扩大到20~32台,普通布机看管面从4~6台扩大到8~12台;一般织布工的次布率由4%下降到1%,织机效率提高到自动布机22%、普通布机44%左右。

五三保全工作法

1950年7月,山东省生产部在青岛召开全省纺织工作会议,要求青岛纺管分局制订织布机保全标准工作法。分局总工程师黄建章在总结各纺织企业保全技术人员工作经验的基础上,于1950年10月编制出国内织布机的第一个保全工作法,将其打印成册,分发给青岛各棉纺织厂织布技术人员、织机保全保养技工试用。该工作法分别列出丰田式、阪本式、普通式三种织机履历表,明确规定它们的大平车检查制度、小平车检修制度、了机检修制度、物料执行制度、运转修

机制度和保全工的分工等项内容。

1951年,郝建秀工作法和五一织布工作法总结推广后,纺织生产力得到提高,至年底统计,棉纱比1949年增长271%,棉布增长251%,劳动生产率提高167%。但因设备陈旧,又年久失修,机械状态普遍不良,纺织机械的保全问题成为阻碍纺织生产发展的主要矛盾。为此,1952年,纺织工业部委托黄建章总结制订织机保全工作法。同年1月,其从各厂抽调织布机技术人员和管理人员26人、织机先进工作者69人,组成总结织布保全工作法小组,集中在青岛第二棉纺织厂开展工作。10月,小组编写出版青岛《丰田自动织机保全工作法》和《阪本自动织机保全工作法》,为全国总结"五三保全工作法"奠定了资料基础。同时,纺织工业部还号召全国各地纺织系统总结各自的保全工作法,青岛纺管分局总结保全工作法领导小组及时筛选各厂精华,并在青岛第六棉纺织厂进一步地试验、测定、分析、研究,达到满意效果,完成青岛梳棉机、细纱机、织布机保全、保养工作法总结。当年下半年,纺织工会全国委员会和纺织工业部对青岛总结的保全工作法给予高度评价。

1953年3月,纺织工会全国委员会和纺织工业部在上海召开"全国保全工作会议",对从全国汇集的保全工作法进行比较、研究、试验和筛选,决定以上海、青岛总结的工作法为主,吸收各地保全精华,总结出梳棉、细纱平车工作法、自动布机主要结构平车工作法以及梳棉、细纱揩车法共五种工作法,并编写出全国《保全工作法》。因为是1953年总结,所以命名为"五三保全工作法"。

"五三保全工作法"主要内容:一是采用"备件制"和"备机制"平车。"备件制"是将一部分成套配件预先校调准确,在平车时安装;有条件整台拆装的设备采用"备机制",使平车缩短时间,提高质量。二是合理地确定分工和

作业程序，确定每队负责区域内设备的大、小修理，对梳棉机、精纺机、织机的保全队还规定基本成员和工作内容。三是充分运用技术工具检查机件磨损和变形程度。利用标准轴和轴承校正各种部件的主要位置；同时，对设备基础部分和主要部分的检修工作也给予充分注意。如梳棉机的机架、锡林及锡林墙板等部分，精纺机的机架、罗拉及卷绕部分，织机的机架、三根主轴、筘座及自动部分，使安装精确度提高，操作简便而安全。

第四节 生产经营

19世纪末，在集市上买卖土布为主要棉制品交易。20世纪初，青岛作为自由港，因对棉纺织原材料多免缴口岸税，日商将青岛作为棉制品输入重点，从事棉制品进出口业务。国内商贩面对内地市场及商业利润，充分利用免税政策进口棉织品，市场上土布交易占比极少。民国初期，日占当局积极发展棉纺织产业，开拓腹地棉制品销售市场，棉纺织业出现转型发展。20年代，棉制品输入量逐年递减，尤以棉纱最为明显。此后，日商联合营销控制青岛棉制品消费市场，与华商展开激烈竞争，棉产品供过于求，市价日跌。30年代，国家实行振兴民族棉业政策，青岛特别市政府组织各界国货运动委员会，规定各机关、学校、家庭均应购用国货，全市各界反日援侨委员会禁绝日货进口，在中日棉纺织业利益争夺中出现有利于华商资本的转机，民族资本挽回了青岛及其腹地的部分利益。中、日资纱厂快速发展，棉纺织业资本占据全市工业总资产的首位，棉布也有相当数量远销海外。30年代末至40年代前期，日商恢复被炸纱厂生产，但规模不及前期，产品产量减少，各纱厂效益锐减。40年代后期，中纺公司所属各棉纺织厂所产棉纱、棉布统一由分公司经营，销售方式采取定期开盘制，纱

布销往上海最多。后由于通货膨胀加剧，生产销售效益出现负增长。

新中国成立后，青岛棉纺织生产迅速恢复，棉纱产品首次批量出口。针对纱布商利用资源不足之机，囤积、哄抬物价的情况，国家实行统购统销政策，产品由国家采取内部调拨、统一经营，各厂所产各类棉纱，除本地工厂自用外，其余由华东纺织管理局青岛分局组织开盘售卖，主要销售给省内纺织企业。60年代中期，中央为扶持青岛纺织工业扩大出口，制定第一批外贸方案。70年代中期，各棉纺织厂对设备更新改造，加大生产化纤混纺产品比重，全行业产值效益开始不断上升，棉纺织业成为青岛市主要出口创汇行业之一。

80年代，通过大量引进更新先进设备，产品产量迅速提高，棉纱产量屡创新高，棉布类产品侧重于品种结构调整。国家取消布票供给制及纺织品统购统销政策，企业开始由单纯生产型向生产经营型转变，以销定产，产销结合，以名优、新、特产品积极参与市场竞争，扩大产品的覆盖面和销售量。为适应国际市场需要，通过技术改造和新产品开发，出口产品品种和数量大幅增加。实行"利改税"后，工业总产值、利税总额创历史最高水平。同时，青岛纺织业创建"青岛纺织品联合进出口公司"（简称"青纺联"），成为全国首家拥有外贸自主权的联合工贸组织。以工贸结合优势，改变长期依靠省、市纺织品进出口公司外销格局，产品销量和覆盖范围大幅提高，成为青岛市最大的出口创汇企业。

产品产量

20年代初，青岛机械棉纺织业规模迅速壮大。1921年，华新纱厂日产棉纱80余件，次年开始大批量生产不同支数各类棉纱，品种主要有10支、16支、20支、32支、40支纯棉纱，产量以16支和20支纱为最多，32支纱次之，同时生产各种支数的捻线。1923年，日清纺绩

株式会社青岛支店投产，年可产 20 支、16 支及 10 支棉纱 20400 件。1924 年，钟渊纱厂生产棉布类产品，其后大康纱厂也增置织机生产棉布，产品品种有细布、粗布、斜纹布等。其中以细布产量最大，占棉布总产量的 80%～90%。1927 年，钟渊纱厂和大康纱厂年产棉布 78.6 万匹，其中钟渊纱厂的产量约占 75%；年产棉纱共计 23.4 万件，以大康纱厂产量为高。主要商标有大康纱厂的"金货""宫女""童鱼""花鸟""五福集祥"，内外棉纱厂的"银月""七弦鸟"，隆兴纱厂的"宝船"，丰田纱厂的"丰鸟""燕喜"，上海纱厂的"龙门"，钟渊纱厂的"花蝶""双飞龙"，同兴纱厂的"喜鹤"，宝来纱厂的"宝来"，华新纱厂的"五子""松鹿"等。1932 年前后，华新纱厂与诸日商纱厂市场竞争日趋激烈，华新纱厂根据市场调查结果纺合股线，所产 42 支 2 股、42 支 3 股、20 支 3 股十分适合农村市场；后针对胶东各县新兴的花边业，适时地研制出 20 支 6 股、32 支 6 股纱线，作为胶东花边织造原料，以销定产、花样翻新、即产即销，捷足先登独占此产品市场，获利可观。[1] 1934 年 9 月，华新纱厂生产的 32 支细纱和 42 支、60 支、80 支股线等品种，代表国货在美国芝加哥百年进步世界博览会上参展。至 1935 年，青岛棉纺织业拥有 10 个棉纺织厂，年产棉纱 37.9 万件，年产棉布 514.6 万匹。

1939 年，日商纱厂重建并恢复生产后，各厂产品产量减少，棉纱有 8～64 支，线有 110 支精梳烧毛线 42/2 支、32/2 支，产量以 16 支和 21 支纱最多，32 支纱次之；棉布有细布、细绫、粗布、华达呢、府绸、五枚缎纹等，其中细布产量占 8～9 成。1947 年，各棉纺织厂共生产棉纱 16.2 万件、棉布 332 万匹，产品品种主要有 4～64 支纯棉纱、8/2 支、16/2 支、20/2 支、20/4 支、20/5 支、32/2 支、32/3 支、42/2 支捻线纱和粗布、被单细布、斜纹、直贡呢、华达呢、药用纱布、帆布、丝绒等。

1950 年，青岛第六棉纺织厂生产的 32×32 棉布被定为军用布。1952 年棉纱产量首次超过 30 万件，1953 年增至 37.1 万件。同期，产品结构由传统纯棉纱、棉布生产向多元化、多用途方向发展。1953 年，青岛第二棉纺织厂试纺专供橡胶行业做轮胎骨架材料用的 21.5 支工业用特纺纱研制成功。1954 年，棉布产量达到 3.6 亿米。60 年代初，棉纱、棉布产量有所下降，1962 年降至最低点，全年产棉纱 9.99 万件、棉布 0.74 亿米。经调整，青岛第二棉纺织厂成为专产棉帘布的工业用布专业生产厂（图 5-17），年产棉帘布达 8000 吨。1966 年，棉纱产量达 42.7 万件，棉布产量达到 2.4 亿米。70 年代初，青岛棉纺织业形成生产纯棉、混纺、化纤 3 大类纺织品的新格局。1974 年，纱产量仅为 20.5 万件，布产量仅为 1.03 亿米。与上一年相比，全市纺织工业总产值下降 50%，利润总额仅有 1348 万元，棉纱产量下降 48%，棉布产量下降 45%。[2]

80 年代，青岛棉纺织业通过引进先进设备和更新国产新机，产品产量迅速提高。1983 年，纱产量达到 9.12 万吨，创青岛棉纺织业棉纱产量新高；对外经济贸易部授予青岛第三棉纺织厂出口棉纱《荣誉证书》，国棉九厂 18 号棉维纱和棉维布获"部优"产品称号。1984 年，在全国纺织品优质产品评比中，青岛有 10 种纺织品获部"优质"称号、13 种获部"良好"称号。[3] 至 1985 年，青岛棉纺织业有 1 种产品荣获国优产品、8 种产品被评为部优产品、52 种产品被

① 吕伟俊,曲春梅.论 20 世纪初期山东棉纺织业的现代化[J].浙江万里学院学报,2005(3):1-4.

② 曾繁铭,金洵昌.青岛纺织大事记 1900-1988(征求意见稿)[M].青岛:内部编印,1989:67.

③ 曾繁铭,金洵昌.青岛纺织大事记 1900-1988(征求意见稿)[M].青岛:内部编印,1989:87+89.

图 5-17　80 年代青岛第二棉纺织厂的工业用布生产车间

评为山东省优质产品。

内销

青岛开埠前，市场交易的棉制品主要为当地所产的土布，由布庄采购，经染坊加工后销往外地，即墨土布除本地市场外，多销往兖州、曹县、临沂地区，平度则远销至东三省。[①]20 年代，青岛棉纺织业所产棉纱、棉布成为青岛输出重要物资。1921 年，华新纱厂棉纱销路主要为胶济沿线及津浦路中段沿海各地，后因日商纱厂由日本政府资金支持及享有最惠条约优势，在本省市场销路上竞争激烈。[②]1923 年，日清纺绩株式会社青岛支店投产后，其棉纱主要销往胶济铁路沿线和天津、上海等地。[③]1925 年 6 月

18 日，日商在馆陶路 22 号创设在华日本纺织同业会青岛支部[④]，与各日商纱厂联合营销发展，欲控制中国棉制品消费市场。据统计，1924 年青岛共输出棉纱 1.32 万件，次年翻倍，1927 年达 6.4 万件；1925 年共输出市布、粗布 46 万匹，1927 年增至 55 万匹。此时，青岛棉纺织业所产棉纱行销山东省各地和长江流域、沿海各省、京津地区和东北地区，至 1934 年产品覆盖面扩大到河北、河南、陕西等省份。1936 年，华新纱厂在日商垄断市场的不利形势下，将产品销售重点转向南方和西北地区。其间，青岛棉纱输入量逐年减少，棉制品出口量则快速增长[⑤]，至 1936 年已无棉纱进口。[⑥]40 年代后期，

---

① 续平度县志:卷二[M].莱阳:昌阳书局,1936:54.

② 青岛华新纱厂调查报告——是中国人办的第一个大纱厂[J].青岛社会,1929(1):80.

③ 木村雄平.山东商工案内录[M].青岛:济阳路杏城,1933:43+16.

④ 松崎雄二郎.青岛组合要览[M].青岛:青岛日本商工会议所,1942:189.

⑤ 帝国主义与胶海关[M].北京:中国档案出版社,1986:199-211+301-302+324.

⑥ 近代山东沿海通商口岸贸易统计资料(1895-1949)[M].北京:对外贸易教育出版社,1986:182+174.

中纺青岛分公司所属各棉纺织厂所产棉纱、棉布统一由分公司经营，销售方式采取定期开盘制。1947年各棉纺织厂棉纱销量为62326件，棉布销量为280余万匹。其中，开盘售给纱布商的棉纱占42.48％、棉布占42.89％，售给染织等复制行业的棉纱占29.98％、棉布占9.06％，销往外地的棉纱、棉布各占21.44％和17.06％。外运的纱布以销往上海为多（占外运量的94％）。1948年后，由于各厂开工严重不足，产品销量随之大幅度下降。

解放初期，青岛棉纺织业所产的各类棉纱除工厂自用外，剩余部分由华东纺织管理局青岛分局组织开盘售卖，主要销售给本市及山东省内几十家单织厂、制线厂和针织厂，所产各种棉布则通过多种渠道销往全国各地。由于国家掌握的纱布资源不足，纱布商乘机囤积，哄抬物价。1949年，根据市军事管理委员会生产部决定，纱布对外不再开盘，所有成品均拨交市工商部棉业公司。1951年1月4日，中央发布《关于统购棉纱的决定》，规定公、私纱厂的纱、布均由花纱布公司统购[1]，各棉纺织厂所产的产品直接销给青岛花纱布公司。1953年8月成立纺织工业部供销总局青岛分局，负责纱布购销。1954年9月9日，政务院发布《关于棉布计划收购和计划供应的命令》及《关于实行棉花计划收购的命令》，规定所有国营、合作社营、公私合营、私营织布和手工业生产的棉纱、棉布和机纱、手纺纱、交织棉布，一律由国营中国花纱布公司统购统销，不得自由出售。[2]1963年后，国家采取内部调拨的供销方式，各厂产品由企业直接结算提货，棉纱通过内部调拨供应青岛市对口用纱厂家，棉布拨给印染厂加工后交纺织品批发站。1965年又扩大到全省同行业内部调拨，由省纺织工业局供销处统一经营。1970年全市棉纺织业产品销售总收入为56847万元，百元销售成本利润率为32.72％，百元产值利润率为20.15％。

1983年，国家取消布票供给制及纺织品统购统销政策，青岛棉纺织业开始由单纯生产型向生产经营型转变，各厂成立产品经营销售科，建立经销网点。1984年各棉纺织厂相继实行厂长负责制，以销定产，产销结合，以名优、新、特产品积极参与市场竞争，扩大产品覆盖面和销售量。1986年全市产品销售总收入达68235.4万元。

外销

20世纪初，因对棉花、棉纱、棉布等原料多免缴口岸税，日商将青岛作为其棉制品输入重点。[3]同时，国内商贩利用免税政策进口棉织品，棉制品在进口洋货货值中占首位，土产布匹市场已极少见到。[4]1925年，青岛产棉制品出口量又显著增长，粗布出口由上年度88900匹增至384300匹，市布由1400匹增至82600匹，斜纹布由6700匹增至32800匹。棉纱由48000担增至113300担。[5]1928年，钟渊纱厂部分棉纱、棉布远销至印度和澳大利亚等地，宝来纱厂少量棉纱销往中国香港地区。1933年，青岛棉纺织业外销棉纱1.82万件，占棉纱总产量的7％，棉布也有相当数量远销海外。40年代后期，由于国产原棉紧缺，各厂大量使用进口美国棉，中美双方采取以花易纱、以纱易布的易货贸易办法，生产产品50％用于外销。1948年

[1] 曾繁铭,金洵昌.青岛纺织大事记1900-1988(征求意见稿)[M].青岛:内部编印,1989:28+31.
[2] 曾繁铭,金洵昌.青岛纺织大事记1900-1988(征求意见稿)[M].青岛:内部编印,1989:40.
[3] 光绪二十七年胶州口华洋贸易情形论略[A].中国旧海关史料(1859-1948)第34册[C].北京:京华出版社,2001:125.
[4] 中华民国胶州口华洋贸易情形论略[A].中国旧海关史料(1859-1948)第60册[C].北京:京华出版社,2001:237-238.
[5] 谷永清.近代青岛棉业研究(1897-1937)[D].南京大学,2011:81.

3月，中纺六厂生产的大双龙12磅细布提运3000匹外销澳大利亚，此为日本投降后第一次外销，经由总公司规定逐月外销2000匹。①

50年代棉纺织业积极扩大出口。1956年9月5日，青岛第二棉纺织厂向东南亚地区出口30×30细布8002米，成为解放后青岛棉纺织业首家出口企业。其后青岛第三、第六棉纺织厂纯棉细布也开始出口，品种有21×21×38″细布、20×25×54×60×40″平布等。1960年，青岛第二、第三、第六棉纺织厂等厂家棉纱产品首次批量出口。同年秋，根据外贸出口需要转产人造棉布出口。1961年2月19日，青岛第一棉纺织厂生产出口产品30×20人棉布，销往11个国家和地区，被誉为"山东绸"，为青岛"以进养出"的重点产品。1961—1962年，青岛第一棉纺织厂生产的21个规格人棉布共10余万米销往东南亚及中国香港等11个国家和地区。1965年冬，中央为扶持青岛纺织工业扩大出口，制定第一批外贸方案，总投资1400余万元。②1970年，青岛第一、第三、第五、第六、第七、第八、第九棉纺织厂均有产品出口，当年出口棉纱（棉线）交货量达10447件，出口棉布交货量达52.08万匹。至1972年，各大棉纺织厂全部拥有自己的出口产品，1976年出口棉纱（棉线）交货量24049件，出口棉布交货量228.48万匹，棉纱、棉布出口交货量分别比1970年增长130%和338.70%。至此，青岛棉纺织业成为本市主要出口创汇行业之一，青岛第六、第一棉纺织厂成为创汇大户。

80年代，青岛棉纺织业为适应国际市场需要，通过技术改造和新产品开发，使出口产品品种和出口量大幅度增加。1980年出口棉纱交货量为1714.24吨，出口纯棉布3727.5万米，化纤混纺坯布7281万米。1981年12月，青岛纺织工业创建全国首家实行工贸结合、进出结合、独立核算、自负盈亏、拥有外贸自主权的、由8家工厂联合组成的工贸组织——青岛纺织品联合进出口公司（简称"青纺联"），以工贸结合优势，改变棉纺织业长期依靠外贸公司的外销格局，产品外销量大幅度提高。1984年全年纺织品出口收购总值达3.48亿元，创历史最高水平。1985年10月经营范围由8个成员厂扩大到全行业，各棉纺织厂大部分出口产品经青纺联销往国际市场。1985年12月，青岛第五棉纺织厂名优产品精梳涤棉纱，由青岛外贸服装公司加工服装出口，行销日本、东南亚、香港等地③。

1985年，青岛棉纺织业出口纱的品种有：45支涤棉精梳纱，40支、32支精梳棉纱，32支、30支棉纱，10支低级棉纱，出口国家和地区有美国、日本、法国、联邦德国、荷兰、意大利、瑞士、英国、新加坡、东南亚、马来西亚、澳大利亚等，棉纱（线）销量达4568吨；出口纯棉布4509万米，出口化纤及混纺布6255万米。出口产值总计2.6亿元，成为本市最大的出口创汇大户。其中青岛第六棉纺织厂年创汇额达2500万美元以上，产品远销20多个国家和地区，居全市创汇企业之首。

效益

20年代初，青岛各纱厂产品跻身国内市场并成为畅销产品，经济效益可观。日商纱厂的资本利润率在50%以上，其中内外棉纱厂高达100%。1923年后，平均利润率徘徊在10%～20%之间。1932年，青岛棉纺织业资本达7443万元左右，占全市工业总资产的79%。其后产品市场逐步扩大，生产效益逐年回升。1936年，日商9个纱厂利润率恢复到20%以上，次年达

① 曾繁铭,金洵昌.青岛纺织大事记1900-1988(征求意见稿)[M].青岛:内部编印,1989:23.

② 曾繁铭,金洵昌.青岛纺织大事记1900-1988(征求意见稿)[M].青岛:内部编印,1989:54-55+60.

③ 曾繁铭,金洵昌.青岛纺织大事记1900-1988(征求意见稿)[M].青岛:内部编印,1989:91+98.

32.3%。1944年后各纱厂生产日缩，效益锐减。1946年生产有所恢复，10月各棉纺织厂销售棉纱2500件，棉布12.8万匹，月营业额达600亿元以上，各厂纯利为成本的10%～20%。1948年下半年，各棉纺织厂时开时停，生产效率和销售效益出现负增长，经营陷入亏损。

青岛解放后，纺织工业生产迅速恢复。（图5-18）1950年，产值达23711万元，全员劳动生产率为11408元／人。1953年，产值增长到36288万元，全员劳动生产率提高到12875元／人，上缴利润8420万元，产值利润率为22.3%。1954年和1956年棉花减产，棉纺织业生产和效益受到影响；1957年总产值仅完成30324万元，上缴利润5093万元，比1953年均有减少。次年生产逐渐回升，1959年全行业共创产值51238万元，完成利润8866万元，产值和利润比1957年分别提高69.97%和74.08%。

60年代，生产和效益增长速度缓慢。1970年，完成工业总产值57371万元，实现利润总额11793万元，产品销售收入56846万元，全员劳动生产率为18502元／人。1961—1970年产值仅增长12%，利润增长33%。1974年，青岛棉纺织业产值仅完成23491万元，为1970年的40.95%；利润991万元，为1970年的8.4%，成为经济效益最差的一年。此后，各棉纺织厂更新改造设备，加大化纤混纺产品比重，行业产值效益不断上升。1978年，实现产值达6.11亿元、利润10012万元。

70年代末，青岛棉纺织业开始改革经营管理体制，扩大企业自主权。1980年，完成产值6.79亿元，实现利润10745万元。1982年，国家实行"利改税"，棉纺织业共完成工业总产值68597万元；利税总额实现16951万元，创历史最高水平。1984年后，逐步实行厂长经营目标责任制和车间、班组经济承包责任制，克服因涤棉类产品两次大幅度价格下调及原料、资金紧张等因素的困扰，保持生产和效益持续稳定增长。

第二章 印 染

据《海云堂随记》载，光绪二十三年（1897）春，青岛口有染坊6家，染料有靛蓝、洋红等，产品有纱、布等。清末民初，青岛印染业是以缸、棒为主要生产工具的家庭手工业和染纺业，生产效率低。30年代，民族资本创建的机械化印染工业采用德、英、日等国印染设备，开启青岛印染业的工厂化阶段。30年代末至40年代，由于受战乱影响，印染业生产效益下降，企业处于停工或半停工状态。

青岛解放后，各印染企业迅速恢复生产。50年代，经过私营企业社会主义改造和公私合营后，逐步形成以大中型企业为骨干的印染业。其间，阳本印染厂的积极带动示范作用，受到国务院副总理陈毅的表扬。此后，各印染厂生产设备大多改造升级为国产设备，技术工艺革

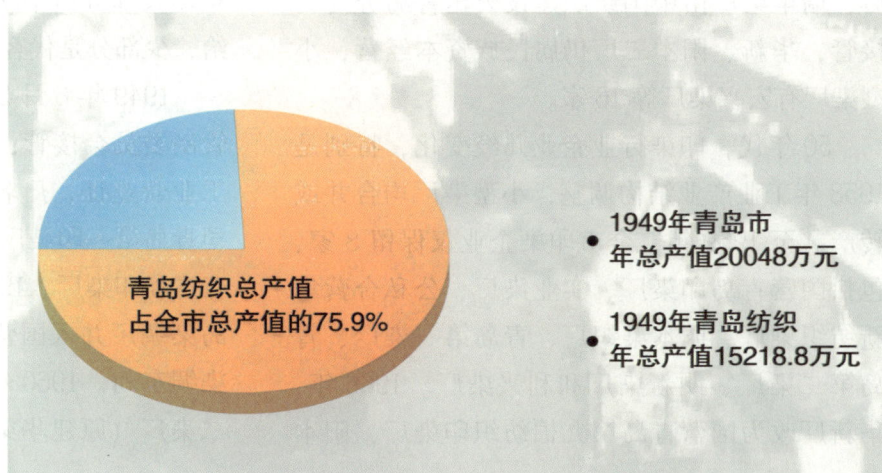

青岛纺织总产值
占全市总产值的75.9%

• 1949年青岛市
年总产值20048万元

• 1949年青岛纺织
年总产值15218.8万元

图5-18 1949年青岛纺织工业总产值占全市总产值比重图

新，品种多样化，在增加内需市场占有量的同时开辟出口市场。"文化大革命"期间，青岛印染业企业遭受影响，生产秩序混乱；有的企业虽经抵制波及较轻，但设备多年失修严重，生产陷入徘徊不前的状态。

中共十一届三中全会后，青岛印染行业通过企业整顿，大量引进国外先进设备，扩大生产规模，加大技术能力升级，不断提升产品研发能力，具备了生产系列印染产品的综合能力，生产效益增长迅速。青岛印染产品由于印制精细、花色鲜艳、风格清新、质量较高，畅销海内外，许多产品获得国家、部、省优质奖，特色产品享誉国际市场，青岛也成为北方重要印染工业基地。

第一节 印染企业

30年代，青岛创建具有漂、染、印、整全套设备的瑞丰染厂、华新纱厂印染车间、阳本染印厂3家印染企业，另有德华机器染厂等小型染厂10家、聚兴等小染坊11家。其中，1934年10月华商投资20万元建立的阳本印染厂，为华北第一家动力机器印染厂。1935年，华新纱厂也由单一纺纱厂发展为华北地区最大的纺纱、织布、印染联合企业。抗日战争胜利后，瑞丰染厂由中国纺织建设公司青岛分公司接管，华新、阳本二厂仍属民族资本经营，小型染厂有宏兴染厂等16家。

50年代，印染行业企业几经变化，特别是1958年工业产业结构调整，小型染厂均合并或转产。至1959年，全市印染企业仅保留8家，包括国营青岛印染厂、实业染厂、公私合营华新纺织染厂、阳本染织厂、青岛第一染厂、青岛第二染厂、明新染厂和利兴染厂。1966年，华新厂改为国营青岛第九棉纺织印染厂，阳本

厂改为国营青岛红卫染织厂，工艺美术印染厂更名为青岛东方红印染厂。1978年，国棉九厂印染车间独立为青岛第二印染厂；1979年，新建青岛第四印染厂。1983年，东方红印染厂改为青岛第五印染厂；1986年，第一染织厂印染车间独立为青岛第三印染厂。至此，青岛印染业拥有5家大中型印染骨干企业，以及县、区新建的小型印染厂。

瑞丰染厂

1935年5月，铃木丝厂经改组、扩大、充实印染设备，易名瑞丰染厂。1937年七七事变后被炸毁。1938年复建，改名日华兴业公司，同时添设丝织厂，以制染军布为大宗业务。[①]1940年，在瑞丰染厂西南空地先期投资500万元、后追加至1500万元另建绢纺工场，1941年初新厂建成后改名为纺织工厂。太平洋战争爆发后，日商将瑞丰染厂完全改为专供军用布匹生产。1945年日本战败投降后，瑞丰染厂停产，并被国民党青岛市党政接收委员会看管，后由国民党经济部鲁豫晋区特派员办公处接收。1946年2月移交中国纺织建设公司青岛分公司，更名为中国纺织建设公司青岛第一染织厂；4月26日又改名为中国纺织建设公司青岛第一印染厂，有工人407人，主、辅机设备共91台，产品以硫化元、士林蓝、海昌蓝各色印花哗叽为主，布坯大部分由中纺青岛分公司下属各纺织厂拨给，少部分是代客委托染坯布。

1949年6月2日，青岛解放当天由市军事管制委员会接管；7月19日，市人民政府颁发工业营业证，厂名为中国纺织建设股份有限公司青岛第一印染厂。1951年1月25日定名为国营青岛印染厂。1958年10月4日，公私合营青岛染绸厂并入国营青岛印染厂，为青岛印染厂染绸车间。1960年4月1日，公私合营青岛第二染厂（原建华染厂）第三车间并入，成为帆

---

① 青岛通鉴[M].北京:中国文史出版社,2010:296.

布车间。为提高企业在国际市场上的竞争力，1964 年，青岛印染厂利用国家投资翻建老厂房，进行技术改造，更新增添部分设备，生产能力和技术水平大幅提高，年产量由解放初的 1358.1 万米增加到 7941.3 万米，一等品率由解放初的 89.65％提高到 95.44％，成为全国印染骨干企业之一。1967 年，青岛印染厂响应山东省关于支援省内"三线"建设号召，在济宁建立分厂，抽调部分干部工人和机器设备，建成年生产能力 3000 万米印染布的青岛印染厂济宁分厂。1970 年分厂独立，名为济宁印染厂。1974 年 9 月 29 日，在电子车间基础上新建化学纤维染色车间，1977 年 11 月 20 日竣工投产，可年产化纤色布 1000 万米以上。至此，青岛印染厂成为年生产能力达 1 亿米的大型印染加工企业，年产量比 1949 年增长 7 倍。1981 年花色品种达 7000 余个，各项经济技术指标均创历史最高水平。

1985 年，青岛印染厂位于市北区辽宁路 80 号，系全民所有制印染企业，隶属市纺织工业总公司，是本市第一个印染企业；厂址共占地面积 62480 平方米，建筑面积合计 60947.90 平方米。其中，生产区分为南、北两区，南区为主厂区（一分厂），占地面积 486292 平方米，建筑面积 45996.19 平方米；北区为化纤染色车间（二分厂），占地面积 10189 平方米，建筑面积 14061.13 平方米；北区对面建有污水处理工程，占地面积 3662 平方米，建筑面积 890.58 平方米。[①]

华新纱厂印染车间

华新纱厂印染车间始建于 1934 年，次年正式投产，有 4 对染缸和 1 对煮布锅及烧毛、开幅、显色、拉宽（图 5-19）、轧光、码布等设备，职工 30 余人，日产量 500 匹，主要生产阴丹士林和硫化色布。1936 增设印花机，次年投产，日产量增至 2000 匹，工人增到近百人。1938

图 5-19　1935 年，华新纱厂新增印染生产线，图为上浆拉宽机

① 青岛纺织企业简志汇编[M].青岛:青岛市纺织工业总公司编印,1989:44-48.

年，华新纱厂被日商宝来纱厂强行并购，其印染车间勉强维持生产，主要为军需布染色加工，1944年停产。

新中国成立后，华新纱厂印染车间因陋就简恢复生产，产品依然为传统硫化兰、硫化元青等陈旧品种。1953年，华新纱厂公私合营后，其印染车间经过生产改革和技术改造，同时填平补齐印染设备，至1957年基本实现半自动与自动化完整的连续印染生产线，职工发展到500人。同时，建立和健全各项生产管理制度和各种工艺管理规程，增加漂白产品和杂色布生产，形成生产漂白、染色、印花三大门类系列产品生产能力，开发出大象漂白、跳鲤漂白、印花麻纱等新品种，产品陆续销入国际市场。1959年，产量达5812万米，是1950年产量的56.4倍。

1978年6月1日，市纺织工业局为适应社会化、专业化大生产要求，正式批准印染车间从该厂划出，成立青岛第二印染厂。随后，市纺织工业局拨专款进行老厂翻建和设备改造，边生产、边改造、边建设、边发展。当年开始第一期工程，为中长一条线和化纤染色两条线的土建与设备安装工程，全部投资1187万元。1980年12月开始第二期工程，为印花主厂房、综合办公楼、仓库楼、污水处理及软水工程的土建和设备安装工程，总计完成投资1660万元。除污水处理工程外，至1984年12月全部竣工。1985年10月开始第三期工程，主要为整理车间土建安装工程，投资47万元。计有厂房1660平方米，1986年12月竣工，整理车间设备搬迁同期结束。经过全面改造，生产水平和技术设备均取得显著发展。

至1988年，该厂位于沧口区永平路4号，

系全民所有制印染企业，隶属市纺织工业总公司，是生产纯棉、涤棉、化纤等多种纤维织物加工漂白、染色、印花产品的企业。全厂总占地面积51204平方米，建筑面积47190平方米；其中生产厂房建筑面积37010平方米，综合办大楼建筑面积2310平方米，仓库楼面积5638平方米，职工食堂面积921平方米，幼儿园面积921平方米，保健站面积1321平方米，厂房均为锯齿形预制结构，通风设施完好。[①]

阳本染印厂

1934年10月，华商陈孟元筹建阳本染印厂，选址于海泊河紧靠浦口路南侧地势低洼、水源充足的11号区（沈阳路27号），土地面积2.4万平方米，次年底4202平方米土建工程竣工，总投资40万银元；从日本选购整套印染设备及辅机，1936年4月全部安装完成投产，其中六色印花机1台、精元染色机1台、烧毛机1台、织布机40台、染缸18个、雕刻缩小机1台、划线机1台，成为华北地区第一家动力机器染印厂。[②]建厂初期，有从业人员80余人，全厂分为印染、织布两个车间；主要生产纯棉印染布，日产印染布800余匹，棉布100余匹，月产值153000余元；主要产品为印花哔叽、大花标、浅花布、各色士林布、纳夫妥色布、安尼林青布及爱国兰布等10余种，产品注册商标有"家庭""兄妹""耕种""哪咤"等。[③]抗日战争爆发后，该厂停产。1939年3月，阳本染印厂被强迫与日商合作，改名为株式会社兴亚染织工厂，此后扩建部分厂房，增设印花机1台，布机100台，产品改用"栈桥""美人"商标。抗日战争胜利后，陈孟元据理力争发还阳本厂固定资产。1947年4月25日，国民政府行政院山东青岛区敌伪产业处理局将该厂全部发还，

① 青岛纺织企业简志汇编[M].青岛:青岛市纺织工业总公司编印,1989:52-54.
② 实业家陈孟元与阳本印染厂[A].中国资本主义工商业的社会主义改造:山东卷[C].北京:中共党史出版社,1992:598.
③ 实业家陈孟元与阳本印染厂[A].中国资本主义工商业的社会主义改造:山东卷[C].北京:中共党史出版社,1992:599.

并全部复工；时有染缸 24 只，印花机 2 台，织布机 140 台；年产棉布 302.3 万米，印染布 332.6 万米，总产值 396.6 万元。11 月 1 日改名为阳本染印股份有限公司。[①]

青岛解放后，阳本染印股份有限公司首先复工，为本市纺织业第一家复工生产的工厂，并一次性出售给青岛花纱布公司布 4000 多匹，协助政府稳定物价。1950 年响应政府发展生产号召，将在上海所存 3000 余两黄金、8000 余元美钞兑成人民币转至青岛，承租厂址以东 80 亩地，增建 1 万平方米厂房，增设织布机 340 台及附属设备，发展为印染和织布两个车间，职工增加到 500 余人，月产印染布达 30000 余匹，成为本市私营纺织业第二大户。[②]1954 年 6 月 1 日，经市人民政府批准正式公私合营，生产纳入国家计划轨道，产品均由国营花纱布公司包销。1959 年起，阳本厂生产的"白猫"牌花布、"向阳舞"牌漂布、30/30"大象"牌漂布、25/25"金穗"牌花布开始出口。1961 年 9 月 2 日，根据国家对国民经济进行调整的有关要求，市纺织工业局批准将公私合营棉织三厂、青一棉织厂、大福织布厂、恒大袜厂、虹桥袜厂等数十家工厂并入该厂，更名为公私合营阳本染织厂。1966 年，国家对公私合营企业停止实行"赎买政策"，取消定息转为国营，9 月定名为国营青岛第一染织厂。 70 年代末对印染车间进行翻建改造，共投资 3628.96 万元，1985 年 4 月全部完工。至年底，生产印染布 1516 万米，其中漂布占 29.11%、色布占 25.32%、花布占 45.56%，出口产品比重达 48.5%，入库一等品率达 83.44%，出口合格率达 65.74%。

1986 年 8 月 1 日，该厂印染部分及机动车间划出，组建青岛第三印染厂，位于台东区威海路 278 号，系全民所有制企业，隶属市纺织工业总公司；拥有现代化印染厂房面积 20566 平方米，建筑布局分为主厂房、锅炉房、四效楼、主变电室、雕刻楼、仓库楼、行政楼、染化料库、冷库、污水处理场等以及原有办公楼、礼堂、软化水处理场（位于浦口路 1 号）、高度为 35 米的 100 立方米容量净水塔；主厂房设计采用锯齿形结构形式，采光、通风条件优越，为山东省建筑行业样板工程。[③]

沧口区手工业第一供销社

1961 年 8 月，沧口区盐滩办事处依据中央关于恢复发展手工业的政策，在四流南路与开封路交汇处的两间旧房内，办起自救性质的街道生产服务组织，有职工百余人，名为沧口区手工业第一供销社，为工厂提供加工电机竹套、回收废旧物资、木工修缮等服务性工作。1964 年 10 月在沧口靶场北侧征地面积 1355 平方米，建设 6 间简易工房，依旧做服务性工作，隶属沧口区手工业联社。1966 年 1 月，沧口区第三制棉社弹花、被套两车间并入此社，同时调入职工 29 名，弹花机 10 台，用纺织厂下脚棉花加工被套，改名为沧口制棉社。1968 年，沧口区工业局鼓励沧口制棉社增加织毯项目，并划属其管理，更名青岛红旗织毯厂，时有职工增至 300 余人，织毯机 8 台（后增至 14 台），主要生产"红旗牌"棉毯。此后由于棉毯积压，企业自筹资金办起"小化工"生产，并筹划改产染布。1975 年 8 月染布设备投产，生产"青松牌"纯棉色布。同时继续批量生产棉毯，工人增至 400 余人，年产值 1000 多万元。因产品品种变更，该厂改名青岛红旗染织厂。1979 年 1 月划归市纺织工业局染织公司。

1979 年 12 月，青岛第一染织厂年产 1 亿米

① 青岛纺织企业简志汇编[M].青岛:青岛市纺织工业总公司编印,1989:99-100.

② 青岛纺织史[M].青岛:青岛市纺织工业总公司史志办公室编印,1995:335-336.

③ 青岛纺织企业简志汇编[M].青岛:青岛市纺织工业总公司编印,1989:57-59.

项目的 2/5 转给该厂，厂名改为青岛第一染织厂分厂。1980 年 1 月，纺织工业部决定从联邦德国引进一条中长织物染整生产线，共有 15 台（套）设备，价值 463.99 万美元。4 月，经山东省和青岛市有关部门努力争取，将此项目定点于该厂，利用银行贷款 3181 万元；4 千万米项目和引进中长线项目同时实施。1981 年 12 月进行老厂改造，厂房投资为 1362 万元，设备更新投资额为 2267 万元，共计 3629 万元。[①]1982 年 5 月，中长织物染整线投产。

1982 年 8 月，市纺织工业局决定该厂定名为青岛第四印染厂，直属其管辖。1985 年，为适应市场对服装面料多层次需求，又从联邦德国、日本、瑞士等国优选引进涤纶长丝织物染整生产线，共有 15 台（套）设备，价值 310.31万美元。产品以"三鱼牌"化纤染整布为特色，具有色泽纯正，仿毛感强等优势。涤粘中长染整产品有华达呢、哔叽、克罗丁、派力蒙、西服呢、隐条呢、仿麻呢等，涤纶长丝染整产品有华达呢、涤琴绸（绉）、凉爽呢等。各类产品质量均达到或超过国家标准，先后有 10 余个品种在纺织工业部、省纺织厅及市纺织工业总公司产品评奖中获奖。

1985 年，厂址位于沧口区舞阳路 7 号，系集体所有制企业，隶属市纺织工业总公司；厂区呈不规则三角形，占地面积 4 万平方米，建筑面积 23390 平方米。[②]至是年底，累计完成工业总产值 8.5 亿元，创利 1989 万元，并还清全部贷款。

青岛工艺美术印染厂

1964 年 4 月，四方区四方染厂与市手工业管理局青岛工艺美术印染厂四车间合并，组建青岛工艺美术印染厂，属市手工业管理局工艺美术工业公司管理。全厂分两个车间：原四方染厂为一车间，青岛工艺美术印染厂四车间为二车间。建厂时全厂占地面积 6841 平方米，建筑面积 1561 平方米；固定资产原值 24.97 万元，净值 17.55 万元，职工 133 人；染色设备有染缸 12 台，丝光机、烘干机、拉幅机、轧光机，挂码机备各 1 台，45 米长的手工印花台板4 条，有卧式兰克夏锅炉 1 台，立式 0.5 吨手烧炉 1 台。次年，经市经济委员会批准，将四方机厂瑞昌路 146 号仓库划归该厂，占地面积4254 平方米，其中三栋砖混结构库房建筑面积1920 平方米。至此，全厂占地面积增至 11095平方米，建筑面积 3481 平方米。1966 年，利用库房改做生产厂房，筹建三车间，进行"三不"（不烧毛、不炼漂、不丝光）工艺染色和手工印花生产。同年改名为青岛东方红印染厂。70 年代末 80 年代初，青岛东方红印染厂新建厂房和配套建筑面积共 3441 平方米，其中染色车间面积 1874 平方米；投资 65.2 万元安装新设备 18台，职工人数由 1978 年的 490 人增至 1981 年的 749 人，形成前处理、染色生产一条线，染色布产量增加一倍。

1982 年 12 月，经市政府批准，青岛东方红印染厂更名为青岛第五印染厂。1985 年，该厂位于四方区瑞昌路 143 号，系集体所有制企业，隶属市纺织工业总公司，主要生产内销为主的印染产品。厂区总占地面积 11095 平方米，共分为 3 处：位于瑞昌路 143 号的厂部和印花车间、机动车间及科室部门，占地面积 4726 平方米；位于瑞昌路 146 号的染色车间和锅炉房，占地面积 4254 平方米；位于杭州路 51 号的仓库和经销部，占地面积 2115 平方米。全厂总建筑面积 13357 平方米，其中生产用房面积 12975 平方米、非生产用房面积 382 平方米。厂区狭小且分散；因楼房较多，全厂总建筑面积超过总

---

① 曾繁铭,金洵昌.青岛纺织大事记 1900-1988(征求意见稿)[M].青岛:内部编印,1989:80.

② 青岛纺织企业简志汇编[M].青岛:青岛市纺织工业总公司编印,1989:61-62.

占地面积 20.39%。[①]

第二节 人员设备

40年代末，全市印染业从业人员千余人，主要印染设备为德、英、日等国设备。50年代，随着产品工艺改进需要，青岛印染业逐步采用国产设备。60年代通过引进以日本产品为主的设备，对提升技术、开发产品起到积极作用。70年代，印染业在更新国产新设备的基础上，引进国外配套设备，从业人数达到解放前的5倍。80年代，从业人数为解放前的9倍，技术人员占比增加迅速；各企业大量引进以欧洲为主的设备进行更新改造，部分设备达到国际水平，促进技术工艺升级，具备研发生产各种系列印染产品的能力。

劳动用工

青岛解放前，印染行业有职工千余人，印染职工政治地位低，生活缺少保障。

解放初期，工厂实行两班制（12小时工作制），青印、华新、阳本三厂共有职工838人，加上小型漂染厂，职工总数约2000人。50年代，各印染厂举办政治、文化夜校和业校，组织职工参加学习，并选送职工到工农速成中学学习文化，政治及文化素质有较大变化。1951年2月4日，青岛印染厂职工向全国印染厂工人，发出生产竞赛挑战书。是年，青岛印染行业图案设计队伍有4人，1954年增加到17人。

60年代初棉花减产，青岛纺织业收缩，精简部分职工，职工人数减少10%左右。国民经济调整后，印染业扩大生产，整理包装用工较多，职工人数大增。此后，在扫盲率达到职工总数的70%以后，又举办中专班、大专班，进一步提高职工文化技术水平。在政治、文化素

质提高的基础上，职工努力钻研技术，苦练基本功，出现不少技术能手。个别印花机挡车和雕刻技工在全省以至全国印染行业居一流水平；几何图案、手工云纹、雪花呢等雕刻印花产品颇具盛誉。至1975年，职工人数增至5910人，专业技术人员比例不断增加。青岛印染厂依靠国家分配大、中专毕业生和自行培养技术干部，技术人员比例在50年代为1.3%、60年代为2.7%、70年代为2%、80年代提高到4.9%。

改革开放以后，新厂、新车间增多，职工人数继续增加。1986年，青岛印染行业图案设计队伍发展到60人。到1988年，青岛印染业职工达9252人。

印染设备

1935年，瑞丰染厂的设备来自日本，华新、阳本两厂设备从德、英、日等国引进，其他小型漂染厂设备简陋。1947年，本市染织工业除中纺公司外，在工会中登记的190多个厂家，按其所有动力可分为两种：一种是电力，一种是人力。其中，用电力的有织机二三百台，还有漂印设备；用人力的只有三四十台布机。[②]至40年代，青岛印染行业主要设备有119台，其中精炼罐3台、卷染机83台、漂白机13台、阿尼林染色机3台、印花机3台、丝光机3台、电光机2台、轧光机9台。

50年代初，青岛印染厂在全国首先将阿尼林染色机改为硫化蓝轧染机。1954年，国家开始制造成套棉印染设备（通称"54型"），青岛印染行业逐步采用国产设备。是年，主要设备有526台，其中烧毛机9台、精炼罐20台、丝光机18台、烘干机54台、卷染机312台、纳夫要染色机8台、印花机6台、轧染机2台、绳洗机13台、拉幅机28台、蒸化机4台、轧光机12台、电光机1台、压码机39台。青印、

---

① 青岛纺织企业简志汇编[M].青岛:青岛市纺织工业总公司编印,1989:62-64.

② 何达.我国应自制纺织印染机械及附属品说[J].纺织染工程,1947,9(3):520.

图5-20 50年代的染色车间

华新、阳本三个厂沿用此前阿尼林染色机,由于生产过程毒气有损职工健康,各厂将此机改为硫化蓝轧染机;电板烧毛机、圆筒烧毛机改造为气体烧毛机(汽油气化),煮布锅手工装布改机械装布(图5-20)。50年代中期,为提高花布质量,雕刻印花铜辊采用镀铬工艺,新增烧碱回收三效蒸浓设备,以节约烧碱。50年代末期扩建"双氧水制造工程",供漂白之用。

60年代,在采用国产"65型"成套印染设备的同时,青岛印染厂在全省印染行业中率先引进日本产气体烧毛机、亚氯酸钠漂白机、高温高压卷染机、热风打底机、焙烘机、热定型机、树脂整理机,联邦德国的轧卷染色机、电子雕刻机,英国的照相雕刻机,法国的框架式平网印花机。同时各厂改进设备,采用连续汽蒸煮炼设备代替煮布锅,推广士林染料悬浮体轧染,以花岗岩槽代替金属槽等。青岛印染厂改进电子雕刻设备,染色采用液下染缸;青岛

第二印染厂实现印花机斜牙对花、雕刻腐蚀半自动化。为适应丝绸工业发展,增加丝绸花色品种,扩大外贸出口产品,改变山东只出口柞丝白坯的落后局面,1966年国家投资176.1万元,在青岛丝织厂新建印染车间,增建空气调节、给水、供气、供电、排水工程,陆续添置印染设备74台;其中引进日本产OF71-4型高温高压溢流染色机、AH3-160型热定型机、33T-165型短环烘干热定型机、呢毯整理机、震荡水洗机、瑞士产感光连拍机、连晒机、德国产提卷染色机、高温高压卷染机、喷射溢流染色机等11台国外设备,形成1800万米的印染能力。是年,青岛针织二厂从日本进口50公斤高温高压染色机一台,进一步提高化纤染色的生产质量。[1]

70年代,青岛印染厂采用上海印染行业"三不工艺一步法染色"(即棉布坯布不烧毛、不煮炼、不丝光直接染色)后,但仍保留丝光

---

[1] 曾繁铭,金洵昌.青岛纺织大事记1900-1988(征求意见稿)[M].青岛:内部编印,1989:62.

机设备。同期，国产印染设备"71型"及"74型"相继问世，印染机械幅阔增至1600毫米系列，涤棉混纺织物迅猛发展。1974年9月，青岛印染厂扩建合成纤维印染车间，国产配套漂染设备除采用国产"74型"设备外，还引进日本热熔染色机；其中核心部分采用联邦德国KUSTER均匀轧车，是国内首先引进联邦德国均匀轧车大批量用于热熔染色生产的厂家。同时，后处理设备引进日本S·S·T松式树脂整理机及全防缩整理机。1977年8—12月相继试车投产。[①]

80年代，青岛印染设备从单机台引进转向整条流水线引进，从向日本引进为主转向自西欧引进为主。因涤粘中长混纺织物扩大生产，1980年纺织工业部决定在青岛第四印染厂引进联邦德国等国的一条染色加工线，包括烧毛、退浆、热定型、热熔染色、树脂整理、蒸呢、剪毛、自动卷布等设备；1985年又引进第二条染整生产线项目，从西欧、美国引进一条涤纶长丝织物染整加工线，包括松式退浆、多功能水洗、喷射溢流染色、泡沫树脂整理、长环及短环烘燥、蒸呢、立式开幅、磨毛等设备。这两条染整线在国内属一流水平。同期，青岛第二印染厂分别引进荷兰圆网印花机、高温常压蒸化机，日本翻板式退浆机，联邦德围阔幅钢辊印花机、蒸呢机以及照相雕刻设备；青岛印染厂及青岛第三印染厂均引进瑞士平网印花机，联邦德国多功能轧

光机、树脂整理机及照相雕刻设备，均投入生产（图5-21）；青岛绒布厂新建染整车间顺利投产，形成完整的平绒染色和灯芯绒部分染色加工生产线。

1977—1986年，青岛印染厂和第二印染厂、第三印染厂、第四印染厂共引进设备65台（套），用汇约1600万美元。各厂还逐步对设备进行革新改造，平幅汽蒸煮炼设备从轧卷间歇式改为连续履带式，青岛印染厂电子模具雕刻技术代替部分钢芯雕刻，青岛印染厂和青岛第二印染厂在干式高温设备上（热定型机、焙烘机）采用远红外应用技术，及绳状汽蒸液封口和冲击雕刻；各厂均采用锅炉高压蒸汽余热背压发电、污水处理工程及水膜除尘。通过以上设备引进和改造，青岛印染设备约有15％达到国际80年代初的水平。能加工各类印染产品（包括棉、棉涤混纺、涤粘中长、粘胶织物以及各种化纤纯纺和混纺织物）、各种幅阔系列印染产品（91.44厘米/36英寸、111.76厘米/44英寸、152.40厘米/60英寸）及111.76厘米

图5-21 青岛印染厂1985年引进的真空脱水烘干机

---

① 曾繁铭,金洵昌.青岛纺织大事记1900-1988(征求意见稿)[M].青岛:内部编印,1989:67+69.

/44英寸以上的宽幅印染品。

第三节 技术工艺

讫至40年代末，黑布（元青布）采用阿尼林色布工艺，生产过程中工人易中毒。50年代初，为解决阿尼林染色产生毒气问题，遂改为硫化工艺。青岛印染厂对190号士林蓝布，采用液下皂煮工艺。因硫化元青色布贮存后有脆损现象，1956年各厂对硫化元青布采用防脆处理。青岛第二印染厂采用冷流水氧化法提高其乌黑度，红布、紫酱布采用冰染染料染色，色牢度好，成本低，花布多为小花哗叽，印花细纺等品种。同年9月5日，青岛纺织系统开始在印染生产方面推广印花机生产中的"四定四平"工作法和卷染机的"三快二平"工作法。1957年，青岛印染厂正式执行纺织工业部《印染布质量标准》[1]，淘汰色牢度低的盐基染料，大红、紫酱两个底色花布以士林染料拔染，纳夫妥底色代替盐基染料防染，深蓝底色花布采用印地科素尔染料色。60年代末，青岛印染厂利用部分印地科素尔染料及色基重氮磺酸盐作光敏染料试验生产感光印花布，并采用微泡法对非银感光材料在雕刻上应用取得科研成果，同时各厂还推广应用涂料印花工艺。

70年代，青岛印染厂采用上海印染行业"三不工艺一步法染色"。1975年，染色采用连续轧染工艺，涤棉、涤粘中长混纺织物大多采用热熔染色工艺，印花采用色酚印花工艺，并推广叠印印花工艺。1978年，青岛第一染织厂雕刻室为解决花筒雕刻平涂色块的斜纹工艺抗磨耐刮的问题，进行"并型线雕刻新工艺"创新，在1982年全国第一次印染雕刻专业会议上

被列为重点成果并向全国推荐。1979年4月，青岛染线厂经市科学技术委员会批准，改为青岛市印染科学研究所。[2]

80年代，青岛印染行业不断采用新工艺、新技术，其中，圆网印花、平网印花工艺的采用扩大了印花领域，溢流喷射染色工艺的采用开拓了染色领域，泡沫树脂整理、涂层整理使整理产品有新发展。青岛印染厂等单位研究的纳夫妥染料色淀转移印花新工艺属全国首创。至1985年12月，青岛第二印染厂在全国首创的工艺有远红外加热工艺、纯棉双面、双色布工艺、经编针织涤纶圆网印花工艺、泡沫整理工艺、香味印花布、夜光布工艺、立体印花布工艺。[3]

第四节 生产经营

民国时期，印染产品主要以生产染色布为主，由企业自产自销。随着市场需求变化，青岛印花布品种、产量增长迅速，50年代成为北方地区生产出口人棉绸花、色布的主要基地，开启漂布、色布、花布全面出口的格局。60年代增加混纺印染产品生产，布幅由窄幅向阔幅转变。70年代涤棉混纺织物生产增长迅速，涤粘中长产品开始兴起。80年代在棉布、人棉绸、涤棉混纺布、涤粘中长混纺布基础上，新增涤腈、纯涤纶长丝产品，品种、产量均创历史最高。同期，省纺织品进出口公司将青岛出口印染布任务转移到济南、潍坊等地，出口比例低于历史平均水平。

青岛印染行业全员劳动生产率，1949年时人均1.8万元/年，50年代提高到3万元/年，持续到60年代。70年代上升到5万元/年，最

① 曾繁铭,金洵昌.青岛纺织大事记 1900-1988(征求意见稿)[M].青岛:内部编印,1989:46-47.

② 曾繁铭,金洵昌.青岛纺织大事记 1900-1988(征求意见稿)[M].青岛:内部编印,1989:72-73.

③ 曾繁铭,金洵昌.青岛纺织大事记 1900-1988(征求意见稿)[M].青岛:内部编印,1989:98.

高为 80 年代初期，超过 6 万元／年，1985 年降到 5 万元／年。

产品产量

民国期间，青岛印染产品年产量约 2000 万米，多为纯棉印染布，色布为主。按漂白布、染色布、印花布三大类印染产品统计，青岛印染厂、华新纱厂印染场、阳本染印厂 3 个厂合计生产漂布、色布、花布的比例为 3∶62∶35，加上小厂绝大多数生产色布，色布比例高达 80%。

50 年代初，色布以蓝、黑、红、紫酱布为主，蓝布中深蓝布多为硫化蓝色布。青岛第二印染厂采用酸矾氧化法提高硫化蓝色泽鲜艳度，中蓝、浅蓝布除硫化色布外，还有耐水洗及日晒的士林蓝色布，按色泽深浅分 30 号、60 号、190 号士林蓝。1950 年，青岛印染厂、青岛第二印染厂、青岛第三印染厂 3 个厂年产印染布 1717 万米，加上小漂染厂生产，年总产量约 3000 万米。1951 年，青岛印染厂印花机台班产量提高 50%，突破 5 万米，在全国同行业居领先地位。1952 年，青岛印染厂、华新、阳本三厂年产 7784 万米，全市年总产量约 1 亿米。1954 年花布需求增加，花布生产异军突起。1957 年三大印染厂致力于花布生产，花布生产比例上升至 64%，色布降至 28%，漂布为 8%。1956—1957 年，青岛第二印染厂在全国率先生产印花双面绒。1958—1959 年，以粘胶纤维为原料的人棉绸色布在青岛印染企业普遍生产，并成为北方地区生产出口人棉绸花、色布的主要基地。

1960 年 3 月 10 日，青岛印染厂试制成功 42×2/4 高级防水府绸，具有不渗水，耐水性持久，透气性好，防霉等特点。[1]同期，色布出口增加，至 1965 年色布比例上升至 46%，花布降为 39%，漂布为 15%；产品结构由单一纯棉布改为纯棉布及涤棉混纺布和其他混纺布，窄幅

布（幅宽 36 英寸）改为阔幅布（幅宽 44 英寸）。青岛第二印染厂在全省率先生产维棉混纺印染布（维纶 50%，棉 50%），青岛印染厂开始生产涤棉混纺印染布，并有少量腈纶、粘胶混纺产品生产。

70 年代，全市年产量超过 2 亿米。涤棉混纺织物发展迅猛，青岛印染厂、青岛第二印染厂扩大生产，涤粘中长产品也开始兴起，产品仍以色布为主，整个印染产品色布仍保持较高比例。1975 年色布占 48%、花布占 40%、漂布占 12%，全市年产量超过 2 亿米。

80 年代，棉布、人棉绸、涤棉混纺布、涤粘中长混纺布继续印染生产，维棉印染产品大幅度减少，腈粘产品停止生产，新增有涤腈产品、纯涤纶长丝产品。青岛印染科学研究所生产少量丙纶／棉混纺产品、麻／涤纶混纺产品、丙纶／涤纶共混产品。在色布和花布产量减少的情况下，漂布比例上升。1985 年，漂布比例升为 30%，色布降为 39%，花布降为 31%。

名优产品

青岛印染产品的商标品牌，50 年代有青岛印染厂"苏小妹"牌漂布以及 30 号、60 号、190 号各种士林蓝色布和泰山牌小花哔叽，华新纺织染厂"熊猫"牌印花双面绒、染色及印花灯芯绒，阳本染织厂"兄妹"牌 190 号士林蓝色布、印花大花标、纳夫妥红酱细布，顺德祥染厂"梅兰竹菊牌硫化青布，增兴染厂"地球"牌硫化青布，安泰染厂海昌蓝布；60 年代有青岛印染厂"扇子舞"牌什色府绸、大花人棉绸，华新纺织染厂"跳鲤"牌印花平布什色咔叽，阳本染织厂印花单面绒，青岛第五印染厂青平绒和印染帆布；70 年代有青岛第二印染厂大花纯棉贡呢、涤棉什色线绢，"熊猫"牌印花双面绒于 1979 年获国家银奖。

80 年代，青岛印染厂涤棉深色花布、黑底

① 曾繁铭,金洵昌.青岛纺织大事记 1900-1988(征求意见稿)[M].青岛:内部编印,1989:53.

防染印花纯棉高支府绸，青岛第二印染厂棕色华达呢，青岛第三印染厂漂白缎格布，青岛第四印染厂"三鱼"牌涤粘中长色布等都具有较高知名度。其中，青岛第五印染厂生产的真丝手绘手帕获得1984年省产品设计一等奖，并在全国内销工艺品、旅游纪念品展销会上被评为"全国优秀旅游产品一等奖"，获景泰蓝杯；青岛第四印染厂生产的涤粘中长仿麻呢1984年8月被评为"全国优秀新产品"，涤粘中长3号将军绿华达呢1985年在全国工业普查三级分等标样评比会上被评为"全国优质标样"。

内销

抗日战争胜利前，青岛印染企业产品自产自销。中国纺织建设公司青岛分公司接管青岛印染厂后，其产品由公司统筹经营销售，而华新、阳本及其他小染厂仍自产自销。

50年代初，青岛印染产品除青岛印染厂外，各厂仍自由经营。1951年，青岛花纱布公司与各印染厂形成按内贸需要的加工关系。1954年9月1日起，国家对纱布实行统购统销政策后，印染布统一由该公司销售。次年初，青岛部分内销印染产品严重积压。1956年春，青岛纺织管理局对青岛印花布产销实行选样定产制度，由工厂、内贸、文化界各方人士组成青岛市花布花纹图案评选委员会，每半年评选一次，起印量7.5万米，选样定产后由青岛纺织管理局安排各印染厂生产。

1979年，山东省首先在全国实行"服装面料的直供方式"；次年，工厂开始组织产品自销。1982年出现全国性内销印染产品滞销积压和降价的困难；1983年1月20日，商业部决定取消统购统销，形成工厂自销与纺织品批发公司内销两个并行的内销渠道。

1985年，内销市场涤棉和中长印染布销售较旺，但纯棉印染布未见起色。下半年国际纺织品市场好转，各厂自销扩大，青岛印染产品占内贸经营比例逐步下降，从1975年的36%下降到1985年的5.4%，1986年又开始回升。

外销

1956年，青岛印染业开始出口坯布、漂布、色布，由山东杂品进出口公司委托上海纺织品进出口公司办理出口。1957年，青岛印染厂接受上海纺织品进出口公司一项11套色国外丝绸印花布样印制棉布的任务（花样编号为20506BA)，印制出质量合格的11套色花布，开拓出青岛乃至山东印染行业漂布、色布、花布全面出口新格局。1959年，青岛第三印染厂生产的"白猫"牌花布、"向阳"舞牌漂布、30/30"大象"牌漂布、25/25"金穗"牌花布开始出口。[①]50年代末至60年代，出口的主要品种有：青岛印染厂大花人棉绸、染色人棉绸、纯棉什色府绸（扇子舞牌)，该府绸出口古巴、伊拉克、苏联，被誉为"山东绸"；还有"白猫"酞菁蓝花布，青岛第二印染厂印花双面绒、印花麻纱，畅销缅甸、东南亚、欧洲；另有青岛第三印染厂"白猫"牌花布、"大象"牌漂布。1964年，青岛第三印染厂被山东省商检局定为产品外销免检厂。由于各厂重视出口生产，质量稳定，1965年青岛印染出口合格率高达89.72%。青岛印染厂每月印制花版数高达180个。1968年出口交货量达4176万米，占该厂印染布年总产量47.15%，达历史最高水平。70年代对苏联、东欧、古巴、伊朗、伊拉克、斯里兰卡等国出口大幅度削减，加上片面追求产值，发展批量大的内销产品，出口量缩减。

80年代，山东省纺织品进出口公司把交给青岛印染行业的出口印染布任务转移到济南、潍坊等地印染厂，青岛印染出口订单减少，出口比例低于历史平均水平。1984年，青岛第二印染厂生产的"熊猫"牌印花双面绒，年出口

---

① 曾繁铭,金洵昌.青岛纺织大事记1900-1988(征求意见稿)[M].青岛:内部编印,1989:52.

量达 1400 多万米，成为青岛市绒布类出口的传统产品和拳头产品。[①]

第三章 针 织

青岛针织业自织袜开始，兴起于北洋政府统治时期，共有 8 家织袜厂，为手工操作多，品种少、产量低。此后，有 3 家针织厂成立。30 年代，开始生产针织内衣、卫生衣裤。40 年代，织袜、针织厂家数量增多、规模扩大，随着电动袜机的使用，青岛成为华北最大织袜产地。抗日战争结束后，青岛大部分厂家处于停工停产状态，针织业发展停滞不前。至青岛解放前夕，针织工业规模小、用工少，设备老旧，性能落后。

青岛解放后，针织业在政府扶持下得到迅速发展，从业人数不断上升。至 1951 年，全市共有针织厂家 164 个。50 年代，全市私营针织厂相继并入国营企业，增添国产纬编针织机、织袜机，生产规模扩大，品种和产量显著提高，开启青岛针织品出口的先例。50 年代末，因受"大跃进"运动和自然灾害影响，青岛针织业生产陷入低谷，后经过三年调整，生产得以恢复。60 年代中期，青岛针织系统对动力传动系统实施改造，自主研发针织设备，有的填补了行业空白；同时更新国产设备与引进国外先进设备，使产品质量迅速提升，绒类衫裤、棉毛衫裤、运动装大量出口。至 1970 年，工业总产值达有史以来最高峰。后因受"文化大革命"影响，各类产品质量有所下降，1974 年生产再次陷入低谷。

中共十一届三中全会后，青岛针织行业在生产结构调整中进行发展，全市针织企业实行归口管理。引进各类针织配套设备和成衣设备，发展运动装、针织内衣产品，优势产品享誉海内外。80 年代，以国营企业为骨干力量，研发运用新技术和计算机工艺管理系统，发展成为技术先进、设备配套的针织工业生产基地。至 1985 年，青岛市针织行业生产能力居山东省第一位，位于全国同行业第四位。

第一节 针织企业

20 年代初，市内有大纶、兴业、通盛公等 8 家织袜厂。20 年代末，明记、新大纶、和顺染织厂等针织厂家相继成立；1930 年，三和棉织厂开办并首产针织内衣。至 1932 年，青岛有手工织袜业 18 家，其他织业 16 家。[②]30 年代末 40 年代初，针织业规模扩大，朝鲜商人投资大德兴业株式会社投产，中日合资开办大信针织厂生产卫生衣裤，全市针织厂家增至 28 家，均为小本经营。抗日战争结束后，中国纺织建设公司青岛分公司将和顺、大信两厂合并为青岛第一针织厂，大德兴业株式会社被市政当局查封。

青岛解放后，市政府接管第一针织厂和大德兴业株式会社，分别更名为国营青岛针织厂和大德袜厂，至 1951 年全市共有针织厂家 164 家。1956 年，全市私营针织业户完成手工业社会主义改造，各私营厂先后并入国营企业。1961 年，公私合营丰年针织厂并入青岛第一针织厂（原国营青岛针织厂），公私合营虹桥袜厂和针织三厂并入青岛第二针织厂（原大德袜厂）。

1978 年 12 月，青岛第二针织厂内衣车间划出成立青岛第三针织厂，与青岛第一、第二针织厂均为国营企业，同属市纺织工业局管理；1979 年 7 月成立市针织工业公司，归口管辖青

① 曾繁铭,金洵昌.青岛纺织大事记 1900-1988(征求意见稿)[M].青岛:内部编印,1989:92.
② 青岛市行政统计汇编[M].青岛:内部资料,1932:7-14.

岛第四、第五、第六、第七针织厂和青岛羊毛衫厂等集体企业。自此,形成以国营企业为骨干的针织工业生产基地。

和顺染织厂

1928年4月,中日合资开办和顺染织厂,厂址位于台东区华阳路48号,以生产金丝绒花毯为主;不久转由华人经营。1938年12月,又转售给日商接办,生产卫生衣裤。1941年,日商开办大信针织厂,厂址在台东区东山路5号;次年毁于大火,重建后恢复生产,后歇业。1946年6月,两厂由中国纺织建设公司青岛分公司接收,合并为青岛第一针织厂,分设第一工场(大信厂)和第二工场(和顺厂)。工厂生产基本为手工操作,主要产品为袜子和卫生衣裤。

1949年6月2日,青岛解放当天,青岛第一针织厂由市军管委员会接收,有职工243人,呈半停工状态。1950年底,经中央纺织工业部批准,该厂迁址沈阳路48号继续生产,新建厂房面积11295平方米,更名为国营青岛针织厂,是部属两个重点针织厂之一。1958年,按照指示抽调干部、工程技术人员,支援筹建济南、济宁、德州针织厂。

1960年5月定名为青岛第一针织厂。1961年9月4日,丰年针织厂并入该厂后,有职工1274人。1966年10月筹建临沂分厂,1970年7月开工生产,年产各种针织内衣20万打,开工当年总产值110.04万元。1971年5月与临沂分厂脱钩。1980年4月24日,青岛第一针织厂成立缝纫加工厂。1981年10月1日,青岛微电机一分厂与缝纫加工厂合并成立青岛第一针织厂分厂;次年微电机一分厂从分厂中离出,单独成立青岛纺织电机厂。同年,经编车间全部设备划归青岛第七针织厂。

1985年,青岛第一针织厂位于台东区沈阳路48号,系全民所有制企业,隶属市纺织工业总公司,为国家大中型骨干企业之一,是国家经委重点出口企业,专业生产纯棉针织内衣和少量化纤面料。工厂总占地面积69837.23平方米,其中厂区占地面积33058.34平方米、宿舍占地面积36778.89平方米;建筑面积33071.66平方米,工业生产建筑面积30629.88平方米,非生产用建筑面积28724平方米。[1]

大德兴业株式会社

1939年12月,朝鲜商人赵尚钰(日名古山尚钰)、赵东渊(日名古山政重)等6人集资合股8万元筹备建设针织工厂。1940年12月于日本兴亚院备案,次年1月在日本驻青岛领事馆登记,以日本普通法人资格设立大德兴业株式会社,厂址位于大港一路4号,占地面积2417平方米,生产用建筑面积1547平方米。1941年2月1日正式开工投产,主要生产"骑士"牌丝光袜和线手套,产品销往华东、华北、东北及省内各地,成为当时华北地区最大的袜厂。1944年,赵东渊将在天津办分厂的60台袜机运至青岛,使该厂袜机增加到268台,手摇袜机达124台。

1945年8月日本投降后,大德兴业株式会社停产,赵东渊回国。1946年8月,该厂被国民政府山东青岛区敌伪财产处理局查封,工厂遭到严重破坏。[2]

1949年6月,大德兴业株式会社由市军事管制委员会生产部齐鲁公司接收,随后市军管会派军代表进厂招回工人,筹备复产。10月1日改名为大德袜厂,职工40余人,开动袜机12台,隶属齐鲁公司,是山东省唯一袜厂。至年底,职工增至115人,开动袜机40台,全厂占地总面积6467平方米,建筑总面积4673平方米。1951年1月1日由齐鲁公司移交青岛实业

---

① 青岛纺织企业简志汇编[M].青岛:青岛市纺织工业总公司编印,1989:67-69.

② 青岛通鉴[M].北京:中国文史出版社,2010:315.

公司，6月11日三和棉织厂划归大德袜厂，12月迁至大港一路16号，年末职工总数464人，厂区占地总面积18319平方米，厂房建筑总面积13139平方米；固定资产原值52.21万元，净值34.69万元。1952年6月更名为青岛实业针织厂。1954年1月实业公司撤销，该厂划归染织工业公司，下半年又划归省工业厅，更名为山东省工业厅青岛针织厂。1956年初划归市染织工业局，9月私营吉祥印花厂、三友印染厂并入该厂。

1958年8月，省轻工业厅提出并经纺织工业部批准，在辽宁路98号扩建内衣车间，工程于8月开工；10月划归市北区管理，更名为青岛针织二厂。1959年12月，内衣车间竣工，完成投资额103.20万元，新增建筑面积5574平方米，总面积为12151平方米，有Z201型台机22台、Z211型棉毛机29台。是年末，固定资产原值329.93万元、净值214.46万元。

1961年1月，公私合营虹桥袜厂（生产线袜）和针织三厂（生产围巾、鞋带、线衣等）并入该厂；下半年划归市纺织工业局。1962年国民经济调整，职工由2272人减至1461人，工业总产值仅为451.5万元。1965年投资92.4万元购置国产59-4花袜机50台，引进日本产双针筒袜机8台、单面提花针织机6台。1966年4月，为支援"三线"建设，投资125万元在济宁地区泗水县泉林村创建青岛针织二厂泉林分厂，次年8月竣工，1969年12月31日交由当地管理。

1967年，青岛针织二厂定名为青岛第二针织厂。1970年，按照市纺织工业局指示，划出吉林路大修车间，组建青岛第四纺织配件厂（后改为青岛第四纺织机械厂）。

1972年10月投资24.23万元改建袜子织造车间。[1]为增强化纤针织衫裤生产能力，扩大出口贸易，1973年10月第二次扩建内衣车间，工程投资163.77万元，1974年竣工，新建厂房面积2630平方米。1978年8月又第三次扩选内衣车间，计划投资总额380万元，设计年产针织内衣20万打；11月，依照市纺识工业局指示和专业化管理需要，内衣车间划出成立青岛第三针织厂，已批准的380万元扩地项目由第三针织厂独立完成。至此，该厂固定资产原值由分厂前的826.99万元降至297.42万元，净值仅为172.39万元；厂区占地总面积由分厂前的27321.66平方米，转为分厂后的12162.66平方米。

为扩大生产规模，1982年青岛第二针织厂对染整车间厂房实施改建并购置设备，新建厂房面积分两期合计6004平方米，完成投资额共计319万元，于12月交付使用，年末房屋建筑面积增加至14284.83平方米，固定资产原值为420.41万元，净值为267.92万元。

1988年，厂址位于市北区大港一路16号，系全民所有制企业，隶属市纺织工业总公司，是专业生产袜子及针织内衣产品的综合厂家；工厂占地总面积19462平方米，其中大港一路16号厂区占地面积16207.25平方米。[2]

青岛第三针织厂

1978年12月，依照市纺织工业局指示和专业化管理需要，青岛第二针织厂内衣车间划出成立青岛第三针织厂。此后，青岛第三针织厂先后7次投资，贷款人民币4445.7万元、美元620.4万元，对老厂技术、设备、厂房进行扩建改造。1979年，拥有企业职工1447人，工程技术人员17人；占地面积14137.8平方米，建筑面积8874.5平方米。固定资产原值529.56万元，净值367.75万元。

① 曾繁铭,金洵昌.青岛纺织大事记1900—1988(征求意见稿)[M].青岛:内部编印,1989:66.

② 青岛纺织企业简志汇编[M].青岛:青岛市纺织工业总公司编印,1989:71-74.

1979年，在第四届全国运动会体育服装展销会上，青岛第三针织厂首次推出"蓝天"牌运动装。1980年，"蓝天"牌尼棉交织绒运动装荣获国家银质奖。1981年，该厂又研制出第二代涤棉交织运动装，填补了中国运动装的空白。1982年9月，青岛第三针织厂代表市体育运动委员会、市纺织工业局向国家女排赠送"蓝天"牌运动装。1983年，其中老年运动服在全国新产品展览会上获优秀新产品设计奖——金龙奖。1984年，"蓝天"牌双面运动装荣获国家金质奖，尼棉交织绒运动装再次荣获国家银质奖。同年，该厂设计出不同款式的田径、球类比赛服，形成运动装入场服、比赛服两大系列130个品种，蜚声全国体坛。1985年，"蓝天"牌运动装被纺织工业部列为国际水平产品。

1985年，该厂位于市北区辽宁路98号，系全民所有制企业，隶属市纺织工业总公司。至1988年，全厂占地面积26868平方米，建筑面积34460平方米；其中工业生产用30800平方米，非工业生产用3660平方米；租用库房24118.27平方米。[1]

台东缝纫三厂

1958年5月，台东区延安路办事处组建延安路竹器加工厂，设竹器、调味、洗油布3个生产组，加工生产小商品，自产自销，有职工40余人；作业场所分散在东光路、桑梓路临时房和延安路南临字38号。1959年，3个生产组统一集中在上清路4号（原延安路南临字38号），更名为延安路日用杂品厂。1961年归属台东区工业局，1963年更名为台东区第二供销社。1964年，区工业局调整下属工厂，将该社竹编技术工人调到藤器厂，将区属10个服务站缝纫工连同缝纫机调入该社，有职工174人，主要加工生产劳动保护用品。1966年更名为台东缝

纫三厂。1968年8月1日，区工业局将台东针织品厂与台东缝纫三厂合并，共有职工409人，1969年1月2日命名为青岛东风针织品厂。1970年底，省纺织工业厅调拨台机6套、辅助设备6台，基本形成较完整的织造、漂染、成衣流水生产线；是年12月，台东区顺兴路合作洗染店职工73人并入该厂，职工达到574人。

1979年10月，青岛东风针织品厂归属市纺织工业总公司针织工业公司，职工人数672人，定名为青岛第四针织厂。

1985年，厂址位于台东区上清路4号，系集体所有制企业，隶属市纺织工业总公司针织工业公司，为本市针织行业全能型针织服装生产厂家。至1988年，占地面积9261平方米，建筑总面积12441.5平方米；其中，工业生产用建筑面积11187.5平方米，非工业生产用建筑面积1254平方米。[2]

台东区第五缝纫合作社

1953年5月，在全国开展生产自数互助活动中，由30余个体户发起成立服装加工组。1955年11月，改组成立台东区第五缝纫合作社，共150余人，固定资产9000余元，设备是30多台脚踏缝纫机，主要从事服装加工。1957年12月，职工增至400人，固定资产增至30000元，下设6个分社，主要加工生产帽子、手套、服装、绒衣、棉花。1958年10月合作社解体，下属针织品社、第十一缝纫社、第一制棉社合并成立青岛市针织品厂，隶属市手工业联社台东区联社，有职工215人，主要生产棉毛衫、绒衣、服装、绒手套；全厂固定资产原值为12万元，厂房主要分布在姜沟路、台东一路、台东三路、威海路、山口路等5处，工厂占地面积2700余平方米，建筑面积为2000余平方米。1968年10月，该厂由原5处旧址集中迁移到延

① 青岛纺织企业简志汇编[M].青岛:青岛市纺织工业总公司编印,1989:77-78.
② 青岛纺织企业简志汇编[M].青岛:青岛市纺织工业总公司编印,1989:81-83.

安三路 93 号，更名为青岛针织品厂，职工 354 人，固定资产原值 51 万元，隶属市第二轻工业局针棉织品工业公司；厂区占地面积为 5700 平方米，建筑面积 3149 平方米。1969 年 7 月，市第二轻工业局解散，青岛针织品厂划归台东区工业局。后又根据上级行业归口管理要求，于 1979 年 1 月划归市纺织工业局。

1980 年 1 月，市纺织工业局成立针织工业公司，该厂随即划归针织工业公司，并正式定名为青岛第五针织厂。

1985 年，厂址位于台东区延安三路 93 号，系集体所有制企业，隶属市纺织工业总公司针织工业公司，是全能型针织企业，国家二级企业；工厂占地面积 8181 平方米，建筑面积 8817 平方米。其中，工业生产用建筑面积 6264 平方米，包括织造车间面积 2430 平方米，漂染车间面积 1674 平方米，成衣车间面积 1580 平方米，机动车间面积 480 平方米；非生产用厂房面积 2553 平方米，包括后勤服务设施面积 500 平方米，职工宿舍面积 2053 平方米。[①]

市南区泰安路街道毛衣纺织社

1957 年，市南区泰安路街道毛衣纺织社办事处组建手工编织毛衣组，仅女工三五人，厂房为一间 59 平方米的旧房；次年在中山路 49 号成立毛衣编织社，7 月 25 日正式开业，有职工 68 名，主要生产毛衣、线衣、毛、线围巾，弹纺毛线等，以手工操作为主。1963 年增加机织毛、线手套和毛、线彩条围巾，改名为毛线织品弹纺生产合作社，归市南区工业局管理。1966 年 4 月 13 日更名为青岛棉毛织品厂；10 月 1 日青岛日用制品厂并入该厂，更名为青岛市南针棉织品厂。1968 年 7 月 1 日青岛猪鬃加工厂并入该厂，职工增至 350 余人，产品新添纯棉大螺纹运动装、纯棉游泳衣、三用脖套、

纯棉童帽等 10 余个品种。1975 年增加自制设备和购入国产设备，新增腈纶衫裤、游泳衣、弹力衫等产品。

1979 年 1 月，青岛市南针棉织品厂归属市纺织工业局针织工业公司，定名为青岛第六针织厂。1982 年 6 月 1 日与青岛第二制线厂合并，职工达到千余人。1984 年 2 月和 1985 年 5 月，先后投资 220.43 万元从联邦德国、日本引进先进设备，投产乔其纱衫裙、锦纶弹力衫、毛圈衫、鱼鳞衫、中低档运动服等产品，成为市场热销品。1985 年研制投产中、高档涤盖棉运动装等产品，当年产值突破千万元，创建厂以来最好水平。"乳燕飞"牌腈纶运动装 1984、1985 连续两年荣获山东省优良产品称号。

1985 年，厂址位于市南区嘉祥路 99 号，系集体所有制企业，隶属市纺织工业总公司针织工业公司，是具备织造，染整、缝纫等配套工序的全能性针织厂。工厂总占地面积 4482 平方米，总建筑面积 8004 平方米，厂房分散于嘉祥路 99 号、嘉祥路 88 号、滕县路 21 号、曲阜路 24 号甲和东平路 98 号。[②]

青岛第二制线生产合作社

1955 年底，青岛第二制线生产合作社在 5 户自负盈亏、互助自救组的基础上建立，厂址在市南区东平路 41 号，隶属市手工业局。初期有固定资产 2853 元，流动资金 69.5 元，职工 34 人，120 平方米分散厂房，设备是两台电动机带动 524 个纱锭的自制木架合股机，日生产 80 公斤民用合股线。1967 年 1 月 1 日，与青岛第二制棉生产合作社合并成立青岛第一制线厂。1968 年 8 月迁址四方区瑞昌路 149 号，共有职工 290 人，厂房面积 3000 平方米，隶属四方区工业局。1979 年划归市纺织工业局管理；年底，由于青岛第一针织厂调整产品结构，市纺织工

① 青岛纺织企业简志汇编[M].青岛:青岛市纺织工业总公司编印,1989:85-87.

② 青岛纺织企业简志汇编[M].青岛:青岛市纺织工业总公司编印,1989:89-91.

业局将国产 Z303 经编机调拨至青岛第一制线厂，开始针织生产。

1980 年 7 月，青岛第一制线厂定名为青岛第七针织厂，有职工 630 人，归属市纺织工业局针织工业公司。1981 年，青岛第三铸造机械厂并入该厂，当年实现工业总产值 3048 万元，创利润 598 万元。

1985 年，厂址位于四方区嘉定路 5 号，系集体所有制企业，隶属市纺织工业总公司针织工业公司，为全能型针织生产专业厂，是本市针织业中唯一生产经编产品的厂家。工厂占地面积 11004.17 平方米，建筑面积 18210.33 平方米；厂部和针织、成衣车间设在嘉定路 5 号，漂染和验整车间设在金华路 36 号，仓库设在瑞昌路 149 号。[①]

青岛制袋厂

1954 年，贫苦市民生产自救组组建，时有工人 10 余名，以手工结网兜为主，固定资产只有一口锅、二张木桌，生产地点在市场二路 26 号，归市北区民政局管理。1956 年划归市北区联社管理，更名为网兜生产合作社。1958 年划归市手工业管理局，并与制袋社合并更名为青岛制袋厂。1959 年增加职工至 201 人，固定资产 1.6 万元，产品增加到打被套、穿珠包、加工布袋、麻袋纸袋等 7 个品种。由于生产品种增加且与纸袋生产分离，1961 年更名为青岛工艺品厂，隶属市手工业局工艺美术公司。1962 年由厂转社，改称青岛工艺品社。1964 年增加织带品种，产品由市纺织品批发站包销。因生产品种变更，该社划归市手工业管理局日用品公司，更名为青岛鞋带生产合作社。1967 年 4 月迁址长山路 54 号，9 月又迁至邹平路 73 号，划归市二轻局针棉公司管理，更名为青岛第二织带厂。1970 年又划归市北区工业局，1979 年

归口隶属市纺织工业局针织工业公司。

1980 年 4 月，青岛第二织带厂正式定名为青岛羊毛衫厂。次年，扩大羊毛衫设备 50 台，产值 191.4 万元。1985 年总产值上升到 203 万元。

1985 年，厂址位于市北区淄川路 9 号，系全民集体所有制企业，隶属市纺织工业总公司针织工业公司，为专业生产羊毛衫、带类产品的厂家。至 1988 年，该厂占地面积 2016.68 平方米，建筑面积 2633.78 平方米；工业生产用面积 1595.5 平方米，非工业生产用面积 1038.28 平方米。[②]

第二节 人员设备

民国时期，青岛针织工业规模小、用工少，设备以袜机和横机为主，设备配套性差。50 年代，在政府扶持下，针织业发展迅速，从业人数不断上升。随着生产规模扩大，设备逐步更新为国产纬编针织机、织袜机。70 年代末，在全省率先使用经编机，同时更新国产新型织袜机，引进各类针织大圆机及其配套的染整、印花和成衣设备。至 80 年代，发展成为技术先进、设备配套的针织工业生产基地。

劳动用工

1923 年，青岛最早开设的 3 家袜厂工人总数 82 人。1928—1933 年开设 5 家针织厂，工人数 120 余人。各厂工人多为男工和少量童工，仅新大纶袜厂 70 余名工人中有女工 30 名。1941 年，大德兴业株式会社开业时规模较大，职工人数 200 余人。1946 年，和顺和大信两个针织厂合并为青岛第一针织厂，职工 221 人，其中男工 86 人、女工 135 人，职工中年龄在 16~25 岁的 183 人。

1951 年，青岛 2 个国营针织厂共有职工

---

① 青岛纺织企业简志汇编[M].青岛:青岛市纺织工业总公司编印,1989:93-94.
② 青岛纺织企业简志汇编[M].青岛:青岛市纺织工业总公司编印,1989:97-98.

764 人，162 个私营厂共有职工 838 人；其中女职工 277 人、技术人员 36 人。到 1960 年，青岛针织业职工为 4662 人（包括毛巾厂），其中工程技术人员 65 人。1962 年经济困难时期，部分职工被精简回乡生产，职工人数急剧下降为 1999 人。1965 年职工人数开始回升至 2960 人，1970 年为 3843 人，1978 年、1979 年分别达到 4199 人和 6106 人。至 1988 年，12 个针织厂职工人数达 8948 人（含 4 个厂办厂职工 304 人）。

针织企业职工素质采取初中、高中文化补课，举办各种专业电视中专班，派出代培大专、中专生，参加省、市技术业务培训班、质量管理学习班等，以及岗位责任制培训、新工人上岗前培训、政治轮训等措施，提高职工政治文化素质。1988 年末，青岛针织职工大专以上文化程度的占 3.38%，中专的占 3.59%，工程技术人员 216 人，占 2.50%。

针织设备

青岛市针织工业初创时期以手摇袜机和横机为主，后逐步发展为电动袜机和横机，相继采用纬编针织机、经编机和各类针织大圆机及其配套的染整、印花和成衣设备，形成技术先进、设备配套的针织工业生产基地。

袜机 1923 年，青岛最早开设的 3 家袜厂共有手摇织袜机 29 台。1939 年，大德兴业株式会社购进上海产 K 字、B 字电动袜机 122 台，1944 年又添置 60 台，成为华北最大的袜厂。1945 年共有电动袜机 268 台、手摇袜机 124 台。

1949 年 10 月，国营大德袜厂开动袜机 12 台，1951 年开动袜机 90 台，1956 年袜机增至 218 台。1961 年，公私合营虹桥袜厂并入青岛第二针织厂后（原大德袜厂），袜机数量达 342 台。1965 年，青岛第二针织厂投资 92.4 万元购置国产 59-4 花袜机 50 台，引进日本产双针筒袜机 8 台，开发锦纶丝袜等花色新品种。1982

年，该厂为扩大化纤袜生产，购置国产 507 新型袜机 100 台、进口袜机 14 台，年末共有袜机 386 台。1985—1987 年，为进一步增加出口纯棉与化纤交织袜的生产，青岛第二针织厂从日本引进 N-R 双针筒三吃提花袜机 12 台、TME-612 型绣花机 1 台，添置国产 Z507C 袜机 30 台、Z503A 袜机 30 台及配套附机 32 台。至 1988 年末，青岛第二针织厂主机织袜机的安装数为 565 台（包括系统外的 153 台）。

纬编机 1934 年，三和棉织厂设备有吊机、罗纹机、双面机等，1938 年迁厂后增加汤姆金机（台机）12 台。同年，中日合资和顺染织厂添置针织机，开始编织针织内衣和绒布衫裤。1946 年，中国纺织建设公司青岛分公司接收后有主要针织机 143 台、缝纫机 59 台。

青岛解放后，针织业陆续添置针织设备。1952 年有台机 16 台、棉毛机 23 台、单面机 8 台、吊机 104 台。1958 年，针织二厂扩建内衣车间，增添台机 28 台、棉毛机 29 台和单面机 2 台，1960 年增至台机 68 台、棉毛机 59 台、单面机 11 台、吊机减为 70 台。自 1965 年起，从日本引进大圆机 12 台，当年棉毛机增至 68 台，吊机逐步淘汰剩 45 台。

1979 年，全系统共有 Z201 型台机 101 台、Z211 棉毛机 283 台、单面机 12 台，并引进 10 台大圆机。其中，青岛第一针织厂与日本通过补偿贸易，引进先进针织设备 343 台（套）；第三针织厂淘汰 Z211 棉毛机后，引进日本大圆机 13 台。1982 年，青岛第二针织厂从联邦德国引进大圆机 2 台。1983 年 3 月，青岛第三针织厂由中国银行贷款引进日本 LVX-MD 滚筒链条提花大圆机 5 台；次年 10 月又向中国银行、建设银行贷款引进联邦德国、日本、法国设备，包括针织主机 16 台、成衣专用缝纫机 78 台。[①] 1985 年 12 月，青岛针织二厂与黄岛针织厂达成三年

---

① 曾繁铭,金洵昌.青岛纺织大事记 1900-1988(征求意见稿)[M].青岛:内部编印,1989:85+91.

合资联营协议,从联邦德国购进德罗园机2台,从日本购入横机4台、缝纫机17台,购进国产211棉毛机4台,开始生产内衣。[1]同期,青岛第四、第五、第六、第七针织厂分别引进联邦德国、日本产大圆机41台、棉毛机10台、高速罗纹机16台、电脑提花横机2台,从而形成龙配套的生产化纤和纯棉针织服装内销和出口的两条生产线。1988年末,全系统共有主要纬编针织机895台,其中台机264台、棉毛机490台、大圆机141台。

经编机 1978年,青岛第一针织厂建成山东省第一个经编车间,购进国产经编机37台。1979年因产品结构调整,将经编机全部调拨给青岛第七针织厂,该厂引进联邦德国产COP4经编机2台、COP2经编机2台、IWS经编机2台,设备的特点是高速、宽幅,平均生产能力比国产设备提高1倍多。至1988年末,全市针织业共有经编机30台(不包括花边厂3台),其中青岛第三针织厂5台(双针床织带机)、第七针织厂25台。

染整设备 1980年,为扩大产品外销,青岛针织企业从法国、联邦德国和日本大量引进高温高压染色机和筒子染色机、烫光剪毛机、泡沫树脂整理机、磨绒机、裙子打褶机等一系列精深加工染整设备。1980年1月,纺织工业部决定青岛第一染织厂分厂从联邦德国5家公司择优配套引进一条中长纤维染整线。[2]1984年10月,青岛第三针织厂为扩大"蓝天牌"运动装产量,贷款引进8台染整设备。1988年末,主要染整设备有高温高压坯布染色机36台、热定型机24台、印花机2台、预缩机14台。

第三节 技术工艺

1953年,青岛针织厂创造缝纫流水作业法,使产量提高50%,全年增产总值达到160余亿元(旧人民币)。[3]60年代,纬编针织改手工操作为机械传动,将集体传动改为单机传动,将机械控制改为电气控制,台机由地轴集体传动改为小马达传动及电器自停装置;织袜采用滚筒式染袜机,以机械代替手工操作。其间,青岛第一针织厂设计生产的卧式翻布机,既降低劳动强度,又提高生产效率;1967年10月试制成功全国第一台双反面机,填补了针织行业一项空白。

70年代,青岛针织业利用B字机和506型袜机改进大袜跟,并改善性能。1970年5月18日,青岛针织二厂试制成功袜子自动缝头机;1978年研制成功电子提花机,6台投入生产,填补了省内空白,1980年获纺织工业部科技成果四等奖。[4]

80年代,外向型经济迅速发展,针织企业在大量引进设备的同时进行技术改造。青岛针织一厂研制的弹力氨纶螺纹针织机获青岛市1980年优秀科研成果一等奖。青岛第三针织厂在Z211型棉毛机上改造成功电子提花棉毛机,在针织服装排料上采用微电脑计算机工艺管理系统。青岛第五针织厂试制成功SZ拈纯棉汗衫,克服产品扭斜的质量关键问题;还研制成功复合螺纹组织,为针织外衣开辟新路。同期,从国外引进先进经编机,并研制成功涤纶大提花装饰布和经编涤棉网眼产品,填补了山东省和国内空白。1983年4月,青岛第一染织厂"提高软化水质,代用自来水"技术创新成果,每

---

① 曾繁铭,金洵昌.青岛纺织大事记1900-1988(征求意见稿)[M].青岛:内部编印,1989:98.

② 曾繁铭,金洵昌.青岛纺织大事记1900-1988(征求意见稿)[M].青岛:内部编印,1989:76.

③ 曾繁铭,金洵昌.青岛纺织大事记1900-1988(征求意见稿)[M].青岛:内部编印,1989:39.

④ 曾繁铭,金洵昌.青岛纺织大事记1900-1988(征求意见稿)[M].青岛:内部编印,1989:63-64.

年可代替漂染用自来水 25.8 万吨，节约人民币约 5.8 万元①；1984 年通过引进精深加工设备，使针织染整技术水平接近 80 年代国际水平。

1985 年 12 月 10 日，青岛沧口针织内衣厂研制成功针织涤绝偶氨不溶性印染新技术。同月，市纺织工业总公司主持召开"青岛第二针织厂与中国科学院北海站共同研制的电脑提花袜机科研项目"技术鉴定会，认为电脑提花毛圈袜机在国内居领先地位，尼龙电子提花袜机填补省内空白。②

第四节 生产经营

20 年代，织袜是青岛针织业最早的产品，因手工操作多，技术水平低，品种少、产量低。30 年代初开始加工汗衫背心，后生产针织内衣、卫生衣裤等。40 年代初，织袜业规模扩大，为华北地区最大织袜产地。40 年中期开始生产针织衫裤。民国期间，青岛针织品均为内销。

50 年代初开展生产调整恢复，50 年代末，针织业品种和产量显著提高，销售采取自销及商业销售相结合，并开启青岛针织品出口先例，主要产品为真丝袜、厚绒衫裤。至 60 年代，绒类衫裤、棉毛衫裤、运动装大量出口，青岛针织业步入快速发展阶段。各类产品产量除 1962 年和 1974 年有所下降外，基本为稳定提高，其中 1970 年工业总产值达到高峰。

70 年代末，青岛运动装产品生产发展较快，"蓝天"牌系列运动服畅销海内外。同时，企业逐步由内向型转向外向型，针织内衣产品以出口为主。"红喜""英雄"牌纯棉弹力衫裤为出口传统产品和优势产品，具有手感柔软、吸湿性

好、富有弹性、白度纯正、缝工精细等特点。至 1985 年，青岛针织业在全省同行业的品种与创收中占据领先地位。

产品产量

1923 年，最早 3 家袜厂生产线袜日产量达 101 打。1930 年，青岛三和棉织厂开办，采购绒坯布加工制造春秋汗衫、背心等；1938 年添置设备生产针织内衣。同年，和顺染织厂生产卫生衣裤，款式有球衣球裤、开衫衣裤、斜衿衣裤等。1939 年，大德兴业株式会社开办，主要生产"骑士牌"线袜和线手套，线袜品种有男袜、女袜、劳工袜和军袜，日产量最高达 1000 打左右，为华北地区最大袜厂。1946 年，和顺生产针织衫裤 184982 打，其中卫生衫裤 95206 打、棉毛衫裤 23476 打、汗衫背心 66300 打。

解放后，青岛针织产品主要是纯棉绒衫裤、棉毛衫裤和汗衫背心。1949 年下半年，袜子产量为 147 万双，针织衫裤产量为 42.58 万件。1952 年针织衫裤产量达 223.761 万件，1955 年袜子产量达 1330 万双。1956 年 8 月，各厂在上半年试制出 108 种新产品的基础上，又生产出 72 种新品③。1958 年，青岛线袜入库一等品率为 96.32%，针织内衣平均入库一等品率为 94.31%。1960 年，青岛第一针织厂"飞燕"牌和"新青岛"牌汗衫背心、棉毛衫裤享誉全国。

1962 年，为改变产品结构，通过外贸从日本、意大利进口化纤原料生产弹力锦纶丝袜，增加花色品种，改变单一生产棉线袜的格局④。同年，针织内衣平均入库一等品率降为 73.31%。1965 年引进国外先进设备，针织内衣产量上升，质量入库一等品率（平均）达 97.09%，为历史最高水平，出口合格率平均为 94.45%。1966

① 曾繁铭,金洵昌.青岛纺织大事记 1900-1988(征求意见稿)[M].青岛:内部编印,1989:79+85.

② 曾繁铭,金洵昌.青岛纺织大事记 1900-1988(征求意见稿)[M].青岛:内部编印,1989:97.

③ 曾繁铭,金洵昌.青岛纺织大事记 1900-1988(征求意见稿)[M].青岛:内部编印,1989:46.

④ 曾繁铭,金洵昌.青岛纺织大事记 1900-1988(征求意见稿)[M].青岛:内部编印,1989:56.

年,青岛第二针织厂首创化纤和化纤棉交织产品,产品品种不断增加,T恤衫、尼龙棉交织绒布和双面劳动布制成运动装,开辟针织内衣外衣化新路;"宇宙"牌尼棉交织绒运动装成为60年代青岛出口产品。

1970年,采用化纤原料增强棉纱线袜牢度,改善袜子穿用性能,年末全市产量为1135万双。1974年,质量下降为89.34%和85.36%。1978年,青岛第一针织厂建成经编针织车间,开始使用国产经编机生产涤纶面料和针织服装。1979年4月,青岛第二针织厂生产的6-35线袜在华东地区实物质量评比中获得第一名;9月,"胜利"牌棉线男袜获纺织工业部优秀产品称号。青岛针织一厂生产的"红喜"牌40S精梳弹力衫,"英雄"牌40支精梳棉弹力V型领衫、弹力内裤,"红喜牌"189精梳特白女平肩条弹力牙边背心,均被省纺织工业局评为优质产品。青岛第三针织厂首先生产"蓝天"牌涤盖棉运动装,青岛第四、第五、第六、第七针织厂相继生产涤盖棉运动装。青岛第二、第三针织厂被省纺织工业局授予"产品信得过企业"称号。[①]

80年代,试制成功抗菌防癣袜和防滑运动袜。1980年,青岛第三针织厂生产"蓝天"牌70D/2锦纶丝×16S棉纱交织绒运动装,于当年和1984年先后两次荣获国家银质奖。同年,青岛第二织带厂改名为青岛羊毛衫厂,开始添置横机增加生产腈纶丝产品,年末生产腈纶衫2.67万件;1981年扩大羊毛衫生产设备,当年共生产羊毛衫4.51万件。1982年,青岛第二针织厂开始试制生产足球袜及毛巾袜。10月,青岛第四针织厂开始生产出口产品,包括棉薄绒衫裤、棉毛套裙、全腈童套装、全圆领衫、全腈运动衣、混纺圆领衫等20余个品种[②]。1983

年11月,青岛第三针织厂选用100D×42S胚布,干重200克的薄轻挺原料,设计老年体育爱好者新式运动服,在全国新产品展销会上由国家经济委员会授予新产品奖"金龙"奖章[③]。1984年9月1日,"蓝天"牌涤棉交织双面运动装在国家经济委员会公布的年度质量奖中获金质奖,成为省、市针织行业中第一个荣获国家金质奖的产品。是年生产的"蓝天"牌运动装入场服、比赛服两大系列130个品种,次年成为国际水平产品,涤盖棉运动装成为青岛针织业的独特产品之一。1985年,"大鹏"牌橡口纯棉纱袜、"康乐"牌棉尼交织袜、"双A"牌弹力锦纶花袜、"胜利"牌棉纱男袜,在优质产品评比中获纺织工业部优质产品称号。

1978—1985年,青岛针织业共投产袜子336个品种,花色达1344个。至1985年,纬编针织产品有纯棉针织内衣、化纤针织外衣、混纺交织针织内外衣三大类,花色品种达千个以上,在全省同行业同品种中占领先地位;青岛针织产品获国家金质奖1个、获国家银质奖2个(1个产品两次获奖)、获部优奖9个、省优奖17个、获市优奖1个。

内销

20年代,青岛针织业尚属萌芽时期,产品以内销为主,大多行销本地及胶济铁路沿线。30年代末,产品销售被日商控制。1941年,大德兴业株式会社生产的"骑士"牌线袜及线手套的销售,开始由山东省内扩展至华东、华北、东北等地。

50年代初,产品采取自销及商业销售相结合,由纺织品站购销,各针织企业为增加自销能力,在市内及全国各地建立销售网点。除青岛第一针织厂以外销为主外,青岛第二针织厂

---

① 曾繁铭,金洵昌.青岛纺织大事记1900-1988(征求意见稿)[M].青岛:内部编印.1989:73-75.

② 曾繁铭,金洵昌.青岛纺织大事记1900-1988(征求意见稿)[M].青岛:内部编印.1989:83.

③ 曾繁铭,金洵昌.青岛纺织大事记1900-1988(征求意见稿)[M].青岛:内部编印.1989:87.

在市内设有销售部，在山东省各地和东北三省设代销点；青岛第三针织厂在厂内设有展销部，不论批量大小，随时接受订货。市针织公司所属5个针织企业，将经营承包责任制纳入产品销售工作，开展横向联合，在全国各地设有500多个销售网点，使产品自销能力迅速发展，同时加强产品宣传，以提高产品的知名度，推动产品销售。

外销

50年代末，青岛针织产品开始外销。1958年，青岛第一针织厂生产的"友谊"牌厚绒衫裤首次出口苏联及东欧国家。1959年，青岛针织二厂生产的真丝短筒袜首次出口东南亚国家和地区，出口产值4.9万元；1960年，该厂生产的绒类衫裤、棉毛衫裤出口日本；1961年，16.2特克斯文化衫出口中国香港；1966年起，"蓝天"牌运动装出口澳大利亚、日本及中国香港等国家和地区。

1979年后，针织企业加快由内向型转向外向型进程。青岛第一针织厂与日商签订三年补偿贸易协定，共同生产纯棉针织弹力螺纹衫裤，产品全部返销日本，是出口创汇的主要产品，也是青岛针织业优势产品之一。1980—1985年，青岛第二针织厂出口线袜和线手套，外销日本、利比亚、委内瑞拉及中国香港等10多个国家和地区。

效益

20年代青岛针织业初创时，大多为家庭手工业，生产效率低，资本额除大纶袜厂为5000元外，其余均在1000元以下，产品获利甚微。小本经营的工厂只能在夹缝中艰难度日。至40年代末，由于外货充斥市场，工厂时停时开呈半歇业状态，经济效益极低甚至亏损。

青岛解放后，生产逐步恢复，1949年下半年工业总产值为110万元，至1960年达1942万元，利润由亏损转为赢利273万元。但在经济困难时期，1962年总产值大幅度下降到798万元，利润总额仅10.95万元。经1963—1965年三年调整，生产开始好转，1970年工业总产值达4084万元，利润增至1056万元，全员劳动生产率10776元／人。1974年，针织业效益又一次跌入低谷，总产值为1715万元，利润为75万元，全员劳动生产率为4404元／人。

70年代末，根据国内外市场需求，从国外引进先进设备，大力开发新产品，提高产品档次，经济效益明显提高。1980年总产值达11091万元，利润达2255万元，全员劳动生产率达15768元／人。1988年末，青岛针织业工业总产值突破两亿大关，达到21342万元，利税总额为3544万元（其中利润2588万元），利税总额占青岛纺织系统的14.13％。

第四章 单 织

据《胶澳志》载："1925年，因大康、钟渊两纱厂兼织布匹，出数颇巨，故木机布厂不易成立，仅有长兴祥布厂在台西云南路，规模狭小"，此为青岛单织业发端。此后相继建立起一批私营染织厂，但规模均较小。"九一八"事变后，东北民族工业资本纷纷转向青岛，建立起几家生产规模较大的单织厂家，设备多为国产木架织机和日商淘汰的铁架旧织机，青岛单织业初具规模，但多为仿制品，产能少、档次低。30年代末，因日商大型纱厂被炸、华新纱厂布机内迁，在青岛经营单织业有利可盈，除原有布机陆续开动外，又利用日商重建纱厂淘汰的旧布机新建一批单织厂，青岛单织业规模进一步扩大。此后，日本企业强行垄断单织品市场，许多厂家被迫转产或破产。抗日战争胜利后，单织厂家增加迅速，但因纱价暴涨，中纺公司青岛分公司委托加工业务减少，出现"工不如商、商不如囤"的现象，单织业生产再度陷入低谷。

解放后，国营青岛棉业公司通过加工订货扶持单织厂生产，职工人数与设备数量显著增加较快。"五一织布工作法""五三保全工作法"促进了单织生产技术发展。50年代中期，经对全市单织厂家进行组合、撤并和公私合营，产品向高档优质发展，开始进入国际市场与日本产品竞争并获得高额利润。至60年代中期，青岛单织业结束多头各自为政局面，完成设备更新改造，品种逐渐增多。其间，三年自然灾害与"文化大革命"对企业生产造成影响，产能与产值明显下滑。

70年代末，青岛对市区单织厂家实行行业归口管理，实现纯棉、混纺、化纤产品全面发展。80年代，青岛单织业通过引进国外成套先进设备提高产能，对产品开展系列化研发，加强销售力量，在拓宽国内市场的同时，扩大国际市场出口量，为创利最高时期。

第一节 单织企业

1925年开业的长兴祥布厂是青岛最早的单织业工厂。是年，青岛掀起抵制日货运动，在"发展工业，进行救国"思想影响下，单织工厂逐步增多。1926年，陈之翰投资建成翰成染织厂，1928年陈永昌筹建顺德祥织厂，1930年高见斋建成北洋染织厂、孙惠之与人合伙建立五福织布厂，1931年仲福田建立广来染织厂等，青岛由此建立起第一批私营染织厂。1932—1937年，青岛又相继建立青一、阳本等染织厂和光华织布厂等规模较大的单织厂。30年代末，日商利用日本纱厂重建淘汰的旧布机增建单织厂。至1941年末，全市单织厂家发展到200家。1943年，由于日本行业垄断，信丰、华丰、礼合等10余家染织厂先后歇业，阳本、兴华、五福等织布厂被迫与日商合作，和顺、广来、北洋等染织厂被日本霸占，华康、上海、东顺昌等厂被迫转产。抗日战争胜利后，全市单织厂家一度发展到260家。

解放后，青岛单织业厂家恢复至100余家。

根据政务院《关于统一处理机关生产的决定》要求，1952年7月1日起，全市所有机关生产单位统一由青岛市实业公司管辖，决定由17家私营和机关生产单位合并成立国营青岛实业棉织厂。1953年6月与青岛实业染厂合并，改称国营青岛实业染织厂，12月因青岛实业公司改制为青岛市工业局，工厂改归青岛染织工业公司管理。1954年，染、织两部门分离，恢复青岛实业棉织厂建制。

1954年11月，公私合营经华棉织厂诞生，为原始单织厂家中第一家公私合营企业。不久，公私合营长安棉织厂、"五五"棉织厂、仁兴生记染织厂和纱布厂也先后合营，此后又有50多个厂家进行并厂或联营。1955年，市染织工业局成立，对全市263家纺织厂进行组合、撤并和公私合营。1956年1月21日，全市其余218家原始厂家全部实现公私合营，经过三次大并转，至1961年9月陆续并入公私合营青岛棉织六厂。至此，各厂合并过程基本完成。1963年4月，公私合营青岛棉织六厂更名为公私合营青岛棉织厂。至1964年4月，全市形成青岛阳本染织厂、青岛实业棉织厂、青岛棉织厂3家骨干厂家。

1966年8月，国营青岛实业染织厂改名为国营青岛东方红棉织厂，1973年1月更名为国营青岛第二染织厂。1976年11月2日，国营青岛第二染织厂划分为国营青岛绒布厂、国营青岛帆布厂、国营青岛床单厂、国营青岛台布厂4个厂。1979年7月实行行业归口管理，市染织工业公司再次成立，管理市区归口单织厂家。至1988年末，本市纺织系统有单织厂14家，其中系统内10家。

青一丝棉染织厂

1934年夏，华商合资选址13号区（沈阳路25号）作为建厂用地，次年1月1日开工，7月进行设备安装，8月投产。因该厂为青岛第一家规模较大的染织厂，故取名为青一丝棉染织厂。工厂占地总面积3000平方米，建筑总面积1460平方米，资本总额8万银元，人员181人；主要设备为木架手拉脚踏织布机20台，电力提花机10台，木制染槽2个，起绒机1台等；主要生产线呢、棉毯、绒布，日产线呢360余米，棉毯120余床和部分绒布，月产值10000元，产品主要行销北方沿海一带及东北地区。30年代末至40年代前期，因生产原料被日军控制，该厂生产时开时停。日本投降后，因缺乏原料、燃料、电力，于1948年底被迫停产①。

1950年1月，青一丝棉染织厂复工。1952年，资方投资扩建验布场，并增添10台电力织布机，工厂规模扩大，生产能力提高。1953年有职工120人，固定资产30亿元（旧人民币，下同），流动资金9.67亿元，其它资产2.177亿元；年产量93.63万米，年产水平比创建初期提高8倍半。②

1955年初，青一丝棉染织厂进行公私合营，先是私营大东、大生、新华等5厂合并，当年10月裕民织布厂并入。1956年2月，光大织布厂、同合织布厂等4厂并入，工厂改名为青岛棉织五厂。1960年9月，在全市棉织厂第三次大并转中，青岛棉织五厂并入青岛棉织六厂。

青岛阳本染织厂

1934年，山东掖县人陈孟元在沈阳路创办筹建阳本染印厂，1935年底工厂建成，占地面积共27010平方米，建筑总面积5663平方米；资本总额达60万银元，拥有职工261余人。主要设备有六色印花机、烧毛机、精原染色机、雕刻缩小机、划线机各1台，染缸18个，织布机50台等，主要生产纯棉印染布。1938年日本第二次侵占青岛后，被日商强行合作经营，改称株式会社兴亚染织厂。1945年日本投降后被国民政府查封。1947年重新开工，改称阳本染织股份有限公司。

1954年6月，该厂实行公私合营，阳本印染厂成为青岛市第一批公私合营企业。1961年9月，与棉织三厂、虹桥袜厂（部分）合并为公私合营青岛阳本染织厂，1966年9月改名为国营青岛红卫染织厂，1972年12月更名为国营青岛第一染织厂。1979年至1984年10月对印染车间设备、厂房全面更新改造。

1985年，厂址位于台东区沈阳路25号，系全民所有制企业，隶属市纺织工业总公司，是山东省色织产品出口骨干厂家之一；其主要产品行销美国、苏联、英国、新西兰、马来西亚、香港等30余个国家和地区。至1988年，工厂占地面积21466.56平方米，厂房为10984.97平方米，其中危房占9117平方米，厂房主要为砖木结构。③

青岛实业棉织厂

1952年7月1日起，全市所有机关生产单位统一由青岛市实业公司管辖，决定由建新企业公司、沪记企业公司、建业公司、习艺染织工厂、山东织染厂、新兴染织厂、大同公司淀粉工厂、建新纺织用品制造厂、建青染织厂、荣记制线厂、公营军人子弟企业公司、三新染织厂、公私合营东泰织布厂、德顺织布厂、经纬织厂、仁兴和记染织厂、建新海记织布厂等17个私营和机关生产单位，合并成立国营青岛实业棉织厂，厂部设在昌乐路3号，下属28个自然生产点，分布于台西、市北、台东、四方4区。并厂不久，又先后进行两次合并改组，成立一至六分厂、1个铁工部、1个淀份厂。为迁并分散小厂，上级拨给登州路65号旧库房（原日华五福织布厂旧址）建起实业棉织厂最大车

---

① 青岛纺织企业简志汇编[M].青岛:青岛市纺织工业总公司编印,1989:100-101.

② 青岛纺织史[M].青岛:青岛市纺织工业总公司史志办公室编印,1995:339-341.

③ 青岛纺织企业简志汇编[M].青岛:青岛市纺织工业总公司编印,1989:101-102.

间（原二车间北场）。1953年6月与青岛实业染厂合并，改称国营青岛实业染织厂，厂部设在辽宁路97号；12月因青岛实业公司改制为青岛市工业局，工厂改归青岛染织工业公司管理。1954年，染、织两部门分离，恢复实业棉织厂建制，厂部为登州路67号，并将一至六分厂改为车间。1959年，国营青岛实业染织厂划归台东区工业局。1966年8月，经省纺织工业管理局批准，国营青岛实业染织厂改名为国营青岛东方红棉织厂。1973年1月，经市纺织工业局批准，国营青岛东方红棉织厂更名为国营青岛第二染织厂。1976年11月2日，国营青岛第二染织厂划分为国营青岛绒布厂、国营青岛帆布厂、国营青岛床单厂、国营青岛台布厂4个厂。

青岛棉织厂

1955年市染织工业局成立后，对全市263家纺织厂进行组合、撤并和公私合营。次年1月21日，此前未参与公私合营的218家厂家全部实现公私合营。1956年9月，市染织工业局统一对全市染织厂家进行第一次大组合，成立18个公私合营棉织厂，即棉织一至十八厂。218家企业中，16家组成棉织六厂、7家组成棉织七厂、28家组成棉织八厂、26家组成棉织九厂、11家组成棉织十厂、25家组成棉织十一厂、28家组成棉织十二厂、38家组成棉织十三厂、5家组成纱布厂、4家划入棉织四厂、2家划入棉织五厂、6家划入棉织十四厂、7家划入棉织十五厂、4家划入棉织十六厂、2家划入棉织十八厂，1家合并于明新染厂后内迁，另有8家被淘汰。

"大跃进"开始后，纺织减产让路，大批人员物资调出"支钢保帅"。1958年8月9日，市染织工业局对棉织厂进行第一次大组合，撤销原18个厂中的6个厂，对其他各厂作出调整：原棉织一厂与二厂合并为棉织一厂，原棉织三厂和四厂一、二、三车间合并为棉织二厂，原

棉织五厂和四厂四、五车间合并为棉织三厂，原棉织六厂和七厂合并为棉织四厂，原棉织八厂改为棉织五厂，原棉织九厂和十厂合并为棉织六厂，原棉织十一厂和十三厂三车间合并为棉织七厂，原棉织十二厂和十三厂一、二、四车间合并为棉织八厂，原棉织十四厂和十五厂合并为棉织九厂，原棉织十六厂改为棉织十厂，原棉织十七厂改为十一厂，原棉织十八厂改为棉织十二厂。

1960年下半年，对12个棉织厂又作出第三次大并转，撤销棉织一厂、二厂、三厂、四厂、八厂、九厂和十厂，将棉织二厂部分人员和棉织四厂部分厂房、设备及人员并入棉织五厂，棉织八厂、九厂、十厂部分厂房、设备及人员并入棉织七厂。至此，全市棉织厂只剩下棉织五厂、六厂和七厂。同年9月，棉织五厂并入棉织六厂。1961年9月，棉织七厂并入棉织六厂。

1963年4月，公私合营青岛棉织六厂更名为公私合营青岛棉织厂，集中原有几家棉织厂的人、财、物力，形成一家色织中型企业。1967年7月，工厂私股定息赎买到期后，公私合营青岛棉织厂改称为国营青岛棉织厂。1973年1月，国营青岛棉织厂定名为国营青岛第三染织厂。1976年11月，海泊村一车间划出成立青岛第二丝织厂。1977年7月，仲家洼三车间划出成立青岛第二化学纤维厂。1985年，厂址位于台东区太平镇24号，系全民所有制企业，隶属市纺织工业总公司，是山东省最大的染织厂和重点色织厂之一。[①]

青岛帆布厂

1976年11月，由国营青岛第二染织厂第三、第五车间合并成立青岛帆布厂，占地面积38909平方米，固定资金238万元、流动资金63万元，资金总额301万元，主要生产鞋用帆布和橡胶帆布。

---

① 青岛纺织企业简志汇编[M].青岛:青岛市纺织工业总公司编印,1989:103-106.

1979 年，新建织布车间，建筑面积 4106 平方米，竣工后由青岛染织一厂和青岛国棉八厂调入配套设备。1984 年 9 月，市计划委员会批复同意从联邦德国引进 3.8 米特宽幅剑杆织机设备，总投资额为 1714 万元。在 1985 年漂白帆布订货会上，与参会 38 个厂家中的 36 个厂家签订订货合同，订货产品占全国订货总量的 50.5%，尤其是鞋用帆布行销全国 17 个省、市 40 多个单位，年供货量达到 800 万米。

1985 年，厂址位于台东区延安三路 67 号，系全民所有制企业，隶属市纺织工业总公司，是以生产帆、棉布为主的单织厂。至 1988 年，工厂总建筑面积 21293.28 平方米，其中厂房面积 17637.20 平方米、非生产建筑面积 3656.08 平方米。[①]

青岛制棉厂

1956 年 9 月，源兴、协盛、东兴栈、双聚东、德兴、浴祥盛、福丰、福顺东、福成、福顺洋、仁兴、东兴长、鸿聚祥、福记 14 家私营棉行合并成立公私合营青岛制棉厂，隶属市染织工业局。制棉厂有职工 83 人，以弹制加工棉花为主，固定资产 20 万元，流动资金 16 万元；5 个车间分布在台东、沧口两区，厂部办公室设在台东一路 12 号。是年底，上述车间陆续迁至华阳路 39 号、43 号和 68 号，占地面积 7525.59 平方米，其中建筑面积 3023.36 平方米。1963 年 4 月，公私合营青岛制棉厂划归市手工业管理局，改名为青岛棉制品生产合作社，企业性质改为集体所有制。1965 年 4 月转产织布。

1965 年 10 月，青岛棉制品生产合作社定名为青岛第一织布厂。1969 年 2 月转属台东区工业局，职工人数增至 412 人。1979 年 1 月 1 日，转属市纺织工业局染织工业公司。

1985 年，厂址位于台东区华阳路 89 号，系全民所有制企业，隶属市纺织工业总公司染织工业公司，是山东省色织布的重点生产厂家。工厂占地 7521 平方米，建筑总面积 6635 平方米，其中厂房建筑面积 5222 平方米；厂区被华阳路划分为二，路南占地 2742 平方米，建有办公大楼、库房、职工食堂、托儿所和保健站等；路北占地 4370 平方米，设有捻线、织布、整验 3 个车间和服装分厂、锅炉房、职工澡堂。[②]

北仲家洼管区缝纫厂

1958 年 7 月，由街道办的靴鞋、缝纫生产组合并成立台东区北仲家洼管区缝纫厂，隶属台东区北仲管区办事处，厂址在炮台路 231 号，租用房产部门房屋做厂房，厂区面积 431.23 平方米，职工 40 人。1961 年，改名为北仲靴鞋被服厂，有弹花机 6 台，缝纫机 100 台，职工 200 人；生产方式为制作垫肩、手套、毛巾，为纺织品站加工棉鞋、布鞋，为被服厂加工服装、估棉，利用纺织厂下脚料弹制再生棉等。1962 年精简部分职工后与街道合股厂合并，增加 6 台木架织布机、1 台简易整经机、6 个摇车。1963 年由台东区登州路、延安路管区调入部分职工，改名为台东区第四制棉社，职工人数增加到 260 人，弹花机发展到 8 台，利用估棉和纺织厂下脚料弹制再生棉，手工纺线织造再生布做工作服，给棉麻站加工絮棉等，年生产能力 1000 吨，年总产值 310 万元，年利润 10.6 万元。

1965 年，台东区第四制棉社划归市手工业管理局，并定名为青岛第三织布厂。同年，投资 1 万元建成 178.5 平方米织布车间。1967 年由崂山李村翻砂织机部件组装集体传动丰田 44″ 织布机 28 台。1971 年再建 189 平方米织布车间，安装 1511″ 织布机 22 台，主要生产包皮布、医用纱布、纯棉平布，年总产值 193.5 万元。机器织布的使用，结束该厂弹制棉花、加工零

① 青岛纺织企业简志汇编[M].青岛:青岛市纺织工业总公司编印,1989:112-114.

② 青岛纺织企业简志汇编[M].青岛:青岛市纺织工业总公司编印,1989:115-117.

活的历史。1979年划归市纺织工业局染织工业公司，由生产白坯棉织物转产白坯化纤织物，主要产品为涤棉华达呢、中长花呢、涤弹花呢、冲服呢4种，年产量285万米，产值599万元。1980年完成产值1049.50万元、利润39.5万元、上交税金22.8万元，创历史最高水平。同年投资27.85万元建成配有10万风量空调设备的织布车间，面积1268.7平方米，新安装1515-75″自动布机70台、1515-75″多梭箱织机28台，为企业扩大再生产创造有利条件。1984年转产色织布，试制生产出凉爽呢、隐条呢、化纤混纺色织西服呢、明条呢、冲服呢等十几个产品，年产量150.75万米，产值888.8万元。1985年开发试制新产品涤睛花呢、涤麻西服呢，均获1985年省纺织工业厅优秀新产品奖，年创利8.8万元。

1985年，厂址位于台东区北仲家洼231号，系集体所有制企业，隶属市纺织工业总公司染织工业公司，是以生产色织布为主的专业织造厂家。至1988年底，该厂占地面积5208平方米，建筑面积5683平方米，其中厂房面积3334平方米。[①]

青岛第四织布厂

始建于1957年4月，隶属市南区民政局。初建时从事纺绳业，至1963年有纺绳机100台，职工160人，年产量达200吨，年产值55万元。1965年从青岛棉织一厂调入一批技术工人，增置杂配织布机56台；6月1日正式投产织布，企业定名为青岛第四织布厂，厂址在单县路12号，隶属市针棉制品公司，后转属市南区工业局。主要产品有手帕布、包皮布等，职工人数增加至173人。至此，结束了手工纺绳的历史。

1969年7月，从第一染织厂二车间调入日产旧织机，开始生产色织女线呢、华达呢。

1970年12月，青岛劳动保护制品厂并入该厂，厂区面积扩大到1284平方米，厂址移至朝城路6号。随着生产的发展，又增加窄幅分条整经机、边筒络筒机染缸等设备，但棉纱的染色仍为手工操作。1978年，从绒布厂调入窄幅织布机，生产出纯棉色织女线呢220个品种、660个花色的产品。1980年4月，染线车间使用高温高压染色机染出第一罐中长纱。至此，企业全部淘汰纯棉织品，改织化纤产品。1981年8月，企业调出窄幅织布机，添置宽幅织布机和分条整经机，开始生产幅宽化纤产品。年终上缴利润首次突破百万元大关，创历史最高水平。1985年，设备全部更新为多梭宽幅织布机，试制投产以"红冠"牌中长、低弹两大系列为龙头的200多个品种、400多个花色的西服面料。

1985年，厂部位于市南区朝城路6号，系集体所有制企业，隶属市纺织工业总公司染织工业公司，是山东省色织布的重点生产厂家。厂区分为朝路6号、单县路12号、团岛一路2号三处，占地总面积4400平方米，厂区建筑总面积5100平方米，其中生产厂房面积2550平方米。其中，朝城路6号占地面积397平方米，建有办公楼、织布车间、职工食堂、托儿所、保健站；生产厂房均位于居民区，单县路12号的准备车间处在居民院内；团岛一路2号为染线车间、仓库。[②]

青岛第三制棉社

1956年，由沧口协盛棉行等几户个体手工业者合并成为青岛第三制棉社，厂区分布在沧口区永康路、松柏路、德仁支路、中兴路一带，后全部集中至永康路79号（后改为63号）；有职工40余人，弹花机5台、手工打包机1台，系社员入股自带，以手工弹制加工棉花为业，其作坊式生产方式延续到1964年底。1965年3

---

① 青岛纺织企业简志汇编[M].青岛:青岛市纺织工业总公司编印,1989:119-120.

② 青岛纺织企业简志汇编[M].青岛:青岛市纺织工业总公司编印,1989:121-122.

月转产织布。下半年将弹花工人及弹花机全部转并入沧口织毯厂，安装丰田、坂本式织布机，企业更名为青岛市第二棉织品生产合作社，隶属市轻工业局针棉公司。至1966年职工发展到120余人，并完成设备更新，结束了手工作坊式生产方式；主要产品有蚊帐布、口罩布、纯棉军布等。

1966年10月，青岛市第二棉织品生产合作社正式定名为青岛第六织布厂。1973年、1974年纯棉帆布入库一等品率分别达到98.6%和99.66%，居全省同行业领先地位。1977年进行全面改造，扩建织布车间，淘汰老式织布机，新购进安装国产自动布机，转产织造中长凡立丁、涤棉华达呢等适销产品。1978年被省委、省政府命名为"大庆式企业"。1979年1月由沧口工业局转属市纺织工业总公司染织工业公司，1980年7月与青岛红旗丝织厂合并后，占地面积由2158平方米扩大到38710平方米，工业总产值首次突破千万元大关。1981年工业总产量、总产值及销售总收入、利润总额，均创企业历史最高水平。

1985年，厂址位于沧口区兴华路8号，系集体所有制企业，隶属市纺织工业总公司染织工业公司，是以生产出口白坯布为主的专业织布厂家。至1988年，占地总面积38710平方米，建筑总面积13191平方米；其中，厂房占地面积1000平方米，建筑面积10307平方米。整个厂区包括兴华路3号和永康路63号两处，其中1985年竣工的3400平方米织布车间和400平方米整理车间，为纺织工业标准型厂房。[①]

青岛市弹花合作社

1958年，四方区街道20余名家庭妇女自集资金成立青岛市弹花合作社，社址位于四方区兴隆路85号；占地面积700平方米，建筑面积

500平方米，隶属四方区兴隆路街道办事处，从事棉花套加工。1965年转属四方区工业局，更名为四方制棉厂，厂址迁至兴隆路14号。同时，在东吴家村设弹花组和化工场，厂区面积1800平方米，建筑面积1500平方米，拥有职工210人。由于棉花套销路不畅，企业当年购置织机转产织布，主要生产更生布、包皮布、蚊帐布，自此企业摆脱了手工业生产方式。1973年，四方制棉厂由兴隆路14号迁到杭州路36号，主要生产鞋用帆布、凡立丁、卡及、华达呢等产品。1977年被市纺织品站定为生产鞋用帆布专业厂。

1979年，四方制棉厂转属市染织工业公司，定名为青岛第八织布厂。1985年5月，在沧口区金沙路征地3亩，总投资104.3万元，建造孤山生产车间。

1985年，厂部位于四方区杭州路36号，系集体所有制企业，隶属市纺织工业总公司染织工业公司，是生产鞋用机布布的单织厂。工厂占地总面积6279平方米，建筑面积4867平方米，生产面积2478平方米；厂区分为两处，主厂区位于四方区杭州路36号，金沙路厂区占地面积2030平方米，建筑面积1386.3平方米。[②]

红旗加工厂

1958年8月17日，台西三路街道组织7人在台西纬五路2号成立棉花生产小组，主要到纺织厂拣下脚棉、棉纱回丝等洗涤加工，好的卖给青岛棉织一厂织线毯，次的卖给有关单位擦机器，所有洗涤工具自带。1959年改名为红旗加工厂，职工49人，由台西三路办事处和台西工业局双重管理。1960年底在台西三路37号建起30平方米简陋厂房，添置台弹花机和网被套台案，收购纺织厂下脚棉弹打被套销给纺织品站。1963年春，台西三路办事处所属倒线组和结网组并入，职工增至110人；12月划归市

① 青岛纺织企业简志汇编[M].青岛:青岛市纺织工业总公司编印,1989:123-125.

② 青岛纺织企业简志汇编[M].青岛:青岛市纺织工业总公司编印,1989:127-128.

南区工业局，更名为市南第四供销社。

1966年3月，市南第四供销社定名为青岛纱布制品厂，改产口罩。下半年，从上海等地购置木架织布机开始织造纱布，同时增添缝纫机、简易烘干机及淋干机，初步形成从织造到漂洗、从烘干到缝纫的成套生产能力，自此结束手工作坊式生产方式，开始机械生产定型产品。8月，郓城北路下属筐篓社并入，职工总数达220人。1979年1月转归市纺织工业局针织公司。

1985年，厂部位于南区团岛二路6号，系集体所有制企业，隶属市纺织工业总公司染织工业公司，是本市唯一医用纱布生产厂家。企业占地面积3337平方米，建筑总面积5106平方米，其中厂房建筑面积3745平方米；厂区包括团岛二路6号和东平路、滋阳路、邹县路等4处。团岛二路设有办公楼、织布车间、漂整车间、浆纱车间、原材料与成品库、托儿所、保健站和职工食堂等，建筑面积2791平方米；东平路、滋阳路等处设有童装车间和五金材料库等，建筑面积955平方米。[①]

第二节 人员设备

民国时期，青岛单织业企业雇工多是农民和市内贫民，男性居多，文盲半文盲占绝大多数。20年代，单织设备为国产木架织机和日商淘汰的铁架旧织机。30年代开始，增加日本产整套设备及辅机。日本第二次侵占青岛后加紧对华侵略，单织业工厂及设备被日商企业侵吞殆尽。抗日战争结束后，单织业虽有所恢复发展，但至青岛解放前夕各厂停产半停产，从业人员与设备开工数锐减。

解放后，青岛单织业快速恢复，职工人数增多，通过各种职业培训提升职工技术素质。在设备数量显著增加的同时，升级为电力集中驱动，减轻劳动强度。

六七十年代，由于部分单织厂转产，设备淘汰，职工与设备数减少。70年代末生产恢复，职工人数回升，对设备进行更新改造，升级为国产新型设备，实现单机传动。

80年代，青岛单织业走入快速发展时期，各企业用工数量增加，通过引进国外设备，淘汰旧设备，同时更新准备、染色设备，设备能力达到新的水平。

劳动用工

青岛单织业发展初期，厂家较多，各厂人数相差较大。1937年私营单织厂从业人员约1800名左右，1941年底从业人员达5150名，1945年增加到8500人。1947年从业人员4600余人，人数多的阳本、青一丝、东来成等厂分别有180余人，最少只有4～5人，其他各厂以30～40人居多。

解放后，单织业得到较快发展，职工人数逐渐增多。1950年初全市440家单织厂共有职工5845人，1956年公私合营后职工人数发展到13647人，1958年达到15355人，为青岛单织业有史以来职工人数最多的年份。各单织厂工人进厂后，通过夜（业）校、岗位培训、操作比武、脱产学习等方式，提高政治、文化、技术水平，在全国和山东省、青岛市劳动竞赛或操作技术比武中取得好成绩。三年困难时期原料（棉纱）不足，部分单织厂家停产或转产，职工人数大减。1962年，实业棉织厂开展技术练兵，人均看台量由1～3台提高到6台，平绒质量由30％～40％跃升到96％以上，创全国同类设备生产厂最高水平。1963年后国民经济好转，1965年几家制棉社先后改行从事织布业，1969年职工人数增至8840人。"文化大革命"结束后，各厂生产得到恢复和发展，用工数量开始增加，职工达到9613人。1979年，青岛绒布

① 青岛纺织企业简志汇编[M].青岛:青岛市纺织工业总公司编印,1989:129-130.

厂乙班三组因质量过硬被山东省纺织厅命名为"质量信得过班组"。

1980年，青岛第一染织厂在山东省色织行业厂际竞赛中被省纺织厅评为色织生产第三名。同年，全市单职业职工增至11294人。1981年后行业内部开始调整，部分厂家或人员并入或划归其他行业，职工人数有所减少。1985年，青岛第四织布厂职工代表青岛市参加华东地区色织布操作技术表演，为青岛单织业赢得荣誉。

单织设备

1925—1926年，民众抵制日货情绪高涨，民族单织业得以兴建，各厂织机多是购买潍坊、天津及青岛铁工厂生产的木架织机，或购买日商纱厂淘汰的铁架旧织机，摇纱、捻线、整理、染色等辅助设备多为自制。条件更差的人力单织厂，则是"摇纱捻线靠手工，整经织布靠脚蹬"。至1930年，全市拥有织布机160台，其中铁架织机137台、木架人力织机23台，规模最大的五福织布厂拥有铁架织机107台。至1937年，青岛单织业拥有各种织机1020台；其中，规模较大的阳本染印厂拥有铁架织机40台和全套印染设备，青一丝棉染织厂拥有木架人力织机20台、电力提花织机10台、起绒机1台、木制染槽2个。1938年，日本再次侵占青岛后，一方面强买阳本染印厂，一方面将淘汰旧布机卖给中国人力织布厂。1942年，青岛单织业织布机增加到2610台，其中铁架电力织机1721台。1943年起，因日本加紧对华掠夺，民族单织厂家被日商侵吞殆尽，设备数急剧下降。抗日战争胜利后，中纺青岛分公司各厂相继恢复生产，棉纱资源较丰，单织设备规模有所发展。1948年，各厂陷于停产半停产状态，单织业的开机数陷入低谷。

解放后，青岛单织业开始恢复，到1950年初，全市拥有各种织机3050台（其中电力织机2153台，人力织机897台），简易整经机221台，摇经机6840锭，摇纬机7000锭，合股机16262锭及部分印染设备。1953年起，对私营厂进行社会主义改造，青岛单织业得到发展。1956年，各种织布机发展到4787台（其中铁架机2131台、木架机2656台），均为电力集中驱动。三年自然灾害时期，由于部分设备淘汰和厂家转产，单织设备数量大减，1961年青岛单织业有各种型号织机2351台。1965年起，各制棉社开始购置织机改行织布，各单织厂家也开始设备更新改造。至1969年，单织厂806台杂牌织机改造成1511型新式织机，并实现单机传动。1973年，青岛第二染织厂将92台1511M-44″窄幅织机改为1511M-52″、1151M-56″宽幅织机。1975—1977年，各单织厂新购置上海和中纺机械厂产1151M-44″自动织机共596台。至1978年末，青岛12个单织厂共有织机2861台、捻线机11262锭。

80年代，各单织企业淘汰全部旧织机，更新全部染色、准备设备，并先后投资9726.7万元从联邦德国引进电光轧花机1台、浆染联合机1台、3.8米特宽幅剑杆织机61台、克麦整经机1台、泽尔浆纱机1台、PV-EIA接经机1台、48头空气变形机1台、弟斯高温高压染色机5台、KM15多层拉幅烘燥机1台；从日本引进C-590-F照相雕刻机1台、711P-160树脂整理机1台、TW-190高速整经机1台；从美国引进高温高压染色罐1个、S-300肯斯通剑杆织机40台；从瑞士引进IDA-1800整经机1台；从意大利引进SM93型剑杆织机62台，从比利时引进BRTK1138、1139刷剪联合机1台，青岛单织业设备达到新水平，并为开发牛仔布、增加出口创汇奠定基础。

第三节 生产经营

青岛单织业发展初期，产品批量少、仿效多，销售为自销、订货方式。40年代中期，创建于30年代中后期的几家私营染织小厂产销一时繁荣，主要生产"老菜子"牌、"工业"牌线呢，"余昌"牌、"旭始"牌派力司，"双义士"牌花贡呢等简易原色棉布和色织棉布，除供应本市及胶济路沿线、海州、登州等市场外，还远销东北各省及平律一带。40年代末大多数厂家时开时停。

青岛解放后，对各染织厂家全面扶持和改造，通过发放货款、供给原料、委托加工订货、收购包销产品和协助缓解劳资关系等措施，不仅使其获得发展，而且有100余家小厂创建或转商投工，成为染织行业兴盛时期。解放初期至50年代，计划生产方式使品种逐渐减少，但开始向高档优质发展；产品实行统购统销方式，开始销往东南亚10多个国家和地区，与日本争夺国际市场。60年代品种逐渐增多，外销产品产量增多。70年代青岛单织业步入纯棉、混纺、化纤三类产品全面发展时期。

80年代，随着国家统购统销政策的取消，针对产品呈现产大于销、供大于求的情况，青岛单织企业根据市场需求，采取多品种、小批量、系列化发展方式，进一步拓宽国内、国际两个市场，出口国际市场的产品销量进一步扩大，涵盖了东南亚、欧洲、美洲，为青岛单织业创造利税高峰期。

产品产量

30年代，青岛单织业产品品种多、批量少、仿效多、独创少，主要产品有线呢、细布、哔叽、台布等。1942年新增贡呢、线呢、派力司、条格府绸、条绒、条格布等。1946年后，华达呢、条布、格布、凤尾布、提花布、帆布、粗布、面袋布等先后投产。40年代末，单织产品发展到近20种。

50年代，纺织工业实行计划生产，主管部门对厂家按产品大类安排生产，产品品种逐渐减少，开始向高档优质发展。60年代初，涤棉府绸和混纺呢绒等先后投产，单织产品品种逐渐增多。1964年生产的士林蓝布、硫化蓝布、

大贡呢哔叽在全国第三届纺织选样定产会上受到表彰，元青平绒在纺织部召开的纺织工业会议上被确定为全国标样，1965年元青平绒又被纺织部推荐为全国优秀产品。

70年代初，青岛单织产品除印染布外，主要有色织细布、涤棉色织府绸、贡呢、哔叽、斜纹绒、仿麻布、坚固呢、细条布、格布、咔叽布、绒类（灯芯绒、平绒）、帆布、床单布、斜纹布、平纹布、劳动布、蚊帐布等20余种。1979年又新增中长花呢、涤黏化呢等混纺、化纤产品。

80年代，企业根据市场需求不断更新开发适销对路产品，并朝着多品种、小批量、系列产品方向发展。1984年市场兴起西服热，部分厂迅速推出涤弹、涤粘、麻涤腈、毛涤腈等多品种西服面料。1985年西服热降温，又研制开发空气变形丝系列产品。同年，青岛单织业7个产品被评为山东省优质产品。

内销

30年代，青岛单织业产品多采取自销方式，一般是生产厂家趸批给布商，再由布商转手批发或零售；也有的加工订货、委托布庄代销，或前店后厂，自设摊点营销等。30年代末，贡呢、哔叽、细斜纹布是为日商加工产品，其他产品主要销往胶济铁路沿线、陇海铁路沿线、连云港及东北地区。抗日战争胜利后，外埠客商纷纷到青岛订货，扩大了产品在国内的覆盖面。

解放后，青岛棉业公司通过加工订货、换货等方式，收购各单织厂产品。1950年，产品由市花纱布公司包销。1954年，国家对棉布实行统购统销政策，各生产厂家生产出的产品随即开票划拨给市花纱布公司。

80年代后，单织产品逐渐呈现出产大于销、供大于求的趋势。1983年，国家对纺织产品取消统购统销政策，各厂开始进一步拓宽国内市场。在以市纺织品站为主要销售单位的同时，设立销售部门，注重调查市场信息，积极参加

各种订货会、展销会、下乡赶大集和增设展销部等扩大销售产品的覆盖面，使内销逐渐扩大到东北、京津、河南、内蒙古、甘肃、浙江、湖北、江苏、上海、云南等省、市、自治区。

外销

1947年开始，青岛单织业有少量线呢产品通过外商销往东南亚一带。

1958年，床单、棉毯、灯芯绒、人绢绸通过外贸单位开始销往东南亚10多个国家和地区，成为当时和日本争夺市场的主要产品。从1961年开始，45×45纯棉色织布、20×20咔叽布先后销往古巴等国。1966年，45×45色织布、涤棉色织布成为出口拳头产品，行销美国、苏联、英国、法国、马来西亚、新加坡等国，年出口量48.1万匹。自1973年起，外销品种和数量增多，斜纹绒、仿麻布、细平布、坚固呢、丝纹呢、细条布、细格布等也加入外销产品的行列。至1979年，共外销棉布1473.8万米，混纺交织布22.56万米，绒布725.57万米。

80年代，各厂加强国际市场拓宽，外销产品逐渐扩大到美国、英国、法国、日本、联邦德国及中国香港等30多个国家和地区。外销量较多的产品有纯棉平布、帆布、平绒、灯芯绒、纯棉府绸、涤棉条布、色织水洗布等。1988年，青岛单织业销售量5247万米，销售收入12983.26万元；其中外销814万米，占销售总量的15.51%。

效益

解放前，青岛各单织厂凭借青岛纺织基础雄厚的优越条件，在30年代中期和1946年前后曾两度发展，生产的白织布、色织布畅销一时，收益颇丰。

青岛解放初期，政府采取加工订货、收购产品等方式扶持各厂，使生产迅速恢复。1954年9月国家对棉布实行统购统销，各厂生产趋于稳定。50年代末至60年代初，各厂经组合后，行业规模有所缩小，经济效益增长不大。"文化大革命"初期，生产受到严重干扰，经济效益虽有下降，但仍保持一定利润。1970年三大单织厂完成利润1426万元，1971年后逐年下降，1973年只盈利830万元，1974年亏损137.7万元。"文化大革命"结束后逐步重视恢复生产，1978年，三大单织厂创利润938万元，加上青岛帆布厂的126.3万元，利润逾1000万元。

随着改革开放政策的实施，竞争机制、市场观念进入各厂生产和经营领域。1980年，纺织系统单织厂年总产值达到18745万元，创利润2036万元；其中4个国营厂（染一、染三、绒布、帆布）完成总产值14277万元，创利1717万元（其中染三创利801万元），为单织厂历年创利润最高水平。

1981年和1983年，国家对化纤产品两次调低价格，各厂产值变化不大，利润却大幅度下降。1983年仅完成利税总额676万元。1984年市场兴起西服热，部分厂上马西服面料，产品一时畅销，利税总额回升到1151万元。至1985年，利税总额升至1451万元。

第五章 复织

青岛复织工业起步于20年代初，初期以生产花边、毛巾、装饰布为主，规模小、用工少，设施破旧、设备落后，产品单一、产量较小。30年代，复织业厂家有所增加，花边、织带产品一度畅销。抗日战争爆发后，复织业逐步衰落，至青岛解放前夕，产品几无销路。

50年代初，针对青岛复织业小型工厂数量多、规模小的局面进行社会主义改造，归类合并，实行加工订货、统购包销、定购定销等政策，产量有所增加。50年代中期，复制业产品开始出口，经济效益基本上呈逐步增长态势。60年代，各企业对厂房进行改造，通过添置国产设备、引进国外设备，提升设备生产能力，毛巾类产品受到国际市场青睐。"文化大革命"期间生产秩序受到影响，一度中断产品出口，产值效益进入历史低谷。

70年代后期，小商品生产以市场调节为主，复织企业加强自销能力，扩大销售范围。80年代经过大量引进系列化设备，产品花色品种日益繁多，产品在国际市场上销售范围迅速扩大。至80年代中期，青岛复制业企业生产规模与产品质量提升较大，部分毛巾、花边及织带类名优产品在国内外市场享有盛誉。

第一节 复织企业

1922年，协成花边厂创办[1]，为青岛复织工业起点。此后，花边厂家纷起，先后出现合兴、美丽、利源、职业、鸿济5家，大量花边产品涌入市场，竞争激烈。同期，相继建立起私营毛巾厂、装饰布厂等小型工厂。至1932年，本埠6家花边厂在竞争中倒闭5家，只有协成花边厂得以雄居江北。

50年代初，各复制业户仍在原址坚持生产。实行社会主义改造后，小厂归类合并，新生、福大、润德、永和祥、东泰盛、新新、建华、可大、正山9家合并为青岛轴线厂，德合、新昌、中生、民生、涌顺祥、广隆、新鲹、开明8家合并为青岛毛巾厂，长春、裕民、德昌、同记、民生、同兴6家合并为青岛台布厂。

70年代末，青岛第二毛巾厂成立，青岛第三毛巾厂改建定名。至80年代，青岛复织业形成6家规模企业，其中半数为毛巾织造类厂家。

协成花边厂

1922年，济南协聚成百货商店董事长与股东共同商定，投资1万银元在青岛兴建花边厂。同年秋，租用西藏路民房22间作厂房，购买日

本锭编机（16锭型）100台，从昌邑、胶县等地招雇工人10名，于1923年1月正式开工生产，取名协成花边厂。开工伊始，仅生产五丈绳（妇女扎发用），因销路好，遂添置机台增加品种和产量。1925年，相应建立染房及辅助设施，生产鱼鳞辫、蜈蚣辫、松紧带等10余个品种，销往华北各地城乡，利润率达50%以上。此时为季节性生产，每年10月进入旺季，至次年3月后即为淡季，每至淡季工人返乡，旺季招回。建厂同时设立烟台分号，以分销产品、转运原料，1925年由青岛调运20台锭编机，改称烟台分厂。至1935年，协成花边厂成为长江以北最大花边厂家，被誉为"江北第一家"。

七七事变后，该厂投资创办针织厂计划破灭。1940年8月，以30万元在河南购买的大宗牛皮被黄河水冲走，由上海购进的棉纱亏损几近，损失惨重。抗日战争胜利后内战又起，花边带类全无销路。1947年重新合资6万元，并将烟台分厂关停也未挽回局面。至1949年，工厂全面停产，只留8名工人看守。

1953年1月，协成花边厂在市政府扶持下重新开工生产，当年创产值10万元、获利4万元。1956年1月实现公私合营，归属市染织工业局针织公司管辖。1956年结束季节性生产历史，当年创产值31万元。1963年和1964年，省二轻局两次拨款20万元，分别建成二层和四层水泥浇制厂房共1796平方米，增置编织机，机台分布趋于合理。1968年12月引进日本自动梭式绣，为国内首次进口绣花机。[2]

1977年，协成花边厂易名为青岛花边厂，1978年10月划归市纺织工业局。1979年开始生产大提花宽幅织物，开发出金线扎发绳、金丝发带、尼龙花边、双面水浪等13个花边新品种，自制仿津田布机5台，试制出金线扩音绸、

① 曾繁铭,金洵昌.青岛纺织大事记1900-1988(征求意见稿)[M].青岛:内部编印,1989:6.
② 曾繁铭,金洵昌.青岛纺织大事记1900-1988(征求意见稿)[M].青岛:内部编印,1989:63.

浮雕型提花纱发布等宽幅织物，填补了省内空白，当年完成产值达 272.46 万元，比上年增长 13.44 %；实现利润 62.19 万元，比上年增长 7.78 %，各项经济指标均创历史最高水平。1981 年，投资 30 万元建成水泥砖石结构五层共 1199 平方米厂房并增置设备。至此，拥有固定资产净值 34.30 万元，实现利税 100 万元。

1985 年，厂址位于市南区西藏路 14 号，系全民所有制企业，隶属市纺织工业总公司，主要生产花边、带类、床罩及各种装饰织物。西藏路主厂区占地 2493 平方米，厂房建筑总面积 5373 平方米，其中生产用建筑面积 4917 平方米、非生产用建筑面积 456 平方米，另有浙江路和嘉祥路两处库房。[①]

青岛毛巾厂

1956 年 1 月 20 日，全市实行全行业公私合营后，由德合、新昌、中生、民生、涌顺洋 5 家私营小毛巾厂和开明棉织厂、广隆纱巾厂、新甡染织厂合并，于 8 月份成立公私合营青岛毛巾厂，隶属市染织工业局。固定资产仅有 2.3 万元，从业人员 246 人，主要设备有人力木架织机 58 台、木架电力织机 4 台、铁架电力织机 2 台；厂区分布在台东、四方、市南、市北、台西 5 个区，总厂设在台西区云南路 221 号。10 月，市染织工业局决定对公私合营青岛毛巾厂所属 5 家小毛巾厂进行改组，并将原大东染厂位于莘县路 164 号（后改为 166 号）厂址拨作青岛毛巾厂厂址，建立漂染车间，5 个小毛中厂人员全部迁入后，成为毛巾厂总厂址。1962 年初，开明棉织厂、广隆纱巾厂、新甡染织厂也迁入总厂。1958 年 4 月，为适应对苏联和东欧国家出口浴巾的需要，首次进行技术改造，将全部 42 英寸窄幅织机焊接改为 84 时宽幅织机，对苏联出口浴巾产品打开出口史上第

一页。60 年代，提花毛巾被被全国同行业誉为特色产品，1961 年产品出口香港。为满足出口需求，1966 年投资 135 万元在杭州路 12 号国棉一厂内西面空地新建分厂，建筑面积 3700 平方米，其中包括漂染整理车间、准备织巾车间，次年投入生产。

1967 年 8 月，公私合营青岛毛巾厂改名为国营青岛毛巾厂。当年，固定资产原值 140.48 万元。1968 年，生产管理系统全部迁往杭州路 12 号，由此成为毛巾厂总厂，莘县路 164 号作为该厂生产车间。1974 年 4 月开始在杭州路 12 号大规模基本建设，新建厂房 5631 平方米，扩大织巾车间 3722 平方米，准备车间 1647 平方米，新建锅炉房 262 平方米，土建总造价 39 万元，至此，全厂占地面积为 24500 平方米。1975 年新厂房建成后，建筑面积为 12840 平方米，固定资产原值 228.6 万元。同时，将漂染车间盆、缸、罐染纱改换为机械系列染纱，纱线质量明显提高。1975 年首次从日本引进剪毛设备，填补了山东省空白，在全国属于先进设备；纹板串连机和纹板复制机提高了织机改车效率，适应了市场小批量订货生产需要。

1978 年 11 月，莘县路车间全体职工迁入杭州路 12 号，结束厂分两地局面，固定资产原值达 357.7 万元。1980 年被山东省纺织工业厅授予"省产品质量信得过企业"称号。1983 年，提花毛巾产品获纺织工业部三大支柱创新奖，5129 高密度提花剪绒毛巾被被国家经委授予"金龙奖"[②]。

1985 年，厂址位于四方区杭州路 12 号，系全民所有制企业，隶属市纺织工业总公司，以生产提花毛巾织物为主要产品，是本市最大的毛巾产品生产厂家。至 1988 年，工厂总占地面积 39103.2 平方米，其中厂区占地面积

① 青岛纺织企业简志汇编[M].青岛:青岛市纺织工业总公司编印,1989:149-152.

② 曾繁铭,金洵昌.青岛纺织大事记 1900-1988(征求意见稿)[M].青岛:内部编印,1989:87.

34446.24平方米；总建筑面积为35955.39平方米，其中厂区建筑面积30952.39平方米、宿舍建筑面积5003平方米。[①]

青岛第二毛巾厂

70年代后期，大批知识青年返城待业。鉴于消费市场毛巾类产品货源告急，市纺织工业局决定新建一家毛巾厂，在解决就业问题的同时缓解毛巾类产品短缺局面。经市政府同意和市经委批复，市纺织工业局于1977年主持成立青岛第二毛巾厂筹备小组，委托青岛毛巾厂代招代训新工人380余名。

1978年1月15日，青岛第二毛巾厂宣布成立，厂址设在青岛毛巾厂莘县路原址，占地面积3990平方米，固定资产原值2.61万元，流动资金由上级拨款10万元；主机设备有26台老式布机，主要辅机为青岛毛巾厂原有设备，其中除1台0.5吨锅炉外，大部分是自制、土制设备。1979年招收新工人，更新设备，开始生产。次年建成建筑面积为3154.01平方米三层楼房作为主要生产厂房，中长纤维织物成为企业主要产品，占总产量的80%。1981年固定资产原值上升为61.71万元，完成工业总产值426.97万元，利润达164.35万元，全员人均劳动生产率达到6847元。

1985年，厂址位于市南区莘县路166号，系集体所有制企业，隶属市纺织工业总公司，是本市生产毛巾类产品的主要厂家之一。至1988年，工厂占地面积3960平方米，建筑总面积7266.36平方米。其中生产厂房建筑面积5837.37平方米，办公室建筑面积841平方米，福利设施建筑面积588平方米。[②]

青岛市毛巾生产合作社

1956年10月，由大中、永生、冯记、一兴等5家私营作坊联合组建为青岛市毛巾生产合作社，隶属市手工业管理局。建社初期，生产经营在各自作坊中进行，自产自销。1957年12月联合为经济实体，有从业人员26人，平房约100平方米，人力织机11台、人力整经车2台、脚踏摇纬车1台、手摇脱水机1台；主要生产毛巾、手帕、围巾，产量很少，产品仅在本市销售。1958年3月，又有义兴、福丰、建国等5家私营小作坊并入；8月改名为青岛市制线社，产品增加头巾、儿童毛巾被2个品种。同年又有青岛发制品厂并入，但不久即脱离。1965年4月，更名为青岛围巾厂；6月首次试生产"8202"毛巾布，部分产品开始由内销转为外销。1966年10月10日，经市第二轻工业局针棉织公司批准，将该厂一分为二，成立青岛第五织布厂，仅有固定资产17万元，隶属四方区工业局，厂址设在西吴家村205号。1979年，准备、织机、漂染车间改建竣工，主机和漂染设备采用国家定型产品，11月划归市纺织工业局针织公司。

1979年12月，青岛围巾厂定名青岛第三毛巾厂，同时将青岛丝线厂一个车间划归该厂。1980年总产值达781万元，出口产品达14个，出口英国、美国、法国、联邦德国、意大利、丹麦及东南亚等40多个国家和地区。1982年工业总产值完成1000.48万元，创建厂以来最好水平。

1985年，厂址位于四方区西吴家村205号，系集体所有制企业，隶属市纺织工业总公司，主要生产出口毛巾布服装面料和巾类两大系列产品。至1988年，厂区占地总面积33870平方米，建筑面积21451平方米，分为5处：主厂房在西吴家村205号，占地面积9172.01平方米，建筑面积7935.3平方米，其中生产厂房面积6658.72平方米；二车间在南仲家洼988号，占地1528.24平方米，建筑面积1281.16平方

---

① 青岛纺织企业简志汇编[M].青岛:青岛市纺织工业总公司编印,1989:132-135.

② 青岛纺织企业简志汇编[M].青岛:青岛市纺织工业总公司编印,1989:137-138.

米；三车间在小村庄 82 号，占地面积 3969 平方米，建筑面积 2139 平方米；设备科和托幼园所、仓库等位于西吴家村 461 号，占地面积 2094.72 平方米，建筑面积 1088.47 平方米；延吉路新建厂区占地面积 16650 平方米，建筑面积 11253 平方米。[①]

青岛床单厂

1976 年，市纺织工业局将国营青岛第二染织厂分别划分为绒布、帆布、床单、台布 4 个厂，国营青岛床单厂自此建立。厂址设在台东区太平镇 247 号，占地面积 4900 平方米，生产厂房建筑面积 3800 平方米，有织机 56 台，固定资产原值 31.62 万元；职工总数 374 人，其中干部 17 人，工程技术人员 4 人。1976 年仅生产床单 2.6 万条，实现利润 1.3 万元。

1978 年，产品使用"双喜"牌、"海滨"牌、"争芳"牌注册商标，传统产品为本光印花床单、丝光印花床单和大提花床单。因采用先进设备和技术，产品在全省同行业评比中历年均占优势，具有较强的竞争能力，先后有彩格丝光印花床单、大提花床单、全染丝光印花床单、丝光腈纶大提花床单和纯棉全染印花床单获省纺织工业厅优质产品称号。由于产品适销对路，质地优良，不仅开拓了国内市场，同时也销往国际市场。同年，先后两次投资 1132 万元，征得东吴家村农田 50.3 亩，开始一次性移地扩建和技术改造工程。1983 年底主体厂房竣工，部分设备安装生产。1985 年全部厂房竣工，新设备安装完毕，有 0515K-280 织机 62 台，1515K-230 织机 180 台，及与之相应配套的准备、染整、印花设备，形成从织造到染整连续化的生产能力。

1985 年，厂址位于四方区抚顺路 80 号，系全民所有制企业，隶属市纺织工业总公司，是生产织造、染整、印花装饰布的全能生产厂家。工厂占地面积 42523 平方米，建筑面积 33587 平方米，其中新建面积 22998 平方米。[②]

青岛轴线厂

1956 年 1 月 20 日，新生染织工厂、福大工厂、润德工厂、永和祥记工厂、新新制线厂、可大工业社、建华工厂 7 家私营小厂实行公私合营。9 月 1 日，东泰盛制线厂、正山工厂在行业归口管理中并入后，命名为公私合营青岛轴线厂。建厂初期，生产工厂分散在台东区 9 家私营小厂原址，以新生染织工厂所在的大成路 2 号为基点设厂部，有职工 172 人，固定资产原值 9.9 万元，当年产值 105.8 万元，利润 3.87 万元；主要设备有捻线机 8 台、刷线机 10 台、摇纱机 4 台、线球机 5 台、织带机 214 台、缠轴机 18 台，多为落后陈旧设备；产品以合股线、蜡光木纱团缝纫线和鞋带为主。1957 年，首次开始设备更新改造，对人力刷线车改造为机械传动，1958 年开始使用蒸汽动力，首次开发并投产棉丝光宝塔线。1959 年增加蜡筒线，首次出口棉丝光宝塔线，年总产值约为建厂第一年的 3 倍，利润比建厂第一年增长 17 倍，出现建厂后第一次生产高峰。1960 年 12 月，企业集中搬迁到沽化路 3 号，厂区占地面积近 3300 平方米。1961 年从上海购进转让设备，固定资产原值增为 18.54 万元。1965 年购置新设备，1966 年改建 811 平方米成品车间、新建 261.5 平方米机修车间工程竣工，固定资产原值增为 37.87 万元。

1966 年 12 月，公私合营青岛轴线厂定名为国营青岛制线厂。1970 年 12 月迁址埕口路 4 号。1980 年投资 60 余万元，添置高温高压染色机和自制宝塔机等设备，更新漂染车间往复染色与高温高压染色两条生产线，使漂染车间结束手工染色操作历史，实现机械化和半机械化

---

① 青岛纺织企业简志汇编[M].青岛:青岛市纺织工业总公司编印,1989:140-142.

② 青岛纺织企业简志汇编[M].青岛:青岛市纺织工业总公司编印,1989:144-146.

生产。1985年3月,作为青岛市第二批试点单位,企业实行厂长负责制,当年各项经济指标大幅提高,获省、市优秀质量管理成果奖和全市"企业整顿先进单位"称号。

1985年,厂址位于台东区埕口路4号,系全民所有制企业,隶属市纺织工业总公司,是山东省规模最大、设备技术工艺先进的工业与民用的线类产品专业生产厂家,为全国制线行业重点厂家之一。工厂占地总面积12922.94平方米,建筑总面积14408.14平方米。其中,厂区占地面积6325.8平方米,建筑面积9093.33平方米,生产用地面积6793平方米;洪山坡仓库占地面积3896.1平方米,建筑面积586.35平方米;三处职工宿舍占地面积2701.04平方米,建筑面积4728.46平方米。[①]

第二节 人员设备

青岛复制业发展初期,从业人员少,以男性居多;生产设备机械化程度很低,除少数工厂使用电力驱动外,大多数系木架结构,人力驱动。50年代,复织业从业人员增加。六七十年代,各复织业企业相继进行设备更新改造,除添置国产定型设备外,还自行设计制造及引进部分国外先进设备。70年代末开始,从业人员数增长出现高峰,其中技术人员、女性职工所占比例大幅增加。80年代初期,青岛复制业开始大规模设备引进,填平补齐设备、机种,使各种设备达到系列化。

劳动用工

青岛复制业生产初期工人很少,1923年花边业仅10人,1925年增至80人;1929年制线业17人;1932年毛巾业10人,至1934年增至20人;1935年线毯业12人。1936年复制业工人总数近200人。每年旺季加雇临时工100多

人,工人中以男性居多,兼有少量女工、童工。1938年后,花边、毛巾业衰落,工人减少,制线业稍有发展,至1943年增至100人。1943年后复制业衰落,工人总数不过160人,至40年代末仅剩100人。

50年代,青岛复制业职工增加很快,1956年共有职工582人(其中花边19人、制线172人、毛巾272人、线毯119人),新建国营床单、棉毯厂各有100人,1958年职工进一步增多。1962年经济困难时期,复制业职工精简20%。1965年后又逐年增加,至1978年末职工总数达3700人,占青岛纺织工业职工总数的7%。新职工多来自历届初中、高中毕业生,企业中管理人员、工程技术人员队伍日臻成熟,工人中技工比例增大。1979年,全市国营复制企业职工总数为3742人,其中女职工2400人,占64%。生产工人及学徒工3092人,占82.63%,工程技术人员47人,占1.26%,管理人员270人,占7.21%,服务人员及其他人员333人,占8.9%。

70年代末开始,各企业均重视人才培养和智力投资,普遍开展业余文化教育,除接受国家分配的大中专毕业生外,还选送青年职工进各类成人高校深造,培养各类专业人才。同时组织短期技术培训、青工政治轮训,职工的政治文化素质有明显提高。

复织设备

1922年,协成花边厂安装日本造锭编机100台,1925年增至500台,其中有少量上海制造。1931年安装上海造铁木结构织带机5台,形成青岛花边织带设备基础。1929年,建业制线厂与中大工厂共有人力缠轴机4台,至1935年始有刷蜡机。1932年、1934年,民生、涌顺祥两家毛巾厂先后成立,共有手拉梭毛巾织机10台,只能生产素白面巾。1935年,长春染织厂安装人力木架提花布机4台以织造线毯。1939—1945

---

① 青岛纺织企业简志汇编[M].青岛:青岛市纺织工业总公司编印,1989:154-157.

年，10余家制线厂中有的使用电力驱动，机种也增加并纱、捻线、合股等多种，并附有鞋带机。1946年，青岛6家毛巾厂开始使用铁轮毛巾织机，但仍以人力驱动为主，织机总量不过30台。至1947年，长春、德昌、裕民3厂共有提花布机12台、平布机8台。同期，青岛复制业均设简易染坊，全以锅煮缸染盆罐调色，日光晾晒，仅协成有一小型锅炉供气。

50年代，青岛复制业厂家增多，同时新设床单、棉毯两业，设备数量增加。1952年，全市拥有锭编机500台、织带机5台、毛巾织机110台、线毯织机18台、床单织机6台、棉毯织机1台、制线设备40台、鞋带机100台，其时人力驱动仍占多数。1956年，协成花边厂购置苏州、上海产的织带机、提花织带机、爱丽纱机，并逐步添置上海、徐州产锭编机，以取代部分日本锭编机。同年，青岛毛巾织造业淘汰全部人力毛巾织机，换装成电力织机56台。至是年，全市国营、合营、集体新老企业设备总数共900台。

自1957年始，青岛轴线厂陆续增添宝塔成型机、纸芯线团机、棱卷机、绞纱机、蜡光机等10余种。1958年，毛巾织造业将全部42寸毛巾机改为84寸浴巾织机，床单、线毯设备实施大规模更新改造，实业棉织厂将38台木架床单机改为电力宽幅织布机。次年，台布厂将50台人力木架织布机改为津田式织布机。1963年，毛巾织造业淘汰全部改装织布机，换成1515型自动提花织布机，并配以国产定型准备机台；花边制线业也均安装往复染色机、脱水机等，实现半机械化。1966年，毛巾织造业更新安装国产1511B毛巾织机80台，同时配以定型的络筒、卷纬、整经设备和提花龙头、多梭箱装置。1975年，毛巾织造业引进日本单刀剪毛机、磨

刀机和纹板串连机。青岛毛巾厂研制出织巾机打纬机构，被外地厂家称为青岛打纬机构，选为上海巾被学校教材；并研制出经轴运输线，解决之前经轴上下机均采取人抬肩抗操作难关，被全国毛巾业采用。协成花边厂引进联邦德国的提花织带机，1978年自制无梭织带机等。70年代末建厂的青岛第二毛巾厂，初期大部分新安装织机因缺提花装置不能开机，为此发明踏踪盘代替多臂机织出隐条长花呢。

1980年11月，青岛花边厂引进联邦德国（日本子公司）提花经编机5台、整经机1台、上经轴机2台，及刺绣花边机5台、辅机7台[①]；1981年增置上海造锭编机250台，使设备总台数达到1185台。第二毛巾厂更换1515型毛巾织机14台，增加宽幅毛巾织机8台。制线厂分期增置初捻、复捻、并纱等机台和松式筒子机、新式宝塔机等10余种40余台；同时安装升降往复染色机、高温高压染色机和喷射染色机，形成三条不同工艺染色流水线，并配以新式烘干机、精炼罐。床单厂安装平网印花机和卷染机、漂印染设备，实现全部机械化。1985年1月，青岛机绣花边厂引进联邦德国提花经编机6台、整经机3台、电脑打孔机1台，并从丹麦引进经编机配套设备染色机1台。2月，青岛床单厂与联邦德国厂商签订引进先玛滚网印花机合同[②]。

第三节 生产经营

青岛复制业产品大体分为毛巾（起圈织物）、装饰布和边、带、线等三大类。1914年，青岛元善利漂染制线厂生产的漂染色线，为最早的青岛制线产品。30年代初，青岛复织产品总体较单一、产量低，唯有花边、带产品曾风靡一时，但抗日战争时期花边市场走入萧条。

---

① 曾繁铭,金洵昌.青岛纺织大事记1900-1988(征求意见稿)[M].青岛:内部编印,1989:77.

② 曾繁铭,金洵昌.青岛纺织大事记1900-1988(征求意见稿)[M].青岛:内部编印,1989:92-93.

40年代后期毛巾品种增多，制线产品一度垄断市场。此前，青岛复制企业均为自产自销。

50年代初，复制业产品毛巾类、线毯、台布品种、产量有较大增加，但床单产品单一。仍坚持自产自销，后实行加工订货、统购包销、定购定销等政策，经济效益基本上呈逐步增长态势。50年代中期，大部分产品由纺织品站按计划收购，并开始出口。从60年代起，毛巾产品在国际市场上享有较高声誉。"文化大革命"初期，复织产品出口一度中断，70年代起，青岛毛巾总产量大幅增加，制线业原材料更新换代。

70年代末，计划收购政策逐步取消，自销范围相应扩大。80年代，复织产品花色品种日益繁多，达100多个品种，复制业效益增长不规则。制线业从民用线转向工业用线，提花毛巾被发展成为龙头的系列产品，边、带产品成为服装、家纺制造业的高档装饰品和必要辅料，复织产品在国际市场上销售范围逐步扩大。

毛巾

青岛产毛巾类复织品主要包括面巾、浴巾、枕巾、毛巾被、毛巾布及其制成品等。30年代初，毛巾产品比较单一，主要生产面巾，有素白和印花两种。1945年后毛巾品种增多，曾生产"明星"牌414毛巾、"双喜"牌小方格毛巾、313彩条毛巾等，并开始生产少量毛巾被。

50年代初，本市毛巾品种形成面巾、浴巾、枕巾、毛巾被、毛巾布5类。1951年产毛巾213.98万条，1956年产毛巾203.26万条、浴巾600条、毛巾被5900条、浴衣500件。从60年代起，青岛毛巾厂生产的毛巾被、浴巾等，畅销苏联、美国、日本、东欧等国家和地区，在国际市场享有较高声誉。1971年，全市毛巾总产量达到1186.55万条、毛巾被6.30万条，1978年全市毛巾总产量达到1520.36万条、毛巾被总产量为16.47万条。

80年代，青岛毛巾业适应市场多变需求，不断推陈出新，花色品种日益繁多。青岛毛巾厂形成以提花毛巾被为龙头的系列产品，计200多个品种；第三毛巾厂则形成出口毛巾服装面料的专供厂。

装饰布

青岛产装饰布类复织品主要包括台布、床单、被罩、沙发布、窗帘等产品。早期台布主要是提花线毯，花色鲜艳，图案清晰，四周配有穗头，美观大方，经久耐用。1935—1942年间，本市台布产品单一，年产量不足1万条。至1947年，全市共有3家台布生产厂，年产量增至4万条，品种也相应增多，有少量童、花绒毯和衬绒等上市。

1949年下半年，线毯产量达4.8万条。1956年全行业实行公私合营后，台布产量、品种明显增加。1966年产品主要有提花线毯、沙发布、童毯、大绒毯、头巾等，当年产线毯量近15万条、沙发布10余万米。1976年，青岛台布厂先后生产10多个品种。1978年线毯年产量达39.48万条、沙发布5.28万米、提花衬布42.5万米（1979年提花衬布停产）。1987年，台布品种达25个。同年，提花线毯产量达65.67万条，提花台布14.9万条，童毯16.3万条。

床单产品主要是印花床单。1957年前产品单一，只有印花床单一种，年产量4.84万条。1958年后品种增多，有本光、彩条、彩格等多种花色床单，当年床单产量8.57万条，1970年增至46.34万条。1984年，床单品种达30余种，年床单产量达114万条，其中印花床单年产量增至56.1万条，彩格床罩为34.9万条。青岛装饰布厂"鸳鸯"牌三色提花线毯1980、1984年分别被评为省、部名优产品。1985年，青岛床单厂为北京四星级宾馆昆仑饭店生产少量特宽（300厘米×300厘米）小提花床罩、台布和印花被罩。1987年，床单产量达202.71万条，其中印花床单86.4万条，丝光床单24.7万条。

边、带、线

青岛产边、带、线类复织品主要包括花边、

线带和轴线等产品。1914 年，元善利漂染制线厂生产漂染色线，为青岛早期的制线产品。20年代，青岛花边产品始于协成花边厂生产的"五丈绳"（也称辫子绳），为妇女扎头发用。至1925 年，花边带类产品有蜈蚣绳、鱼鳞辫、金银丝辫以及松紧带、松紧绳等 10 多个品种。1929 年后，建业、大中、福隆等厂先后开始生产线球、木纱团、蜡光轴线和鞋带。30 年代，福隆工厂月产轴线 6000 打、鞋带 500 罗。1932年，协成花边厂又增加云锦、水浪、领条、帽牙、竹节鞭、龙须、百代丽等 10 余种锭编织品和压扣花边、凤尾花边、大花边、袜带等梭织产品。1935 年，花边、带产品发展到 20 多个，其中压扣花边、鱼鳞辫等产品曾风靡一时。1937 年后花边市场萧条，花边生产无几。40 年代初仍以木纱团、蜡光轴线和鞋带为主要产品。1942 年，福聚兴生产的"月星"牌、"三星"牌木纱团享有盛名；润德工厂生产的花线、衣线及 42/3 股线也非常畅销。1945 年，东泰盛厂产品曾一度垄断市场。

50 年代初，青岛 9 家制线厂仍以轴线、合股线、鞋带为主要产品；花边、线带市场复苏，松紧带、松紧绳、白纱带、花线绳 4 种产品首先由协成花边厂恢复生产。1953 年协成推出 19头裙边，曾压倒苏州产 13 头裙边。1956 年又推出"爱丽纱"，为广大妇女所钟爱。同年，青岛轴线厂开始生产丝光轴线及蜡筒线、宝塔线，年产量为 11.64 吨。60 年代初，相继推出游泳带和提花服装，为外贸和服装制造业提供货源，摆脱长期依赖上海的局面。1970 年，以锦纶为原料生产木纱团、蜡筒线、宝塔线、纸芯线和绣花线。

70 年代末，随着改革开放的逐步深入，及人们审美情趣的改变，陆续推出双面水浪、金线发绳、金丝发带、提花金龙花边、蝉翼花边、

珍珠辫花边、锦棉水浪等 13 个新品种。各种型号全棉松紧带和游泳带则长盛不衰，为服装制造业必要辅料。1978 年开始，协成花边厂为解放军总后勤部制作海军帽飘带，是青岛边带产品中唯一的军工产品。1979 年开始以涤纶为原料，使制线产品更新换代。

1981 年增加粘胶、维纶等原料制线，品种逐渐增多，并由民用线转向工业用线。1982 年，青岛制线厂"三环"牌精梳 16.5×2 绣花线获纺织部良好产品。[1]1984 年，维纶牵切骨架线试制成功。1985 年，各类传统装饰花边均被新兴网扣形花边取代，成为服装及家纺用品的高档装饰品。

内销

40 年代之前，青岛复制企业均为自产自销。1925—1932 年，青岛 6 家花边厂在竞争中有 5家倒闭，只有协成花边厂得以雄居江北。青岛协成花边厂以优惠销售（赊销、降价销售，先赔后赚等策略手段）争夺客户，在产品上不断推陈出新，以质取胜，赢得市场。

解放初，青岛复制企业仍坚持自产自销，各厂家多向百货公司、土产公司或私营商户直接批发，有的还签有长期供货合同。1953 年后，国家对私营业户实行加工订货、统购包销、定购定销等政策，为企业提供原料和销路。1956年，复制生产纳入国家计划，除少量小商品自销外，大部分产品均按主管局下达的指标组织生产，产品由纺织品站按计划收购。1964 年后，花边线带产品自销范围扩大，并直接对外贸、针织、服装行业承揽加工订货，纺织品站与生产厂家签订合同收购。

70 年代末，计划收购量逐步减少。1982 年开始，边、带产品全部自产自销。由于新的销售渠道未能及时建立，产品一度滞销，致使企业经济效益下降。青岛制线厂 1981 年销售收入

---

① 曾繁铭,金洵昌.青岛纺织大事记 1900-1988(征求意见稿)[M].青岛:内部编印,1989:84.

为 1573.3 万元，1983 年降至 1113.9 万元。青岛各复制企业自 1983 年起，强化销售机制，设立经销机构，利用广告等手段提高产品知名度，以展销会、订货会、走访用户等形式吸引顾客。1985 年 4 月 14 日，青岛毛巾厂出产的提花毛巾被、毛巾床罩、毛巾毯在北京东风市场初次展销，产品供不应求，开创内销新局面。[①]

外销

青岛复制业产品早在 50 年代中期就开始出口。1956 年，青岛制线厂接受国家出口订货，出口纯棉丝光线团，年出口 18.60 万打。1958 年 4 月，青岛毛巾厂对苏联出口浴巾，为青岛最早出口的毛巾产品。1961 年，青岛毛巾厂浴巾产品打入香港市场。1962 年出口"三环"牌线团 10.92 万打，1965 年出口量达 41.55 万打。"文化大革命"初期出口一度中断，1970 年恢复出口。1970—1973 年，每年出口纸芯线团 30 万打、宝塔线 0.3 万～2 万打。1974 年出口量下降，1976 年仅出口纸芯线 9 万打、宝塔线 0.68 万打，1977 年只出口宝塔线 2.3 万打，1978 年停止出口。1978 年青岛毛巾厂浴巾出口日本，次年出口美国。

80 年代，青岛产床单制品先后销往日本、法国、澳大利亚、美国、加拿大等国家和地区，产品有方格床单、漂白床单和拉绒坯布。

效益

早期花边业由于工资低、费用少、销路好，1925—1935 年利润约在 50 % 以上，其中压扣花边每把售价 2.40 元、成本仅 1.00 元。三四十年代，青岛面巾价格每条在 0.35 元左右，利润率近 30 %。1936 年，青岛毛巾业总产值 3.5 万元，利润为 1 万余元。线毯属粗纺织物，成本

大，利润低，一般不足 20 %。1937 年，青岛线毯总产值 5 万余元，利润近万元。1945 年日本投降后，青岛毛巾业一度复苏，年总产值一般在 11 万元左右，利润 3 万余元，利润率仍维持在 30 % 左右。

50 年代，复制业在国家"公私兼顾，劳资两利"方针指导下，加之统购包销、加工订货等政策的实施，经济效益基本上呈逐步增长态势。1959 年，青岛毛巾厂、台布厂、轴线厂、协成花边厂 4 家年产值达 640 万元，利润达 75 万元。1960 年，除花边厂利润上升较大外，其余各企业均下降，1961 年最低，1963 年开始回升。"文化大革命"开始后，复制业产值、利润逐年下降，1974 年降到历史最低点。

70 年代后期至 80 年代，由于原料涨价，市场竞争激烈，青岛复制业呈不规则增长态势。

第六章 丝 织

缫丝业是中国古老的手工业。鸦片战争时期，西方缫丝业向工厂化迈进，中国转向西方引进设备技术，缫丝业成为近代中国最主要的工业之一，织绸业则依然保持个体手工业的农家生产或机户生产状态。[②]20 世纪初，丝织业近代工厂开始在青岛出现[③]，成为青岛近代丝织工业与棉纺织工业的发展源头。但与棉纺织业不同，由于作为日常被服用品的丝织品，原料生产周期长、成本高，消费能力所限，加之动力机械纺织的棉布逐步占领市场，丝织业被棉纺织业发展超越。缫丝业在第一次世界大战后生产走入衰落，发展地位难及棉纺织业[④]，直到青

---

① 曾繁铭,金洵昌.青岛纺织大事记 1900-1988(征求意见稿)[M].青岛:内部编印,1989:93.

② 徐新吾,沈剑华,汤肯堂.中国近代缫丝工业的有限发展与全面破产[J].上海社会科学院学术季刊,1986(1):76-77;徐新吾.关于鸦片战争前中国民营丝织手工工场并未存在的考证[J].学术月刊,1983(9):62-67.

③ 徐新吾,韦特孚.中日两国缫丝手工业资本主义萌芽比较研究[J].历史研究,1983(6):135-147.

④ 张靓.第一次世界大战与中国棉纺织工业的发展[D].东北师范大学.2004:44-45.

岛解放后才得以恢复。

50 年代，青岛丝织企业收归国有，步入快速发展阶段，产销均被纳入国家计划调拨。厂房建设向现代化、标准式发展，设备逐步实现机械化、电子化配套的生产流水线。其间，相继研发电力纺丝绸、印花丝绸、化纤和交织绸产品。至 80 年代，在增建现代丝织企业，扩大生产能力规模的基础上，产品研发设计增速，同时拓展销售渠道，产值利税持续上升，达到历史最高峰。青岛成为山东省丝绸出口重要生产地区，国家丝绸出口基地之一。

第一节 丝织企业

1902 年，德国商人在沧口设立德华缫丝厂；1905 年，华商创办沧口缫丝局。这是青岛近代丝绸工业之始。1917 年，铃木丝厂设立。1923 年 4 月，日商钟渊纱厂附设缫丝房建成并设立一处蚕丝研究所。日本第二次侵占青岛后，除上述日商在青岛设厂外，还有 5 家经营绢、绫的小型日商厂和 16 家经营人绢丝织的小型华商厂，但规模较小，没有形成集约生产。1946 年 6 月，中国蚕丝公司由上海派 11 名接收人员到青岛接收日商绢纺工厂，改名为青岛第三实验绸厂，于 9 月恢复生产。1948 年 10 月工厂停工，厂方解雇工人和职员，厂内大多设备也遭到破坏。

青岛解放后，第三实验绸厂收归国有，先后更名为山东丝织厂、山东第一丝织厂，1953 年定名为国营青岛丝织厂。1976 年 12 月，青岛第二丝织厂在台东区西吴家村 608 号建立，工厂为三层钢筋混凝土结构，辅助设施和通风、温、湿设备齐全，建筑面积达 20813 平方米，

其中生产用房面积 17779 平方米。

1980 年，青岛丝线厂在手工业合作社基础上建成，厂址位于台东区台东八路 62 号，占地面积 2401 平方米，其中生产用房面积 1814 平方米。

德华缫丝厂

1901 年，德华蚕丝工业公司在德国首都柏林成立。1902 年末，公司 16 名绅商和绢物商在沧口开辟荒地 350 余亩，设立大型蒸汽缫丝工厂，取名德华缫丝厂（图 5-22）。最初使用胶东柞蚕试验失败，后采用辽东出产的野生蚕茧缫制始获成功。1907 年，德华缫丝厂生产出粗细均匀、质地光滑、容易染色的新品种，其柞蚕丝、黄丝、白丝产品全部销往欧洲市场，销售价格比烟台地区出产的最佳蚕丝高出 40%。[1]由于招收培训当地农民和渔民需要大量时间和投入，造成耗料较大、工效较低，导致经营亏本。1908 年，德华蚕丝工业公司与青岛公司经理之间发生意见分歧，工厂在获利有望时刻宣告停业，声明卖厂[2]，公司停业，时有员工 1200 人。1910 年，曾有 6 名青岛和烟台的华商打算接办后重新经营，因瘟疫流行而告终。[3]

1913 年 8 月，德华缫丝厂作价 30 万元，售于周学熙开办的华新实业公司，改建为棉纺织厂。

铃木丝厂

1917 年 3 月，上海日华蚕丝株式会社投资 60 万元在奉天路（辽宁路）80 号设立分厂，名为铃木丝厂，又名青岛丝厂，专门从事缫丝加工业，资本来源于日本大财团片苍组合。建厂初期有工人 300 余人，缫丝机 200 余台、动力锅炉 6 台、发电机 6 台，当年制丝 150 担（750公斤），产品销往欧、美，多数销往美国。1919 年 6 月东亚蚕丝组合成立后，铃木丝厂转由东

① 曾繁铭,金洵昌.青岛纺织大事记 1900-1988(征求意见稿)[M].青岛:内部编印,1989:1-2.

② 曾繁铭,金洵昌.青岛纺织大事记 1900-1988(征求意见稿)[M].青岛:内部编印,1989:2.

③ 青岛通鉴[M].北京:中国文史出版社,2010:115-116.

图 5-22　建于 1902 年的德华缫丝厂

亚蚕丝组合经营。1920 年东亚蚕丝组合解散，招股将其扩大为日华蚕丝株式会社，1923 年在张店设立代办处"出张所"，建立铃木丝厂张店分厂，专营缫丝。之后，由于受经济危机影响，产品滞销，生产轻营日趋衰落。

1935 年 5 月，为追求利润，将铃木丝厂缫丝设备转移至周村、张店两地，再购进印染设备，由缫丝业改为印染业，更名为瑞丰染厂。[①]

日华兴业株式会社纺织工厂

1945 年 8 月，日华兴业株式会社纺织工厂停工待命。10 月 4 日，国民政府青岛市党政接收委员会工作组接管日商绢纺工场（原铃木丝厂）。1946 年 6 月，中国蚕丝公司由上海派 11 名接收人员到青岛接收绢纺工场，8 月改名为中国丝绸总公司青岛第三实验绸厂，由总公司从上海派员担任厂长，负责战后恢复工作。由于日军

投降撤离时破坏，加之长时间停工导致机器锈蚀和机件破损严重，至 9 月复工时，能够修复使用的织机仅 50 余台，全厂员工也仅剩 84 人。1948 年 10 月工厂停工，厂方解雇工人和职员。

解放后，青岛第三实验绸厂收归国有，对设备和厂房逐步进行改造和更新，于 1950 年 3 月恢复生产。初由省人民政府生产部接管，后移交省工业厅、青岛纺织管理局，先后更名为山东丝织总厂、山东第一丝织厂，1953 年更名为国营青岛丝织厂。1966 年，青岛丝织厂投资新建印染车间，为二层楼房建筑，上层为印花台板车间，下层为漂染、整装车间，建筑面积达 6278 平方米，填补了山东省丝绸印染生产一项空白。1969 年翻建准备车间，面积 2479 平方米；1971 年翻建织绸车间，面积 2848 平方米，均为钢筋混凝土结构的锯齿形厂房。1975 年新

---

① 青岛纺织企业简志汇编[M].青岛:青岛市纺织工业总公司编印,1989:45.

建漂炼车间面积 1178 平方米，此后又陆续新建几处厂房设施。

1980 年，国营青岛丝织厂定名为青岛丝织厂。1985 年，工厂位于市北区辽宁路 80 号，建筑面积 42937 平方米，其中生产用房面积 17781 平方米；拥有固定资产 1583 万元，专用染织机械 430 台，职工达 2000 余人，当年工业总产值达 5000 多万元，成为本市纺织业著名企业。

第二节 人员设备

德华缫丝厂建立之初，使用蒸汽动力纺丝和拾捻机器及生产厂房进行缫丝[①]，为青岛最早的近代机械缫丝工厂。至七七事变前，丝织业设备有缫丝机、缫丝车、煮茧锅、动力锅、发电机等，丝织业从业人员千余人。至 40 年代末，因破产停产，从业人员降为百余人。

50 年代，人民政府接收丝织企业并恢复生产。此后，对企业多次实施设施扩建、动力增容、设备更新，同时加强工人技术培训。70 年代后期，青岛丝织业全部实现机械化，并广泛采用电子设备。至 80 年代，全部实现设备配套的生产流水线，生产用工达到历史最高峰。

劳动用工

德华缫丝厂创办初期，缫丝工人均为当地招录，由柏林总公司派技术人员负责培训。1902—1907 年，先后有 1700 人通过培训进入生产岗位，其中工人数最多时为 1906 年的 1200 人。随着工人劳动技能的提高和工艺改进，缫丝成本比建厂之初降低 25 %。1917 年日商铃木丝厂建厂后，使用蒸汽机器制丝，初期雇佣工人 400 人，1936 年达 1260 人；工厂实行一班制，工作 12 小时，日商聘用 9 名日籍技术人员指导工人生产，加强技术等项管理。1946 年 9

月，青岛第三实验绸厂开工时有工人 135 人，1947 年达 245 人；工厂实行一班或二班工作制，到 1948 年底工厂停产时，人数仅有 108 人。

青岛解放后，企业生产、管理逐渐步入正轨，职工人数不断增加，1950 年全市丝绸业职工 403 人。50 年代起，企业举办各类政治、文化夜校，并选派优秀职工到纺织专业学校学习和培训，提高职工文化技术素质和管理水平。第一个五年计划期间，企业开工从一班生产到二班生产。1958 年工厂扩台扩锭，实行三班生产，车速提高 8 %～13 %。1960 年和 1970 年，全市丝绸业有职工分别增加到 1500 余人和 1550 人。1977 年，第二丝织厂开工，丝绸企业普遍采用三班 8 小时工作制，每人看 3～4 台机，劳动生产率大幅提高。1980 年，全市丝绸业有职工达到 2990 人。1981 年，青岛丝织厂率先实行"四班三运转"，使劳动生产更为科学。

至 1988 年，全市丝绸企业职工总数达 3550 人，其中女职工占 67.8 %；职工队伍素质也不断提高，科技人员由 1950 年的 0.02 % 增至 1988 年的 9.5 %。

生产设备

1902 年，德华缫丝厂利用蒸汽机器制造蚕丝、黄白丝，因销售效益好，1906 年大规模添置新式机器，扩大生产规模。[②]铃木丝厂初建时有日本缫丝机 330 台、煮茧锅 745 口、动力锅炉 6 台、发电机 6 台，1923 年缫丝车达到 1000 部，张店分厂缫丝车达 600 部，日产量也由 150 担上升到 1500 担。1923 年，钟渊纱厂有缫丝车 200 部。1941 年开工的日商纺织工厂有铁木织机 200 台。1945 年，第三实验绸厂有日本铁木织机 196 台，其中津田型 112 台、伊藤型 84 台，其他附属设备和电机设备 100 余台，设备大多陈旧不堪。

① 青岛开埠十七年——《胶澳发展备忘录》全译[M].北京:中国档案出版社,2007;341.
② 光绪三十三年胶州华洋贸易论略[A].中国旧海关史料(1859-1948)第 44 册[C].北京:京华出版社,2002;421.

新中国成立后，青岛丝织厂接收第三实验绸厂设备，于1950年3月恢复生产，196台织机仅开动120台；生产设备动力为高压3300伏、低压220伏，全厂装机容量70千伏安，全部设备为天轴集体传动。50年代，青岛丝织厂对动力设施多次扩建、增容，设备动力由集体天轴传动改为单机单独传动。1958年，增加国家定型设备K251自动换梭全铁丝织机60台。1964—1977年将日式铁木织机全部改造成全铁K251丝织机，同时增加K251型宽幅丝织机60台，准备工序有整经、摇纬、捻丝、并丝、上浆、筑子等配套设备108台，丝织机总台数达250台。1971年扩建配电室，装机容量由1949年的70千伏安达到800千伏安。

70年代，各丝织厂广泛采用电子技术，青岛丝织厂、青岛第二丝织厂安装电子护经、光电探纬织机110台。1982年，青岛第二丝织厂拥有K251型丝织机220台、配套准备工序设备114台。青岛丝线厂先后引进GB001型络丝机和GB121型并丝机及5台2411型绞动喷射染色机，达到全部机械染色，共计各种设备50余台。

至1985年，青岛丝绸各企业装机容量达到1300千伏安，拥有丝织机470台。

第三节　生产经营

青岛丝织业发展初期，主要生产柞蚕丝、黄白丝、厂丝等产品，产品主要出口销往欧美。40年代，机械纺丝绸产品发展到二三十个品种，产品出售至绸缎庄、染坊及外地批发商。

50年代，丝织业产销初步纳入国家计划，青岛主要调拨供应西北地区和安徽、河南，青岛丝织厂的电力纺被国家定为单一出口厂家。60年代，电力纺丝绸产品增加较快，并设计生产出装饰用绸。70年代，随着设备更新和工艺提高，印花丝绸品种发展迅速，同时增加化纤、交织产品。

80年代，在丰富生活用品类产品的同时，研发投产旅游用品类产品。采取计划为主、市场调节为辅的多渠道销售方式，年出口量占山东省出口总量的30%以上，为国家丝绸出口基地城市之一。

产品产量

德华缫丝厂、铃木丝厂生产原材料大量购自从东北及内地[1]，产品均为柞蚕丝、黄白丝、厂丝等丝类产品，德华缫丝厂所用粗细均匀、质地光滑、容易染色的野生蚕丝，成为丝织和印染工厂的独特原料。[2]由于经营得当、质量好，产能销量增长迅速，1904年一度出现原料收购不足现象，1907年共出口茧绸280担。[3]铃木丝厂建厂当年制丝150担（750公斤），产品销往欧、美，多数销出美国。40年代前期，日商纺织工厂产品有柞丝绸、真丝绸、人绢绸、交织绸等二三十个品种。

50年代，青岛丝织厂主要生产柞茧绸，产量不高；青岛丝线厂主要产品是捻棉线。60年代初，主要是电力纺6315、6717、6374和柞绢纺423、6603、1016等品种；同时由漂炼柞绢绸为主转为桑蚕丝绸为主，新产品有桑丝纺类466产品、斜纹绸及双宫绸等。其间，完成北京人民大会堂、济南南郊宾馆、青岛宾馆和四方机厂所需装饰用绸9个品种10多个花色的设计和生产任务。1963年，以466为代表的电力纺、6317为代表的柞丝绸、6580为代表的柞绢纺销

① 光绪三十三年胶州华洋贸易论略[A].中国旧海关史料(1859-1948)第38册[C].北京:京华出版社,2002:148.
② 帝国主义与胶海关:胶海关十年报告(一九〇二至一九一一年报告)[M].北京:档案出版社,1986:129;江林泽.近代青岛工业发展史论(1891-1937)[J].东方论坛,2017(1):86-92.
③ 光绪三十三年胶州华洋贸易论略[A].中国旧海关史料(1859-1948)第40册[C].北京:京华出版社,2002:173+233.

路尤畅，其中 466 真丝生纺被誉为国际名牌，行销欧洲及波斯湾等国。60 年代末至 70 年代，随着青岛丝织厂增添印染设备、丝织机改造及青岛第二丝织厂的开工建设，丝绸印花工艺进一步提高，花样由直印到套印、纺印、吊印、渗透印、金粉印等。在 1971 年广州中国进出口商品交易会上，青岛丝织厂展出的 41 个真丝花色品种，被客户选中 30 个。青岛丝织厂主要品种有 466 电力纺、497 改进纺、6317 柞丝绸、516 人丝有光纺、513 人丝素软缎等。1974 年陆续增加真丝印花绸、真丝斜纹绸、真丝缎、真丝缎条纺、线绨被面和部分化纤产品、交织产品。1978 年，青岛丝织厂研制生产 10 多万米日本和服涂料印花，在印花工艺、品种、花色等方面有很大发展。

80 年代，青岛丝绸品种不断增加，主要有青岛丝织厂生产的"塔松"牌 466 真丝生纺、513 色人丝软缎、12576 印花双绉、911 毛葛、11563 真丝缎条纺、A0054 交织绸、905 交织绸、19005 斜纹绸，其中"塔松"牌 466 真丝生纺 1984 年获国家银质奖。青岛第二丝织厂主要生产 12158 双绉、12131 双绉、85053 双绉、80940"海花"牌线绨被面、85002 素绉缎、85042 泡花绉，还有真丝手绘手帕、方巾、长巾、丝绸画品等旅游产品。青岛丝线厂为生产丝线产品专业厂家，主要产品有捻丝线、纬丝线及和服腰带绳，后又增加真丝缝纫线、服装、皮革丝线等品种。

内销

40 年代之前，青岛大多丝厂、绸厂和织户将产品直接出售给绸缎庄、染坊及外地批发商，或者自己零售，靠市场需求自行调节。

50 年代初，由于需求量小，丝绸商品出现积压。1952 年，政府对国营工厂采取订货办法，丝织业产销初步纳入国家计划，青岛丝绸产品主要由青岛市花纱布公司销售。1954 年后，市场供应趋于旺销，根据中国丝绸公司下达的调拨计划，青岛主要供应西北地区和安徽、河南。1963 年国家对内销丝绸、人造棉布计划供货渠道进行调整，山东省内市场销售由国家商业部门统一安排，青岛丝绸内销业务由青岛市纺织品批发部统营。

1981 年，青岛丝绸批发部（后改称批发站）成立后，各厂家生产的丝绸产品均由批发站收购后，在省内按"计划为主，市场调节为辅"的原则进行调拨批发。随着经济体制改革，丝绸产品销售由单一渠道、独家经营变为多渠道、少环节，且以提高经济效益为主的多家经营。除青岛丝绸批发站外，其他纺织品销售单位、丝绸企业和个体户也开始经营丝绸。

青岛内销丝织产品主要有青岛丝织厂的真丝、人丝、交织、合纤类织物和印花绸，青岛第二丝织厂的各种丝绸被面、里子绸、手绘旅游产品，青岛丝线厂的各类丝线等；除供应本省外，还大量销往北京、山西、内蒙古、陕西、新疆、安徽和湖北等地。

外销

德华缫丝厂生产的柞蚕丝、黄白生丝、黄白厂丝等销往欧洲大陆市场。1909 年青岛口岸十大类出口商品中，柞丝绸和丝分居出口额第二位和第三位，丝绸商品出口共 522.45 海关两，占当年出口总额的 20%。铃木丝厂生产的柞蚕丝、黄白生丝、黄白厂丝销往欧洲和美国，年出口量达 10 吨；最高年份是 1930 年，成交黄白厂丝 65.33 吨，价值 5929 万元。

新中国成立后，国家对丝绸出口极为重视。50 年代中期，外贸部门与生产厂家建立加工关系，由外贸部门提供丝绸的品种及规格样品，厂家生产后交外贸部门出口，主要以柞丝绸产品为主。1958 年，青岛丝织厂生产的"塔松"牌 466 真丝生纺开始出口香港，并转口菲律宾，被国家定为 466 电力纺全国单一出口生产厂家，每年出口达四五十万米，成为青岛丝绸出口拳头产品。1962 年，青岛丝绸出口产品交货 5458

匹,1965年达6672.9匹,占当年山东省丝绸出口交货量的32.52%。60年代末至70年代,青岛为山东省唯一印染真丝绸出口基地,丝绸印染产品开始进入国际市场。联邦德国伊斯拜特,日本松尾,香港同德、时光、美伦等均为青岛印花绸的长期经销商。

80年代,青岛丝绸产品大量出口。青岛丝织厂"塔松"牌466真丝生纺畅销不衰,省优产品513素软缎年外销量达50多万码;青岛丝线厂的丝线、和服腰带等产品外销日本、泰国、印度等国家,成为山东省唯一生产真丝线产品的定点厂家,年人均创汇额为全省丝绸行业企业中最高。至80年代中期,青岛成为山东丝绸重点出口生产地区,全国14个丝绸出口基地城市之一,产品远销十几个国家和地区。

效益

青岛解放后,丝绸企业开展爱国增产节约运动,推广先进操作经验,提高职工劳动素质和生产积极性,经济效益不断提高。1959年2月,青岛针织二厂生产的真丝短统袜,出口东南亚地区。[①]60年代末,产品结构和出口品种有较大改观,生产和效益增长较快。70年代中期,利润和工业总产值分别比60年代中期增长2.31倍和3.16倍,全员劳动生产率也有大幅度提高。

80年代,青岛丝绸业通过企业整顿,逐步改革管理体制和经营方式,引进技术和先进设备,提高生产能力。1988年,全行业工业总产值达5993.9万元,实现利润379.5万元,全员劳动生产率达17485元/人。

第七章 麻纺织

解放前,青岛麻纺业主要有远东麻袋公司、北洋麻纺股份有限公司、乐农麻纺织厂3家小型厂家,50年代经公私合营合并为青岛麻纺厂。50年代中期迁址扩建,成为青岛唯一具有规模的麻纺织企业,主要生产麻线、麻布、麻袋。"一五"计划时期麻袋为国家部管物资,销售由纺织工业部统一管理,利税总额创历史最高水平。三年困难时期,因黄麻原料短缺,试织棉杆皮、野杂纤维布,生产跌入低谷。国民经济调整后生产恢复正常。"文化大革命"期间生产秩序混乱,产量徘徊不前,后由于原料进口停止造成产量锐减,生产再次跌入低谷。

70年代初,青岛麻纺厂自行研制配套设备,筹建化纤编织生产线,加之国家拨款扩建化纤生产车间,为企业全部更新国家定型设备,至70年代中期成为具有黄麻、化纤两条生产线的企业,研制成功国内第一条吨量级化纤集装袋,填补了国内包装空白。70年代后期压缩麻纺织生产,扩大化纤编织袋生产,进入快速发展时期。

80年代,青岛麻纺厂进行全面扩建,提升产能,产品获省优、部优称号,并被国家质量银质奖。通过自行销售,产品遍及全国各地,部分远销至国外,产值利税创历史最高水平。

第一节 青岛麻纺厂

1952年5月,远东麻袋公司、北洋麻纺股份有限公司、乐农麻纺织厂3家工厂由青岛实业公司接管合并组建地方国营青岛实业麻纺厂,厂址位于远东麻袋公司原址,有麻纺织机26台,年产麻袋97万条。1954年1月转属青岛染织公司,厂名不变。1954年4月30日,经市工业局决定,迁址市北区大港二路6号原实业烟厂旧址,并投资956909元进行修整扩建,新厂址总面积13393.39平方米,厂房为二层,砖木结构,建筑面积5549平方米。1954年11月12日开始搬迁,1955年2月1日迁毕并恢复生产。同

---

① 曾繁铭,金洵昌.青岛纺织大事记1900-1988(征求意见稿)[M].青岛:内部编印,1989:51.

年转属省工业厅，厂名改为山东省工业厅青岛麻纺厂，成为本市唯一规模生产的麻纺织企业，主要生产麻线、麻布、麻袋。1959年下半年，黄麻原料日渐缺断，遂试织棉杆皮、野杂纤维布。1961年因厂房起火，生产第一次跌入低谷。1962年投资4万余元改造火烧厂房，整修机械，1964年恢复生产。60年代后期，产量徘徊在300多万条、产值600万元左右。1971年，麻织机增加到55台、纱锭1362枚，年产麻袋331万条；下半年，由于巴基斯坦麻停止进口而造成麻荒，影响生产，使1972—1974年麻袋产量锐减，生产第二次跌入低谷。鉴于黄麻原料不足影响生产，为开拓化纤新产品，而筹建化纤编织生产线。1971年开始研究设计Φ15挤出机，1972年研制成功并安装投产，年底织出第一批化纤编织袋，此后又设计制造Φ65挤出机及配套后加工设备。1973年底，国家轻工部拨资金38万元扩建化纤车间。此间，黄麻各车间设备全部更新为国家定型机器，旧机全部淘汰。1974年研制成功国内第一条吨量级化纤集装袋，填补了国内包装空白，获轻工部优秀科技成果奖。1976年11月建成化纤大楼，建筑面积2784.19平方米，造价628927.12元。其间，1975年国产麻原料好转，黄麻生产开始恢复正常，年麻袋产量达310万条。1979年工业总产值比上年增长31%，创建厂来历史最高水平。至1980年初，先后安装纺丝设备和化纤织袋机，成为具有黄麻、化纤两条生产线的厂家。

1980年9月5日，山东省工业厅青岛麻纺厂定名为青岛麻纺厂，改由市纺织工业总工司管理。80年代，麻纺厂进入大发展时期。1980—1982年，投资1168268.59元扩建厂房、综合办公楼6583.43平方米。1983—1984年，先后建湖清路厂房和仓库共2023.5平方米，造价233392.24元。1984—1985年共建宿金

5773.70平方米，并修建幼儿园1所，解决职工后顾之忧和住房问题。1985年，将软麻、一道、二道梳麻迁至崂山县中韩镇租地。1983—1985年，工业总产值均在2000万元以上。

1985年，厂址位于市北区大港二路6号，系全民所有制企业，隶属市纺织工业总工司。全厂厂地分四处，即厂本部、国棉二厂后货场、湖清路库、中韩分场，合计占地面积70681.89平方米，其中生产用房建筑面积12986.55平方米、非生产用房建筑面积1556平方米。[①]

第二节 生产经营

地方国营青岛实业麻纺厂组建时，主要产品为麻袋。后迁址扩建，对生产工序与质量检验严格把关，产品质量良好，劳动用工多为随厂合并人员，总产值、利税总额创出历史最高水平。60年代，由于火灾及时局原因，对人员进行裁减或分流，生产陷于低谷。

70年代，国营青岛实业麻纺厂生产设备虽有所增加，但因原料不足影响生产，遂开拓化纤新产品，增添新设备，扩建化纤车间，同时增加劳动用工。70年代中期研制成功国内第一条吨量级化纤集装袋，填补了国内包装史上的空白，获轻工部优秀科技成果奖。1979年工业总产值比上年增长31%，创建厂来历史最高水平。

80年代，劳动用工实行合同制改革，生产设备大幅增加，产品销往国内外，产值、利税逐年增长，生产、生活、环境进入全面建设。

劳动用工

1952年，青岛麻纺织业只有实业麻纺织厂一家，有职工373人。1956年职工总数543人，1960年裁减228人（占42%），职工总数减少到315人。1971年恢复至694人，到1978年末增至1060人。

---

① 曾繁铭,金洵昌.青岛纺织大事记1900-1988(征求意见稿)[M].青岛:内部编印,1989:180-182.

从1985年开始，随着用工制度改革，企业合同制工人逐年增加，至1988年末，青岛麻纺织厂有职工1688人，其中工人1301人、工程技术人员16人、管理人员126人、服务人员137人、其他人员108人。

生产设备

解放前，三个麻纺厂设备参差不齐，远东麻纺厂由大连购进麻纺锭1038枚、麻织机41台，北洋厂则由天津购进麻纺锭256枚、麻织机6台，乐农厂基本是土法生产。

50年代初，3厂合并后一直使用原有设备。1971年，青岛麻纺织厂麻纺锭增至1362枚、麻织机55台。1973年淘汰全部旧机，更新为国家定型设备。1984年全厂麻纺锭增至1880枚、麻织机102台。化纤编织袋投产后，逐步压缩黄麻生产，到1988年底，麻纺锭减至1680枚，麻织机90台。

技术工艺

1955年，青岛纺管局与山东省合作社、青岛麻纺厂等单位组织棉杆皮试验小组，分别在平南、广饶两县进行棉杆洗剥皮试验。1958年8月，增兴染厂试制出野生纤维，并在青岛国棉一厂、六厂试制纺纱。各棉纺织厂广泛研究和利用野生纤维、动物纤维、海藻纤维试纺，1960年2月各厂利用野生纤维纺纱织布。[1]1971年开始研究设计直径15毫米挤出机，1972年研制成功并安装投产，年底织出第一批化纤编织袋。此后，又设计制造直径65毫米挤出机及配套后加工设备。应国家机械化集装运输需要，1974年研制成功国内第一条吨量级化纤集装袋，填补了国内包装空白，并获轻工部优秀科技成果奖。[2]

产品产量

青岛麻纺织业主要产品是麻袋、麻布、麻线和化纤丝、化纤布、集装袋。1952年生产麻袋133万条，1957年为231.7万条，1962年因原料短缺降至1.48万条，1965年回升到290万条。"文化大革命"期间，年产量在300万条左右，1974年曾下降到136万条。1978年达到320万条，1979年猛增至695万条。1983年9月15日，在全国第六次质量月授奖大会上，青岛麻纺织厂"金锚"牌黄洋麻袋获国家银质奖。是年12月，青岛麻纺厂生产的集装袋在"全国出口商品生产基地专厂建设成果展览会"上获荣誉证书。[3]1985年生产的2.4支麻线，获得"山东省优质产品"称号。

销售

解放前，青岛生产的绳、经类产品多为作坊式经营，前店后厂，自产自销。解放后麻纺织产品随产随销。"一五"计划时期，麻袋列为国家部管物资，产品销售均由纺织工业部统一管理。各需用单位按年度提出计划，由纺织工业部综合平衡审批，分别下达对口调拨计划。生产企业无自行销售产品权利，一直持续到70年代末。80年代，随着改革开放政策的实施，麻纺织产品变为三类物资，由各麻纺织厂自行销售，内销麻袋遍及全国各地。

麻袋外销由外贸部与纺织工业部洽订出口指标，对有出口任务的麻纺织企业下达出口计划指标，由企业安排生产，按计划交货。1980年后，由土产进出口公司经营，直接与各麻纺织厂签订出口合同。

效益

青岛麻纺织业由于原麻季节性储备占用资金大，成品产值较低，导致经济效益较低。1978年，青岛麻纺织厂产值资金率高达51.93%，资金占用率在系统内（28个纺织企业）居第二位，

---

① 曾繁铭,金洵昌.青岛纺织大事记1900-1988(征求意见稿)[M].青岛:内部编印,1989:44+49+53.

② 青岛纺织企业简志汇编[M].青岛:青岛市纺织工业总公司编印,1989:181.

③ 曾繁铭,金洵昌.青岛纺织大事记1900-1988(征求意见稿)[M].青岛:内部编印,1989:87-88.

仅次于毛纺织业；产值利润率为 15.48 %（总公司平均产值利润率为 13.4 %）。由于麻纺织业总产值较少，全年利润积累只有 246.1 万元。

70 年代后期，青岛麻纺织厂在压缩麻纺织生产、扩大化纤编织袋生产后，全厂经济效益大为好转。1979 年产值利润率增至 17.29 %，1980 年又增至 22.28 %，分别比 1978 年提高 1.81 %和 6.8 %。1981 年起，原麻市场放开，原麻涨价，产值利润率开始回落。

第八章 毛纺织

毛纺织业是青岛纺织业建立最晚的行业，起步于 50 年代，设备落后，发展缓慢。直至 70 年代后期，开始进行毛纺织专业化生产，改造增建毛纺织专业生产企业，发展初期生产能力较低。

80 年代，青岛毛纺织骨干企业大量引进国内、外生产设备，形成毛纺织配套生产线，设备规模进入全国同行业前列。粗纺呢绒、精纺呢绒系列产品、产量位于山东省同行业之首。同时，采取转产方式投资引进国外设备生产线，建立毛毯生产专业企业。精纺毛织品、毛纱等开始少量出口，印花簇绒毛毯填补了省内空白，产值利税快速增长。

第一节 毛纺织企业

50 年代，青岛毛纺织企业只有 1 家织毯厂。70 年代末，始建立毛纺织专业生产企业。至 80 年代，形成以市区 3 家毛纺、毛毯骨干企业为主，县、乡（镇）毛毯企业为辅的毛纺织业。

青岛军属织毯工厂

1952 年，为解决部分军烈属生活困难，市南区民政局划拨抚助资金 4000 元，在太平路 19 号天后宫生产自救废品加工组原址，筹建织毯厂（加工组）进行生产自救。始建时，有职工 9 人、1 张方桌、1 口大缸、1 台风车、4 台手摇纺花车和 1 台人力织机，以 5000 余斤废毛为原料试制毛毯。至年底，有职工 38 人，多为军属中、老年妇女，生产废毛毡毯 169 条。次年 6 月，改用棉纺厂下脚棉和短绒棉生产棉毯，由百货公司批发部收购，每季供货 1250 条，政府分批拨款 1 万元发展生产。1955 年 6 月，经市民政局批准，工厂改名为地方国营青岛军属织毯工厂，1958 年创利润 59.62 万元。1959 年不仅安置部分军烈属、聋哑残疾人和部分城镇居民就业，棉毯还出口波兰、罗马尼亚等国。

1963 年 4 月，工厂归属省纺织工业局，更名为国营青岛织毯厂，厂址迁至四方区兴隆路 115 号。1976 年，在维持棉毯生产基础上，自制和改造成毛纺设备 62 台，基本完成粗梳毛纺生产设备配套，形成选毛、染色、梳纺、织造、后整理的生产工艺流程，组成原毛，梳纺，织造、染整、机修 5 个车间和设备、财务、供销、计劳、技术 5 个主要科室，全面完成"丢棉上毛"的转产任务，成为青岛市率先进行粗毛纺织生产的厂家。1976 年 7 月 1 日，国营青岛织毯厂正式定名青岛毛纺织厂。

1985 年，青岛毛纺织厂位于四方区兴隆路 115 号，系全民所有制企业，隶属市纺织工业总公司，是粗毛纺织专业厂家，主要生产毛毯、呢绒两大类产品。至 1988 年，工厂占地面积 28225 平方米，建筑面积 20279 平方米，其中生产用建筑面积 17909 平方米、非生产用建筑面积 2370 年方米。[1]

青岛第二毛纺织厂

70 年代中期，经纺织工业部批准，青岛第七棉纺厂实施棉纺织改造为毛纺织工程。

---

[1] 青岛纺织企业简志汇编[M].青岛:青岛市纺织工业总公司编印,1989:159-161.

1977年10月至1979年底，投资1210万元，改建完成拥有国产毛精纺4752锭、88台织机的毛纺、织、染中型全能工场，设计能力为年产精纺呢绒120万米。1980年1月，毛纺织正式投产，填补了青岛毛纺织产品空白。1982年进行二期工程，投资为2336万元，从联邦德国引进半旧毛纺锭及部分条染旧设备，并配以国产织机和后整理设备；生产的纯毛华达呢、毛涤腈华达呢、毛涤派力司、毛涤粘西服呢等被评为市优产品。1983年5月，市经济委员会批准该厂实行"两块牌子（国营青岛第七棉纺织厂、青岛第二毛纺织厂），一套班子，一个核算单位"的生产经营体制。

1985年5月1日，该厂将棉纺生产全部细纱机、布机及配套设备，分别调入青岛第十棉纺织厂和平度、胶县棉纺织厂，正式定名为青岛第二毛纺织厂。

1985年，厂址位于沧口区四流中路187号，系全民所有制企业，隶属市纺织工业总公司，是本市唯一精毛纺、织、染厂家，主要生产各类全毛、毛混纺、化纤产品、针织绒线；工厂占地面积201527平方米，建筑面积147213平方米；其中，生产用建筑面积79319平方米，非生产用建筑面积67894平方米。[①]

青岛簇绒毛毯厂

1982年4月，市经委、市计委联合下达文件，决定将青岛橡胶机械厂部分职工和场地划归市纺织工业局，转产簇绒毛毯，定名为青岛簇绒毛毯厂。9月，市纺织局成立簇绒毛毯厂筹建处。10月，簇绒毛毯生产流水线的6349.5平方米厂房，破土动工。

1984年3月，青岛簇绒毛毯厂与日本丸红公司签订引进一套簇绒毛毯生产流水线合同，设备包括印花机、蒸化机、水洗机、拉幅烘干机、抓剪机、烫光机、搓球机、刷花纹机各1台、簇绒机2台、起毛机8台、各种缝纫机14台；设备总投资为197万美元，设计生产能力为年产腈纶印花簇绒毛毯50万条。1985年1月第一批设备进厂，6月安装完成并一次试车成功，8月初正式投产，第一批"甜梦"牌腈纶印花簇绒毛毯投放市场，填补了省内一项空白。

1985年，厂址位于沧口区安顺路34号，系集体所有制企业，隶属市纺织工业总公司，是本市唯一生产腈纶花印簇线毛毯的专业厂家。工厂占地面积41257.9平方米，建筑面积15330.5平方米；其中，生产用建筑面积9849.5平方米，非生产用建筑面积5841平方米。[②]

第二节 人员设备

青岛毛纺织业起步时，从业人员为军烈属、聋哑残疾人和部分城镇居民，厂房狭小，设备陈旧落后。70年代开始增加机纺纬纱设备，通过自制和改造使毛纺设备趋于配套。

80年代，青岛开展专业毛纺织企业建设，大量安装国产与引进配套设备，设备规模步入全国毛纺织业重点行列。伴随规模化毛纺织企业的投产，从业人员数量上升至历史最高。

劳动用工

青岛毛纺织厂建厂初期有职工642人，其中女职工423人，占66%；工程技术人员8人，占1.2%。1980年，职工总数达到1282人，其中工程技术人员24人，增加2倍，占青岛纺织系统全部工程技术人员的1.9%。

1982年，因市场变化，青岛市毛纺织企业开始调整产品结构，转换经营机制，职工队伍也随之发生变化，职工人数显著下降。1985年，由于毛纺织生产持续发展，行业结构扩大，青

---

① 青岛纺织企业简志汇编[M].青岛:青岛市纺织工业总公司编印,1989:163-165.

② 青岛纺织企业简志汇编[M].青岛:青岛市纺织工业总公司编印,1989:168-169.

岛第二毛纺织厂及青岛簇绒毛毯厂相继建成投产，职工总数增到 6343 人，占本市纺织系统全部职工总数的 8.7%。

生产设备

70 年代初，青岛毛纺织厂投产初期仅有棉改梳毛机 3 台，土制粗毛纺机 400 锭，棉毯织机改制的毛毯织机 3 台。随着生产发展和技术改造，1975 年开始设备更新，旧棉改粗毛纺设备分别由国产定型梳毛机和 BC583、BC584 型粗梳毛精纺机所代替，毛纺锭增加到 1036 枚，毛织机全部更新为 H212 型毛织机并扩充到 50 台，其中提花毛毯织机 22 台。

1979 年，青岛第七棉纺织厂毛纺织车间建成后，配置梳毛机 8 台、精梳精纺锭 4752 枚、精梳毛纺织机 88 台，投产后填补了青岛市精梳毛纺织生产的空白。次年，青岛纺织系统内毛纺织主要设备有梳毛机（含毛精梳机）26 台、毛纺锭 6700 枚、毛织机 156 台（其中毛毯织机 68 台）及配套的漂染、染整设备。1982 年，青岛第七棉纺织厂经纺织工业部核准进行"棉改毛"二期工程，投资 2336 万元，引进联邦德国半旧精毛纺锭 13104 枚（图 5-23）和部分条染设备，并增加国产精梳毛织机 200 台及与其配套的前后整理设备。1985 年竣工投产，设备规模列全国四大精梳毛纺重点企业之一。

1984 年 4 月 12 日，青岛簇绒毛毯厂、山东省外贸机械进出口公司

与日本丸红公司签订合同，引进全套簇绒印花设备主辅机共 29 台[①]，其中包括 ST83（英国考贝尔）簇绒机 2 台，日产 M-7000 平网印花机、TW-800 平幅水洗机、5 室长环无底蒸化机、2 室 6 层拉幅烘干机、NK-50-PF 刷花机各 1 台及 NK-R 起毛机 3 台，NK-75-T 抓剪机、NK-PL-1 烫光机和 TG280 搓球机各 1 台等，自动化程度及生产效率均处国内领先水平。

第三节 技术工艺

青岛毛纺织工业早期生产工艺技术简单，捡毛、洗毛、和毛等，绝大部分手工操作，工艺极端落后；梳、纺、织造和染整等也因使用棉改设备及自制设备，其机械状态、技术工艺都达不到规范要求。1979 年 9 月，青岛第七棉纺织厂第一批产品——毛涤花呢试产成功。[②]

70 年代末，为提高技术、改进工艺，各毛纺织企业选派技术人员到外地学习取经，聘请

图 5-23 1982 年青岛第二毛纺织厂引进的毛纺锭

---

① 曾繁铭,金洵昌.青岛纺织大事记 1900-1988(征求意见稿)[M].青岛:内部编印,1989:89.

② 曾繁铭,金洵昌.青岛纺织大事记 1900-1988(征求意见稿)[M].青岛:内部编印,1989:74.

山东省内外毛纺织专家到厂指导，并在企业内部组织技术人员、工人、干部三结合攻关小组，对引进新设备技术加紧消化吸收，使毛纺织企业生产工艺逐步完善，操作技术基本赶上国内同行业先进水平，毛毯质量稳定在部标二档水平以上。

80年代，青岛毛纺织厂在毛粗纺机上通过改进工艺装备，成功试纺由山东省纺织科学研究所与青岛第四针织厂研制的兔、羊毛混纺针织毛纱，经省纺织工业厅鉴定，其外观、内在质量都达到同类出口产品水平，填补了本市毛纺产品的一项空白。青岛第一棉纺织厂并条机气体加压通过鉴定用于生产，青岛第三织布厂生产的系列涤弹西装呢在全国纺织新产品评比会上获山东省新产品奖。[①]

第四节　产品经营

青岛毛纺织业最早的产品是线毯。70年代，毛毯为主要产品，并出口国外，毛纺织行业初期生产能力较低。

80年代，加强新品种研发，纯毛、混纺、纯化纤等系列粗纺呢绒，产量、质量、花色品种均逐年增加。同时，纯毛、混纺、纯化纤系列精纺呢绒的生产成为青岛纺织业支柱产品。通过广告宣传、上门推销、展销订货等多种方式开展批零业务，销售额逐年增加，精纺毛织品、毛纱等开始少量出口，利税增长较快。

毛毯

70年代，毛毯成为本市毛纺织行业主要产品。1972年，青岛毛纺织厂开始生产人造毛大提花毛毯及三合一素毯，质量达到部颁等级标准。1973年经天津口岸试销国外，1975年改由青岛口岸继续销往泰国、香港等地。随着腈纶、人造毛毯花色品种增加，销路日益扩大，至1979年产量达到29万条。

80年代，毛纺织生产发展迅速，在大量增产毛毯生产的同时不断开拓新品种。青岛毛纺织厂（原青岛织毯厂）试产纯毛提花毛毯成功，填补了省内空白；青岛簇绒毛毯厂投产腈纶簇绒印花毛毯，率先在省内推出的新产品。至1985年，全市毛毯产量达49.65万条，居山东省同行业之首。同期，青岛针织公司、青岛毛织品厂以及即墨、胶南等县、乡、镇企业相继投产毛毯。

青岛毛纺织厂生产的毛毯新产品有"枫叶"牌、"企鹅"牌人造毛提花毛毯，"牡丹"牌纯毛绒面毯、纯毛水纹提花毯，"玉鸟"牌粘腈格毯，"海鸥"牌高级素毯以及腈纶轧花童毯等。其中"牡丹"牌65005-1纯毛绒面毯1987年被评为纺织工业部优质产品。青岛簇绒毛毯厂生产的"甜梦"牌腈纶印花簇绒毛毯除具有色泽鲜艳、绒毛丰满、手感柔软等特点外，并以防霉、防蛀和不掉毛、易洗涤且售价低进入国内市场。

粗纺呢绒

1978年，青岛毛纺织厂开始正式生产粗纺呢绒。80年代，能生产纯毛、混纺、纯化纤等系列粗纺呢绒，产量、质量、花色品种逐年增加。1985年全市产量达31.2万米，比1980年增长29.5%，混合入库一等品率达92.4%。主要产品品种有纯毛大衣呢、海军呢、毛腈女式呢、毛涤粗花呢、毛粘西服呢及混纺法兰绒、大衣呢、海军呢等。

青岛毛纺织厂生产的02022大衣呢，以呢面光泽细腻，起球2.5级，一度为本地粗纺呢绒样板。此外，毛粘西服呢1984年获山东省优秀新产品三等奖。

精纺呢绒

1979年，青岛第七棉纺织厂精梳毛纺车间开始试生产，1980年完成产量42.71万米，从

---

① 曾繁铭,金洵昌.青岛纺织大事记1900-1988(征求意见稿)[M].青岛:内部编印,1989:95.

而结束青岛不能生产精梳毛织品的历史。1980年青岛第二毛纺织厂建成后，产量、质量和品种均不断增长和提高。1985年精纺呢绒产量达133万米，精纺呢绒逐渐成为代表青岛毛纺织品总体水平的支柱产品。

青岛第二毛纺织厂精纺呢绒产品形成纯毛、混纺、纯化纤系列150多个花色品种，产品以"天鹅""金帆"商标行销于国内市场，主要品种有全毛华达呢、毛涤花呢、毛涤华达呢、毛涤腈花呢、毛涤派力司等。其中22074全毛华达呢、33090、33226混纺花呢、32040毛涤腈花呢、35040毛涤派力司等，以呢面平整、手感丰厚、纹路清晰、色泽纯正而畅销国内市场。

内销

70年代，青岛毛纺织品主要以内贸（纺织品站）收（选）购和直接与商业挂钩的方式进行销售。

80年代，商业部门转变经营机制，对毛纺织品开始小量选购。产品销售额逐年增加，1976年为300万元，1980年起每年1000万元以上。1982年起全部由生产企业自销，产品销售成为企业经营活动的重要环节。各毛纺织企业除联系各地纺织品公司、百货公司、商场批发外，并成立产品展销部或劳动服务公司等，开展批零业务。为提高产品知名度，扩大销售，开展各种形式的广告宣传。同时，派出人员赴山东省内外各地上门推销，不失时机地参加全国性、地区性、行业性产品展销会、订货会，或与商业百货部门办联合展销，委托大商场开设专售柜台。

外销

1973年，青岛毛纺织厂由天津口岸出口人造毛毯1800条，实现青岛毛纺产品出口零的突破。1975年起由山东省外贸（纺织品）公司组织出口，1979年出口人造毛毯5.65万条、腈纶毛毯2.22万条。此后逐年增加，至1982年出口量达11.45万条，出口交货值达247万元，创外销以来最高水平。1983年后由于国际市场需求变化，毛毯出口逐年减少。1973—1987年累计出口毛毯75.38万条，主要销往泰国及香港等地。

80年代初期，精纺毛织品、毛纱等也开始少量出口，1982年与1983年分别出口精纺呢绒1.8万米和1.23万米，1985年出口腈纶毛纱18吨。

效益

青岛市毛纺织行业初期生产水平较低，但增长较快。1976年固定资产原值为239万元，总产值为294万元，利税总额为66.9万元。1976—1980年固定资产原值增长1倍，产值、利税平均每年分别增长17％和14.8％。至1981年，固定资产原值达495万元，产值达1448万元，利润114万元，但产值利润、人均利润仍低于纺织系统平均水平。

1986年，纺织系统内国营毛纺织企业增至3家，固定资产原值增长到6037万元，总产值达到7478万元，利税总额1927万元，其中利润为730万元。

第九章　援助建设

50年代初期，青岛纺织印染业发挥本行业技术优势，组织力量支援国内外纺织印染工业建设，抽调人力、物力和财力支援北京、陕西、河南、河北和新疆、内蒙古等7个省、市、自治区发展纺织工业，并选派专家组帮助越南、巴基斯坦等国建设发展纺织工业。

60年代中期，遵照国家"三线"建设战略任务部署，从纺织印染业抽调大批技术人员、设备和资金，支援山东省"小三线"建设，在鲁西、鲁南、鲁中地区建设13家纺织、印染、针织企业，直至70年代初期脱钩，移交当地管理经营，仍有大批管理技术干部、工人留在援建企业。成为受援地纺织印染工业建设发展的

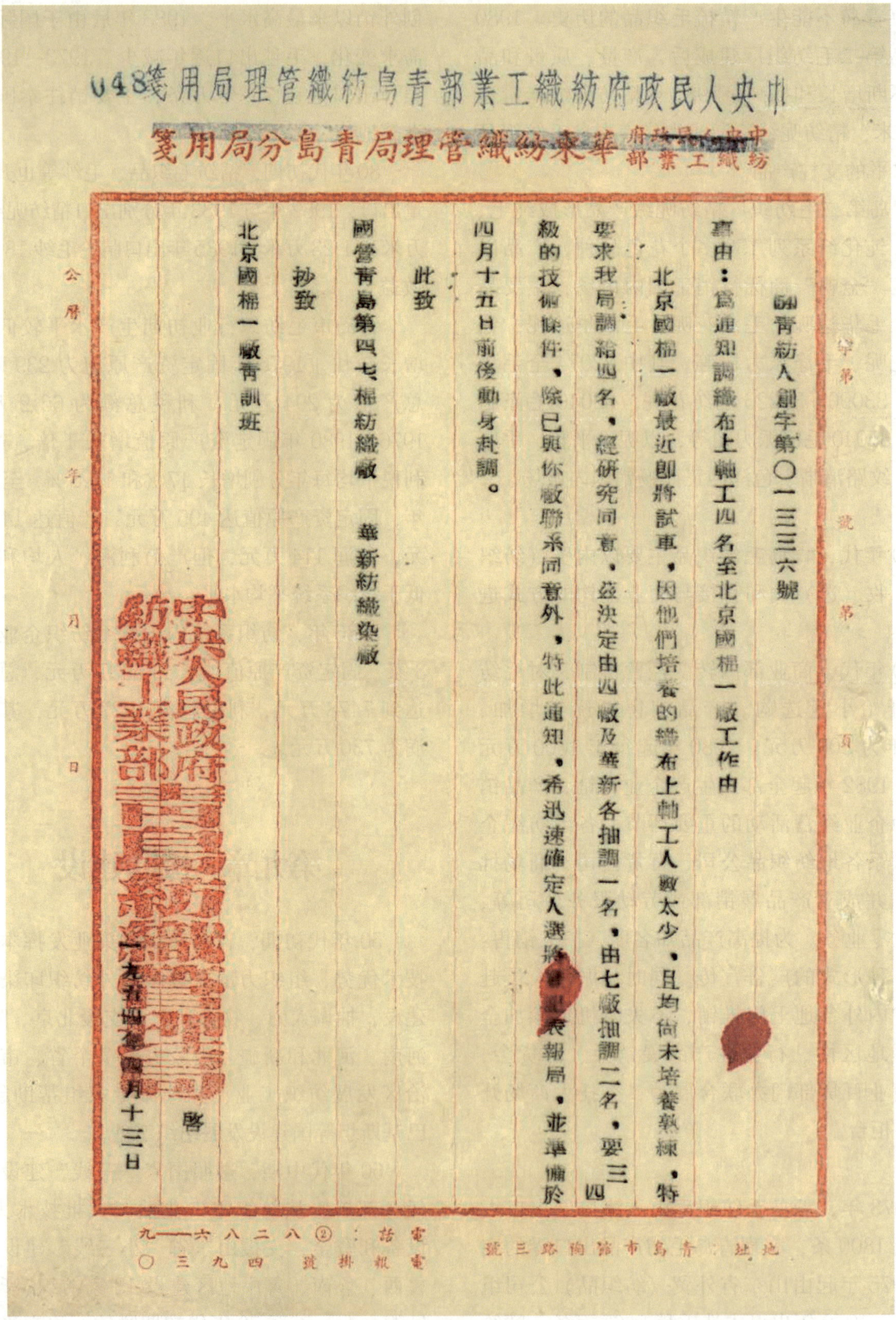

中央人民政府紡織工業部青島紡織管理局用箋

華東紡織管理局青島分局用箋

青紡人調字第〇一三三六號

事由：為通知調織布上軸工四名至北京國棉一廠工作由

北京國棉一廠最近即將試車，因他們培養的織布上軸工人數太少，且均尚未培養熟練，特要求我局調給四名，經研究同意，茲決定由四廠及華新各抽調一名，由七廠抽調二名，要三四級的技術條件，除已與你廠聯系同意外，特此通知，希迅速確定人選報告表報局，並準備於四月十五日前後動身赴調。

此致

國營青島第四七棉紡織廠　華新紡織染廠

抄致

北京國棉一廠青訓班

中央人民政府紡織工業部青島紡織管理局

啓

一九五四年四月十三日

電話：②八二八六——九　電報掛號：四九三〇

地址：青島市館陶路三號

图 5-24　青岛纺织管理局于 1954 年 4 月 18 日向有关纺织厂下达“向北京国棉一厂调遣织布上轴工”的文件

先驱，产业化经济的启蒙，也为当地其他工业门类的建设发展奠定重要基础。

70年代初至80年代中期，市纺织工业局成立援外办公室，选派大批土建和工艺设计技术人员，投入大量资金和设备，分两期援建赞比亚纺织业，成为国际纺织业项目援建的典范。

第一节　人员技术援助

1952年，由上海纺织系统援建的西北国棉一厂（驻陕西咸阳）投产。1953年，青岛纺织业遵照纺织工业部决定，从各棉纺织厂抽调输送一整套技术干部、管理干部和技工到该厂，保证顺利生产。同年，市纺织管理局遵照纺织工业部决定，从青岛第一、三、五、七、八棉纺织厂和第一针织厂等选配全套技术干部、业务骨干输送给北京，支援北京第一至三棉纺织厂建设，并为北京第一棉纺织厂培训从运转到保全工人1000余人（图5-24）。

1953年开始，青岛第一、二、三、五棉纺织厂先后支援郑州纺织工业建设，派出管理干部31人，技术工人77人。其中，1955年国营郑州第五棉纺织厂建厂时，从科长到车间主任、从技术工人到技术干部均由青岛输送配备。1958年，新疆七一棉纺织厂筹建，青岛第一棉纺织厂支援20余名技术干部和部分技术工人（图5-25）。同年6月，青岛第七棉纺织厂帮助筹建潍坊棉纺织厂。[1]1969年8月，青岛毛巾厂援建莱阳县莱军毛巾厂后，又援建栖霞县毛巾厂、枣庄毛中厂。[2]

1985年6月，青岛第五棉纺织厂派出35名技术、管理干部，帮助山东单县棉纺厂进行管理，使长期亏损的单县棉纺厂绝路逢生，月月

图5-25　1959年，青岛国棉一厂为新疆纺织企业培训工人

盈利。[3]

第二节　"三线"援建

1966—1970年，根据省经济委员会和省纺织工业管理局关于"改变纺织工业布局"、建设"小三线"的指示精神，青岛先后有第一、二、三、四、五、六、七、八、九棉纺织厂，东方红棉织厂（青岛绒布厂），青岛印染厂，青岛第一、二针织厂等一批老纺织企业，采用"母鸡下蛋"的办法，在省内产棉区枣庄、平阴、临清、北镇、诸城、蒙阴、临沂、菏泽、惠民、济宁、泗水等地建起10个棉纺织厂、2个针织厂、

① 曾繁铭,金洵昌.青岛纺织大事记1900-1988(征求意见稿)[M].青岛:内部编印,1989:48.

② 曾繁铭,金洵昌.青岛纺织大事记1900-1988(征求意见稿)[M].青岛:内部编印,1989:64.

③ 曾繁铭,金洵昌.青岛纺织大事记1900-1988(征求意见稿)[M].青岛:内部编印,1989:94.

1个印染厂、1个纺织配件厂、1个器材厂。以上15个厂共有纱锭15.23万枚，布机4413台及印染布3600米，针织品240万件等，还有部分纺织配件和纺织器材。[①]1969年8月，青岛毛巾厂在援建莱阳县"莱军"毛巾厂后，又先后援建栖霞县毛巾厂、枣庄毛中厂、青岛第二毛巾厂、青岛第五毛巾厂等。[②]

至70年代中期，援建各厂均与青岛脱钩交当地管理经营，成为受援地纺织印染工业建设发展的滥觞，产业化经济的启蒙，也为当地工业门类建设发展奠定重要基础。

青岛第三棉纺织厂临清分厂

1964年7月，青岛第三棉纺织厂先后派出管理干部84人、工程技术干部14人、技工98人，投资192.63万元，在原临清棉纺织厂的基础上扩大规模，兴建青岛第三棉纺织厂临清分厂；分厂占地面积13641平方米，厂房建筑面积74568平方米；青岛第三棉纺织厂置入棉纺锭12064枚、棉织机240台，1965年1月建成投产。

1971年，青岛第三棉纺织厂临清分厂与老厂脱钩，交聊城地区管理，恢复临清棉纺织厂旧称。

青岛第九棉纺织厂菏泽分厂

1966年1月，青岛第九棉纺织厂投资113万元，先后选调管理干部、工程技术人员等110人到菏泽县东郊筹建青岛第九棉纺织厂菏泽分厂。分厂占地面积70000平方米，厂房建筑面积7984平方米；九厂移去纱锭20000枚、织布机400台，12月建成投产。

1971年，青岛第九棉纺织厂菏泽分厂与青岛第九棉纺织厂脱钩，更名为菏泽棉纺织厂，由菏泽地区直接管理。

青岛第七棉纺织厂济宁分厂

1966年2月，青岛第七棉纺织厂在济宁市太白楼东路投资225万元建设青岛第七棉纺织厂济宁分厂，分厂占地面积67633.3平方米，厂房建筑面积11793平方米，棉纱锭9984枚，织布机196台，梳棉机36台；青岛第七棉纺织厂援助管理人员11人、技术干部7人、技术工人154人；同年9月建成投产，当年生产棉纱518吨、布48.2万米，创产值214.27万元。

1970年3月，青岛第七棉纺织厂济宁分厂交给济宁地区管理，更名为济宁棉纺织厂。

青岛第二针织厂泉林分厂

1966年4月，青岛第二针织厂抽调22名行政管理人员、2名工程技术人员、38名技术工人，投资125万元，在济宁泗水县泉林镇建起厂房7648平方米，调拨棉毛机6台、罗纹机15台，兴建青岛第二针织厂泉林分厂；设计能力为年产针织内衣100万件，1968年5月建成投产，产品主要有卫生衫裤、棉毛衫裤。

1970年12月，青岛第二针织厂泉林分厂与青岛第二针织厂脱钩，更名为山东泉林针织厂。

青岛印染厂济宁分厂

1968年9月，青岛印染厂投资360.35万元，选调管理干部26人、工程技术人员6人、技术工人131人、其他人员19人，调出印染设备61台，在济宁市西郊兴建年产印染布设计能力为3000万米的青岛印染厂济宁分厂；分厂占地面积20319平方米，厂房建筑面积5553平方米；1967年8月，棉布染色生产线投产；1968年7月，棉布印花生产线投产。

1970年12月，青岛印染厂与济宁分厂脱钩，分厂更名为济宁印染厂。

青岛第四棉纺织厂北镇分厂

1966年3月，青岛第四棉纺织厂投资253.84万元，选调44名管理干部、26名技术干部、262名技术工人在惠民地区北镇（滨州）

---

① 曾繁铭,金洵昌.青岛纺织大事记 1900-1988(征求意见稿)[M].青岛:内部编印,1989:62.

② 曾繁铭,金洵昌.青岛纺织大事记 1900-1988(征求意见稿)[M].青岛:内部编印,1989:64.

兴建青岛第四棉纺织厂北镇分厂。分厂占地面积47426平方米；第四棉纺织厂移置纱锭31208枚、织布机814台；1967年建成投产（图5-26），当年生产棉纱4028.5件、棉布208.5万米，创产值313万元。

1971年，青岛第四棉纺织厂北镇分厂与青岛第四棉纺织厂脱钩，交给惠民地区管理，更名为国营滨州第一棉纺织厂。

青岛东方红棉织厂惠民分厂

1968年8月，青岛东方红棉织厂选调17名管理干部、4名技术人员、41名技术工人到惠民县城东选址筹建青岛东方红棉织厂惠民分厂。投资175.64万元，占地面积186274平方米，厂房建筑面积45817平方米，置纱锭20000枚、织布机850台；1969年10月建成投产，产品有灯芯绒、华达呢、粗布等，当年创产值278.51万元。

1971年12月，青岛东方红棉织厂惠民分厂交给惠民地区直接管理，更名为惠民棉纺织厂。

青岛第五棉纺织厂诸城分厂

1966年4月，青岛第五棉纺织厂投资121.29万元，调配管理干部、工程技术人员、技术工人128人，在诸城县河西兴建青岛第五棉纺织厂诸城分厂。分厂占地面积18009平方米；青岛第五棉纺织厂移置棉纺锭5824枚、织布机145台；同年10月建成投产，主要生产18支纱、18×18粗平布，当年创产值387万元。

1971年，青岛第五棉纺织厂诸城分厂交给昌潍地区管理，更名为诸城棉纺织厂。

青岛第一棉纺织厂枣庄分厂

1967年1月，青岛第一棉纺织厂投资536.26万元，选调管理人员54名、技术人员和技术工人128名，在枣庄市齐村区兴建青岛第一棉纺织厂枣庄分厂。分厂占地面积71000平方米厂房建筑面积16199平方米，拥有棉纺锭20384枚、织布机446台；1968年7月建成投产，当年产纱596.24吨、棉布182.32万米，创产值229万元。

1970年3月，青岛第一棉纺织厂枣庄分厂与第一棉纺织厂脱钩，更名为国营枣庄市棉纺织厂。

青岛第二棉纺织厂平阴分厂

1967年3月，青岛第二棉纺织厂投资256.86万元，选调28名管理人员、20名技术干部和338名技术工人在平阴县兴建青岛第二棉纺织厂平阴分厂。分厂占地面积48900平方米，厂房建筑面积6235平方米；棉纱锭10816枚，织布机240台；1968年5月建成投产，主要生产18支纱和18×18平布，当年创产值294.08万元。

1973年1月，青岛第二棉纺织厂平阴分厂与青岛第二棉纺织厂脱钩，由泰安地区管理。

图5-26　1966年，青岛第四纺织厂援建惠民地区北镇棉纺织厂，图为建厂初期的生产场景

青岛第一针织厂临沂分厂

1968 年 5 月,青岛第一针织厂选调管理干部、工程技术人员和技术工人共 50 名,到临沂市临西八路兴建青岛第一针织厂临沂分厂,投资 140 万元。分厂占地面积 47372 平方米,厂房建筑面积 7036 平方米;置配针织机 46 台、漂染机 17 台、缝纫机 67 台;1970 年 7 月建成投产,当年创产值 176 万元。

1971 年 5 月,青岛第一针织厂临沂分厂交给临沂地区管理,更名为临沂针织厂。

青岛第六棉纺织厂蒙阴分厂

1970 年 3 月,青岛第六棉纺织厂选调 48 名管理干部、18 名工程技术人员、213 名技术工人到蒙阴桃花沟筹建青岛第六棉纺织厂蒙阴分厂。分厂占地面积 98558 平方米,厂房建筑面积 12695 平方米;第六棉纺织厂投资 309.3 万元,置纱锭 12000 枚、织布机 400 台;1972 年 12 月建成投产,主要生产棉纱和平布。

1975 年 5 月,青岛第六棉纺织厂蒙阴分厂与第六棉纺织厂脱钩,更名为蒙阴棉纺织厂。

青岛第八棉纺织厂临沂分厂

1970 年 11 月,青岛第八棉纺织厂选调管理干部 21 人、技工 25 人、熟练工 59 人,在临沂西郊接收济南第二棉纺织厂援建的临沂棉纺厂续建任务,投资 244.28 万元,置纱锭 20000 枚、织布机 666 台,12 月建成并部分投入生产,称青岛第八棉纺织厂临沂分厂。分厂占地面积 12000 平方米,厂房建筑面积 5242 平方米,年创总产值 400.66 万元。

1971 年 7 月,青岛第八棉纺织厂临沂分厂交临沂地区管理,更名为临沂棉纺织厂。

第三节　对外援建

青岛纺织业从 1953 年 4 月开始,对兄弟国家的纺织工业进行经济技术援助。第一个受援国家是越南民主共和国,由青岛第一至第四棉纺织厂和青岛第六、第七棉纺织厂(后更名第二毛纺织厂)派出保全、细纱、织布工程技术人员共 16 人,到越南南定帮助棉纺、印染、丝绸、织毯联合企业恢复生产。第二个受援国家是巴基斯坦,其后是土耳其和圭亚那等国家。至 1977 年,共派出援外人员 48 名,援助项目有安装设备、技术指导、培训生产技术力量、建立生产管理制度等。

1972 年 11 月,市纺织工业局派出纺织考察组(图 5-27),赴赞比亚进行 7 个月的实地考察,经双方国家同意,选定赞比亚共和国中央省省会卡布韦筹建姆隆古希纺织厂。同时,市纺织工业局还成立援外办公室,组织援外人员进行土建和工艺技术设计、搜集资料,到北京、上海、济南等地学习援外经验,进行业务培训、实习安装等准备工作。

1973 年 7 月 31 日,中国政府与赞比亚政府签订援建赞比亚姆隆古希纺织厂换文。1974 年 1 月 10 日,中赞双方签订《关于建设赞比亚格瑞棉纺印染联合企业的洽谈纪要》,确定厂址选在赞比亚中央省会卡布韦市区北部,占地 12.6 公顷,建筑面积 42074 平方米;市纺织工业局承担考察、设计、土建、安装、技术培训、试生产任务;生产规模为纱锭 24480 枚、线锭 2660 枚、织布机 720 台和年产 910 万米的印染配套设备;投资总额为 3174 万克瓦查,赞方 1455 万克瓦查,占 45.8%;中方贷款 1719 万克瓦查,占 54.2%[1]。1978 年,中方向赞方发运援建物资,安装设备,专家人员和工人也陆续到赞。1980 年 3 月,印染工厂投料试生产;1981 年 12 月,土建工程和设备安装调试完成,投棉生产,并发展成为赞比亚共和国的第二个大棉纺企业。

---

① 曾繁铭,金洵昌.青岛纺织大事记 1900-1988(征求意见稿)[M].青岛:内部编印,1989:66.

毛 主 席 语 录

中国应当对于人类有较大的贡献。

山东省革命委员会轻工业局

关于承担援赞比亚棉纺织印染厂和小型服装厂的函

(72)鲁轻计字第213号

青岛市革命委员会：

接轻工业部致省革委(72)轻外字第73号函称："外交部、外经部、总参谋部向国务院关于援助赞比亚建设纺织厂和服装厂的请示报告称：今年一月赞比亚总统卡翁达、国防部长祖鲁、曾分别约见我驻赞大使，提出要我援建纺织厂服装厂等项目。希望进一步发展中、赞友好合作关系，为帮助赞发展民族经济，上述项目已经中央批准"。即：

1．一万五千纱锭或二万五千纱锭的棉纺织印染厂一座，今年三季度派考察组赴赞考察，如具备条件，即商定项目，并选定厂址。搜集设计资料、工艺、厂房设计现有图纸，待考察后根据赞方地质条件和气候情况做修改即可。

2．小型服装厂一座，厂房赞方自行解决，由我提供约一百一十台缝纫机及相应的剪裁机具，并负责安装和培训赞技术人员。如赞方要我援建厂房，也可同意。今年三季度派出考察组。

上述两项筹建任务，经省革委生产指挥部研究确定，拟请你市承担。如同意，请速函复，以便正式下达任务。为争取时间，请即着手选拔出国考察的有关地质、建筑、水电、纺织、印染、服装、翻译、组长等人员。中央并要求将上述人员名单于六月底提报轻工业部。

一九七二年六月十日

抄报：省革委政治部、生产指挥部、省计办、省工办。

抄送：青岛市纺织局革委、二轻局革委。

图 5-27　1972 年 6 月 10 日，经中央批准，山东省革命委员会轻工业局函请青岛市承担赞比亚棉纺织印染厂和小型服装厂建设的文件

1983 年 8 月，根据两国协议，工厂移交后即转入技术合作时期。第一期技术合作（1983 年 10 月 1 日至 1985 年 9 月 30 日），34 名专家组成员分别来自青岛第一至第九棉纺织厂、第二印染厂和第一染织厂。技术合作初期，赞方人员任穆司总经理等实职，因不善经营管理，企业出现亏损，赞比亚政府征得中国驻赞大使同意，由中方专家组长任穆司代总经理，1985 年 4 月又改任总经理。同时，还邀请中国专家任穆司总会计师、总工程师、总经济师等职务。中国专家设计的产品投放市场后，畅销赞比亚全国，并有少量出口。中国专家任穆司高层职务 8 个月（1984 年 10 月至 1985 年 6 月）与此前 8 个月（1984 年 3 月至 1984 年 10 月）的生产、利润相比，棉坯布产量增长 13.97％，印染布产量增长 8.99％，销售收入增长 36.47％（有调价因素），利润率增长 3.56％。至 1986 年 3 月 31 日已收回建设穆司投资总额的 96.66％。中国专家还为赞方培养技术工人 400 多名。

1985 年 9 月 23 日，中赞双方签订第二期技术合作协议（1985 年 10 月 1 日至 1987 年 9 月 30 日），由青岛派出专家 27 名，企业管理仍沿用第一期方式。第三期、第四期技术合作协议签订后，分别由青岛派出 18 名和 17 名专家参加，生产管理仍沿用第一期方式。穆司生产持续上升，效益继续提高。

第六篇 化学工业

民国初期，颜（染）料及作为染料主要原料的硫化碱生产业在青岛得到初步发展，是为境内化学工业之肇始。20年代末，民族工商业者开始兴办橡胶、油漆、电石、制氧等化工厂以及火柴、骨粉、牙膏、牙粉等日用化工企业。30年代中期，日本资本大举进入青岛，独资开办橡胶制品、染料、制碱、制药及其他化工企业，民族资本化工业遭到排挤。40年代初期，随着纺织工业发展，烧碱生产开始兴起；至40年代中期，氯碱工业体系初步形成。抗日战争胜利后，日本化工企业由南京国民政府接收机关接管，规模较大的转为官僚资本化工企业，规模较小的厂则被接收机关招标拍卖；同期，多家小型火柴厂相继建成并投产。此后，因受连年战争影响，多数化工企业陷入停产、半停产困境。

青岛解放后，人民政府在将官僚资本企业收归国有的同时，积极扶持私营化工企业恢复和发展生产，并将其逐步纳入国家资本主义轨道。国民经济恢复时期，随着纺织、印染工业生产迅速扩大，烧碱、染料、橡胶生产发展较快，青岛化工厂成为山东省产量最大、设备最好的氯碱厂。同时，油漆、农药等工业开始起步，颜料生产开始向工业化转变。第一个五年计划期间，在对私营企业进行社会主义改造的基础上，国家投入大量资金对骨干化工企业进行扩建和改造，重点发展橡胶工业和基本化工原料工业，青岛成为全国橡胶制品工业基地之一，烧碱、染料、油漆、农药等工业生产能力大幅提高，火柴、实业化工等由分散小生产逐步走向相对集中大生产，化学药品开始专业化

生产。至"一五"期末，全市初步形成以橡胶、染料、氯碱工业为骨干，包括无机盐、涂料、颜料、有机化工原料、工业气体、农药、橡胶、化学制药、火柴等门类的化学工业基本框架。

50年代末，国家进行全面社会主义经济建设，化学工业受到高度重视和支持。青岛化工业通过一系列扩建和技术改造，技术装备水平、生产能力、产品品种均有大幅提高和增加，氯碱工业生产技术达到国内一流水平；橡胶工业机械化程度和生产能力、产品质量进一步提高，并开发投产一批工农业生产急需的新产品；无机盐生产格局初步形成，硫酸工业和化肥工业开始起步。国民经济调整时期，全市化学工业压缩基本战线，加强重点项目建设，对生产技术落后、亏损严重企业进行"关、停、并、转"，突出支援农业、轻工和出口产品生产。其间，青岛的化肥工业初步建立，合成材料工业正式起步，基本化工原料主要产品生产能力和品种、产量均有很大提高；橡胶工业主要产品质量达到国内一流水平，多项技术革新和新产品皆为国内首创。至60年代中期，基本形成无机酸碱盐、精细化工、农药化肥、有机化工原料、海洋化工、试剂助剂、合成材料、石油加工、橡胶制品、日用化工与化学制药等门类比较齐全的化学工业体系。60年代后期至70年代中期，全市化学肥料、石油加工、农药、涂料、橡胶等行业得到较快发展；硫酸、磷酸、碳酸钡、黄磷等化工产品生产能力大幅增长，并新增加碘、立德粉、碳黑、甲醛等产品。其间，各化工企业还以大量人力、物力和技术力量，

援建一批省内外化工、橡胶企业，为内地化工业建设发挥积极作用。

80年代，青岛化工业进入新时期，基本建设由外延扩大再生产转向内涵扩大再生产为主，引进国内外新技术、新工艺、新设备、新材料，技术装备水平跃上一个新的台阶。至80年代中期，全市化学工业形成以酸、碱、无机盐、染料、涂料、农药、化肥、橡胶制品、石油加工、合成材料为主要产品，门类比较齐全的规模优势，成为全国14个化学工业基地和主要橡胶加工基地之一。

第一章 无机化工

至20世纪初，境内无机化工原料市场一直被外国产品垄断。20年代末至30年代，民族资本相继创建无机化工原料工厂，生产少数无机盐，为本埠化工原料产业发端。但由于生产设备简陋、技术落后、产能低，无机化工产品基本依赖输入。40年代，随着青岛纺织业的快速发展，对无机酸、碱、盐的需求急增，制碱工厂猛增，无机盐品种也有所增加；同时开始生产无机酸，青岛进入无机化工原料生产企业的兴建期。制碱生产技术由大锅熬制苛化法，向槽式电解食盐水溶液技术转化，标志着山东省以电解食盐水溶液为基础的无机化工业诞生。

新中国成立后，青岛纺织、印染生产规模持续扩大，对无机化工产品需求激增，加之国家控制进口，为应对市场需求，青岛将发展无机酸、碱、盐等无机化工原料生产放在化工产业重要位置。国家也投入大量资金，对青岛化工企业进行合并、改造、扩建，对设备进行更新换代，并升级生产技术、淘汰落后生产方式，逐步建立起一批大中型无机化工生产企业，无机酸、碱、盐等产品质量迅速提高，达到国内一流水平，成为山东省电解法烧碱产地。60年

代初，对技术落后、亏损严重企业予以"关、停、并、转"，缩减产品品种，重点保证农业、轻工和出口产品的生产。

60年代，青岛磷肥工业迅速发展，硫酸工业再度兴起。同期，青岛成为全省唯一的电解法烧碱产地。随着青岛泡花碱项目建成投产、硅胶项目等一批改造工程相继完工，设备生产能力走入国家前列，并试制出大量的无机盐产品，主要无机化工产品的产能和产量均有大幅提高。其间，为满足工农业发展需要，国家投资建成氨碱法纯碱项目，青岛逐步发展成为国家重要的无机化工原料生产基地，并援建一批省内外化工企业。70年代，青岛明确发展海洋化工和积极补齐"三酸、两碱"，无机化工原料产业发展迅速，产品产量成倍增长，成为行业龙头。

改革开放后，青岛无机化工企业积极实施设备改造、引进更新及技术工艺升级，无机化工原料产量、质量和品种持续提升，技术装备水平跃居国内领先地位。至80年代中期，青岛成为拥有全国产量最大泡花碱、硅胶生产企业的国家重要无机化工原料研发生产基地，主要无机化工原料产品均获化学工业部、山东省优质产品称号，有的获国家质量金奖，并畅销国内外市场。

第一节 基础化工企业

20年代末，民族资本永裕盐业公司、德泰工厂相继创立，与日商光阳硫化磷工厂同为青岛早期化工原料生产企业。30年代，随着橡胶制品业兴起，大信化学工厂开始生产轻质碳酸钙，用作橡胶加工填充剂；复顺铁工厂投产氧气，为中国民族工业中最早的氧气生产厂家。40年代，随着日资纺织企业数量和规模迅速增长，用于染料、棉织品整理及软化的烧碱和纯碱需求急速增加，民族工商业者先后建立丰盛、德隆等小型烧碱厂及广益化工厂、延年化工厂

等较大烧碱厂。同期，无机盐生产企业也相应建立，其中国华工业原料厂（中日合资）、中和化工厂投产硫酸钡，是国内最早的生产厂家；中国纺织建设公司青岛第一化工厂为酸、碱、盐类产品的综合生产厂家。

50年代，国家投入大量资金对骨干化工企业进行扩建和改造，本地将一批私营小型化工厂进行合并，延年化学厂、德发化学厂、景盛制碱厂、永新合作社、鼎成工业社等10家小型苛化法烧碱厂相继并入广益化学工业厂。60年代初，青岛化肥厂、青岛红星化工厂、青岛海洋化工厂、青岛红旗化工厂、青岛碱厂、青岛台东化工厂等大中型化工厂逐步建立。60年代中后期至70年代，山东省针对农药生产及时调整化工产业布局，全省电解法烧碱厂家只保留青岛化工厂；青岛化肥厂建成投产，为山东省第一座现代化纯碱厂，标志着青岛纯碱制造工业诞生，成为全国三大纯碱厂之一；青岛泡花碱厂的成立，填补了一项重要的基础化工原料生产空白。

改革开放后，乡镇企业崛起。同期，青岛化工厂发展成为大型骨干企业，青岛泡花碱厂成为全国产量最大的泡花碱生产厂，青岛碱厂位居全国纯碱企业第三，青岛海洋化工成为全国最大的硅胶生产企业。至1985年，全市化工原料生产企业共有25家。

东兴工厂

1943年，民族工业者集资创办东兴工厂，为一手工作坊式小型化工厂，生产泡花碱，设备简陋、工艺落后，主要供应肥皂和洗涤剂生产，为山东首家泡花碱生产厂家。后因美国化工产品大量涌入，于1945年12月倒闭。1947年3月，原厂主在原址重建泡花碱厂，名为青岛景胜厂。1949年因股东内讧，另建东生福制碱厂生产泡花碱，其生产工艺及设备基本与前相同。

1950年，东生福制碱厂增加苛化法烧碱生产，生产由亏转盈。1953年，试制成功中性40°Be′泡花碱，1954年产量为1950年的17倍。

1956年与建华化工厂公私合营后，当年泡花碱产量达到1814吨。1956年9月，东生福制碱厂与建华化工厂合并，成立公私合营东生福制碱厂。1957—1958年，市政府先后投资5万余元迁建沧口区永平路中段东侧，固定资产从7683元增加到25.6万元。此后，先后开发投产4个泡花碱新品种，其中58°Be′、60°Be′泡花碱出口销往印度尼西亚、缅甸、斯里兰卡等东南亚国家。1960年泡花碱产量降至1959年半数，职工人数急增到635人。国民经济调整时期，根据市政府要求，职工人数精简至230余人，工厂面积减少50％。1962年，东生福制碱厂与青岛海水综合利用厂合并，成立青岛海洋化工厂，该厂成为其第二车间，仍以泡花碱为主要产品。

1966年2月，青岛海洋化工厂第二车间分出，成立国营青岛泡花碱厂。1970年，通过对窑炉进行技术改造提高生产能力，将窑炉由燃煤改为燃油、压力式溶解釜研制成功等，使该厂生产系统技术水平居国内领先地位。

1981—1983年，泡花碱生产工艺进行重大技术改造，实现原料机械密封输透、自动计量、自动混料，池炉熔化面积由26.5平方米增加到42平方米，改造燃油系统降低消耗，治理碱尘、沙尘污染，生产能力达到8万吨，成为国内设备最先进，机械化、自动化水平最高，产量最大的泡花碱厂。"六五"期间，该厂工业总产值平均每年递增5.2％，高于全国硅酸盐行业平均水平。1983年，获省石化工业厅授予的"无泄漏工厂"荣誉称号。1984年，获市政府授予的首家"清洁文明工厂"称号、获山东省"花园式工厂"称号。同年，该厂所产40°Be′、50°Be′两种型号泡花碱被评为山东省优质产品；同年，经过技术改造，硅酸钾钠年产能力由1000吨提高到4000吨。1985年，建成年产300吨白炭黑装置，投产水溶性内墙涂料。是年，该厂作为青岛市优化劳动组合的试点单位之一，率先进行企业内部综合配套改革，增强企业活力和竞争能力。

至 1985 年，青岛泡花碱厂系全民所有制国家二级企业，总资产 1.6247 亿元。厂址位于沧口区兴国路 25 号，全厂占地面积 76539 平方米，其中宿舍区 4200 平方米[①]；以生产基本化工原料为主，产品有硅酸钠、硅酸钾、硅酸钾钠、偏硅酸钠、白炭黑、洗衣粉、金属清洗剂、涂料 8 个产品 75 个规格品种；其中，硅酸钠（泡花碱）年生产能力 30 万吨，硅酸钾和硅酸钾钠年产能力 1.5 万吨，零水偏硅酸钠年产能力 1 万吨，五水、九水偏硅酸钠年产能力 2000 吨，白炭黑年产能力 3000 吨。

青岛第一化工厂

1944 年初，日本上海纺织株式会社和德山曹达工厂共同投资 6578.7 万元伪币，在上海纱厂筹建曹达工厂，1945 年设备运达，尚未安装即被南京国民政府青岛区敌伪产业处理局接管，后移交中纺公司青岛分公司管理。为满足纺织、印染业对烧碱及氯产品需求，中国纺织建设股份有限公司于 1947 年 5 月，将原曹达工厂烧碱设备迁至鑫和胶皮工厂旧址，正式建立中国纺织建设股份有限公司青岛第一化工厂。10 月开工投产，产品有烧碱、盐酸、漂白液、氯化锌 4 种。烧碱生产采用电解法，在省内最早开始生产合成盐酸，生产装置为石英合成塔。投产后又增装西门子电解槽 32 只，建水泥制氯化锌塔 1 座。

青岛解放后，中国纺织建设股份有限公司青岛第一化工厂收为国有，隶属华东纺织管理局青岛分局，1950 年上半年定名为

青岛化工厂。1952 年，青岛化工厂新增 2.5 平方米西门子电解槽 32 只，当年烧碱产量达到 1083 吨，成为山东省产量最大、设备最好的电解烧碱厂。1956 年，国家投资 100 万元，增加 1.2 平方米纳尔逊电解槽 94 只以及整流、蒸发器、锅炉等辅助设备，使烧碱年产量达到 2932 吨。同年，液氯装置建成投产，形成年产 2 万吨的生产能力。1958 年，国家投资 204 万元新建氯化氢工序，淘汰原生产装置，安装日产 30 吨铁制合成炉 5 台，开始为陶瓷填料吸收塔，后改进为钢衬胶泡罩吸收塔，盐酸年产能力提高到 15 万吨。同年开始，在青岛化工厂投资 280 多万元，进行较大规模的扩建和设备更新，采用较先进的 16 平方米立式吸附隔膜电解槽，逐步淘汰落后的西门子电解槽和纳尔逊电解槽；至 1960 年全部采用虎克电解槽，烧碱年产量达到 1.57 万吨，占全省电解烧碱总产量的 96％。1961 年漂白液装置建成投产，1963 年无水三氯化铁装置建成投产。1964 年，青岛化工厂成为山东省唯一的电解法烧碱厂家。1965 年，采用新工艺、新材料、新设备，进行以电解装置为中心的全面技术改造，烧碱年产能力达到 25 万

图 6-1 1979 年，青岛化工厂烧碱车间安装的金属阳极电解槽

① 青岛泡花碱厂志[M].内部编印,2001:3-10.

吨。是年 11 月，氯丁橡胶装置建成投产。60年代中期开始，青岛化工厂有 6 年发生亏损，亏损总额高达 1570 万元。1971 年，聚氯乙烯装置建成投产。1975 年，投资 1105 万元对盐酸生产装置进行迁建和技术改造，新增日产 50 吨铁制合成炉 6 台，形成 4 万吨年产能力，采用降膜吸收工艺，增加脱吸工艺，产品质量有明显提高。1977 年，工厂扭转亏损局面，被化学工业部列为全国 14 个首先采用金属阳极隔膜电解槽厂家之一。随着电解法烧碱的发展，山东省合成盐酸生产逐步发展起来，至 1978 年，青岛化工厂始终是省内生产规模最大、产量最高的合成盐酸生产企业。是年，全省生产合成盐酸 602 万吨，其中青岛化工厂 262 吨，占全省总产量的 43.5 %。

1979 年，投资 640 万元对烧碱装置进行重大改造，在淘汰部分虎克电解槽的基础上，安装 48 台具有 70 年代国际先进水平的 30 平方米金属阳极电解槽（图 6-1），同时对盐水预热、氯氢处理、供电等系统进行与年产 5 万吨烧碱相适应的配套改造。1982 年，青岛化工厂改进氯化氢生产工艺，由填料塔吸收改为降膜吸收和石墨冷却，提高氯化氢吸收率，外排废水含酸量由 638 克／升降至 30 毫克／升，按年产盐酸 45 万吨计，增产 31 %盐酸 1842 吨。

1988 年，青岛化工厂成为生产无机、有机两大类、10 余种基本化工原料的大型骨干企业，全厂有职工 3215 人，其中工程技术人员 186人；固定资产原值 7012 万元；完成工业总产值 6279 万元，实现利税 2863 万元，分别是 1978年的 1.84 倍和 6.26 倍；当年产烧碱 5.17 万吨，氯丁橡胶 2751 吨，聚氯乙烯 6078 吨，液氯 1.48 万吨，漂白液 1.57 万吨，三氯化铁 5350吨；产品出口创汇 100 万美元。[1]

久裕化工厂

1950 年，中国著名制碱专家侯德榜创建的永利宁公司（1957 年组建为南京化学工业公司），投资兴建久裕化工厂，由久大盐业公司与永裕盐业公司合并而成，员工 70 余人，主要生产碳酸镁。1953 年 4 月并入青岛染料厂，为其碳酸镁车间。[2]1954 年开始试制硅胶，产品为块状粗细孔硅胶、活化胶、兰胶，为国内首创。1957 年，碳酸镁车间与青岛染料厂沧口分厂同时转交青岛化工厂，成立三车间。1960 年，该车间与青岛实业染厂合并，更名为海水综合利用厂，次年定名为青岛海洋化工厂。1962 年，青岛海洋化工厂与东生福制碱厂（青岛泡花碱厂）合并。1965 年重新独立，恢复青岛海洋化工厂厂名，厂址位于沧口区汾阳路 12 号，占地面积 11.09 万平方米，自此成为国内首家专业生产硅胶企业。1968 年，国家投资建成全国第一个海藻加工车间提取碘，产品逐步形成硅胶和海藻胶两大系列产品。此后，相继研制成功具有国际先进水平的空气造粒新技术和油造粒新技术，开发生产的微球形硅胶、细孔硅胶等产品填补了国内空白。此外，又增加催化剂、干燥剂、硅溶剂、薄层层析硅胶、柱层层析硅胶等新品种。产品质量达到国际先进水平，并出口国外。

1980 年，该厂"海洋"牌硅胶荣获国家金质奖；同年，工厂荣获省级质量管理先进企业称号。1984 年，青岛海洋化工厂被评为省级无泄漏先进企业和全国热平衡达标企业。1985 年，硅胶产品再次荣获国家金质奖，工厂也成为全国最大的硅胶生产企业和唯一出口厂家。

至 1985 年，青岛海洋化工厂拥有职工 1279人；硅胶共有 12 个品种，产量达到 2404 吨，占全国硅胶产量的 70 %。

① 山东省志：化学工业志[M].济南：山东人民出版社,1993:156-157.
② 山东省志：化学工业志[M].济南：山东人民出版社,1993:201.

台东化工厂

1959年4月1日，振兴火柴厂、新兴肥皂厂和天成化工厂合并，组建成公私合营台东化工厂。产品仅有碳酸钡（天成化工厂）和硬脂酸（新兴肥皂厂）两种，当年碳酸钡开始出口。1960年开始研制红矾钠和铬酸酐，次年投产，年产量在30吨左右。到1962年，产品发展为43种，1963年将产品调整为10种，形成钡盐（以碳酸钡为主）、铬盐（以红矾钠、铬酸酐为主）、油脂化工（以硬脂酸为主）三大系列产品。同期，进行技术改造，碳酸钡生产由纯碱法改为碳化法，产量猛增。1965年，采用常压蒸馏法生产出少量一级硬脂酸，并增添负压蒸馏设备，副产出精甘油。

1966年，迁址沧口区四流北路43号，易名青岛红星化工厂，次年改为国营企业，是山东省无机盐生产的重点企业之一。60年代中期至1974年，持续投资248万元对钡盐和铬盐生产装置进行技术改造，使碳酸钡、红矾钠、铬酸酐的年产能力分别达到1.8万吨、3000吨和1000吨，产品质量都达到部颁标准。1978年，投资260万元，对铬盐生产工艺进行技术改造，但生产未达预期目的。80年代，又投资406万元，对铬盐整个生产工艺进行系统改造。同时，先后于1979年、1981年和1984年三次共投资182万元，对硬脂酸生产工艺和设备进行技术改造，新建厂房2010平方米，使硬脂酸年产量提高到5000吨。

1979—1986年，投资887万元对碳酸钡生产装置进行改造和扩建，其中以补偿贸易方式从日本引进技术设备5项。1979年引进湿法造粒设备39台，1980年安装投产，填补了国内碳酸钡粒状产品空白。1982年又引进第二套湿法造粒设备，同时增建20吨锅炉1台及35千伏降压站，使碳酸钡年产能力由1.8万吨扩大到2.3万吨，1985年从日本引进卧式脱水机两台，1986年又从日本引进碳酸钡干法造粒设备。

1985年，青岛红星化工厂生产碳酸钡2.23万吨、铬酸酐1400吨、红矾钠3500吨，其中碳酸钡占山东省生产总量的90%，铬酸酐获国家银质奖；实现工业总产值6915万元，拥有职工3000余人。

青岛化肥厂

1957年，针对国内纯碱短缺和农业急需化肥的状况，化学工业部和山东省拟于"二五"计划期间，在青岛兴建一座年产合成氨5万吨、

图6-2 1958年，青岛化肥厂开始兴建

纯碱和氯化铵各 16 万吨的中型联碱法生产企业，定名为青岛化肥厂。1958 年 5 月破土动工（图 6-2）。此后，由于遇到经济困难，基建进度缓慢，加上国内合成氨高压设备制造技术还未过关，经化学工业部考察后改变原设计方案，确定先建年产 8 万吨的氨碱法纯碱装置。建设中采用大中型制碱专用设备和蒸汽煅烧炉，全套设备均由国内制造，共投资 4838 万元。1963 年 1 月 1 日起，青岛化肥厂由省重工业厅划归化学工业部，改名为化学工业部青岛化肥厂。1965 年 5 月 1 日，工厂竣工投产，一次试车成功，产量和各项经济指标都达到或超过设计要求，标志着本市纯碱工业的诞生。该厂是山东省第一座现代化纯碱厂，也是全国三大纯碱厂之一。

"文化大革命"期间，该厂相继建设小合成氨、小苏打、氯化钙、石油裂解、联碱工程及其他小产品项目，除小苏打、氯化钙外，其他均为无效益项目。1974 年，合成氨联碱工程恢复建设，完成投资 4400 万元后，又将其中基本建成的合成氨系统下马。1976 年建成石油裂解装置，总计投资 910 万元，因重油不足未能投产。1977 年 9 月，青岛化肥厂开始恢复整顿，重点进行生产自救。1978 年纯碱产量提高到 1404 万吨，扭转亏损局面。

1979—1982 年，投资 1548 万元对设备、厂房进行全面恢复性大修，设备完好率提高到 97.3 %，泄漏率降低到 0.25 ‰，成为"无泄漏工厂"。1982 年，青岛化肥厂被评为化学工业部设备管理先进单位。其间，石灰窑实现连锁程序控制，各项工艺指标领先于国内同行业。1983 年底，开始实施保产 20 万吨技措项目。

1984 年 1 月，青岛化肥厂更名为青岛碱厂，厂址位于沧口区四流北路 78 号，占地面积 47 万平方米，拥有职工 3800 人。1985 年，青岛碱厂纯碱年产量达到 26.03 万吨，占全省纯碱产量的 1/4，为全国三大纯碱厂之一，居全国第三位。

第二节 制酸工业

早期，稀硫酸生产多采用铅室法和塔式法。40 年代后期，中国纺织建设公司青岛第一化工厂（青岛化工厂前身）电解烧碱投产时，开发出合成盐酸生产，是最早采用合成法生产盐酸的企业。50 年代，青岛油漆厂和青岛染料厂分别建成年产 3000～5000 吨接触法硫酸装置。同期，青岛的盐酸生产逐年发展。60 年代后期，随着磷肥工业崛起，硫酸生产迅速发展。同时，随着电解烧碱的发展，合成盐酸逐步发展起来，青岛化工厂建立合成盐酸装置。1967 年，青岛染料厂在莱芜设立分厂，建成年产 1 万吨的硫酸装置并投入生产。70 年代，本市建成投产的硫酸生产厂、点急剧增加，主要有青岛东风化工厂、胶县化工厂、莱西磷肥厂、胶南磷肥厂、青岛油漆厂。其间，全市硫酸生产均采用接触法工艺。1975 年，国家为鼓励企业回收利用，规定副产盐酸销售价格（按 1970 年不变价每吨副产盐酸为 30 元），并作为一种产品开始统计产量。同年，青岛农药厂、青岛制药厂都开始副产盐酸。到 1978 年，青岛化工厂合成盐酸产量达 2.62 万吨，占全省合成盐酸产量的 43.5 %；胶南、青岛红旗化工厂等年产量都在 2000 吨以上。这一时期，随着有机化工特别是农药工业发展，副产盐酸逐渐被重视。

除硫酸、盐酸两大强酸外，本市制酸工业还生产磷酸、硼酸、钨酸、氢氟酸、无水氢氟酸、氯磺酸等无机酸。其中，磷酸于 1957 年由永大化工厂（后并入青岛油漆厂）开始生产；硼酸、钨酸于 60 年代生产后停产；氯磺酸于 1970 年由青岛东风化工厂开始生产。

80 年代初期，硫酸生产继续发展，部分企业扩大生产规模。1983 年后只有青岛红旗化工厂生产磷酸。1984 年磷肥出现滞销，导致硫酸生产滑坡。1985 年氯磺酸产量为 5633 吨。1986

年胶南磷肥厂年产 5000 吨硫酸装置转产。到 1988 年，本市硫酸产量在全省总产量中所占比例为 6.7%，居中游水平。

硫酸

1958 年，国家在青岛油漆厂建成年产 3000 吨接触法硫酸设备。1959 年，青岛染料厂建成一套块矿焙烧、干法接触转化制酸设备，年产能力为 50%～60% 硫酸 800 吨；年底又建成投产沸腾焙烧炉、塔式亚硝基法制酸设备，后加以改造，采用沸腾焙烧、二级旋风除尘器、三文一塔水洗净化、一转一吸工艺流程，属省内先进水平，年产能力 4000 吨。1958—1960 年，全市化工企业在大搞化工"小土群"活动中建设小型塔式法硫酸设备 6 套、接触法硫酸设备（简称"小接硫"）31 套。1960 年淘汰塔式法设备，将"小接硫"调整为 7 个生产单位共 18 套设备。是年，全市生产硫酸 1.09 万吨。60 年代初，对硫酸生产进行调整，青岛油漆厂 3000 吨设备、青岛染料厂 4000 吨设备先后于 1961 年和 1962 年停止硫酸生产。

1968 年，在莱芜开工建设年产 1 万吨硫酸的分厂，采用沸腾焙烧、文泡文水洗净化、一转一吸工艺流程，生产 98% 以上浓硫酸。1970 年，青岛东风化工厂投产硫酸，同时投产氯磺酸，副产硫酸；当年生产硫酸 400 吨。1971 年，胶县化工厂以闪锌矿为原料土法生产硫酸。1973 年，青岛东风化工厂硫酸产量达到 4044 吨。同年，青岛染料厂建成投产硫酸设备（图 6-3），生产 93%、98% 浓硫酸；莱西磷肥厂建成年产 5000 吨硫酸设备，采用沸腾焙烧炉、水洗净化、一转一吸工艺；莱芜硫酸分厂建成投产，生产浓硫

酸。至 1974 年，胶县化工厂共生产 256 吨；是年，该厂建成年产能力 5000 吨的接触法硫酸设备，采用沸腾焙烧炉、一转一吸工艺流程，次年生产 3226 吨，为历史最高年份，其后年产量在 1500～2000 多吨之间。1974 年，因进口硫黄短缺，青岛东风化工厂停产硫酸。1977 年，胶南磷肥厂硫酸设备投产，当年生产 334 吨，次年达到 2800 吨。1978 年，青岛油漆厂恢复硫酸生产，采用进口硫黄制酸，年生产能力 1 万吨。1979 年，莱西磷肥厂扩建硫酸生产设备，年产能力提高到 1.5 万吨；1980 年增建年产 2.5 万吨的硫酸设备。

1981 年，全市生产硫酸 4.5 万吨（折 100%）。1984 年因磷肥滞销导致硫酸生产滑坡，全市硫酸生产能力 8 万吨，实际仅生产 4.11 万吨。1985 年，因国家停止硫黄进口，青岛油漆厂停产硫酸。1986 年，青岛东风化工厂停产副产硫酸，自投产后，年产量一般在 400～700 吨之间。

盐酸

1947 年 9 月，中国纺织建设股份有限公司青岛第一化工厂建成投产，在省内最早开始生产合成盐酸，日产仅为 1 吨（按氯化氢含量 31% 计，下同），至 1949 年 5 月共生产 154 吨。

图 6-3 青岛染料厂建于 70 年代的硫酸车间

青岛解放当年，第一化工厂生产盐酸 78 吨，1950 年增至 210 吨。1954 年，青岛化工厂新建同等规模生产设备 1 套，年产能力提高到 2000 吨，当年产量达到 2390 吨，至 1958 年一直是山东省唯一的合成盐酸生产厂家。1958 年，国家在青岛化工厂新建氯化氢工序，淘汰原生产设备，安装日产 30 吨铁制合成炉 5 台，开始为陶瓷填料吸收塔，后改进为钢衬胶泡罩吸收塔，盐酸年产能力提高到 1.5 万吨；次年盐酸产量突破万吨，1960 年达到 1.54 万吨。

60 年代初，盐酸生产大幅度滑坡，1961 年产量降至 7400 余吨。1963—1966 年，山东省对电解法烧碱厂进行调整，合成盐酸生产只保留青岛化工厂 1 家，其生产逐步得到恢复，1966 年达到 1.45 万吨。

1970 年，青岛红旗化工厂恢复电解法烧碱生产，建成年产 6000 吨盐酸设备。同年 10 月，胶南化工厂投产年产能力 3000 吨盐酸设备。1975 年，胶南化工厂对盐酸生产设备进行迁建和技术改造，新增日产 50 吨铁制合成炉 6 台，形成 4 万吨的年产能力，采用降膜吸收工艺，增加脱吸工艺。其间，青岛化工厂盐酸产量逐年下降，1974 年只有 4000 余吨；青岛红旗化工厂最高年产量为 1972 年的 1839 吨，最低年产量为 1975 年的 607 吨；胶南化工厂自 1970 年投产至 1974 年，年产量均在 1000 吨以下，1975 年达到 1300 吨。70 年代中后期，伴随有机化工特别是农药工业发展加快，副产盐酸产量增加。1975 年，国家为鼓励企业回收利用，规定副产盐酸销售价格（按 1970 年不变价每吨为 30 元），并作为一种产品纳入产量统计，企业生产副产盐酸的积极性被调动起来。当年，青岛农药厂副产盐酸 1076 吨，居全省第 2 位；青岛制药厂副产盐酸 352 吨。至 1978 年，青岛化工厂在全省 16 家氯碱企业中始终为生产规模最大、产量最高的合成盐酸生产企业，其年产量为 2.62 吨，占全省总产量的 43.5%。1978

年，全市产量共计 3.18 万吨，此后全市盐酸生产持续稳定增长。

50—70 年代，大部分生产厂家沿用传统的铁炉合成、降膜吸收工艺生产盐酸，这种工艺设备腐蚀污染严重。1979 年，胶南化工厂新增 2 台"三合一"（将合成、吸收、冷却在一个炉内完成）石墨合成炉，既解决设备腐蚀问题，又减少污染。

1980 年，青岛东风化工厂生产副产盐酸 883 吨。1982 年，胶南化工厂改进氯化氢生产工艺，由填料塔吸收改为降膜吸收和石墨冷却，大幅提高氯化氢吸收率，外排废水含酸量由 6.38 克／升降至 30 毫克／升，按年产盐酸 4.5 万吨计，可增产 31% 盐酸 1842 吨。

第三节 制碱工业

30 年代以前，境内企业主要以电解法生产烧碱等产品。40 年代，丰盛、德隆、青岛等制碱厂相继投产，但此类企业规模很小，职工人数最多的青岛制碱厂有 35 人，少的只有 3 人；生产方法均为苛化法，以手工操作，大锅熬制。青岛氯碱生产由此起步。40 年代后期，延年和广益化工厂先后建成电解烧碱生产装置；中纺青岛分公司利用日本投降时未及安装的电解烧碱设备建立青岛第一化工厂，除生产烧碱外，还生产合成盐酸、漂白液和氯化锌等氯产品。从此，省内始有以电解食盐水溶液为基础的氯碱工业。

解放后，青岛化工厂、广益化工厂电解烧碱首先恢复生产，一批私营小苛化法烧碱厂也发展起来，延年化工厂建成苛化法烧碱生产装置。在私营烧碱厂全部实现公私合营后，延年化工厂、永新工业社、鼎成工业社、德发化学厂、景盛制碱工厂的苛化烧碱并入广益化工厂，分散的小生产逐步走向相对集中的大生产。50 年代中期，国家计划委员会和化学工业部提出山东省不宜再发展苛化法烧碱生产，要把重点放在电解烧碱上，以发展一些氯产品。1956年，在青岛化工厂投资100万元增加纳尔逊电解槽，同时建成液氯装置并正式投产。次年，广益化工厂停产苛化法烧碱，扩大电解烧碱生产规模。1958年，青岛化工厂开始较大规模扩建和设备更新，淘汰落后的纳尔逊和西门子电解槽，至1960年全部采用虎克电解槽。这一时期，各地自筹资金相继建设一批小型氯碱厂和小苛化法烧碱生产装置，但多数是因陋就简盲目建设，在国民经济调整中被关、停、并、转，仅保留了青岛化工厂的电解烧碱装置。

70年代初，为适应化学工业特别是农药及其他氯产品发展需要，青岛红旗化工厂（原广益化工厂）、胶南化工厂先后恢复和建成电解烧碱装置。70年代后期，国家在青岛化工厂投资640万元，对烧碱装置进行重大改造，安装金属阳极电解槽，对盐水预热、氯氢处理、供电等系统亦进行相应配套改造。

80年代，苛化法烧碱被淘汰，全部采用电解法生产烧碱，电解烧碱沿用的汞整流器全部被较为先进的硅整流器所取代。青岛红旗化工厂采用更为先进的可控硅整流器；青岛化工厂则采用附有载调压开关的硅整流器（简称"主调合一"硅整流变压器）以及贯串式饱和电抗器和同相逆并工艺，生产技术达到国内先进水平。1985年后，新建和扩建的氯碱企业几乎全部采用金属阳极电解槽，与石墨电解槽相比，每吨烧碱节电100多度。

烧碱

30年代末，日资及其控制的化工企业主要以电解法生产烧碱等产品。1942—1943年，丰盛号、德隆号、青岛制碱厂等苛化法烧碱厂均为手工业工场，生产技术落后，采用人工操作，大锅熬制。1945年1月，延年化学厂建成投产，主要设备有爱尔麻亚电解槽16只（投产8只）、电动机6台、直流发电机1台、真空蒸发器1

套、漂白粉塔1座；日产液体烧碱300～350公斤，但开工年余便被迫停工。1946年春，广益化学工业厂建成，主要设备有纳尔逊电解槽10只、漂白粉设备1套，日产电解法30%烧碱350公斤，自投产后就陷于半瘫痪状态，形同倒闭。1947年7月，青岛第一化工厂建立，主要设备有纳尔逊电解槽28只、漂白粉间与盐酸石英塔1座；9月增装西门子电解槽32只和建水泥制氯化锌塔1座。以电解食盐水溶液为基础的制碱工业在青岛诞生。该厂生产时断时续，仅日产烧碱1.2吨，至1949年5月，共生产烧碱227吨。1949年7月，广益化学工业厂电解槽增至20只。

青岛解放后，青岛第一化工厂被收归国有，当年生产烧碱144吨；广益化学工业厂、延年化学厂先后恢复生产，增加固碱加工。1950年4月，南海专署投资4亿元（旧币）与广益化学工业厂合营，当年生产烧碱89吨。50年代初，青岛化工厂根据华东区工业会议要求扩产改造，成为山东省产量最大、设备最好的电解法烧碱厂。1950年下半年，烧碱市场供不应求，延年化学厂电解槽增至16只，广益化学工业厂电解能力扩大到年产400吨，青岛第一化工厂投入生产的电解槽48只；私营兴华化工厂于是年建成投产，有电解槽15只。同期，苛化法烧碱再度兴起，先后有毅生、德兴东、建华、大昌、维化、永新、鼎成、景盛、德发等20余家小型烧碱厂建成投产，广益化学工业厂、东生福制碱厂也增加苛化法烧碱。但因苛化法烧碱质量较差，化工行业公会组织烧碱联营，将全市所产烧碱规格一律提高到规格40度含碱30%，淘汰落后生产方式。1952年6月，广益化学工业厂苛化法烧碱实现机械化、半机械化，产量和质量提高，成本降低。次年，95%固体烧碱试制成功并投入批量生产。1951—1952年，青岛化工厂进行扩产改造，烧碱年产能力由650吨增至1600吨；延年化学厂增加苛化法烧碱，日产电解液体烧碱 350 公斤，苛化法液体烧碱 800 公斤；广益化学工业厂苛化法烧碱实现机械化、半机械化生产，1952 年产量 761 吨。1953 年，广益化学工业厂 95 %固体烧碱投产，年产能力为 1000 吨。1956 年，青岛化工厂烧碱产量达到 5000 吨。

1956 年，国家在青岛化工厂投资 100 多万元增加纳尔逊电解槽 88 只，使电解槽总数达 184 只，其中 2.5 平方米西门子电解槽 64 只、1.2 平方米纳尔逊电解槽 120 只；同时对盐水工序、蒸发工序、氯氢处理系统完善，烧碱年产能力提高到 2500 吨，并建成投产山东省首套液氯生产设备，年产能力为 5000 吨。1957 年，广益化学工业厂停止苛化法烧碱，扩大电解法烧碱生产规模，投入运行的电解槽达到 52 只，此后关停小型苛化法烧碱。1958 年起，国家投资 280 多万元对青岛化工厂进行扩建和设备更新，采用先进的 16 平方米虎克立式吸附隔膜电解槽，逐步淘汰落后的纳尔逊电解槽和西门子电解槽。1959 年，广益化工厂开始大幅度削减烧碱生产。1960 年，青岛化工厂烧碱产量由 1951 年的 650 吨增至 1.57 万吨，占山东省总产量 2.19 万吨的 71.7 %。

国民经济调整时期，农药及氯产品生产发展迅速，山东省及时调整工业布局。1961 年，青岛化工厂烧碱产量急剧下降，仅生产烧碱 8824 吨，比 1960 年降低近 50 %；广益化工厂则停产烧碱。至 1964 年，全省只保留青岛化工厂 1 家电解法烧碱厂家。1965 年，青岛化工厂采用新工艺、新材料、新设备进行以电解设备为中心的全面技术改造，烧碱年产能力达到 2.5 万吨。1970 年，青岛红旗化工厂恢复电解法烧碱生产，新安装 16 平方米立式吸附隔膜电解槽，年产能力为 4000 吨。同年 10 月，胶南化工厂电解烧碱装置建成投产，采用 3 型立式吸附隔膜电解槽，年产能力为 1500 吨。是年，全市电解法烧碱设备能力达 3.05 万吨，占山东省年产能力 5.68 万吨的 53.7 %。此后，烧碱生产量急剧下降，1974 年全市生产 1.09 万吨，相当于生产能力的 1/3；其中，青岛化工厂仅生产 9196 吨，相当于 1963 年的产量。1977 年，青岛化工厂生产烧碱 2.69 万吨，青岛红旗化工厂生产烧碱 3210 吨。1978 年，胶南化工厂将 50 只 3 型立式吸附隔膜电解槽更换为 8 型，年能力提高到 3000 吨；当年产量达到 1333 吨，均创建厂后最高纪录。同年，全市烧碱生产量为 3.61 万吨。

70 年代末，由于化学纤维工业快速发展，对高纯度烧碱要求日趋迫切，国家投资 640 万元、青岛化工厂自筹 2185 万元，对烧碱生产设备进行更新换代，安装 30 平方米金属阳极隔膜电解槽 48 只，淘汰部分立式吸附隔膜电解槽，同时对整流设备、碱液蒸发以及氯气加工、"三废"处理等工艺技术进行改造，烧碱年产能力达到 5 万吨。1983 年，青岛化工厂建成年产 1 万吨烧碱蒸发设备，并对电解工序进行扩建改造，使整流、电解、盐酸、蒸发等设备能力与年产 1 万吨烧碱相配套。1985 年，全市烧碱产量 5.52 万吨。

纯碱

1957 年，化学工业部和中共山东省委决定于第二个五年计划期间建设青岛化肥厂。1962 年，化学工业部对青岛化肥厂建设情况考察后决定改变设计方案，对联碱法采取预留措施，先行建设年产 8 万吨氨碱设备。1964 年底工程全部竣工，采用大中型制碱专用设备和蒸汽煅烧炉，1965 年 4 月一次试车成功并投入正式生产，各项经济指标都达到或超过设计要求，当年生产纯碱 5.32 万吨；次年纯碱产量突破生产能力，达到 13.67 万吨。这是省内建成投产的第一座现代化纯碱厂。

60 年代后期至 70 年代前期，青岛化肥厂相继建设小合成氨、小苏打、氯化钙、石油裂解、联碱工程及其他小产品项目，除小苏打、氯化钙外，其他均无收效。1969年，青岛化肥厂生产纯碱8.31万吨，比1968年下降42.39%；1972年回升到13.14万吨，1974年又降至6.49万吨。1974年，青岛化肥厂合成氨联碱工程恢复建设，完成投资4400万元后又将其中基本建成的合成氨系统下马。1976年建成石油裂解装置，因重油不足未能投产。1975—1976年，青岛化肥厂纯碱产量回升至9万~10万吨；1978年达到14.04万吨。1979—1982年，青岛化肥厂投资1548万元对设备、厂房进行全面恢复性大修，设备完好率提高到97.3%，泄漏率降低到0.25‰。其间，青岛化肥厂"自立"牌纯碱1980年被评为化学工业部优质产品；1981年，全市纯碱产量突破20万吨。

1983年，青岛化肥厂"自立"牌纯碱获国家金质奖。是年底，该厂开始实施"988"技术改造工程，1984年12月竣工，纯碱年产能力达到20万吨。1985年1月，该厂开始实施由年产能力20万吨扩至30万吨的改造工程，1988年竣工。采用高效蜂窝填料澄清桶、二氧化碳透平压缩机、直径32米蒸馏塔和20平方米滤碱机，并研制开发蒸馏废液闪发设备、煅烧热碱回收系统和自身返碱蒸汽煅烧炉，建成年产8万吨重质纯碱项目。

1985年，全市生产纯碱26.03万吨，占全省1/4。

第四节 无机盐工业

无机盐生产和应用历史悠久，传统产品有芒硝、火硝（硝酸钾）、盐卤、硫黄等，但发展极为缓慢。到40年代末，除传统无机盐产品外，只有硫化碱、硫酸钡、硫化磷、轻质碳酸钙、无水芒硝、漂白粉、氯化锌等，非金属单质只有氧气，生产规模很小，多为以窑、炉、坑为手段的作坊生产。

50年代，青岛逐步发展成为山东省无机盐开发生产基地。70年代末，由于贯彻"调整、改革、整顿、提高"的方针，生产工艺和设备不断改进和更新，加上乡镇企业崛起，无机盐工业在产品数量、质量和品种上都有很大发展，主要品种有硅酸钠、轻质碳酸钙、碳酸钡、液氯、硫化钠、硫酸钡、无水芒硝、亚硫酸钠、碳酸氢钠、硫黄、重铬酸钠、三氯化磷；产品中先后有硅胶、铬酸酐、氟硅酸钠、重铬酸钾、三氯化磷、硝酸钾、硫酸钡、氟化钠、硫黄、黄磷等品种被评为化学工业部和山东省优质产品，其中铬酸酐、硅胶（薄层层析硅胶和细孔块状硅胶）和无水氟化氢还分别荣获国家银质奖和金质奖。另有铬盐、钡盐、硅胶、硫酸镁、氟化钠、高锰酸钾等多个品种进入国际市场。

除上述产品外，本市生产的无机盐还有镁盐、铁盐、铜盐等多种，包括硫化磷、碳酸镁、三硅酸镁、硫酸亚铁、硫酸铜、三氯化磷、硫酸镁等，产品随着市场变化而变化，生产厂家及产品产量也不断变动，广泛用于轻工、纺织、冶金等行业，也是化工行业的重要原料。

钠盐

钠盐主要产品有20余种，包括硫化钠、碳酸氢钠、亚硫酸钠、硫代硫酸钠（又称海波、大苏打）、焦亚硫酸钠、硅酸钠（又称泡花碱、水玻璃）、硫酸钠（又称元明粉、芒硝）等，广泛用于染料、农药、医药、防腐剂、印染、造纸、食品、消毒等；其中有些产品是工业上的副产品。

1935年，维新化学工艺社增加硫化钠生产，次年产量达到823吨。青岛钠盐生产由此起步。40年代，四方建大信芒硝公司曾用烘硝铁盘生产硫酸钠，设备简陋。1943年，东兴工厂在省内最早开始生产硅酸钠。1947年，景胜工厂使用小土反射炉生产泡花碱。

1949年10月，私营东生福制碱厂创建，主要生产泡花碱。50年代，随着造纸工业发展，市场对硫酸钠需求越来越大，青岛实业化工厂生产粗品亚硫酸钠，建新盐化工厂、新和化工厂均生产纯硫酸钠，台东化工厂是全市最大的生产厂家。1951年8月，新和化工厂建成硫酸钡装置并投产，联产硫化钠。其间，维新化学工艺社继续生产硫化钠，产量大幅增加；隆大颜料厂建成，单产硫化钠。1952年10月，华北化学厂最早投产碳酸氢钠，次年基本停产，两年累计生产107.55吨。到1958年，青岛生产硫化钠的厂家有四方化工厂（原维新化学工艺社）、天成化工厂、新和化工厂，全市硫化钠总产量占山东省总产量近50%。是年起，青岛化工系统一些企业将硫酸钠作为副产品回收，轻工系统一些盐场也开始从盐卤中制取硫酸钠。同年，天成化工厂开始生产亚硫酸氢钠、低亚硫酸钠（又称保险粉）；其中最初以土法生产液体亚硫酸氢钠，因运输不便改产固体；1961年停产。1959年，天成化工厂并入青岛台东化工厂。同年，市手工业管理局开始组织生产碳酸氢钠。

1960年，台东化工厂开始生产重铬酸钠，副产有水芒硝。1965年，青岛农药厂首先开始生产焦亚硫酸钠，是省内唯一生产厂家。同年，青岛化学试验厂开始生产碳酸氢钠。1966年，青岛泡花碱厂年产能力为1.6万吨，1970年扩大到4.3万吨，其后由平炉改转炉，又改为回转炉，年产能力达到8万吨。[①]1968年，青岛红旗化工厂开始生产氰化钠（俗名山奈）。同年，焦亚硫酸钠转由青岛化学实验厂（1973年改名青岛橡胶机修厂）生产，年产量均在300吨左右。其间，青岛油漆厂、台东化工厂、楼山大队化工厂、驻军某部化工厂均产亚硫酸钠；其中，以青岛油漆厂所产粗品亚硫酸钠产量最高，1970年达到1.41万吨。1971年，青岛红旗化工厂以氰化钠和硫酸亚铁复分解法少量生产亚铁氰化钠（俗名黄血盐钠）。1972年，青岛红卫化工厂最先投产六偏磷酸钠（俗称磷酸玻

璃）。1974年，氰化钠停产。1975年，六偏磷酸钠改由青岛自力化工厂生产，青岛石灰厂首先生产四硼酸钠（又名硼砂）。1976年，青岛染料厂家属分厂利用回收硫酸尾气生产硫代硫酸钠。1977年，青岛第三化工厂、青岛红旗化工厂先后投产磷酸三钠（又称磷酸钠）。1978年，青岛橡胶机修厂停产焦亚硫酸钠。其间，60年代末到70年代中期，青岛生产碳酸氢钠的厂家不断增加，青岛化肥厂家属分厂、青岛酒精厂、崂山红寨化工厂分别于1969年、1970年和1977年相继投产。

1979年前后，因硫化钠产品供过于求，青岛染料厂、莱西磷肥厂等厂家先后停产。1980年，青岛东风化工厂（原新和化工厂）年产硫化钠能力提高到6000吨；此后，全市只有该厂硫化钠列入山东省生产计划。同年，全市碳酸氢钠产量突破万吨，四硼酸钠产量扩至2000吨。1981年，青岛停产六偏磷酸钠。同年，因纯碱原料紧张，产品也有过剩趋势，全市只剩崂山红寨化工厂和青岛化肥厂家属分厂继续生产碳酸氢钠。80年代，青岛油漆厂是全市唯一生产亚硫酸钠的厂家，年产量一般在万吨左右；生产硫酸钠的厂家有红星化工厂和建新盐化厂，建新盐化厂1982年产量达1695吨。

钾盐

钾盐主要用于制造火药、炸药、火柴、医药、肥料、防腐剂等，也用于印染行业。其中，氯化钾主要由盐场从制盐后的苦卤中提取。1956年，天成化工厂开始生产氯酸钾。1958年，青岛建新盐化厂开始少量生产氯化钾，广益化工厂和永大化工厂开始生产高锰酸钾，此为青岛生产钾盐之始。1959年，天成化工厂并入青岛台东化工厂，继续生产氯酸钾，1962年因产品滞销而停产。1962年，广益化工厂将高锰酸钾转交青岛制药厂自产自用，同年永大化

---

① 青岛泡花碱厂志[M].青岛:青岛泡花碱志编纂委员会编印,2001:64.

工厂停产。

1974 年，青岛红旗化工厂开始生产氢氧化钾，设备年产能力为 200 吨，1975 年生产 122 吨，1977 年因产品无销路而停产，累计产量 308 吨。

80 年代初，青岛泡花碱厂利用硅酸钾钠设备开始生产硅酸钾，年产能力为 4000 吨，根据用户要求适量生产，年产量一般在 300 吨左右。80 年代，氯化钾年产量达到 500 吨左右。

钡盐

钡盐品种主要有硫酸钡、碳酸钡、氯化钡、硝酸钡、氢氧化钡等，广泛用于油漆、颜料、橡胶制品、造纸、医药、冶金等工业。1942 年，国华工业原料厂和中和化工厂先后投产硫酸钡，为国内仅有的两个硫酸钡生产厂家。

1951 年，新和化工厂买下中和化工厂厂房、设备，继续硫酸钡生产；1953 年，由压滤法代替大木桶沉淀法，年产能力由 200 吨提高到 1000 吨。1956 年，新和化工厂与历新化工厂、民生植物油厂实行公私合营，建立硫酸钡分厂，年产能力提高到 2600 吨。1957 年，广益化工厂投产氯化钡，当年生产 100 吨后即停产。同年，天成化工厂采用纯碱法生产碳酸钡，1959 年改用碳化法，直到 1963 年 8 月才正式启用，装置能力为 2000 吨。1958 年，台东化工厂采用硫化钡法生产工艺生产八水氢氧化钡。同年，天成化工厂开始生产硝酸钡。1959 年，新和化工厂投产氯化钡，到 1961 年累计生产 35 吨，此后停产。1962 年，天成化工厂硝酸钡产量达到 515 吨，1964 年因产品调整停产，累计生产 1046 吨。1965 年，天成化工厂改用转炉取代反射炉生产碳酸钡，年产能力达到 5000 吨；其间，1958—1960 年该厂还以土法生产过高纯碳酸钡。

1966 年，新和化工厂更名为青岛东风化工厂，以转窑取代反射炉，并增设新转筒烘干机等，使硫酸钡年生产能力提高到 6000 吨。1967

年，东风化工厂采用盐酸硫化钡法恢复生产氯化钡。1968 年该工厂硫酸钡产量达到 6298 吨。

1970 年，东风化工厂开始采用硼砂与硫化钡液反应法生产偏硼酸钡。1972 年，台东化工厂将八水氢氧化钡转交自力化工厂生产，生产工艺改为粗碳酸钡与盐酸作用再与烧碱反应制得；次年，设备能力扩大到 2000 吨。1973 年，因原料短缺、产品滞销，东风化工厂停产偏硼酸钡。1975 年，自力化工厂将八水氢氧化钡生产中的滚筒干燥设备改为气流烘干法，烘干效率提高 8 倍。1978 年，东风化工厂氯化钡达到最高产量 605 吨。1979 年，自力化工厂试制成功一水氢氧化钡，采用真空干燥脱水法生产工艺，年产能力为 350 吨，是国内第一家实现工业化生产一水氢氧化钡的厂家。80 年代，自力化工厂又将生产一水氢氧化钡的原工艺，逐步改为以碳酸钡为主要原料的先进工艺。其间，青岛东风化工厂于 1972 年和 1980 年两次进行技术改造，使硫酸钡年产总能力达到 1.2 万吨；1979 年和 1981 年，还先后两次从日本引进碳酸钡湿法造粒设备，生产总能力达到 2.3 万吨。

1984 年，胶州普集化工厂投产硝酸钡，次年产量 763 吨。同年，东风化工厂研制投产药用硫酸钡，先后开发出青岛 2、3、4 型三种型号的双重造影硫酸钡以及改性超细硫酸钡，膏状、粉状沉淀硫酸钡等。其中，药用双重造硫酸钡 1984 年获省科学技术委员会科技成果二等奖；"火圈"牌沉淀硫酸钡 1980 年和 1985 年先后两次被评为山东省优质产品，1985 年被省经济委员会、外贸局、商检局评定为山东省优质出口商品。

铬盐

铬盐广泛用于皮革、纺织、电镀、基本有机化工、颜料、香料、油脂、火柴、木材等行业中，主要产品有重铬酸钠（俗称红矾钠）、重铬酸钾（俗称红矾钾）、铬酸酐（又称三氧化铬）、碱式硫酸铬（俗称铬盐精）等，其中重铬酸钾、铬酸酐、碱式硫酸铬都是重铬酸钠的衍生物。

1959年，台东化工厂采用高温焙烧氧化法开始试生产重铬酸钠，主要依靠手工操作，当年生产7.66吨；此后，通过改进生产工艺和工序，产能大幅提高。1960年，台东化工厂采用酸性芒硝与葡萄糖反应工艺试生产铬酸酐，次年正式生产，年产能力为100吨；此后，经过多次技术改造，产能逐步提高，1962年高达240吨。1962年，台东化工厂开始采用红矾钠与氯化钾反应法生产重铬酸钾，年产能力为100吨，次年技术改造后达到150吨。其间，台东化工厂曾于1957—1964年以土法生产硫酸铬钾，年产量在10吨左右。1965年，台东化工厂将铬酸酐生产中的带式薄片机改为滚筒制片机，产品质量明显提高。是年，该厂重铬酸钾产量为153吨。1966年，台东化工厂铬酸酐、重铬酸钾生产工艺改造成功，年产能力分别达到300吨，当年生产重铬酸钾275吨。同年，自力化工厂开始生产硫酸铬钾。1967年，台东化工厂采用液体生产法生产铬酸酐，年产能力提高到1000吨。1968年，红星化工厂开始土法生产硫酸铬，当年生产7吨；同年，该厂利用铬酸副产品酸性芒硝为原料加工盐基硫酸铬，年产能力为700吨，实际年产量一般在300吨左右。

1970年，自力化工厂硫酸铬钾产量达到191吨。1973年，青岛红星化工厂硫酸铬产量达到508吨，为历年最高。1977年，台东化工厂铬酸酐被评为山东省优质产品。1978年，台东化工厂经技术改造，铬酸酐年产能力达到2000吨，当年生产1216吨。同年，自力化工厂停产硫酸铬钾。1979年，台东化工厂重铬酸钾被评为化学工业部、山东省优质产品，后因市场萎缩于1981年停产。1982年，红星化工厂因铬盐装置改造而停产。1984年，台东化工厂产重铬酸钠和铬酸酐被评为山东省优质产品；1985年，重铬酸钠被评为化学工业部优质产品，

并获国家银质奖。

锌盐

青岛锌盐产品主要有氯化锌、硫酸锌和硝酸锌。1947年9月，中国纺织建设公司青岛第一化工厂首先投产氯化锌，至1949年5月累计生产35％氯化锌252吨。

1952年，力生工业社（1956年并入天成化工厂）开始生产硫酸锌。1954年，青岛化工厂因氯化锌滞销而停产。1958年，台东化工厂开始以土法生产氯化锌，次年产量为755吨。1961年，天成化工厂停产硫酸锌，累计产量4028吨。1962年，台东化工厂停产氯化锌。1973年，楼山大队化工厂投产氯化锌，1975年停产。此外，70年代，自力化工厂、青岛橡胶机修厂、青岛利废化工厂、楼山大队化工厂先后投产硫酸锌，但只有青岛利废化工厂连续生产4年，其最高产量为1975年的407吨。

1980—1983年，青岛化学试剂厂少量生产氯化锌，年产量在50吨左右。1982—1983年，城阳文教用品化工厂生产硫酸锌937吨。

钙盐

青岛的钙盐生产始于三四十年代，品种和产量都很少。50年代后产品发展到10多种，主要有轻质碳酸钙（又称沉淀碳酸钙）、胶质碳酸钙（又称活性碳酸钙）、漂白粉和无水氯化钙等，这些产品都是以氧化钙（生石灰）为母体的衍生物。其中，次氯酸钙又称漂白粉、漂粉，由消石灰吸收氯气而得。

30年代，随着橡胶制品业兴起，大信化学工厂开始生产轻质碳酸钙，用作橡胶加工的填充剂，年产不足300吨。1945年，延年化学厂日产漂白粉300公斤左右。1946年，广益化学工业厂开始使用氯气生产32％漂白粉，产量甚微。次年，中国纺织建设公司青岛第一化工厂利用电解烧碱联产氯气生产漂白粉，至1949年5月共生产漂白粉31吨。

1949年和1950年，华北化工厂、华懋化

工厂相继建立并生产碳酸钙，1951年两厂产量分别为699吨、191吨。1950年4月，南海专署与广益化学工业厂合营，当年生产漂白粉187吨。1950年下半年开始漂白粉市场供不应求，1951年广益化学工业厂年产量达到282吨。1953年，青岛化工厂漂白粉产量达到2911吨。1954年，大信化学工厂实行公私合营，当年生产碳酸钙3596吨，其中轻质碳酸钙3504吨。1956年，青岛化工厂漂白粉达到3283吨；此后年产量在3000吨左右。1955—1956年，华北化工厂、华懋化工厂先后并入大信化工厂，1958年碳酸钙产量达到7917吨，其中轻质碳酸钙7654吨。1960年，广益化学工业厂因迁厂停产。1961年，青岛化工厂开始生产漂白液，当年产量506吨。1962年，大信化工厂撤销，碳酸钙车间并于青岛油漆厂继续生产。同年，青岛农药厂也将碳酸钙产品转交青岛油漆厂生产。1963年，青岛油漆厂生产轻质碳酸钙3561吨、胶质碳酸钙672吨。此后，青岛化工厂漂白液历年产量均在1.5万吨左右。1964年，青岛油漆厂胶质碳酸钙停产，轻质碳酸钙转交青岛建材公司石灰厂生产。同年，青岛化肥厂家属工厂开始生产双水氯化钙，年产量在200吨以上。此外，青岛化肥厂家属工厂还曾少量生产无水氯化钙，1970年年产量达到906吨，次年达到1680吨。1971年，青岛石灰厂轻质碳酸钙年产量突破4000吨，此后至1980年，产量均在1500～3500吨之间。1976年，青岛化肥厂家属工厂再投产液体氯化钙，1978年产量达2.3万吨。

1980年，青岛化工厂漂白液产量达到2.1万吨。同年，红旗化工厂和胶南化工厂分别投产漂白液，红旗化工厂年产能力为4000吨，胶南化工厂1986年产量突破3万吨。1982年，因用量减少，青岛化工厂停产漂白粉。80年代初，楼山大队化工厂、崂山红寨化工厂、石家大队硫磺厂生产过无水氯化钙，其中只有红寨化工厂年产量突破200吨；崂山红寨化工厂也有过双水氯化钙生产。1984年，青岛石灰厂改称青岛建材二厂，年产轻质碳酸钙3265吨。同年，崂山红寨化工厂开始生产液体氯化钙，年产量为583吨。

第二章 有机化工

民国前期，化工产品市场不断扩大，因石油炼制后可提供大量廉价有机化工原料，石油化工逐步形成并快速发展。30年代起，青岛开始以日本进口重油为原料，简单炼制提取机械使用的润滑油。

50年代，由于原油一直依赖进口，只能以有限计划内下拨的原油加工生产少量机械油、车油，生产规模很小，最大的加工厂为青岛新华第二化工厂。60年代，随着胜利油田的开发，青岛在省内率先开始以石油为原料炼制成品油，自此正式建立石油炼制工业。同期，石油化工的发展为塑料、合成纤维、合成橡胶三大合成材料开辟广阔的原料来源，促成化工行业生产原料从煤炭到石油的转变。青岛塑料公司、青岛化纤厂等生产高分子合成材料企业随之建立，青岛石油化工工业初具雏形。70年代，国内原油实现自产自给，青岛持续加大对石油化工行业投入，引进先进技术和设备，发展石油化纤、塑料及合成橡胶工业，汽油、煤油、柴油、聚氯乙烯、氯丁橡胶和锦纶产量逐年提升，石油炼制和合成材料工业由粗加工逐步发展到深加工阶段。

改革开放以后，青岛石油加工行业加快技术改造和技术引进，积极采用国内外新技术、新工艺、新设备、新材料，整体技术装备水平跃上一个新的台阶。至80年代中期，全市每年原油加工量突破30万吨，合成材料产量达13万吨。石油化工业作为本市最晚建立的工业体系，石油炼制和高分子合成材料工业形成产品品种比较齐全、具有相当规模和一定技术水平的石油炼制工业体系。

第一节 有机化工原料

30年代初，四方机车车辆工厂开始生产乙炔，民族工商业者江鹤泉等集资在青岛开办山东省首家电石生产厂，这是青岛最早的有机化工原料产品。40年代，有机化工原料生产有电石、甘油、硬脂酸、乙醚等少数品种，主要用于制造军火、医药和日用化工产品。后因连年战争和外国产品倾销，本地生产厂家处于停产、半停产状态。至40年代末，有机化工原料生产品种及产量很少。

50年代，有机化工原料生产主要以通过更新生产设备，加强电石生产为主，同时增加醇、苯类及海藻胶、醋酸盐等其他有机化工产品的生产。60年代初，山东省对电石生产进行调整，本市大幅度压缩电石生产能力。60年代中期，电石产量迅速增加。同期，青岛化工厂以乙炔为原料的电石乙炔制氯丁橡胶装置和电石乙炔法制聚氯乙烯装置先后建成投产，电石的主要用途转向化工，推动了电石生产发展。其间，即墨还用土法建成400~1000千伏安的小电石炉，其他有机化工原料生产也持续增加。70年代，随着石油化工发展，有机化工原料生产路线进一步拓宽。利用石油烃类原料合成有机产品产业快速发展。以回收煤焦油中的芳烃、萘、蒽等产品，制造苯酐、苯胺、氯化苯、蒽醌等有机中间体，供应染料、涂料、农药、医药的需要。青岛石油化工厂以重油裂解气为原料生产环氧乙烷和环氧丙烷。

70年代末至80年代，由于电石用量减少，加之小电石厂电耗高、产品质量低，不仅与计划内企业争电力、争原料，而且多是议价销售，扰乱市场，省经济委员会、计划委员会、化工工业厅、电力工业局先后两次联合下达文件，指令停止小电石炉生产，一批小企业关停并转。同期，本市有机化工生产开发新产品，推进脂肪烃、芳香烃及其衍生物产能升级，多种产品进入国际市场，销往日本、美国、加拿大、联邦德国、新加坡等国家和地区，使本市有机化学原料工业处于山东省龙头地位。

电石与乙炔

电石又称碳化钙，是本市出现最早的有机化工原料产品。1932年，四方机车车辆工厂开始生产乙炔，主要设备为30立方米/小时入水式乙炔发生器。1933年，德泰工厂从日本购进9台200千伏安单项变压器[①]，所产电石主要供矿山照明及金属焊接或切割等使用；产品商标为"三星"牌，年产量达9000箱、约2.4万吨。此为山东省首家电石生产厂。1946年，德泰工厂因缺原料而倒闭。

1955年，青岛实业化工厂电石炉建成投产，年产能力过千吨；当年生产电石632吨，翌年达到1247吨。1958—1960年，青岛化工厂、青岛第六橡胶厂、四方化工厂、青岛油漆厂先后上马小型土法电石炉，但有的产量极低，有的并未投产。1959年，青岛实业化工厂新建1800千伏安电石炉1台，全市形成7550吨生产能力。但由于单纯追求产量，不讲质量和效益，电石质量长期达不到指标，生产成本逐年加大。1960年第二季度，青岛实业化工厂电石的乙炔发气量平均仅为195升/公斤，1961年初略有上升，为207.8升/公斤。1962年下半年，青岛实业化工厂贯彻执行全国电石生产工艺60条，学习同行业兄弟厂家的先进经验，加强技术管理，电石质量有了明显提高，10月发气量达到239升/公斤。同年，对

---

① 山东省志:化学工业志[M].济南:山东人民出版社,1993:210.

电石生产进行调整，关停一些质量、效益差的生产厂家，大幅度压缩电石生产能力，青岛实业化工厂电石生产并入青岛广益化工厂。1964年，四方机车车辆工厂新增2台25立方米/小时封闭落水式自动加料低压乙炔发生器，所产乙炔供该厂自用。1965年，青岛化工厂建成以乙炔为原料的电石乙炔制氯丁橡胶装置并投产。1966年，青岛广益化工厂将1800千伏安电石炉扩至7000千伏安。1971年，青岛化工厂电石乙炔法制聚氯乙烯装置开车运转，电石主要用途从此转向化工，亦推动了电石生产的发展。1973年，青岛红旗化工厂将3600千伏安电石炉扩至5000千伏安，电石年产总能力达到2.3万吨，是山东省规模最大的电石生产厂家。"文化大革命"期间，青岛红旗化工厂生产管理混乱，产量急剧下降。1978年开始，该厂对电极压放系统进行改造，采用较先进的油压压放、升降电极，电石生产得以稳定发展，生产技术逐步提高。

1980年，青岛红旗化工厂对变压器进行更新改造，自制7000千伏安节能变压器，并扩大电石炉容量。1984年，青岛乙炔气厂开始筹建，由中国空分设备总公司设计及设备配套。1985年，青岛红旗化工厂对7000千伏安电导板进行改造，延长寿命4倍，并减少不必要的停电时间；同时结合扩大电极同心圆，进行一系列工艺改革，使电路可以安全稳定地适应低电压高电流生产。1986年，青岛乙炔气厂完工，建成年生产能力为100万立方米的乙炔溶解装置。其间，即墨还用土法建成400～1000千伏安的小电石炉。

脂肪烃及其衍生物

1944年，同生油脂厂投产硬脂酸，采用油脂水解法生产工艺，副产甘油（丙三醇），产量很小，直至1950年仍在100吨以下；50年代中期产量迅猛增长，1957年达2530吨。1958年，广益化工厂采用乙醇为原料，经氯化、蒸馏等工艺生产三氯乙醛，年生产能力为100吨，当年生产8吨。1959年，同生油脂厂并入台东化工厂，建成新的硬脂酸生产装置，此后年产量长期稳定在1000吨左右；甘油生产也随之扩大，产量达到114吨。同年，青岛塑料厂建成年产430吨银催化法甲醛（俗称福尔马林）生产装置，开始生产甲醛，年产仅50吨左右。

1961年，广益化工厂生产三氯乙醛48吨，为产量最高年份。1962年，青岛塑料厂停产甲醛。同年，青岛农药厂投产氯乙酸（又称一氯醋酸）。1964年，为与染料生产配套，青岛染料厂开始生产双乙烯铜（又称二乙烯铜），主要为染料生产配套，当年生产18吨；并采用双乙烯酮与邻氯苯胺缩合而成的生产工艺，投产乙酰邻氯苯胺。1966年，台东化工厂开始试制癸二酸。60年代中期，青岛农药厂氯乙酸产量逐年增长，1967年达到1542吨，为最高年产量。1968年，青岛合成纤维厂建成甲醇氧化法制取甲醛装置，年产能力为3000吨，当年生产498吨；此后除改造扩大原生产装置能力外，又上马第二套生产装置，并以电解银催化剂代替浮石银催化剂，生产能力进一步扩大。1969年，青岛石油化工厂少量生产醋酸酯。

1970年，青岛石油化工厂以原油或重油经蓄热炉裂解制得裂解气（含乙烯、丙烯）为原料，采用氯醇法生产环氧乙烷、环氧丙烷，年产能力分别为400吨和200吨。同年，红旗化工厂停止生产三氯乙醛，累计生产363吨；台东化工厂生产癸二酸66吨；青岛自力化工厂开始生产乌洛托品（又称六次甲基四胺），次年生产160吨，此后逐年减少。1971年，青岛自力化工厂采用乌洛托品、亚硝酸缩合法生产发孔剂H（N，N-二亚硝基五亚甲基四胺）。1972年，台东化工厂癸二酸产量467吨，为历年最高。1976年，为与马拉硫磷生产配套，青岛农药厂运用苯氧化法生产工艺，投产顺丁烯二酸酐，年产能力为500吨；在此基础上，通过增加恒沸脱水装置将顺丁烯二酸脱水制取顺丁烯二酸酐，年产能力为250吨。70年代中期，青岛染料厂双乙烯铜产量达到400吨以上；青岛农药厂氯乙酸产量下滑，直至停止生产。1976年，为与马拉硫磷生产配套，青岛农药厂投产顺丁烯二酸酐，当年生产80吨。1977年，青岛红旗化工厂建成年产3000吨甲醇（俗称木精、工业酒精）生产装置，采用联醇触媒（铜基触媒）中压法生产，当年生产235吨；次年增至727吨。1978年，青岛化纤材料厂以苯胺为原料，采用常压加氢、精馏提纯法试产成功环己胺，次年正式投产，年产能力为200吨。1979年，青岛农药厂顺丁烯二酸酐产量为409吨，为历年最高；当年随马拉硫磷停产而停产。同年，胶南溶剂厂投产后，成为醋酸酯主要生产厂家。

1980年，为与久效磷农药生产配套，青岛农药厂开始生产双乙烯酮，次年生产417吨。同年，台东化工厂生产76吨癸二酸后停产；青岛红旗化工厂因甲醇生产成本过高停止生产。同年，青岛合成纤维厂建成年产能力为1000吨的季戊四醇生产装置，采用钠法生产，将甲醛和乙醇在碱溶液中缩合而成，当年生产106吨；至1985年，年产量均在500吨上下。1981年，红星化工厂（原台东化工厂）将加压触媒水解法工艺改为无触媒加压水解法，硬脂酸年产能力提高到3000吨；1982年又对蒸馏工序进行改造，改常压蒸馏为减压蒸馏，年产能力增至6000吨。同年，青岛自力化工厂停产乌洛托品。1984年，红星化工厂一、三级硬脂酸均被评为山东省优质产品。当年，全市硬脂酸生产达到3567吨。1985年，红星化工厂对生产装置进行全面更新，并新建甘油生产厂房，增加甘油水处理和双效蒸发器等装置，年产能力提高到600吨。1985年，台东化工厂生产装置全面更新，当年生产副产甘油400吨。其间，随着塑料、农药、医药工业对甲醛需求量增加，甲醛生产

迅速增加，1985年产量1.6万吨，为历史最高年份；青岛化纤材料厂多次提高环己胺生产能力，1988年达到800吨。

芳香烃及其衍生物

1952年，青岛实业化工厂生产苯酚37吨，次年停产。1958年，广益化工厂以甲苯为原料，采用甲苯氯化法开始生产苯甲酸，当年生产苯酚9吨。1959年，青岛油漆厂建成年产2500吨的苯酚生产装置，当年生产687吨。是年，青岛染料厂开始生产邻苯二甲酸酐和乙酰苯胺，到1961年累计生产邻苯二甲酸酐134吨，1962年停产。1963年，广益化工厂对苯甲酸生产工艺进行改造，由甲苯氯化法改为甲苯空气氧化法，年产能力增至800吨。1964年，青岛染料厂投产乙酰邻氯苯胺，当年生产6吨；此后，年产量维持近百吨；广益化工厂开始生产苯甲酸钠，次年生产164吨。1965年，广益化工厂又以苯甲酸为原料，与碳酸氢钠中和后再经活性炭脱色精制苯甲酸钠。同年，青岛染料厂开始生产乙酰邻甲氧基苯胺。60年代末，青岛染料厂乙酰苯胺年产量超过200吨，后长期稳定在150吨左右。

1970年，青岛油漆厂生产苯酚6848吨，为历史最高，此后年产量基本维持在3000吨左右。1971年，青岛染料厂增加苯酚生产装置，当年生产5.24吨，次年增产至27.6吨后停产。1972年，城阳化工厂建成年产能力500吨2-萘酚生产装置，当年生产153吨，后因主要原料萘来源困难，较长时期处于间断生产状态。1975年，红旗化工厂增加工业用苯甲酸生产，当年苯甲酸、苯甲酸钠年产能力达到2500吨，苯甲酸钠生产增加造粒装置，为国内首家。70年代中期，青岛染料厂乙酰邻甲氧基苯胺产量上升，1977年达到189吨。1979年，红旗化工厂增加食用苯甲酸钠生产，两苯产量达到1342吨。70年代末，青岛油漆厂苯酚产量回升到年产4000吨以上，持续至1985年。70年代末，

青岛城阳化工厂2-萘酚生产有所好转，1980年产量达到417吨。

80年代初，红旗化工厂工业用苯甲酸和食用苯甲酸钠进入国际市场，销往日本、美国、加拿大、联邦德国、新加坡及中国香港等国家和地区。同期，青岛染料厂乙酰邻甲氧基苯胺突破200吨并长期稳定其上。1981—1982年，青岛城阳化工厂2-萘酚生产再度中断，1983年恢复生产后产量仍然不大。1983年，青岛染料厂开始生产水杨酸，1985年产量为10吨。

第二节 石油炼制

青岛原油加工产品的生产，以30年代简单炼制提取机械使用的润滑油为发端。至1940年，德记石油厂年产机械油2.4吨、车油1.8吨，永利石油厂年产机油1.8吨、车油4.8吨。据《青岛工业制品调查》（1940年11月刊）载，至40年代中期，两厂仍有生产，且质量较好。

50年代初，市手工业管理局第二化工厂开始生产润滑油，后受原料限制，改用废机油加工再生机油。60年代，青岛石油化工厂开始以原油炼制汽油、煤油、柴油等产品，同时拓宽生产多种有机化工及合成材料原料来源。化纤工业产品主要生产人造纤维的粘胶短纤维，后又生产中长人造纤维。1963年10月，市手工业管理局所属炼油厂建成第一座小型炼油装置，使用2台蒸馏釜土法炼油，年产能力300吨，以胜利油田的落地油为原料，生产低标号工业汽油、煤油和柴油。1966年，青岛石油化工厂建成年加工量6000吨石油裂解装置，项目包括石油裂解炉、次氯酸化、皂化、精馏、乳化剂等装置，油品质量有所提升；1967年采取将常减压蒸馏所得重油经加工软化工艺，生产软化重油；1969年，新建年加工量5万吨常压蒸馏装置，1971年3月竣工投产后又进行技术改造，年加工能力提高到15万吨。此套装

置的建成，标志着该厂石油加工正式步入石油炼制行业。

70年代，继续加大对石油炼制工业投资，石油炼制和石油化工工业加快发展步伐。东营至黄岛输油管道建成后，原油输入量剧增。1974年，青岛石油化工厂建成冷榨脱蜡装置，以常减压蒸馏装置生产的常压蜡油为原料，经加温精制成石蜡。1975年，新建一套年加工原油能力50万吨常减压装置，使本市原油加工能力最高达到41万吨；次年，建成年加工原油30万吨常减压蒸馏装置，同时对加热炉进行技术改造。此后，青岛原油加工能力飞速发展，产品品种拓展到汽油、煤油、柴油、软麻油、软化重油、润滑油、农药乳化剂等30多个。1979年，青岛石油化工厂建成年加工能力4000吨冷榨脱蜡装置。同年，建成年产能力5万吨氧化沥青装置，以减压蒸馏装置生产的减压渣油为原料，经沥青氧化塔进行空气氧化后降温成型生产出建筑沥青。另外，随着塑料、橡胶和化纤制品越来越多的运用于生产、生活各个方面，化学纤维产品得以创新，开始生产以锦纶为主要产品的合成纤维。

70年代末开始，青岛石油化工行业积极引进国内外新技术和设备，不但轻油收率和产品质量得以提高，而且产品结构得到改善，增加液化石油气、轻柴油、10号建筑沥青、石蜡等新品种，石化炼油和合成材料生产由粗加工进入深加工阶段。化纤行业开始转产生产涤纶、锦纶、丙纶，以合成纤维生产的"的确良""尼龙"等服装产品供应市场。青岛产阳离子氯丁胶乳被评为化学工业部优质产品，并获得国家银质奖；氯丁橡胶被评为山东省和化学工业部优质产品。1982年7月，青岛石油化工厂建成年加工能力20万吨蜡油催化裂化装置，炼油生产由粗加工进入深加工阶段，并可以提高油品标号和质量。该装置为提升管式，时属先进工艺流程，其中气压机等关键设备系从美

国引进。

至 1985 年，青岛原油加工量达到 30.1 万吨，合成材料产量达 13 万吨；石油工业总产值1.30 亿元，利税突破 2600 万元。

图 6-4　1973 年，吊装作业中的青岛石油化工厂大型煤油设备

青岛新华第二化工厂

1958 年 6 月，青岛市筐篓生产合作社和青岛市基本化学生产合作社合并组成青岛新华第二化工厂。建厂之初，只能进行土化肥、肥皂、废机油再生以及荆柳条编制和竹藤制品的手工业生产。1963 年，随着胜利油田的开发，该厂逐步用落地油炼制汽油、煤油、柴油等产品，走上以生产石油化工产品为主的发展道路。

1966 年 4 月，青岛新华第二化工厂定名为青岛石油化工厂；5 月，新建一套年加工能力 6000 吨重油裂解装置。1967 年新建一套农药乳化剂装置，1970年，又新建一套年加工能力 5 万吨常压蒸馏装置，产品品种发展到汽油、煤油、柴油、软麻油、软化重油、环氧乙烷、环氧丙烷、农药乳化剂等 30 多个，并淘汰一些老产品。1972 年，开始新建一套年加工原油能力 50 万吨常减压装置（图6-4），1976 年 6 月建成投产，使该厂年原油加工能力提高到 60 万吨，从此生产进入稳定发展阶段。

1979 年 10 月，青岛石油化工厂建成年加工能力 4000 吨的冷榨脱蜡装置。1980 年 4 月建成年产能力 5 万吨氧化沥青装置。同年，将年加工能力 10 万吨常压装置改造成为年加工能力 15 万吨常减压蒸馏装置。1982 年 7 月，建成年加工能力 20 万吨蜡油催化裂化装置，增加液化石油气、轻柴油、10 号建筑沥青、石蜡等新品种。同期，进行多项较大革新挖潜、节能降耗等技术改造。1983 年 4月，对年加工能力 50 万吨的常减压装置进行以干式减压为重点的节能降耗技术改造，改善装置运行条件，使换热温度比过去提高 80℃左右，减压真空度达到753 毫米汞柱。

至 80 年代中期，青岛石油化工厂成为一个拥有常减压、催化裂化、氧化沥青、冷榨脱蜡、重油裂解等装置，以石油炼制为主的中型石油化工企业，厂址位于沧口区滨海路 8 号，占地面积 60.29 万平方米；主要生产装置年加工能力为南常减压装置 65 万吨、北常减压装置 15 万吨、催化裂化装置 20 万吨、氧化沥青装置 5 万吨、重油裂解装置 1 万吨、冷榨脱蜡装置 6000 吨。[①]

石油产品

三四十年代，青岛主要生产机械油、车油等。1956 年，市手工业管理局第二化工厂开始生产润滑油，1958 年达到 1085 吨。1963 年 10 月，市手工业管理局炼油厂以石油为原料炼制轻质油，当年共生产汽油、煤油和柴油 76 吨；其中工业汽油标号低于 66 号，不能作车用汽油使用，仅能用于机械洗涤，柴油只可供拖拉机使用。1964 年，该厂开始生产软麻油，次年生产增至 361 吨，此后一直是本市润滑油类主要产品；1965 年开始生产石油沥青，初期根据用户要求生产软沥青，无固定型号。1966 年，在该厂建成石油裂解装置，次年生产汽油 80 吨、煤油 126 吨、柴油 394 吨。1967 年，青岛石油化工厂开始生产软化重油，次年生产 361 吨。

1970 年，青岛石油化工厂开始批量生产燃料渣油，用作工业锅炉和取暖炉燃料，是沥青生产原料，其产品产量随该厂沥青生产而定；次年新建常压蒸馏装置竣工投产，当年生产汽油 1815 吨、煤油 3070 吨、柴油 5225 吨。1974 年，青岛植物油厂在省内最早开始生产石蜡，年产量不足万吨。同年，青岛石油化工厂亦开始生产石蜡，有 48 号、50 号、52 号、54 号及普通石蜡等规格。1975 年，市手工业管理局炼油厂停止生产石油沥青。1979 年，青岛石油化工厂建成氧化沥青装置，生产建筑沥青，用于

房屋顶面和地下防水工程的粘合剂以及制造涂料、油毡、油纸和防腐绝缘材料等。同期，青岛的软化重油产量逐年提升。

1981 年，青岛植物油厂停产石蜡。1982 年，青岛石油化工厂淘汰全部土法炼制设备及低标号汽油、柴油产品，开始生产 70 号无铅汽油、轻柴油，当年产量分别为 1.63 万吨和 1.88 万吨；柴油品种有 5 号、0 号和 -10 号等规格，根据不同季节生产，主要用作汽车、拖拉机、船舶及各种高速发动机的燃料。1983 年，青岛石油化工厂开始生产液化石油气；1984 年开始生产溶剂油，分为橡胶工业溶剂油和油漆工业用溶剂油 2 个品种，当年共生产 7376 吨。此外，1956—1987 年，青岛石油化工厂还生产润滑脂，累计产量 3033 吨。

第三节　合成材料

合成材料主要包括合成树脂、合成橡胶、合成纤维单体三大类高分子聚合物。1958 年，市商业局纺织品批发站土法上马试产粘胶纤维，生产设备中除 1 台 2.8 千瓦马达外，压榨机、过滤机、粉碎机、硫化鼓、成熟罐、酸浴槽等均用旧料改制而成，生产过程全为手工操作；次年增加后处理机、加捻机各 1 台和 1 个烘干箱设备。

60 年代，本市开始生产合成树脂、合成橡胶，先后生产酚醛树脂、氯丁橡胶获得成功。70 年代生产品种有所增多，但随着全省产业布局调整，加上原材料供应不足等原因，有些生产品种逐步减产甚至停产。其间，青岛化学纤维厂于 1961 年 10 月—1975 年分三次对主要设备进行扩建，共增加蒸球、漂洗机、压榨机、冷冻机、过滤机、混胶机各 1 台，五合机 5 台，打浆机 6 台，纺丝机由 20 锭增至 72 锭，并自

---

① 山东省志：化学工业志[M].济南：山东人民出版社，1993：305.

制大型精练机；成熟罐加大容量，纺丝机增加锭数；浆箱生产、纺丝到烘干打包形成一条生产线；完成土建工程锅炉房、蒸球间、五合机间、酸站房、沉淀池等，建立酸站、化工站、排毒塔，自制烘干机，纺丝机由12锭增至20锭。同时进行工艺改进，提高优质品率40%以上。1979年，该厂又增加五合机4台、成熟罐4只、后溶介机1台，并安装粘胶回收系统。

1981年，为解决伴随粘胶纤维生产规模不断扩大带来的严重水污染问题，青岛化学纤维厂决定新建规模为年产涤纶长丝2000吨项目，转产涤纶长丝，项目由中国人民银行山东省分行贷款4010万元，1982年11月开工，1985年7月试车投产一次成功，质量合格全优。1985年，青岛化学纤维厂引进联邦德国拉伸变形机和日本空气变形机，均系80年代初国际先进涤纶长丝后加工设备。至1985年，该厂拥有国产设备组成的两条涤纶长丝生产线，主要生产设备30台，辅助生产设备25台。同期，该厂的酚醛树脂、氨基树脂个别品种和氯丁橡胶还维持生产。1960—1985年，全市共生产粘胶纤维22931.5吨。

青岛化学纤维厂

50年代末，为解决纺织原料短缺问题，遵照中央"天然纤维与人造纤维同时并举"的方针，市商业局纺织品批发站利用台东区登州路百货仓库一间12平方米房屋，组织3名职工开始粘胶纤维试生产。1958年生产出粘胶纤维样品，1959年试产粘胶长丝，在此基础上筹建化纤试验厂。此后增加后处理机、加捻机、烘干箱设备，全部固定资产不到1000元，职工增加到17人。

1960年，化纤试验厂与青岛第二染厂1个车间合并成立青岛化学纤维厂，投资4万元改制更新设备，转产粘胶短纤维，职工增至131人。1961年10月—1975年6月，青岛化学纤维厂历经三次扩建（图6-5），厂房、设备大幅

图6-5　1965—1968年扩建中的青岛化学纤维厂

扩大、增加,并自制大型精炼机。1979年,职工增至531人,产量达到2017.88吨,产值766.8万元,利润25万元,全员劳动生产率12214元/人。

1981年12月19日,青岛冶炼铸造厂(沧口区四流南路74号)划归纺织工业局,并入化纤厂,并以其厂域改建涤纶长丝车间,由化纤厂统一管理,对内实行分户记账。是年,该厂"雪花"牌中长纤维被评为山东省优质产品。1982年2月,中国人民银行山东省分行为该厂贷款4010万元,扩建年产涤纶长丝2000吨项目,1985年7月试车投产一次成功,自此转产涤纶长丝,停产粘胶纤维。同年,引进联邦德国巴马格公司产FK6MV-700拉伸变形机和日本村田产335-Ⅱ型空气变形机,产品以涤纶牵伸丝和涤纶低弹丝为主体,并不断开发空气变形丝、网络丝、异形丝、有光丝、有色丝、PBT丝等品种规格共22个。

1985年,青岛化学纤维厂位于沧口区四流南路74号,系全民所有制中型企业,隶属市纺织工业总公司,是山东省最早生产化学纤维的厂家;拥有职工1338人,全年工业总产值6000万元,成为拥有以VC406纺丝机组成的两条国产设备涤纶长丝生产线,设计能力年产2000吨的专业化纤工业生产厂。①

合成纤维

粘胶纤维是最早应用于纺织品领域的化学纤维之一,50年代后期粘胶纤维在全国生产。1960年,青岛化学纤维厂生产粘胶短纤维(人造棉),成为该厂定价产品。同年,青岛试验生产的锦纶品种有尼龙9单体、尼龙6单体、锦纶长丝、弹力丝等。1962年6月,青岛化学纤维厂试制成功人造毛线,1972年年产量为1014吨,正品率为54.36%,一等品率仅为9.93%。1975年6月,青岛化学纤维厂开始生产中长纤维。1977年,青岛第二化学纤维厂开始生产锦纶长丝,产量4.5吨,正品率仅为12.65%,一等品率为1.76%,利润总额24.23万元。

1980年,青岛化学纤维厂中长纤维产量达2015吨,正品率达到99.88%,超过同期全国化纤行业正品率98.40%的水平;一等品率为97.54%。同年,青岛第二化学纤维厂锦纶长丝增至100.67吨,产品正品率达99.45%,一等品率达91.85%,利润总额提至82.17万元;次年产量达到133.7吨,时值全国化纤生产能力低、市场需求量大,全年实现利润85.75万元。1981年,青岛化学纤维厂"雪花"牌中长纤维获山东省优质产品奖。1982年,青岛化学纤维厂转产合成纤维工程开工,次年6月结束粘胶纤维生产。1983年,青岛第二化学纤维厂研制投产丙纶产品,正品率、一等品率逐年提高;同时,因原料供应不足、销售困难而调整产品结构,停产锦纶长丝。1985年,青岛第二化学纤维厂丙纶产品正品率达98.94%、一等品率达85.73%;同年试制成功丙纶色丝,产量提高到165.56吨。同年7月11日,青岛化学纤维厂涤纶长丝试车投产一次成功,填补了山东省纺织行业无涤纶长丝产品的一项空白。

合成树脂

1961年,青岛塑料三厂以苯酚和甲醛为原料,采用单锅间歇法开发生产酚醛树脂,所产酚醛树脂经加入木粉或玻璃丝填料,以干法(即双热辊压法)生产酚醛塑料。1962年,国营青岛塑料厂加热酚醛树脂生产塑料,注册商标为"钻石"牌,产品除满足本厂生产塑料制品外,还供给青岛其他塑料生产厂家使用,缓解了青岛塑料制品生产原料的供应紧张状况。60年代中后期,国营青岛塑料厂开始生产聚酰胺树脂,主要品种尼龙1010(聚癸二酰癸二胺)由癸二酸和癸二胺缩聚而成,主要用作工程塑

---

① 青岛纺织企业简志汇编[M].青岛:青岛市纺织工业总公司印制,1989:171-174.

料，也用于制造合成纤维。1966年，青岛塑料十厂建成年产300吨聚酰胺树脂装置，青岛农药厂开始生产环氧树脂。60年代末，脲醛塑料粉（俗称电玉粉）、三聚氰胺甲醛树脂和脲醛树脂胶等氨基树脂品种相继投产。1969年，青岛红星化工厂四车间（后独立为青岛合成纤维厂）开始生产脲醛塑料粉。

1972年，青岛化肥厂建成年产500吨聚酰胺树脂的装置，青岛染料厂采用光气法投产聚碳酸酯，年产能力为50吨。1973年，青岛合成纤维厂开始投产三聚氰胺甲醛树脂，通过甲醇或丁醇醚化改性，生产甲醇改性三聚氰胺甲醛树脂或丁醇改性三聚氰胺甲醛树脂。同年，由于所需原料蓖麻油来源短缺，青岛化肥厂停产聚酰胺树脂。1975年，青岛农药厂因产品质量差、生产成本高，停产环氧树脂。1976年，青岛合成纤维厂开始生产脲醛树脂胶，年产能力为600吨。

1980年，青岛塑料十厂停产聚酰胺树脂。同年，青岛染料厂因原料双酚A质量差，致使产品质量不过关，停产聚碳酸酯。1982年，青岛红星化工厂脲醛塑料粉年产能力1000吨。同期，由于原料变化，技术不过关，青岛合成纤维厂分别于1982年和1985年停产甲醇改性三聚氰胺甲醛树脂、丁醇改性三聚氰胺甲醛树脂。同期，酚醛塑料年产能力都在千吨以上。

合成橡胶

本市合成橡胶主要产品为氯丁橡胶，是以氯丁二烯单体经乳液聚合而成。1958年，青岛化工厂开始筹建生产装置，但生产技术在全国尚未过关，便参加化学工业部统一组织的技术攻关会战，并将会战成果应用到在建装置中，经三次改进生产流程，于1965年11月建成投产，年产能力为2500吨，翌年产量即达2538吨。后经平衡、扩建，1970年生产能力达到5000吨，1985年又增至7000吨。但由于配套生产的氯丁二烯单体所需电石长期供应不足，加之电力紧张，致使氯丁橡胶生产长期达不到设计能力，1985年产量为4248吨。

青岛化工厂所产氯丁橡胶分干胶和胶乳两类，主要品种有LDJ120、230、320干胶以及阳离子氯丁胶乳和氯苯胶乳等。其中，阳离子氯丁胶乳于1983年被评为化学工业部优质产品，翌年获得国家银质奖；LDJ120干胶于1982年和1987年被评为省优质产品，1986年被评为化学工业部优质产品；LDJ230干胶于1984年被评为山东省和化学工业部优质产品；LDJ320干胶分别于1986年和1987年被评为山东省和化学工业部优质产品。

第四节 塑料制品

青岛的塑料工业起步于30年代初，但生产设备简陋，规模较小，主要生产纽扣。青岛解放后，塑料工业迅猛发展。1955年，华光纽扣厂购置20克手工操作注塑机，开始生产以聚苯乙烯为原料的纽扣。1958年开始生产纺织配件。1960年，青岛塑料生产厂家从上海购进直径50毫米挤出机1台、30克注塑机1台，开始生产聚氯乙烯软管。同年试制成功酚醛塑料粉。1962年，青岛塑料工业生产能力扩大，产品产量和品种不断增多，当年生产酚醛塑料原料162.04吨、酚醛塑料制品35.08吨、乳酪素纽扣10917.7万只、蚕酪素纽扣20873.5万只、聚氯乙烯制品10.58吨、塑料鞋底16.65万双（42.27吨），完成工业总产值229.12万元，实现利润31.17万元。1965年，青岛塑料企业安装上海产2000吨热压机，试产成功聚氯乙烯硬板；4月，从日本引进Q65型抽丝机1台，年产能力180吨。同年，青岛塑料管材生产厂家自制多种规格的设备，并从日本购进双螺杆挤出机1台及牵引辅机，配备不同系列模具，生产能力提高。1966年，青岛市塑料工业公司成立后，逐步进行塑料行业布局调整，产品归类分流建厂，当年生产塑料及其制品 2873 吨，创工业总产值 3594 万元，实现利润 352.9 万元，塑料工业成为青岛的重要工业门类。

1970 年，青岛塑料三厂自制的 75 吨、100 吨、300 吨油压机生产酚醛夹布，1971 年后陆续从日本购进 4 梭圆织机 16 台、6 梭圆织机 16 台、HPT-90-900-144 纺织机 1 台、APM 自动制袋机 1 台。1972 年，塑料制品年产量达 5997 吨，创工业总产值 4374 万元，实现利润 878.11 万元。1974 年，受"批林批孔"的干扰，塑料工业生产出现滑坡，塑料制品产量仅完成 3353 吨，是塑料工业公司成立以来的最低谷，到"文化大革命"结束，生产才开始回升。1977 年，青岛合成纤维厂建成氨苯塑料粉装置，新建 25 米高 5 层楼房，在国内首家实现多层楼房连续化生产，改变原单层厂房间歇式生产、粉尘污染严重、劳动强度大等难题。1978 年，青岛塑料八厂引进日本产大型塑料复合机组，研制成功塑料复合编织布、塑料复合夹心布制品。

中共十一届三中全会后，企业由生产型逐步转变为生产经营型，增加了活力。1979 年，青岛塑料三厂增置 500 吨、1200 吨重型油压机，酚醛夹布年生产能力达 108 吨；青岛塑料十二厂新建厂房 800 平方米，购进莱芜产 Q45 型塑料挤出机 1 台，Q65 型、Q90 型挤出机 6 台，塑料单丝生产能力提高。1981 年，青岛塑料十一厂在国家经济委员会、中国包装总公司、市第二轻工业局的支持下，购进 4000 克注塑机 1 台、2000 克注塑机 2 台，并于 7 月试制成功汽水塑料周转箱。1982 年，青岛塑料模具厂分厂自行设计，自制模具，试制成功多用塑料周转箱，之后又购进 XS-ZY4000 克大型注塑机，年产能力达 572 吨。同年，青岛塑料十三厂引进联邦德国中空吹瓶机 1 台，以无毒食品级聚氯乙烯、聚乙烯、聚丙烯为原料研制成功塑料薄壁中空容器。1983 年，青岛塑料六厂从日本先后引进 4 条打包带生产线机组，年产能力达到

2700 吨。1984 年 4 月，青岛塑料八厂引进年产 500 吨塑料复合包装材料生产线。1982—1984 年，青岛塑料生产企业扩建厂房并引进民主德国和联邦德国的低压灌注机模型、聚氨酯夹心板两条生产线，两台聚氨酯软泡设备。1985 年，青岛塑料一厂引进意大利产双工位、多功位制鞋机两台，建成塑料底旅游鞋生产线。同年，青岛塑料十四厂从香港购进静电植绒设备 2 台，生产能力有所提高；3 月，青岛塑料十二厂引进意大利和日本产的塑料挤出网生产线各 1 条，生产发泡网和牵申网包装材料；6 月，青岛塑料五厂引进联邦德国产 KB50 中空成型机，年产能力为 1200 吨。

至 1985 年，市第二轻工业系统拥有塑料加工专用设备 728 台（套）、通用机械设备 794 台（套）、引进国外先进设备 326 台（套），生产聚氯乙烯、聚乙烯、聚丙烯、聚苯乙烯以及聚乙烯、聚丙乙烯共剂、酚醛塑料、有机玻璃、聚氨酯、酪素、氨基塑料、尼龙、聚四氟乙烯、丙烯腈－丁二烯－苯乙烯共聚树脂、不饱和树脂、聚碳酸酯和塑料复制、塑料复合等制品，另外生产的尼龙 1010、酚醛塑料粉、有机玻璃板等塑料原料和材料，广泛用于工业、农业、渔业、建筑、包装、军工、轻工和人们的日常生活。产品有生活用塑料制品和生产用塑料制品两大类，百余个品种，在山东省各地市塑料产品产量中占第三位，工业总产值、利润均占第二位，不仅满足了青岛市场的需求，还行销山东省各地市和全国各省、市、自治区，部分产品进入国际市场。

塑料原材料

1960 年，青岛化学塑料厂以甲醛苯酚为原料，试制成功酚醛塑料粉。1964 年，试制成功具有高度绝缘性能的酚醛粉制品。根据轻工部标准，分为用于日用品生产、供工业电器产品生产用酚醛塑料粉两个品种。同期，该厂还以蓖麻子为原料，研制成功尼龙 1010 工程塑料

原料，填补了山东省空白；该产品由青岛塑料十厂于1966年正式投产，1967年生产纳入国家计划。

1979年，青岛化学塑料厂酚醛粉产品使用"钻石"牌商标。1980年，因产品滞销停产尼龙1010工程塑料原料。1983年，酚醛粉产量达1535吨，是产量最高年份；1985年生产约占全国同类产品总量的2%，占山东省的30%。

日用塑料制品

1930年，中兴纽扣厂以天然高分子聚合物——橡牙果为原料制作纽扣，是青岛历史上第一个塑料纽扣生产业户。其后，华康纽扣厂、亚新纽扣厂相继开业。其中，亚新纽扣厂生产的"宝马"牌橡牙果纽扣，畅销山西、云南、四川、湖北、湖南、上海、南京等省、市，1936年被南京国民政府授予金匾奖状。

青岛解放后，华康、亚新纽扣厂迅速恢复生产。50年代，新建利生、裕生、中一、华光、金星等纽扣厂。1955年，青岛乳酪制品厂成立，利用牛奶生产乳酪素板材，供各纽扣厂生产纽扣。同年，华光纽扣厂生产以聚苯乙烯为原料的纽扣，为青岛化学塑料纽扣生产之始。1956年1月，7个纽扣生产厂联合成立公私合营青岛利生纽扣厂，月产乳酪素纽扣3万余罗（每罗144个）。1957年后，因牛奶来源有限，原料供应紧张，企业先后研制出以猪血为原料的血酪素纽扣、以鸡蛋清为原料的蛋酪素纽扣、以蚕蛹为原料的蚕酪素纽扣等产品，未形成批量生产。1959年后，塑料纽扣产品不断更新，增加模压成型的热固性氨基塑料纽扣、酚醛塑料纽扣及注塑成型的热塑性塑料扣——聚苯乙烯纽扣。

60年代初，青岛塑料厂以聚乙烯为原料试制成功并批量生产"熊猫"牌塑料鞋底、"金猫"牌塑料凉鞋。1963年10月，"熊猫"牌塑料鞋底销量达194.88万双，居全国同行业首位；同时与烟台、潍坊、临沂等地24个县的94个鞋厂建立塑料鞋底供应关系，产品出现供不

应求的状况。同年，生产塑料鞋底146.57万双，创产值285万元，占全厂工业总产值的59.08%。次年，塑料鞋底产量达334.77万双，成为青岛塑料厂的主要产品。1964年，青岛塑料厂用聚乙烯树脂为原料，采用注塑模压法试制成功塑料凉鞋（又称全塑鞋）。当年，该厂"金猫"牌塑料凉鞋产量达到131.9万双。1966年，纽扣被定为青岛塑料四厂的主要产品，也是本市唯一生产塑料纽扣的专业厂家。此后，以有机玻璃为原料的纽扣投入生产，乳酪素为原料的纽扣逐步被淘汰。1969年，青岛塑料研究所以酚醛塑料粉和棉布为原料，用浸胶压型工艺，研究试制成功酚醛夹布制品。此外，60年代，青岛开始批量生产塑料玩具，其产品有搪塑和吹塑两个大类，主要品种有塑料娃娃、小狗等，产品使用"如意"牌商标，被列入山东省计划产品。

1971年，青岛塑料四厂开始生产和复制有机玻璃板材，次年生产纽扣86.87吨，创历史最好成绩，实现总产值175.29万元，利润46.5万元。1972年，青岛塑料研究所布鞋生产采用注塑模压新工艺，省略制底工艺环节，布鞋生产不再使用成品塑料鞋底。同年，青岛塑料企业自行设计，自制模具，在全国首先采用挤出、吹塑、喷花一次成型新工艺，研制成功塑料暖瓶壳。1973年，全市生产塑料玩具45.75吨，创历史最高产量。1979年，青岛塑料七厂试制成功聚氯乙烯维尼纶涂塑防水布，该产品以聚氯乙烯树脂乳液为主要原料，经浸浆、烘塑等工序制成，耐寒性在-30℃时对折180度不变形无裂痕，填补了中国塑料工业的一项空白。70年代，青岛还以聚丙烯单丝为原料，开始生产塑料窗纱网。

1980年，青岛塑料厂"金猫"牌塑料凉鞋猛增到383.9万双，成为青岛塑料一厂（原青岛塑料厂）主要产品，多次获轻工业部和省第二轻工业厅优质产品称号和新产品奖。是年，

该厂生产的自行车塑料座皮使用"金盾"牌商标，荣获省第二轻工业厅新产品一等奖。在全国塑料产品订货会上，青岛产聚氯乙烯硬板订货量连续数年居全国同行业之首。1982年，试制成功76厘米活眼塑料娃娃，既可做儿童玩具，又可作1～2岁儿童模特，获山东省新产品科技成果二等奖。同年，"金盾"牌自行车塑料座皮被省第二轻工业厅评为优秀产品二等奖，同年被评为轻工业部优秀产品二等奖、省科学技术委员会科技二等奖。1983年，青岛塑料四厂从意大利引进纽扣生产流水线，增加以不饱和聚酯为原料的纽扣产品。同年，轻工业部向青岛塑料八厂下达生产塑料复合铝带的任务，该厂组织科研人员进行研制，于1985年试制成功，填补了国内塑料复合铝带生产空白，经轻工业部等技术鉴定，确认工艺系国内首创，技术指标在国内处领先地位。1984年，青岛塑料十四厂试制成功拖拉玩具系列产品，同时开始向机械、电动方向发展，新产品增加到30余个品种；次年，全市玩具及其他产品产量达412吨，创工业总产值233.5万元，实现利润6.1万元。1985年，青岛塑料四厂纽扣产品年产量114吨，创工业产值288万元、利润21.7万元；塑料窗纱网年产6.95吨。

至1985年，本地日用塑料制品还有塑料暖瓶壳、全塑家用淋浴器、全塑洗衣机以及一些塑料杂品，主要产品有扁带、发绳、皂盒、发梳、羽毛球、喷雾气瓶、保温杯壳等；塑料配套产品有藤条、箱条、螺丝刀把与刀把套、手电筒皮、矿泉水瓶、车尾灯罩、车锁商标、瓶盖、瓶塞等；此外，还有不同规格的塑盆、盘、筐、盒、橱、桶、篮、篓、架、镜框、卷发器、鞋后跟、暖瓶垫等，多用于产品配套、家庭和办公，满足人们对日用塑料产品的需求。

生产用塑料制品

1958年，青岛塑料六厂（前身为纺织配件合作社）开始研制生产塑料纺织配件。1964年，

青岛塑料生产企业采用捏合、碾胶、三辊压延工艺，试制成功聚氯乙烯压延薄膜，并纳入国家生产计划。同年，采用捏合、预塑、挤出、吹胀成型工艺，试制成功聚氯乙烯吹塑薄膜。是年起，青岛塑料六厂塑料纺织配件品种陆续增多，有塑料细纱集合器、粗细纱喇叭口、双头集合器、导纱轮布司、手柄球、隔纱板、分条器、槽板、尼龙链子轮等，并试生产络筒机槽筒、并纱机槽筒及各种纺织机用的滚筒。1965年，以聚氯乙烯树脂和稳定剂为原料，经辊压和热压两道主要工序，试制出2～4毫米聚氯乙烯硬板；同年批量生产聚氯乙烯吹塑薄膜并投放市场。之后对生产设备不断更新改造，生产工艺不断提高。1966年，聚氯乙烯吹塑薄膜投入批量生产，成为青岛塑料工业主要产品之一。是年，又试制成功聚乙烯（PE）薄膜，为本市继试制成功聚氯乙烯压延、吹塑薄膜之后，研制开发的又一项塑料薄膜新产品；该产品分为工业、农业用两种，农业主要用于农作物的覆盖，工业主要用于产品包装。1967年，青岛塑料五厂开始生产"喇叭花"牌聚乙烯中空容器。60年代，青岛还以聚氯乙烯为原料，开始生产"栈桥"牌塑料网、"金鸡"牌塑料单丝、"胜利"牌打包带和聚氯乙烯软管、硬管。

70年代，青岛开始生产聚乙烯塑料软管、聚丙烯管材、"象"牌涂塑维尼龙输水管。1973年，青岛塑料六厂改以聚丙烯为原料生产打包带。至是年，青岛塑料五厂"喇叭花"牌聚乙烯中空容器陆续增加至15个品种，成为山东省聚乙烯中空容器重点生产企业，也是长江以北唯一的生产企业。70年代中期，青岛塑料九厂开始生产"象"牌轻型聚丙烯编织布（袋）。1979年，聚氯乙烯硬板产量达到1041.42吨，创本市生产聚氯乙烯硬板生产最好的年份。是年，青岛产塑料网单丝产品获全国统测第一名。同年，青岛塑料七厂试制成功聚氯乙烯维尼纶涂塑防水布，填补了中国塑料工业一项空白；

产品使用"天鹰"牌商标，广泛用于交通运输业、化工石油业、建筑业、盐业、烟草业、造纸业、国防工业等。

80年代，青岛开始生产改性聚乙烯输水管。1980年，青岛塑料八厂在试制成功聚乙烯牛皮纸，聚乙烯、聚丙烯编织布（袋），铝铂、聚乙烯、电缆纸三种复合新材料的基础上，试制成功国内食品业急需的软罐头包装材料——蒸煮袋。随后，该厂引进日本制袋机组和复合材料生产线，研制成功国内电缆业急需的聚乙烯型复合铝带，填补了国内空白。同年，青岛塑料九厂"象"牌轻型聚丙烯编织布（袋）在全国塑料编织布评比中获第二名，青岛塑料七厂"天鹰"聚氯乙烯维尼纶涂塑防水布获省第二轻工业系统产品三等奖，本地产"新苗"牌聚乙烯吹塑薄膜获山东省第二轻工业厅系统新产品三等奖，青岛塑料网生产创历史最好水平，次年获全国聚乙烯产品质量评比优质奖。同年，本地厂家还生产聚氯乙烯地板砖；以高密度聚乙烯为原料的安全帽，次年使用"金贝"牌商标。至1981年，青岛塑料六厂塑料纺织配件基本形成各种纺织机的酚醛槽筒系列产品。1981年，青岛塑料六厂产打包带在全国同类产品质量评比中获第一名，次年机用打包带被评为山东省优质产品。1982年，山东省塑料公司安排青岛塑料九厂生产聚丙烯塑料捆扎绳，次年正式投产，使用"象"牌商标，其产品分球型与盘型两种，共6种规格；青岛塑料模具厂受青岛橡胶九厂委托，研制生产聚丙烯改性塑料托盘，年底投入生产，产品主要用于胶鞋沿条生产，销往全国80多个橡胶制鞋生产厂；青岛塑料六厂塑料纺织配件使用"胜利"牌商标，产品国内市场占有率达35%，次后又陆续试制成功气流纺织机用的各种槽筒和毛纺管、涤弹管、梳棉通道、隔距块、罗端盖等多种纺织配件新产品。同年，青岛以高密度聚乙烯树脂为原料，首批生产出0.015毫米地膜，

获山东省同类产品质量评比第二名；青岛塑料九厂"象"牌轻型聚丙烯编织布（袋）在山东省产品质量评比中获第一名，并评为山东省优质产品。1983年，青岛塑料五厂试制成功专供出口用的聚乙烯钾酸桶、磷酸桶、冰醋酸桶等化工专用塑料桶。是年9月，根据农业需求，将地膜厚度由0.015毫米降为0.01毫米，次年又降到0.007毫米，使每亩地需用地膜由原来的12公斤降为4.5公斤，降低了地膜覆盖成本。1984年，青岛产聚乙烯塑料薄膜产品均为优良产品，地膜产品在山东省同行业产品评比中获第二名；塑料网获山东省聚乙烯单丝质量评比第一名。是年，"金贝"牌安全帽被国庆三十五周年阅兵式民兵方队选用佩戴；批量生产塑料啤酒周转箱、塑料禽蛋箱及多用系列周转箱，被市科学委员会评为技术进步三等奖、山东省包装协会授予优秀包装金杯奖；青岛塑料八厂生产"云波"牌塑料复合编织布、塑料复合夹心布制品、多层复合蒸煮袋产品和塑料复合牛皮纸等塑料复合包装材料制品，其中多层复合蒸煮袋获山东省科委科研成果二等奖、山东省塑料工业总公司优秀产品奖、山东省第二轻工业厅新产品一等奖。同年，青岛塑料模具厂聚丙烯改性塑料托盘注册"金燕"牌商标；次年产量达23448个。

1985年，聚氯乙烯硬板产量达802.58吨；试制成功"银波"牌塑料复合铝带，填补了国内空白，获山东省科技成果二等奖；青岛塑料六厂打包带产品覆盖率在全国同类产品中排第一名；青岛塑料九厂"象"牌轻型聚丙烯编织布（袋）在山东省产品质量评比中又获第一名；青岛塑料六厂"胜利"牌6406酚醛槽筒被评为山东省优质产品称号。同期，本地塑料生产企业曾相继生产聚氯乙烯软板、聚氨酯泡沫板、聚丙烯钙塑板、聚苯乙烯泡沫板、高压聚乙烯发泡板，除聚氯乙烯软板由于设备、技术等原因未能大批量生产外，其他产品1985年仍在维

持批量生产。至 1985 年，生产聚氯乙烯硬管 264.88 吨、聚氯乙烯软管 26.13 吨；聚乙烯塑料软管增加到 248.06 吨；聚丙烯塑料管材 419.76 吨；改性聚乙烯输水管当年试制成功并投产，年产 61 吨，产品直径 80~600 毫米，共 14 种规格。

此外，青岛还曾生产塑料瓶口封套（1961年）、聚氯乙烯电缆料（1965 年）、聚乙烯水浮子（1966 年）、聚氯乙烯人造革（1979 年）、聚氯乙烯维尼纶涂塑防水布（1979 年）等产品，至 1985 年，除聚氯乙烯电缆料还继续生产外，其他产品均已停产。

第三章 染料 颜料 涂料

青岛地区制造和使用涂料的历史可追溯到汉代，莱西县岱墅、胶南县甲旺墩汉墓出土的汉代漆器，说明当时制造和使用涂料已达到相当水平。近代及之前，境内已有将天然涂料与各种颜料及其他材料配制成各种油漆的手工作坊。民国初期，民族染料工业开始发展，青岛维新化学工艺社成为国内第一个化学染料厂，标志着青岛化学工业的诞生。30 年代初，全市染料生产厂家（作坊）达 10 余家；30 年代中期，维新化学工艺社被日本财团企业帝国染料制造株式会社合资控制，与中国颜料厂、正业染料公司等民族染料企业激烈竞争。40 年代，在日资企业的打击排挤下，民族染料厂先后倒闭，日资控制的维新株式会社成为国内"规模最大，设备完善"的染料生产厂家。抗日战争胜利后，南京国民政府经济部派员接管青岛各大染料厂；同时，一些将天然涂料与各种颜料及其他材料配制成各种油漆的手工作坊，制造各种油漆、磁漆、调和漆等。随后，由于内战继起，原料无着、交通受阻、物价飞涨，生产处于瘫痪状态。

青岛解放后，各化工厂积极修复部分机器设备，恢复生产。维新化学厂收归国有并更名为青岛染料厂，先后开发生产碱性紫、直接蓝、枣红色基 GBC 等新染料品种，全市染料产品开始向多样化方向发展。青岛联合企业沪记化工厂开始土法生产红丹，标志着青岛颜料生产由作坊式向工业化转变。市军管会房产部所属建筑公司建成油漆厂，为山东省第一家油漆生产专业厂。随着纺织工业恢复发展和人民生活水平逐步提高，机织染色布和印染花布成为普遍采用的衣料，农村自织土布生产锐减，自染土布作坊纷纷停业，煮青染料销路日益狭窄，单一生产煮青的厂家基本停产。青岛染料厂接管久裕化工厂，后又相继合并中国颜料厂、洪泰化工厂、大安化工厂、农民染料厂和宏新化工厂。涂料生产的手工作坊式生产难以满足社会需求，市建筑公司油漆厂通过迁址扩建，经设备填平补齐、工艺改造和技术革新，产能和产品质量大大提高。

60 年代初，开始研制合成树脂漆，为省内首创，标志着山东省油漆生产技术发生质的飞跃，实现了以天然树脂为成膜物质向以合成树脂为成膜物质的转变。60 年代中期至 70 年代中期，本市染料工业以较快速度发展，相继开发生产出 7 大类染料品种，青岛染料厂开发生产中性染料 20 余种，均为国内首创。至 1977 年，能够生产硫化、冰染、还原、碱性、酸性、中性、直接、活性硫化还原、胶片呈色剂等 11 大类染料，染料品种增加到 40 多个；能生产无机、有机两大类颜料 5 个品种。60 年代后期，山东省、化学工业部根据国防新产品试制计划，在青岛油漆厂建成无溶剂环氧绝缘生产系统。70 年代，加强船舶涂料开发，新建酚醛树脂装置、硝基漆车间，兴建涂料研究所，新增添环氧、聚酯、硝基、橡胶等几个大类的合成树脂漆的多个品种，成为国内船舶漆和单漆的重点生产企业，生产技术居全国同行业前列。

70年代末，随着化学合成纤维工业兴起，用于化纤织物染色的中性、活性、分散和阳离子等高档染料逐步发展。80年代，山东省开始把精细化工作为化工发展的战略重点之一，全市迎来以染料、涂料和颜料为主的精细化工发展盛期。青岛染料工业适应轻工、印染等工业发展，积极调整产品结构，大力开发新品种，研制投产20余个中、高档新产品，淘汰低档品种，巩固在全省乃至全国的重要地位。同期，青岛涂料工业向节省资源、能源，减少污染、有利于生态平衡和提高经济效益的方向发展，进入水性涂料、防火涂料、防腐涂料等新专业领域，青岛染料厂成为国内4大染料生产厂家之一，青岛油漆厂也成为全国5个重点生产各类涂料的企业之一。

第一节 染 料

20世纪初，德国、日本商人相继在青岛开设商行，经销合成染料。第一次世界大战后，进口染料急剧减少，民族染料工业开始发展。1919年，民族资本染料厂青岛维新化学工艺社创办。随后，一批染料生产厂家纷纷建立，1928年，民族工商业者自筹资金创建的中国颜料厂，聘请日本人为技师，生产硫化煮青，命名为"织女""电光"牌。同年，大华颜料公司开业。30年代初，维新社资本达25万银元。1932年，青岛正业颜料公司建立，生产"天女"牌硫化煮青，年产能力在300吨左右。至此，全市染料生产厂家（作坊）增至10余家。30年代中期，维新化学工艺社被日本财团企业帝国染料制造株式会社合资控制，更名为株式会社维新化学工艺社，扩充资本，添置设备、增加产品品种，与中国颜料厂、正业染料公司等民族染料企业激烈竞争。抗日战争爆发后，国民党军政当局于撤离青岛时，将株式会社维新社厂房焚毁。1938年投产大红色基G，当年微量生产，后时断时续。40年代，华德颜料公司、协成颜料厂、复兴颜料厂、益新颜料厂等民族染料厂先后恢复或创立，多系前店后厂小型手工业作坊，以硫化青、硫化碱为原料生产硫化煮青，年产量最高的不足百吨，最低的仅有0.1吨。但因日本殖民者垄断原料来源、染料生产和销售市场，民族染料企业倍受排挤、打击，大都破产倒闭。1944年民族工商业者建立崂山颜料化学工厂，设备尚称完善、开工不到1年便被日商强行"购买"。日资控制的株式会社维新化学工艺社和中国颜料厂得以壮大，株式会社维新化学工艺社发展成为国内规模最大、设备完善的染料生产厂家。至40年代末，全市共有9个大小染料厂。

青岛解放后，维新化学厂收归国有，中国颜料厂股份有限公司、崂山颜料工厂、裕德化学工业社、华德颜料公司、洪泰化学厂、大安化工厂、农民染料厂、宏新化工厂等一批私营染料厂家相继恢复生产或投产。1952年，维新化学厂更名为青岛染料厂；是年，全市生产染料近3100吨，染料产品开始向多样化方向发展。1956年，青岛染料厂相继合并中国颜料厂、洪泰化工厂、大安化工厂、农民染料厂和宏新化工厂；1958年更名为四方化工厂，1962年恢复原名。同期，随着纺织工业恢复发展和人民生活水平逐步提高，机织染色布和印染花布成为普遍采用的衣料，农村自织土布生产锐减，自染土布作坊纷纷停业，煮青染料销路日益狭窄，单一生产煮青的厂家基本停产。

60年代中期至70年代中期，青岛染料工业以较快速度发展，相继开发生产出7大类染料品种，但仍以硫化染料为主要产品。1971年，青岛跃进化工厂（青岛色酚染料厂前身）研发投产冰染染料色酚AS和色酚AS-D，次年又开发出色酚ASOL，填补了国内空白。至1977年，青岛能够生产硫化、冰染、还原、碱性、酸性、中性、直接、活性硫化还原、胶片呈色剂等11

大类染料，染料品种增加到40多个。是年，全市染料总产量达到7151吨，其中硫化染料6332吨、占88%。70年代末，随着化学合成纤维工业兴起，用于化纤织物染色的中性、活性、分散和阳离子等高档染料逐步发展，老产品硫化染料的需求量日益减少，青岛研发的中性、活性、分散和阳离子等高档染料大幅度增长。

80年代，青岛各染料生产企业进行产品结构调整，加快研发新品种，共开发投产中高档染料新品种23个，其中中性染料诸品种、皮革染料诸品种、彩色胶片呈色剂和彩色电影呈色剂诸品种均属国内首创（图6-6）。至1985年，全市成品染料年生产能力达5950吨，结束了硫化染料长达60多年的生产历史，巩固了青岛染料工业在全省乃至全国的重要地位。

维新化学工艺社

1919年9月，青岛民族资本福顺泰洋杂货店经理杨子生投资2万银元，创办维新化学工艺社（图6-7），标志着青岛化学工业的诞生，这是国内第一家化学染料厂，素有"民族染料第一家"之称。

维新化学工艺社成立时社址在台西镇52号民房，规模较小、设备简陋，聘请日本移民3人担任技师，生产膏状硫化青（煮青）染料，原料购自日本，年产量不足百吨，商标为"丹凤"牌；同时开始生产粉青（又称硫化青、硫化黑），产量很小。因排放的硫化氢等废气影响日本青岛守备军电台，1922年被迫迁至四方村北山一路22号，添置电驱动密封夹套设备，硫化青产量由日产200公斤增至1750公斤左右，产品销往山东、河南、直隶3省；并开始生产碱性紫3B（又称碱性紫5BN、甲基紫）。此后，因染料利润丰厚，不断扩大生产规模。30年代初，该社资本达25万银元，有工人50多名；

图6-6　80年代青岛染料厂的彩色胶片呈色剂生产装置

图 6-7　创办于 1919 年青岛维新化学工艺社，图为其厂房

硫化青产量达 300 吨左右，产品在山东及周边省地广泛销售。

1934 年，日本财团企业帝国染料制造株式会社拟在青岛开设工厂，经日本技师斡旋，维新化学工艺社同意与其合作，帝国染料制造株式会社遂投入资金 16 万银元，成为合资企业。1935 年 6 月，易名为株式会社维新化学工艺社，由日本人出任社长，该社被日本商人控制；随后重新向青岛当局领取租地等凭证，并添置滚筒式干燥机。当年，合资双方再度扩充资本，由 20 万银元增至 50 万银元，其中中方 18 万、日方 32 万。1936 年，增加硫化碱产品，年产能力 2000 吨，此后生产规模逐步扩张。

1937 年，帝国染料制造株式会社为排挤民族染料工业，决定"联合日人在华内地之同业中有力者"，以株式会社维新化学工艺社为本店，将上海日商三和颜料厂纳入，称上海分场，在天津兴建年产 2500 吨硫化青分厂。同时，帝国染料制造株式会社再度扩股筹资，计划使株式会社维新社资本达到 100 万日元（实际为 70 万日元）。当年 12 月，国民党军政当局撤离青岛时将该社焚毁。

1938 年 2 月，株式会社维新化学工艺社重建，当年开始生产硫化蓝；次年，生产全部恢复，产品有煮青、硫化青、硫化碱、甲基紫，商标为"三菱丹凤"，其中煮青、硫化青产量达 2.7 万吨，销售于天津、上海、汉口及华南地区。1939 年，职工由复工之初的 130 人增至 239 人。1940 年 2 月，该社股本达到 100 万日元，更名为维新化学工业株式会社，社长、常务董事均由日本人担任。1942 年，建成硫化蓝车间，年产能力 60 吨。1943 年投产硫化蓝、猩红色基（大红色基 G）、硫化黄褐、瓷染长黄等品种，以供军需，发展成为国内规模最大、设备完善的染料生产厂家。

抗日战争胜利后，维新化学工业株式会社由南京国民政府接收；1946 年改称维新化学厂。1947 年，因误用青岛震明德商行 2,4-二硝基氯苯，致使硫化青场两度爆炸，生产中断，厂长引咎辞职。至1949年6月，只剩职工78人；当年生产硫化蓝39吨。

青岛染料厂

青岛解放后，维新化学厂被收归国有，仅用3个月时间即全部恢复硫化青、蓝、黄及硫化碱生产，这是青岛染料工业早期的骨干品种。1950年，粉青产量猛增到852吨，硫化蓝产量增至157吨，以后产量逐年增长。1952年，该厂研发生产碱性紫、直接蓝、枣红色基GBC等新染料；粉青产量增至1590吨。

1953年，维新化学厂改名为青岛染料厂，厂址在杭州路半壁巷7号，并接管久裕化工厂。1955年，扩建硫化蓝、硫化青车间，生产能力增加1倍。1956年，相继合并中国颜料厂、洪泰化工厂、大安化工厂、农民染料厂和宏新化工厂；并先后建成硫化深蓝、耐晒蓝两个生产车间，次年相继投产。同年，创办青岛染料厂研究所，研制开发出的酸性染料为首例科技攻关项目。1957年，该厂采用醇溶苯胺黑经磺化、中和反应，生产出新品种酸性粒子元青；投产酸性粒子元青，当年生产12吨，后产量逐年增长。是年，各种染料总产量达到4143吨，染料品种增加到15个。1958年，投产盐基青莲和中性灰2BL，当年生产中性灰2BL0.23吨，后一度停产；投产中性深黄GL/GRL，当年生产0.43吨，次年增加到44吨。当年生产染料4386吨，品种增至28个，但大多数产品产量极少；年末更名为四方化工厂，并建成一套制酸装置，硫酸年产能力达到800吨。50年代末，硫化蓝产量突破1000吨。60年代初，粉青产量突破3000吨。

1962年，恢复青岛染料厂名称。1963年开发投产两个重要染料及医药中间体双乙烯酮和二乙苯胺（乙酰苯胺）。1964年恢复生产中性灰2BL。1965年，经中试实现中性染料的批量生产，建成国内第一座中性染料生产车间，生产

开始向中高档产品转移，当年研发生产中性染料20余种，均为国内首创，并长期保持中性染料独家生产。60年代中期，硫化蓝年产量达2000吨以上；酸性粒子元青年产量突破100吨。1967年，研发投产水溶性彩色胶片呈色剂"535"，当年生产2.18吨，填补了国内空白。1969年开发出防光晕红、防光晕黄和防光晕蓝3个品种，当年进行微量试产。

70年代初，酸性粒子元青年产量逾200吨。此后，随着化纤针织衣物兴起，硫化染料产量逐步下降。青岛染料厂依托厂研究所的科研力量，加大研制化纤纺织品染色需要的中性、活性、分散等染料，品种更新换代加快，染料品种增加到40多个，各种染料产量也大幅度增长，其中以分散染料增长最快，中性染料、苯胺黑、大红色基和品紫全国销量第一。1971年投产中性黑BL，当年生产63.9吨。1972年开始生产还原深蓝，1974年停产。1975年开始研制高档油溶性彩色电影胶片呈色剂；同年生产水溶性呈色剂"535"15.82吨，为历年最高。1977年成功开发出油溶性彩色电影呈色剂黄、品和青3个品种，填补了国内空白。1978年，该厂研究所作为先进集体出席全国科学大会。是年，该厂停产粉青。

70年代末，青岛染料厂开始加快产品结构调整，中性黑BL年产量达到200吨以上，酸性粒子元青年产量达到300吨以上。1979年投产分散蓝2BLN，当年生产72.65吨，次年达到230.95吨。1980年，开始生产分散深蓝H-GL，当年生产194.79吨，次年达到309吨；投资129万元生产还原染料BR；投产中高档染料品种皮革喷涂黑RL，当年生产5.6吨；投产分散金黄E-3RL，当年生产27.65吨；投产皮革喷涂橙2RL，当年生产6.02吨，次年达到9.3吨后停产；同年起不再生产硫化蓝。1981年，投资60万元开发皮革喷涂染料，建成200吨年产能力；投资349万元，建成分散蓝2BLN600吨年

产能力；投产分散大红 S-3GL，当年产量为 39.09 吨。1982 年，投资 340 万元，建成阳离子染料 300 吨年产能力；同年，生产中性黑 BL 年 295 吨，为历年最高，此后长期稳定在 200～290 吨之间，为青岛染料工业的骨干产品。1983 年投产还原灰 M，1984 年停产。至 1985 年，共开发投产中高档染料新品种 23 个，结束了硫化染料长达 60 多年的生产历史；同年停产水溶性呈色剂 "535"。80 年代中期，分散蓝 2BLN 年产量突破 600 吨，并长期稳定在 600 吨以上；分散深蓝 H-GL 产量达到 1000 吨左右；分散大红 S-3GL 年产量逾百吨，此后长期稳定在 100 吨左右。

1985 年，青岛染料厂位于四方区杭州路 28 号，拥有职工 4000 人，下设 5 个生产分厂，年产能力为 5000 多吨，染料总产量达 4430 吨，完成工业总产值 1 亿元；产品有 11 大类 70 种，且多为中高档染料，其中 7 种产品获国家和部、省优质产品称号，14 个品种销往日本、东南亚、欧美等国家和地区，为国内四大染料生产厂家之一。

第二节 颜 料

40 年代，境内出现生产铅丹、红土手工作坊，多以天然矿物简单加工而成。1943 年，中国颜料厂增加硫化碱炉、硫化锅 2 口、圆桶干燥机 2 部、大锅炉、粉碎机等设备及仓库等建筑。

1950 年，中国颜料厂股份有限公司修复部分机器设备，开始生产颜料。1951 年，青岛联合企业沪记化工厂建成年产 30 吨红丹（四氧化三铅）的装置，开始土法生产红丹，Pb_3O_4 含量只达到 70％左右，标志着青岛颜料生产由作坊式向工业化的转变。1954 年 7 月，该厂新建氧化炉 4 座，添置巴尔顿炉 1 台、粉碎机 2 台，实现半机械化生产，Pb_3O_4 含量达到 98％以上，年产能力达到 600 吨。1957 年，青岛染料厂开始生产醇溶性苯胺黑（也称醇黑）。1958 年，国

家投资 47.28 万元，在青岛联合企业沪记化工厂新建红丹车间厂房 2336.7 平方米，建成两大生产工段，新上氧化炉 40 座，巴尔顿炉 4 台、粉碎机 6 台，年产能力达到 3000 吨。1959 年，该厂红丹产量 4254.9 吨，为历年最高。1961 年，青岛城阳化工厂开始生产黄丹（一氧化铅），1965 年投资 6 万元新建铬黄车间，设计能力为年产 800 吨，当年生产 45.08 吨，次年增至 408 吨，此后长期稳定在 500 吨左右；其间，红丹生产也迅猛增长。青岛台东化工厂于 1958—1962 年以土法少量生产铬黄，最高年产量为 86 吨。1966 年，青岛染料厂投产油溶性苯胺黑（又称油黑），产量长期稳定在 100 吨左右。至 1969 年，青岛已能生产无机、有机两大类颜料 5 个品种，无机颜料类有红丹、黄丹和铬黄，有机颜料类有苯胺黑系列的油黑和醇黑。1969 年，全市主要颜料品种生产总量达到 7425 吨，其中有机颜料类 250 吨、无机颜料类 7175 吨。是年，生产黄丹 932.1 吨，为历年最高。

1971 年，胶县化工厂开始试产立德粉（又称锌钡粉），当年生产 41 吨；次年建成年产能力 3000 吨的生产装置。1978 年，该厂建成年产能力 2000 吨氧化锌（又称锌白）生产装置，初期采用土炉直接法生产，后改为转炉，扩产后产量猛增，年产量一般在 800～1000 吨之间。70 年代中后期，红丹年产量一般在 2500～3000 吨之间。同期，黄丹生产基本稳定；铬黄产量波动幅度很大，少则不到 20 吨、多则 500 余吨；有机颜料类的醇黑、油黑生产则稳定增长。

80 年代，苯胺黑系列的醇黑生产进一步扩大，油黑生产保持稳定。无机颜料品种中的红丹、黄丹、铬黄下降；立德粉、氧化锌生产持续增长。1980 年，胶县化工厂立德粉产量突破 1000 吨。1981 年，青岛染料厂生产油溶性苯胺黑 305 吨，为历年最高。1982 年，青岛城阳化工厂进行技术改造，将喷射干燥改为烘干房，提高了铬黄质量；此后，年产量在 350～500 吨

之间。1983年，胶县化工厂立德粉产量达2000吨以上。1984年，青岛城阳化工厂研制成功粒状氧化铅（又称颗粒黄丹），次年9月投产，装置能力为年产4000吨。1985年，胶南化工厂建成华蓝（又称铁蓝）颜料生产装置，年产能力1000吨，当年生产14吨。同年，胶县化工厂立德粉产量突破3000吨。至80年代中期，青岛染料厂是国内醇溶性苯胺黑产量最大、质量最好的生产厂家。

第三节 涂 料

涂料俗称油漆。现有考古资料证明，青岛地区制造和使用涂料的历史可追溯到汉代，1970年在莱西县岱墅出土158件汉代漆器，在胶南县甲旺墩汉墓中也出土过汉代漆器，说明本地制造和使用涂料达到相当水平。传统油漆主要是桐油、生漆，也有的用其他树胶或动物胶制作。青岛解放前，境内已有天然涂料与各种颜料及其他材料配制成各种油漆的手工作坊，可制造各种油漆、磁漆、调和漆等。

1950年6月，市军管会房产部所属建筑公司建成油漆厂，这是山东省第一家油漆生产专业厂。至50年代末，通过迁址扩建、设备填平补齐、工艺改造和技术革新等，生产能力迅速提高。60年代，先后研制成功多种合成树脂漆，实现以天然树脂为成膜物质向以合成树脂为成膜物质的转变。"文化大革命"时期，为满足军工产品配套要求，涂料生产技术进步较大。1966年，为解决海军用舰船涂料的短缺问题，经周恩来总理批示，海军、第六机械工业部、中国科学院海洋研究所、山东海洋学院、青岛油漆厂等单位在青岛共同组建"四一八"舰船涂料攻关协作北海组，采取边开发、边生产、边实船、边装备的方式，取得丰硕成果，使得中国舰船涂料从无到有，从仿制到创新，满足海军舰船涂料5年防污的基本要求。[①]

70年代后期至80年代，青岛油漆厂先后改造树脂生产系统、色漆分散系统、植物漂油系统和污水治理系统，使整个油漆生产工艺系统技术水平达到70年代国际先进水平。

青岛油漆厂

1949年12月，市军管会房产部所属建筑公司开始筹建油漆厂，1950年6月建成投产，产品有油脂厚漆和油脂调和漆两种，只能供青岛地区房屋维修和部分建筑项目之需。这是山东省第一家油漆生产专业厂。随着国民经济恢复和发展，该厂手工作坊式生产难以满足社会需求，1953年进行迁址扩建，1954年10月竣工，初具小型油漆厂规模。

1954年，该厂正式定名为青岛油漆厂。1958年，年产能力达到5400吨，产量达到2560吨；同年，投资84.5万元新建苯酚车间，次年2月投产。1962年，试制成功醇酸树脂漆、氨基树脂漆、过氯乙烯树脂漆和乙烯树脂漆并相继投产，均为省内首创，标志着山东省油漆生产技术发生质的飞跃，实现以天然树脂为成膜物质向以合成树脂为成膜物质的转变，结束只能生产低档油漆的历史。1965年投产过氯乙烯树脂漆，当年生产29吨；后产量长期稳定在130～180吨。1966年产量突破1万吨，居国内同行业首位，成为中型油漆生产企业。1966—1967年，省财政厅、省化工公司根据国防新产品试制计划，投资23万元在该厂建立中试车间一座。1968年投产乙烯磷漆底漆，当年生产9吨；后产量一直不高，生产时断时续。1968—1970年，化学工业部投资143万元新建甲酚车间。1969年自行投资8万元建成无溶剂环氧绝缘生产系统，以保证军工产品生产。同年开始生产橡胶漆，当年生产1吨；后生产时断时

---

① 刘连河,阎永江.中国舰船涂料自主创新的发展历程——从"四·一八"会战到海洋化工研究院[J].中国涂料,2006(5):3-5.

- 313 -

续，产量很少。1969—1971年，为加强船舶涂料的开发，投资20万元新建年产100吨酚醛树脂装置。1974年，青岛油漆厂投产聚氨酯清漆，当年生产5吨，其后产量一直较低。1975年投资49.3万元建硝基漆车间1座，设计能力年产1000吨，填补了省内空白。同时，为加强涂料研究和开发，满足军工船舶涂料产品标准要求，投资12.9万元兴建山东省唯一的综合性涂料研究所，开发出一批为舰船、机车车辆配套的油漆品种。上述项目的建设，使该厂合成树脂漆的生产技术水平有较大提高，新增添环氧、聚酯、硝基、橡胶等几个大类的合成树脂漆的多个品种，合成树脂漆在油漆总产量中的比重，从1969年的39.12％提高到1977年的73.84％，并开发出一批为舰船、机车车辆配套的油漆品种，成为国内船舶漆和单漆的重点生产企业，生产技术居全国同行业前列。

1977—1983年，该厂共投资1226万元，先后建成年产1000吨羟基酸和环基酸项目、年产能力为5000吨的漂油车间、1.5万吨色漆车间和1000吨氨基漆车间，改造树脂生产系统、色漆分散系统和植物油漂洗系统及相应的污水治理系统，整个油漆生产工艺系统的技术水平达到70年代国际先进水平，成为国内五大油漆生产厂家之一。70年代末，过氯乙烯树脂漆达300吨以上。1982年，开始生产丙烯酸醇酸漆，当年生产1吨，此后产量稳步增长。1983年，该厂油漆年产能力达到3万吨。该厂研究所是山东省唯一的综合性涂料研究所，其间，共取得35项科技成果，其中10项获化学工业部、山东省和青岛市科技进步奖，水性漆—酚醛改性油电泳漆获得全国科学大会奖。1985年起，为促进产品升级换代，青岛油漆厂先后引进美国格林顿公司饮料罐内壁涂料生产技术和迪索托公司的饮料罐外壁涂料生产技术、日本高压瓦斯株式会社的丙烯酸弹性乳液生产技术及成套设备、比利时苏斯梅耶公司的

热载体加热树脂合成成套设备。其中，饮料罐内外壁涂料生产技术为国内最早引进的食品涂料生产技术。

至1985年，青岛油漆厂拥有职工2000余人，油漆年产量为2.55万吨，苯酚年产能力达4000吨。产品有中、高档涂料6大类26个品种，在合成树脂涂料、海洋防污涂料、水性涂料、防火涂料等领域一直处于全国领先地位，为国内五大油漆生产厂家之一。

油脂漆

早期涂料品种。主要品种有清油、白厚漆、各色油性调和漆、锌灰油性防锈漆等。1950年，青岛建筑材料公司油漆厂开始生产，当年生产48吨，后逐年增长。50年代中期突破1000吨，50年代末突破2000吨，1960年最高生产2653吨。1961年骤降至71吨，此后再度上升，60年代中期至60年代末基本稳定在1300吨左右。70年代中期前后年产量大多在300吨左右徘徊，70年代末年产量降至100吨以下。

天然树脂漆

早期涂料品种。主要产品品种有酯胶清漆、钙脂清漆、各色脂胶调和漆、各色脂胶磁漆、白浅色酯胶磁漆、铁红及灰酯胶底漆、各色脂胶二道底漆、各色脂胶腻子、酯胶烘干绝缘漆、酯胶绝缘漆、钙脂黑板漆等。1950年，青岛建筑材料油漆厂开始生产，当年生产3吨。50年代中期产量一直较小，50年代末始有增长，1958年突破500吨，1961年回落至61吨。此后逐年增长，60年代中期突破1000吨后加速增长，1966年最高2842吨，至60年代末，年产量基本维持在2500吨左右。70年代初至1978年，年产量稳定在1500吨上下。1979年后逐年下降。

酚醛树脂漆

合成树脂漆类产品。主要品种有酚醛清漆、醇溶酚醛烘干清漆、各色酚醛调和漆、各色酚醛磁漆、各色酚醛窗纱漆、各色酚醛底漆、紫

红及铁黑酚醛烘干底漆、各色纯酚醛烘干电泳漆、各色纯酚醛烘干电泳底漆、各色酚醛烘干皱纹漆、酚醛烘干硅钢片漆、各色酚醛水线漆、各色纯酚醛防污水线漆、铁红纯酚醛水线底漆、各色酚醛船壳漆、各色酚醛船舱漆、酚醛防腐清烘漆、红丹酚醛防锈漆、铁红酚醛防锈漆、锌黄酚醛防锈漆、各色硼钡酚醛防锈漆、酚醛地板漆、黑酚醛烟囱漆、各色酚醛马路划线漆等。青岛油漆厂1960年投产，当年生产116吨，60年代中期逾千吨，1966年达到1770吨。后长期稳定在1300～1800吨之间。1973年突破2000吨后，产量稳定在1700～2200吨之间。1982年最高至2840吨。

沥青漆

合成树脂漆类产品，主要品种有沥青清漆、煤焦沥青清漆、沥青烘干清漆、黑沥青烘干磁漆、沥青烘干底漆、沥青烘干绝缘漆、棕沥青防污漆、铝粉沥青船底漆、沥青船底漆、沥青耐酸漆、沥青锅炉漆、沥青石棉膏等。青岛油漆厂1964年投产，当年生产9吨，70年代初达到400吨左右，70年代末达到800吨，1981年最高逾千吨，后逐渐回落。

此外，青岛石油化工厂从1985年开始生产沥青漆，年产量在50吨以下。

醇酸树脂漆

主要品种有醇酸清漆、各色醇酸酯胶调和漆、各色醇酸调和漆、各色醇酸磁漆、淡棕醇酸烘漆、各色醇酸半光磁漆、各色醇酸无光磁漆、铁红及铁黄醇酸底漆、各色醇酸腻子、各色醇酸烘干皱纹漆、醇酸烘干绝缘漆、各色醇酸抗弧磁漆、各色醇酸船壳漆、各色醇酸客舱漆、红醇酸防锈漆等。青岛油漆厂1963年开始生产，当年生产46吨，60年代后期产量在400吨上下波动。70年代初开始稳步增长，中期突破千吨后，开始加速发展，70年代末突破4000吨。80年代初生产逾万吨。后基本稳定在1.5万吨左右。

氨基树脂漆

主要品种有氨基烘干清漆、各色氨基烘干磁漆、各色氨基烘干半光磁漆、各色氨基烘干无光磁漆、各色氨基烘干底漆、灰氨基烘干腻子、各色氨基烘干透明漆、红氨基烘干透明漆、各色氨基烘干锤纹漆、氨基烘干绝缘漆等。青岛油漆厂1963年开始生产，当年生产2吨。直至70年代初，产量始终不过百吨，1972年后产量稳定增长，70年代末生产500吨以上。80年代中期逾千吨，后基本稳定在1000吨以上。

硝基纤维漆

合成树脂漆类产品，主要产品品种有硝基清漆、硝基电缆清漆、硝基书钉清漆、硝基皮尺清漆、硝基软性清漆、各色硝基外用磁漆、各色硝基内用磁漆、各色硝基醇酸磁漆、各色硝基半光磁漆、各色硝基底漆、各色硝基腻子、各色硝基透明漆、各色硝基铅笔漆、各色硝基抽条铅笔漆、各色硝基铅笔底漆、硝基木器漆、硝基胶液等。青岛油漆厂1976年投产，当年生产4吨，填补了省内空白。后产量迅速增长，1979年达到851吨，此后长期稳定在800吨上下，1985年逾千吨。

聚酯树脂漆

合成树脂漆类产品，主要品种有聚酯烘干漆包装漆，青岛油漆厂1967年开始生产，当年生产1吨。其后长期维持在百吨上下。1982年生产183吨，为最高生产年份，1984年停产。

环氧树脂漆

合成树脂漆类产品，主要品种有各色环氧酯磁漆，铁红及锌黄、铁黑环氧酯底漆，各色环氧酯底漆，各色氧酯烘干腻子，各色环氧酯腻子，环氧无溶剂烘干绝缘漆，各色环氧酯烘干绝缘漆，草绿环氧酯甲板防滑漆，硼钡环氧酯锈漆，聚酚氧预涂底漆等。青岛油漆厂1967年开始生产，当年生产4吨。后产量逐渐提高，70年代末达40吨以上，80年代在350吨左右。

第四章 化学肥料 化学农药

青岛地区化学农药生产起步于40年代初，日商兴亚农药株式会社少量生产乳剂及杀虫液。解放初期，胶东区农化研究所在青岛成立胶东农药厂（青岛农药厂前身），生产无机农药，同时利用省内鱼藤根资源生产鱼藤粉，并以三氯乙烯为原料试制成功仓储粮食用农药熏蒸剂氯化苦，为国内首创。50年代，青岛农药厂、青岛肥料厂、胶县农药厂先后成立，开启青岛化学农药工业史。50年代末，本市化学肥料生产开始起步。

60年代初，由于自然灾害影响，农业生产滑坡，对化肥、农药需求减少，青岛农药厂和沧口铁厂先后并入青岛肥料厂。经过国民经济调整，农业生产复苏，磷肥工业又开始发展，农药生产逐步恢复，新产品、新剂型逐步出现。60年代中期，在青岛磷肥厂钙镁磷肥项目、即墨化肥厂合成氨装置、青岛染料厂硫酸铵生产项目先后投产的同时，采取"就地建厂""就地生产""就地分配"等措施发展氮肥生产，青岛氧气厂、青岛化肥厂合成氨车间先后建成。60年代末70年代初，全市各磷肥厂磷肥项目、化肥厂氮肥项目相继建成投产。到1973年，全市共有化肥生产厂（点）23个，其中氮肥厂（点）9个（青岛染料厂兼产硫酸铵）、磷肥厂（点）16个（即墨化肥厂兼产磷肥）。1976年，全市统计内厂（点）共生产各种磷肥1505万吨；其中，钙镁磷肥246万吨、过磷酸钙1078万吨、磷矿粉肥181万吨、磷酸氢二钾57吨。70年代后期，氮肥碳酸氢铵、尿素受到广大农民的欢迎，对磷肥需求有所减少。至1978年，全市统计内磷肥生产厂（点）80%出现亏损，遂对不具备基本生产条件、短期内不能够扭转亏损局面的磷肥厂（点）实行关、停、并、转。其间，

青岛地区农药生产除老品种迅速增长外，相关厂家又相继开发出敌百虫原粉、滴滴涕原粉、久效磷、福美胂4个新农药品种和农药加工新品种乐果粉等。

80年代初，全市磷肥工业扭亏为盈。到1983年，全市磷肥厂（点）由30多个调整为9个，磷肥工业年产能力达到30万吨以上，仅钙镁磷肥年产能力就高达13万吨，初步实现由多厂点、小规模生产向专业化、大规模生产的转变。同期，各化肥厂相继投产碳酸氢铵，取代了氨水的氮肥主要生产品种地位。其间，生产厂家对碳酸氢铵易分解、结块的弊病进行工艺改造，使产品质量达到一级品标准。同期，农药生产逐步完成产品结构调整。

至1985年，全市化肥生产企业主要有青岛磷肥厂、即墨化肥厂、胶县化肥厂、平度化肥厂、胶南化肥厂、莱西化肥厂、崂山化肥厂；主要农药生产企业有青岛农药厂、胶县农药厂；农药品种有9个，其中久效磷（100%）产量为522吨、农药乳化剂产量360吨。

第一节 化学肥料

50年代末，青岛化肥工业开始建立。1959年，青岛肥料厂（青岛磷肥厂前身）采用高炉法生产钙镁磷肥。60年代初，由于自然灾害影响，农业生产滑坡，对化肥需求减少，经过国民经济调整，农业生产复苏，磷肥工业又开始发展。60年代中期，省化学工业厅决定拨款36万元在青岛建设钙镁磷肥项目，青岛肥料厂利用沧口炼铁厂旧址正式成立青岛磷肥厂；即墨化肥厂合成氨装置建成投产，青岛染料厂回收利用冰染染料废酸混合物生产硫酸铵。同期，本市采取"就地建厂""就地生产""就地分配"等措施发展氮肥生产，青岛氧气厂、青岛化肥厂合成氨车间先后建成投产。

60年代末70年代初，胶县化工厂和青岛染

料厂莱芜分厂（后改为莱芜硫酸厂）相继建成过磷酸钙生产装置，即墨磷肥厂、莱西磷肥厂、胶南磷肥厂以不同生产法先后投产过磷酸钙，胶县磷肥厂、平度磷肥厂分别上马钙镁磷肥；平度化肥厂、胶南化肥厂、莱西化肥厂、胶县化肥厂、崂山县化肥厂相继建成投产，青岛地区氮肥生产厂（点）增加到9个，1973年全市合成氨产量达到245万吨。至1976年，全市磷肥厂（点）达30多个，统计内的"小土群"厂点有东吴家村磷肥厂、西流庄公社化肥厂、莱西工业局磷肥厂、即墨工业局磷肥厂、胶南海洋化工厂、平度社队、胶县社队、胶南社队、刘家大队磷肥厂、崂山磷肥厂、崂山化工厂、即墨县社队等。另外，崂山化工厂还少量生产磷酸氢二钾。1976年，全市统计内厂（点）共生产各种磷肥1505万吨；其中，钙镁磷肥246万吨、过磷酸钙1078万吨、磷矿粉肥181万吨、磷酸氢二钾57吨。70年代后期，氮肥碳酸氢铵、尿素受到广大农民的欢迎，对磷肥需求有所减少。磷肥生产专业厂和"小土群"厂（点）之间差别较大，普遍存在较严重的原材料缺乏、能源不足和浪费现象。至1978年，全市统计内磷肥生产厂（点）有80%出现亏损。此后，对不具备基本生产条件、短期内不能够扭转亏损局面的磷肥厂（点），实行关、停、并、转；对生产条件较好、有一定规模和发展前途的厂家进行扶持。

80年代初，全市磷肥工业扭亏为盈，生产逐年增长。青岛磷肥厂进行设备更新改造，平度磷肥厂应用新工艺，生产能力大幅上升。到1983年，全市磷肥厂（点）调整为9个，磷肥工业年产能力达到30万吨以上，仅钙镁磷肥年产能力就高达13万吨，初步实现由多厂点、小规模生产向专业化、大规模生产的转变。同期，平度化肥厂率先建成碳酸氢铵生产装置；随后，胶县化肥厂、胶南化肥厂和即墨化肥厂相继投产碳酸氢铵。1984年，全市碳酸氢铵产量达到443万吨，占全市氮肥生产总量471万吨的94.06%，取代氨水长达20年的氮肥主要生产品种地位。其间，各生产厂家对碳酸氢铵易分解、结块的弊病进行工艺改造，使用十五烷基磺酰氯作为添加剂，使碳铵含水量低于35%，达到一级品标准。

氮肥

1959年，青岛肥料厂采用高炉法生产钙镁磷肥。1960年，本市投资170万元兴建即墨化肥厂，设计能力为年产800吨合成氨；1962年，根据山东省停缓建办公室有关文件精神停建；1964年1月，山东省拨款400万元重建，并将设计能力扩大到2400吨，次年11月建成投产。1965年，青岛染料厂回收利用冰染染料废酸混合物生产硫酸铵成功。

60年代中期，本市加快氮肥生产能力建设。1965年，即墨化肥厂生产合成氨117吨，青岛染料厂生产硫酸铵37吨。1966年，青岛氧气厂合成氨车间建成投产，设计能力为年产合成氨1000吨，当年生产404吨。同年，即墨化肥厂合成氨产量达到3685吨，突破2400吨的设计能力。1967年，青岛化肥厂合成氨车间建成投产，设计能力为年产5000吨，当年生产573吨，次年增加到2011吨。1969年，平度化肥厂建成投产，设计能力为年产合成氨3000吨。1970年，胶南化肥厂建成投产，设计能力为年产合成氨3000吨。1971年，莱西化肥厂建成投产，设计能力为年产合成氨5000吨。1972年，胶县化肥厂建成合成氨生产装置，设计能力为年产5000吨。1973年，崂山县化肥厂建成投产，设计能力为年产合成氨5000吨。同年，青岛地区氮肥生产厂（点）由1965年的2个增加到9个，除青岛染料厂少量生产硫酸铵外，其余各厂点均生产合成氨；当年全市合成氨产量达到245万吨，氨水总量为896万吨。

1977年，平度化肥厂率先建成年生产能力为4万吨的碳酸氢铵生产装置。1980年，胶县化肥厂、胶南化肥厂相继投产碳酸氢铵；1983年，即墨化肥厂投产碳酸氢铵。至1984年，全市碳酸氢铵产量达到4.43万吨，占全市氮肥生产总量4.71万吨的94.06％。

磷肥

1959年，青岛肥料厂利用废弃的炼铁炉试产钙镁磷肥，设计能力为年产2000吨，当年生产1489吨。同年，青岛农药厂建成过磷酸钙生产装置，设计能力年产3000吨，当年生产3822吨。次年，青岛肥料厂和青岛农药厂产量分别增至4419吨、7649吨。其时，本市所产磷肥质量和省内、国内同类产品相比排在前列，钙镁磷肥达部颁标准，受到化学工业部的通报表扬；过磷酸钙有效含量达到15％以上，达到部颁标准，也受到化学工业部通报表扬。

60年代初，由于自然灾害影响，农业生产滑坡，磷肥需求减少，1961—1962年全市仅产钙镁磷肥和过磷酸钙9803吨，平均年产量降至4900多吨。国民经济调整后，磷肥工业开始发展。1964年化学工业部东乡磷肥会议后，省化学工业厅决定拨款36万元在青岛建设钙镁磷肥项目，青岛肥料厂利用下马的沧口炼铁厂旧址及2座55立方米炼铁炉，初创年产2万吨的钙镁磷肥车间，称为青岛肥料厂三车间；次年，新增球磨机1台，形成5万吨年产能力。1966年2月，以该车间为基础正式成立青岛磷肥厂。同年，青岛化工厂开发出磷肥新品种沉淀磷酸钙（沉钙），并生产出合格产品，但未能持续生产，当年停产。1969年，胶县化工厂和青岛染料厂莱芜分厂相继建成过磷酸钙生产装置。1971年，即墨磷肥厂、胶县磷肥厂分别利用进口磷矿粉和工业废硫酸生产过磷酸钙、用高炉法生产钙镁磷肥。1973年，平度磷肥厂建成一套3立方米钙镁磷肥熔炼高炉装置，年产能力为8000吨。是年，全市磷肥产量达到9.12万吨，其中过磷酸钙3.61万吨、钙镁磷肥4.7万吨、磷矿粉肥8024吨、沉淀磷酸钙66吨。

1975年，胶南磷肥厂采用混合法生产过磷酸钙。至是年，全市磷肥主要品种生产能力依次为：钙镁磷肥5万吨、过磷酸钙12万吨、沉淀磷酸钙300吨。其间，一批以社、队为主的小磷肥生产厂（点）采用土法生产磷矿粉肥，时称"小土群"。至1976年，全市磷肥厂（点）达30多个，全市统计内厂（点）共生产各种磷肥15.05万吨；其中，钙镁磷肥2.46万吨、过磷酸钙10.78万吨、磷矿粉肥1.81万吨、磷酸氢二钾57吨。此后，由于氮肥碳酸氢铵、尿素广受欢迎，对磷肥需求有所减少。另外，专业厂和"小土群"厂（点）生产之间产品质量差别较大，普遍存在原材料缺乏、能源不足和浪费现象，导致磷肥滞销积压、成本上升。至1978年，全市统计内磷肥生产厂（点）中，有80％出现亏损。1979年，贯彻财政部、化学工业部《关于小磷肥试行定额补贴办法的联合通知》，对全市磷肥生产实行"以销定产"的政策，每销1吨合格的实物磷肥平均补贴30元，补贴后按全省统一定价销售。

1980年，根据化学工业部关于磷肥工业"整顿提高、择优改造、挖潜配套"的要求，把财政补贴后的盈余用于技术改造。青岛磷肥厂首先获得此项资金88万元用于技改，实现炉前上料机械化。省、市两级政府还对发展磷肥工业的经济政策进行部分调整，除继续实行定额补贴外，又规定补贴后的盈利全部留给企业用于技术改造，技术改造所需材料实行定额补助。1981年，青岛磷肥厂在省石油化学工业厅拨款35万元的帮助下，新建炉前料仓7台，新增破碎机2台、桥式抓斗起重机2台、皮带输送机7台，对称量装置、卷扬机室、供电线路、照明装置等进行改造，使钙镁磷肥生产能力扩大到10万吨。平度磷肥厂试验成功应用小粒焦熔炼钙镁磷肥后，生产能力扩大到1.5万吨以上。至1983年底，全市磷肥厂（点）调整为9个，而磷肥工业年产能力却达到30万吨以上，仅钙镁磷肥年产能力就高达 13 万吨。1984 年 1 月起，取消对磷肥的定额补贴，同时由财政拨出专项资金对重点企业进行技术改造。1985 年，按照国家规定对磷肥企业实行生产许可证制度，对不符合规定的企业继续实行关、停、并、转，全市磷肥生产逐步好转。

第二节 化学农药

青岛地区化学农药生产起步于 40 年代初，日商在青岛建立兴亚农药株式会社，少量生产乳剂及杀虫液，此后逐步生产蚊香及乳剂，附属产品有杀蝇水、除虫粉等，全部供给日军使用，日本投降后停止生产。

解放初期，胶东区农化研究所在青岛成立胶东农药厂，主要生产氟化钠，同时利用省内鱼藤根资源生产鱼藤粉，并以三氯乙烯为原料试制成功仓储粮食用农药熏蒸剂氯化苦，为国内首创。50 年代初，该厂主要生产车间和厂部迁往新建张店农药厂，青岛原厂成为分厂，后独立为青岛农药厂。其间，试制成功小批量生产滴滴涕粉剂和乳剂，并试制成功杀虫剂磷化锌，为国内首家。50 年代末，胶县农药厂成立并从事农药生产，主要产品是六六六粉剂。同期，农业生产受"大跃进"及自然灾害影响严重萎缩，农药生产随之滑坡，1960 年农药主要品种氟化钠产量比 1958 年下降 665 %。国民经济调整时期，农药生产逐步恢复，青岛农药厂扩大主要产品滴滴涕乳剂生产，并加快新产品研发，先后投产五氯硝基苯和马拉硫磷，后又开发新品种磷胺和敌敌畏；胶县农药厂开发出农药新品种退菌特；青岛化工厂投产六六六原粉。1969 年，全市共生产 6 %可湿性六六六粉 1069 万吨、5 %滴滴涕粉 1210 吨、25 %敌百虫粉 464 吨、50 %退菌特 23 吨、50 %马拉硫磷 1633 吨，以及少量磷胺和敌敌畏等。

70 年代初，青岛农药厂除老品种马拉硫磷、

磷胺和敌敌畏产量迅速增长外，又相继开发出敌百虫原粉、滴滴涕原粉和久效磷 3 个新农药品种；胶县农药厂则在继续扩大老产品生产的基础上，投产农药加工新品种乐果粉和农药新品种福美胂等。

80 年代，全市农药生产逐步完成产品结构调整，新产品开发和老产品扩产两方面均取得新进展。至 1985 年，全市农药品种有 8 个，其中包括久效磷、磷胺、敌敌畏、水胺硫磷、福美胂、退菌特等。

胶东农药厂

1949 年初，胶东行署创建胶东农化研究室，主要从事农药研究。青岛解放当月，胶东农化研究室迁至青岛，租借私营建益化学厂开展生产。10 月 1 日，胶东行政公署投资 3900 万元（旧币）买下建益厂厂址及设备，以胶东农化研究室为基础成立胶东农药厂。1950 年，胶东农药厂改属省农林厅，更名为山东省农药制造厂。是年，开始利用省内丰富的鱼藤根资源生产鱼藤粉；次年，国内首创以三氯乙烯为原料试制成功仓储粮食用农药熏蒸剂氯化苦。1952 年，该厂主要生产车间和厂部迁往新建的张店农药厂，青岛原厂成为其分厂。

1956 年，青岛分厂独立为青岛农药厂，隶属市轻工业局。1958—1961 年增加白炭黑、冰晶粉、三氯化磷等化工产品，并开始生产加工农药滴滴涕乳剂。1962 年，青岛农药厂并入青岛肥料厂，仍以生产农药为主；1964 年重新独立为青岛农药厂。此后，青岛农药厂先后投产的农药品种主要有马拉硫磷、磷胺、敌百虫、五氯硝基苯、滴滴涕、敌敌畏、灭蚜净、速效磷胺、助壮素、久效磷等；还配套生产农药中间体亚磷酸三甲酯、双乙烯酮、顺丁烯二酸等。其中，久效磷和亚磷酸三甲酯开发技术于 1978 年荣获全国科学大会奖。

1984 年，青岛农药厂成立技术开发部，与南开大学元素有机化学研究所、沈阳化工研究

院等建立长期协作关系，先后开发的新产品有喹乙醇、树脂固化剂、乙酰乙酸乙酯等。其中，助壮素开发技术于1985年获国家科技进步三等奖。

至1988年，该厂有职工1401人，其中专业技术人员223人（高级14人，中级62人，初级147人），占职工总人数的15.9%；各种主要设备1157台，拥有固定资产原值3264万元；以生产乙烯基磷酸酯和二硫代磷酸酯两大系列农药为主。当年生产久效磷1311吨，助壮素32吨；工业总产值完成3264万元，实现利税679万元。[①]

胶县农药厂

胶县农药厂成立于1958年，从事农药生产，主要生产装置有鸳鸯碾、反射炉、柴油机等；主要产品是六六六粉剂，基本依靠人工操作，产量很低；次年生产农药223吨。国民经济调整时期，胶县农药厂合并几个小厂，生产规模扩大，并添置雷蒙机、混合机等设备，机械化程度提高，年产能力增加到1万吨。1965年，农药产量达到166万吨；次年增加25%和6%两种规格的六六六粉剂。1968年停产25%六六六粉剂，累计生产1968吨；1974年停产1%六六六粉剂，累计生产49万吨；1983年停产6%六六六粉剂，累计生产153万吨。

至1985年，胶县农药厂产品主要有六六六粉剂、滴滴涕粉剂、25%敌百虫粉剂、粘虫剂、15%乐果粉剂、水胺硫磷粉剂、甲基异柳磷粉剂、可湿性退菌特粉剂、可湿性福美胂粉剂、可湿性福美双粉剂等。

无机杀虫剂

1949年6月，胶东农化研究室迁至青岛。为及时控制胶东解放区局部地区出现的大面积蝼蛄虫害，保证小麦及时播种，该研究室借私营建益化学厂，生产无机农药杀虫剂氟化钠；8月开始投产，至9月初共生产粗制氟化钠25吨运往灾区，虫害被迅速控制。1950年，由于农业生产的恢复和发展，农药需求量加大，生产迅速增长，当年共生产30%氟化钠125吨。

1952年，胶东农药厂主要生产车间迁往张店，青岛原厂作为分厂继续生产氟化钠。同年，青岛分厂进行技术攻关和工艺改造，使氟化钠含量从32%左右提高到95%以上，当年生产95%氟化钠154吨。1953年生产出纯品氟化钠，并将年产量扩大到778吨；1955年产量达到958吨。1956年对氟化钠生产工艺进行调整，年产量达到1770吨。1958年增至2389吨，为历史最高水平。1949—1962年，本市共生产氟化钠9977吨；1962年起不再列为农药品种，遂停止生产。

有机杀虫剂

1958年，胶县农药厂开始土法生产1%六六六粉剂，主要生产装置有鸳鸯碾、反射炉、柴油机等，基本依靠人工操作，产量低。国民经济调整时期，该厂与几个小型厂家合并，生产规模扩大，并添置雷蒙机、混合机等设备，机械化程度提高，年产能力增加到1万吨。

1961年，青岛农药厂土法试制马拉硫磷（又称马拉松或4049）10.84吨，因未达到产品标准而没有正式投产。1962年，青岛农药厂投产25%滴滴涕乳液，年产能力1000吨，投产后很快成为主要农药品种；次年进行工艺革新，其主要成分对位二氯乙烷含量显著提高。1965年，在青岛化工研究所帮助下，青岛农药厂试制马拉硫磷（含量50%）成功，各项指标均获优秀，当年投资10万元建成年产50吨马拉硫磷生产装置。1966年，胶县农药厂增加25%和6%两种规格的六六六粉剂，并开始生产5%滴滴涕粉剂。1967年，青岛农药厂调整产品结构，将生产设备转交青岛红旗农药厂继续生产；同

---

① 山东省志:化学工业志[M].济南:山东人民出版社,1993:105.

年试制成功磷胺（又称大灭虫），填补了国内空白。1968 年前，青岛农药厂采用敌百虫脱氯化氢法生产敌敌畏，1968 年进行生产工艺重大改革，采用亚磷酸三甲酯和三氯乙醛直接合成法（即一步法）生产。1968 年，青岛化工厂利用停建的电石车间厂房和部分旧设备，建成六六六原粉生产装置，年产能力 1800 吨。同年，胶县农药厂停产 25％六六六粉剂，累计生产 1968 吨。同期，为解决青岛市化工系统氯气生产过剩问题，青岛农药厂于 1968 年开始试制滴滴涕原粉，1971 年正式投产；因药效高、质量好，青岛农药厂马拉硫磷年产量突破 1500 吨，成为全国马拉硫磷生产规模最大、产品质量最好的厂家。

70 年代初，青岛农药厂对马拉硫磷进行多次工艺改革，如采用高硼玻璃管道、将酯化工序优化为有苯水洗工艺、在合成工序采用"配料浆安全投料一步法"等，使原油含量达到 90％以上，年产量突破 2500 吨。1970 年，红旗农药厂 25％滴滴涕乳液产量达到 8556 吨。1971 年，青岛农药厂滴滴涕原粉正式投产，产品对位体含量达 74％以上；磷胺产量逾百吨。同年 11 月，青岛农药厂与南开大学元素有机化学研究所合作，研制开发出农药新品种久效磷小试样品，属国内首创；次年试制 470 公斤进行田间试验，1973—1974 年完成中试，1977 年正式投产。1972 年，青岛农药厂投产敌百虫原粉，设计能力为年产 2000 吨。1974 年，青岛农药厂滴滴涕原粉获全国同行业产品质量评比第一名。70 年代中期，青岛农药厂磷胺年产量达到 800 吨以上。1976 年，胶县农药厂从沈阳农药厂引进倍硫磷

（50％乳油）产品，设计能力为年产 200 吨，当年生产 30.74 吨。是年，胶县农药厂停产 5％滴滴涕粉剂，累计生产 274 万吨。1977 年，青岛化工厂对六六六原粉生产装置进行扩建，反应罐由 3 个增加到 5 个，年产能力提高到 5000 吨。同年，青岛农药厂正式投产久效磷（图 6-8），因药效迅速持久，使用浓度较低，在防治农、林虫害方面应用广泛，成为农药市场紧俏商品。该产品是本市农药工业的骨干产品，自投产开始，生产逐年上升。1978 年，在全国马拉硫磷同行业评比中，青岛农药厂产品获得优胜第一名。1979 年，青岛农药厂试制成功兼有磷胺和敌敌畏两种药效的磷胺与敌敌畏深化产品——速效磷胺，年产能力 500 吨，一度畅销全国；青岛第二农药厂投产 40％水胺硫磷乳剂。同年 5 月，胶县农药厂引进武汉华中师范学院 1975 年研制成功的水胺硫磷（40％乳油）小试成果，并与其合作进行中试，次年建成年产 500 吨生产装置。

80 年代初，青岛农药厂磷胺年产量突破千吨大关；久效磷年产量逾 500 吨，此后长期稳定在 700 吨左右。1980 年，因成本过高，亏损严重，青岛农药厂和胶县农药厂停产敌百虫原粉。至是年，青岛农药厂共生产马拉硫磷 2.53

图 6-8 青岛农药厂的久效磷合成装置

万吨，次年停产。同年，青岛化工厂生产六六六原粉5286吨，为历史最高产量。1981年，胶县农药厂从武汉华中师范学院引进甲基异柳磷小试成果，次年与其合作完成中试，形成100吨甲基异柳磷（40％乳油）年产能力的中试规模。该产品是一种新型有机磷土壤杀虫剂，系国内首次自行筛选的农药品种，经多年药效试验及大面积农田应用，证明是防治地下害虫、取代六六六的优良品种，被化学工业部列为重点发展的农药品种。同年，该厂正式投产水胺硫磷（40％乳油）。1982年，胶县农药厂对水胺硫磷生产装置进行扩建，增添搪瓷反应釜、循环泵、真空泵等主要设备，年产能力提高到1000吨。同年，青岛农药厂磷胺年产量达到1058吨，为历史最高生产年份。1983年，胶县农药厂停产6％六六六粉剂，累计生产153万吨。次年，该厂再度对生产对水胺硫磷生产装置进行以工艺改革为中心的部分改造，采用催化合成新工艺，使水胺硫磷收率提高7％。1984年，经国家经济委员会、财政部批准，胶县农药厂在中试规模基础上，建设年产500吨甲基异柳磷生产车间，包括新建甲基异柳磷中间体二氯化物车间和利用老厂房改建的酯化合成车间，于1986年5月正式投产。1984年，胶县农药厂生产水胺硫磷852吨，为历史最高生产年份。其间，青岛农药厂为扩大久效磷生产，于1979—1984年相继进行3次扩建，年产能力达到3000吨，产品有效成分从50％～60％提高到70％以上。1985年，青岛农药厂试制成功敌害畏，并投入生产。是年，青岛农药厂一度停产磷胺。

杀菌剂

1965年，青岛农药厂开始生产五氯硝基苯，由于采取边设计、边试验、边生产方式，技术上不够成熟，开工后即处于时断时续状态。1966年，胶县农药厂从天津农药试验厂引进退菌特生产技术，次年底正式投产。1967年9月，青岛农药厂因爆炸事故停产五氯硝基苯，3年共生产115吨；后将产品及设备移交青岛化工厂，少量生产后停产。年底，胶县农药厂正式投产退菌特（50％），产量稳定在百吨左右。1969年，胶县农药厂从天津农药试验厂引进福美胂生产技术，设计能力为年产500吨，次年正式投产。

1979年，胶县农药厂对农药生产装置进行扩建，增加3000升搪瓷反应釜、真空泵、离心机等较大型、较先进生产设备，年产能力由100吨扩大到500吨。其间，该厂福美胂产量突破百吨后，由于市场原因停产数年。1980年，胶县农药厂退菌特产量达到500吨。后因市场原因产量逐步减少。1984年，胶县农药厂复产福美胂后产量增至393吨。

植物生长调节剂

1971年，胶县农药厂开始生产矮壮素，当年生产含量为50％的矮壮素成品20吨，此后产量时起时伏。青岛磷肥厂从1974年开始研制增产素（4-溴苯氧乙酸），共试制成品2.77吨。同时，进行大田药效试验，增产效果显著。1976年青岛磷肥厂试制增产素，次年生产47吨。1978年，胶县农药厂生产矮壮素155吨，为产量最高年份，次年停止生产，累计生产50％成品药剂533吨。

1983年，青岛农药厂在沈阳化工研究院帮助下，试制成功并投产助壮素（又称缩节胺），为新型植物生长调节剂，设计能力为年产300吨，填补了国内空白，其后生产持续增长。同年，青岛磷肥厂少量生产增产素后，因销路问题被迫停产。

第五章　橡胶制品

20年代末，日本商人投资开办胶皮工厂，生产胶鞋和鞋底，为本埠最早橡胶制品生产厂家。30年代初，随着抵制洋货、提倡国货运动，民族工商业者相继投资建立生产胶鞋的胶皮厂，开启了青岛民族橡胶业纪元。日本全面侵华战争期间，日本商人纷纷投资开办橡胶企业，除生产胶鞋和自行车、人力车胎外，还增加汽车胎、胶管、胶带等产品。到1945年，本市各种外胎、内胎、胶鞋产量分别占华北地区总产量的60%、50%和90%左右，控制了整个华北市场。抗日战争胜利后，日资橡胶企业由南京国民政府派出的接收机关接管，除青岛胶皮工厂勉强维持生产外，其余均处于停产、半停产状态。

解放后，青岛橡胶厂等官僚资本企业被收归国有，同时实行保护民族工商业政策，使橡胶制品工业得到恢复和发展，全市私营橡胶厂发展到21家。50年代初，山东省在青岛橡胶厂基础上成立山东橡胶总厂，并建立4个分厂，将大元橡胶厂作为二分厂、植物油厂改建为三分厂、威海中威橡胶厂为四分厂。此后，在中央人民政府轻工业部橡胶工业管理局对全国国营橡胶厂重新排列的厂名顺序中，山东橡胶总厂改名为国营青岛第二橡胶厂，主要生产轮胎；总厂所属第三分厂改名为国营青岛第六橡胶厂，主要生产胶管和胶带；总厂第二分厂改名为国营青岛第九橡胶厂，主要生产胶鞋；总厂第四分厂改名为国营第十二橡胶厂（威海橡胶厂），亦生产胶鞋。其间，同泰胶皮工厂于1954年实行公私合营，改名为青岛同泰橡胶厂。"一五"计划期间，中央分别投资对青岛第二、第六、第九和同泰橡胶厂进行扩建和改造，全市橡胶工业生产规模明显扩大，成为全省乃至全国的橡胶制品工业基地之一。

60年代前期，为支援内地建设，在化学工业部统一安排下，青岛第二橡胶厂以1/3的力量搬迁到宁夏银川，建成年产30万条轮胎的银川橡胶厂；青岛第六橡胶厂在湖北完成宜昌中南橡胶厂的筹建任务。60年代中期，国家试办橡胶工业"托拉斯"，设立中国橡胶工业公司青岛分公司[1]，统管省内8个橡胶厂，不久该公司撤销，各橡胶厂改由所在市、地化学工业部门管理。70年代初，省石油化学工业局组织青岛第二、第六、第九和同泰橡胶厂分别在肥城、枣庄、东平建立分厂，并相继建成投产。山东化工学院发展成为全国橡胶业中影响较大的专业院校，被誉为橡胶工业的"黄埔军校"[2]。青岛以其为技术核心，加大合成橡胶的研究力度，试制生产多种合成橡胶产品，在国内处于领先地位。

80年代，根据中央"调整、改革、整顿、提高"的方针，对橡胶工业进行全面调整，同时不断推进技术进步，开发新产品。至1985年，全市共有39个橡胶制品生产企业，职工2万余人；青岛第二橡胶厂、青岛第六橡胶厂、青岛第九橡胶厂、青岛同泰橡胶厂、青岛乳胶厂等均为全国重点大中型专业厂，运输带、手推车胎、钻探胶管均占全国同行业第一位，轮胎生产在全国15个重点轮胎厂中占第二位；橡胶工业总产值仅低于上海和天津位居全国第三位[3]，实现利税在全国同行业中仅次于上海列第二位，成为全国重要的橡胶工业基地。

第一节 力车胎

30年代，民族资本同泰胶皮厂建立并生产软边自行车外胎，是本市最早生产自行车胎的厂家。同期，日本桥石护谟株式会社BS制胎场和鑫和护谟株式会社先后建成自行车胎生产线。

① 于清溪.腾飞的新中国轮胎工业60年(上)[J].橡塑技术与装备,2009,35(11):1-7.
② 于清溪.橡胶工业百年回眸(上)[J].橡塑技术与装备,2015,41(19):1-13.
③ 青岛橡胶工业三十五年来有很大发展[J].经济工作通讯,1984(12):24.

30年代末，日本桥石护谟株式会社BS制胎场开始生产手推车胎；同泰胶皮厂被日商强行租赁后，于40年代初开始生产手推车胎。至40年代中期，日商胶皮工厂生产的手推车胎规模、产量为华北地区之最，基本垄断华北市场。抗日战争胜利后，同泰胶皮厂、株式会社BS制胎场和鑫和护谟株式会社3家自行车胎生产厂均被南京国民政府军政部、经济部和敌伪产业局视为敌产而接收，橡胶工业生产处于停产、半停产状态。烟台亿中实业股份有限公司与同泰胶皮厂合资组建同泰胶皮厂股份有限公司，勉强生产的手推车胎因质量欠佳而滞销被迫停产，全市力车胎产量较前期大幅下降。

青岛解放后，橡胶工业厂家自行车胎生产很快恢复，手推车胎市场随着全省农村生产运动的开展需求量增加。50年代初，山东橡胶总厂第三分厂建立，山东省橡胶总厂力车胎生产设备、青岛橡胶厂手推车胎生产设备迁往该厂；同泰橡胶厂股份有限公司开始大批量生产手推车轮胎，私营青岛复兴电线橡胶厂投产力车胎。至此，全市力车胎生产厂家达到3个，年产力车胎能力增加到50万套。50年代中期，公私合营同泰胶皮厂与复兴电线橡胶厂等14家小型橡胶制品厂联营，成立公私合营同泰橡胶总厂，厂址迁往辽宁路70号。50年代末，同泰橡胶厂接收青岛第六橡胶厂力车胎生产车间全部人员及设备，并合并大福棉纺织厂和三晶盐厂，通过对设备和生产工艺进行一系列改造，产品产量质量均大幅提高，成为全国力车胎生产重点企业；其"骆驼"牌手推车胎外胎在山东省博山地区全国第一个手推车胎外胎实际使用评比中，以800吨/千米名列全国第一，自行车外胎合格率由解放初期的70%提高到98.25%。

60年代，同泰橡胶厂对力车胎生产工艺进行革新改造，开始生产无接头内胎；外胎生产全部实现气囊双模硫化机、充囊机充囊硫化，

为全国同行业首家。此后，采用单模、双模硫化机生产，改变了落后的八瓣硫化机生产方式；外胎采用外胎翻胎包装机包装，减轻了劳动强度，节省了劳动力，提高了工作效率。70年代初，同泰橡胶厂8项经济指标均创历史最好水平，跨入全国力车胎行业先进行列。70年代中期，同泰橡胶厂生产受到影响，工业总产值只完成全年的一半。70年代后期，该厂采用16模力车胎自动硫化机，改造力车胎自动成型机组实现成型自动化，1979年自行车外胎合格率达到99.94%，创历史最好水平。同期，青岛同泰橡胶厂分厂、青岛第二橡胶厂分厂相继建起手推车胎生产线，全市手推车胎年生产能力达到230万套。

80年代初，同泰橡胶厂对成型工艺进行革新改造，28硬普自行车外胎采用缠绕成型法，胶帘布制造开始使用四辊压延机生产。1983年，该厂生产的"骆驼"牌28×1 (1/2)(尼龙)自行车胎先后被评为山东省和化学工业部优质产品；自行车外胎出口量达21.68万条，内胎为15.75万条。

1985年，全市自行车外胎产量达560.28万条、内胎产量512.5万条，分别占全省年产量的77.17%和72.93%。

同泰胶皮工厂

1932年，民族工商业者曹海泉、李俊亭等7人集资3万银元开办同泰胶皮工厂，厂址在内蒙古路，有职工29人；主要生产自行车内、外胎，年产量为1.5万套。1936年为该厂兴盛期，工人增加到200多人，年产自行车胎24万套。七七事变后，日本牛岛洋行强行入股，成为以日资为主的中日合资企业。40年代，主要生产"骆驼"牌自行车胎和手推车胎。抗日战争胜利后，南京国民政府经济部鲁豫晋区特派员办公处将同泰胶皮工厂作为敌产接收；1947年初拨还原主，同年5月与亿中实业股份有限公司合并，更名为同泰胶皮厂股份有限公司。

解放后，由于人民政府采取加工订货、包购包销等扶持政策，同泰胶皮厂股份有限公司生产逐步恢复和发展。到1953年，手推车胎和自行车胎的年产量分别达到20万条和14万条，实现产值211.5万元，利润32.6万元。

1954年，同泰胶皮厂股份有限公司首批实现公私合营，易名为公私合营青岛同泰橡胶厂。1956年，与山东橡胶总厂第三分厂、复兴电线橡胶厂等14家橡胶制品厂合并，成立公私合营同泰橡胶总厂，厂址迁至辽宁路70号，厂地扩大2倍，设备增加，技术力量集中，生产条件改善。1958年底，化学工业部将青岛第六橡胶厂力车胎车间、大福棉纺织厂和三晶盐厂并入同泰橡胶厂，使该厂成为全国力车胎重点生产企业之一，产品有26×2 1/2英寸手推车胎、28×1 1/2英寸自行车胎和28×1 1/2英寸硬边自行车胎3种，还试制成功32×6马车胎。是年，生产手推车外胎119.6万条、自行车外胎26.6万条，工业总产值2869万元。

60年代，该厂自行设计制造双模水压硫化机，使手推车胎和自行车胎生产全部实现气囊硫化，为全国同行业首创，于1965年被化学工业部列为力车胎十一项成套经验之一向全国推广。是年，该厂丁基胶气囊使用次数提高到500次以上，为天然橡胶气囊的4倍，并改进胎耳结构设计，使手推车胎使用寿命提高到1100吨公里，达到国内先进水平。1968年，为满足军工和市场需要，试制投产两个规格的摩托车胎和五个规格的拖拉机胎。1970年手推车胎产量197.77万条，自行车外胎115.26万条；工业总产值6115.1万元。70年代后期，市场对力车胎和农用轮胎的需求量增加，该厂通过扩建厂房、更新设备、改进工艺流程，并投产硬边手推车胎和轻骑摩托车胎，进一步扩大生产规模。

80年代，该厂贯彻经济调整方针，不断推进技术进步，提高产品质量，开发新产品。1980年，主要产品产量为手推车外胎188.75万条、自行车外胎247.1万条、拖拉机外胎11.87万条、马车外胎1.55万条、工业总产值8475万元。是年，该厂所产手推车胎以1355公里的使用寿命居全国同类产品首位。1981年，该厂26×2 1/2英寸手推车外胎获国家银质奖；28×1 1/2英寸自行车外胎被评为化学工业部优质产品，并列为出口产品。1981—1982年。该厂所产4.00-16拖拉机外胎和3.75-19摩托车外胎被评为省优质产品。1985年，该厂引进彩色自行车外胎和丁基胶内胎关键设备，次年建成彩色自行车胎生产线，当年生产26×1 3/8英寸彩色自行车胎20.6万套，填补了省内空白。

自行车胎

1932年，同泰胶皮厂建立，开始生产28×1 1/2英寸软边自行车外胎，是青岛地区最早生产自行车胎的厂家。到1936年，每月生产自行车内、外胎约2万余套。时国内抵制日货盛兴，倡导实业救国，该厂生产的自行车胎产品被人们视为民族感寄托，加之该厂自行车胎属华北地区独家产品，因此甚为畅销。其间，日本桥石护谟株式会社BS制胎场和鑫和护谟株式会社先后建成自行车胎生产线。1937年起，日货充斥市场，同泰胶皮厂生产衰退。1939年，同泰胶皮厂被日商强行租赁。是年，全市自行车外胎产量118.4万条，内胎产量127.6万条，为民国时期最高产量年份。

青岛解放后，青岛橡胶厂、同泰橡胶厂自行车胎生产很快恢复。1950年，全市自行车外胎产量达32.22万条，内胎产量24.55万条。翌年，青岛橡胶厂自行车胎产品停产。1952年，山东橡胶总厂第三分厂在青岛建立，山东省橡胶总厂力车胎生产设备迁入该厂，年底投入生产。1953年，私营青岛复兴电线橡胶厂投产自行车胎，全市自行车胎生产厂家达到3个，年产自行车胎能力增加到50万套。1958年，同泰橡胶厂接收青岛第六橡胶厂移交的自行车胎生产全部设备及人员，合并大福棉纺织厂和三晶盐厂，对设备和生产工艺进行一系列改造，将14英寸以下开放式碾胶机塑炼、混炼胶改为14～22英寸开放式碾胶机塑炼胶；胶帘布制造由汽油胶浆刮浆改为三辊压延机制造胶帆帘布和汽油刮浆；由人工割胶帘帆布改为立式裁断机裁帘帆布；由平机头翻成型二次贴胎面改为鼓式成型机一次成型；由胎胚翻套与花纹铁鼓上人工缠水布铁丝加罐硫化，改为外胎用气囊单模罐式硫化及立式表壳双模硫化人工装囊、翻胎包装；由4英寸单口径压出机摆木布盘存放改为4英寸、6英寸压出机压胎条摆盘存放及6英寸压出机选砂；由硫化胎条磨口涂胶糊氯化硫溶液接头改为自然硫化胶浆浸汽油接头。同年，青岛第六橡胶厂生产的自行车外胎产品品种增加硬边钢口自行车外胎，外胎合格率由50年代初期的70％提高到98.25％；此后，该厂自行车胎生产设备、技术人员移交同泰橡胶厂。60年代初，同泰橡胶厂成为全国重点力车胎生产企业。

1965—1970年，同泰橡胶厂对自行车胎生产工艺进行革新改造，自行设计制造32台内胎水压硫化机，并开始生产无接头内胎；自行车外胎生产全部实现气囊双模硫化机、充囊机充囊硫化，为全国同行业首家。同时，对自行车内胎硫化工艺进行改造，将胎条套管定罐硫化、脱胎条等工艺改为单模个体硫化机硫化。70年代，先后研制生产28×1 1/2英寸软普、硬加、硬普和26×19 3/8英寸硬普等4个规格品种的自行车胎；炼胶工艺改用密闭式炼胶机混炼，内胎压出工艺改用150双口径压出机压出接头联动线，内胎接头工艺采用机械接头机接头。1979年，青岛第二橡胶厂分厂建成自行车胎生产线，全市自行车胎年生产能力达到237万套。是年，同泰橡胶厂自行车外胎合格率达到99.94％，创历史最好水平。

80年代初，同泰橡胶厂对成型工艺进行革新改造，28硬普自行车外胎采用缠绕成型法，

工作效率提高；胶帘布制造开始使用四辊压延机生产。1983年，同泰橡胶厂"骆驼"牌28×1 1/2英寸（尼龙）自行车胎先后被评为山东省和化学工业部优质产品。1985年，全市自行车外胎产量达560.28万条、内胎产量512.5万条，分别占全省年产量的77.17％和72.93％。

手推车胎

1938年5月，日本桥石护谟株式会社BS制胎场开始生产手推车胎；1940年生产"BS"牌HC系列5种规格的手推车外胎、内胎。1942年，同泰胶皮厂利用日本式八瓣硫化机开始生产手推车胎。1945年，日本青岛胶皮工业株式会社青岛胶皮工厂生产手推车外胎、内胎，其规模、产量为华北地区之最，基本垄断了华北市场。抗日战争胜利后，全市橡胶工业生产处于停产、半停产状态。1947年5月，烟台亿中实业股份有限公司与同泰胶皮厂合资组建同泰胶皮厂股份有限公司，勉强生产出的手推车胎因质量欠佳而滞销被迫停产，只好将充斥市场的美国旧轮胎购进割成小胎，手工做成小型手推车胎卖出。1945—1948年，全市共计生产手推车胎外胎1.11万条，内胎4.05万条。

解放初期，同泰胶皮厂恢复生产，利用旧式八瓣硫化机生产出农村急需的26×2 1/2英寸手推车内、外胎。1952年，青岛橡胶厂手推车胎生产设备迁往山东橡胶总厂第三分厂，同泰橡胶厂股份有限公司开始大批量生产手推车轮胎。次年，复兴电线橡胶厂建成投产，全市手推车胎生产厂家有3家，手推车胎年产能力达50万套。1954年，同泰橡胶厂外胎成型班产量由每班每人40余条提高到80余条，内胎硫化由班产400余条增加到1000余条。1958年，青岛第六橡胶厂力车胎生产车间全部人员及设备迁入同泰橡胶厂，同泰橡胶厂成为全国手推车胎生产的重点企业之一。1959年，同泰橡胶厂"骆驼"牌手推车胎在山东省博山地区举办的全国第一个手推车胎外胎实际使用评比中以800

吨／千米名列全国第一。

60年代，同泰橡胶厂进行一系列技术改造，采用单模、双模硫化机生产，改变落后的八瓣硫化机的生产方式；采用充囊机充囊，为全国同行业首创；手推车胎外胎采用外胎翻胎包装机包装，减轻了劳动强度，节省了劳动力，提高了工作效率。为改善力车胎产品质量，该厂研制开发无接头内胎和硬边26.5×2.75手推车外胎。1964年，青岛四方橡胶制品厂（后改为青岛橡胶制品二厂）开始生产手推车胎。

1971年，同泰橡胶厂8项经济指标均创历史最好水平，跨入全国力车胎行业先进行列。1977年，采用16模力车胎自动硫化机，改造力车胎自动成型机组实现成型自动化。70年代末，同泰橡胶厂分厂、青岛第二橡胶厂分厂相继建起手推车胎生产线，全市手推车胎年生产能力达到230万套。

1982—1988年，胶州东顺橡胶厂、青岛双驼轮胎厂、青岛振华橡胶厂、胶州市石龙橡胶制品厂、青岛滨海橡胶厂、即墨橡胶制品厂6家手推车胎生产厂相继建立，全市手推车胎年生产能力达431万套。

第二节 轮 胎

青岛地区的轮胎生产始于30年代中期。其时，日商建立的桥石（Bridge Stone）护谟株式会社制胎场（简称"BS制胎场"）和鑫和护谟株式会社开始生产汽车轮胎。40年代初，BS制胎场脱离总厂成立日本车胎股份公司青岛分公司，与日本护谟株式会社太阳胶鞋场合并成立青岛胶皮工业株式会社青岛工厂，成为日资在中国开办的最大橡胶制品工厂，汽车轮胎外胎、内胎产量分别占华北地区总产量的50%～70%和30%～60%。鑫和护谟株式会社规模仅次于

青岛胶皮工业株式会社青岛工厂。抗日战争胜利后，青岛胶皮工业株式会社青岛工厂被南京国民政府经济部鲁豫晋区敌伪产业局接收，改称青岛橡胶厂，鑫和护谟株式会社将部分设备拆迁至青岛橡胶厂，其新式平板加硫机等设备于1948年被拆运台湾。

解放后，青岛橡胶厂成为国有企业，通过更新改造生产工艺和设备，初步实现机械化操作，产品主要有汽车轮胎外胎、内胎和垫带，并开发生产飞机轮胎。1952年，以青岛橡胶厂为基础成立山东橡胶总厂，成为拥有1500名职工的综合性橡胶大企业，建成年产3万条能力的航空轮胎车间，首次生产歼击机轮胎。[①]第一个五年计划时期，山东橡胶总厂的扩建和改造被列为全国重点建设项目，5年内投资1886.6万元，新建厂房6.23万平方米，新增添设备55台；1954—1957年，该厂汽车轮胎产量平均增长速度为26.98%，为全国橡胶加工业产量平均增长速度的3倍，产品合格率达到99.97%。50年代中期，该厂开始生产马车轮胎，先后研制开发3个品种马车轮胎、4个品种拖拉机轮胎和3个品种收割机轮胎。1958年，山东橡胶总厂改称国营青岛第二橡胶厂。第二个五年计划时期，全市汽车轮胎总产量达到377.03万套，比第一个五年计划时期提高3倍，出口68万套，远销朝鲜、苏联、阿尔巴尼亚、波兰、巴基斯坦、伊朗、也门、毛里塔尼亚、越南等国家和港澳地区。

60年代中期，青岛第二橡胶厂完成1958年开始的技术改造，改进多种生产机器及电气仪表设备。同期，在中国橡胶工业公司组织的开展技术攻关、进行技术改造、提高轮胎质量的攻关会战中，对全厂生产流程进行大调整，生产流程更趋合理，汽车轮胎质量进一步提高，1969年获得汽车轮胎合格率、行驶里程、单位磨耗和翻新

---

① 于清溪.橡胶工业百年回眸(上)[J].橡塑技术与装备,2015,41(19):1-13.

率等4项全国第一。60年代末，同泰橡胶厂应军工和市场需要投产摩托车轮胎外胎。1970年，同泰橡胶厂形成规模性摩托车胎生产线。

70年代初，全国农业机械化发展迅速，农用轮胎需求量逐年增长，同泰橡胶厂建立拖拉机轮胎生产车间，主要生产拖拉机轮胎和农林机械轮胎。同期，按照化学工业部加强内地建设、推进地区橡胶制品生产配套的统一部署，青岛第二橡胶厂先后援建肥城橡胶厂和湖北东风轮胎厂，输送干部、工人406人。70年代中期，全市汽车轮胎外胎产量有所下滑，后经整顿产量迅速回升，产品增至10个规格17个品种。至1980年，青岛第二橡胶厂汽车轮胎产品增加到16个规格23个品种，其中11.00-20载重汽车轮胎外胎获国家质量银奖，9.00-20尼龙结构汽车轮胎外胎被评为化学工业部优质产品。是年，全市汽车轮胎外胎产量达102.13万条，内胎产量108.37万条；同泰橡胶厂是省内唯一生产摩托车轮胎的厂家。

80年代初，同泰橡胶厂研制开发轻骑摩托车胎；青岛第二橡胶厂成立青岛第二橡胶厂杂品分厂（1985年更名为青岛第二橡胶厂分厂），主要生产小型农用轮胎。青岛第二橡胶厂建成子午线轮胎车间，形成年产10万套子午线轮胎生产规模，研制开发11个规格49个轮胎新品种，汽车轮胎9.00-20获国家质量银奖，11.00-20丁基内胎获化学工业部优质产品称号。其间，青岛第二橡胶厂分厂、青岛滨海橡胶厂、青岛橡胶制品二厂、青岛橡胶制品三厂、青岛橡胶制品九厂等轮胎生产厂相继建立，全市汽车轮胎生产企业发展到7个，汽车轮胎外胎年生产能力提高到207.3万条，内胎年产能力提高到227.3万条，产品增加到36个规格、127个品种。

1985年，全市汽车轮胎外胎产量为162.5万条，内胎产量182.16万条。同年，青岛滨海橡胶厂、青岛橡胶制品二厂、青岛橡胶制品三厂、青岛橡胶制品九厂相继投产摩托车轮胎，

全市摩托车轮胎生产厂增加到4个，年产摩托车轮胎外胎41万条、内胎产量37.7万条。

桥石护谟株式会社制胎场

1935和1936年，日本商人分别投资100万日元和30万日元建立桥石（Bridge Stone）护谟株式会社制胎场（简称"BS制胎场"）、鑫和护谟株式会社。1940年，BS制胎场脱离总厂，成立日本车胎股份公司青岛分公司。1944年与日本护谟株式会社太阳胶鞋场合并，成立青岛胶皮工业株式会社青岛工厂，资本由200万日元增至1100万日元，成为日资在中国开办的最大橡胶制品工厂。其间，主要生产32×6、34×7卡车胎，以及人力车胎、自行车胎、胶带、胶管和胶鞋等；其中，1940—1945年生产轮胎7.71万套，尤以1941年产量最高，达到2.3万套。抗日战争胜利后，青岛胶皮工业株式会社青岛工厂被南京国民政府经济部鲁豫晋区敌伪产业局接收，改称青岛橡胶厂，成为官僚资本企业，为国内唯一可制造各种橡胶皮带的橡胶工厂。1947年7月转属国民党中央党部财经委员会，易名为齐鲁股份有限公司青岛橡胶厂（图6-9）。其间，沿用日本人经营时期设备和生产方式，产品品种亦无变化；其中，1946—1948年共生产轮胎2.73万套，平均年产量比日本人经营时期低29.2%。

青岛解放后，齐鲁股份有限公司青岛橡胶厂由市军管会生产部接管，收归国家所有，更名为青岛橡胶厂。50年代初期，通过民主改革，生产迅速恢复和发展，先后将立式硫化罐改为带有平衡器的硫化罐，安装万能定型机和全套热水循环系统，将帘布压延前的刮浆法改为三滚压延机直接贴胶，初步实现机械操作，并相继开发生产出普通轮胎和特种轮胎各7种。1951年，青岛橡胶厂从华东工业部齐鲁公司转属山东省工业厅，以其为基础成立山东橡胶总厂，并将青岛大元橡胶厂作为二分厂、植物油厂改建为三分厂、威海中威橡胶厂为四分

图 6-9　齐鲁公司接管后的青岛橡胶厂

厂。[1]1952 年轮胎产量达到 13.66 万套；产值、利润分别达到 4242 万元和 1316 万元，分别比 1949 年增长 3 倍和 1.5 倍。后随隶属关系变化和企业调整，1953 年更名为国营青岛第二橡胶总厂。[2]1956 年，国营青岛第二橡胶总厂更名为国营第二橡胶厂。"一五"计划时期，该厂扩建和改造被列为全国重点建设项目，五年新建厂房 6.23 万平方米，新增设备 55 台，更新炼胶、压延、成型、压出、硫化等主要设备，初步实现设备机械化和生产连续化，生产普通轮胎达 20 余种，特种轮胎增至 10 种，并增加马车胎生产。到 1957 年，轮胎年产能力达到 60 万套，产量增加到 28.37 万套，产值、利润分别达到 1.14 亿元和 3393 万元，成为全国橡胶行业的重点企业之一。

1958—1965 年，国营第二橡胶厂按照自定的技术改造规划，大搞技术革新和技术革命，先后改进压延机、浸胶机、压出机、自动揭模机、成品运输机、翻胎机、装模吊胎机等，提高机械化水平和产品质量，新增产品规格品种 20 个。1965 年外胎合格率达 99.96%，其中 9.00-20 轮胎行驶里程 8.6 万公里，比 1958 年提高 1 倍；8 年间共生产轮胎 377 万余套，平均年产 47.1 万套，比第一个五年计划期间的年均产量 22.05 万套增长 1.14 倍；所产轮胎出口朝鲜、苏联、阿尔巴尼亚、巴基斯坦、伊朗、也门、毛里塔尼亚、越南等国家及中国香港、澳门地区，出口总量达 67.91 万套。1965 年，按照中国橡胶工业公司调整布局统一部署，国营第二橡胶厂将特种轮胎生产迁往宁夏银川，成立银川橡胶厂，并援助全部生产设备的 1/3，输送干部、职工 660 人。1966 年，开始使用螺杆素炼机和双模定型硫化设备，首先在国内实现天然胶素炼连续化、胎面双层压出联动化和帘布压延连续化；自 1968 年起，胎体使用尼龙帘线，实现产品更新换代，开始批量生产纤维胎

---

[1] 于清溪.腾飞的新中国轮胎工业 60 年(上)[J].橡塑技术与装备,2009,35(11):1-7.

[2] 山东省志:化学工业志[M].济南:山东人民出版社,1993:380.

体钢丝带束层子午线轮胎，并着手研制缠绕法钢丝子午线轮胎

70年代初，按照化学工业部加强内地建设、推进地区橡胶制品生产配套的统一部署，国营第二橡胶厂又先后援建肥城橡胶厂和湖北东风轮胎厂，输送干部、工人406人。1970年，该厂所产9.00-20尼龙斜交轮胎行驶里程超过10万公里，在全国里程试验评比中名列第一；是当年共生产轮胎67.38万套。1972年，产值、利税分别达到2.7亿元和1.06亿元，为经济效益最好的年份。1973年，开发投产纤维胎体钢丝束层9.00-20轮胎新产品。

1979年，国营第二橡胶厂定名为青岛第二橡胶厂；当年产值突破3亿元。1979—1980年轮胎年产量超过80万套，1979所产11.00-20载重汽车胎于1980年获国家银质奖，9.00-20尼龙轮胎被评为化学工业部优质产品。1981—1985年投资5656万元新建20吨中压锅炉2台，引进子午线双模硫化机25台，新建子午线轮胎车间6140平方米；同时实行全面质量管理，实

现工艺革新19项，把新产品研制开发与外贸出口纳入计划，仅1982年即研制开发11种规格49个品种，其中生产子午线轮胎2.56万套，出口轮胎2.71万套。

1985年，该厂产外胎合格率达到99.82%，实现速度、效益同步增长，轮胎产量达到97.02万套，产值和利税分别达到3.46亿元和1.27亿元，并获山东省质量管理奖、化学工业部节能先进企业。[1]

汽车轮胎

30年代中期，桥石（Bridge Stone）护谟株式会社制胎场（简称"BS制胎场"）和鑫和护谟株式会社成立后开始生产汽车轮胎。1940年，BS制胎场脱离总厂成立日本车胎股份公司青岛分公司后，主要生产32×6、32×7两种型号的卡车轮胎内、外胎，年产量约为9000套，商标为"BS（皮爱司）"。1944年，青岛胶皮工业株式会社青岛工厂成立后，内外胎年生产能力均12万条，汽车外胎、内胎产量分别占华北地区总产量的50%～70%和30%～60%。抗日战争胜利后，青岛胶皮工业株式会社青岛工厂易名为齐鲁股份有限公司青岛橡胶厂，到1949年6月共生产汽车轮胎外胎2.58万条、内胎2.32万条（图6-10）。

1950年，青岛橡胶厂更新改造生产工艺和设备。第一个五年计划时期，该厂扩建和改造被列为全国重点建设项目，汽车轮胎年产能力由解放初期的7.4万套提高到30.1万套。其中，

图6-10　40年代末的青岛橡胶厂轮胎硫化车间

---

① 山东省志：化学工业志[M].济南：山东人民出版社,1993：383.

1954—1957年，该厂汽车轮胎产量平均增长速度为26.98%，为全国橡胶加工业产量平均增长速度的3倍，产品合格率达到99.97%。第二个五年计划时期，全市汽车轮胎总产量达到377.03万套，比"一五"计划时期提高3倍，出口68万套。1969年，国营第二橡胶厂获得汽车轮胎合格率、行驶里程、单位磨耗和翻新率等4项全国第一（图6-11）；具有当代国际先进水平而且难度较大的科研项目子午线轮胎，也在此期间开始列题研制开发。60年代末，青岛红卫橡胶厂（原同泰橡胶厂）研制开发出6.50-16汽车轮胎，商标为"骆驼"牌。

1970年，全市汽车轮胎外胎产量达到71.86万条，内胎产量72.8万条；出口轮胎27万套。1974年因燃料短缺、停电频繁，生产遭受一定的损失，全市汽车轮胎外胎年产量仅为34.17万条、内胎产量为31.87万条。1976年，汽车轮胎产量迅速回升，外胎产量达到73.38万条，内胎产量增加到73.72万条，产品增至10个规格、17个品种。

1980年，青岛第二橡胶厂汽车轮胎外胎产品增加到16个规格、23个品种。其中11.00-20载重汽车轮胎外胎获国家质量银奖；9.00-20尼龙结构汽车轮胎外胎被评为化学工业部优质产品。是年，全市汽车轮胎外胎产量达到102.13万条、内胎产量108.37万条。1981—1987年，青岛第二橡胶厂建成6140平方米子午线轮胎车间，引进25台子午线轮胎双模硫化机，形成年产10万套子午线轮胎的生产规模，并完成"以机代罐"技术措施。其间，青岛第二橡胶厂分厂、青岛滨海橡胶厂、青岛橡胶制品二厂、青岛橡胶制品三

厂、青岛橡胶制品九厂等轮胎生产厂相继建立，全市汽车轮胎生产企业发展到7个，汽车轮胎外胎年生产能力提高到207.3万条，内胎年产能力提高到227.3万条，产品增加到36个规格、127个品种。

至80年代中期，青岛第二橡胶厂研制开发11个规格49个轮胎新品种；汽车轮胎9.00-20获国家质量银奖，11.00-20丁基内胎获化学工业部优质产品称号。1985年，全市汽车轮胎外胎产量上升为162.5万条、内胎产量上升为182.16万条。

飞机轮胎

1951年，青岛橡胶厂开发生产飞机轮胎，产品品种分别为飞机主轮轮胎9000×300-370（09胎）、1100×395（91胎）、1200×450（25胎）、1400×485（81胎），此胎系列为美制C-46型飞机配用，是国内生产的最大规格的轮胎；飞机尾轮轮胎有660×160（66胎）、530×230（35胎）、470×210（14胎）、770×330（27胎）。次年，飞机尾轮轮胎产品全部移交沈阳第三橡胶厂生产。

为应对空军急需，中央军委下令青岛橡胶厂试制生产飞机轮胎，1952年以该厂为基础成

图6-11 50年代的青岛第二橡胶厂成型车间生产场景

立山东橡胶总厂，集中全厂力量建成年产3万条能力的航空轮胎车间，首次产出歼击机轮胎供空军试飞。之后，又分工负责研制生产大型轰炸机和运输机轮胎。[①]

农用轮胎

拖拉机轮胎、农林机械轮胎及马车轮胎统称为农业用轮胎。1956年，国营第二橡胶厂开始生产马车轮胎，但产量一直不高。1958年研制开发32×6马车轮胎3个品种以及12.75-24、8.25-24、4.00-15、10.00-28拖拉机轮胎和9×16、12×12、14×28收割机轮胎，当年马车轮胎外胎产量达到17.1万条、内胎产量15.9万条。1962年开始批量生产拖拉机轮胎，当年外胎和内胎产量分别为2800条和3600条。

70年代初，全国农业机械化发展迅速，农用轮胎需求量逐年增长。1971年，同泰橡胶厂建立拖拉机轮胎生产车间，主要生产拖拉机轮胎和农林机械轮胎。1972年形成流水线生产后产量逐年增加，1976年拖拉机轮胎外胎产量达到9.8万条、内胎产量达9.7万条，有4.00-20、4.00-16、6.00-16、7.50-16、9.50-24等5种规格。

1980年，青岛第二橡胶厂在"五七"工厂基础上成立青岛第二橡胶厂杂品分厂（1985年更名为青岛第二橡胶厂分厂），主要生产小型农用轮胎外胎、内胎，产品有4.00-12和4.00-16内、外胎。是年，全市拖拉机轮胎外胎产量增加到16.21万条，内胎产量增加到13.04万条；马车轮胎外胎产量达20.36万条、内胎产量22.19万条。

1981—1986年，青岛第二橡胶厂生产的"海燕"牌11-32拖拉机轮胎获山东省优质产品称号，并在全省拖拉机轮胎评比中获第一名，7.50-16拖拉机轮胎和32×6马车轮胎分别获得山东省优质产品称号；同泰橡胶厂生产的"骆驼"牌

4.00-16拖拉机轮胎，被评为山东省优质产品。

摩托车胎

1968年，同泰橡胶厂为适应军工和市场需要，投产3.25-16、3.75-19两种规格的摩托车轮胎外胎。1970年建立拖拉机胎生产车间，摩托车胎相随形成规模性生产线，产量开始上升。是年，摩托车胎外胎产量达到3.63万条、内胎产量3.78万条。直到70年代末，同泰橡胶厂是省内唯一生产摩托车轮胎的厂家，年生产摩托车胎外胎5.74万条、内胎产量5.67万条。

80年代初，同泰橡胶厂研制开发2.25-17、2.50-17轻骑摩托车胎。1985年，青岛滨海橡胶厂、青岛橡胶制品二厂、青岛橡胶制品三厂、青岛橡胶制品九厂相继投产摩托车轮胎，全市摩托车轮胎生产厂增加到4个，年产摩托车轮胎外胎41万条、内胎产量37.7万条；同泰橡胶厂生产的"金鹿"牌3.75-19、2.25-17、2.50-17、3.25-16四种规格的摩托车胎先后被评为山东省优质产品。

第三节 胶带与胶管

30年代末，日本桥石护谟株式会社BS制胎场开始生产橡胶输送带、传动带及各种橡胶管，是山东省最早胶管生产厂。40年代中期，与青岛太阳胶鞋场合并成立日本青岛胶皮工业株式会社青岛胶皮工厂，胶带生产形成规模。抗日战争胜利后，青岛胶皮工厂易名为青岛橡胶厂，属国内唯一可制造各种橡胶皮带的橡胶工厂。

50年代初，山东橡胶总厂第三分厂建立，根据橡胶生产专业化要求，山东橡胶总厂将平板硫化机和其他胶带生产设备、青岛第二橡厂将胶带胶管类产品分别迁入该厂，不久从总厂分出成立国营青岛第六橡胶厂。根据中共中央发展沿海工业的指示精神，济南华成橡胶厂传

① 于清溪.橡胶工业百年回眸(上)[J].橡塑技术与装备,2015,41(19):1-13.

动带生产设备全部并入青岛第六橡胶厂。50 年代末，东北桦林橡胶厂 72 英寸和 42 英寸平板硫化机迁入该厂，扩建输送带生产线。至此，全国所有大型平板硫化机全部集中该厂，使其成为全国最大的输送带生产企业。胶管产品也发展到工、农业用的 3 个品种 500 多种规格，其中包括航空工业高压胶管、建港工程用吸引胶管、汽车工业用各种配件胶管和农业用播种胶管、棉线编织胶管、食品胶管，并自行设计制造石油钻探胶管，从此结束了国内石油钻探胶管依靠国外进口的历史。

60 年代，青岛第六橡胶厂承担援助古巴筹建橡胶厂和培训古巴实习生任务，先后对全厂设备以及为援助古巴而调拨的新型设备，按工艺要求统一进行调整，形成较完整的生产系统和动力供应系统。其间，通过改进输送带、三角带、胶管生产设备，革新生产工艺，增加产品品种，提高了机械化水平，减轻了劳动强度。研制开发的钢缆输送带和第一代钢丝绳输送带填补了国内空白，首创国内三角带生产由单根成型转向成组成型和连续硫化的先例。同期，青岛四方橡胶制品厂建成胶管生产线。

70 年代，青岛第六橡胶厂筹建枣庄分厂，建成投产年产 150 万平方米运输带能力；青岛橡胶制品厂建成投产风扇带、〇型三角带生产线；青岛台东橡胶制品厂建成传动带生产线。为适应油田工业需要，青岛第六橡胶厂研制开发石油钻机用尼龙三角带、高压钻探和棉线、钢丝编织胶管新产品，对石油钻探胶管结构进行改进，爆破压力及管接头拔脱强度均大幅提高。吸收国内先进经验，革新成功吸引胶管生产工艺，保证胶管质量和操作安全，摆脱手工操作，实现软芯法夹布胶管连续化生产。

70 年代末 80 年代初，青岛第六橡胶厂建成投产国内第一条大型钢丝绳输送带生产线，填补国内宽系列、高强度输送带生产空白；研制成功并投入生产尼龙帆布输送带，解决了煤炭、冶金、港口等行业高运量、长距离输送问题；普通三角带生产全部换用高强力人造丝帘布，强力层减少，整根强力和附着力提高；试制成功适合 50 型摩托车用无级变速带，并形成年产 15 万条的生产能力；钢丝编织胶管由硬芯编织改造为软芯编织，提高了钢丝与橡胶附着力，实现大长度钢丝编织连续生产。青岛第六橡胶厂生产的"中华"牌钻探胶管和夹布胶管分别被评为化学工业部优质产品，"狮头"牌出口夹布胶管 1980 年被评为化学工业部优质产品并获国家质量银奖。

80 年代中期，全市有青岛第六橡胶厂、青岛橡胶制品三厂、青岛日用橡胶制品分厂、青岛橡胶制品九厂相继建起输送带生产线，青岛第九橡胶厂二分厂、青岛第六橡胶厂分厂、莱西橡胶厂、即墨橡胶制品厂先后建起传动带生产线，青岛第六橡胶厂分厂、青岛橡胶制品二厂、青岛橡胶制品六厂、青岛橡胶制品九厂、青岛橡胶日用品分厂、莱西橡胶厂和青岛黄岛辛安再生胶厂等 8 家企业先后建起胶管生产线。

山东橡胶总厂三分厂

1951 年，青岛橡胶厂从华东工业部齐鲁公司转入山东省工业厅，并在其基础上成立山东橡胶总厂，将青岛大元橡胶厂作为二分厂、植物油厂改建为三分厂、威海中威橡胶厂为四分厂，成为拥有 1500 名职工的综合性橡胶大企业。1955 年，根据橡胶生产专业化要求，山东橡胶总厂 77 英寸平板硫化机和其他胶带生产设备迁入第三分厂，并将青岛卷烟厂 9300 平方米厂区划归该厂，建立输送带生产车间，当年生产输送带 40.11 万平方米。1956 年 7 月，山东橡胶总厂三分厂从总厂分出，成立国营第六橡胶厂，改为专业带管厂。同年，辽阳橡胶十三厂并入。[①]

---

① 于清溪.腾飞的新中国轮胎工业 60 年(上)[J].橡塑技术与装备,2009,35(11):1-7.

1957—1959年，投资407万元（调拨固定资产57万元，新投资350万元）进行第一次扩建，新增厂区4万多平方米，比原来扩大3倍，并扩建输送带生产线。至此，全国所有大型平板硫化机全部集中该厂，使其成为全国最大输送带生产企业。其间，先后改造密闭式炼胶机、四滚压延机、平板硫化机等设备，到1959年，输送带年产量由1956年的73.61万平方米增加到476.16万平方米，其产品规格和产量均居全国首位。是年，更名为国营青岛第六橡胶厂。

1962年，化学工业部决定青岛第六橡胶厂承担援助古巴筹建橡胶厂和培训古巴实习生的任务。为达到援古样板厂要求，至1973年，先后投资422.19万元新建、改造厂房；对全厂设备以及为援助古巴而调拨的新型设备，按工艺要求统一进行调整，形成较完整的生产系统和动力供应系统。其间，改进输送带边部结构、提高输送带覆盖胶与带芯间的粘合度，自行设计安装2台宽度为1.8米的双层输送带平板硫化机；进行工艺革新，增强输送带复盖胶与布层之间的结合，解决复盖胶掉块问题；输送带成型采用多层贴合、机械粘边胶新工艺；输送带平板硫化机实现程序自动控制。在品种上，增加耐冲击输送带、高强力输送带、耐热输送带、高倾角输送带、耐酸碱输送带和新型产品钢缆输送带等，提高产品适应性和使用寿命。1966年、1967年先后研制开发钢缆输送带和第一代钢丝绳输送带，填补了国内空白。1970年筹建青岛第六橡胶厂枣庄分厂；1977年建成投产，运输带年产能力为150万平方米。其间，1976年将平型带生产移交枣庄橡胶厂。

1978年，国家确定在青岛第六橡胶厂建设中国第一个高强度胶带基地，开始进行第三次扩建。同年，建成投产国内第一条大型钢丝绳输送带生产线，产品质量达到国际同类产品先进水平，填补了国内宽系列、高强度输送带生产的空白；自行设计出3.25米框式平板硫化机，并于当年完成主机制造安装；设计研制成功大型定张力成型机组，当年与主机配套完成一条较完整的大型连续生产线，生产出第二代钢丝绳输送带，满足工业用大型宽系列钢丝绳输送带的需求。1980年，在青岛第六橡胶厂设立国家胶带胶管产品质量监督检测中心，后又设立中国橡胶管带协会。1981年在沧口区填海造地22万平方米，开工建设新厂区。同年研制成功并投入生产尼龙帆布输送带，解决了煤炭、冶金、港口等行业的高运量、长距离输送问题。

1985年，青岛第六橡胶厂有职工3000余人，工业总产值1.5亿元；所产运输带、三角带、胶管三大系列产品的规格达4000余个，主要产品产量分别为运输带816万平方米、三角带900多万A米、胶管500多万标准米，产品畅销国内30个省、市、自治区以及30多个国家和地区，为国内最大的胶带、胶管专业生产企业。其中，尼龙运输带获国家科技进步三等奖，出口夹布胶管和普通运输带获国家银质奖；普通、尼龙运输带，夹布、钻探、氧气、钢编胶管和普通三角带7种产品被评为化学工业部优质产品。

输送带

1939年，日本桥石护谟株式会社BS制胎场开始生产输送带，每月最高产量可达200万层米。1944年，青岛太阳胶鞋场与日本桥石护谟株式会社BS制胎场两厂成立日本青岛胶皮工业株式会社青岛胶皮工厂，胶带生产形成规模。其胶带部主要设备有帆带成型机2台、6×30英寸和2×12英寸平板硫化机各1台、小型平板硫化机4台、卧式硫化罐3台。此外，A、B、C、D、E各型三角皮带模型齐备。1939—1945年，共生产输送帆带（输送带）739万平方米。抗日战争胜利后，青岛胶皮工厂易名为青岛橡胶厂，是国内唯一可制造各种橡胶皮带的橡胶工厂，1946年输送带产量仅有1936平方米。

青岛解放后，胶带生产得以迅速恢复，1950年输送带产量达到34.32万平方米，1952年生产输送带40.11万平方米。1955年，根据橡胶生产专业化要求，山东橡胶总厂77英寸平板硫化机和其他胶带生产设备迁入第三分厂，该分厂利用青岛卷烟厂划归的9300平方米厂区建立输送带生产车间；将东北桦林橡胶厂72英寸和42英寸平板硫化机迁入，扩建输送带生产线。次年7月，第三分厂从总厂分出成立国营青岛第六橡胶厂。1957—1959年进行第一次扩建，全国所有大型平板硫化机全部集中该厂，使其成为全国最大的输送带生产企业，输送带年产量由1956年的73.61万平方米增加到476.16万平方米，其产品规格和产量均居全国首位。

60年代前半期，青岛第六橡胶厂改进输送带边部结构、提高输送带覆盖胶与带芯间的粘全度，自行设计安装2台宽度为1.8米的双层输送带平板硫化机，改进工艺条件，提高生产效率和产品质量；进行工艺革新，增强输送带复盖胶与布层之间的结合，解决掉复盖胶掉块问题；输送带成型采用多层贴合、机械粘边胶新工艺；输送带平板硫化机实现程序自动控制。在品种上，增加耐冲击输送带、高强力输送带、耐热输送带、高倾角输送带、耐酸碱输送带和新型产品钢缆输送带等，提高了产品适应性和使用寿命。1966年、1967年先后研制开发钢缆输送带和第一代钢丝绳输送带，填补了国内空白。1970年，负责筹建青岛第六橡胶厂枣庄分厂，1977年建成投产，运输带年产能力为150万平方米。其间，青岛第六橡胶厂于1962—1973年先后增加耐冲击输送带、高强力输送带、耐热输送带、高倾角输送带、耐酸碱输送带和新型产品钢缆输送带等产品生产。

1978年，国家确定在青岛第六橡胶厂建设中国第一个高强度胶带基地，开始进行第三次扩建。当年建成投产国内第一条大型钢丝绳输送带生产线，产品质量达到国际同类产品先进水平，填补了国内宽系列、高强度输送带生产的空白；自行设计3.25米框式平板硫化机，并于同年完成主机制造安装；设计研制成功大型定张力成型机组，当年与主机配套，完成一条较完整的大型连续生产线，生产的第二代钢丝绳输送带满足了工业用大型宽系列钢丝绳输送带需求。1979年，青岛第六橡胶厂输送带产量达921.71万平方米，创历史最高水平。

1981年，青岛第六橡胶厂研制成功并投产尼龙帆布输送带，解决了煤炭、冶金、港口等行业高运量、长距离输送问题（图6-12）。80年代中期，青岛第六橡胶厂输送带系列品种包括普通、尼龙、钢缆、耐热、耐寒、耐酸、耐碱、阻燃、聚酯等，形成完整、齐全的系列胶带产品，产品性能和产品质量达到国内外先进

图6-12 青岛第六橡胶厂80年代引进的定张力合幅拼缝机

标准。其中,"中华"牌普通尼龙输送带获国家质量银奖。1985年,全市输送带产量为816.81万平方米。

传动带

1939年,日本桥石护谟株式会社BS制胎场投产橡胶传动带,品种包括机械用传导帆带、三角带(即V型带)、风扇带、平型带等。到1945年,平型带产量达到1.51万平方米,三角带、风扇带产量3.88万A米。抗日战争胜利后,1946年仅生产平型传送带7094平方米、三角带2.19万条。

1950年,青岛生产平型传送带3.77万平方米,三角带17.4万A米。1955年,青岛第二橡胶厂胶带类产品全部移交山东橡胶总厂第三分厂生产。根据中共中央发展沿海工业的指示精神,1957年济南华成橡胶厂传动带生产设备全部并入青岛第六橡胶厂,平型带、三角带产量大幅上升。60年代初,青岛第六橡胶厂先后革新成功双鼓抢线机、帘布分扯机,三角带生产开始由单根成形向成组成型发展。1964年,该厂结合援助古巴的项目,在三角带生产中采用双鼓挤压成型机、包带机、鼓式连续硫化机和平板硫化机自动程序控制,首创国内三角带生产由单根成型转向成组成型和连续硫化的先例。

70年代初,青岛橡胶制品厂建成投产风扇带、O型三角带生产线。1971年,全市平型带、三角带生产能力分别达到80万平方米和505万A米。1976年,青岛第六橡胶厂平型带生产移交枣庄橡胶厂。为适应油田工业需要,1977年青岛第六橡胶厂研制开发石油钻机用尼龙三角带,提高了胶带的整根强度、层间附着力和耐屈挠性能,使用寿命提高6倍以上。1978年,青岛台东橡胶制品厂建成传动带生产线。至此,全市有2家传动带生产厂,三角带年生产能力达560万A米。

1980年,青岛第六橡胶厂生产普通三角带全部换用高强力人造丝帘布,强力层减少,整

根强力和附着力提高。是年,全市平型传动带产量达39.5万平方米、三角带产量673.2万A米。1981年,青岛第六橡胶厂试制成功适合50型摩托车用无级变速带,并形成年产15万条生产能力。同年,该厂试制成功适合50型摩托车用无级变速带,性能接近日本同类产品水平。

至1985年,先后有青岛第九橡胶厂二分厂、青岛第六橡胶厂分厂等建起传动带生产线,全市风扇带、齿型无级变速带、活络带等其他新型产品也有所发展。

胶管

1939年,日本桥石护摸株式会社BS制胎场开始生产风闸管、汽管、水管、油输送管以及其他各种橡胶管,是山东省最早胶管生产厂。到1945年8月,共生产各类胶管62万标米。抗日战争胜利后,产量大幅下降。

青岛解放后,胶管生产开始恢复和发展。1953年,青岛橡胶厂将胶管产品移交第三分厂生产。同年,第三分厂胶管产品发展到工、农业用3个品种500多种规格,包括航空工业高压胶管、建港工程用吸引胶管、汽车工业用各种配件胶管和农业用播种胶管等。1958年,国营青岛第六橡胶厂试产棉线编织胶管、食品胶管,并自行设计制造3英寸150个大气压的石油钻探胶管,从此结束了国内石油钻探胶管依靠国外进口的历史。1959年,青岛第六橡胶厂输水胶管首次出口中东和东南亚地区。50年代末,为适应工农业发展需要,该厂经过挖潜改造,夹布胶管和吸引胶管生产能力和品种规格迅速增加,能生产直径76毫米夹布胶管、直径305毫米吸引胶管,最大长度9米,并开发生产棉线和钢丝编织胶管和耐热、耐油、耐酸碱等各种特殊性能胶管。各类胶管先后采用氯丁、丁苯、丁腈橡胶等新材料,合成橡胶使用量达80%以上,胶管质量提高,成本下降。1962年,青岛四方橡胶制品厂建成胶管生产线。1962—1965年,青岛第六橡胶厂先后革新成功

胶管穿、脱芯棒机、回转式缠、解水布机和两辊式脱水布机等，提高机械化水平，减轻劳动强度（图6-13）。60年代末，青岛第六橡胶厂改革铁芯、简化工艺，采用无芯充气成型方法生产夹布胶管，降低劳动强度，节省水布和铁芯（为确保夹布胶管质量，此法后来停止使用）。同时，自行设计制造一台20米桥式夹布胶管双面成型机，消除卷水布的嘈杂声响，克服胶管扭转的质量问题，胶管年生产能力提高到800万标米。

70年代初期，青岛橡胶六厂吸收国内先进经验，实现吸引胶管"三缠"，即采用由丝杠传动机械手方法缠钢丝、缠水布、缠绳子，降低劳动强度，保证胶管质量和操作安全。随后又革新成功吸引胶管解绳机，并配置夹布胶管二滚式脱水布机，使吸引胶管解绳、脱水布作业也摆脱手工操作。其间，为满足油田开发急需，试制成功高压钻探和棉线、钢丝编织胶管新产品。1974年，青岛第六橡胶厂为改进120英寸长出口夹布胶管生产，经革新配套实现软芯法夹布胶管连续化生产。1976年，为满足油田高压喷射钻井技术需要，青岛第六橡胶厂对石油钻探胶管结构进行改进，采取增强胶基、加强管体、增加轨便组袋式金属接头等提高质量的措施，爆破压力提高到950千克/平方厘米，管接头的拔脱强度达50吨以上。1979年，全市胶管生产能力提高到914万标米，年产各类胶管680.56万标米，其中夹布胶管399.82万标米、吸引胶管195.8万标米、钢丝编织胶管8.12万标

米、钻探胶管24.11万标米；青岛第六橡胶厂生产的"中华"牌钻探胶管和夹布胶管分别被评为化学工业部优质产品。

1980年，青岛第六橡胶厂采用远红外线加热技术，实现棉线缠绕胶管连续干燥，使生产过程连续、紧凑、操作简单，节约能源，降低劳动强度，节约厂房面积约1/2，生产周期缩短1/2～1/3，提高生产效率2～3倍。是年，该厂生产的"狮头"牌出口夹布胶管被评为化学工业部优质产品并获国家质量银奖。1981年，青岛第六橡胶厂将钢丝编织胶管由硬芯编织改造

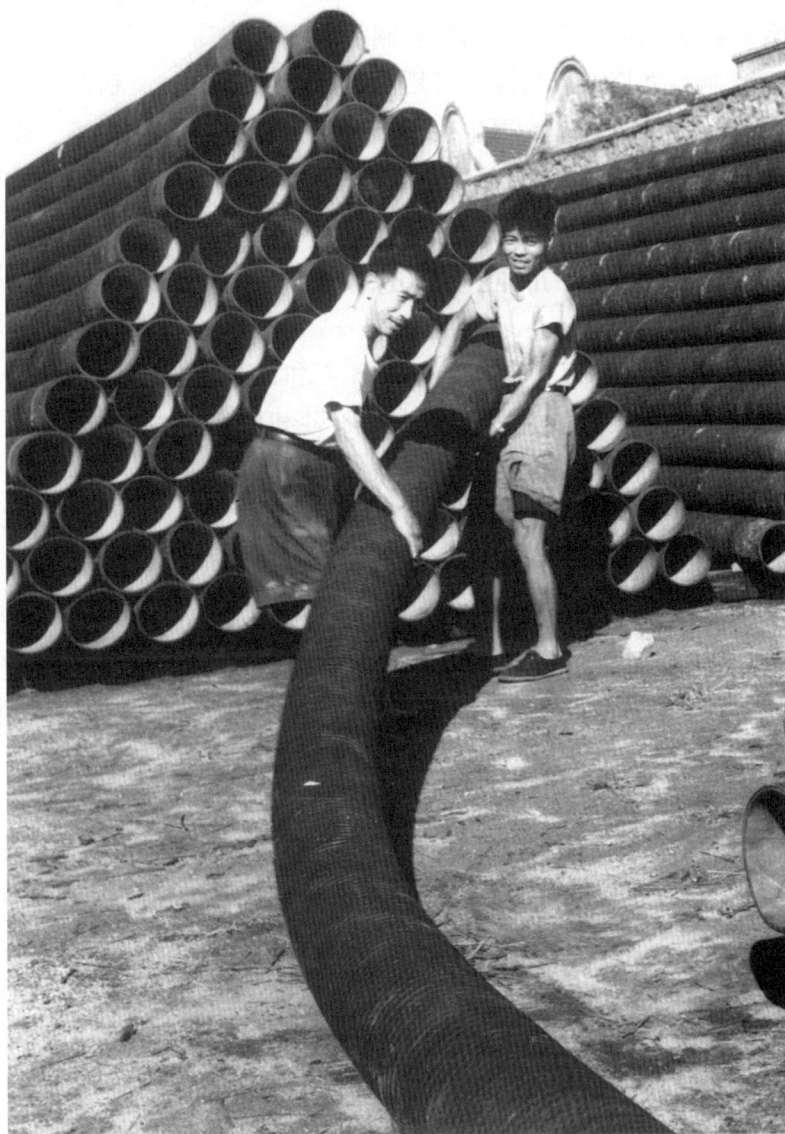

图6-13 60年代，青岛橡胶六厂生产的支援水利建设用胶管

为软芯编织，中胶采用粘合体系的胶料配方，取消涂胶浆作业，在胶管硫化前后，应用回转式缠、脱水布机，降低劳动强度，减少操作人员，提高钢丝与橡胶的附着力，实现大长度钢丝编织连续生产。1982年，青岛第六橡胶厂在编织前采用冷冻装置，提高编织质量。同年，为适应出口胶管生产需要，引进包铅胶管机等先进设备，对工艺流程进行全面调整，将原来超长胶管1条线生产改为2条线生产。次年，该厂出口胶管557万标米，创建厂以后胶管出口最高纪录。

至1985年，全市有青岛第六橡胶厂分厂、青岛橡胶制品二厂、青岛橡胶制品六厂、青岛橡胶制品九厂、青岛橡胶日用品分厂、莱西橡胶厂和青岛黄岛辛安再生胶厂等8家企业先后建起胶管生产线，年产量为505.13万标米。

第四节　胶鞋与橡胶杂品

20年代末30年代初，一批日资和民族资本胶皮工厂相继建立，开始生产胶鞋和鞋底。至30年代中期，各厂家生产规模有所扩大，产品品种及产量均有所增大。30年代末40年代初，日资工厂控制生产及市场，本市成为华北地区胶鞋主要产地，产量约占华北地区总产量的90%。40年代，日资胶皮工厂开始生产橡胶杂品，产品品种有棒（垒）球、皮球、鞋后跟、瓶口胶片、医用手套、医用胶布、电线胶布等。抗日战争胜利后，日资胶皮工厂被南京国民政府派出机关接管，胶鞋生产企业仅有两家勉强维持。1946年，私营洪福橡胶厂创立，开始生产橡胶滚轴。40年代末，青岛地区开始生产橡胶密封件。

新中国成立后，大力扶持民族工商业，大元橡胶厂生产恢复正常运行且有很大发展，后由山东省人民政府工业厅化学工业管理处接管，归属山东橡胶总厂为二分厂，1955年9月9日

正式命名为国营青岛第九橡胶厂。同期，私营洪福橡胶厂、裕华橡胶厂、复兴祥橡胶厂、长生福橡胶厂、盛兴胶布制造厂等七八个小型厂家生产橡胶滚轴、胶油、补胎胶、工业橡胶磨料和绝缘黑胶布等橡胶杂品，50年代中后期，先后并入公私合营裕华橡胶厂。其间，开始生产避孕套、医用手套、工业手套及乳胶管等，部分产品填补了省内空白。50年代末，青岛第九橡胶厂加强工艺改造，以炭黑为主要补强剂，提高大底耐磨性能和胶鞋穿用寿命，网球鞋首次出口非洲，开创生产出口鞋的历史。其间，橡胶密封件生产逐步发展。

60年代初，公私合营裕华橡胶厂更名为公私合营青岛乳胶厂，开始生产输血管、听诊胶管等，成为专业乳胶制品厂家，自行设计、安装一套避孕套生产联动线，生产工序实现机械化。60年代中期，根据国家专业化生产要求，青岛乳胶厂成为乳胶产品专业生产厂，其他橡胶杂品分出成立青岛橡胶制品厂，生产的橡胶杂品有补胎胶、盐水瓶塞、电胶管、风扇带、球拍海绵、颗粒胶片、热水袋、医用胶布、绝缘橡胶胶布，以及为四方机车车辆工厂及其他厂家配套生产○形、V形圈、耐油夹布胶垫及各种机车客车风挡胶条等各种密封件，还担负起石油化工耐油密封件的生产任务。60年代末，为满足工矿企业和交通运输部门需求，青岛橡胶制品厂自筹资金进行大规模技术改造，研制生产耐油、耐酸碱、耐热、绝缘等各种性能的胶板新型产品，填补了省内空白；试制成功的4~12毫米耐1~3.5万伏电压绝缘胶板试验台，为增加绝缘胶板生产奠定基础。

70年代初，青岛市南橡胶配件厂专门为泰山-25型拖拉机配套生产密封件，与青岛市南机械加工厂合并成立青岛农机橡胶配件厂，基本可为省内农机配套。"文化大革命"期间，受时局影响，青岛第九橡胶厂生产出现反复，但1970年生产首次突破千万双大关，1975年胶鞋

日产量创历史最高纪录。到1977年，青岛第四靴鞋厂、青岛第一靴鞋厂、青岛乳胶厂、青岛四方胶鞋厂、胶县轮胎翻新厂相继建成胶鞋生产线，胶鞋生产厂家达到6个；青岛假肢橡胶制品厂也投产橡胶微孔拖、凉鞋；青岛第九橡胶厂增加出口产品，产品销往美国、日本、法国、科威特、加拿大、澳大利亚、新加坡、荷兰等16个国家和地区。70年代，青岛橡胶制品厂增加生产伤湿止痛膏、氯丁胶浆、导尿管、军工杂件、反颗粒胶片、氟胶件、硅胶件、防尘板、氨水胶囊等品种；青岛乳胶厂自行研制成功手套联动线，全部实现机械化和连续化生产。1978年，青岛乳胶厂成为国内5大乳胶厂之一和7个避孕套定点生产厂家之一。70年代末，农业机械部将青岛农机橡胶厂列为密封件定点厂，面向全国农机进行配套生产；划归市机械工业局后，更名为青岛密封件厂。同期，乡镇企业兴起，市区生产的石油、化工密封件大多数被乡镇企业产品所替代，橡胶杂品品种日益增多，产量逐渐增加，规模较为齐全。四方机车车辆工厂建立橡胶配件厂，自行配套生产所需密封件；军工企业转为民用生产，军工密封件需求量大幅度下降；青岛橡胶制品厂在高、精、尖及大规格密封生产方面仍占主导地位，被铁道部列为定点厂家之一。

80年代初，青岛第九橡胶厂先后投产11种新品种及6个出口品种10多个花色。1982年，青岛橡胶制品厂生产的"铁锚"牌绝缘胶布被评为山东省优质产品，各种胶布产品在省内市场始终占据绝对优势。1983年7月5日，青岛第九橡胶厂正式注册"双星"牌胶鞋产品商标，17项经济指标列全国同行业首位。1985年，青岛第九橡胶厂开发新品种30多个，产品合格率达到99.64%，"双星"牌足球鞋获国家质量银奖，老年人健身鞋填补国内外空白。青岛乳胶厂研制的多种型号避孕套获国家经济委员会优秀新产品证书，"双蝶"牌避孕套1985年被评为

山东省优质产品；还先后开发生产耐油工业手套、直型检查手套、皱纹衬用手套等新产品。胶县乳胶厂、青岛市利达乳胶厂先后建立，生产医用、工业用乳胶手套等。同期，青岛橡胶制品厂增加冰袋、吸引管、洗衣机带、轻型运输带等产品；该厂研制投产的船舶上下水橡胶起重滚动气囊，填补了国内胶布制品方面的一项空白；从联邦德国引进密封胶条微波硫化生产线，使汽车密封胶条生产有较大发展。青岛密封件厂从日本引进整套设备、仪器及产品设计和制造技术，生产技术水平和产品质量有很大提高；增添模具加工设备，形成完善的生产线，产品产量质量明显提高，被机械工业部列为骨干企业。

维新制带厂

1921年，民族工商业者杨文申创建维新制带厂，主要生产扎腿绑带。1931年更名为青岛福字胶皮工厂。后因生产用橡胶及其他原料均需从日本运进，加之产品质量低劣、国内胶鞋市场萧条、资金亏尽等原因被迫停产关门。1936年，福字胶皮工厂被日本商人儿岛熊吉以2万日元低价购买，改称泰安胶皮工厂，重新开张。1938年，泰安胶皮工厂与青岛胶皮工厂（1928年由日商开设）合并，成立共和护谟株式会社胶皮工厂。抗日战争胜利后，日资胶皮工厂被南京国民政府派出机关接管，其中，共和护谟株式会社青岛胶皮工厂以43171.1万元（法币）标售给民族资本家赵江汉、朱紫光等人，易名大元橡胶厂。

解放后，人民政府大力扶持民族工商业，使生产保持正常运行且有大发展。至1951年，大元橡胶厂职工人数增加到500多人，并添置防雨布机5台。1952年9月21日，大元橡胶厂以厂抵债，市人民法院正式判决由省人民政府工业厅化学工业管理处接管，归属山东橡胶总厂为二分厂，成为国营工厂。1953年开始，山东橡胶总厂为二分厂先后添加18英寸炼胶机2

台、硫化罐 1 台、空压机 1 台、3 吨 "蓝开夏" 锅炉 2 台、缝纫机 57 台，扩建炼胶车间，购买试验仪器，配备专业人员，生产逐步走向正轨。1955 年 9 月 9 日，轻工业部橡胶工业管理局正式命名该厂为国营青岛第九橡胶厂。"文化大革命" 时期，青岛第九橡胶厂生产遭受严重损失。

80 年代初期，青岛第九橡胶厂先后投产透明底、半透明鞋等 11 种新品种及足球鞋，805、806 出口鞋等 6 个品种、10 多个花色。1981—1983 年生产的帆布松紧带童鞋、481 模压底长球鞋、123 田径鞋（透明底）、"大鹏" 牌出口 SU-7 透明底田径鞋和 123 型短球鞋等，分别被评为化学工业部和山东省优质产品。1983 年胶鞋产量达 1289.1 万双，17 项经济指标列全国同行业首位。同年 7 月 5 日，该厂胶鞋产品商标正式注册 "双星" 牌。

1985 年，青岛第九橡胶厂开发新品种 30 多个，其中研制成功并小批量生产硫化旅游鞋、护士鞋、学生鞋等 6 个高、中档新品种，学生鞋远销美国、日本、澳大利亚等 8 个国家和地区。同年，该厂产品合格率达到 99.64%；布面童鞋被评为化学工业部优质产品，"双星" 牌足球鞋获国家质量银奖，老年人健身鞋填补了国内外空白。

裕华橡胶厂

1946 年，私营洪福橡胶厂创立，开始生产印染用橡胶滚轴、简单密封件等橡胶杂品。1950 年和 1951 年，私营裕华橡胶厂、私营盛兴胶布制造厂先后建立。其中，私营盛兴胶布制造厂生产绝缘黑胶布，劳资双方共有 8 人，主要设备有胶布机、切布机等。其时，各家橡胶厂生产简单橡胶杂品，均属工场手工业，设备简陋，产量也很少。1956 年 10 月，三家私营企业实行公私合营，合并成立公私合营裕华橡胶厂，此后又有长生福橡胶厂等数家小型厂家并入裕华橡胶厂。1958 年开始生产乳胶制品，开发生产出避孕套、医用手套和工业指套；1959 年生产出乳胶听诊胶管、工业手套、气门芯、玩具气球、钢笔胆。

1960 年，公私合营裕华橡胶厂更名为公私合营青岛乳胶厂，主要生产橡胶杂品。1961 年生产海绵和输血胶管。1963 年生产炸药袋、彩色胶圈。同年，革新成功风压、水压浸渍机，结束工人靠端盘子操作的历史。1964 年，橡胶杂品车间分出成立青岛橡胶制品厂，青岛乳胶厂成为乳胶制品专业生产厂，主要产品有避孕套、输血胶管、医用手（指）套、工业手套、炸药袋、海绵等。1965 年，公私合营青岛乳胶厂改变所有制成为国营企业，定名为国营青岛乳胶厂。1967 年生产出 D 型出口工业手套，1968 年革新成功无级变速电浸渍机，1969 年在消化吸收国外先进技术基础上，自行设计的避孕套联动浸渍机投入生产，使避孕套生产的洗模、浸渍、卷边、烘干、脱模等工序实现机械化连续生产，产量较前提高 13 倍，成本降低 10%。1971 年后，又陆续制造 3 台，使避孕套、炸药袋的生产全部实现机械化。1977 年，根据避孕套联动浸渍机原理并借鉴国内同类生产厂经验，试制成功手套联动浸渍机，使乳胶手套生产实现机械化连续生产。

80 年代，青岛乳胶厂相继研制、投产耐油工业手套、高级透明避孕套、直型检查手套、彩色印花气球、皱纹衬里手套等 66 种产品。1981 年，该厂产输血胶管被评为省优质产品。1982 年试制成功避孕套电检机，取代人工检验，保证了产品质量和产品卫生。作为国家计划生育委员会定点生产避孕套厂家之一，接受联合国人口活动基金组织无偿援助，总投资额 123 万美元。1983 年研制的高级透明型、颗粒型、螺纹型、蜂腰型避孕套获国家经济委员会优秀新产品证书。该厂所产避孕套长期保持质量稳定，安全可靠，1985 年被评为省优质产品。

胶鞋

1928 年和 1930 年，日本商人分别投资 5 万日元开设青岛胶皮工厂和大裕胶皮工厂，生产胶鞋和鞋底。1931年，民族工商业者创办隆裕胶皮工厂，产品亦为胶鞋和鞋底。民族资本福字胶皮工厂也于同年建立，生产设备有12英寸炼胶机、6英寸压延机、缝纫机和小型硫化罐各1台，有职工30人，日产"福"字牌胶鞋100双，产品仅力士鞋1种；一年后又购置2台炼胶机、7台缝纫机，新招收40名工人，并延长工作时间，胶鞋日产量达到300～400双。1933年春日本护谟株式会社太阳胶鞋场建立，1935年日本护谟株式会社青岛工厂建立，1936年民族资本山东胶皮工厂建立，均生产各种胶鞋。1936年，福字胶皮工厂改名泰安胶皮厂，重新开张生产，新增工人100余名，日产"虎"牌胶鞋400～500双，增加力士鞋、自由鞋、胶皮板（鞋底）、漆布（鞋帮）等品种。1938年，青岛胶皮工厂与泰安胶皮工厂合并，成立共和护谟株式会社胶皮工厂。1941年，日本横滨护谟、东洋纺织和丰田纺织联合吞并山东胶皮工厂。是年，全市胶鞋年生产能力达956万双，年产各种胶鞋627.88万双，成为华北地区胶鞋主要产地，产量约占华北地区总产量的90％；主要品种有力士鞋、中山鞋、圆口鞋、文明鞋、五眼鞋和各类雨鞋、雨靴、拖鞋等。抗日战争胜利后，日资胶皮工厂被南京国民政府派出机关接管，共和护谟株式会社青岛胶皮工厂易名大元橡胶厂，1947年4月1日正式开工，产品有长、短球鞋，女便鞋，力士鞋，童鞋等，日产2000～3000双，商标改为"五和"牌。山东胶皮工厂因遭破坏，接管后被拆毁；1946年大裕胶皮工厂被联勤总部青岛被服厂接管，

成为军需工厂。其间，全市胶鞋生产企业仅有大元橡胶厂和青岛橡胶厂两家勉强维持。到1949年6月，全市胶鞋产量仅为81.11万双。

青岛解放后，多次给予大元橡胶厂加工订货任务，使该厂生产保持正常运行，1951年日产防雨布200多匹、军鞋2000多双。是年，全市胶鞋总产量达145.51万双，大元橡胶厂年产量占其中71.68％。同年，复兴祥橡胶厂建立并投产力士鞋，有职工299人。1952年9月21日，大元橡胶厂归属山东橡胶总厂为二分厂；次年开始添加18英寸炼胶机2台、硫化罐1台、空压机1台、3吨"蓝开夏"锅炉2台、缝纫机57台（图6-14），扩建炼胶车间，购买试验仪器，配备专业人员，生产逐步走向正轨。1955年，国营青岛第九橡胶厂各种胶鞋产量达257.85万双，增加运动鞋、女带鞋、长球鞋、短球鞋4个新品种；1956年产量比上一年降低，产品合格率仅为97.66％；次年经组织整顿后产量达260.09万双，产品合格率提高到99.75％。1957年，青岛第九橡胶厂组织专业技术人员帮助车间攻克质量难关，修改工艺配方，提高胶鞋质量；次年加强工艺改造，以炭黑为主要补

图6-14 50年代的大元橡胶厂缝纫部

强剂，提高大底耐磨性能和胶鞋的穿用寿命。1958年，青岛第九橡胶厂胶鞋产量达464.31万双，品种增加到7个，产品合格率99.29%；同年，该厂生产的118咖啡色网球鞋首次出口非洲21.8万双，开创生产出口鞋的历史。国民经济调整时期，青岛第九橡胶厂胶鞋产量逐年上升。1963年，出口鞋产量达151.4万双。

"文化大革命"初期，青岛第九橡胶厂生产大幅下降。1970年逐步得到恢复，年产胶鞋首次突破千万双大关，以后3年未有增长。1974年生产再次大幅度下降，全年胶鞋产量仅完成计划的一半。1975年前8个月仅完成全年计划的48%，产品合格率为96.03%，共生产不合格胶鞋37万双。9月，市化学工业局派工作组驻厂整顿，胶鞋日产量达4万双以上，创历史最高纪录。4个月即生产胶鞋882.9万双，其中出口鞋221.3万双。

至1977年，青岛第四靴鞋厂、青岛第一靴鞋厂、青岛乳胶厂、青岛四方胶鞋厂、胶县轮胎翻新厂相继建成胶鞋生产线，全市胶鞋生产厂家达6个。此外，青岛假肢橡胶制品厂也投产橡胶微孔拖、凉鞋；青岛第九橡胶厂除生产解放鞋、运动鞋、女便鞋、儿童鞋等内销产品外，增加511长球鞋、425模压长球鞋、111芭蕾舞鞋和112、114网球鞋等出口产品。其中，青岛第九橡胶厂生产的"大鹏"牌解放鞋，1978年被评为山东省优质产品。1978年，全市布面胶鞋产量达1028.4万双。1979年，青岛第九橡胶厂共设计胶鞋新品种花色73个，当年投产农田鞋、四型解放鞋、儿童鞋及700-3新112出口鞋等9个新品种、58个新花色，初步改变胶鞋生产长年一贯制的状况，日产胶鞋合格率达到99.94%，出口胶鞋达223.08万双，产品销往美国、日本、法国、科威特、加拿大、澳大利亚、新加坡、荷兰等16个国家和地区。

80年代，胶鞋生产迅速发展。到1983年，全市胶鞋生产厂家发展到7个，年生产各类胶鞋1471.04万双。

"双一"牌乳胶手套

1945年，日本桥石护谟株式会社青岛工厂制鞋场生产医用手套7600副，此后未再生产。1958年底，公私合营青岛裕华橡胶厂生产医用手套8万副；1959年又增加工业手套，生产医用手套55万副、工业手套2.27万副，其后生产产量波动很大。1964年，工业手套停产，医用手套年产量稳定在百万副以上。1966年，恢复生产工业手套，1967年出口"双一"牌工业手套395万副，此后出口量逐年提高，至70年代成为山东省外贸三大出口特色产品之一，销往26个国家和地区，出口量全国第一。1977年，青岛乳胶厂自行研制成功手套联动线，从浸渍、烘干到脱模全部实现机械化连续生产。

1980年起，青岛乳胶厂先后开发生产耐油工业手套、直型检查手套、皱纹衬用手套等新产品。1983年、1985年胶县乳胶厂、青岛市利达乳胶厂分别建立，生产医用、工业用乳胶手套等产品。

"铁锚"牌绝缘胶布

青岛地区胶布产品主要有电线绝缘胶布、医用胶布以及工业类胶布制品等。1942—1945年，日本桥石护谟株式会社青岛工厂制鞋场生产医用胶布5.88万卷、电线胶布28.15万卷。

1951年，私营盛兴胶布制造厂生产绝缘黑胶布，1956年并入公私合营裕华橡胶厂，绝缘胶布生产发展较快。1958年，裕华橡胶厂投产医用胶布，1961年达到918万筒。根据国家专业化生产要求，青岛乳胶厂从1964年起专注乳胶产品生产，将其他橡胶杂品生产分出成立青岛橡胶制品厂。当年，青岛橡胶制品厂生产医用胶布965万筒、绝缘橡胶胶布21.61万盘。60年代后期至70年代，省内尚无其他生产厂家，青岛橡胶制品厂绝缘胶布和医用胶布的年产量分别稳定在50万盘和45万筒左右。

80年代初期，青岛橡胶制品厂改进工艺技

术，由三刮法改为一浸一刮法，增强胶布粘性；添置物理实验设备，完善电击穿、粘度等测试手段，使产品质量稳定提高。1981年，全国商业系统在西安组织测试评比，在参评的37个厂家中，青岛橡胶制品厂被评为第四名；"铁锚"牌绝缘胶布1982年被评为山东省优质产品。至1985年，其产品在省内市场占据绝对优势。

"双蝶"牌避孕套

1944—1945年，日本桥石护谟株式会社青岛工厂制鞋场曾生产避孕套，合计产量900万只。1958年10月，公私合营裕华橡胶厂建成一套简陋避孕套生产设备，全部手工操作，当年生产避孕套618万只，填补了省内空白。1960年更名为公私合营青岛乳胶厂，1964年成为专业乳胶制品厂家，添置、改造和革新生产设备，避孕套年产量增加到5157万只。1967—1969年，该厂自行设计、安装一套避孕套生产联动线，使洗模、浸渍、卷边、烘干、脱模等工序实现机械化，产品产量提高13倍，质量提高10％左右，劳动强度减轻10倍以上。1977年，自行研制成功乳胶手套联动线，从浸渍、烘干到脱模全部实现机械化和连续化生产，减轻劳动强度，提高了劳动效率。1978年，避孕套产量达到14808万只，成为国内5大乳胶厂和7个避孕套定点生产厂家之一。

1980年，青岛乳胶厂研制成功高级透明避孕套，投放市场后受到好评。1982年试制成功避孕套电检机，取代人工检验，保证产品质量和卫生。是年，该厂研制的高级透明及颗粒型、罗纹型、蜂腰型避孕套获国家经济委员会优秀新产品证书。1985年，青岛乳胶厂生产的"双蝶"牌避孕套被评为山东省优质产品。

橡胶密封件

1946年，洪福橡胶厂开始生产简单密封件，产量很低。60年代，随着胜利油田的开发及石油炼制工业兴起，青岛橡胶制品厂担负起石油化工耐油密封件的生产任务。1964年，青岛橡

胶制品厂年产量达到70吨，产品主要是为四方机车车辆工厂配套的○形、V形圈、耐油夹布胶垫及各种机车客车风挡胶条等，还有为四八○八厂、胜利油田、青岛纺织机械厂、青岛钢厂、青岛啤酒厂、青岛卷烟厂、青岛发电厂等厂家配套的各种密封件。根据生产需要，1969年青岛橡胶制品厂新增水压平板38台，并将所有手动平板硫化机淘汰；1968—1969年新增直径115毫米压出机1台、直径60毫米压出机1台、硫化罐3台，为四方机车车辆工厂制造援外国际列车，生产所需密封胶条和密封件，密封胶条年产量增加到40吨。

1970年，青岛市南橡胶配件厂被选定专门为泰山-25型拖拉机配套生产密封件，1971年产量仅为100多万件。由于该厂系几个街道服务站台合并而成，规模小，人员少，没有技术人员，设备十分简陋，基本依靠手工操作，产品质量较差。1976年，该厂迁往青岛市南机械加工厂，合并成立青岛农机橡胶配件厂，此后自制25吨汽板硫化机40台，组建简易化验室，并有专业技术人员，密封件产量提高到324万件，品种规格达到100多个，质量也有所提高，基本可为省内农机配套。1979年，青岛农机橡胶厂划归市机械工业局，更名为青岛密封件厂，农业机械部将其列为密封件定点厂，面向全国农机进行配套生产。70年代末乡镇企业兴起，原属市区工厂生产的石油、化工密封件大多被乡镇企业产品所替代，同时四方机车车辆工厂建立橡胶配件厂，自行配套生产所需密封件。另外，军工企业转为民用生产，军工密封件需求量大幅度下降。青岛橡胶制品厂在高、精、尖及大规格密封生产方面仍占主导地位，被铁道部列为定点厂家之一，保留部分为之配套的密封件，如为内燃机车配套的硅、氟橡胶密封件，最高年产量15万件；为货车柱箱防尘用的D型E型防尘板，最高年产量34万件。为适应高速客车更新换代需要，还配合四方机车车辆

研究所研制生产风挡胶囊。

1981年，青岛农机橡胶厂投资60万美元，从日本引进从炼胶到产品整修、从化验分析到检测试验的设备、仪器36台（套），同时引进产品设计和制造技术，特别是防泥水油封、发动机气门导杆油封，分别解决了江南广大地区手扶拖拉机水田作业的防泥水问题和汽车等发动机排黑烟的难题。第六个五年计划期间，青岛密封件厂投资121万元，新建科研楼900多平方米，增添模具加工设备，形成炼胶、预成型、硫化、修整、模具加工等完善的生产线，并初步具备各种化验、检测、试验手段。

1985年，青岛橡胶制品厂从联邦德国引进密封胶条微波硫化生产线，使汽车密封胶条生产有了较大发展。同年，青岛密封件厂产量达到2500万件，规格品种多达1000余个；各类〇形密封圈、各种骨架油封使用寿命达2000小时，防泥水油封使用寿命达1200小时，气门导杆油封使用寿命达1000小时，而且防渗漏性能优异。

第六章　日用化工

青岛地区日用化工产品生产始于民国初年的火柴生产。二三十年代开始生产骨粉和牙膏、牙粉及少量化妆品，最初均由日资工厂生产，而后民族资本逐步跟进，至30年代中期盛极一时。30年代末至40年代，生产与市场均被外资控制，本地生产厂家步履维艰。抗日战争胜利后，日资工厂多被没收或标卖，多家小型火柴厂相继建成并投产。到1948年，全市有新老火柴厂37个，生产基本处于停产状态。

新中国成立后，国家对化工生产企业进行整顿，青岛实业公司陆续没收或接收管理多家火柴厂、化工厂，分别合并为青岛实业火柴厂、青岛实业化工厂。同时对火柴生产和销售由国家统一组织管理，原料由国家统一调拨，青岛产火柴统一用"拖拉机"牌商标注册，其他商标一律停用。50年代中期，地方工业部颁发"三就"（就地取材、就地生产、就地销售）政策，青岛实业公司化工厂将骨胶生产设备及人员全迁江苏和安徽建立骨粉厂，并对两分厂剩余人员进行归并，恢复骨胶生产。同期，国家对手工业和资本主义工商业进行社会主义改造，全市形成4个较大火柴生产企业，并成立火柴公司，统管全市火柴生产。洗涤用品生产业户自愿结合为公私合营华东肥皂厂和市南、市北两个日用化妆品生产合作组，开始有组织地生产各种肥皂、香皂及牙粉、化妆品。

50年代末，青岛实业化工厂通过技术革新，更新改造设备，试制成功20余种新产品。特别是从骨骼中制取照相明胶获得成功，填补山东省空白。市北日用化妆品生产合作社开始生产牙膏，成为山东省为数不多的牙膏专业生产厂家之一。国民经济调整时期，本市洗涤用品及化妆品生产厂家经多次整合，改为公私合营青岛肥皂厂，通过"三口大锅闹革命"，逐步成为一个初具规模的皂类产品专业生产厂。市南、市北两个化妆品生产合作社调整合并为青岛市日用化妆品生产合作社，继而改名为青岛日用化工厂，主要生产润面油、雪花膏等日用化妆品，保留牙膏和鞋油生产。至60年代中期，青岛实业化工厂改称青岛东风明胶厂，产品由多元化走向单元化，成为以生产动物胶为主的专业生产厂，其"箭"牌骨胶被外贸部门列为出口免检产品，陆续销往50多个国家和地区。全市火柴生产企业进一步整合为国营青岛火柴厂，成为全市唯一生产火柴的企业，基本实现火柴生产机械化、自动化。

70年代初，青岛东风明胶厂更新设备、改进工艺，使生产周期由半个月减至不到1个工作日，劳动力减少近一半，骨胶产量提高1倍多。青岛日用化工厂研制成功芦丁药物牙膏，

1978 年被省第一轻工业厅评为优质产品；"金叶"牌牙膏销往东南亚各国，1979 年被评为山东省优质产品；同年"马"牌润面油获省第一轻工业厅名牌产品奖。1980 年，青岛日用化工厂将其他产品移交别厂生产，成为牙膏、鞋油专业生产厂。

70 年代末，各日用化工企业加强质量管理，产品产量与质量逐步提高。"箭"牌骨胶和照相明胶连年持续创历史最好水平，"箭"牌骨胶 1979 年获全国同行业同类产品评比第一名和轻工业部及省经济委员会优质产品奖，10 月被省工商行政管理局授予山东省著名商标证书，1981 年"箭"牌骨胶获国家银质奖。为满足市场需求，提高生产效率，火柴生产革新刷包机，并从国外引进糊盒机、理盒机，实现火柴包装自动化、连续化。1984 年生产火柴 8518 万件，创历史最好水平，从此结束了本地按户供应火柴的历史。日用化妆品研制生产双丰收，试制成功并投产儿童防龋牙膏和中药牙膏，并开发出无色液体透明鞋油等新产品；"吉祥"牌雪花膏、"马"牌润面油获省第一轻工业厅优良产品奖，"如意"牌润肤霜、磷质营养霜、"凤冠"牌护发素等 10 种产品获山东省和青岛市优秀产品称号；"万里香"牌香皂、"佳音"牌护肤香皂、"青松"牌复合肥皂膏、"青松"牌丝毛净、"明"字牌餐具洗净剂和婴儿香浴液等，获山东省新产品奖和科技成果奖。"万里香"牌香皂还列入全国优质产品行列。"琥珀"牌香皂则打入国际市场，远销到加拿大、日本、意大利等国家和地区。

至 1985 年，全市以肥皂为代表的洗涤用品制造业年产量达 2.32 万吨，占全省产量的 30%，占全国总产量的 2.23%；各种牙膏 2938 万支、鞋油 657 万支；生产化妆品 512 吨。

第一节 火 柴

1917 年，日本大阪磷寸株式会社在华阳路创办山东火柴公司，此为本埠火柴生产之始。同年，明石燐寸工场在青岛创办，开业不久，即与山东火柴工厂合并，主要商标是"三星"。1918 年 7 月，以日本神户火柴巨头泷川辨三和泷川仪作家族为中心的东亚燐寸株式会社子公司——日本共同燐寸株式会社，在曹县路 8 号成立青岛燐寸株式会社并开工投产，主要商标是"三阳"牌。随后，日商陆续开办东鲁、益丰、华祥、东华等火柴厂，垄断了本地火柴市场。1920 年，于选甫在即墨县城阳镇设立胶东增益火柴厂，商标是"地球""松虎"。1922 年，李元之在即墨建成振东火柴厂，商标是"富贵""六合"，后工厂迁至金口。1923 年，李佑民在胶县设立洪泰火柴厂，商标是"大爱国""金牛""金鸡""天官""剪刀"。1924 年，日商在诸城路设立华祥燐寸株式会社，商标为"华祥"；同年，又有福隆燐寸株式会社在沧口设立。1928 年，山东民族资本业者丛良弼投资建设的青岛振业火柴股份有限公司正式投产，江一山等人集资创建的华北火柴厂开业。九一八事变后，民族火柴业得到一定发展，不仅振业和华北两个火柴厂产量有较大增加，又有信昌、明华、振东、鲁东、华鲁、兴业、华荣等火柴厂相继投产。到 1934 年，青岛有大、中、小火柴生产厂 13 个，成为全国重要的火柴生产基地[①]，华北火柴厂成为青岛火柴生产业中的佼佼者。30 年代末，日军以"抗日工厂"为名查封华北火柴厂并实行所谓"军管"，强迫其与日商合伙经营。其他各火柴厂陆续复工，渐有发展。40 年代，日军将火柴原料征做军用，迫使

---

① 张锐.山东火柴工业百年[J].春秋,2013(5):45-47.

部分火柴厂再度停产，华北火柴厂亦处半停产状态。同时，火柴销售也受到日军和日商严密控制。日本投降后，各火柴厂被国民党政府接收。40年代后期，国华、永发、裕隆、恒升、胶济、远东、农民、中鲁等小型火柴厂相继建成并投产。到1948年，全市有新老火柴厂37个，生产基本处于停产或半停产状态。

青岛解放后，国家对火柴生产实行限产，并对生产企业进行整顿。青岛实业公司先后没收或接收管理华北火柴厂、环海火柴厂、华荣制梗厂、新华火柴厂；后又由新华火柴厂、永安火柴厂、华荣制梗厂、环海火柴厂、电锯厂合并为青岛实业火柴厂，有各种设备136台（套），其中，排梗机62台、卸梗机37台、齐梗机15台、油药机4台、旋片机6台、同梗机6台、合料机6台。不久信昌火柴厂也并入。1954年开始，火柴生产和销售由国家统一组织管理，原料由国家统一调拨，青岛产火柴统一用"拖拉机"牌商标注册，其他商标一律停用。

50年代中期，对私营火柴业进行社会主义改造，先后对30多家火柴厂进行国家接管、公私合营，全市形成4个较大火柴生产企业，并成立火柴公司，统管全市火柴生产。50年代末，全市火柴生产企业进一步整合为国营青岛火柴厂，成为青岛唯一生产火柴的企业，陆续增置履带式大装盒机、大刷磷机，并改装成功链式装盒机。60年代中期，基本实现火柴生产机械化、自动化。70年代末，青岛火柴厂经过整顿，生产逐步正常，企业也由生产型逐步走向生产经营型。80年代，为满足市场需求、提高生产效率，革新成功刷包机，并从国外引进糊盒机、理盒机，实现火柴包装自动化、连续化，火柴生产能力进一步提高，结束了本地按户供应火柴的历史。青岛火柴厂生产的火柴分内销和外销两种产品，内销产品主要用"青岛"牌商标，全部包装由机械进行；外销产品使用"大新华""小新华""冀""蝴蝶""乏标""三穗"等商标，

其包装由手工进行；生产的高档火柴则用"十大风景""飞仙"等作商标。

青岛振业火柴厂

1913年，丛良弼创立济南振业火柴公司，又于1920年开立振业火柴公司济宁分厂。1925年，丛良弼亲自到青岛投资30万元，在曹县路29号筹建青岛振业火柴厂。1928年6月，工厂正式投产，成为济南振业火柴股份有限公司第二分厂，生产设备全部由济南公司调配，日产火柴480件（每件240封，每封10盒）。该厂生产的火柴质量好于日商产品，很快打开市场销路。振业火柴使用的"三光""吉星""山狮""印字机""推磨""津昌蜘蛛""童旗"等商标开始在青岛工厂陆续选用。初期产品为黄磷火柴，后改为硫化磷火柴。因为当时在中国的几家日本火柴厂生产的火柴均采用冷胶药头，只有振业火柴厂采用热胶，虽然成本高出许多，但这种热胶药头火柴表面光滑、不易受潮、发火有力，一上市便迅速占领津浦路、陇海路沿线各地的火柴市场，并在此后十几年间发展成为全国同行业中的翘楚，结束了日本、瑞典等火柴垄断中国市场的局面。1936年，振业火柴厂生产一度受挫停业。

1955年4月，青岛振业火柴厂与青岛火柴股份有限公司合并，成为公私合营青岛振华火柴厂。在此后的公私合营过程中，振华火柴厂并进16个小型火柴厂，成为全市四家大的火柴生产企业之一。1958年，全市火柴业实施进一步改组，公私合营青岛振华火柴厂和国营青岛实业火柴厂合并，组成地方国营青岛火柴厂。

华北火柴厂

1928年7月，江一山等人集资创建华北火柴厂，厂址在利津路20号，生产"中山""北丰""虎""良心""光明"5种商标牌号的火柴，时有职工80余人，平房6间，排梗机6台、卸梗机4台，日产火柴140余件。开工后又重金从日本购进适用于30毫米火柴梗的排梗机，并

在青岛第一家使用油药连续机，提高了生产效率和火柴质量，开办仅3年，盈利即达100万元。1932年，华北火柴厂扩大改组为华北火柴股份有限公司（对外仍称华北火柴厂）。至1937年，华北火柴厂成为青岛最大的火柴生产厂家（图6-15），拥有排梗机36台，卸梗机22台，职工700余人，日产火柴600余件，产品销往陇海、津浦、胶济铁路沿线的城市和乡村。

1938年日本第二次占领青岛后，华北火柴厂被日军查封，被迫停产。是年6月，日商安藤荣次郎会同青岛磷寸株式会社、华北磷寸株式会社、东华火柴公司及山东火柴磷寸株式会社4个火柴厂商以占领者身份强行入股，股额达55%，并垄断原料供给和市场销售。1943年起，日军将火柴原料征做军用，华北火柴厂也处于半停产状态。1945年日本投降后，原华北火柴股份有限公司董事长李代芳回到青岛，以国民党接收官员的身份重新接管华北火柴厂。至1947年，华北火柴厂职工增加到600人，生产和销售都有增加。此后，由于国民党政府把

火柴列入军事物资，华北火柴厂人员减至200人，处于半停产状态。

青岛解放后，市军事管制委员会接管华北火柴厂，仅有工人100余人。1952年1月3日，青岛市人民法院判决，将华北火柴厂财产计42亿元（旧人民币）予以没收，交青岛实业公司管理。至9月，华北火柴厂私股转入信昌火柴厂；之后，信昌火柴厂也并入青岛实业火柴厂。

青岛火柴厂

1955年4月，青岛振业火柴厂与青岛火柴股份有限公司合并为公私合营青岛振华火柴厂。1956年1月，青岛私营火柴企业全部实行公私合营；其中，青岛实业火柴厂为一独立生产单位，从业人员705人；振华火柴厂并进16个厂，从业人员928人；信昌火柴厂并进8个厂，从业人员328人；明华火柴厂并进2个厂，从业人员150人。至此，青岛火柴生产厂形成4个较大企业。

1959年，经过进一步整顿，振华、信昌、明华火柴厂陆续合并到青岛实业火柴厂，称国

图6-15　30年代的华北火柴厂厂房

营青岛火柴厂，成为本市唯一生产火柴企业。此后，陆续增置履带式大装盒机、大刷磷机，并改装成功链式装盒机。到1966年，基本实现火柴生产机械化、自动化。1969年，又建成出口包装专用车间3000平方米。70年代末80年代初，青岛火柴厂革新成功刷包机，并从国外引进糊盒机、理盒机，实现火柴包装自动化、连续化，火柴生产能力进一步提高。青岛火柴厂生产的火柴分内销和外销两种产品，内销产品主要用"青岛"牌商标，全部包装由机械进行；外销产品使用"大新华""小新华""冀""蝴蝶""乏标""三穗"等商标，其包装由手工进行；另外，生产的高档火柴，则用"十大风景""飞仙"等作商标。生产火柴所用的原料，石蜡、硫黄由青岛化工系统供给，木材、赤磷、氯酸钾由国家按计划调拨，装用纸、外销产品用纸由山东省外贸部门提供，内销产品由青岛人民造纸厂供给。1984年，青岛火柴厂生产火柴8518万件，创历史最好水平。从此，青岛结束了按户供应火柴的历史。

1985年，青岛火柴厂占地面积为28159平方米，其中，房屋建筑面积31860平方米、含生产用房面积21364平方米、非生产用房面积10496平方米；拥有职工1901人；各种设备224台，其中，火柴生产自动连续机11台、机械加工设备25台、其他设备188台，动力设备总能力达1838千瓦；年生产能力达99万件，实产747万件，完成工业总产值1266万元，实现利润11303万元。

第二节 骨胶 明胶

1919年，日本铃木洋行青岛分行在台西三路组建铃木商店青岛出张所，青岛地区骨粉生产由此开始。20年代，铃木商店青岛出张所易名青岛肥田骨粉公司，中、日商人各占股权50％，以生产骨粉为主。30年代，青济国货胶厂创办，以生产骨胶、骨粉为主；后被日本人强行投资成为中日合办企业，其骨胶产品以"箭"牌为注册商标。抗日战争胜利后，青岛肥田骨粉公司改称青岛肥田骨粉工厂，青济国货胶厂改称青岛化学厂。1947年4月21日，青岛化学厂又易名为青岛久兴化学工业股份有限公司。青岛解放后，两工厂由胶东企业公司接收，不久由私营改为公私合营，其中公股占63.56％、私股占36.44％。1950年，青岛肥田骨粉工厂与德太工厂合并组成胶东企业公司化学工厂（下称化学工厂），1951年3月正式投入生产，主要生产骨粉和化学原料。同时应私人股东要求发还全部私股股金，工厂全部为国有。4月18日迁址到内蒙古路23号，建成化工、制胶两个车间。9月，青岛久兴化学工业股份有限公司改称胶东企业公司骨粉厂。

青岛解放后，骨胶、骨粉相继复工生产，1952年产值414.27万元、利润74.52万元。是年5月25日，胶东企业公司由青岛实业公司接收，改称青岛实业化工厂，并将胶东企业公司化学工厂改为第一分厂、骨粉厂改为第二分厂，将市民政局机关1951年创办的裕德化工厂合并到第一分厂化工车间，主要生产骨胶、骨粉。1953年10月，青岛实业公司化工厂第二分厂（即原骨粉厂）转交青岛化学工业公司。1955年，地方工业部颁发"三就"（就地取材、就地生产、就地销售）政策，将青岛实业公司化工厂生产骨胶设备、人员全迁江苏和安徽，分别成立骨粉厂。6月21日，青岛实业化工厂一分厂迁往苏州、二分厂迁往蚌埠，共随迁人员284人，移交货产原值2509.90万元。1956年，青岛实业化工厂对两分厂剩余人员进行归并，恢复骨胶生产，并接管公私合营大德胶厂。1958年，青岛实业化工厂大搞技术革新，更新改造设备，试制成功20余种新产品。1960年，全市三胶生产产值1524.8万元，利润718.41万元。至1964年，青岛实业化工厂经整顿、调整，产品由多元化走向单元化，成为以生产动物胶为主的专业生产厂。1965年试制成功滚筒烘干设备，以颗粒状骨胶珠取代片状骨胶。1967年7月1日，青岛实业化工厂改称青岛东风明胶厂。1968年12月29日，青岛木材综合联合加工厂归并到东风明胶厂。1971年，在此前研制成功第一台冷凝滴粒成型和滚筒烘干设备基础上，又重新设计制成4台并于当年安装成功，从而淘汰30年代德国进口隧道式烘干房，使生产周期由15～16天减至6～8小时；劳动力由61人减少到34人；骨胶产量由4吨左右提高到9吨，质量指标粘度由28～30左右提高到34～38。1977年3月25日，青岛东风明胶厂改称青岛明胶厂。

70年代末，青岛明胶厂加强质量管理，使"箭"牌骨胶和照相明胶生产连年持续创历史最好水平。"箭"牌骨胶1979年获全国同行业同类产品评比第一名和轻工业部及省经济委员会优质产品奖，10月被省工商行政管理局授予山东省著名商标证书。1981年，"箭"牌骨胶获国家银质奖。

铃木商店青岛出张所

1919年，日本铃木洋行驻青岛分行经理金子庆治在台西三路60号组建铃木商店青岛出张所，生产营销骨粉。是为青岛骨粉骨胶生产之始。后因经营不善，于1926年冬以1800元将全部设备及厂房拍卖给日商高桥丑吉和华商方百川共同经营，其股权中、日各占50%，并易名为青岛肥田骨粉公司（南厂），以生产骨粉为主，产品销往日本，获利颇丰。1936年，青岛肥田骨粉公司购得日商兴亚株式会社在台西三路53号开办的兴亚骨粉厂，为青岛肥田骨粉公司北厂，仍以生产骨粉为主。抗日战争胜利后，青岛肥田骨粉公司被查封。1946年，青岛肥田

骨粉公司改称青岛肥田骨粉工厂。1948年8月停业。[1]

青岛解放后，市军事管制委员会委托胶东企业公司接管青岛肥田骨粉工厂。1950年，青岛肥田骨粉工厂与德太工厂合并组成胶东企业公司化学工厂，同时应私人股东要求，私股股金全部发还，工厂全部为国有。

青济国货胶厂

1934年6月，张柏祥等21人集资在四方区北山一路19号创办青济国货胶厂，以生产骨胶、骨粉为主。1938年日本第二次占领青岛后，青济国货胶厂先被日军查封，后被日商强行投资伪币35万元，改为中日商人合办，总资额为伪币20万元，骨胶产品以"箭"牌为注册商标。1942年，青济国货胶厂生产骨胶500余吨，骨粉2000余吨。1945年，骨胶生产半停产或停产。抗日战争胜利后，青济国货胶厂被查封。1946年启封复业，并改称青岛化学厂。1947年4月，青岛化学厂又易名为青岛久兴化学工业股份有限公司。1948年8月停业。[2]

青岛解放后，市军事管制委员会委托胶东企业公司接管青岛久兴化学工业股份有限公司。不久，青岛久兴化学工业股份由私营改为公私合营，全部资金为697万元，其中公股占63.56%、私股占36.44%。1950年9月，青岛久兴化学工业股份有限公司改称胶东企业公司骨粉厂。

胶东企业公司化学工厂

1950年，青岛肥田骨粉工厂与德太工厂合并组成胶东企业公司化学工厂，1951年3月正式投入生产，主要生产骨粉和化学原料。1952年5月25日，胶东企业公司由青岛实业公司接收，改称青岛实业化工厂，拥有职工558人，主要设备有蒸胶锅50口、骨粉机2台、蒸气锅4口、硫酸镁设备1套、石炭酸设备1套，资金

① 青岛通鉴[M].北京:中国文史出版社,2010:172.

② 青岛通鉴[M].北京:中国文史出版社,2010:282.

总额原值242万元，主要生产骨胶、骨粉；并将胶东企业公司化学工厂改为第一分厂，骨粉厂改为第二分厂，将市民政局机关1951年创办的裕德化工厂合并到第一分厂化工车间。1953年10月，青岛实业公司化工厂第二分厂转交青岛化学工业公司，又先后划归青岛化学工业局、省人民政府工业厅、市轻工业局等管理。1955年6月21日，青岛实业化工厂一分厂迁往江苏苏州、二分厂迁往安徽蚌埠，分别成立骨粉厂，两分厂剩余人员归并到实业化工厂，分厂不复存在，实业化工厂仍保留皮胶、明胶、碳化钙、硫酸镁的生产，并在归并两分厂剩余人员后重新恢复骨胶、骨粉生产；同时，还试制成功海藻胶和鱼鳞胶。1958年，青岛实业化工厂开展技术革新，更新改造设备，试制成功20余种新产品，特别是从骨骼中制取照相明胶获得成功，填补了本省空白。同年，"箭"牌骨胶开始出口，内销产品销往全国10余个省、直辖市。至1964年，青岛实业化工厂经过整顿、调整，产品由多元化走向单元化，成为以生产动物胶为主的专业生产厂，其产品"箭"牌骨胶陆续出口50多个国家和地区。1965年，该厂试制成功国内第一套珠状胶滚筒烘干设备，自此，以颗粒状骨胶珠取代片状骨胶，结束了中国只能生产片胶的历史。同年，"箭"牌骨胶被外贸部门列为出口免检产品。

1967年7月1日，青岛实业化工厂改称青岛东风明胶厂。1968年12月29日，青岛木材综合联合加工厂归并到东风明胶厂。1970年，三胶生产产值达1073.16万元。1971年，青岛东风明胶厂又重新设计制成4台冷凝滴粒成型和滚筒烘干设备，从而淘汰30年代德国隧道式烘干房，改善劳动环境，减轻了劳动强度，使生产周期由15～16天减至6～8小时；劳动力由61人减少到34人；骨胶产量由4吨左右提高到9吨，质量指标粘度由28～30提高到34～38。1974年，三胶生产产值下降至527.05万

元，利润67.75万元。

1977年3月25日，青岛东风明胶厂改称青岛明胶厂。70年代末，青岛明胶厂加强质量管理，"箭"牌骨胶和照相明胶生产连年创历史最好水平。1979年，"箭"牌骨胶获全国同行业同类产品评比第一名和轻工业部及省经济委员会优质产品奖；同年10月，被省工商行政管理局授予山东省著名商标证书。1980年，青岛明胶厂工业总产值达1190.42万元，实现利润201.1万元；1981年，"箭"牌胃胶获国家银质奖。1982年，青岛明胶厂投资91.7万美元，从美国引进设备生产标准无菌食用明胶。1984年，在沧口区四流北路19号建成原料加工基地，在全国同行业中首家实现原料加工和产品制造分离，从而杜绝兽骨直接入厂导致的环境污染。"箭"牌照相明胶1980年获轻工业部优质产品奖，1984年全国质量评比获第一名并获轻工业部优质产品奖。1984年和1985年，"箭"牌工业明胶连续两年获轻工业部优质产品奖。

1985年，青岛明胶厂拥有职工1130人，总占地面积110437平方米，总建筑面积55494平方米，各种设备378台（套），其中主要设备188台（套），有固定资产值原值1280.55万元，流动资金36.4万元；年产主要产品骨胶2300吨（出口718.4吨，出口换汇58.68万美元），明胶464吨。另外，年产副产品"牛"牌骨粉6530吨；"晨光"牌磷酸氢钙1326吨（出口173吨，换汇11.91万美元），骨油1395吨（创产值209.25万元）。全年工业总产值达1384万元，实现利润15万元，上缴税金130.40万元。

第三节　洗涤用品与化妆品

青岛地区早期洗涤用品生产均为手工作坊式，基本是前店后场，人手少，规模小，设备简陋，产量低。30年代中期，开始生产牙膏、

牙粉，部分商号还有生产少量化妆品。30年代末至40年代，由于国外化妆品大批输入，致使本地洗涤用品和化妆品生产步履维艰。50年代初，部分生产业户相继开业，也有部分业户组成生产合作组，生产一些初级产品。

青岛解放后，在国家方针政策指引下，洗涤用品生产逐步发展。50年代中期，在国家对资本主义工商业和手工业的社会主义改造过程中，若干生产洗涤用品的作坊式工厂和手工业户自愿结合，组成公私合营华东肥皂厂和市南、市北两个日用化妆品生产合作组，开始有组织地生产各种肥皂、香皂及牙粉、化妆品。后期开始试生产黑鞋油，之后种类不断增加。至50年代末，市北日用化妆品生产合作社开始生产牙膏，成为山东省为数不多的牙膏专业生产厂家之一。

国民经济调整时期，本市洗涤用品及化妆品生产厂家经过整合，生产规模多有扩大，生产技术及工艺经过革新与改造，产品产量与质量均有提高。华东肥皂厂先后改称公私合营青岛台西化工厂、公私合营青岛肥皂厂，通过"三口大锅闹革命"，逐步成为一个初具规模的皂类产品专业生产厂。市南、市北两个化妆品生产合作社调整合并为青岛市日用化妆品生产合作社，由市北区甘肃路53号迁至四方区东吴家村1号，60年代中期改名为青岛日用化工厂，主要生产润面油、雪花膏等日用化妆品，保留牙膏和鞋油生产，成为洗涤及化妆品专业生产厂家。70年代初，研制出"芦丁"牌高效药物牙膏，1978年被省轻工业厅评为优质产品；"金叶"牌牙膏曾销往东南亚各国，1979年被评为山东省优质产品；同年"马"牌润面油获省第一轻工业厅名牌产品奖。1980年，青岛日用化工厂将其他产品移交别厂生产，成为牙膏、鞋油专业生产厂。

80年代，本市根据国家有关工业调整的指示精神，组建青岛日用化工二厂，专业生产日用化妆品。之后，青岛日用化工二厂合并市第一轻工业局汽车修配厂，接收青岛日用化工厂移交的"马"牌润面油产品生产。青岛日用化工厂试制成功并投产儿童防龋牙膏和"益友""白蔷薇"牌中药牙膏，并开发出无色液体透明鞋油等新产品。青岛造纸二厂撤销并入青岛肥皂厂，其厂房改建成肥皂和膏状、液状洗涤用品生产车间。

至80年代中期，青岛日用化工厂、青岛日宝化妆品公司、青岛肥皂厂、青岛明胶厂发展成为青岛日化业骨干企业。

青岛市化妆品生产合作社

1955年，由若干生产日用化工产品的个体业户组成市南、市北两个日用化妆品合作组，共有职工40人左右，开始生产牙粉和化妆品，仍然是手工作坊式生产。1956年转为合作社，增加一些较先进生产设备，实现半机械化生产。1962年，市南化妆品生产合作社改称青岛市第一日用化妆品生产合作社、市北化妆品生产合作社改称青岛市第二日用化妆品生产合作社，隶属市手工业管理局。1963年，两社合并成为青岛市化妆品生产合作社，时有职工137人，主要生产润面油、雪花膏等日用化妆品。1964年，由市北区甘肃路53号迁至四方区东吴家村1号，设有牙膏、牙膏管专用生产车间。

1966年，青岛市化妆品生产合作社定名青岛日用化工厂，仍然保留牙膏和鞋油生产。1968年，黑鞋油注册为"青岛"牌商标。1970年，又与青岛轻工研究所共同研制出高效药物"芦丁"牌牙膏。1980年，青岛日用化工厂将其他产品移交别厂生产，成为牙膏、鞋油的专业生产厂。

1985年，青岛日用化工厂拥有职工512人，各种生产设备196台。其中，通用设备95台，专用设备101台；年产各种牙膏2938.01万支，各种鞋油657.91万支；创工业总产值1347.91万元，利润131.23万元。

华东肥皂厂

1956年，台西区新华化工厂、华东肥皂厂、青岛崂山肥皂厂、裕生造胰厂、久纶行、复兴工业社6家生产洗涤用品的作坊式小厂自愿合并为公私合营华东肥皂厂，时有职工120人，资金约2万元，主要设备有煮皂锅和手工切条机，产品以"模范"牌注册，年销售各种肥皂、香皂612吨。1961年，华东肥皂厂与青岛利兴染厂、青岛纺绳厂合并，改称公私合营青岛台西化工厂，隶属市化学工业局，规模有所扩大，共有职工280人，但生产工艺和设备无大变化，仍停留在手工作坊式生产上。为改变企业面貌，台西化工厂派人到上海、杭州等地学习制皂技术，并自己动手，利用兄弟单位报废的炼钢炉皮制成三口8立方米的皂化锅，使皂类产品年产量达到1200吨，被誉为"三口大锅闹革命"的艰苦奋斗精神，闻名全市。

1963年1月15日，公私合营青岛台西化工厂改称公私合营青岛肥皂厂，由市化学工业局划归市轻工业局，后定名国营青岛肥皂厂。是年，该厂自筹资金进行技术改造，制成一口24立方米的煮皂锅，使皂类产品年产量达到4500吨。随着国家经济形势好转，市场对皂类需求量越来越大，青岛肥皂厂土法上马制成卷扬机和12口44立方米大皂化锅，年产量逐步达到2万吨，青岛肥皂厂成为一个初具规模的皂类产品专业生产厂。1980年，青岛肥皂厂生产的"青松"牌肥皂获山东省优秀产品奖，并成为该厂拳头产品。

1982年，青岛肥皂厂进行全面整顿和体制改革，花色品种不断增多，质量也有较大提高。同年9月，青岛造纸二厂撤销，并入青岛肥皂厂，其厂房改建成生产肥皂和膏状、液状洗涤用品车间。到1984年，青岛肥皂厂陆续建成4000多平方米生产车间，自制各种设备上百台（套），进行百余项技术革新，使洗涤用品产量以每年18.9%的速度递增。其产品"万里香"牌香皂、"佳音"牌护肤香皂、"青松"牌复合肥皂膏、"青松"牌丝毛净，"明"字牌餐具洗净剂和婴儿香浴液等，获山东省新产品奖和科技成果奖。"万里香"牌香皂列入全国优质产品行列。"琥珀"牌香皂则打入国际市场，远销到加拿大、日本、意大利等国家和地区。

1985年，青岛肥皂厂拥有职工983人，各种设备204台（套），其中专用设备66台（套）；固定资产原值664.4万元、净值498万元；年产量达23244吨，完成工业总产值3439万元，实现利润147万元。

润面油

50年代，本地约30个业户开始生产化妆用品，多是分散且规模小的手工作坊式生产，产量少、质量也不高，主要产品有润面油、雪花膏、香脂、香粉等。1956年，市南、市北两个日用化妆品合作社增加部分较先进生产设备，生产规模逐步扩大。60年代，逐步形成小规模手工业生产，产品制造由简单机具代替部分手工操作，但仍沿袭传统加工方法。1962年，贯彻"调整、巩固、充实、提高"八字方针，将市南化妆品生产合作社改称青岛市第一日用化妆品生产合作社，市北化妆品生产合作社改称青岛市第二日用化妆品生产合作社，两社产品数量、品种和质量都有较大提高，产销基本平衡。1963年，两社合并为青岛市日用化妆品生产合作社，主要生产润面油、雪花膏等日用化妆品。

70年代初，由简单机器加工发展为半机械化生产，逐步增添锅炉、电动搅拌机、三辊碾磨机、电加热釜、装袋机、装瓶机等，形成一定工业生产规模；生产工艺趋于完善，逐步建立起技术标准和原料标准。1979年，青岛日用化工厂产品"马"牌润面油获省第一轻工业厅名牌产品奖。

1980年，青岛日用化工二厂开始专业生产日用化妆品，主要生产设备有300厘升化料罐2个、500厘升化料罐1个；有职工284人，固定资产 46.57 万元，流动资金 41.08 万元；生产"大众""向阳""凤凰""丰收""如意""红心"6 个品牌的雪花膏。1982 年，青岛日用化工厂将"马"牌润面油的生产移交给青岛日用化工二厂。1984 年，青岛日用化工二厂生产的"吉祥"牌雪花膏、"马"牌润面油获省第一轻工业厅优良产品奖，"如意"牌润肤霜、磷质营养霜、"凤冠"牌护发素等 10 种产品获山东省和青岛市优秀产品称号。

牙膏

50 年代，本地牙膏生产以作坊式手工劳动为主，采用热法制膏，直接用火加热，手工铲膏，灌浆机靠脚踩制动，手工封尾、包装。牙膏软管制作采用大铁锅熔化铅锡锭，然后轧制成板，以 60 吨冲床冷冲挤成管。1956 年，市南、市北两个日用化妆品生产合作组增置部分设备，实现半机械化生产。1959 年，市北日用化妆品生产合作社生产牙膏 122.97 万支，产值 40.58 万元，利税 13.4 万元。1961 年，上海加工制成牙膏管生产专用设备，遂选派人员到上海学习生产技术，开始采用蒸汽加热制膏，使用捏合机、脱气缸拌膏。1963 年，两社合并成为青岛市化妆品生产合作社，设有牙膏、牙膏管专用生产车间，装备铅锡制管设备，结束依靠天津、上海提供铅锡管的历史；牙膏生产由手工操作发展为半机械化生产，生产效率成倍提高。1966 年改称青岛日用化工厂后，仍保留牙膏生产。1968 年，在生产"如意""保键"牌牙膏的基础上，研制开发出水果香和脱敏功能的"东风""红梅""洗必肽""双凤""喜珠""益友""大海""白蔷薇""宝宝"等牌号新产品。1970 年，与青岛轻工研究所共同研制出高效药物芦丁牙膏，逐渐成为牙膏业的主导产品。

70 年代，青岛日用化工厂改造制膏设备，实现制膏管道化、灌装机械化和制管单机运转化；原热法制膏工艺改为湿法制膏工艺，制膏

设备有制胶水机、捏合机、研磨机、脱气缸。1978 年，芦丁牙膏被省轻工业厅评为优质产品。"金叶"牌牙膏曾销往东南亚各国，1979 年被评为山东省优质产品。1980 年，青岛日用化工厂将其他产品移交别厂生产，成为牙膏、鞋油专业生产厂。1981 年，山东投资 20 万元在青岛日化厂安装铝管自动生产线，在铝管产量满足生产需要后，淘汰铅、锡管使用。1983 年，试制成功并投产儿童防龋牙膏和"益友"牌、"白蔷薇"牌中药牙膏。至 1985 年，年产各种牙膏 2938.01 万支。

"青岛"牌鞋油

1958 年，市南、市北两个日用化妆品生产合作社开始研制生产黑鞋油，产品采用铅、锡软管和铁盒包装。之后，鞋油种类不断增加，有棕色、红色、蓝色、无色等品种。1968 年，青岛日用化工厂生产的黑鞋油定名为"青岛"牌。

1983 年，青岛日用化工厂开发出无色液体透明鞋油等新产品。至 1985 年，青岛日用化工厂年产各种鞋油 657.91 万支。

第七章 中成药 化学制药

迄至 50 年代，境内无专业制药厂。中成药生产均为中药店前店后场配制，对外零售。大康制药社、华壹氏等药房也有自己配制的少量西药成药在门市出售。

50 年代，青岛成立第一家国营制药厂——山东省水产公司青岛鱼肝油厂，私营神州制药社也同期成立。50 年代中期，在国家政策导向下，5 家私人西药批发商组建青岛制药厂股份有限公司。中药业公私合营后，将永乐堂中成药加工组、慎芝堂、同安堂及宏仁堂部分技术力量合并组建青岛国药加工厂，本市中药、西药都有了专业化生产企业。50 年代末，在"土法上马、土洋结合"大办制药工业思想促进下，

药品生产企业迅速发展，分布在10个行业、共73家，其中69家为兼产单位。

60年代中期，国家对西药工业实行托拉斯体制，青岛制药厂纳入"托拉斯"，成为山东省新华制药厂青岛分厂。全市保留的制药厂有青岛市南制药厂、青岛水产品加工厂鱼肝油车间、青岛肉类加工厂生物制药厂、青岛食品厂宝塔糖车间。这一调整促进了本市制药业的发展。同期，青岛红卫化工厂恢复西药生产；台东区医院药厂脱离台东区医院，更名为青岛工农制药厂，成为一个专业生产企业。

70年代初，"托拉斯"解体，青岛制药厂复归市化学工业局，全市西药工业有了新发展。市南制药厂建新厂与新成立的市南第二制药厂合并，定名为青岛黄海制药厂，成为西药片、针、酊等多种剂型的专业制剂厂；青岛红卫化工厂改为青岛第二制药厂，并将海军北海舰队后勤部化工厂并入，成为生产注射氯化钠等原料药及红霉素粉针的专业厂；青岛制药厂扩建厂房，开拓青霉素粉针和消灭地方病用药——驱蛔灵、海群生生产；青岛药棉厂更名为青岛四方制药厂，以生产药品为主、脱脂棉为辅。此外，部队和事业单位办家属药厂、五七药厂及其他企业兼产的药品相继增加。青岛中药厂采取"走出去、请进来"的方法，开始与科研单位、医院相结合，进行新产品研究开发，先后开发40个项目，投产33项。

80年代，为贯彻实施《医药工业质量管理条例》，市政府对中西药生产单位进行全面系统整顿，确认生产西药企业25个、中药企业2个。调整结构后，青岛制药厂原料药品得到迅速发展，1984年原料药品产量达1823吨；同时扩大磺胺类药品生产，成为山东省磺胺类药物生产基地。青岛第二制药厂成为抗菌素药品原料及制剂专业厂。青岛第三制药厂以生产藻酸双酯钠原料和制剂为主，成为一个从原料到针片剂兼有的综合生产企业。

第一节 中成药加工

青岛地区中成药生产历史较长。清末，市区的万年春等药店以生产中成药著称。1915年，北京同仁堂乐家老铺乐氏家族在青岛开设达仁堂，青岛中成药生产进入一个新的发展时期。20年代末，始有部分药房兼制成药，先后有金星、华壹氏药房、大康药厂仅能生产药水及简单剂型小成药。1935年，北京同仁堂乐家老铺乐氏家族又开设宏仁堂，其掌握中成药配本达170余种，经常交替生产的200余种，中成药门类之全、品种之多、产量之大，为山东省中药店前茅。同期，永乐堂掌握原达仁堂中成药配本，经常生产的有百余种。其他药店生产几种到几十种不等，产品主要自销。30年代末，日商所开设11家药厂，多为推销机构，只有个别厂家生产一些简易制剂。华人药厂因受资金、技术、设备和原材料限制，生产剂型简单，品种少，产量低。直至40年代末，本地中成药制作大多是药店前店后场作坊式生产，制药工人通常只有几人，多者十几人，生产规模小，制药房屋只有几十平方米，多者不超过百平方米；生产工具简陋，洗药用水缸，切药用板刀，煅炙炒药用铁锅土灶，粉碎药末用石碾铁槽，制作水丸用药匾滚，蜜丸用模子割成小块一个一个地吊丸，浓缩用大锅煎熬，成品干燥用日晒火烤，制作技艺因袭相传，产品质量无统一标准。

青岛解放后，各药店仍按原有方式继续生产。1949年，市区私营药店综合生产中成药300余种，产值约为24万元（折合新人民币）。随着医疗对中成药需求的不断增加，国家对中成药生产，从企业结构、组织管理、生产方式和生产技术进行根本性变革。50年代中期，全行业实行公私合营，同时将中成药生产从药店分离出来，采取联合集中的形式，组成较大规模的国药加工厂，集中统一专业生产中成药，生产规模不断扩大。1956年，青岛中成药总产量30.8吨，总产值23.7万元。60年代，通过学习外地经验，青岛中成药工业自制木质割丸板、电动蜜丸机，购置单冲双冲压片机、粉碎机、混合机和颗粒机等专用设备，改手工操作为半机械化生产。此时期，青岛的中成药生产虽有发展，但基本建设规模小，厂房狭小简陋；整个生产工序、机械设备还不配套；劳动保护设施尚未解决。1966年，青岛黄海制药厂开始生产莱阳梨止咳糖浆。1967年，青岛中药厂根据西安市红十字会验方研制投产健脑丸。同年，青岛中药厂根据青岛中草药小组整理的验方，与青岛药材站、山东省土产进出口公司、青岛药品检验所合作拟定配方并生产海龙补丸，起初产品只供外销日本、中国香港等国家和地区；青岛中药厂与青岛市中草药研究小组研制成功利胆片，1969年经408例临床观察总有效率为81.86%，1970年开始批量生产。1968年，莱阳梨止咳糖浆转交青岛中药厂生产。

进入70年代，青岛中成药工业投资100余万元，在延安三路101号建成青岛中药厂新厂房3505平方米，安装2吨锅炉2台，新增添提取罐、真空泵、制冷机、离心机、搅拌机、糖衣机、合坨机、19冲和33冲压片机等制药设备，进一步提高中成药生产水平，形成现代机械化生产的中成药制造工业。产品除保留传统剂型外，增加片剂、糖浆、酊剂、软膏新剂型，还创新利胆片、利胆排石片、环心丹、肤螨灵等，成为深受国内外欢迎的名优产品。70年代初开始，每年均有万余瓶健脑丸远销中国香港、澳门等地区。1970年，青岛中药厂根据传统处方研制成功204胃特灵片剂。1971年，青岛中药厂开始研制利胆排石片，1979年开始批量生产。1973年，204胃特灵出口日本和东南亚地区，并以安胃片之名作内销，1977年载入《中华人民共和国药典》。1975年，莱阳梨止咳糖浆载于《山东省药品标准》。1978年，海龙补丸改为海龙补肾

丸。同年，利胆片获青岛市和山东省科学技术大会成果奖，1979年获山东省优质产品称号，1980年获国家医药管理局优质产品称号。

80年代，青岛中药厂被列为国家重点更新改造企业后，各项基本建设得到长足发展。新厂房水、电、气等日臻完善，陆续购置各种生产设备，增设劳动保护设施，建立健全各生产管理职能科室和各项规章制度，彻底改变厂房小、设备简单、生产工艺落后的局面，提高了中成药生产能力。先后采用密闭粉碎机碎料，避免粉尘飞扬，摆脱以石碾、铁槽、筛网等落后的操作方式；采用离心薄膜蒸发浓缩密闭设备，改变过去用锅蒸熬、费时费工、质量不稳定和煎熬药汁气雾弥漫生产车间的情况；采用沸腾干燥、真空干燥和热风干燥等设备（图6-16），改变过去日晒火烤、不卫生、不安全、生产效率低的落后生产方式；采用搅拌机、合坨机、蜜丸机制作药丸，生产效率提高数十倍；采用空气净化技术，建立净化车间，使产品卫生质量大为提高，药品染菌率明显降低。通过一系列技术改造，中成药从药材炮制、粉碎、煎煮、提取、干燥、浓缩、混合到制成品，每道工序均实现机械化生产。1980年，青岛中药厂批量生产肤螨灵软膏。1981年，安胃片获山东省优质产品称号。1982年，利胆排石片获山东省优质产品称号；青岛中药厂研制环心丹微小丸剂成功。1983年，莱阳梨止咳糖浆在山东省同品种评比中获第一名；次年，获山东省优质产品称号。同年，环心丹获省科学技术委员会科研成果三等奖、国家经济委员会优秀新产品金龙奖，次年获国家外经贸部出口产品四等奖。1985年，山东青岛中药厂被国家医药管理局列为全国56个重点中成药生产厂之一；次年，被中国药材公司列为中成药生产更新改造企业，批准投资890万元，按药品生产管理规范（GMP）要求，在该厂建设新的生产车间，建筑面积5700平方米。1985年，海龙补肾丸开始在国内销售，改名为海龙丸；安胃片改称快胃片；利胆

图6-16 80年代中药饮片加工烘干机

片再获山东省优质产品称号，并为青岛医药工业争得首次国家优质产品银质奖；利胆排石片载入《中华人民共和国药典》。同年，青岛中药厂开始批量生产痛经灵冲剂。

至1985年，青岛中成药科研成果在国内获奖和准许出口外销的有利胆片、利胆排石片、健脑丸、海龙丸、胃特灵、莱阳梨止咳糖浆、环心丹、肤螨灵软膏、痛经灵冲剂9个品种。

鉴古堂药铺

清咸丰元年（1851），逄克家在胶城坊子街创办鉴古堂药铺，初时有房屋6间，资金白银30两。逄克家医术精湛，鉴古堂药房整日顾客盈门。1919年，鉴古堂加入胶县商务会，老板逄琏如出任商务会会长。从此，鉴古堂利用方便的水陆交通，大量贩卖药材，生意十分兴隆，成为胶济铁路沿线的大药材批发商。鼎盛时期发展到房屋100多间，有明楼、暗楼和栈房，职工40多人，还专门从湖北请来两位切药师傅，增设切制工具，严格技术操作，所批发零售的中药饮片、丸、散、膏、丹较全，赢得北方四大流派之一的声誉。1947年胶城解放，鉴

古堂大部分药材被滨北专署大药房接收。

1956年，鉴古堂药铺进行公私合营。[①]

青岛中药厂

1956年，青岛中药零售商业实行公私合营，永乐堂药店改为永乐堂加工组。1957年，并入慎芝堂、同安堂、永利家庭工业社，并抽调宏仁堂部分制药工人，组建青岛国药加工厂。建厂之初仅有生产厂房177平方米，职工17人，生产加工以5名老药工为骨干，沿用传统制药工艺，使用瓷缸、板刀、铜锅、木案、石碾、铁槽等简易工具手工制作中成药。

1959年，青岛国药加工厂转为国营，改名为青岛国药制药厂。1963年初迁至城阳，利用青岛药材站货场中的716平方米简易货棚作生产厂房。1964年，增建简易厂房面积600平方米，职工增至45人，年产值50万元。后因城阳水质不适于制药，于1965年1月将办公室、制丸组、包装组迁回南仲家洼原万福临糕点厂600平方米简易厂房，原料粉碎等仍留城阳维持生产。至此，共有简易厂房面积2000平方米；人员以45名固定职工为基础，增用部分临时工，共100人；年产值增至112万元。同年，更名为国营青岛中药厂。1968年于延安三路征地18944平方米建新厂，1971年建成综合车间和提取、粉碎、原料车间，及锅炉房、变电室等，建筑面积3037.2平方米，并全部迁入投产，成为初具规模的中成药专业生产企业。

1979年，根据山东省医药管理局通知，国营青岛中药厂定名为山东青岛中药厂。该厂以传统配方为基础，以《山东省药品标准》为标

---

① 青岛通鉴[M].北京:中国文史出版社,2010:65.

准，以科研开发新剂型、新产品为主要方向，改革药品剂型，筛选秘方验方，改进生产工艺，产品由水丸、蜜丸、散剂、膏药、蜜膏等5个剂型，发展为水丸、蜜丸、散剂、冲剂、片剂、蜜膏、药酒、糖浆、酊水、软膏等10种剂型120余个品种。在生产过程中，注重药品质量管理，推广TQC管理，制订半成品、成品内控质量指标，使产品质量大大提高。利胆片、利胆排石片、莱阳梨止咳糖浆、肤螨灵等许多品种畅销国内，利胆片于1978年获省和部优质产品称号，1985年获国家银质奖。胃特灵片、利胆排石片、莱阳梨止咳糖浆分别于1981、1982、1984年获山东省优质产品称号。环心丹于1983年获山东省科研成果三等奖、国家经济委员会优秀新产品金龙奖。1985年，山东青岛中药厂被国家医药管理局列为重点中药生产厂，成为全国56个重点中成药生产厂之一。

第二节 化学制药

19世纪60年代末，境内已有外国传教士携带小量化学药品，为传教施舍之用。19世纪末，德国传教士在青岛开医院办药房，市售西药逐渐增多，西药市场逐步形成以德国、日本为主，兼有英、法、意、瑞士等多国产品的格局。1928年，金星药房开始生产维诺氏药水，青岛化学药品生产由此起步。1929年开业的华壹氏药房和神州药房，先后生产祛热散、敌积丹、愈目灵、全治水、白松糖浆、杏仁露、小儿止咳药、华壹氏药膏、一定灵、二粒通、三妙粉、四季散、五积神、六腑友、七麟丸、八仙丹、九龙珠、十滴水等中西成药。1933年，大康制药厂生产万能油、蚊香、除臭虫粉；至诚药社生产祛痰精。30年代中后期，日本加强对西药市场的垄断，至40年代前期开办药厂、药房27家，青岛成为日本药品在华北最大的集散地。民族资本化学药品制造多为药房兼产，设备仅有蒸馏水机、压滤泵、单冲压片机、小型离心机、小型锅炉及一些盆罐之类简易工具；生产中混料、搅拌、制粒、灌装、封口等程序基本为手工操作，制药工人多时不过50余人，少时只有20人左右。其间，华北制药厂曾于1940年生产注射剂葡萄糖、氯化钙、赐保命等；1941年，南洋药房自制康复露、愈肤膏；此外，还有药厂生产10多种法定酊醑糖浆。抗日战争胜利后，美国药品随美军登陆青岛、迅速充斥市场，本市无一家西药专门生产厂家。

50年代初，青岛化学药品生产品种、数量都有所增长，但生产设备陈旧。1952年，青岛啤酒厂以啤酒下脚料经再发酵研究成功含有复合维生素B的酵母——维他益。1953年，市卫生局在莱芜二路2号甲和齐东路2号成立青岛市中心试验室，从事临床药物研究。1957年，青岛肉类加工厂成功萃取脏器药品胃酶、胰酶，并研制成功肝浸膏片、肝浸膏注射剂及胖得生等7种生物药品。1958年，青岛市中心试验室更名为青岛市医药科学研究所。此后，先后有青岛盐化厂、青岛染料厂、青岛红旗化工厂等单位生产氯化钠、碳酸镁、氧化镁、甲紫、苯甲酸、苯甲酸钠、水合氯醛等原料药；制剂增加止咳祛痰片、小儿退热片、麻黄素片、止咳糖浆、小儿止咳糖浆等十几种成药。1959年，青岛黄海制药厂成立；1961年由莱阳路51号迁至黄县路21号，购置压片机2台、颗粒机1台、1/2吨锅炉1台和改进革新酊水糖浆灌装工具。到1959年末，西药产品达到83种；其中，原料药14种、片丸剂25种、针剂1种、酊水糖浆剂43种（含DDT喷射剂）。

1962年，贯彻中共中央提出的"调整、巩固、充实、提高"的八字方针，青岛地区医药工商业逐步扭亏转盈。整个60年代，青岛化学制药工业共投资119.23万元，建筑厂房6159平方米，固定资产原值为260.14万元（净值159.02万元）。1967年，黄海制药厂在团岛扩建甲紫车间 200 平方米,添购粉碎机、不锈钢滚筒烘干机各 1 台;1968 年,青岛第四制药厂建成外用药水生产车间。其间,青岛化学制药工业开始生产工艺较复杂的葡萄糖、氯胺 T、氯胺 B、哈拉宗、氨苯磺胺等原料药,正式投产 5 种输液,注射剂维生素 B6、肾上腺素、马来酸麦角新碱、利血平、毒毛旋花素 K 也批量生产;片剂增加酵母片、食母生、甲紫片、优散痛、复方安乃近、三合素等品种。到 1969 年末,青岛生产的西药产品达到 107 种,其中原料药 21 种、片丸剂 22 种、针剂 7 种、输液 5 种、散剂 6 种、酊水糖浆 46 种;化学制药工业共有职工 945 人,其中技术人员 20 人。1969 年,原料药生产达到 2117 吨,生产片剂近 3 亿片、注射剂 444 万支、输液 255 万瓶、散剂 228 吨,酊水糖浆超过 2136 吨;工业总产值达到 2563 万元,比 1959 年增长 3.9 倍;全员劳动生产率为 27000 元/人。

70 年代初期,青岛肉类加工厂生物化学制药厂学习天津萃取工艺生产细胞色素丙,后经改进生产工艺流程,产品透明度居国内之首。1970 年,青岛第二制药厂试产扑热息痛成功,当年生产 3.6 吨,次年完成 71 吨。1971 年,黄海制药厂建成原料药生产车间面积 480.53 平方米,次年建成辅料库和成品库面积 1440 平方米。同年,青岛第四制药厂翻建碱煮、梳棉、烘干车间面积 351 平方米,建成清花室面积 71.28 平方米,购置凡士林加温罐和空调机各 1台。1972 年,青岛第二制药厂在湖岛新厂址建厂房面积 6000 平方米,次年建成乙酰苯胺生产设备。1974 年,青岛第三制药厂接收停产的解放军 4100 部队五七制药厂生产专用设备 11 台、检测设备 35 台、职工 85 人。同年,胶县化工厂停产中间体对硝基酚,而致扑热息痛于当年停产。1975 年,青岛第三制药厂购置车床、铣床、真空泵及灌装机等设备 5 台。1976 年,青岛第二制药厂兼并海军北海舰队后勤部化工厂,

改建厂房,购置消毒锅、冻干机、蒸馏水机、颗粒机和压片机,建成输液(100~250 毫升)生产线。是年,青岛黄海制药厂投产甲紫,成为全国 4 家定点单位之一,后因全国定点计划失控于 1979 年停产。1977 年,青岛第四制药厂接收青岛食品厂移交驱蛔糖生产混料机、打料机各 1 台及成型机 2 台,建成面积 1184.71 平方米生产车间,购置分析天平、培养箱、电冰箱等设备,以及玻璃罐、不锈钢罐和车床 3 台;次年,建成南北车间二层,建成包装检验室和仓库面积 182.8 平方米、清花室面积 48.6 平方米。1978 年,青岛第三制药厂学习上海生产工艺生产辅酶 A 冻干粉针,建成冻干粉针生产设备,配置通风、过滤和除尘设备,形成粉针、水针、眼药水生产流水线。同年,青岛制药厂成立药品研究所,为本市化学制药工业首个建立的药品研究开发机构,下设技术开发组、分析组、合成组、制剂组和生物发酵组。1978 和 1979 年,青岛第二制药厂先后建成庆大霉素车间面积 1008 平方米和空压机、冷冻机房,并将旧发酵设备改造后生产庆大霉素,产品收得率低、染菌率高,年产量停留在 1~2 吨之间,经济效益低下。到 1979 年末,全市生产化学药品 153 种,其中原料药 28 种、片丸剂 29 种、针剂 31 种、输液 6 种、酊水糖浆 42 种、软膏剂 9 种、散剂 8 种。

进入 80 年代,青岛化学制药工业在全面整顿的基础上又迈上新的台阶。1980 年,青岛第四制药厂购置清花机、梳棉机和精炼罐等设备 14 台(件)。同年,青岛第二制药厂正式投产庆大霉素,当年生产 2.39 吨;生产红霉素乳糖酸盐针 64 万支。1981 年,青岛制药厂开始生产新诺明,由于高效低毒,产品供不应求。1982 年,青岛市医药科学研究所由市卫生局划归山东省医药管理局,同时易名为山东省海洋药物科学研究所。是年,青岛第三制药厂与山东海洋学院、青岛医学院联合研制藻酸双酯钠(PSS),

1985年研制成功，为中国首创开发的海藻药物。1983年，青岛第二制药厂建成冷冻站；该厂改进的庆大霉素菌种选育、发酵配方，总收得率由72％提高到83％，优级品率达到97％；当年12月获山东省医药管理局科研二等奖。同年，青岛第三制药厂辅酶A冻干粉生产工艺获山东省医药公司系统科技成果二等奖，次年被评为山东省"双革"成果二等奖。至1985年，全市医药科研共完成科学研究项目近百项，取得许多重大科技成果，其中具有重要影响的6项（图6-17）。

青岛制药厂

1954年2月15日，华壹氏、大昌号、亚鲁、建美、华振氏5家私营西药房成立私营青岛制药厂股份有限公司；3月，增添设备离心机1台、蒸馏水机2台、花篮式压片机1台。后实行公私合营，1956年1月20日改称公私合营青岛制药厂；4月又吸收新生农药工业社和进昌家庭工业社两家私营作坊。其时，有职工84人（包括技术人员5人），固定资产19.6万元，厂房总面积1381平方米，主要生产化学药品片、酊、油等制剂，年产值136万元，年总利润3.09万元。1958年，建成生产糖精车间面积947平方米，转向原料药生产，开始生产糖精。1960年开始生产葡萄糖。1963年，通过改造扩建先后投产氢胺B、哈拉宗、氨苯磺胺。1965年初，全国医药工业组建"托拉斯"，该厂被纳入，改名为中国医药工业公司山东省新华制药厂青岛分厂；当年增购葡萄糖生产专用设备40台、氯胺T专用设备12台、输液专用设备14台、酊水糖浆设备19台。1969年由化学工业部投资、自筹资金建成氨苯磺胺

460吨年生产能力。

1970年"托拉斯"解体，青岛制药厂回归市化学工业局，改名为国营青岛制药厂。当年生产青霉素粉针1408万支；次年，为消灭地方病用药需要，开发驱蛔灵和海群生。1971年建成枸橼酸乙胺嗪土建工程1540平方米和乙二胺土建工程1208平方米，建成青霉素粉针车间和抗生素糖粉车间，并更新磺胺嘧啶生产设备，使其年生产能力达到200吨。1975年建成葡萄糖生产主体（甲型）工程1800平方米及配套（乙型）工程，并改造更新设备，形成年产能力1500吨。同时扩建氨苯磺胺生产工程。1977

图6-17 80年代的青岛黄海制药厂片剂生产线

年，省化学工业厅拨款建造乙二胺工程和改造氯乙醇生产工艺。70年代后期，根据市场需求调整产品结构，开发和扩大磺胺脒、磺胺结晶、磺胺二甲基嘧啶、磺胺甲基异恶唑等磺胺系列原料生产规模，成为本省和国内磺胺类药品的生产基地之一。

1980年，国营青岛制药厂划归山东省青岛医药站，当年改产驱蛔灵，改造氯乙醇工程和自动离心机。至是年，共生产驱蛔灵103.33吨、海群生68.23吨，为消灭血丝虫等地方病做出贡献。1982年翻建氨苯磺胺车间1300平方米，1983年扩建新诺明车间2098平方米。1984年隶属山东省青岛医药公司。同年，对新诺明生产车间改造，形成年生产能力100吨；并对输液生产设备进行全面更新改造（图6-18）。

鱼肝油

鱼肝油系用鲨、鲸等鱼肝脏提纯制成天然鱼肝油，辅以精炼植物油和维生素A、D及人体必需的钙、磷、钠等无机盐精制而成，产品有

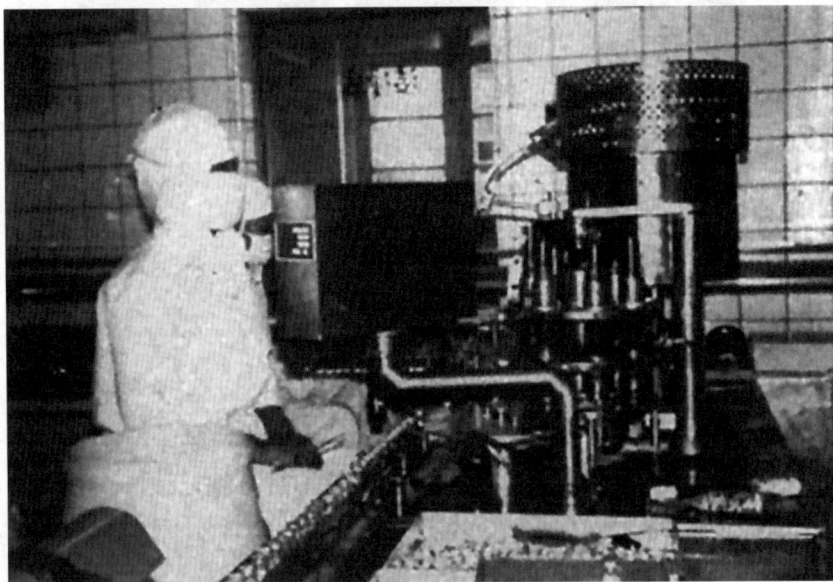

图6-18 80年代的青岛制药厂粉针生产线

鱼肝油、鱼肝油丸、鱼肝油滴剂3类。1950年，山东水产公司建成鱼肝油厂，当年萃取鱼肝油成功，并试产粗鱼肝油1132公斤，这是中国生产鱼肝油之首创，开创青岛原料药生产新局面。1951年底，该厂增加麦精鱼肝油丸两种新产品，之后相继研制浓鱼肝油丸、乳白鱼肝油和浓、淡鱼肝油滴剂；1954年，生产鱼肝油4.3万公斤，其中乳白鱼肝油近2万公斤。是年，国营山东省青岛水产公司（原山东水产公司）水产品加工厂生产的乳白鱼肝油，供应北京、天津、上海、重庆、武汉、西安、南京、合肥、长沙、沈阳、长春、哈尔滨等全国主要大中城市。1958年以后，鱼肝油产量逐年递增。

1982年，青岛海洋渔业公司（原山东省青岛水产公司）水产品加工厂实行全封闭防污染和灭菌新工艺，合格率达到100%，成为国内唯一全合格的鱼肝油产品，被评为山东省优质产品。为适应出口外销，其鱼肝油车间对外使用"青岛鱼肝油厂"名称。1983年和1984年，该厂生产的"双鲸牌"乳白鱼肝油连续两年获国家银质奖。同期，青岛海洋渔业公司水产品加工厂生产的鱼肝油E型胶丸和青岛市第一海水养殖场生产的"海燕"牌褐藻酸钠等产品先后获农牧渔业部优质产品奖。1985年，青岛海洋渔业公司水产品加工厂所生产的浓、淡鱼肝油滴剂和维生素E丸均被农牧渔业部评为优质产品。是年，生产鱼肝油69万公斤、鱼肝油丸962万瓶、鱼肝油滴剂83万瓶，产品质量在国内外享有盛誉。

第七篇 食品加工

食品加工是指以农业、渔业、畜牧业、林业以及工业产品或半成品为原料，制造、提取、加工成食品或半成品，它伴随着人类文明的演进而发展，历史悠久。[①] 已有考古发掘显示，至少在新石器时代，境内沿海地区已由滩涂采贝演进到用渔具捕鱼，最早的海洋食品加工随之起步。在"民以食为天"思想的指导下，历朝历代均对食品生产给予高度关注。但在 19 世纪之前，作为自给自足小农经济的补充，境内食品加工业大多为家庭生产以及油坊、磨坊、豆坊等传统手工业作坊，主要产品包括面点制作、海产品腌制、黄酒酿造等，生产比较落后，产量较小；其中，黄酒酿造历史悠久，被誉为中国黄酒北宗。19 世纪末 20 世纪初，随着青岛建置及城市发展，糕点、茶食、酱油酿造以及西方舶来品面包、西点、蛋糕、啤酒、矿泉水、葡萄酒等悉数出现，开启青岛近代意义食品加工业的进程。20 年代起，青岛的糖果和糕点生产发展较快，一些南货店除经营北方食品外，也大量经营南方食品。30 年代，味精、饴糖、酒精、白酒等食品行业先后起步。40 年代中期，海产品罐装食品生产开始起步，并逐步形成规模。

新中国成立后，国家把食品工业作为事关国计民生的生命工业，摆到经济社会发展的突出位置。在计划经济时期，基于历史与现实原因，解决温饱成为头等大事，青岛国营食品工业历经曲折发展，定位于轻工业内部产业门类，走自主发展道路，在资金十分短缺的情况下仍投资食品工业，保障食品供应成为发展食品工业主要方向，取得一定成就，海产品灌装加工以及酿酒、饼干、饴糖和糕点制作等逐步走向规模化，饴糖、味精制作及灌装海产品迎来发展高潮。50 年代末至 70 年代，各食品加工企业在事关人民群众生活的重点行业，投资研发一部分新产品项目。其间，随着海水养殖业和出口创汇的需求，海产品在单纯鱼类加工基础上，增加贝类、藻类加工，品种迅速增多，综合加工得以发展；同时，向海产品深加工迈出第一步，研发出具有医疗保健功能的鱼肝油和降糖素。其间，农产品加工增添果品加工，特别是钙奶饼干的研发，满足了国内儿童营养食品需求；运用中药配方研制出独特口味的崂山可乐，填补了中国碳酸饮料的空白，成为中国可乐饮料先驱。

70 年代末进入经济转轨时期，食品工业以国有与集体企业、中小企业为主，成为国民经济独立产业，通过恢复调整开始觉醒发展[②]，产业科技创新活动开始起步。同期，农业生产的迅速发展为食品工业奠定原料基础，主要大类食品产量和产值均大幅度增加。[③] 食品生产工业在多种形式、较大规模引进技术装备基础上积极发展产品出口，形成一定规模的进出口贸易，初

① 戴小枫,张德权,武桐,等.中国食品工业发展回顾与展望[J].农学学报,2018,8(1):125-134.
② 戴小枫,张德权,武桐,等.中国食品工业发展回顾与展望[J].农学学报,2018,8(1):125-134.
③ 王文哲.中国食品工业 50 年[M].北京:中国大百科全书出版社,1999:11-33.

步建立起相对独立的现代化食品工业体系。[①]

80年代，经过生产设备引进改造及技术工艺改进，荣获省部、国家优质产品的"青食"牌高粱饴、"青食"牌钙奶饼干、"双鲸"牌乳白鱼肝油、"青岛"牌啤酒、崂山矿泉水等，成为青岛食品加工业的龙头产品，远销海内外。

第一章 海产品加工

水产品尤其是海水鱼、虾、蟹等出水后极易死亡、变质，因此其保鲜与加工储存极为重要。古代海产品保鲜为加盐储存，海产品加工以腌干为主要加工手段，近代开始采用加冰储存方法。40年代中期，青岛海产品罐装生产起步，后因美国罐装食品倾销，大多被迫停产。至40年代末，共有18家鱼行经营腌干海产品，腌干鱼约占捕捞鱼产量的半数。

50年代初，青岛开始恢复海产品灌装生产，同时研发生产鱼肝油。60年代，进行鱼品综合加工，腌干海产品加工占比逐渐减少。80年代，利用海洋资源研发生产保健品降糖素。至80年代中期，青岛已经建立起海产品加工体系，主要进行海产食品综合加工、深加工，产品除畅销国内外，还远销东南亚市场。

第一节 加工企业

40年代，青岛海产品罐装制造业开始起步，1944—1946年，先后创办金城罐头厂、同泰罐头厂、德丰罐头厂和中国食品工厂等小型综合性罐头食品厂，但由于受美国罐头倾销的影响，到青岛解放前，这些工厂大部分停工或倒闭。[②]

50年代，依托青岛海洋渔业公司、市第一

海水养殖场、市第二海水养殖场3家骨干捕捞养殖企业的技术优势，逐步发展起海产品加工业。1978年，青岛罐头食品厂成立，为青岛首个生产灌装海产品的专业厂家，后于80年代停产。至1985年，本市拥有青岛海洋渔业公司水产品加工厂、市第一海水养殖场、市海水养殖加工厂、市海带食品厂4家海产品加工骨干企业。

山东省海水养殖研究所

山东水产公司养殖场于1949年6月建成，次年底并入山东水产养殖场。1961年改为山东省海水养殖研究所，1963年4月，研究所试验场建成山东省海水养殖场，隶属省水产厅。1965年3月，由省水产厅下放市水产局，改为青岛市第一海水养殖场。1976年，全场占地面积31968平方米，房屋建筑面积共11870平方米，固定资产总值为222.9万元。

1981年试制"香辣海带丝"，次年进入批量生产。1985年，改造食品车间技术设备，增加调味品种，产品评比名列前茅，销售市场推向山西、甘肃、新疆、黑龙江、吉林等地。同年，生产海藻蜇皮等仿生食品通过技术鉴定。至80年代中期，全场职工843人，占地面积500033平方米，房屋建筑面积24750平方米，厂址位于贵州路21号。

山东省水产公司水产品加工厂

1950年，山东水产公司筹建鱼肝油厂，最初仅试产少量粗油。1951年，在菏泽二路正式建厂，生产麦精鱼肝油和鱼肝油丸等产品。1953年，青岛冷藏公司与山东水产公司冷藏制冰厂合并成立山东青岛水产公司冷藏厂，有职工160余人。1956年，山东水产养殖场冻粉厂移交地方，建立青岛冻粉厂。

1959年，山东青岛水产公司鱼肝油厂、山东青岛水产公司冷藏厂与青岛冻粉厂合并组建

---

① 吴林海,李壮,牛亮云.新中国70年食品工业发展的阶段历程、主要成就与基本经验[J].江苏社会科学,2019(5):21-29+257.
② 山东省志:水产志[M].济南:山东人民出版社,1991:222-223.

山东省水产公司水产品加工厂，分为鱼肝油车间、冷冻车间、冻粉车间。1965年2月，山东省青岛水产公司改建为青岛海洋渔业公司。1966年，建立鱼品综合加工车间，主要生产鲨鱼肉、河豚鱼肉、鱼糕、食用鱼粉等出口产品和鱼松、鱼香肠、脆鱼片、鱼熟食品等。

青岛海洋渔业公司水产品加工厂位于宝山路7号，占地面积12.9万平方米，建筑面积5.2万平方米。1985年有职工1281人，固定资产2190.8万元，流动资金1735.4万元，年产50多种产品1.15万吨，工业总产值2866.2万元，盈利864.3万元。

青岛市海产养殖场

1957年秋，青岛市海产养殖场成立。1962年6月，分建为市第一、第二和第三海带养殖场。1963年1月第二海带养殖场并入第三海带养殖场，1965年3月第一海带养殖场改为市第二海水养殖场。1966年1月第三海带养殖场并入市第二海水养殖场。1974年，该厂建成200平方米贻贝加工车间和500平方米罐头食品车间，1978年成立罐头食品厂。1979年12月，团岛生产队改为一分场，五号码头生产队改为二分场。1985年1月，一分场改为青岛市海带食品厂，二分场改为青岛市海水养殖加工厂，均成为青岛市水产局直属企业。

1985年，青岛市海水养殖加工厂厂址位于市北区港联路27号，占地面积1.5万多平方米，房屋建筑面积4632平方米，使用五号码头养殖区；青岛市海带食品厂厂址位于团岛四路15号，占地面积1.3万多平方米，房屋建筑面积2753平方米，使用棉花石养殖区。

第二节　设备技术

早在春秋时期，齐国的鱼货即有鲜、干之分。从秦至清，沿海渔民在长期实践中逐渐了解某些海洋生物的生态习性，掌握行渔时令，陆续开发沿岸和近海渔场，创造出适合不同捕捞对象的渔具和方法，此间，海洋食品加工业不断发展。古代海产品加工以腌干为主要手段，海产品保鲜则为加盐储存。

1959年，山东省青岛水产公司（后改称青岛海洋渔业公司）鱼肝油厂自制罐头生产设备，1970年8月又试产成功鱼罐头生产线，1974年从日本引进自动真空异型封口机，罐头食品生产能力进一步提高。70年代末，青岛海洋渔业公司水产品加工厂安装鱼肉采取机及其他设备，以鱼、猪肉等为原料，用塑料肠衣生产鱼香肠。1980年5月，研制成功石花菜自动化生产线。

80年代初，青岛海洋渔业公司水产品加工厂从日本引进结扎机1台，鱼香肠产量、质量均有提高。1981年自制1台间接热风干燥机，设备能力600公斤/日；先后引进日本MU-3型自动冲床1台、ROC-100/ZOC型高压杀菌机1台，大部分罐头生产改用国产专用设备。1983年，新上熟食品生产线，以方便食品和罐装食品为主。1982—1983年，青岛海洋渔业公司首创罐头生产自动控温和记录系统，用独特配方和连续脱水、真空封口、反压冷却等先进工艺生产鱼罐头，具有块齐肉嫩、汁艳、味美等特点，获省、部优质产品奖。

1985年，市海带食品厂引进日本TYP-A型自动包装机1台，生产被称为"软罐头"的海带蒸煮食品。

加盐保鲜

青岛沿海渔获物海上保鲜，主要有加盐储存和加冰储存两种方法，其中加盐保鲜为早期的传统方法。

传统的流网船远航捕鱼，整个春汛多数渔船作业一个航次，所获鱼货全部在船上加盐储存，以保质量。加盐量一般占鱼货量的25%；出远海的钓钩船所获鱼货海上保鲜方法与流网相同。鱼货卸港后或市销，或晒干，或再入池继续腌制保存。大型风网船所获花鱼海上保鲜，施盐量较少，卸港后多随时销售，不适于长时间盐制储存。

船上加盐保鲜方法一直延续到70年代初，此后渐次改盐为冰。

加冰储存

青岛海产品的加冰储存始于民国初期。1916年，日本人仓协武治为保证在山东近海侵渔渔轮的冷藏需要，在宝山路开设大连制冰株式会社青岛支店，速冻40吨／日，制冰70吨／日，冷库冷藏2500吨／次，冰库贮冰2000吨／日次，为本埠第一家冷冻厂。同年，日本青岛水产组合又在菏泽路开设冷冻厂。次年，日本大仓洋行与美国开治洋行在青城路合资开办日美合资冷藏株式会社（后改称石桥冷藏库），由日本人石桥藤次郎经营。上述三家冷藏制冰厂日制冰能力120吨，贮冰能力3000吨，速冻、冷藏能力分别为163吨和3700吨，主要供应日本渔轮捕鱼用冰及海产品冷藏，也供应中国渔轮一部分用冰。

1926年，中美合资企业兹美洋行在普集支路开办中美冷库股份公司，日制冰40吨，速冻40吨，冷藏量500吨／次。1929年，中国私人资本茂昌冷藏公司在商河路创设，日制冰25吨，速冻80吨，冷藏1000吨／次。

30年代初，海上渔船加冰保鲜开始起步。当时，每对拖网渔轮出海一个航次所带机冰一般掌握在与渔获物大体相等的数量，船上备有装鱼木箱，渔获物分类装箱，覆冰层占箱容1/3～1/2，散装鱼货保鲜用冰量须多于箱装。抗日战争胜利后，日本人于本地开办的水产冷藏制冰厂，由南京国民政府行政院山东青岛区敌伪产业处理局水产组接管，并将青岛水产组合冷冻工厂、石桥冷藏会社分别改为黄海水产公司第一、第二冷藏库，将大连制冷株式会社青岛支店改为青岛冷藏股份有限公司。其间，各民营制冰厂皆在连年战争中倒闭。至1949年，青岛水产业冷库制冰能力5000吨。

青岛解放时，原国民政府官营水产冷藏制冰厂由中国人民解放军军事管制委员会派员接收。1950年，原黄海水产公司冷藏库、青岛冷藏股份有限公司和兹美冷藏厂归山东水产公司经营。到1955年，青岛水产冷藏业全年冷冻能力为66.8万吨，一次冷藏量1828吨。1956年春，青岛水产公司冷藏厂二分厂（原兹美冷藏厂）移交市水产供销公司经营。1959年4月，山东省青岛水产公司在中港新建冷库竣工投产，速冻能力123吨／日，制冰能力240吨／日，冷藏量6925吨／次；原有冷库于六七十年代两次扩建，制冰能力为120吨／日，冰库储冰能力扩大到1.14万吨／次。

70年代，青岛水产供销公司冷藏厂扩建，增加速冻能力80吨／日，冷藏能力3000吨／次。胶南水产供销公司在积米崖新建冷库1座，速冻40吨／日，制冰40吨／日，冷库冷藏量1000吨／次，冰库储冰1000吨／次。胶县水产供销公司小冷库，速冻15吨／日，制冰12吨／日，冷库冷藏200吨／次，冰库储冰200吨／次。

80年代初，青岛小型冷库发展甚快，即墨、崂山、胶县水产养殖公司和水产供销公司相继建冷库6座，一次冷藏量为1850吨，速冻82吨／日；小包装冷冻也迅速兴起。到1985年，本地省、市、县国营水产冷藏建设投资累计达2120万元，拥有冷藏库19座，容量14327吨；冷冻制冰能力达10万吨，占全市水产冷藏业总能力的90％左右，基本满足渔业生产需要。

拖网船保鲜

60年代以前，境内从事海上捕捞的渔船均以盐藏保鲜为主。60年代，渔船作业时一般携带木箱和铁箱（每箱约装鱼20公斤），上网后把渔获倒在甲板上分类挑拣，将规格大、品质好的鱼装箱加冰入舱，鲜度保持较好；小杂鱼一般散装入舱，加冰保鲜。70年代后期，多改用硬质塑料鱼箱。

1975年，青岛海洋水产研究所（黄海水产研究所）在"鲁长渔2017"号135马力渔船上进行鲐、鲹等中上层鱼类和对虾的冷海水保鲜试验，夏汛捕鲐4个航次，秋汛捕对虾3个航次，卸货时鱼虾保鲜多为一级、部分二级，保鲜效果较好，拖网船保鲜由此起步。

第三节 加工生产

20世纪初，本埠出现冻粉生产。40年代中期，开始海产品罐装生产。1944—1946年，金城罐头厂、同泰罐头厂、德丰罐头厂和中国食品工厂等小型综合性罐头食品厂，每厂年产罐头万余箱，鱼罐头约占25%[①]，以鳖鱼、鲅鱼、鲷鱼、黄花鱼、白姑鱼等罐头较多。后在美国罐头食品倾轧下，到1949年上半年，罐头生产厂家多被迫停工或倒闭。50年代初，市区有数家食品厂兼产少量鱼罐头。

50年代研发投产鱼肝油，并开启海产品罐装食品生产。60年代中期开始鱼品综合加工，产品行销国内外。至60年代末，腌干海产品加工仍采用"一把刀、一把盐"的传统方法，但随着冷冻鲜品产量加大，腌干加工逐渐减少。1970年8月，青岛海洋渔业公司试产鱼罐头成功，当年生产60.4吨，此后产量逐年增加，1976年达到1000吨。1975年，市第二海水养殖场生产罐装食品400吨，1976—1978年市第二海水养殖场生产的产品品种有原汁、油炸、红烧、茄汁等贻贝罐头及其他海味罐头，1978年生产原汁贻贝罐头213吨、海带猪肉罐头35吨、红烧梅花蛸罐头4吨；但因成本高、产量低、销路差，于80年代初渐次停产。

80年代初，本市开始研发生产海产保健用品降糖素和海带丝小包装食品。1982年，山东海洋学院用褐藻酸钠研制成降糖素，对糖尿病、高脂血症和肥胖症疗效显著；青岛康乐食品厂生

产的降糖乐被评为山东省优质产品。1983年，青岛海洋渔业公司新上熟食品生产线，以生产水产方便食品、玻璃罐与铁罐两个系列20多种罐头食品为主，年生产能力为鱼罐头3600吨。1984年，该公司生产的辣味带鱼罐头被评为山东省优质产品。

1985年，市第二海水养殖场罐头食品厂试生产出"五香淡菜"罐头，黄海水产研究所研制成功各种风味贻贝软罐头六七个品种。是年，本市腌干海产品海参、鱼翅、海米、乌鱼蛋、海蜇皮（头）、蛤干、海螺干、贻贝干等畅销中国南方市场，并出口东南亚市场；海产罐装产品部分出口，其中茄汁鲭鱼、辣味带鱼等罐装产品获省优、部优产品奖；并可生产鱼肝油、鱼肝油胶丸、乳白鱼肝油、维生素A胶丸、维生素E胶丸、多种维生素胶丸等产品，"双鲸牌"乳白鱼肝油获国家银质奖；全年海产罐装产品出口量达到20%。

"双鲸"牌鱼罐头

1959年，山东省青岛水产公司鱼肝油厂用自制设备生产"双鲸"牌红焖鱼罐头，日产五六百瓶。1970年8月，青岛海洋渔业公司鱼罐头生产线投产，当年试产鱼罐头60吨，成为全省第一家水产罐头食品专业厂。1971年年产306吨，1977年产量增加到1451吨。

1984年，用马面鱼片副产品加工生产260克熏鱼排罐头，次年生产海产品罐头近3000吨，为历史最高水平。"双鲸"牌美味烤鱼、熏鱼罐头等先后被评为山东省优质产品。

"飞轮"牌茄汁鲭鱼罐头

1981年，青岛海洋渔业公司生产的256克茄汁鲭鱼罐头被评为山东省优质产品。1982—1983年，该公司首创罐头生产自动控温和记录系统，以保证罐头产品质量。该公司用独特配方和连续脱水、真空封口、反压冷却等先进工

---

① 山东省志：水产志[M].济南：山东人民出版社,1991:223.

艺生产的"飞轮"牌茄汁鲭鱼罐头,具有块齐肉嫩、汁艳味等特点,屡获山东省和农牧渔业部优质产品奖,年出口量400~500吨;辣味带鱼罐头、熏鱼罐头、香炸鱼块罐头也被列为省优和部优产品。

冻粉

冻粉亦称琼脂、琼胶、洋粉,是以石花菜为原料,经蒸煮分离、冻晒、干燥而成,成品率28%~30%,为营养价值很高的食品,可做食品加工凝固剂和细菌培养基。20世纪初,国内不能制造,系从日本进口,故有"洋粉"之称。民国初年,梁道源赴日留学,潜心探求琼脂制造方法。[1]

1913年,梁道源自日本回国后,在大麦岛等地设厂生产冻粉,产品可与进口洋粉竞争。1915年,崂山洋粉公司展品在山东省物品展览会上获水产品最优奖——金牌。1932年,本地冻粉厂发展到3家。[2]至1949年,市区有双兴、恒滨、中华、大明4家私营冻粉厂,50年代初年产冻粉约2万公斤。

1951年,国营青岛冻粉厂建成后,统购包销私营冻粉厂产品。1955年秋,中华、大明两厂歇业。1956年1月,双兴、恒滨两厂并入青岛冻粉厂,12月移交山东水产公司,成为该公司水产品加工厂冻粉车间,年产冻粉约4万公斤。1967年生产冻粉56吨,为历年最高产量。

70年代末,冻粉加工量不断减少,年产量降至3万公斤左右。1980年5月,青岛海洋渔业公司水产品加工厂研制石花菜加工生产线,实现加工自动化,工效提高4倍。但由于原料不足,1980—1985年,年产量一直在25~55吨徘徊。1985年,全市生产条状冻粉21.85吨,其中青岛海洋渔业公司生产的"海燕"牌冻粉

质量在全国名列前茅。[3]

海带

70年代末,海带食品工业逐步兴起。1981年,市第一海水养殖场试制香辣海带丝,次年生产1.64吨。1982年,市第二海水养殖场开始海带食品生产,当年生产香辣海带丝3.6吨。其间,市第一海水养殖场和第二海水养殖场一分场(后改为市海带食品厂)用淡干海带试产海带丝小包装食品;其中,市海带食品厂生产的"快餐海带菜""海带芝麻蜜饯""高级海带饴"等销往北京、天津、辽宁、内蒙古等地。

1982年后,海带食品的生产规模逐步扩大,增加海带饴、海藻蜇皮等新产品。1983年,市第一海水养殖场生产香辣海带丝20吨。

1985年,市第二海水养殖场建成年生产能力500吨的海带食品车间,开始生产快餐香辣海带丝,当年生产各种海带丝制品555吨。同年,市海带食品厂实行横向联合,在崂山、胶南、莱西建3个分厂,加工单位增至12个;产品有香辣、五香、咸味等海带丝、海带块、海带段、海带蜜饯、海带酱、海带饴糖等10余个品种,香辣海带丝被评为山东省优质产品。

海产方便食品

1966年,青岛海洋渔业公司成立鱼品综合加工车间,生产鲨鱼肉、河豚鱼肉、鱼糕、食用鱼粉等出口产品和鱼松、鱼香肠、脆鱼片、鱼熟食品等,供应国内市场。70年代末,以鱼、猪肉等为原料,生产鱼香肠。

1980—1982年,市第二海水养殖场试制贻贝油成功,向南亚、中国香港等地出口70吨。1982年,青岛海洋渔业公司开始生产"双鲸"牌精制烤鱼片。1984年,青岛海洋渔业公司生产鱼松17.1吨,为历年最高产量,产品用聚乙

① 山东省志:水产志[M].济南:山东人民出版社,1991:218.

② 中国实业志:山东省第二册[M].复印本.第五五(丙)页.

③ 山东省志:水产志[M].济南:山东人民出版社,1991:218-219.

烯薄膜袋包装，有125克、250克两种规格，畅销广州、长春等地。同年，该公司开始生产脆鱼片（虾片）。是年，青岛海洋渔业公司生产烤鱼片66.4吨，为历年最高产量，并被评为农牧渔业部优质产品。

1985年，青岛海洋渔业公司从日本引进自动填充结扎机和高温杀菌冷却装置等鱼香肠加工新设备；同年，该公司脆鱼片（虾片）产量达121吨，占当年全省产量的56%。

鱼肝油

1950年，山东水产公司筹建鱼肝油厂，当年试产粗鱼肝油1132公斤。次年，增加麦精鱼肝油和鱼肝油丸两种新产品，其中生产鱼肝油丸5万多瓶。1954年开始生产乳白鱼肝油，当年生产鱼肝油4.3万公斤，其中乳白鱼肝油近2万公斤。1958年后产量逐年递增，60年代初鱼肝油制品逐渐增多。

改革开放后，为适应出口外销，1982年青岛海洋渔业公司水产品加工厂鱼肝油车间对外使用"青岛鱼肝油厂"名称。1983年，生产能力为鱼肝油丸1200万瓶、乳白鱼肝油800吨，"双鲸"牌乳白鱼肝油荣获国家银质奖章（图7-1）。1985年，生产鱼肝油691吨、鱼肝油丸962万瓶、鱼肝油滴剂83万瓶，产品质量在国内外享有盛誉。1980—1985年，鱼肝油E型胶丸获农牧渔业部优质产品奖。

第二章 农副食品加工

20世纪初，境内相继出现中式及西式糕点手工作坊、商号。30年代中期，味精和饴糖生产起步。至40年代末因通货膨胀、交通中断，致原料供应、产品销路不畅，味精生产勉强维持，饴糖停产。

解放初期，味精生产管理逐步走上正轨，但因原料供应紧缺，生产徘徊不前。50年代初开始饴糖、糖果、饼干、糕点的手工生产，后购置饼干生产设备替代手工操作。50年代中后期，随着生产规模扩大和新产品研制成功，饴糖进入国际市场；果品加工开始试制脱水菜、苹果干、山楂片、果脯和果酱、花生酱等110种新产品，并大量向苏联和西方国家出口，其中花生酱主要出口日本。

60年代初，饴糖生产通过设备改造和自主研制，手工操作被半机械化替代。1960年研制出供婴幼儿食用的钙奶饼干，形成规模生产，保证国民经济困难时期本市婴幼儿食品供应，且大量供应省外。同时，自制饼干出炉连续化生产线投入使用，使饼干生产基本实现自动化，产量大为提高。60年代中期，通过扩建厂房、采用生产新工艺，味精生产彻底改变手工作坊式生产模式，产量大幅提升。60年代后期，开始生产蜜枣、油炸花生米等食品。

70年代初，再次对饴糖生产设备进行改造，

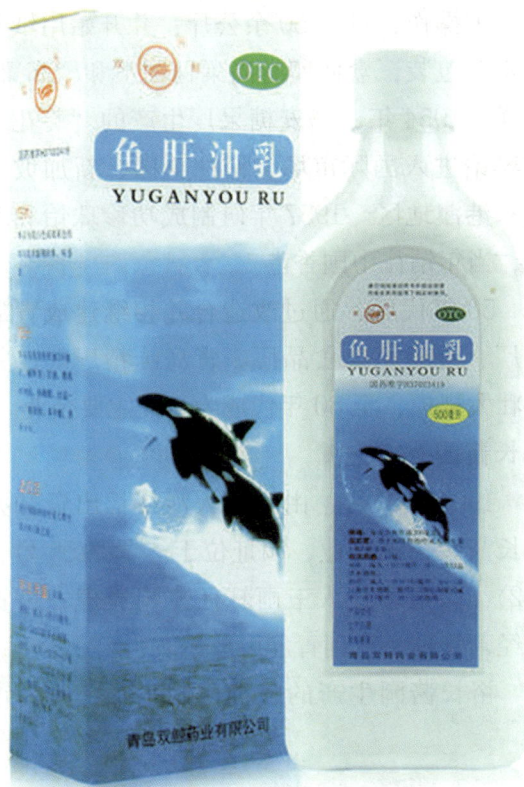

图7-1 "双鲸"牌鱼肝油乳

产品质量提高，环境污染减少。70年代中期，研制生产出咸味饼干、花生酥条并出口美国、日本、新加坡等国。同时，从国外引进生产线建成专供出口的花生酱、红豆沙生产车间。70年代后期，承担轻工业部下达的味精科研项目并试制成功，味精质量效益得到较大提高，"鸡"牌味精被省轻工业厅评为名牌产品，销往国际市场。同期，饴糖产品获山东省优质产品称号，1980年获轻工业部银牌奖。

80年代，采取工艺改革、扩建改造和设备引进等措施，并与省内同行业建立合作关系，味精产量、利润迅速增长；通过对饴糖生产设备和工艺进行第三次改造，使产品质量显著提高，保质期得到延长；投资扩建饼干生产规模，自制饼干生产线，生产48个系列产品，所有饼干类产品在全国各大中城市均设销售网点自销，其中钙奶饼干供不应求。同期，从日本购进方便面生产线，开始生产方便面。至1985年，青岛产"鸡"牌味精连续6年被评为山东省优质产品，高粱饴获国家银质奖，"青食"牌钙奶饼干被评为全国儿童优秀食品，钙奶饼干和特制钙奶饼干同时获轻工业部优质产品称号。

第一节 加工企业

19世纪末，女姑口附近有多家点心作坊（俗称果子铺）与零售店铺营业，青岛村也有糕点茶食铺3家。20世纪初，德商经营的夫劳司西点店在斐迭里街（中山路）开业，为本埠第一家西式糕点店。1918年，市区第一家京式糕点店祥兴永糕点铺在北京路开业。次年，庄宝康在潍县路24号开设首家苏式糕点店，名为万康福记食品店。1920年，正大福记食品店在金乡路开业，经营南北各色食品。同时糖果业兴

起，至1922年全市糖业商号50个，其中华商8个、日商42个。

20年代末，万源永食品店、万盛春点心店开业。1930年，俄商在龙口路19号开设西点店从事西式糖果生产。1931年10月成立的德茂糖厂，是山东仅有的一家制糖工厂。[①]1932年，信泰糖果厂在曲阜路开业，万福临月饼店开业。1936年，日商集资开办中国味原工厂。1940年，市区经营红、白食糖的土产行栈有义聚东、裕丰春、原顺德、恒升和等40余个，大部分集中在济南路、北京路、保定路一带。1944年，规模较大的华安糖果厂开业。同年，曾在粤斯林糖果厂工作的李昌荣，带着制糖技术到华安糖果厂（厂址位于顺兴路97号）生产高粱饴，因产品销路不畅，于解放前夕关闭。1948年，久昌号开业后也生产饴糖。

1951年，华安糖果厂部分设备和个别职工转移到青岛市联社沧口食品部，10月聘请李昌荣担任食品部制糖师，开始生产高粱饴，全部为手工操作，日产50余公斤；并开始用纸盒代替木盒包装，盒面印有高粱穗图案和"高粱饴"字样。1954年，华安糖果厂生产的"葵花"牌高粱饴进入国际市场，销往英国、新加坡等国家和港澳地区。1957年研制成功珍珠饴和翡翠饴，当年销往中国香港。

50年代后，通过改造合并相继建成青岛食品厂、青岛第二食品厂、青岛味精厂等，并逐步壮大规模，至80年代成为行业主要企业。

裕长酱园

1904年7月，由章丘人沙裕福出资开办的裕长酱园正式开业，园址位于芝罘路55号（图7-2），聘请章丘人王雨轩任酱园经理，负责日常经营管理，直到青岛解放后实行公私合营。

裕长酱园生产的各种酱制小菜，很受市民

---

① 中国实业志：山东省第九册[M].复印本.第五〇二(辛)页.

欢迎，比较出名的有"虾油黄瓜""酱包瓜""虎皮菜""甜醋蒜"等。其生产的酱油方法独特、味道纯正，倍受社会青睐。至1946年12月已经达到相当规模，有酱缸800口，门市屋6间、工作间7间，职工27人，生产设备齐全。

青岛解放后，裕长酱园迁址到黄台路，改名为第三酿造厂。[①]

图7-2 芝罘路裕长酱园旧址

万源永食品厂

1928年，浙江宁波籍商人王少乾、洪荣芳、张根睦联合出资，在山东路（后更名中山路）开办万源永食品店，店名由寓居青岛的前清军机大臣吴郁生题写，寓意"万源辏集，年永财广"。经营南北食品、名烟名酒、海味山珍、京苏糕点、罐头饼干、干菜果品，其售卖的江南地方特色食品闻名青岛。此为青岛第一家南货食品店。

至1949年6月，食品厂有员工20余人，商铺为两层楼房，一楼为店堂，二楼为仓库账房，楼后有一个生产糕点食品的小作坊，已具前店后厂规模。[②]

中国味原工厂

1936年，本市日商集资开办中国味原工厂，从事味精生产。1946年，南京国民政府敌伪产业清理处将其作为敌产没收，随之卖给张中俊等人。后因内战爆发，仅能勉强维持生产，年产量不足1吨。[③]

1952年，该厂被收归青岛酿造总厂管理，职工增加到21人，年产量达到8吨。1958年划归市轻工业局，1962年7月接收原大信化工厂厂址，厂区扩大4500平方米。1964年6月27日更名为公私合营青岛味精厂，仍隶属市轻工业局，1966年10月29日定名青岛味精厂。

80年代，青岛味精厂产品以"鸡"牌味精为主，兼产虾味汤料、儿童营养汤料、多味珍汤料等调味品。至1985年，全厂有职工473人，其中工程技术人员17人；固定资产原值603.9万元、净值494.8万元；定额流动资金151.5万元；工业总产值1550万元，创利税578.3万元，其中利润391.2万元。[④]为山东省最大的味精生产专业厂。

久昌号

1948年10月，久昌号（位于河南路46号）开始生产高粱饴。青岛解放前夕，因工艺落后，

---

① 青岛通鉴[M].北京:中国文史出版社,2010:122.

② 青岛通鉴[M].北京:中国文史出版社,2010:235.

③ 青岛通鉴[M].北京:中国文史出版社,2010:300.

④ 山东省志·一轻工业志[M].济南：山东人民出版社,1993:257

产品销路不畅而被迫关闭。

1950年9月，久昌号股东之一刘如和兄弟携家属共4人在市场三路25号重开久昌号家庭工厂，从事高粱饴生产。1956年，久昌号加入青岛第一制糖社。1958年，第一制糖社并入市手工业联社加工厂。

青岛市联社沧口食品部

1950年1月20日，为发展食品业生产，稳定市场物价，满足人民群众需求，市联社供销社沧口办事处负责出资3000元，选址沧口升平路45号建设厂房、仓房和伙房等计100余平方米，招收8名食品工人，购置简单工具，成立青岛市联社沧口食品部，从事糕点、糖果生产。

1951年，开始生产压板丝光、橘子等水果糖，马林豆、橄榄球等清糖以及高粱饴、饼干、糕点等产品。糖果日产150余公斤，饼干日产150余公斤，高粱饴日产50余公斤，年总产量70余吨，产品主要供给各大厂的消费社和市场。

1952年6月，食品部合并到位于台东区太平镇的市联社棉织厂，成为其属下食品部。人员增加到40余人，分糕点、饼干、糖果3个生产组，主要产品有蛋糕、桃酥、炸点、饼干、糖果等，总产值为303100元。

1953年9月，食品部迁至市南区曲阜路24号，成立青岛市联社食品厂。厂房面积计有1000余平方米，占地面积2400平方米。全厂有职工85人，其中女职工31人、徒工19人、职员10人、勤杂工4人。固定资产原值132000元、净值102000元。年产糕点78330公斤、饼干100776公斤、糖果84032公斤，年总产量263吨，总产值504000元。

1954年4月工业调整，市联社食品厂与市联社被服厂、靴鞋厂、酱园合并为青岛市联社加工厂，地址迁至云南路127号，共有职工356人，其中女职工81人、生产人员338人。主要产品有服装、布鞋、皮鞋、糕点、饼干、糖果、酱菜等，产值2526337元，年利润299270.50

元。原食品厂成为生产车间，生产饼干、糕点、糖果三大类产品，主要设备有打蛋机2部、糖果机4台（电动1台）、560型饼干生产冲印设备1套，饼干生产脱离手工操作，跃进半机械化时代，班产量由200公斤提高到3000公斤。

1955年1月，市联社加工厂改名青岛市手工业联社加工厂，1958年4月1日按产品进行调整，将酱园交给商业，被服厂、靴鞋厂调出分别单独立厂，食品厂原址不动。5月1日更名为青岛新华食品厂，隶属关系转为市手工业管理局。此间，陆续合并市区5个食品生产合作社和第一制糖生产合作社，共计职工404人，其中第一食品社78人、第二食品社85人、第三食品社76人、第五食品社6人、第六食品社43人、第一制糖社116人。6月，建立干果车间开发试制苹果干、果脯生产。9月，费县路车间投产挂牌。11月更名为青岛市手工业管理局食品厂，全厂拥有职工787人，其中有固定职工557人，内含生产工人427人、女职工856人、管理人员25人、服务人员55人；固定资产原值201139元、净值152977元。

1959年5月投产汽水，并研制出口花生酱产品，试制投产出口和内销的脱水菜、果干、果脯、软糖、饴糖、蛋松、肉松、果浆、糕点等110种新产品。向苏联出口果干、果脯260388公斤，全年总产值完成1650万元，提前43天超额完成全年计划的18.62%，被评为青岛市"十一"红旗厂。1961年2月成立罐头车间；同年根据社会需求，研制成功小儿驱蛔药宝塔糖。1963年成立制药车间。

1965年8月3日定名为青岛食品厂，隶属关系划至市轻工业局。全厂有职工936人，其中固定职工804人、女职工586人，工业总产值770.28万元。1969年12月，自筹资金272480元，自行设计施工改造观城路57号西侧的原信立油坊危旧平房，建成建筑面积1572平方米4层楼房，设置饴糖、巧克力糖车间和职工食堂。至1976年，全厂职工1037人，生产人员816人，固定资产净值77.65万元，工业总产值1498万元，饼干总产量3630吨，糖果2235吨，出口花生酱1511吨、花生果550吨、豆沙粉72吨、驱蛔糖20177吨，年利润151.2万元。1978年，引进美国花生酱生产线。年末，"葵花"牌花生酱、高粱饴和钙奶饼干均被评为省第一轻工业厅优质产品。

1979年6月开始拆除扩建饼干车间，1981年5月竣工，建筑面积4151平方米。1983年自行制造安装1000型摇摆饼干生产线，设置一车间。1984年更新老式560型饼干生产线，设置四车间，使饼干日产达到35000公斤。1980年5月，荣获全国儿童生活用品先进集体称号。

根据中央关于发展食品工业生产，扩大对外贸易的指示精神，1982年8月2日撤销青岛造纸原料供应站，将其位于四流中支路2号站址改为青岛食品厂儿童食品分厂，建成高粱饴、水果糖、油炸土豆片、蛋卷冰淇淋、橘子汁等生产车间，成为开发儿童食品的重点发展厂区。

1984年4月7日，投资45余万元更新改造约1800平方米的云南路3层旧厂房，12月竣工投入使用，设置杏元饼干车间，进而开发出曲奇饼等新产品。至1985年，开发新产品7种，有两种新产品填补国内空白，其中高粱饴被评为国优产品，钙奶饼干、特钙饼干、花生酱、菠萝豆被评为部优、省优产品，优质品率占全部产品产量的82%。工业总产值完成4112万元，比1984年增长17.15%；工业总产量完成22271吨，比1984年递增9.08%；利润完成413万元，比1984年增长178.4%；全员劳动生产率完成24389元，比1984年增长10.68%，均创历史最好水平。

青岛肠衣加工厂

1954年，某军属生产自救组成立，后成为青岛肠衣加工厂，1968年开始生产蜜枣、油炸花生米等食品。1970年改称青岛东风糖果厂，试生产枣脯成功后供出口外销，但仍以生产糖果为主。1973年从联邦德国引进油炸花生米真空包装生产线，1975年又从日本引进油炸花生米生产线，开始生产油炸花生米。同期，花生酥条投入生产，出口美国、日本、新加坡等国。1975—1981年，东风糖果厂采取补偿贸易、租赁及贷款等多种形式，先后从国外引进6个项目生产设备，计24台（套），以调整产品结构，增强出口创汇能力。

1981年4月，东风糖果厂定名为青岛第二食品厂。

第二节　设备技术

1954年，青岛市联社食品厂从上海购进1套560型饼干冲印设备，替代饼干生产的手工操作方式。1961年，市手工业管理局食品厂对高粱饴生产设备加以改造，并自制部分设备，用半机械化替代手工操作，减轻工人劳动强度。1963年，试制安装成功饼干压面机连续化生产设备并投入生产，使饼干生产基本实现自动化。1965年，青岛食品厂饼干进出炉连续生产线试车成功。同年，青岛味精厂学习上海经验，采用淀粉取代面筋，随后贷款48万元进行技术改造。1966年春，派技术人员和生产骨干共13人，到江苏省常州学习发酵味精生产工艺，兴建年产200吨味精的发酵车间，形成新的生产工艺，彻底改变手工作坊式生产，并于同年10月建成投入生产。

1972年，青岛食品厂对高粱饴生产设备再次改造，用不锈钢夹层锅代替铁锅，用蒸汽代替火烧，提高产品质量，减少环境污染。1973年，青岛东风糖果厂从联邦德国引进油炸花生米真空包装生产线；1975年10月，从日本引进第一条油炸花生米生产线。1976年，青岛味精厂试制安装成功4个30立方米发酵罐，味精产量翻了一番，达到 401 吨。1977 年 6 月，青岛食品厂建成专供生产出口的花生酱、红豆沙生产车间，面积达 2423 平方米。同年，青岛味精厂承担轻工业部下达的高糖高酸发酵生产味精科研课题，并于次年试制成功，1979 年 3 月投入生产。

1980 年，青岛味精厂对空气净化设备进行改造，进一步降低染菌率，提高产品质量。1981 年，青岛食品厂对设备和工艺进行第三次改造，使产品生产连续化，产品纯净度、透明度有更大提高，产品保质期由半年延长到 1 年。1980 年下半年至 1982 年 8 月，共建成高粱饴、水果糖、油炸土豆片、蛋卷冰淇淋、橘子汁等产品生产车间，形成各类产品年产总量 1.7 万吨生产能力。1981 年 4 月，青岛东风糖果厂从日本购进第二条油炸花生米生产线。1975—1981 年，全市采取补偿贸易、租赁及贷款等多种形式，先后从国外引进花生制品（图 7-3）、面包、方便面、软冰淇淋、真空速冻干燥菜等 6 个项目的生产设备，计 24 台（套），更换陈旧落后的生产设备，调整产品结构，进一步增强

图 7-3　青岛食品厂于 1979 年引进国内第一套电子控制的花生酱生产设备，生产能力为每小时 1 吨

了出口创汇能力。

1982 年，青岛味精厂对夫酸（麸酸，即 L-谷氨酸）提取工序进行工艺改革，采用等电锌盐法改变原提取工艺中用水较多的离交工序，解决水源不足的矛盾，并节约大批化工原料，减少用水提高产品产量。1983 年，青岛味精厂采用一次等电冷冻提取工艺，降低成本，解决污水污染问题；同年投资 350 万元扩建一车间发酵工艺设备，重建谷氨酸提取工艺，对发酵工艺进行彻底改造，扩建改造工程于 1984 年 10 月竣工。1983 年，青岛食品厂从日本购进方便面生产线，1984 年又从日本引进年产 800 吨菠萝豆生产线，当年正式投产。至 1985 年，青岛食品厂拥有专用设备 390 台，其中国内 80 年代先进设备 15 台；引进生产线 5 条，包括美国坎特利尔公司花生酱生产线 1 条、日本岩井 CKD 株式会社营养花生酱生产线 1 条、日本精魁堂株式会社菠萝豆生产线 1 条、日本幸和株式会社钳子饼干生产线 1 条、日本吉岗制作所油炸土豆生产线 1 条；国产 1000 型饼干摇摆机生产线 1 条，自制年产 800 吨杏元饼干生产线和 560 型饼干摇摆机生产线各 1 条。同年，青岛味精厂为生产复合味精，引进日本 80 年代味精生产设备。

第三节　加工生产

19 世纪末，境内已有糕点制作与零售行业，具有地方特色的名点有胶州枇杷梗、高密大蜜枣、掖县兰花根和即墨麻片等。20 世纪初，出现西式糕点、京式糕点、苏式糕点的制作销售，逐渐形成四

大家南货店。同时，糖果业商号兴起。30年代，开设西式糖果生产店铺和味原工厂，京式糕点作坊店铺生意兴旺，除正大颇有影响外，万盛春点心店和万福临月饼店声誉也很高。40年代，制糖业发展较快，专业生产化糖果厂相继开设，除红、白糖外还生产饴糖。至40年代末，随着大多厂家停产或倒闭，食品产品产量严重萎缩。

1950年3月，青岛市手工业联社沧口食品部在生产饼干、高粱饴的同时，还生产月饼和其他糖果类，糕点、饼干和糖果成为其三大支柱产品。1958年，新华食品厂开始试制出口苹果干、各种果脯和山楂片等。1958年5月，新华食品厂更名为青岛市手工业管理局食品厂，开始生产"牡丹"牌20公斤装花生酱出口日本，并试制投产脱水菜、果干、果脯、果酱等110种食品新产品，同年出口果干、果脯260368公斤，全年完成总产值1515.1万元。

1968年，由军属生产自救组（1954年成立）发展起来的肠衣加工厂，开始生产蜜枣、奶糖及油炸花生米等食品。1970年，肠衣加工厂改称青岛东风糖果厂，枣脯试生产成功，年产达200吨，主要供出口，出口量100吨左右，但仍以生产糖果为主。1971年，花生酥条投入生产，年产100吨，供出口美国、日本、新加坡等国。1976年，青岛食品厂糖果产量2235吨，出口花生酱1511吨、花生果550吨、豆沙粉72吨、驱蛔虫糖2017吨。

1981年4月，东风糖果厂定名为青岛第二食品厂，从日本购进第二条油炸花生米生产线，使油炸花生米产量跃升到1800吨。1983年、1984年，青岛食品厂从日本分别购进方便面生产线和年产800吨菠萝豆生产线，年产方便面200吨，至1985年生产菠萝豆1237吨，实现利

税117.9万元。

西式糕点

清朝后期，随着海运事业和海上贸易的发展，青岛口一带逐步发展成为一个比较繁华的市镇。青岛建置后，各地商人纷纷在胶澳总兵衙门、天后宫附近的市场开设商号。据《海云堂随记》记载，至1897年，青岛口一带已经有各类商号65家，其中糕点茶食铺3家。[①]

德占青岛后，随着外籍人口的逐步增多，西方生活方式被引入青岛。1902年，德商经营的夫劳司西点店在斐迭里街（中山路）开业，主营面包、西点、咖啡等，成为青岛第一家西式糕点店。[②]

"鸡"牌味精

青岛味精生产起步于1936年，产量一直不高。1965年学习上海经验，采用淀粉取代面筋，贷款48万元进行技术改造。1966年学习常州发酵味精工艺，建起年产200吨味精发酵车间，1970年味精产量近百吨，1972年猛增到200吨，1976年达到401吨。1979年发酵能力提高20%、成本降低3.28%，每年节约用粮450吨，质量显著提高。

青岛味精厂"鸡"牌味精色泽洁白，晶型整齐，溶解速度快，口味鲜美纯正，1979年被省轻工业厅评为名牌产品，大结晶"鸡"牌味精开始销往国际市场。1984年，味精产量达到1200吨，实现利润390万元。1980—1985年，"鸡"牌味精连续6年被评为山东省优质产品，销往全国20多个省、市、自治区，并且远销法国、捷克等国家及中国香港、澳门地区。

1985年，青岛味精厂与茌平县味精厂建立经济技术合作关系，解决了青岛味精加工能力不足的矛盾，也使茌平县味精厂扭亏为盈，当年获利7.5万元。

① 德国侵占胶州湾史料选编(1897-1898)[M].济南:山东人民出版社,1987:25.

② 青岛通鉴[M].北京:中国文史出版社,2010:116.

图7-4　青岛久昌制果厂的高粱饴包装纸

图7-5　青岛食品厂的"青食"牌高粱饴包装纸

"青食"牌系列饴糖

青岛高粱饴生产30年代起步于粤斯林糖果厂，1944年华安糖果厂开始生产高粱饴，1948年10月久昌号也开始生产。两家生产企业在解放前夕均被迫关闭。

1950年9月，久昌号重新开业，从事高粱饴生产（图7-4），随后华安糖果厂也恢复生产。1957年，研制成功珍珠饴和翡翠饴，当年销往中国香港1800公斤。1960年，市手工业管理局食品厂高粱饴产品在国内销往13个省、市、自治区。1961年年产量达到17.01吨。1979年和1980年，青岛食品厂生产的高粱饴先后获山东省优质产品（图7-5）和轻工业部银牌奖，1984年获国家银质奖。

1985年，青岛食品厂有3条饴糖类生产线，

产量达2500吨。饴糖系列除高粱饴、翡翠饴、珍珠饴外，还有红枣饴和阿胶饴等10多个花色品种。内销产品一律为"青食"牌。

"青食"牌钙奶饼干

1950年，青岛市手工业联社沧口食品部从事饼干、糕点生产，次年日产饼干150余公斤，1952年年产饼干43629公斤，1953年年产饼干100776公斤，糕点、饼干成为其支柱产品。1954年新增国产设备，班产由200公斤提高到3000公斤。1960年研制生产出供婴幼儿食用的钙奶饼干，定名为"青食"牌钙奶饼干，成为青岛食品业的拳头产品，1961年形成规模化生产，保证了本市经济困难时期婴幼儿食品供应，并且大量供应外省、市（图7-6）。

1965年研制生产出丁维钙奶饼干，日均产饼干3000余公斤，1969年日产3500余公斤。1974年研制生产出21.6吨咸味饼干，1975年花生酥条投入生产，年产100吨，供出口美国、日本、新加坡等国。1976年饼干总产量达3630吨，"青食"牌钙奶饼干1978年被评为省革命委员会第一轻工业局优良食品；1979年投

图7-6　60年代末的钙奶饼干包装纸

资建成饼干生产车间（图7-7），1980 年底投入使用。1982 年，"青食"牌钙奶饼干被评为山东省优质产品，在 1983 年全国儿童食品展销会上被评为全国儿童优秀食品。至 1985 年，青岛食品厂共有 48 个饼干系列产品，日产各类饼干 70 吨，"青食"牌钙奶饼干和特制钙奶饼干，同时获轻工业部优质产品称号。

图 7-7　青岛食品厂 70 年代末的饼干生产设备

第三章　酿　酒

黄酒是中国特产，即墨老酒也是中国最古老的黄酒品种之一[①]，为北方黄酒典型代表，故有"南有绍兴花雕，北有即墨老酒"之说。[②]即墨北阡遗址发现的碳化黍米，数量比例相较于其他农作物占有绝对优势，说明当时已形成以黍为主的旱作农业种植格局。[③]东周时期，即墨出现醪酒，成为民间最常用的助兴饮料和祭品。诗人李白晚年到崂山看望安期生，道长以即墨黄酒招待，李白誉其为"金液"，饮酒后留下"所期就金液，飞步登云车。愿随夫子天坛上，闲与仙人扫落花"的佳句。[④]

清嘉庆年间，即墨出现"前店后厂"的经营模式，同兴馆、源兴泰、泉盛祥等黄酒作坊增加到 500 余家。道光年间，即墨老酒产销达到极盛，不仅畅销全国各大商埠，而且出口日本及南亚诸国。光绪三十四年（1908）《即墨乡土志·物产》则出现"黄酒"的称谓，此时即墨城内有"隆盛栈"等有名老酒馆 10 余家。民国时期，即墨城乡所有生产和销售黄酒的作坊和酒肆均称"黄酒馆"，民间用黍米酿造的酒，都称为"黄酒"或"米酒"。

至 19 世纪末，境内酿酒业尚逗留在家庭手工业时代，设备为木榨、锅、甑、缸、驴骡之类。[⑤]酒类可分为高粱酒（或称烧酒、白干）、黄酒，年产量中高粱酒占比高。[⑥]20 世纪初，啤酒、果酒生产开始起步，通过引进德国技术设备，建立啤酒生产厂，其产品在慕尼黑博览会上获得金牌奖；果酒以生产葡萄酒为主，兼产其他果类酒。30 年代开始，酒精和白酒工业化生产。此后，青岛酿酒业不断改良工艺，逐步扩大生产规模。

80 年代，伴随着改革开放，设备更新、技

① 郑玉成.酒史[A].曹键民.中国全史(简读本)[C].北京:经济日报出版社,1999:18-19.

② 王欣.即墨老酒:黄酒北宗的传承之路[J].走向世界,2016(38):45-47.

③ 王海玉,靳桂云.山东即墨北阡遗址(2009)炭化种子果实遗存研究[J].东方考古,2013:255-279.

④ 即墨老酒简志[M].青岛:新华锦(青岛)即墨老酒有限公司编印,2010:67.

⑤ 中国实业志:山东省第八册[M].复印本.第二八二(辛)页.

⑥ 中国实业志:山东省第八册[M].复印本.第二九五(辛)、二九六(辛)页.

术改进和质量提升，即墨老酒被评为山东省优质产品、全国酒类质量大赛"金杯奖"、首届中国黄酒节特等奖、中国食品博览会金奖。[①]"青岛"牌和"葵花"牌葡萄酒销售至美国、意大利及中国香港等国家和地区；青岛啤酒成为青岛工业支柱产业和国际著名品牌。青岛不仅出产黄酒、白酒等中国传统酒类，也盛产啤酒、葡萄酒等西式酒类，为中国酿酒行业中集中西酿酒、融传统与现代于一身的城市之一。

第一节 生产企业

清道光年间，即墨黄酒产销达到极盛，家庭作坊酿酒盛行，形成后院酿酒、前店卖酒的（前店后厂）经营模式，黄酒畅销全国各大商埠，且出口日本及南亚诸国。光绪年间，即墨城内有"隆盛栈"等有名酒馆10余家，至1926年增加到29家，有"源兴泰""泉盛祥""元聚栈""振源馆"等著名作坊。[②]直至40年代末，即墨黄酒作坊依然存在。

20世纪初啤酒酿造厂建成投产，30年代初美口酒厂、华北酒精厂分别设立，各为境内最早的啤酒生产厂家、葡萄酒生产厂家及白酒、酒精工业化生产厂家。30年代，各县域也有一些烧酒作坊经营，其中胶县烧酒酿造坊4家，各家规模较大，资本总额为5.7万元，为全省各县之冠；平度有10家，即墨也有白酒作坊。[③]

40年代末，即墨县政府组织黄酒生产，逐步发展为山东即墨黄酒厂，至1985年即墨第二黄酒厂成立前，即墨黄酒厂是即墨县域唯一生产黄酒的企业。境内除青岛酒精厂生产白酒外，其他白酒生产厂家分散在所属各县，主要有胶县青岛第一酿酒厂、青岛酒厂、莱西县青岛第二酿酒厂、即墨县第三酿酒厂、平度县青岛酿酒厂。

即墨老酒厂

1949年5月，即墨县政府整合黄酒作坊，在共济街组建即墨黄酒厂并投产。[④]生产的黄酒正式定名为"即墨老酒"，同时也取其"陈年佳酿"之意。

1978年10月，为缓解即墨黄酒产品供应短缺状况，打破持续30年的年产量500吨的生产瓶颈，国家财政拨款170万元，在即墨城东车家沟村北开建新厂，1980年3月15日建成投产，命名为即墨县黄酒厂，为地方国营企业，隶属县工业局，产品归口市第一轻工业局。[⑤]

1985年3月，即墨县黄酒厂贷款450万元、征地32亩，新建年产3000吨即墨老酒车间1座，并购进刷瓶机、灌装机、压盖机等生产设备；12月20日新车间出酒。同时在内蒙古乌兰察布地区建起黍米种植基地，解决原料长期不足的短板。

青岛啤酒厂

啤酒业是近代青岛起步最早的食品行业之一。1903年，上海法纳姆和博伊德有限公司（S. C.Farnham Boyd & Co. Ltd)、吉布和利文斯顿公司（Gibb Livingston & Co. Ltd)、费伦和丹尼尔公司（Fearon Daniel & Co. Ltd)、斯勒福格特公司（Slevogt & Co. Ltd）和芝罘西塔斯有限公司（H. sietas & Co. Ltd）5家公司联合，在德华银行参与下，根据《香港公司条例》在香港注册成立英德啤酒有限公司（Anglo-German Brewery Company, Limited)，8月15日，公司投资44万元在霍普曼街（登州路）合资创办日耳曼啤酒公司青岛股份有限公司，采用德国克

① 江晓辉.青岛即墨"老字号"酿出"新"老酒[J].时代热点,2019-11-07.

② 即墨老酒简志[M].青岛:新华锦(青岛)即墨老酒有限公司编印,2010:21.

③ 中国实业志:山东省第八册[M].复印本.第二八八(辛)、二八九(辛)页、第二九四(辛)页、第三○三(辛)页.

④ 即墨市志[M].北京:方志出版社,2007:268.

⑤ 即墨老酒简志[M].青岛:新华锦(青岛)即墨老酒有限公司编印,2010:4+24.

姆尼茨机械厂1893年设计制造的全套生产设备。1904年10月，啤酒厂建成投产（图7-8），其原料为大麦、大米及啤酒花①，生产640毫升玻璃瓶装12度淡色和黑色啤酒，由德商直接经营。

1916年9月16日，日本麦酒株式会社以50万银元收买该公司，易名为大日本麦酒株式会社青岛工场（图7-9），同年12月重新开工生产，其产品为黄、黑两种啤酒，以"札晃""太

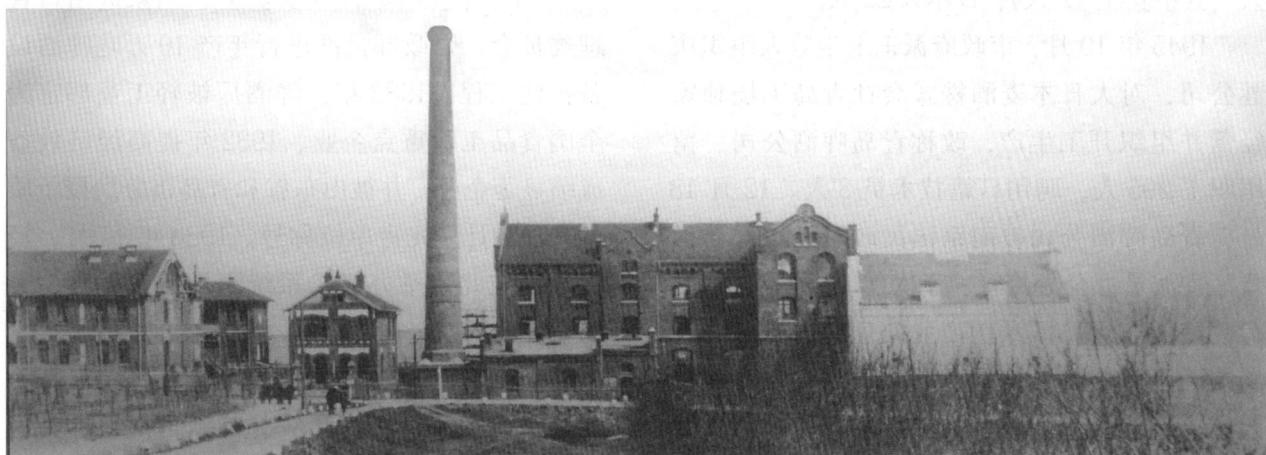

图7-8　1903年，建设中的日耳曼啤酒公司青岛股份公司

图7-9　日本第一次侵占青岛后，被更名为大日本麦酒株式会社青岛工场的青岛啤酒厂外景

① 中国实业志：山东省第八册[M].复印本.第四〇七(辛)页.

阳""福寿""麒麟"等商标注册。至1932年，占地10余平方米，连厂房计算价值300万日元，有职员16人，工人137名。[①]随着规模不断扩大，1937年职工达186人，其中中国人164人（其中女工12人）、日本人22人。

1945年10月，市政府派王玉生等人组织庆胜公司，对大日本麦酒株式会社青岛工场独家经营并组织开工生产，改称青岛啤酒公司，留用职工295人，聘用日籍技术员8人。12月18日，青岛啤酒公司被南京国民政府经济部鲁豫晋区特派员办公处接管，于次年12月5日移交行政院山东青岛区敌伪产业处理局，更名为青岛啤酒厂。1947年6月，陈果夫派人在青岛组建齐鲁企业股份有限公司，购买青岛啤酒厂并继续组织生产，时有职工375人。

1949年6月2日，市军事管制委员会接管青岛啤酒厂并收归国有，定名为国营青岛啤酒厂，隶属山东省烟酒公司和山东省专卖事业公司。1952年建成啤酒花生产基地，从此生产啤酒所用啤酒花全部自给。1953年划归中央人民政府轻工业部，1955年划归食品工业部，1958年交由市轻工业局，由地方经营。1959年完成产值732万元，实现利税352万元，超过历史最好水平，成本、效益等方面处于全国同行业领先地位。1964年12月22日，省统计局确定青岛啤酒厂为大中型重点工业企业，1966年2月划归市食品工业公司。

1971年和1973年，国家两次投资126.83万元用于青岛啤酒生产建设。1972年，青岛啤酒首次销往美国市场，同年将黑啤酒的生产移交给其他单位，并在胶县征购土地3300平方米，建成新的啤酒花烘干加工生产基地。

1979年9月19日，中共中央副主席、全国人大常务委员会委员长叶剑英到青岛啤酒厂参观，欣然命笔写下"天下论英雄，啤酒何须煮，争取得金牌，更上一楼去"。1980年4月1日，"青岛"牌啤酒获国家工商局颁发的著名商标证书，9月在全国第三次"质量月"评比活动中获国家金质奖章。

1981年，国家计划委员会、国家进出口管理委员会、财政部批准进行年产10万吨啤酒设备扩建工程。1982年，啤酒厂被轻工业部定为全国食品工业重点企业、1982年提高经济效益成绩显著企业，并被山东省和青岛市分别授予质量管理和计量先进单位称号。1984年11月，轻工业部在北京举办轻工系统酒类质量大赛，"青岛"牌啤酒获金杯奖。

1985年4月，中国食品协会在青岛召开第四届全国评酒会，"青岛"牌啤酒再次被评为国家级名酒；7月，在中国食品金银牌授奖大会上获国家金质奖章。同年12月22日，国家计划委员会正式批准青岛啤酒厂生产能力由10万吨增至13万吨的15项技术改造工程，投资达4998.39万元（其中含外汇464万美元），总建筑面积28835平方米。是年，青岛啤酒厂有职工2272人，其中工人1852人、管理人员153人、技术人员52人，全员劳动生产率17160元/人；年产啤酒85053吨，创工业产值3734万元，实现税金1145万元，利润2146.6万元，出口47050吨，出口值为1654万美元。

美口酒厂

德国侵占青岛时期，侨居德县路34号的德国商人，利用从德国带来的容量约600公升橡木制贮酒桶，在湖南路34号的家中酿制勾兑出葡萄酒后出售，因销路较好，又增加部分木桶酿制。数年后，德商福昌洋行老板对其投资，增添1000公升容量的酿酒桶10余个，除自己生产外，在葡萄收购季节，还临时雇用2～3名工人，帮助收购、压榨葡萄，生产出售为前店后场，自产自销。

[①] 中国实业志:山东省第八册[M].复印本.第四○六(辛)页.

1930年，德商美最时洋行出资收购福昌洋行全部制酒设备，并添置4000公升酒桶5只，自制冷冻机、木制葡萄压榨机等简易设备，成立美口酒厂（图7-10）[①]，开始规模化生产。1941年，美口酒厂制作2000公升酒桶10个，使不同容量的贮酒木桶达到158只，贮存量为10万公升，同时添置葡萄水压榨机、过滤机及风车等设备，主要生产设备有装酒机1台、过滤机1台、洗瓶机1台、蒸馏器1台、香槟酒专用装瓶机1台，生产全部手工操作，资产总值为41亿元（国币）；有职工14人，繁忙季节雇用15人左右为临时工。其主要产品有香槟酒、味美思、露酒、白兰地等各种果酒，所需主要原料葡萄均产自青岛周边的崂山和平度等地，其他原料则全部来自国外。

1945年，美口酒厂作为敌产由国民党政府经济部接收，后由敌伪产业清理处接管，生产维持原状。1947年，由国民党官僚资本齐鲁公司价购，附属于青岛啤酒厂，对外仍称美口酒厂。当年有职工24人，年产总量8.4万公升（4.32万瓶）。至40年代末，生产停滞不前。

青岛解放后，美口酒厂被市人民政府接收，成为青岛啤酒厂果酒车间，有职工40人，其产品由洋酒转为果酒为主。1956年，国家投资108.6万元在四流南路13号开辟新厂区，年产能力为1000吨，次年迁入。1959年定名为青岛葡萄酒厂，1964年2月28日与青岛啤酒厂脱离隶属关系，成为独立核算生产企业，也是青岛唯一葡萄酒生产企业，有职工149人。后为开拓生产渠道，在平度县建起山东省第一座葡萄发酵站。1966年2月，划归市食品工业公司。

1977年建成露酒生产车间，1979年建成俄得克生产车间，使用商标为"青岛"牌和"葵花"牌。

至1985年，青岛葡萄酒厂有固定资产1518万元，净值1133万元，全员劳动生产率63875元/人；各种设备570台，主要生产设备126台，发酵器容量26132吨。并在平度县大泽山、

图7-10　30年代，位于湖南路34号的美口酒厂

---

① 青岛通鉴[M].北京:中国文史出版社,2010:252.

莱西县大望城和即墨县移风乡设有3处发酵站，总产量达19842吨；在莱西、平度、招远等8个县及青岛近郊拥有葡萄种植基地2.7万余亩。

华北酒精厂

1933年，实业家王宣忱在普集路13号创办华北酒精厂，1935年开工生产，为山东省第一家酒精厂。酒厂以高粱或绿豆为原料勾兑白酒，产品注册"五谷"牌。1936年，职工增加到280人，出酒率为24%～25%，酒精日产量3吨左右。1937年抗日战争爆发后，华北酒精厂因原料缺乏，被迫停产。

1951年，青岛实业公司租赁华北酒精厂设备和厂房开工生产酒精，并定厂名为"青岛实业酒精厂"。

日华酿造株式会社

1938年，日商合伙出资在宝来纱厂以南空地上创办日华酿造株式会社，经营生产汽水、清酒、酒精等，日产酒精4吨左右。解放后，日华酿造株式会社由青岛烟酒管理局接管，更名为沧口酒厂，隶属山东省专卖事业公司。

1953年，沧口酒厂由山东省专卖事业公司移交青岛实业公司，并更名为青岛实业酒厂。1954年，青岛实业酒厂增加人员和设备，改进生产工艺，经过反复试验，于1957年试制成功62度兑制白酒，注册"栈桥"牌，通称"栈桥"白干，分瓶装和散装两种。

1958年3月1日，青岛实业酒精厂和青岛实业酒厂合并，定名为青岛酒精厂，有蒸煮锅6口、糖化锅4口、发酵池17个、蒸馏塔2套，在生产酒精的同时继续生产白酒。

1985年，该厂产品在山东省酒精评比会上评为优质产品，总分名列全省第一。同年，该厂占地面积65633.21平方米，总建筑面积36468.37平方米；拥有职工1024人，固定资产原值1167万元、净值520.8万元，流动资金684.17万元。

---

① 中国实业志:山东省第八册[M].复印本.第三〇五(辛)页.

第二节 设备技术

青岛酿酒业除中国传统酿酒技术外，还拥有西方酿酒技术。最为独特的是基于中国传统酿酒工具设备上生产的即墨老酒，从漫长酿造历史中总结出的"古遗六法"，在中国黄酒酿制业中独树一帜。青岛啤酒在引进西方酿酒设备技术基础上，为提升产品独有品质，逐步研究总结出系统性的生产操作法，有力地推动了中国啤酒工业发展。

即墨老酒"古遗六法"

即墨老酒以黍米为原料，用陈伏麦曲为发酵剂，配以天然麦饭石矿泉水经自然发酵而成，是一种高营养原汁低度酒。每黍米100斤加曲20余斤，可出酒140～160斤。①纵观古今中外，用黍米为原料酿造酒的只有即墨老酒。据《即墨县志》(清同治版)载，宋代黄酒酿酒压榨技术已完备成熟，俗称"老干榨"。

即墨老酒的酿造工艺在中国黄酒行业独树一帜，采用"糜糜法"，即在黍米加热过程中不断搅拌添浆，使其焦而不糊、糜而成糜，再加曲发酵榨酒。

古人总结为"古遗六法"。基本条件包括黍米必齐、曲蘖必时、水泉必秀、陶器必良、湛炽必洁、火剂必得。其中，"黍米必齐"是指酿造老酒必须用米中之王——颗粒饱满整齐、色泽金黄均匀的优质大黄米做原料；"曲蘖必时"是指酿造老酒的曲种必须选用三伏天用优质小麦在透风采光、温度适宜的室内踏成并陈放一年的麦曲做糖化发酵剂，即中医所用之"神曲"；"水泉必香"是指用好水酿好酒，即墨老酒采用的是甘甜爽口的崂山麦饭石矿泉水；"陶器必良"是指酿造老酒的容器必须选用质地优良、无渗漏的陶器或无毒无味的其他现代容器；

"湛炽必洁"是指酿造、陈储老酒的器具必须严格杀菌消毒，防止杂菌污染；"火齐必得"是指酿造老酒的火候必须调剂适度，使温度能升能降，散热均匀，恰到好处。①

在此基础上，依次进行熵糜、糖化、发酵、压榨、陈储、勾兑六道工艺工序。其中，"熵糜"是指将大黄米冲洗干净、浸泡均匀，倒入锅中，生火加温，待将米煮透后，边加温边用锅铲搅拌，并适时添浆，要使糜焦而不糊，"熵"到呈棕红色时出锅；"糖化"是指将熵好的糜在案板上摊凉，待降到适当温度时，按一定比例拌入加工好的曲面，再反复摊搅（打耙），使之混合均匀；"发酵"是指将摊搅好的糜装入发酵罐（缸）内，在适当温度下酵母连续发酵，达到一定日数，再倒入二次发酵罐内继续发酵，直到彻底发酵完毕，成为酒醪；"压榨"是指将发酵好的酒醪装入榨酒机内压榨取酒，滤布、盛酒盘应冲洗干净，灭菌彻底，榨出的酒应澄黄清亮；"陈储"是指将榨出的原酒放入储酒罐内，在恒温下陈储存放待用，要特别注意防止酸酒；"勾兑"是指取陈储好的原酒按产品标准要求勾兑并包装出厂。②

按照以上工艺酿出的老酒，具有色泽瑰丽、气味馥郁、香型独特、性质温馨、质地醇厚等特点，酒中的糖、酒、酸、色、香、味全为天然所得，不添加任何成分。1957年后，对生产工具及工艺逐步改造，先后推行高温糖化、低温发酵、流水降温等新工艺。③即墨老酒香型独特，微苦焦香，温馨醇厚，余味深长。

啤酒酿制工艺

1904年10月，日耳曼啤酒公司青岛股份有限公司啤酒厂建成投产，均采用进口优质麦芽和著名的巴伐利亚酒花，不添加任何辅料；公司内凿井4口，其水质经德国柏林检验机构检验，系优质酿造用水；所有酿制方法和工艺流程，都严格遵照《德意志啤酒酿造法》执行。

1916年，日本麦酒株式会社对青岛工场进行大规模改造和扩建，新建贮酒室、冷却房、前发酵室、锅炉房、制冰机室等；增置贮酒罐、洗瓶机、装酒机、压盖机、杀菌机、商标黏贴机等；改建糖化室、粉碎室，并换装大机器，使产量开始逐年增加。至1932年有汽罐2台、汽机1台、直流发动机2台、制冰机2台、酿锅4台、酒瓶运搬机2台、压盖机2台、搬运机2台，皆为德国设备。④其制酿造方法系将大麦抽芽后烘干、去皮，与大米入锅煮，加入啤酒花，再过淋装贮酒桶置酒窖内酿之，成熟后装瓶出售。1939年，增建制麦车间，利用山东大麦生产的麦芽制作啤酒。

50年代，青岛啤酒厂围绕改进工艺和设备、提高产品质量和产量，逐步建立一套科学管理和操作方法，其主要内容是"四严、四低、一高"（用料严、配方严、操作严、卫生严，发芽温度低，发酵温度低、原料消耗低、成本低，产品质量高），使啤酒质量在全国居上乘，倍受青睐。由于原料供应不能满足生产需求，青岛啤酒厂首先在崂山郊区李村创办啤酒花生产实验场，当年试种32亩获得成功，结束啤酒花全部靠外地供应的历史。1959年7月，青岛啤酒厂经过反复试验，使前期发酵由12天缩短为9～10天，加上其他技术措施，使啤酒生产周期由60天缩短到40天。

1966年8月，制作成功喷淋杀菌机，使杀

① 即墨老酒简志[M].青岛：新华锦（青岛）即墨老酒有限公司编印，2010：38-39.

② 刘鹏.即墨老酒的"国酒"文化传承[A].浙江工商大学、朱拉隆功大学、北京大学留住祖先餐桌的记忆：2011'杭州·亚洲食学论坛论文集[C].浙江工商大学、朱拉隆功大学、北京大学：浙江工商大学中国饮食文化研究所，2011：10.

③ 即墨市志[M].北京：方志出版社，2007：268.

④ 中国实业志：山东省第八册[M].复印本.第四〇六（辛）页.

菌工序由手工操作变为自动化控制。1967年4月，国务院财贸办公室和国家计划委员会批准青岛出口啤酒增产措施，并拨专项贷款170万元用于制麦、糖化和前后期发酵等工序的填平补齐扩建工程。70年代后期，青岛啤酒厂自行设计制作设备，制成6个大容积的麦芽发芽箱，每箱每次投料16吨，结束生产麦芽靠地板、木锨、扫帚的历史，并使麦芽产量提高42倍。1980年9月，以补偿贸易形式，用5100吨啤酒从日本引进一套年产1万吨啤酒听装生产线，开始生产听装啤酒，填补了中国啤酒生产一项空白。

1981年，国家计划委员会、国家进出口管理委员会、财政部批准投资4551.62万元，进行年产10万吨啤酒设备扩建工程。11月，青岛啤酒厂和青岛轻工业研究所共同研制成功啤酒后期发酵新工艺，贮存期由70天缩短到50天。

经轻工业部食品局组织品评，"青岛"牌50天酒龄啤酒完全达到70天酒龄工艺质量。1984年，从联邦德国KHS公司引进2.4万瓶／时自动罐装生产线、SEN公司引进1台30吨／时硅藻土过滤机，替代原用棉饼过滤机设备，改进滤酒工艺，简化滤酒过程，保证啤酒中二氧化碳含量。

青岛啤酒生产操作法

青岛啤酒在1963年全国评酒会上荣获金奖，因其质量好且消耗低、成本低，轻工业部于1964年4月在唐山全国第五次酿酒会议上，提出"啤酒行业学青岛"，并组织有关单位对青岛啤酒厂操作法进行总结，向全国推广。

在对青岛啤酒操作法的总结过程中，来自北京合盛、上海华光、沈阳、哈尔滨、长春、天津、河北宣化、西安、杭州、广东等地啤酒厂的20人组成工作组，由上海啤酒厂副厂长王世彦

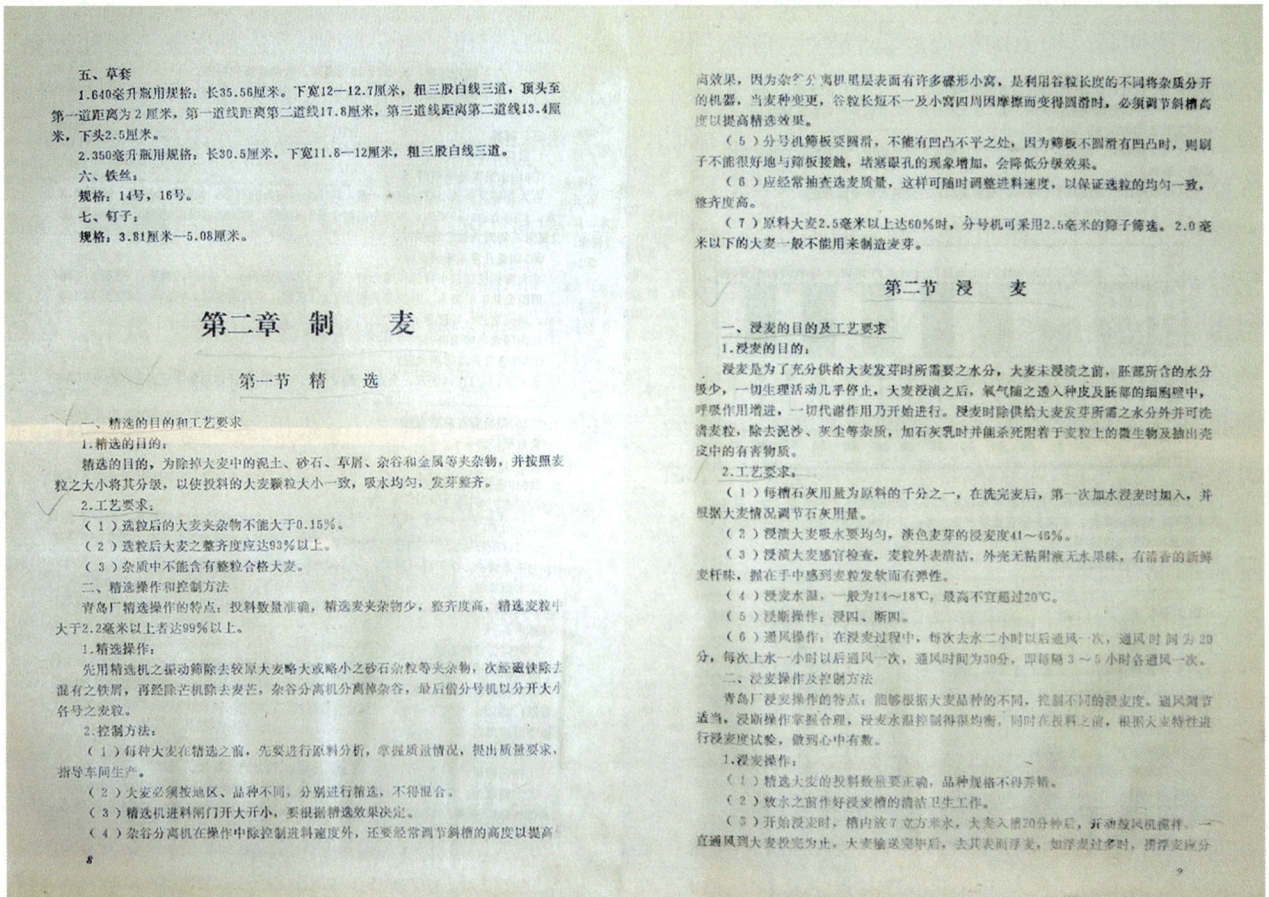

图7-11 《青岛啤酒操作法》部分内容

任组长，北京啤酒厂厂长温世民任指导员，轻工业部食品局及发酵科学研究所派人参加，下设制麦、糖化、发酵、包装、原料、设备、技术7个写实小组，最后在43天内完成《青岛啤酒操作法（初稿）》。青岛啤酒操作法（图7-11）的推广应用，有力推动了中国啤酒业发展。

第三节 酿造生产

境内出产的中式酒有黄酒和白酒。历史上，即墨传统黄酒被选为贡品，封名为"仙酒""珍浆"。50年代，因国家对酒类实行专酿专卖，为把"醪酒"区别于其他地区的黄酒，以便于开展贸易往来，故把"醪酒"改名为"即墨老酒"，成为山东即墨黄酒厂专有产品名称，沿用至今。白酒的经营时间晚于黄酒，近代受消费影响产量高于黄酒，30年代初进入白酒、酒精工业化生产模式后产量激增。

西式酒主要生产啤酒和葡萄酒。葡萄酒形成一定生产规模，远销海内外市场。啤酒引入生产后，通过改进生产技术与工艺形式，产量与国内外市场占有率位列全国之首，成为青岛出口创汇的支柱产业之一。

即墨老酒

民国时期，所有生产和销售黄酒的作坊和酒肆均称黄酒馆，用黍米酿造的酒均称为黄酒或米酒。1932年，即墨年需黄米375担，黄酒年产量500担、年产值5000元。[1]

据《青岛特别市即墨辖境烧酿酒业调查表》载：1944年，即墨黄酒商号17个，其中资金最高的是西阁里刘辅廷经营的同合栈，年资本额5400元（联银券），年产量5760斤；资金最低的是城里迟佑之经营的源兴泰，年资本额2000元（联银券），产量5400斤。还有西阁外刘海峰经营的中合馆，年资本额3000元（联银券），产量5800斤。

1949年6月建厂至1978年9月，在统购统销的高度计划经济专卖体制下，即墨老酒严格按照指标生产，年产量一直在500吨上下，所产老酒全部由国家供销部门收购后分配到全国各地，消费者须凭医生处方购买，主要作为"药引子"使用。在即墨产地，逢年过节，城镇居民仅能凭票供应两瓶，故而黄酒厂厂长有"老两瓶"雅称。[2]

为缓解即墨黄酒产品供应短缺难题，1979年10月扩建即墨县黄酒厂，国家放开酒类专卖政策后，即墨老酒开始自产自销。至1984年，即墨黄酒厂生产的品种有即墨老酒（图7-12）、

图7-12　80年代的"即墨"牌即墨老酒

---

① 中国实业志：山东省第八册[M].复印本.第三〇二(辛)、三〇三(辛)页.

② 即墨老酒简志[M].青岛：新华锦(青岛)即墨老酒有限公司编印,2010：78.

山东老酒、坤宁大补酒等①,其中黄酒年产量达到 887 吨,畅销全国,出口新加坡、日本、蒙古、苏联、罗马尼亚等国家。

1985 年 3 月,投资兴建年产 3000 吨黄酒新车间,当年即墨老酒产量达到 1695.5 吨。

青岛啤酒

1904 年 10 月,啤酒厂建成投产,生产 640 毫升玻璃瓶装 12 度淡色和黑色啤酒(图 7-13),年产能力 2000 吨②,1906 年啤酒产量达 1300 余吨。1916 年,大日本麦酒株式会社青岛工场产品为黄、黑两种啤酒,以"札晃""太阳""福寿""麒麟"等商标注册,1922 年各牌号啤酒产量达 14 万箱计 4300 多吨。之后产量逐年下降。1932 年,产品有红星、金星、青岛、马头、斧头、太阳、渔翁、狮子 8 个商标,年产 40 余万打。③在进行大规模改造扩建后,1936 年产量回升到 3208 吨,1942 年达 4663 吨。1947 年 6 月,齐鲁企业股份有限公司继续组织啤酒生产(图

7-14),商标只保留"青岛"牌(图 7-15),年产啤酒 2800 吨,1948 年只生产 1200 吨。

50 年代初,青岛啤酒厂恢复生产,1950 年产量达 4077 吨。1954 年,首批销往香港 500 箱,并由此逐步走向国际市场。1950—1954 年,累计盈利近 94 万元,上缴税金 356 万元。

为提高啤酒产量,1955 年建起 36 平方米烘炉和 1722 平方米麦芽生产地板,使麦芽产量达 4600 公斤/次。1957 年生产投入 112 万元,生产啤酒 5843 吨,工业总产值 304.14 万元,实现利税 20773 万元。1958 年主要生产 12 度 640 毫升 48 瓶木箱包装和 355 毫升 72 瓶木箱包装两种规格的啤酒。1959 年啤酒年产量超过 1 万吨,完成产值 732 万元,实现利税 352 万元。

60 年代,为适应国内消费者和国际市场需求,将 640 毫升 48 瓶木箱装和 355 毫升 72 瓶木箱装啤酒,改为 24 瓶和 36 瓶纸箱装,1967 年年产量增加到 1.87 万吨。70 年代全部改为 24 瓶装和 12 瓶装,1972 年首次销往美国市场,1973 年年产能力达 5 万吨,1975 年产量为 2.9 万余吨,全国各大中城市均有青岛啤酒销售。70 年代末,国民经济迅速发展,对啤酒需求量越来越大,青岛啤酒产品供不应求。1978 年,美国莫纳克公司成为青岛啤酒在美国销售的总代理,年销量达 2 万箱。1979 年 10 月 31 日,青岛啤酒在国家工商行政管理总局以"青岛"牌注

图 7-13　1904—1916 年生产的啤酒商标

① 即墨市志[M].北京:方志出版社,2007:268.
② 王栋.德日占领时期的青岛工业[J].青岛画报,2007(12):84-85.
③ 中国实业志:山东省第八册[M].复印本.第四〇七(辛)页.

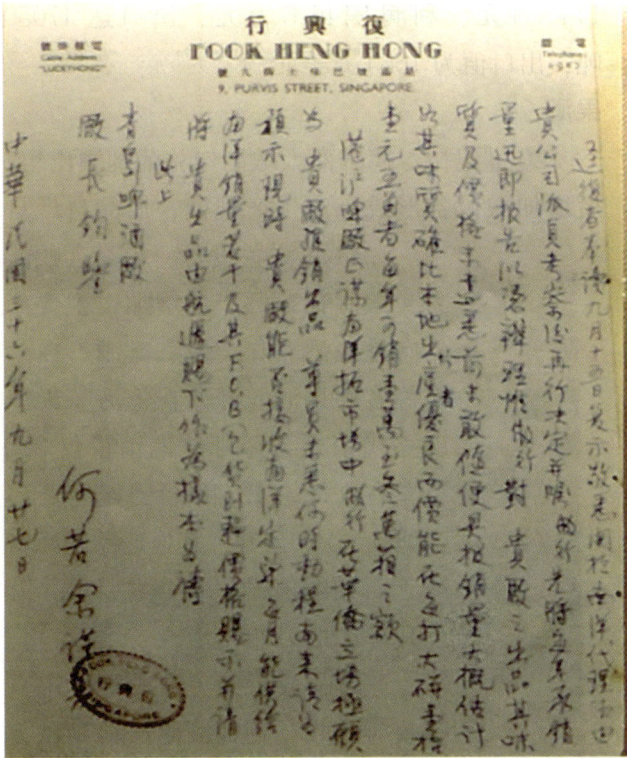

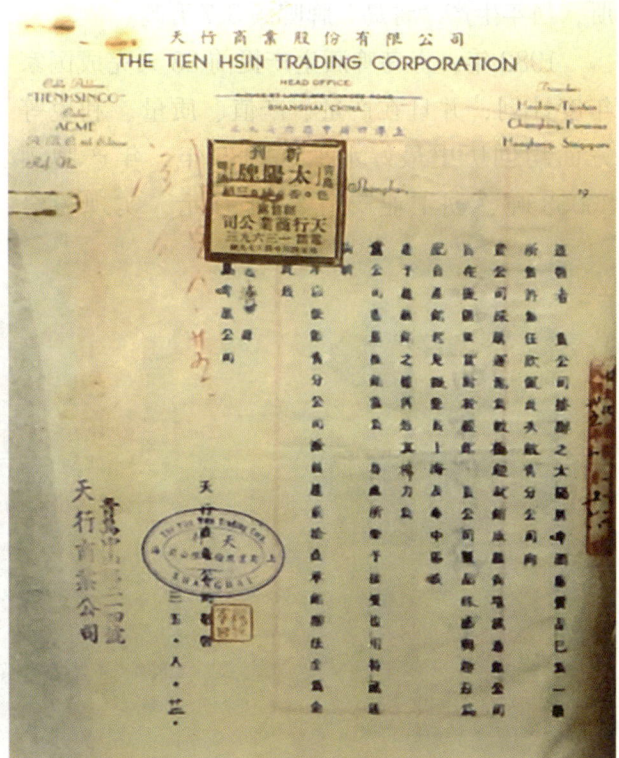

图 7-14　1947 年新加坡经销商请求进口青岛啤酒的信函

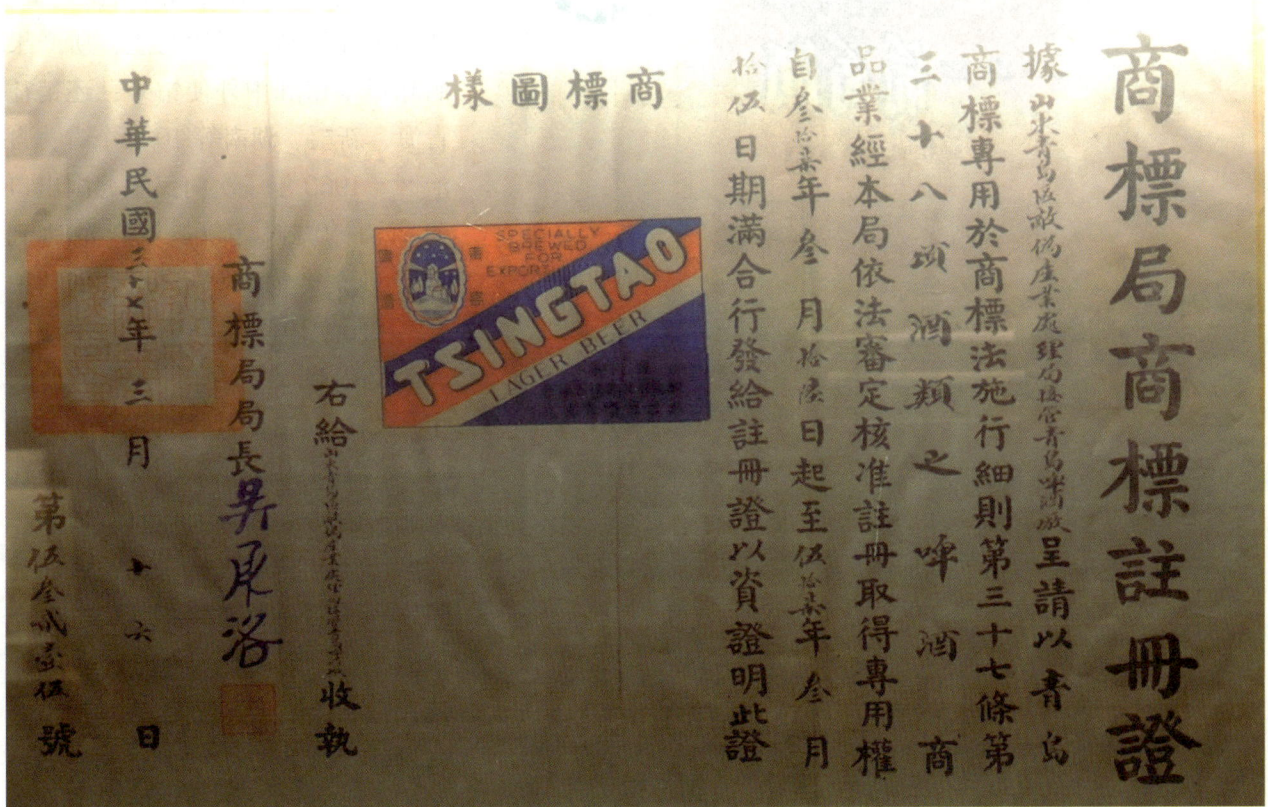

图 7-15　1948 年的青岛啤酒商标注册证

册, 当年生产 "青岛" 牌啤酒 3.7 万吨。

1982 年, 青岛啤酒生产提前 33 天完成国家年度计划, 并且在产量、产值、质量、利税等方面均创历史最好水平。1985 年, 年产啤酒 85053 吨, 创工业产值 3734 万元, 实现税金 1145 万元, 利润 2146.6 万元, 出口达 47050 吨, 出口值为 1654 万美元。

果酒

20 世纪初, 德国商人酿制勾兑葡萄酒出售, 后增加酿设备形成一定生产规模, 产品自产自销。1941 年添置设备、提高存贮能力, 酿制葡萄酒产量增加, 主要产品有香槟酒、味美思、露酒、白兰地等各种果酒, 开始在上海、天津设立代销处, 每月外地销量仅 300 箱左右 (每箱 12 瓶)。1947 年产白兰地酒 9000 公升, 其他产品因原料缺乏而相继停产, 年产总量 8.4 万公升 (4.32 万瓶)。

青岛解放后, 美口酒厂被市人民政府接收, 葡萄酒生产得到恢复和发展。1956 年产量达到 319.28 吨, 比解放初增长 25 倍; 贮存能力达 17 万公升, 比 1949 年翻一番。产品由洋酒转为果酒为主, 所产果酒除供本市和中外使馆外, 还销往青海、新疆、湖南等 10 余个省、自治区。1960 年一次向民主德国出口葡萄酒 50 吨, 1964 年产量达到 1560 吨, 产值 3893 万元, 创利税 3.2 万元。1985 年, 葡萄酒年产能力为 3 万吨, 贮存能力 2.5 万吨, 年产 2.5 万吨, 其中葡萄酒 23705 吨, 露酒 1296 吨, 当年产值 5110 万元, 创利税 595 万元 (图 7-16)。

1985 年, 平度县青岛益民葡萄酒厂和莱西县黄海葡萄酒厂也生产果酒, 益民葡萄酒厂年产量达 3555 吨, 完成产值 445 万元。

白酒

1913 年, 华商寇坤臣在太平镇开设义源烧锅, 自烧自卖白酒, 批

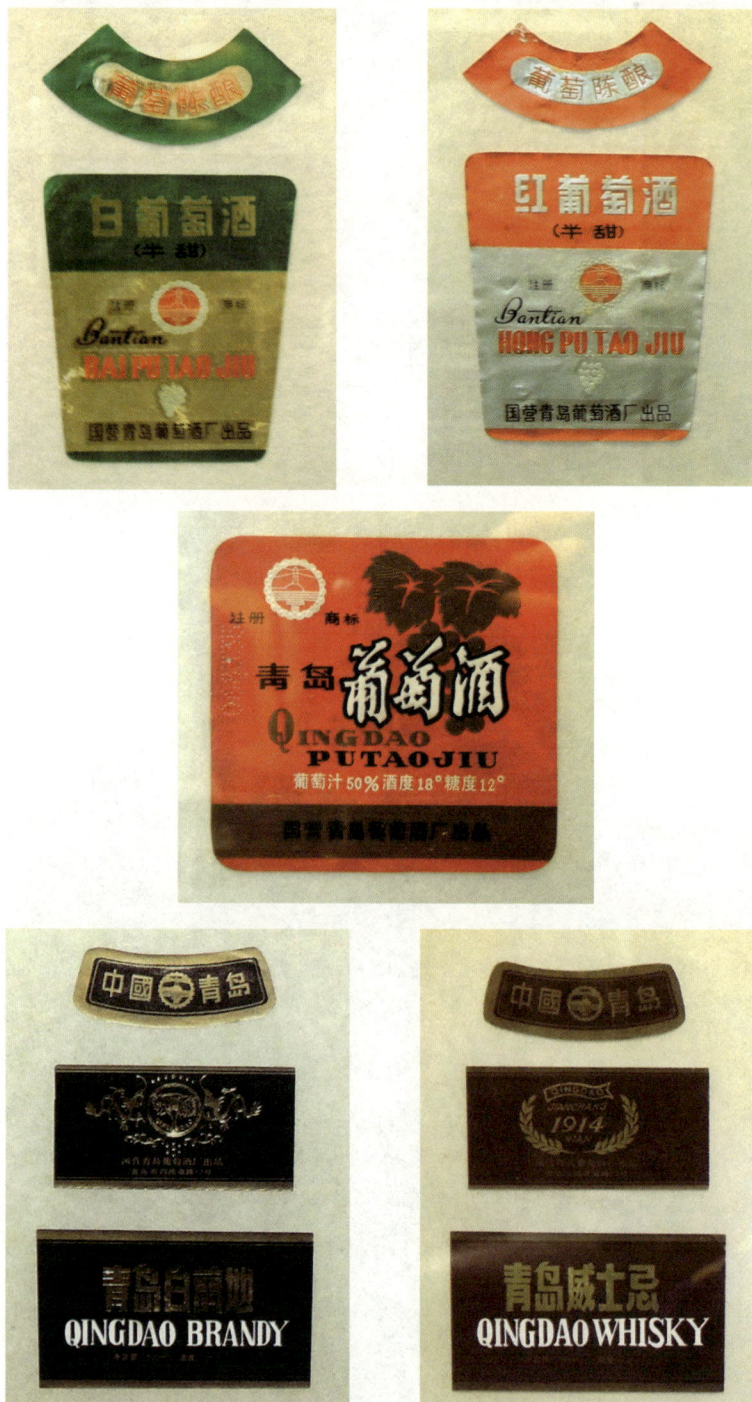

图 7-16　国营青岛葡萄酒厂生产的部分产品商标

零兼营，城区白酒业由此兴起。据1932年全国实业调查报告各县白酒产量，胶县年用高粱1.64万担、小麦1180担，年产量7200担，年产总值14.4万元；平度县年产总值2099元；即墨县年产量480担，年产值9600元。[①]年产值最大者是胶县丰泰，为4.4万元；其次为胶县协盛，为4万元；最小者为平度洞仙居、德泉居、金福谟、姜贯林、涌顺等5家，各为180元。所产白酒除自给外，也分销他县，胶县之酒主要运销青岛城区。[②]

华北酒精厂1936年酒精日产量3吨左右，出酒率为24%～25%。烧酒作坊除设门市零售外，主要批发供应市区酒馆和餐馆，较大的烧锅作坊如义源烧锅，设有4个分销处、8个门市部，年销酒3万余斤。1938年，日华酿造株式会社日产酒精4吨左右。

1957年，青岛实业酒厂试制成功62度兑制白酒，注册"栈桥"牌，通称"栈桥"白干，分瓶装和散装两种。1963年，"栈桥"白干被山东省评为地方名酒，产量达到2000吨。1971年，酒精产量突破万吨。

1980年，青岛酒精厂酿制成功"淘米春"和"酥糜浓酿"浓香型白酒，1985年产酒精1.3万吨，创产值1974.26万元，实现利润319万元。

第四章　饮　料

山东非酒精饮料产品主要有矿泉水、碳酸饮料（汽水）、果汁饮料、固体饮料及其他饮料4种，以矿泉水和碳酸饮料为主。19世纪末青岛建立矿泉水厂，生产出中国第一瓶天然矿泉水，

为世界罕见的低矿化度、复合型天然矿泉水。1905年，德商马亚在太平山南麓建立崂山晶泉汽水厂，为山东省最早的汽水厂。30年代，美国可口可乐公司将崂山汽水公司作为其在中国的两家灌装厂之一，生产可口可乐汽水，并生产出中国第一种果味汽水。"崂山"系列饮品成为本地外侨和国内其他口岸的主要饮品，并批量远销海内外。"崂山可乐"作为中国第一种可乐饮料，填补了国内碳酸饮料产品的一项空白。

50年代，崂山矿泉水凭借其品牌优势和产品质量进入出口市场。70年代初，国家对崂山矿泉水水源再次进行化验测试，并据此制订出中国矿泉水国家标准。直至1977年，崂山矿泉水仍是中国唯一瓶装矿泉水，80年代在中国市场占有率为20%。1983年，"崂山可乐"被评为轻工业部优质产品。

至1985年，崂山矿泉水一直是中国顶级的商务政务用水，质量效益始终排在矿泉水行业前端；崂山可乐在中国饮料市场中，占有率为20%。崂山矿泉水与崂山可乐成为青岛食品工业名优产品、国家知名品牌，享誉世界。[③]

第一节　青岛汽水厂

青岛汽水厂是境内唯一一家规模化生产矿泉水和碳酸饮料的企业，由于史料不详，至今未有其具体建厂时间。据《胶澳发展备忘录》（1900年10月～1901年10月）记载：矿泉水厂已经建成很久，最近一家啤酒厂也已开工。1901年的"青岛及周边"地图中标注的"Mineralwasser Fabrik"（矿泉水工厂），所处位置位于太平山南麓。故该厂应在1900年前在太平山南麓建成，为中国第一家矿泉水工厂。

① 中国实业志:山东省第八册[M].复印本.第三〇二(辛)页＋第二九一(辛)页＋第二九四(辛)页＋第三〇三(辛)页.
② 中国实业志:山东省第八册[M].复印本.第二九一(辛)、二九二(辛)页＋第三一二(辛)页.
③ 王苏.迎接新纪元的中国矿泉水工业[J].中外食品工业信息,1999(2):3-5.

德占青岛后将太平山命名为"Iltisberg",此时建成的矿泉水厂也即循例取名为意忒斯山矿泉水厂(Iltisberg Mineralwasser Fabrik)。

1905年,德商马亚在此建立崂山晶泉汽水厂,此为山东省最早的汽水厂(图7-17)。1915年日商代替德商,成立青岛矿泉株式会社,将该厂易名为黑虎泉汽水厂。

1922年中国收回青岛主权后,卡尔·罗德维和麦斯·格力从日方手中收购意忒斯矿泉水资产重新经营,并改名为崂山晶泉汽水公司。1930年又将其转卖给德国美最时洋行,易名崂山晶泉汽水厂,1931年易名崂山汽水公司(图7-18),依然保留"Iltisbrunnen"矿泉水商标。

太平洋战争爆发后,1941年中德两国商人改组成立崂山汽水工厂两合公司,1943年又更名为崂山汽水股份有限公司。1944年5月,中方经理解散崂山汽水公司,改组为崂山汽水股份有限公司。抗日战争胜利后,崂山汽水公司重新进行登记及商标注册,赎回美最时洋行股份,成为华商全资企业。

1953年,青岛交通银行接管青岛崂山汽水股份有限公司,将其更名为青岛崂山汽水厂。1956年研制成功具有中国风味的可乐型饮料——崂山可乐,成为新中国第一代可乐型饮料。1962年恢复崂山矿泉水生产,1966年定名为青岛汽水厂。1984年底,青岛汽水厂与

图7-17 1905年开发出的中国第一口矿泉水水井

图7-18 30年代的崂山汽水公司生产车间

全国33家企业以不同形式开展联营，加速了山东饮料业发展，也为全国饮料业发展做出贡献。[①]

第二节 加工生产

青岛饮料产品中产量最大者为矿泉水、碳酸饮料两类，另有部分果汁饮料。其中，崂山矿泉水投产之初，就成为高档消费品，30年代末出口外销，50年代起成为国宴用水，至70年代末出口量一直位于行业之首。"崂山可乐"的研制投产，满足了中国可乐型饮料消费者需要，一直供不应求，至80年代在全国有100余家联营生产厂，产品连获省优、部优称号。

崂山矿泉水

据1901年1月正式出版的《胶澳租借地地址簿》中记载，意忒斯矿泉水公司在中山路上设立办事处，就近销售矿泉水。

意忒斯矿泉水钻井取水投产后，以其优质水源和德国先进技术，很快打开市场。除在青岛注册"Iltisbrunnen"品牌外，还在上海租界和南京等地进行品牌注册，并在津、沪、青等地投放广告。据胶海关贸易统计报告（1902—1911）、日本人编著的《胶州湾详志》《胶州湾》等记载，意忒斯矿泉水水质极好，除供应本地需要外，还销售到华北、华南等地，仅1911年就卖出18000余打矿泉水。据《1909年凌基药房价目表》记，意忒斯矿泉水售价每100飞升（约为300毫升的意忒斯矿泉水两瓶）售价10个鹰洋，价格昂贵，利润高于啤酒。在青岛，只有德国侨民和富裕华人家庭才有消费能力。

1931年，美最时洋行入股后，以法国威士矿泉水为标准试制装瓶水，取名爱乐阔矿泉水，又名卫生水。1933年，开始小批量生产，销售

对象主要为外侨。1938年日本侵占青岛后，崂山汽水公司因有德国美最时洋行股份和可口可乐的生产权，起初并未受到很大冲击，反而通过赞助青岛市学生运动会、赠送等方式扩大品牌宣传，通过香港将矿泉水销售到越南、柬埔寨等法属殖民地。据矿泉水出口统计，1937年为8637打、1938年8690打、1939年14531打、1940年14112打、1941年12158打、1942年7178打。

太平洋战争爆发后，因日本与英美交恶，销售量逐渐下降，1943年外销量直接下降到三四十打。抗日战争胜利后曾一度繁荣，但随着内战爆发直至停产。50年代，崂山矿泉水作为国宴用水，专供国家领导人和外宾饮用。

1962年，崂山矿泉水恢复批量生产。同年秋，参加广州国际贸易交流会，外商经品评认为，崂山矿泉水与法国、意大利产品的内在质量和外观上均无差异，符合国际市场要求，并当场签订5000箱试销合同。崂山矿泉水由此开始出口新加坡、泰国、马来西亚、柬埔寨、日本、英国、美国、加拿大、巴拿马和中国香港、澳门等十几个国家和地区，至1976年出口量上升到18万箱。直至1977年，崂山矿泉水一直是中国唯一的瓶装矿泉水，出口量一直稳居中国矿泉水行业第一位（图7-19）。

碳酸饮料

民国初年，日商青岛矿泉株式会社将意忒斯矿泉井改为"虎泉"，生产"虎泉"牌汽水。据1917年统计年报，青岛矿泉株式会社投资金额达1500万日元，年生产清凉饮料水300万瓶，销售收入60万日元。

1928年，义兴厂年产"麒麟"牌汽水6000箱，其品产包装分为44瓶包装大箱、20瓶包装小箱两种。1929年，鲁丰厂年产"金麒麟"牌汽水3600打。1930年，普贸厂年产"钻石"牌

① 山东省志：一轻工业志[M].济南：山东人民出版社，1993：220.

汽水2000打。[①]

30年代，崂山汽水公司成为碳酸饮料的主要生产厂家。因其品牌影响力和优良水质，美国可口可乐公司选择其作为在中国的两家灌装厂之一，生产可口可乐汽水，行销山东全省，后市场逐步扩展至西安、汉口、大连等地。1934年，美最时洋行投资矿泉水厂，生产出中国第一瓶果味汽水。由于可口可乐等产品非常畅销，因此仿冒品层出不穷，美最时崂山汽水公司聘请法律顾问，并对崂山汽水和可口可乐两个品牌在国民政府实业部进行商标注册。同期，境内山东汽水厂、大华汽水厂、大鲁汽水厂、鲁东汽水厂、青岛冷藏股份有限公司等厂家，也生产各种品牌的汽水、橘汁、果子露等饮料。

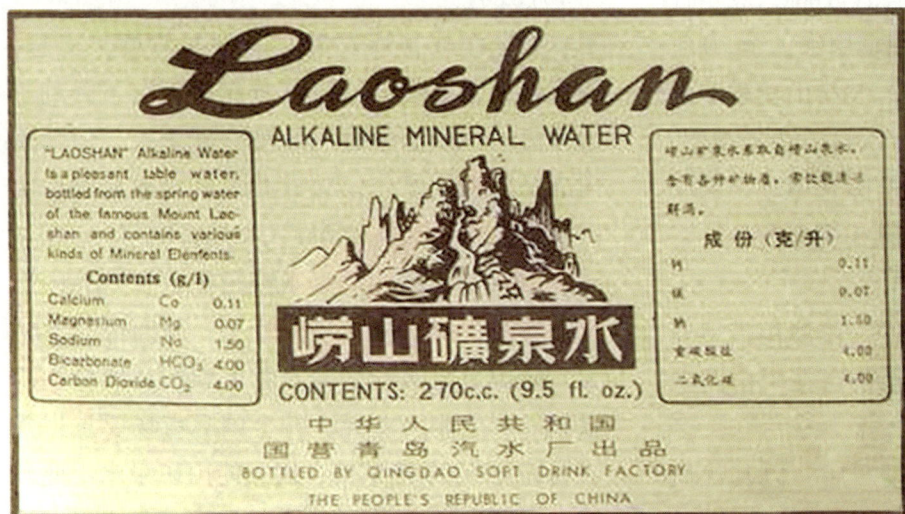

图7-19 国营青岛汽水厂生产的"崂山矿泉水"商标

为适应人们消费需求，青岛汽水厂于1953年组织科技人员取崂山矿泉水配上乌枣、白芷、砂仁等中药，研制成功中国第一种可乐饮料，在国家汽水会议上被命名为"崂山可乐"（图7-20），是一种具有中国风味的可乐型饮料。由于其独特的配方和口感，此后畅销全国。

80年代，崂山可乐连获省优、部优称号，年生产能力逐步达到8000万吨，在中国市场占有率为20%，本地市场占有率稳居80%以上，且一直供不应求。1983年，青岛汽水厂生产的"崂山"牌苹果汽水获轻工业部优质产品称号。1984年底，青岛汽水厂与全国33家企业以不同形式开展联营，为全国饮料业发展做出贡献。[②]

图7-20 国营青岛汽水厂80年代生产的"崂山可乐"商标

---

① 中国实业志：山东省第八册[M].复印本.第四〇九(辛)页.
② 山东省志：一轻工业志[M].济南：山东人民出版社，1993：220.

第八篇 电 力

迄至 19 世纪末，境内尚未出现电力工业，处于无电状态。德国强占胶澳后，为供德军设施和官署照明用电，建立青岛电灯房，成为青岛电力工业开端。此后续建青岛电灯厂，并开始向市区供电，自此，"市内之灯火及工场之发动，一以电气为主"①。日本侵占青岛后，接管电灯厂并将其改名为青岛发电所，掌管供电事宜；随之扩建电厂规模，增加用户数量，"一般市人之所需、公署之所耗，尚能完全供给，而无遗憾"②。同时，不少工厂为满足自身生产用电而装备发电机器，开始自备发电。

20 年代，随着经济发展和城市规模扩大，原有电厂发电能力和电量供应不能满足社会各业用电需求，胶澳当局多次增装发供电设备，"推广给电，以利公用"③，胶澳电气股份有限公司成为中国最大自行经营的电灯公司；广州路电厂经过设备更新和扩建，成为山东第一个装机总容量超过 1 万千瓦的电厂，其两台 5000 千瓦汽轮发电机组也是山东单机容量最大的机组。为满足日益增长的工业用电需求，30 年代中期新建四方发电所，成为山东最大的发电厂，其两台 1.5 万千瓦机组也一直是山东单机容量最大、蒸汽参数最高的机组。同期，郊区电力工业开始起步，但规模不大，主要供给县城使用；部分厂家也开始自备发电。

七七事变后，青岛市政当局在撤退前将大部分发电机组炸毁。日本侵占青岛后修复发电设备并恢复发电，在郊区建立多处发电厂，并在城乡之间架设电网。日本投降后由国民党政府接管青岛电业。

青岛解放后，对原有各类电厂、电网进行整顿改造，发电容量逐步提升，电压等级不断提高。其间，为加强管理，青岛电业局制定统一的技术安全规程和事故报告制度，推行安全生产岗位责任制。同时，编制绝缘预防性试验计划和反事故措施，使反事故工作由被动转为主动。50 年代末，青岛电网结构发生较大变化，输电系统电压等级由 20 千伏升压为 35 千伏，配电系统电压等级由 3.3 千伏升压为 10 千伏。60 年代初期加强安全管理工作和技术培训，各发电厂和供电部门逐步对所属设备进行更新改造，青岛第一发电厂装机容量扩展为山东最大电厂。"文化大革命"初期，电力生产受到一定影响，安全责任制遭到破坏，职工业务水平下降，人身、设备事故大幅度上升。70 年代初，为适应战备需要和解决青岛电力不足问题，开始建设郊区发电厂。70 年代中期建成青岛首座 220 千伏变电站——黄埠变电站，潍坊到青岛 220 千伏坊青线投运，实现青岛电网与山东电网联网，结束青岛孤立电网的历史。

---

① 赵琪,修.袁荣叟,纂.胶澳志:沿革志[M].青岛:华昌印刷局,1928:22.

② 张武.最近之青岛[M].北京:财政部印刷局,1919:29.

③ 青岛市政府三年来行政摘要:社会[M].青岛:青岛市政府秘书处编印,1934:3.

70年代末，随着工农业生产发展和人民生活水平不断提高，用电量迅速增长，电力供需矛盾日益突出，电力作为国民经济发展基础，得到国家高度重视，电业管理体制也历经改变。在国家统一部署和山东省直接领导下，市政府和电业部门积极采取措施，缓解电力供需矛盾，启动黄岛发电厂建设，并进行青岛发电厂扩容扩建工程，对余热发电和背压发电实行优惠政策，鼓励和调动有条件的工厂、企业进一步搞好余热、背压发电，平度、胶南、胶县、莱西、即墨等县的地方发电厂相继扩建或新建，全市电力工业进入一个蓬勃发展期。

第一章 发电企业

19世纪末，德国商人先后在青岛建立电灯房和青岛电灯厂，主要供应市区生活用电。随着纺织工业规模扩大，许多纱厂建立自备发电所以满足生产用电需求。30年代，平度、即墨、胶县等县区电业开始起步。30年代中期，日本建成四方发电所，并不断在郊区建立发电设施，以加大控制和扩大资源掠夺力度。抗日战争胜利后，南京国民政府组建青岛电厂，成为市区主要发电企业。郊区发电设备有部分被运往解放区进行自备发电。

50年代初，青岛电业得到发展。先后组建青岛火力电厂、青岛第一发电厂，不断增加设备，扩大发电量。市人民政府接管各企业自备发电所，便于统一管理。同时，郊区地方电厂得以修复和扩建，各生产企业也纷纷安装内燃机发电机组。

60年代初，市政府将发电厂改为青岛市电业局，作为工业职能部门管理本市发电业；60年代中期撤销，分别组成青岛供电局和青岛发电厂。70年代用电负荷迅速增长，为解决青岛电力不平衡和国防战备所需电源，相继筹建崂

山发电厂、楼山发电厂和黄岛发电厂。"文化大革命"时期，青岛电力工业受到一定影响，但市区和地方电厂仍得到持续发展。

70年代末，全市电力增长停滞状态与经济社会发展和市民用电需求增加不相适应，造成电力供需矛盾。青岛市开始对电厂进行整合，各企业自备发电设备均停止发电。80年代中期，因国家建设需要，崂山发电厂和楼山发电厂相继被合并撤销，黄岛发电厂则不断增加建设规模和发电数量，成为山东电网主力电厂之一。地方电业也不断得以发展，企业电厂纷纷并入政府电力网络，区市自建电厂规模和发电量日益增大，不但供应主要城区，而且通过变电站建设，将电力输送到自然村。

第一节 市区发电企业

19世纪末，德国商人在青岛建立山东最早的发电厂。20世纪初，日本侵占青岛后接管青岛电灯厂，并将其改名为青岛发电所，20年代改为中日合办胶澳电气股份有限公司。30年代中期四方发电所建成投产。七七事变后，国民党军政当局撤退时炸毁青岛四方电厂和7家日商纱厂自备电厂的24台发电机组。1938年1月日本侵占青岛后，修复四方发电所被炸毁的发电设备。抗日战争胜利后，国民党政府接管青岛电业，将四方发电所与胶澳电气股份有限公司一并改称经济部接管青岛电厂，后改由南京国民政府行政院资源委员会接办，更名为行政院资源委员会青岛电厂。青岛解放后由市军事管制委员会接管。

50年代末，四方发电厂改名为青岛发电厂，先与青岛供电管理所合并为青岛火力电厂，后又改为青岛第一发电厂，同时将青岛国棉一厂、二厂、五厂、六厂自备发电所划归青岛火力发电厂统一管理，稍后青岛火力发电厂改为青岛市电业局，作为青岛市工业职能部门管理全市

电业。60年代中期，青岛电业局撤销，分别组成青岛供电局和青岛发电厂，直属山东电业管理局。70年代初青岛市电业局成立，青岛供电局改名为青岛供电公司。80年代初，市电业局改称青岛电业局，与青岛发电厂、青岛供电公司、青岛送变电工程处一并收归山东省电力工业局。1983年进行体制改革，青岛发电厂和黄岛发电厂划归省局直接领导，青岛电业局与青岛供电公司合并，仍称青岛电业局。

青岛电灯房

1898年，德国企业主朴尔斯曼率先在河南路、天津路交叉处附近搭设简易厂房，建立电灯房，内装50马力移动式石油气罐纵式机械发电机2部，发电设备容量75千瓦，供胶澳德国军事机构及行政机构用电。这是山东省最早的发电厂。

1904年青岛电灯厂建成后，青岛电灯房终止发电。

青岛电灯厂

1900年，德商库麦尔电气股份公司在今广州路3号筹建一处较大电灯厂。建厂过程中公司面临破产，德国政府遂以200万马克将其全部收买，工程改由德国胶澳总督府承办。1903年10月1日，青岛电灯厂建成发电，内装2台德国制并列的兰开夏式双火焰管子锅炉以及2台立型复式蒸汽机直联发电机，发电设备容量为367千瓦，成为青岛第一个正规电能工业企业（图8-1）；次年改为德国官营事业，当年发电量达到44.95万度。1905年和1912年，电厂先后两次扩容。

第一次世界大战日德青岛战争开始后，该电厂被德军破坏。日本占领青岛后接管电灯厂，并于当年12月12日恢复发电。1915年1月1日，日本人将青岛电灯厂改名为青岛发电所，隶属青岛日本守备军递信部，此后多次扩容。

1922年12月，北洋政府收回青岛主权时，日本将青岛发电所交还中国。命名为胶澳商埠电气事务所。1923年，胶澳电气股份有限公司成立后，发电所所有设备划归该公司。

胶澳电气股份有限公司

1923年5月27日，中日合办胶澳电气股份有限公司正式成立（图8-2），资本200万元，其中华股占54％、日股占46％；华人隋石卿任董事长，日商桥光隆任经理，后博山、张店、周村等地电业均划归该公司管辖。在胶澳电气股份公司经营下，电厂不断扩大规模、增加设备。至1937年，胶澳电气股份有限公司成为中国最大的自行经营的电灯公司。是年12月，青岛市政当局奉命将各电厂发电机组炸毁，仅保留原"青岛发电所"的7炉4机，发电设备容

图8-1 建于1903年的青岛电灯厂

量 8800 千瓦。

1938 年 1 月日军强行登陆青岛，接管胶澳电气股份有限公司，一方面修复发电设施，另一方面将胶澳电气公司的设备陆续拆往山东各地，至 1941 年 11 月，所有设备拆迁一空，原地改为胶澳电气公司总办事处，发电所归并到华北电业株式会社。1942 年 9 月 30 日，胶澳电气股份有限公司一切财产、权利及义务皆让交于华北电业股份有限公司；10 月 1 日，胶澳电气股份有限公司正式改名为华北电业股份有限公司青岛支店。

日本投降后，南京国民政府接收华北电业青岛支店，并恢复胶澳电气股份有限公司旧名；12 月 1 日，南京国民政府经济部鲁晋豫区特派员办公处会同青岛市正式接管胶澳电气股份有限公司，并与四方发电所一同更名为经济部接管青岛电厂。

四方发电所

1934 年 10 月，日本商人在四方海岸勘定新的发电厂厂址，11 月动工建设，1935 年正式投产发电（图 8-3），1937 年 6 月发电总容量为 3.5 万千瓦，成为民国时期山东最大的发电厂（图 8-4）。是年 12 月 25 日晚，国民党市政当局在撤离青岛前，将其发电机以及配电盘炸毁。

1938 年 1 月日军侵占青岛后占领四方发电所并进行修复，至 1949 年 5 月，该厂仍为山东最大的电厂。1946 年 11 月，国民政府行政院资源委员会接办四方发电厂，着重进行设备恢复修理，改善

图 8-2　胶澳电气股份有限公司

图 8-3　1935 年 12 月，青岛四方发电所建成发电

运行方式。

青岛解放后，四方发电所为市人民政府管理。为缓解青岛地区电力紧张局面，1956 年 9 月，将该厂已停止运行的 3、4 号锅炉修复使用。"一五"计划期间，该厂扩建后总容量达到 4.1 万千瓦，是同期山东最大的电厂。1957 年 9 月，四方发电厂改称青岛发电厂。

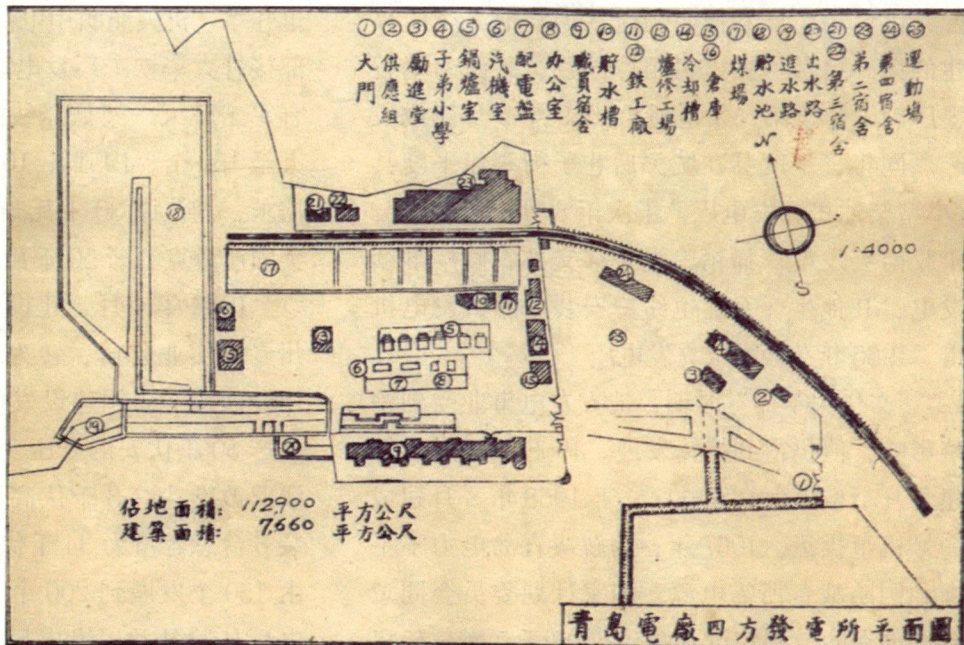

图 8-4 青岛电厂四方发电所平面图

第二节 市郊发电企业

1910 年，美国基督教传教士在平度城开办怀阿医院并自备发电。[1]30 年代，平度、即墨、胶县等地发电事业开始起步。1939 年，胶澳电气股份有限公司在胶县城沙滩南崖建立火力发电所[2]，电力主供胶城日军和几家私人商店照明用。1943 年泊里伪滨海地区警备军兵工厂安装蒸汽发电机，供兵工厂生产和警备司令部照明。[3]同年秋，侵华日军在莱西南墅矿安装直流发电机组。[4]1945 年泊里解放，兵工厂被滨海军区兵工局接收，发电设备运往兵工厂驻地莒县；莱西日军投降逃走时，将南墅矿发电设备焚毁。1949 年春，胶东行署在平度城开办的第二面粉厂（后改为兴华油坊、平度县榨油厂）自备发电。

青岛解放后，各级人民政府接管各地电厂。三年经济恢复时期，除新建发电设施外，电业职工通过修复原有机组挖掘发电潜力，地方发电得到恢复和发展。1950 年山东矿业办事处投资建设莱西南墅石墨厂第一发电所，1951 年春该所从青岛购进柴油机 1 部和发电机 1 台，安装在水集建国铁业社。是年 4 月，莱西建设汽油发电机组 1 台（套），供县委、县政府及各私营买卖铺照明用电。同年 12 月，南墅石墨厂第一发电所建成投入运行。

第一个五年计划期间，在国家和山东省统一安排下，青岛电力工业进入计划发展阶段。1954 年，胶州专区实业公司建设发电厂更名为山东即墨发电厂，1956 年划归莱阳专区实业公司，次年下放归即墨县工业局。1957 年 7 月，青岛市海西砖瓦厂利用原有蒸汽机配装发电机 2

① 平度县志[M].济南:山东省出版管理处,1987:326.

② 胶州市志[M].北京:新华出版社,1992:238.

③ 胶南县志[M].北京:新华出版社,1991:209.

④ 莱西县志[M].济南:山东人民出版社,1989:314.

台,供厂内生产和照明用电,为县地方企业兴建的第一台蒸汽发电机组。同月,莱西南墅石墨厂动工建设第二发电所,1959年9月建成投产。同年,平度县在城关后巷子街筹建平度县(小型柴油机)发电厂,于次年8月投运。1962年胶南县发电厂撤销,设备移交县农修厂继续发电,其他生产企业也纷纷安装内燃机发电机组。1965年莱西县成立发电厂。

"文化大革命"时期,地方发电事业受到一定影响,但仍得到持续发展。1966年平度县筹建县(小型火力)发电厂,于1968年8月建成一号机组投运。1967年,为解决青岛电力不平衡和国防战备所需电源,国家计划委员会同意并批准在防空洞建设有两台6000千瓦燃气轮机的小型电厂作为备战电源。随后,崂山发电厂、楼山发电厂和黄岛发电厂相继筹建。1969年,平度县发电厂二号机组投运;县(型柴油机)发电厂并入县(小型火力)发电厂。1977年,莱西县发电厂在望城建成发电。

改革开放以来,地方发电得到迅速发展。1979年,胶南县化肥厂新上余热发电车间,1980年12月竣工发电,并入县供电局电网。1985年,胶南县余热发电厂兴建,到年底,胶县电力网络基本形成,825个自然村全部用上电,成为青岛电业局用电遍售县中第一个实现村村通电的县;莱西全县通电村597个,占全县总数的69.5%。

明星电灯厂

1932年7月,由华人侯绣屏发起招股,在平度县城东门外创设明星电灯厂,电灯厂设有45马力立式柴油机1台、40千瓦柴油发电机组1台(套),发电能力30千瓦,供电线路2公里,仅供县府、县街及商业照明。

建设发电厂

1949年10月,驻即墨县城的大华铁工厂附设发电车间,安装1台美国产30千瓦柴油发电机组,发供电压均为220伏,主要供本厂及城里驻军、机关照明用电。1950年10月,驻军某部接管大华铁工厂发电设备,成立建设发电厂,有军工7人,架低压线路1公里,照明用户扩大至150个。1951年10月因供电不能满足用电需求,淘汰原30千瓦柴油发电机组,安装1台美国产海克利斯50千瓦柴油发电机组。

1952年4月,建设发电厂移交省工业厅胶州专区实业公司,转为地方国营企业,改称胶州专区实业公司建设发电厂;11月增装2台日本产50千伏安的升压变电器,同时将低压送电线路改造为3.3千伏高压送电线路,并相应增装6台总容量为34千伏安的配电变压器,用户由150个发展到200个。1953年8月,建设发电厂从胶县益民发电厂调来1台美国产开特匹拉50千瓦柴油发电机组。1954年2月,胶州专区实业公司建设发电厂更名为山东即墨发电厂。

益民发电厂

1950年秋,胶州专署实业公司在胶县县城进德街建立一家发电厂,名为益民发电厂,安装60马力柴油机1台,配三相六级30千瓦发电机1台;机组输出电压220～400伏,经3台400伏～3.3千伏单相10千伏安变压器升压,以3.3千伏电压输出;出线2条,共25档,长约1.5公里,低压线0.6公里。1951年2月5日(农历除夕夜),胶县益民发电厂开始发电,发电时间为夏季从傍晚发电至午夜1点、其他季节发电至夜间12点,电力只供专署和军分区机关照明用。1952年增置78马力柴油机1台、50千瓦发电机1台,供电用户扩大到550余个,电灯6290余盏。1953年,胶县开始由青岛电网供电,益民发电厂设备及大部分人员一同调往即墨县,益民发电厂撤销。

崂山发电厂

1967年,华东电力设计院、青岛发电厂、青岛供电局和青岛市防空指挥部4个单位联合在崂山地区勘察,最后选定崂山县夏庄公社南坡村南山为筹建崂山发电厂厂址。1968年6月,崂山发电厂破土动工，当年底被迫停工。1969年3月，将建厂工程委托给崂山县沙子口公社彭家庄大队继续施工，但进展依然缓慢。1970年，建设工程由市革委会战备办公室接管，3月从崂山县各公社抽调民兵进行工地开挖，直至1971年10月开洞工程才全部结束，完成石方量为16000立方米。1971年，青岛建筑公司第一工程队开始衬砌工程施工，1972年6月全部结束，耗用钢筋混凝土总量约5500立方米。1973年5月15日主机投入安装，其间得到上海汽轮机厂和"五一"列车电站支援，于11月9日一次启动成功，试运行后即并网发电。工程实际耗资699.34万元，平均单位造价1165.57元／千瓦。其中建筑工程200.92万元，占28.72％；安装工程92.34万元，占13.2％；设备费341万元，占48.76％；其他费用65.08万元，占9.32％。

崂山发电厂建成后，在缓解青岛地区供电紧张方面起到重要作用。1981年，由于崂山发电厂燃汽轮发电机发电燃用零号柴油费用昂贵，经省电力工业局批准停止发电；3月，青岛电业局令其试改调相，9月工作全部结束，作为备用。后经省电力工业局批准，是年10月29日起，崂山发电厂与楼山发电厂合并为楼山发电厂。

1984年，省电力工业局批准原崂山电厂发电机组、电缆和洞内建筑物共计原值432.88万元，已提折旧117.12万元，净值315.56万元做报废处理。

楼山发电厂

1972年7月25日，水电部将从英国进口的5台燃汽轮发电机组分配给青岛市电业局1台。市电业局立即组织力量选厂、设计，并于当年8月22日向省电力工业局提出初设审批，12月完成燃汽轮发电机组施工图设计。

1973年1月16日，楼山发电厂工程破土动工。6月，英国约翰布郎公司制造的JB5331型22900千瓦燃汽轮发电机组运至青岛；7月16日开始安装主机，8月26日燃汽轮发电机组安装完毕，开始分部试运；9月2日完成试运，9月12日正式并网发电。电厂建成后的固定资产为1181.37万元（批准计划为1200万元），其中发电设备为1052.67万元。

1977年7月9日—8月2日，楼山发电厂进行第二次大修，用潍坊柴油机厂生产的8V160型高速柴油机替换英国产柴油机。经省电力工业局批准，1981年10月崂山发电厂并入楼山发电厂。1983年10月29日，楼山发电厂改称楼山发电站。1984年4月，省电力工业局转发水利电力部批示，将楼山发电站22900千瓦燃汽轮发电机组无偿调拨给厦门市。

1985年5月，楼山发电站正式撤销。

黄岛发电厂

70年代初，北京、华东、西北3个电力设计院先后5次选点，在对23处点位反复比较、筛选后，确定在黄岛新建发电厂，厂址位于黄岛前岸。1973年10月，建厂组向水利电力部提出规划选厂报告，翌年西北电力设计院作出初步设计，1975年由黄岛电厂筹建处会同西北电力设计院对黄岛地区进行地质勘查，并请山东海洋学院做出波浪、潮流测量和淤泥成分分析，为施工设计提供基础资料。1976年6月30日—7月4日，省建设委员会会同省计划委员会、水利电力部规划设计院，组织有关单位对黄岛发电厂工程初步设计进行全面审查，1977年2月省建设委员会批准初步设计，9月21日国家计划委员会批准同意新建黄岛发电厂。

1978年，省革命委员会决定将黄岛发电厂工程列为全省重点会战工程项目。2月20日，指挥部确定黄岛电厂总体布置、施工安排以及水源、电源、煤炭、设备材料供应、运输等重要问题，3月10日举行开工典礼。6月，省电力工业局在青岛召开第二次修正初步设计审查会，一致通过由西北电力设计院提出的修改初

图 8-5 黄岛发电厂 2×12.5 万千瓦机组

步设计。8月8日，西北电力设计院80余人进入黄岛电厂工地开始现场设计，10月底完成"三通一平"，主厂房场地移交给山东省电力建设工程一处，12月17日生产性工程开工。1980年8月21日，黄岛电厂12.5万千瓦汽轮发电机组和400吨/时锅炉安装竣工，9月4日第一台机炉投产并网发电。1981年12月14日，2号机组12.5万千瓦和2号锅炉400吨/时正式并网发电。1982年12月，黄岛发电厂从生产到外围辅助建筑和施工全部竣工（图8-5）。

80年代中期，随着国民经济和社会发展以及经济开发区建设的需要，青岛电力供应又趋紧张，黄岛电厂随之扩建。

第三节 自备发电所

1910年，美国在平度城开办的怀阿医院开始自备发电。此后，为增加电力、保证工业生产，青岛内外棉纱厂、大康纱厂、富士纱厂、钟渊纱厂、宝来纱厂、大英烟草公司、华新纱厂等中外企业先后建立自备发电所。至1937年，全市有发电能力的企业8家。是年12月，市政当局撤退前将市区各企业（除华商华新纱厂外）自备发电所全部炸毁，日本侵占后陆续修复。

青岛解放后，市人民政府接管各自备发电所，大康纱厂、内外棉纱厂、上海纱厂、钟渊纱厂各自备发电所分别改为国棉一厂自备发电所、国棉二厂自备发电所、国棉五厂自备发电所、国棉六厂自备发电所。1958年8月，国棉一厂自备发电所改称第二发电厂、国棉二厂自备发电所改称第一发电厂二车间、国棉五厂发电所改称第三发电厂，国棉六厂发电所改称第四发电厂，统一归青岛第一发电厂管理。1978年7月，第三发电厂划归青岛汽轮机厂后停止发电。1979年7月，第四发电厂划归国棉六厂后停止发电。1980年8月，第二发电厂划归国棉一厂后停止发电。至年底，各企业自备发电设备均停止发电。

内外棉纱厂发电所

1918年1月，日商在青岛建成内外棉纱厂（后改称银月纱厂，新中国成立后改称青岛第二棉纺织厂）自备发电所，共装发电设备2台（2500千瓦1台、1250千瓦1台），发电设备总容量为3750千瓦。抗日战争爆发后，市政当局在撤离青岛前将发电所破坏。日本侵占青岛后重建该所并恢复发电，有装机容量为2500千瓦汽轮发电机组1台。1949年6月，市人民政府接管该发电所。

新中国成立后，内外棉纱厂发电所改称青岛第二棉纺织厂发电所，1958年划归青岛火力发电厂统一管理，改为青岛第一发电厂二车间。1972年，该车间2500千瓦汽轮发电机组拆装在青岛第二发电厂，车间停用。

大康纱厂发电所

1921年9月，日商在青岛建成大康纱厂自备发电所，配装发电设备1250千瓦2台、2500千瓦1台，发电设备总容量为5000千瓦。抗日战争爆发后，市政当局在撤退前将发电设备炸毁。日本侵占青岛后新装日制8000千瓦汽轮发电机组1台、35吨/时锅炉3台。1945年南京国民政府接管时，实际发电出力仅3800千瓦。为保证发电稳定，通常与青岛发电厂并网发电，除自用1600千瓦外，剩余部分经青岛发电厂输电线外送。

青岛解放时，市人民政府接管该发电所。新中国成立后改称青岛第一棉纺织厂发电所，1958年8月又改称青岛第二发电厂，划归青岛火力发电厂统一管理。1959年11月加装由青岛汽轮机厂和青岛纺织机械厂制造的6000千瓦汽轮发电机组1台，1961年1月投入运行，1967年停运拆除。1972年在原6000千瓦机组位置上安装青岛发电厂二车间拆下的2500千瓦汽轮发电机组，11月投入运行，1978年停止运行。1980年8月，青岛第二发电厂重新移交给青岛第一棉纺织厂后停止发电。

钟渊纱厂发电所

1923年4月，日商在青岛建成钟渊纱厂自备发电所，安装发电设备2台（2500千瓦1台、1000千瓦1台），发电设备容量为3500千瓦。1935年又加装4000千瓦汽轮发电机组1台，总容量为7500千瓦。抗日战争爆发后，发电所遭破坏。日本第二次侵占青岛后着手重建，修复4000千瓦汽轮发电机组1台，新装5000千瓦汽轮发电机组1台，总容量为9000千瓦。

1949年6月，市人民政府接管该发电所。新中国成立后改称青岛第六棉纺织厂发电所，1950年将5000千瓦汽轮发电机组调往西宁市。1958年8月，该厂划归青岛火力发电厂管理，改称青岛第四发电厂。1976年9月安装调相机1台，容量为12000千伏，投资104.04万元。1979年7月重又划归青岛第六棉纺织厂并停止发电，只保留调相机。

上海纱厂发电所

1935年，日商在青岛建成上海纱厂自备发电所，装发电机组2部（3000千瓦、1800千瓦各1部），发电设备容量为4800千瓦。抗日战争爆发后发电所被炸毁，日本第二次侵占青岛后着手重建，安装3000千瓦和1800千瓦汽轮发电机组各1台，总容量为4800千瓦。

新中国成立后，上海纱厂发电所改称青岛第五棉纺织厂发电所。1958年划归青岛火力发电厂管理，并改称青岛第三发电厂。1978年7月1日移交给青岛汽轮机厂，停止发电。

第二章 发 电

19世纪末，德国商人在胶澳租借地建立电灯房，此为青岛发电之始。20世纪初，青岛电灯厂建成运营后开始向市区供应；自备发电同期开始起步。民国初期不断通过扩大电厂规模、增装发电设备增加发电量。至30年代初，"每日平均发电量，计有八七四一五度有奇"[①]。七七事变后，国民党军队撤退时先后炸毁四方电厂和7家日商纱厂自备电厂，后日占当局又修复发电设备恢复发电。至青岛解放时，青岛有四方发电所3机8炉，总容量3.5万千瓦；4处纱厂自备发电所，设备容量2.1万千瓦；其他自备发电所装机7台，总容量1.7万千瓦。

新中国成立后，对原有电厂进行整顿和改造，并逐步增加发电设备为全市生产生活提供电力。至1965年，全市拥有发电设备10机10炉，装机容量13.3万千瓦；有35千伏变电站9

---

① 魏镜.青岛指南：第七编[M].复印本.青岛：平原书店，1933：21.

座，容量11.4万千伏安。70年代初先后建成楼山发电厂和崂山发电厂，为青岛郊区提供电力。1978年，全市电力工业企业发电装机容量18.75万千瓦，当年发电量12.49亿千瓦时。

70年代末，为缓解市区及所辖县、区电力供应紧张局面，青岛市启动黄岛发电厂建设，并进行青岛发电厂扩容扩建工程。至80年代中期，除市区外，六县一区有变电站48座、主变压器容量34.4万千伏安、配电变压器容量72.99万千伏安，较大地缓解了青岛城乡电力供应紧张的局面。

第一节　市区发电

1898年，德国企业主朴尔斯曼建立的电灯房装配两部发电机，"以五十四匹马力之火油引擎发电机二座为市中供电之用"[1]，发电设备容量75千瓦，供德国军事设施及行政机构用电。1903年青岛电灯厂建成发电，内装2台德国制并列的兰开夏式双火焰管子锅炉以及2台立型复式蒸汽机直联发电机，发电设备容量为367千瓦；次年发电量达到44.95万度。1905年，青岛电灯厂扩装1台德国制水管式锅炉及1台蒸汽发电机。至此，该厂全部发电设备为3炉3机，蒸汽机总容量为950马力，发电设备总容量为600千瓦。1912年购进1台西门子800千瓦汽轮发电机组，安装未完即被德军破坏。

1914年，日占当局接管电灯厂并于12月12日恢复发电。1916年，青岛发电所扩装1台德国制水管式锅炉，并将"西门子"800千瓦汽轮发电机组修复投入运行，这是山东电业史上第一台以汽轮机做原动机的发电机组；是年，该厂发电设备容量增加为1400千瓦。1919年

12月扩装1台德国制水管式锅炉及1台德国西门子制800千瓦横置混成式汽轮发电机，发电设备容量增加到2600千瓦。1920—1921年安装1500千瓦汽轮发电机1部、锅炉4台，同时德国3炉3机全部拆除，发电设备总容量为3500千瓦。1922年初从瑞典购置同型号1500千瓦汽轮发电机1部，7月又安装4台日本制水管式锅炉，发电设备增至9炉4机，"厂内发电之容量，已达五千基罗瓦特"[2]。

1923年，青岛发电所改名为胶澳电气股份有限公司，装机总容量5000千瓦。1931年8月，公司拆除青岛发电所5号汽轮发电机，9月新安装英国制B.T.H5000千瓦发电设备1套，公司发电设备总容量增长为8800千瓦，"每日平均发电量87415度"[3]。到1932年，广州路电厂共装有5台机组，总容量为1.38万千瓦，成为山东地区第一个装机总容量超过1万千瓦的电厂，其2台5000千瓦汽轮发电机组也是山东单机容量最大的机组。1933年12月，胶澳电气股份有限公司增装日本石川岛芝浦5000千瓦发电设备1套，使公司发电设备总容量增至13800千瓦。

1934年10月日本人营建四方发电所。1935年11月，日本石川岛芝浦制15000千瓦汽轮机发电机组1台及日本东洋B82W制C.T.M型42吨/小时锅炉3台安装竣工，发电设备容量为15000千瓦，12月1日正式投产发电。1936年12月又增装1台15000千瓦机组。1937年6月，胶澳电气股份有限公司将原"青岛发电所"顺序为9、10号的2台日本制8吨/时锅炉和顺序号为9号的英国制B.T.H5000千瓦发电机组移装四方发电所，此时公司所属全部发电设备总容量为43800千瓦，是中国最大的自行经

---

[1] 中国实业志：山东省第十册[M].复印本.第七七〇(辛)页.

[2] 中国实业志：山东省第十册[M].复印本.第七七〇(辛)页.

[3] 中国实业志：山东省第二册[M].复印本.第三五(丙)页.

营电灯公司。是年12月，市政当局在撤退前奉命将机组炸毁，仅保留原"青岛发电所"的7炉4机，发电设备容量8800千瓦。

日本侵占青岛后占领四方发电所，就地修复3号机，将2号机和4号机运往日本修理，1940年先后将修复后的2台机组运回安装运行。3台机组修复后出力达2.65万千瓦，比铭牌出力减少8500千瓦，除供市区用电外，还向即墨、崂山等地送电。同年加装由广州路发电所拆迁并加以改造的2台10吨/时锅炉，编为3、4号炉。1941年11月新装1台日本制40吨/时锅炉，编为8号炉。1944年12月安装由广州路发电所拆迁并加以改进的2台10吨/时锅炉，编为1、2号炉，至此共装有3机8炉，设备容量3.5千瓦，实际出力2.65万千瓦。至1949年5月，四方发电厂仍为山东最大的电厂。

1946年11月，国民政府行政院资源委员会接办四方发电厂，有3机8炉，"发电设备名为三万五千瓦，可用容量因锅炉之限制仅及一万五千五百瓦"[1]，夜间最高负荷14000千瓦。接办后着重进行设备恢复修理，改善运行方式。白天用5号、6号锅炉，晚间加8号炉或2小炉。为求可靠，与大康纱厂（中纺一厂）接洽协助发电。1946年冬，电力增至19600千瓦，3大炉加2小炉运行。1947年，在上海、天津、东北和外国洋行以及从英、美、日等国购置的材料陆续运到，至年底有8炉可运行。1948年6月，重新大修4号机，使发电能力由10500千瓦恢复到额定的15000千瓦。

青岛解放时，四方发电所3机8炉，总容量为35000千瓦。1953年12月，原天生港电厂捷克产42吨/时锅炉一套调装四方发电厂，锅炉总重为492.5吨，为捷克杜乐拉克工厂制造，编为9号炉；1955年5月竣工，该炉自投产即运行不正常，效率低、气温高、出力不

足、预热器堵灰等关键技术没有解决，仅能做应急用。

为缓解青岛地区电力紧张局面，1956年9月，四方发电厂将已停止运行的3、4号锅炉修复使用，以适应准备于1956年11月安装、1957年12月投产的6000千瓦汽轮发电机需求。至"一五"计划期末，青岛四方电厂经过扩建，总容量达到4.1万千瓦。1958年，青岛第一发电厂扩建12000千瓦汽轮发电机组2台和75吨/时锅炉3台，又安装1台国家计划外、由中国人民解放军第301工厂（后改为4804厂）和山东省青岛生建机械厂自制的6000千瓦汽轮发电机组。1959年8月，青岛市将上海汽轮机厂和上海电机厂生产的12000千瓦汽轮发电机组一套分配给青岛第一发电厂。是年12月4日，青岛第一发电厂二期扩建工程开工，计划安装25000千瓦发电机组2台、120吨/小时锅炉2台，1960年10月投产。至1965年，该厂形成具有10机10炉，每小时产蒸汽量700吨，发电能力13.3万千瓦负荷的中型发电厂，也是山东最大的电厂。"文化大革命"期间，青岛第一发电厂再次进行扩建，1970年全厂装机总容量达158000千瓦。

70年代末，市区发电走上转型发展的道路，各发电厂老旧发电机组和锅炉相继报废或拆除。至1982年，青岛发电厂全部发电设备共有锅炉6台（9、10、11、12、13、14号，总出力为570吨/小时）；汽轮发电机7台（5、6、7、9、20、11、12号），设备总容量为117000千瓦；1985年发电量70710.9万千瓦时。

第二节 市郊发电

30年代郊区发电开始起步。1939年，胶澳电气股份有限公司在胶县城沙滩南崖建立火力

---

① 徐国璋.资源委员会青岛电厂（附图表）[J].中国工程师学会年刊,1948,第15届年会卷:7.

发电所，安装火管式回焰锅炉1台、蒸发量2吨，配套60千瓦坚固型汽机连接发电机1台，额定电压220伏，最大负荷49千瓦，平均月运转438小时，月发电量11647度；电力主供侵占胶城的日军部队和几家私人商店照明用，约3500余盏灯。1949年春，胶东行署在平度城开办的第二面粉厂（后改为兴华油坊、平度县榨油厂）自备发电，设有30马力柴油机1台、15千瓦发电机1台。5月，胶东行署西海采矿办事处接管莱西南墅矿山后，安装150千瓦发电设备。

青岛解放后，各地人民政府接管各地电厂，新建发电设施，修复原有机组，挖掘发电潜力，地方发电得到恢复和发展。1949年，胶东新兴铁厂安装1台2.5千瓦发电机组，由1部8马力柴油机带动，年发电量0.37万千瓦时。1950年，莱西南墅石墨厂第一发电所装机容量270千瓦，次年12月建成投入运行。1951年春，莱西南墅石墨厂第一发电所从青岛购进美国产"万国"牌25马力柴油机1部和15千瓦发电机1台，安装在水集建国铁业社，每天17时至23时发电；4月，中共莱西县委、县政府、公安局各出资1500元建设15千瓦汽油发电机组1台（套）（机型为美国产K5型），供县委、县政府及各私营买卖铺照明用电，并规定照明用灯泡不得超过20瓦。

1954年2月，胶州专区实业公司建设发电厂更名为山东即墨发电厂，当年发电5.18万千瓦时。1956年1月，省工业厅从青岛电业局调拨给即墨1台美国开特匹拉50千瓦柴油发电机组，即墨发电厂发电能力达到150千瓦，是年发电量达到9.77万千瓦时；次年，白天发电最高负荷达到26千瓦、夜间发电最高负荷达到80千瓦，全年发电量为12.43万千瓦时。1956年10月，胶南县广播站安装1台美国产10千瓦汽油发电机。1957年7月，青岛海西砖瓦厂利用原有180马力蒸汽机配装50千瓦和30千瓦发电机各1台，供厂内生产和照明用电，为县地方企业兴建的第一台蒸汽发电机组。同月，莱西南墅石墨厂动工建设第二发电所，装机容量270千瓦，1959年9月建成投产。同年，平度县在城关后巷子街筹建平度县（小型柴油机）发电厂，设有4270型200马力柴油发电机组1套（台），发电机容量135千瓦，于次年8月投运，发电400伏升压3300伏供电。

"大跃进"运动开始后，各地需电量急剧增长，为保证"大炼钢铁"的需要，1958年即墨发电厂3台发电机昼夜不停地满负荷发电，发电最高负荷170千瓦，供电最高负荷达到169千瓦，年发电量38.3万千瓦时，用户总用电量为32.8万千瓦时。同年，莱西县建设135马力柴油机配套75千瓦发电机组（机型为美国产KSPL型）1套，年底开始发电；胶南县第一炼铁厂、王台机械厂、硼石矿先后安装内燃发电机组，其中第一炼铁厂增加两台50KW发电机组，并改建为县发电厂，向城区供电。1959年至1960年，平度县发电厂增置6160型135马力柴油发电机组2套（台）投运，发电机总容量303千瓦，实发电能力270千瓦，年发电量27万度。1962年，莱西南墅石墨矿先后安装2台1.5千千瓦汽轮发电机组。1964年10月，莱西县从南墅石墨矿购进2台上海公私合营新民机器厂生产的375马力复涨式蒸汽机组、2台4吨锅炉和2台240千瓦发电机，组建莱西县发电厂。1965年，莱西县由农机修配厂负责建设375马力蒸汽机配套240千瓦发电机组两台，发电设备安装调试竣工投产后，与农机修配厂分开，成立发电厂。

1966年7月，平度县在城区潍石路东段路南筹建县（小型火力）发电厂，于1968年8月建成，一号机组投运，设有1500千瓦汽轮发电机组2套（台）。到1967年，胶南县城企业生产、照明用电均由内燃机发电。1969年6月，平度县发电厂二号机组投运，发电机总容量

3000 千瓦，实发电能力 2800 千瓦，年发电量 282.6 万度；同年，县（小型柴油机）发电厂并入县（小型火力）发电厂。1970 年，胶南网电不能满足供应，各生产企业又陆续自备内燃机发电机组，1972 年全县发电机组增加到 57 台 /7221 千瓦。1974 年，莱西县发电厂购进 1 台 500 马力坦克式微型柴油机为动力，用电高峰时 2 台同时运行。1977 年，莱西县发电厂在望城建成发电，9 月 17 日正式并网运行。该厂一期工程为 1×6000 千瓦机组和 1×35 吨链条炉，年发电量 4900 万千瓦时，供电量 4400 万千瓦时。1978 年，莱西南墅石墨矿安装 6000 千瓦发电机组，1981 年投入运行，2 台 1500 千瓦汽轮发电机组停止运行。

70 年代末，随着经济快速发展，用电量急剧增加，市郊电力工业发展迅速。1979 年，平度县发电厂发电量 2064.2 万度。是年 5 月，胶南县化肥厂新上余热发电车间，安装 3000 千瓦背压式汽轮发电机组 1 台，1980 年 12 月竣工发电，并入县供电局电网。1981 年，平度城西 110 千伏变电站新上 2 号主变压器，总容量达到 40000 千伏安。同年，胶县供电局胶东 35 千伏变电站投入运行，主供县外贸冷藏厂及沽河、和平公社用电；是年，胶县发展用电大队 186 个，全县有 626 个大队用上电，占总数的 75.5％。

1985 年 3 月，胶南县余热发电厂兴建，安装 3000 千瓦抽气背压式汽轮发电机组 1 台。到年底，平度县发电厂有主要设备 27 台（套），年发电量 1857.4 万度；莱西全县年供电量 11525 万千瓦时，其中工业用电 7907.9 万千瓦时，农村通电达到 10.8 万户，全县人均电量达到 172.8 千瓦时。

第三节 自备发电

1918 年建成的内外棉纱厂自备发电所发电设备总容量为 3750 千瓦。1921 年建成的大康纱厂自备发电所发电设备总容量为 5000 千瓦；富士纱厂自备发电所发电设备总容量为 1500 千瓦。1923 年，钟渊纱厂设自备发电所，发电设备总容量为 3500 千瓦；宝来纱厂自备发电所发电设备总容量为 1000 千瓦。1924 年，大英烟草公司自备发电所共装配直流发电机组 3 部，用往复式蒸汽机作动力，发电设备总容量为 735 千瓦。1929 年，华新纱厂自备发电所装配德制发电机组 1 部，发电设备总容量为 1875 千瓦。1935 年，钟渊纱厂自备发电所增装 4000 千瓦汽轮发电机组台，使该厂发电设备容量增至 7500 千瓦；上海纱厂自备发电所装配发电机组 2 部（3000 千瓦、1800 千瓦各 1 部），发电设备容量为 4800 千瓦。至 1937 年，全市拥有发电能力的企业共有 8 家，共装配发电设备 16 台，发电设备总容量为 26100 千瓦。是年 12 月，市内各企业（除华商经营的华新纱厂外）自备发电所全部炸毁。

1938 年初日本侵占青岛后，在大康纱厂新装日本制 8000 千瓦汽轮发电机组 1 台，35 吨 / 时锅炉 3 台；在内外棉纱厂新装 2500 千瓦汽轮发电机组 1 台；在上海纱厂修复 3000 千瓦和 1800 千瓦汽轮发电机组各 1 台，发电设备总容量为 4800 千瓦；在公大纱厂（原称钟渊纱厂）新装 5000 千瓦汽轮发电机组 1 台，修复 4000 千瓦汽轮发电机组 1 台，发电设备总容量为 9000 千瓦。

1950 年，国棉六厂自备发电所 5000 千瓦汽轮发电机拆除迁往西宁市。1958 年 8 月，国棉一厂发电所改称第二发电厂、国棉二厂发电所改称第二发电厂二车间、国棉五厂发电所改称第三发电厂，国棉六厂发电所改称第四发电厂，统一划归青岛第一发电厂。

1960 年 1 月，第二发电厂安装青岛汽轮机厂和青岛纺织机械厂协作制造的 6000 千瓦汽轮发电机组 1 台，编号为 2 号机。1963 年 9 月，第三发电厂1800千瓦2号机改为调相运行。1967年,第二发电厂拆除6000千瓦汽轮发电机组。1972年,第一发电厂三车间2500千瓦汽轮发电机组拆除,停止发电;换装第一发电厂二车间2500千瓦汽轮发电机组1台。1973年11月,第三发电厂3000千瓦汽轮发电机组改为调相运行。1976年9月,第四发电厂安装12000千伏调相机1台。1978年起,各自备发电厂陆续停止发电。至1980年底,各企业自备发电设备均停止发电。

第三章 供 电

青岛是山东省供电网络发展最早、最发达的城市。19世纪末,青岛电灯房发电量仅供德国军事设施及行政机构使用,20世纪初青岛电灯厂开始向市区供电。民国初期,日占当局在青岛发电所内设内线系、外线系,掌管供电事宜。胶澳电气股份有限公司成立后,设工务课管理供电事宜,30年代末又设工务部管理供电。40年代后期,青岛电厂设供电课管理供电。至40年代末,青岛配电系统的高压为3.3千伏、三相三线制,并有昼夜供电和晚间供电(两线)两类,线路密集于市区之内。

50年代,对原有电网进行整顿和改造。青岛火力电厂改为市电业局设供电所管理供电业务,并将3.3千伏升压10千伏、低压动力升压380伏、照明升压220伏,到1966年全部改造完毕,部分德、日时期遗留的铁塔、电杆、电缆、变压器也全部更换(图8-6)。70年代中期,潍坊到青岛220千伏坊青线超高压输电线路投入运行,青岛电网与山东电网联结,从此结束本市孤立电网的历史。至1978年,全市有变电站15座、容量56.34万千伏安,输电线路528.6公里,全年供电量17.21亿千瓦时。

70年代末,为缓解市区及所辖县、区电力

图8-6 1968年,胶县供电所将全县所有3.3千伏线路改造为10千伏。图为线路工人登杆作业

供应紧张局面,本市启动黄岛发电厂建设,并进行青岛发电厂扩容扩建工程。至1985年,全市有高压配电线路1159.7公里;配电变压器757台126735千伏安;从17个变电站出85条线对外供电;市区供电量24.03亿千瓦时,最高负荷36.4万千瓦;161个乡镇通电,占乡镇总数的99.4%;5133个行政村通电,占行政村总数的84.2%。

第一节 供电网络

1907年,青岛电灯厂建成发电后开始向市区供电,并初步形成供电网络。至1914年12月,有高低压线路88公里,电压为3.3千伏和220伏两种,供电范围大部在市南区,一部分延至市北区。

1914年日本侵占青岛后,对电灯厂进行扩建,电网输送能力也相应扩大。1918年新建台东镇若鹤町(辽宁路)变电所,不久又建立李村水源地变电所，同时扩大李村、沧口送电区域。1921年首次出现20千伏输变电设备，供电方式为：高压采用三相三线式、二线式；低压采用三线式、二线式；照明电压有110伏、220伏；动力电压有120伏、220伏、400伏、500伏。配电电压为3.3千伏，输电电压第一次出现20千伏。共有户内外变压器160台，线路单线总长度为220.158公里，各种电杆3112棵。

1935年12月四方发电所正式对外供电后，又相继建成5条20千伏输电线路，新建和扩建20千伏变电所。1937年，全市有公用变、配电所7座，主变压器容量19800千伏安；供电电压为20千伏、3.3千伏、220伏、110伏4种；线路长度278.29公里，其中电力电缆75.45公里；共有电杆5441棵。

日本全面侵华战争期间，全市共有变、配电所8座，主变压器容量27150千伏安，其中台东变电所最大，装有2台6000千伏安变压器；输电线路有20千伏架空线78.65公里，电缆11.71公里；配电线路有3.3千伏架空线162.87公里，电缆20.87公里；低压架空线232.75公里，电缆11公里；各种电杆8995棵；共有配电变压器1467台，总容量为27902千伏安。郊区供电范围扩大到即墨县及城阳等地，但低压配电线路仅限在县城，主要是为日伪政府机关用电照明。1945年12月南京国民政府行政院经济部接管青岛电厂时，供电范围为东西8公里，南北约50公里。

至青岛解放时，全市有变、配电所12座，主变压器容量46350千伏安，其中6000千伏安3台、2000千伏安3台、1875千伏安6台，余者在1000千伏安以下；20千伏输电线路6条，总长110公里，其中电缆13.83公里；3.3千伏配电线路176.53公里，其中电缆36.61公里；低压线路390.79公里，其中电缆14.10公里；共有配电变压器1289台，总容量44361千伏安；各种线路杆、塔9516棵（座）。供电范围，东西约8公里，南北约50公里；市南、市北多采用地下电缆供电，配电变压器装在封闭式铁塔内或架空平台上，在用电集中的中山路、德县路区域各设1个地下配电所，由3.3千伏降压110伏供电；除主要向市区供电外，还向湛山、浮山所、田家村、沧口、李村及城阳、即墨等供电。

青岛解放后，对原有电网进行整顿和改造，经过经济恢复时期和第一个五年计划时期，南部系统除维护更新外没有增加新的线路，北部系统增加20千伏白胶线、胶高线、四沧甲线、沧白甲线、四沧丙线5条线路103.5公里，供电范围扩大到胶县和高密。此后，随着用电负荷增长，原有20千伏电网不能适应工农业生产发展需要。为配合扩建后的青岛发电厂输送电力，1958年首先将工农业用电较多的四方以北地区20千伏系统改为35千伏，并于10月送电运行；后又将南部20千伏系统升压为35千伏运行，至1961年全部完成升压改造任务。此间，新架设四流线、四东甲线、四沧乙线、四沧戊线、白即线、四西线6条35千伏线路55.98公里。

1966—1975年，新建35千伏输电线9条，有台南线、白马线、枯南线、崂黄线、崂枯线、四黄甲线、黄楼甲线、黄白甲线、黄崂线，共计123.96公里；并改造35千伏四吴线、四沧乙线、四沧丁线、白即线。1975年2月建成黄埠变电站和1980年12月建成水清沟变电站后，电网出现220千伏电压等级，输电系统先后调整10条35千伏线路，新架设35千伏港务甲线、港务乙线、黄白丙线、惜戈线、水沧乙线、水流甲线、水流乙线、水亢甲线、水亢乙线、白电线、水炼线、水枯线、白水线，共计13条93.5公里。青岛电网与山东电网联结及黄岛电厂的建成，结束本市1980年以前由南向北送电的状况。

1981年，胶县供电局胶东35千伏变电站投

图8-7 1982年6月投入运行的35千伏铺集变电站(现已拆除)

入运行,主供县外贸冷藏厂及沽河、和平公社用电。1982年,胶县供电局35千伏铺集(图8-7)、马店、洋河三个变电站相继投入运行。1983年,莱西县先后投入运行毛家埠、北墅、朴木、姜山四处35千伏变电站。1984年,胶县供电局35千伏城西变电站投入运行,供城西、墨河、城南三处公社用电。

至1985年,市区有输电线路51条、760.9千米,变电站19座,总容量95.6万千伏安,配电变压器757台,配电线路1159.7千米。下辖六县一区有变电站48座,主变压器容量34.4万千伏安,配电变压器容量72.99万千伏安,高压线路8250.7千米,低压线10619.2千米。

沧口变电站

建于1957年,是主要向青岛南、北部输电的中枢开关站,曾称沧口开关站。初建时内装20千伏三相7500千伏安主变压器1台,1958年10月升压为35千伏运行。1962年9月,增装三相3200千伏安变压器1台。1968年9月,将3200千伏安变压器更换为7500千伏安变压器。

1975年220千伏黄埠变电站建成后,青岛开始由黄岛发电厂送电,电源大量由北部而来。但220千伏输电系统尚未向南延伸,黄埠变电站又距沧口负荷中心13公里。为经济合理地向沧口及沧口以南地区输送电力,将该站升压为110千伏,由黄埠变电站出2条110千伏输电线供该站。

1978年7月,该站安装第一台三相31500千伏安主变压器,变压比为110/35/10千伏,原有2台35千伏主变压器停用。1982年5月,安装第二台三相31500千伏安主变压器,变压比为110/35/10千伏。

黄埠变电站

1975年2月建成,4月13日正式投入运行,位于崂山县西黄埠村西南,占地面积13000平方米。是青岛市第一个由220千伏降压为110千伏和35千伏的枢纽变电站。其中,220千伏、110千伏均为室外装置,35千伏为室内装置。初建时装有90000千伏安主变压器1台,变压比为220/110/35千伏,称1号主变压器。该变电站使青岛电网与山东电网连接在一起,改变了青岛地区孤立电网的历史,为进一步扩大供电能力创造了条件。

1977年1月6日,变电站又安装120000千伏安主变压器1台,变压比仍为220/110/35千伏,称2号主变压器。1977年3月6日和1978年7月25日,先后安装25000千伏安调相机各1台,并装有31500千伏安调相变压器2台。

1985年7月将1号主变压器90000千伏安更换为120000千伏安。该站总容量为240000千伏安,有220千伏进线2条,220千伏出线1条,110千伏出线5条,35千伏出线7条。

第二节 电力调度

解放前，青岛没有电力调度机构。1950年8月青岛电业局成立时，将原输电股改为调度股，属局供电科领导，这是电力系统的指挥中枢，担负着系统运行、检修、事故处理等各项重要工作的指挥职能，对青岛电力系统的周波、电压、电力潮流分布等负责。1953年9月，青岛电业局成立调度所，配备2名技术员任正副主任，4名助理技术员担任调度员；次年又补充4名助理技术员任副职。1954年1月1日，调度所开始对青岛电力系统内的发电、供电、用电实行统一调度管理，并随即开始编制运行方式。1955年改调度所为调度科，对各纺织厂自备发电所实行统一调度。1956年，青岛电业局开始使用市邮电局专线24对，建立调度专用通讯。至1957年，青岛地区公用电厂只有青岛发电厂，主要发电设备除厂用电部分外皆属调度科管辖，其设备开停、负荷增减、周波及电压调整、设备检修等也须执行调度计划；各供电区负荷出力由当地负责。

1958年1月1日，调度所与继电保护科合并，组成系统运行科。6月青岛发电厂与青岛供电管理所合并组成青岛火力发电厂后，系统运行科又改为调度所。8月，自备发电所划归青岛火力发电厂，业务工作进一步加强。是年，青岛电业局开始建立调度专用通讯，研制出58型简易载波机，在青岛地调和胶县变电站间使用。1960年开始使用自制60型电力载波机，使用区间是白沙河变电站至胶县、城阳变电站；后来自制61型、62型、65型载波机在高密、王台、胶南、惜福镇、枯桃等变电站使用。是年，青岛电业局第一次在青岛发电厂至青岛电业局调度所间自行组装铁磁式综合遥测装置。1972—1974年，青岛电业局安装使用40门共电式调度总机。1975年4月以前，市电业局调度所一直是一级调度，即系统内各电厂、各变电站及其所属设备由调度所统一管辖，发电、供电、用电自成系统，调度所还负责青岛电网电能质量的监视调整。

1975年，全省第一套无触点WYZ-ⅡA型远动装置在黄埠变电站和青岛电业局调度所间运行。同年4月13日，青岛电网由坊青线在潍坊与山东省电网联结，坊青线属山东省电力工业局中心调度所管辖。之后，市电业局调度所变为地区调度所，在正常并网方式下不再直接负责周波调整，一些业务工作在山东省电力工业局中心调度所指导下进行。此后，随着青岛第一座220千伏黄埠变电站和青岛第一条220千伏坊青线的投入运行，运行方式工作日趋复杂，电网潮流、稳定问题日益突出，青岛电业局加强电网稳定计算分析，在调度规程上进一步明确运行方式有关规定，确保电网没有发生系统稳定破坏事件。

1980年9月4日黄岛发电厂正式并网发电后，青岛电业局调度所只负责管辖其母线及各路出线，机、炉设备属山东省电力工业局中心调度所管辖。同年，青岛电业局开始使用地调至黄埠岭变电站长话通讯电缆。此后，先后完成青岛发电厂、黄岛发电厂、水清沟变电站、黄埠变电站等发电厂和枢纽变电站的遥测、遥信数据的采集和接收、显示等远动装置，基本实现青岛地调自动化。1983年4月，青岛电业局调度所受山东省电力工业局中心调度所委托，代管青岛发电厂机、炉和黄岛发电厂110千伏母线。对调度管辖范围内一切设备的启动、停用、转入备用、检修、改变结线方式、改变继电器及自动装置定值等，均需得到值班调度员命令或同意方可进行。

1985年5月，王台、胶县、王戈庄变电站与青岛电业局调度建立无线通讯。10月，青岛电业局至山东省电力工业局正式开通微波话路，电话可直通省电力工业局中心调度所、潍坊、烟台、龙口、黄岛电厂、黄埠变电站等处，作为调度通讯、行政通讯用。至1985年底，青岛电业局使用HJ-905型200门行政总机，内有分机145台；调度总机为XDT-65/X40门；共有通讯电缆2×2162公里，并有水清沟变电站、局调度所、黄埠变电站、沧口变电站四处电缆充气站。

载波通讯

1958年，青岛电业局研制出58型简易载波机，在青岛地调和胶县变电站间使用。1960年开始使用自制60型电力载波机，使用区间是白沙河变电站至胶县、城阳变电站。后来自制61型、62型、65型载波机，在高密、王台、胶南、惜福镇、枯桃等变电站使用。

1973年开始更换使用ZS-1、ZS-3型载波机，并逐步淘汰自制65型载波机。1975年开始使用ZDD-2型载波机（黄埠—辛店），作为青岛地调和山东省电力工业局中心调度所通讯用。1979年使用ZDD-5型载波机，在110千伏以上线路逐步淘汰ZS-1、ZS-3型载波机。1984年开始使用ZDD-20型载波机，在35千伏线路上逐步淘汰ZS-3型载波机。1985年青岛电业局共有载波机28台，主要用于调度通讯。

调度自动化

1960年，青岛电业局第一次在青岛发电厂至青岛电业局调度所间自行组装铁磁式综合遥测装置。L975年，全省第一套无触点WYZ-IIA远动装置在黄埠变电站和青岛电业局调度所间运行。

1980年后，先后完成青岛发电厂、黄岛发电厂、水清沟变电站、黄埠变电站等发电厂和枢纽变电站的遥测、遥信数据的采集和接收、显示等远动装置，基本实现青岛地调自动化。

1983年对已有远动装置进行改造，选用烟台无线电六厂产DCX-4电力远动微机终端装置1台，作为青岛地调远动数据的处理终端，并在此基础上完成功率总加、彩色多层次屏幕显示功能，实时数据随时打印。

1985年，将DCX-4型电力远动终端改造成相当于DCX-5型的电力远动主站，实现同LBM-PC/Xi后台计算机的接口，并据实际需要扩充新功能。年底，青岛电业局有北京低压开关厂产WYZ型远动机4套，南京电力仪表厂产SZY远动机1套，烟台无线电六厂产DCX-4型电力远动微机终端装置1台，淄博无线电三厂产RS-1微机远动装置1台，山东省电力局中心调度所至青岛地调数传机1台。

第三节 供电保障

1929年，胶澳电气股份有限公司颁布供电规则10条，对于胶澳商埠范围之内的电力供应及收费做出具体规定。据此规则，胶澳电汽股份有限公司的供电种类包括电灯用电气、电力用电气、电热用电气和其他一切需用之电气；公司每月洗刷机器一次或二次，停止白天供给电气之动力（每月定于第三星期日，如有变更预先通知）。凡需使用电气者，须先到胶澳电气股份有限公司或分所索取请求书，将申请使用电灯、电力或电热情形逐一填写于请求书及点灯证书内，如增减或迁移、停止也需索取并填写请求书；同时缴纳数额不等的保证金，其中，计量灯1灯银5角、定额灯1灯银1元、按电力为每1马力银4元，如增减用电时，保证金增减数亦同之；如迁移、停止时，得向本公司索取请求书声请停止，保证金即于电费清算时退还之。公司接到请求书时，立即派工前往请求书所注地点调查，如与其他工程无碍，即照请求书内所请求之设备实地工作，工程费根据实际情况另行决定。电灯用户如因迁移或有其他事故，欲将所点之电灯转让于他人者，无论商号、住户，均应预先通知胶澳电气股份有限公司或分所，并将电费交清，得本公司许可后，方能更换让受人名义，所有一切义务概归让受人担任。每月15～20日为结算电灯费、电力费、电热费及电表等费日期，算定银额，通知各用户定于每月28日发行，交邮分送；限翌月7日以前交费得给予优先扣费，7日以后缴纳电费者，无论持何种理由，不得照扣。电灯分为包灯和电表两种，两种不得同时并用，但门灯及门外灯不在此例；包灯规定每月以30日为标准，如未满一月时，灯费按日扣算。[①]

40年代，青岛变电站员工既是运行值班人，停电检修时也是检修人。值班制度是两班制，每班12小时。线路运行巡视设台东和沧口两个点，线路巡视人员兼负急修工作。后期，各变电站增加运行值班1人，实行轮休制。

1950年，青岛电业局业务科设立技术股，主要负责技术设备开发改进工作，这是青岛电力最早的技术管理机构。从1951年起，青岛电业局贯彻"安全第一"方针，制定和实施安全作业规程、运行操作规程、检修工艺规程等三大规程，检修、安全工作从此有章可循。1952年，青岛电业局成立技术保安组，专门负责设备技术管理和设备安全工作；并开始推行"科学安全运行法"。是年3月16日，为解决清扫瓷瓶经常停电的困难，试验成功带电水冲瓷瓶。为加强生产技术责任制，青岛电业局依据中央人民政府燃料工业部华东电力管理局指示，1953年11月建立总工程师和主任工程师制，12月将技术保安组改为技术安全监察科。1954年，青岛电业局制订供电和变电设备定期巡视制度和有计划消除设备缺陷制度，制定巡视表，规定值班人员按一定顺序巡视设备，发现异常及时登记联系处理；同时，对全局发、供、配电设备全面加装防雷设备，并完成全部主变压器的第一次大修和继电保护的鉴定及试验。1955年起，变电检修工作划归变电工区负责。1956年对20千伏和部分3.3千伏电力电缆进行恢复性大修，对电缆封端采用封铅新工艺。1957年

起，继电保护工作划归变电工区，但变电站主变压器的大、小修，110千伏以上电压、电流互感器、避雷器，以及电气预防性试验、电气仪表的修校、35千伏电缆的试验、浸油设备的油务试验和油务处理等工作则由修试场负责。1957—1958年，变电运行、线路运行和检修分开，设立变电工区、线路工区、修试所、修验场等二级机构，变电工区专门负责变电站运行。至"一五"计划时期末，青岛电业局和各发电厂、供电所初步建立健全技术责任制，并设立各种必要的技术部门和专职人员。

"大跃进"运动开始后，由于供电设备长期超负荷运行，造成设备故障多发，事故率明显上升。1959年开始带电作业检修工作，进行部分检修和故障抢修。60年代初，青岛电业局重新强调执行规章制度的严肃性，加强安全管理工作和技术培训，各发电厂主要进行设备恢复性检修和填平补齐工作，供电部门对所属设备逐步进行更新改造；同时成立技术革新科，整顿、修订技术管理规程。为使各层技术管理干部的职责和关系进一步明确，突出强调一线运行人员、检修人员的岗位责任制，修订完善工区长、班长、站长服务规程，其中注重抓"两票三制"等项制度的落实，举办技术训练班，建立运行分析制、事故预想制及技术资料存档等管理制度。1963年，国务院发布《关于加强企业生产中安全工作的几项规定》，要求每年安全检查2～3次，青岛电力企业每年3～4月进行春季安全检查、10～11月进行秋季安全检查，并且进一步明确各级领导在检修工作中的安全职责，安全运行情况大为好转。

"文化大革命"初期，青岛电业各种规章制度被冲击、破坏，"安全第一"的方针遭到批判，正常生产秩序被打乱，供电运行水平降低。1971—1972年，根据中共中央"关于加强安全

① 胶澳商埠档案史料选编(一)[M].青岛:青岛出版社,2013:286-287.

生产的各项指示",青岛电业局将各种规章制度按电力工业部颁发的《安全发供电生产工作条例》进行重新修订,并于1973年8月颁布执行。同时,青岛电业局根据山东省电业局提出的"四查"(查安全思想、制度、纪律、领导)"四防"(防雷、防汛、防风、防暑降温)安全检查内容进行认真落实,对历年发生的重大事故,按职责分工和"六不放过"(主要是事故原因不清不放过、事故责任者和应受教育者没有受到教育不放过、没有采取防范措施不放过等)要求,由负责安全质量监察、生产、农电、基建的部门组织调查、分析、处理和上报。1972年起,全市农村用电开始推广使用触电保安器;水利电力部农电司在青岛市开展触电保安器制造和使用试点工作,推动触电保安器普及。

70年代末,供电生产秩序逐步正常,供电保障工作再度得到重视。1979年,青岛电业局开始恢复以岗位责任制为中心的各项规章制度,大力开展岗位培训工作,在设备运行中严格执行"两票三制"制度,在设备检修工作中坚持三级验收制度和修后总结的工作制度;健全各种设备管理规章制度,即对设备定期巡视、清扫、维护保养,各级技术部门定期组织专业人员评定一、二、三类设备,建立设备缺陷登记簿和台账等。

80年代,青岛电业局贯彻水利电力部《安全生产中急需解决的若干技术问题》通知精神,落实16项重点要求,加强防污闪反事故措施;对直属企业重新修订企业厂(局)长、总工程师及部门负责人员安全责任制,明确企业党委书记和厂(局)长是安全生产第一责任者,企业重大安全问题和措施落实由主要负责人负责,使安全责任制层层落实,一级对一级负责。1983年,青岛电业局建立健全40种技术管理规程、87种台账、55种生产技术图纸、328种原始记录、35种统计报表。1984—1985年,全市继续开展以节电挖潜为主要内容的电能平衡整改,1985年12月完成整改措施31646条,整改率98.37%,年节电5700万千瓦时。

第四章 用 电

德国侵占青岛期间,虽开设发电厂,但"当时青岛各种设施诸未完备,人口稀少,电力需要之量亦微"[1],胶澳总督府也未设立专门用电管理机构。日本侵占青岛后,在青岛发电所内设营业系管理用电。胶澳电气股份有限公司成立初期,设立总务科营业股,后设营业部。日本第二次侵占青岛后,华北电业股份有限公司青岛支店仍设营业部,至1945年改设营业课。抗日战争胜利后,青岛电厂设用户课和业务课掌管用电。"用户分表灯、包灯、电热及电力四类。"[2]

新中国成立后,青岛电业局下设营业科管理用电。1953年,为加强对各工厂用户电力安全监督和推行节约用电,成立青岛市安全节约用电委员会。1957年,青岛电网管理所和青岛营业所合并为青岛供电管理所,下设用户服务科、用户监察科、承装工程队,对外办理有关业务。1958年,青岛火力发电厂下设营业所管理用电。同年,青岛电业局仍设供电所管理供电、用电业务。1961年,青岛供电所下设营业处管理用电;4月成立青岛市节约用电办公室,开展全市性节约用电工作。1966年,青岛供电局下设营业处管理用电,1969年改称营业连。1972年,青岛供电局改称青岛供电公司,改营业连为营业处。1976年,市革命委员会工交办

① 张武.最近之青岛[M].北京:财政部印刷局,1919:28.
② 徐国璋.资源委员会青岛电厂(附图表)[J].中国工程师学会年刊,1948,第15届年会卷:9-10.

公室通知，青岛市节约用电办公室改为青岛市"三电"（计划用电、节约用电、群众办电）办公室。1978年，青岛供电公司成立用电管理科，与原营业处共同管理用电业务。是年，工业、农业、市政生活用电量分别占全市用电总量的79.63%、7.94%和10.5%，全市年人均用电量453.5千瓦时。

1983年4月，青岛电业局机构改革，将原供电公司用电管理科改为用电管理处，与青岛市"三电"办公室合署办公。是年，全市用户52965户，其中农业用户11963户、工业用户2499户、照明用户38454户、交通运输用户49户，年用电量20.5047亿千瓦时。1985年2月16日，市经济委员会、青岛电业局确定市"三电"办公室改为市经济委员会"三电"办公室，既是市经济委员会"三电"管理机构，又是电业局职能部门，负责全市计划用电、节约用电、安全用电管理工作，用户安全用电管理由青岛电业局用电管理处负责。到年底，全市用户70025户，其中农业用户23189户、工业用户2937户、照明用户43832户、交通运输用户67户，年用电量26.3854亿千瓦时，其中容量在320千瓦以上用电大户250户。

第一节 城市用电

19世纪末建成的青岛电灯房发电量有限，仅供德占军政当局使用。1903年，青岛电灯厂建成投产后开始向市区供电（图8-8）。1912年颁布的电费标准规定：照明灯用电每千瓦时30

图8-8 20世纪初，中国工人在路旁铺设电缆

分，动力电价每千瓦时11分，大宗用电可少收5%～40%。1914年青岛有各类用户400户，其中动力户14户，用电约75千瓦。1921年，青岛发电所在广西路、辽宁路、四方村及沧口各邮电局内附设营业所，用户可以就近缴纳电费。其间，市政生活用电一直实行包灯制，即对用户电灯用电不用电表计量，而是根据灯具功率和每天用电时间计算电费。用户使用电动机不用电表者，按电动机马力大小收费。1922年，胶澳商埠共有包灯户4532户，电表户1239户；青岛电业动力户70户，电灯户6771户；最高负荷白天1700千瓦，夜间2420千瓦。

1923年5月，胶澳电气股份有限公司关于电费的规定为：凡要求用电者，除呈交申请书外，尚需交纳一定的保证金，装表用灯者0.5元，包灯者交1元，动力户每马力交4元；3灯以上用户必须安装电能表计量用电，电能表可由公司借给，不收费用，但派员安装要收1元装表费，倘若电表损坏，得照价赔偿；包灯者按灯头按月收费，10烛光9角；电灯用户若每月电费过30元，超额部分按9折计算。动力用户用电实行阶梯收费，用电越多优惠越大。对电热用户也实行多用优惠收费方法。此收费标准一直执行至1942年9月。

1945年，"普通灯户于接收时计有包灯用户达四万一千户，表灯用户一万八千户"[①]。1946年11月，南京国民政府资源委员会开始推行包灯户改表灯户，包灯区改总表户，逐步减少包灯。至1947年底装设总表79处，其中44只表装于市郊各乡、镇，35只表装于市内各平民院内。1948年全市包灯户减少到25000户；是年4月统计，居民年人均用电11千瓦时，居全国各大城市居民用电第二位（第一位是上海市，年人均用电40千瓦时）。同年，全市有路灯2200盏。至1949年6月，全市各类用电户43899户，其中100千瓦以上大动力户39户；有路灯2066盏。

解放初期，电厂电价为：表灯每千瓦时955元（旧人民币，下同），昼夜用包灯每月每千瓦时340元，夜用包灯每月每千瓦时230元；其他用电每千瓦时700元。1949年11月将电费改照面粉计算，随时按照牌价调整。1950年10月又改按人民币计算电价。1952年，青岛市再次公布《用户用电申请暂行办法》，规定电力用户用电申请办法。同年，取消包灯制，共清理包灯户11622户。到年底全市共有用户20660户，其中动力用户1778户、电灯用户18881户、趸售户1户134千瓦，有路灯2690盏；当年市政生活用电1426.5万千瓦时，占全市用电量的7.7%。1953年，青岛电业局对电价做了调整。

1958年1月30日，重新规定容量审查及申请运转手续分工办法。1961年，青岛电业局负责用户用电工程施工，此前业扩工作由供电所施工队及局属各工区兼理。1962年起，随着市内交通开始使用电车以及收音机、电唱机等在居民生活中广泛使用，市政生活用电大量增加。

1964年下半年为加快用户用电审查，对报装手续进行改革，减少层次，缩短时间；是年底，全市共有用户19383户，其中照明用户17733户、工业用户965户。

1965年，青岛电业局制定报装接电工作内部分工联系办法（试行草案），其业务包括受理用户申请、方案设计、勘估、材料预算、现场施工等，当年市政生活用电6811万千瓦时，占全市用电量的11.5%。1966年进一步改进用户供用电工作。1972年起，用户申请用电一律到营业处服务台办理手续，对容量3千瓦及以下的可自行审批，容量在3千瓦以上的应转"三电"办公室审批；各区负责对高低压用户申请用电初审，签注意见后转服务台，服务台再转有关单位确定供电方案。1973年成立220千伏送变电工程指挥部，线路施工队专门负责用户业务扩充工程。1975年市政生活用电14251万千瓦时，占全市用电量的12.2%。

1980年全市共有用户35055户，其中照明用户31403户、大工业用户310户、趸售户22户；当年市政生活用电21967万千瓦时，占全市用电量的12.14%。同年，开始在主要干道安装高压钠灯，光效比高压汞灯提高2倍，可在不增加用电量的情况下把道路照明度提高2～7倍，当年路灯增加到7030盏。此后，由于家用电器大量涌入家庭，到1985年，市政生活用电为28719万千瓦时，占全市用电量的10.88%；全市有路灯9450盏，为1949年的4.37倍，其中，安装高压钠灯1281盏、占路灯总数的13.56%，高压汞灯5500盏、占总数的58.2%。

市区路灯设置

1903年10月，青岛电灯厂建成后开始设置路灯，范围仅限于德国人居住区的主要街道和极少数繁华路段。

1922年北洋政府收回青岛主权后，市政当

---

① 徐国璋.资源委员会青岛电厂(附图表)[J].中国工程师学会年刊,1948,第15届年会卷:10.

局"对于一切设备，五不力求扩充""电灯之增进，大有一日千里之势"[①]。1923年全市路灯有685盏，至1932年底增加到1617盏[②]，1935年发展到1974盏。1938年1月，日本第二次侵占青岛后，为防空袭大量拆除路灯，到1945年，全市仅有路灯700余盏。抗日战争胜利后，在市政当局的恢复和发展下，1948年全市路灯增加到2200盏。此后，受时局影响，路灯数量略有减少，1949年6月为2066盏。

1949年6月2日，人民解放军进入青岛市区后迅速接管电力工业，当日全市即恢复通电。至年底，全市路灯恢复到2161盏。

青岛市路灯管理委员会

新中国成立初期，青岛设路灯班，编制属市工务局管辖，行政、业务工作由青岛电厂代管。1952年6月，市人民政府成立青岛市路灯管理委员会，由青岛电业局、城建局、财政局、公安局、交通队等单位的领导组成，重新建立路灯组，充实人员，由电业局代管。是年底，青岛市共有路灯2690盏。

1953年，路灯组改为路灯队，业务工作受市路灯管理委员会和电业局双重领导。随后，逐步扩大装灯范围，路灯数量迅速增加。至1955年，全市有路灯3631盏，市区街巷路灯基本普及。

第二节 农业用电

青岛市农业用电始于1957年，农业用电量154万千瓦时，占全市总用电量2.6127亿千瓦时的0.6%。1959年4月，胶县电业所架起第一条从城里通往城北王戈庄的3.3公里农用线路，胶县农村开始用电。1960年10月，35千伏即墨变电站主控室投入使用，10千伏出线共

有即城线、马山线、即温线、韩村线、横河线、化肥线6条，年总供电量为136.2万千瓦时。1962年，全市农村用电量689万千瓦时，占总用电量3.2137亿千瓦时的2.1%。

1966年，即墨县先后在城关、段村、留村、鳌山4处用电比较集中的公社设立农电站，将全县业务范围和农村电力线路划为5个片进行管理。1968年秋，平度县发电厂开始向城关公社8个生产队、1000余农户供电，多系照明，配电线路10公里；1969年3月，城关公社成立第一个农电站，农电站工作人员5名，农电工30名。到1970年，全市农村用电量3391万千瓦时，占总用电量9.0021亿千瓦时的3.8%。

1971年，莱西水集35千伏变电所投入运行，全县有水集、望城两处乡镇用电，用电村10个；1972—1975年，莱西县增加牛溪埠、韶存庄两处通电乡镇、3个用电村。1973年胶县供电所成立县、社、队三级管电组织；是年该县用电村达200多个。1976年末，即墨全县30处公社有24处通电，占公社总数的80%；通电大队达到306个，占大队总数的30%；通电农户达到4.89万户，占全县总户数的25.5%。到1978年，即墨县30处公社全部通电，通电率达100%。

80年代全市农电发展较快。1980年，莱西通电乡镇9个，通电村109个。1981年，胶县有626个大队通电，占总数的75.5%（图8-9）。1984年12月，平度45处乡镇实现乡乡通电，用电村达到1112个，通电率为62.4%。1985年末，莱西通电村597个，占全县总数的69.5%；农村通电达到10.8万户。1985年，胶县全县20个乡镇825个村全部通电；当年，全县有6个变电站、8个农电站、208个用电村达到省级标准化验收标准。是年，市辖六县一区

① 魏镜.青岛指南:第七编[M].青岛:平原书店刊本(复印本),1933:21.
② 魏镜.青岛指南:第七编[M].青岛:平原书店刊本(复印本),1933:21.

图8-9　胶县供电线路施工现场（1982年）

（即墨、胶县、胶南、崂山、平度、莱西县和黄岛区）农村用电量4.2956亿千瓦时，占全市总用电量26.3854亿千瓦时的16.28％。其中，排灌用电0.472亿千瓦时，农副加工用电0.8266亿千瓦时，乡镇企业用电1.83亿千瓦时，生活照明用电1.127亿千瓦时，其他用电0.04亿千瓦时。人均用电量92千瓦时。

第三节　工业用电

民国期间，工业用电以中国纺织建设公司（纱布、机械、印染、针织等17个厂，内有20千伏供电7个厂，3.3千伏供电4个厂，220伏、110伏供电6个厂）为最大用户，最高供电6865千瓦；其余由中纺一厂、二厂、五厂、六厂各自备发电所补足。其次为橡胶业，用电

1500千瓦。再次是面粉加工业，磨坊、小面粉厂甚多，用电亦不少。自来水厂所属各水源地和几处加压站，还有四方铁路工厂及沧口分厂、海军造船所、民用工厂、冷藏业用电量最多；染织、造纸次之，木厂、铁工厂、玻璃厂等在100千瓦以上者也有数家。

新中国成立后，随着国民经济恢复和发展，工业用电量迅速增长。1949年工业用电量7229万千瓦时，占全市用电量的81.9％，每千瓦时电创造工业产值2.45元。经过三年经济恢复，1952年全市工业产值达到8.2503亿元，工业用电量1.6977亿千瓦时，占全市用电总量的91.5％，每千瓦时电创工业产值4.60元。"一五"计划末的1957年，全市工业总产值13.9522亿元，工业用电量2.2966亿千瓦时，占全市用电总量87.9％，每千瓦时电创工业产值5.82元。1965年，全市工业总产值20.8372亿元，工业用电量5.1024亿千瓦时，占全市用电总量的86.2％，每千瓦时电创工业产值3.70元。1975年，全市工业总产值38.3687亿元，工业用电量9.4943亿千瓦时，占全市用电总量的81.5％，每千瓦时电创工业产值3.69元。

80年代电力建设发展较快，但仍然不能满足国民经济发展需要。1985年第四季度，山东省电网分配给本市的用电指标为33.4万千瓦，但随着一批新建、扩建工程和技术改造及引进项目的陆续建成投产，加之人民生活的改善，家用电器与日俱增，全市尚缺5万千瓦的电力。1985年，全市工业总产值99.2亿元，工业用电量19.0132亿千瓦时，占全市用电总量的72.06％，每千瓦时电创工业产值5.22元。

第四节　用电管理

新中国成立后，青岛对电力工业开始进行计划用电管理、节约用电管理和安全用电管理。50年代实行厂内调荷办法（合理安排主要用电

设备的开停时间），并采用错开工厂周休日来平衡周负荷，对部分大电力用户装置最大需量表并核定其最大需量基数，以促使平伏日、月用电负荷曲线。后又拟定"事故拉路和限电序位"作为紧急措施。在国民经济恢复和第一个五年计划期间，由于用户的电气设备失修、质量差和技术水平低，事故发生较多，常影响着电力系统的安全运行。青岛供电部门深挖用户节电潜力，主要是消除变压器和电动机大马拉小车现象，取消长明灯，更换大灯泡，改包灯为表灯。由于对较大用户实行两部制电价和依力率调整电费办法，用户开始注意提高用电率。同时，抓用户电气设备运行维护和定期检修制度，并结合季节特点，开展安全用电检查。"大跃进"运动开始后，青岛电力供需缺口增大，单纯依靠调整负荷不能解决供需矛盾，各供电区经常被迫拉路限电。

60年代，青岛市成立"节约用电办公室"，下达电力、电量限额分配指标；开展'四合一'环形供电工作（厂内自合、厂与厂合、厂与居民合，公用区和公用区合）；颁发《青岛市电工管理暂行办法》，对用户电工进行登记、培训、考试，颁发电工执照。70年代，全市开展利用余热、水力及柴油办电活动，各主要行业陆续推行节电措施，建立和贯彻执行各项安全用电管理制度，各供电部门对用户进行"一查四定"工作（查设备、定电力、定电量、定时间、定单耗）。

80年代，全市计划用电工作从"以负荷为重点"改为"电力、电量并重"，逐步建立大用户每日汇报24小时负荷、电量和日负荷率，以及按抄表法测报代表日各小时有功、无功电量制度，并按季进行全地区代表日负荷曲线分析；同时推广机关、工厂等取消职工用电包费制，加装照明分表，按实际用电量收费。1983年，全市用电大户进行电平衡工作，年节电5600万千瓦时。

计划用电

为加强用电计划性，青岛电业局于1952年下半年开始进行调整负荷。第一阶段从6月28日开始，在27个工厂企业中调整周负荷，调整出容量1500千瓦；国营各棉纺织厂自8月起调整三班生产时间。第二阶段，1952年9月市人民政府公布《青岛市调整配电和用电时间暂行办法》，从10月1日起在16个大工厂中实行周负荷调整，同时在全市各工厂中实行日负荷调整（照明时间让电2~3个小时）。前后两次共调整出负荷3000~3500千瓦。从此，参加调整周负荷的16个大电力用户开始轮流公休日制度；两班制开工用户绝大部分是中小型纺织厂，计270余户。从1952年10月中旬起，按区划分，排定3个时间错开上下班时间。

1953年上半年，青岛电业局经与华东纺织管理局青岛分局协商，确定从7月份起对第一、第二、第五、第六棉纺织厂自备发电所实行地区统一调度，以发挥整体效益。1954年，青岛电业局在编制年度计划时，根据各行业生产情况、季节变化、市场淡旺等特点，提出在大机组检修期间有关用户配合调整开工的意见，调整部分用户生产计划，从而使发电、供电设备检修期间电力供应基本平衡。1956年4月1日，青岛电业局制定并实行50千瓦以上电力用户用电变动联系制度；下半年经市计划委员会统一部署，实行电力计划分配。青岛电业局在"既为系统，又为用户"原则下开展调整负荷，努力做到既使用户有计划地使用电力、组织生产，又使电业部门有计划地发电、供电。到年底，青岛地区用电负荷在占全部用电量75%的大用户中实行电力计划分配。1957年5月1日起，根据市人民委员会关于节约水电的指示，青岛电业局决定推行用电企业每年顺延公休日制度，既使职工得到星期日公休机会，又利于调整负荷、有计划均衡用电。

"大跃进"运动开始后，工厂企业用电急

增，当年有 7 个月发生缺电现象。1959 年 10 月，青岛电业局大力推行调整负荷与提高力率工作，实行电力限额分配。1960 年地区力率仅有 60%～73%，经过 1963—1965 年调整，电力供求状况好转。"文化大革命"期间计划用电、节电工作再次陷于混乱。1975 年，青岛市根据国务院"关于加强计划用电"的指令，加强计划用电管理工作，把有限电力用在生产上。1977 年 2 月 5 日在黄埠变电站首先安装使用电力负荷定量器，以加强对电力负荷的控制，做好计划用电。

70 年代末，在坚持计划用电前提下，积极为轻工业、旅游事业以及居民生活优先安排用电。1979—1980 年，青岛电业局为加强计划用电的科学管理，继续搞好"一查四定"（查设备耗电情况，定最大负荷、定电量、定单耗、定负荷率），实行择优供电，对部分用户实行凭证供电，"四定"用户扩大到 150 户。1981 年 1 月，根据山东省电力局《电力定量器管理实施细则》（暂行），制定《青岛市电力定量器管理的补充规定》，到年底，全市共装 103 户 113 台定量器，控制负荷 15.7 万千瓦，占分配负荷 26.5 万千瓦的 59.2%；同时对 150 个"四定"用户继续实行"日报数、日统计、旬分析、月总结"制度，摸清各用户单位生产班次和负荷情况。由于坚持实行择优供电，调出 1000 千瓦电力满足"三电"先进单位需求；对用电单耗长期超过国家标准的单位，停止供电和停产整顿，到 1983 年底，全市查封此类设备 285 台。

1985 年，在电力分配上，对效益大、利润高、节电好的用户实行择优供电，同时租赁 1.2 万千瓦机组，用议价煤发电作为补充；并对 212 个"四定户"实行电量计划供应。从第三季度开始，重新调整"四定户"高峰期间用电指标，对负荷率偏低的 64 个用户压低定量器定值，调出负荷 1.5 万千瓦。8 月 6 日和 10 月 12 日，市经济委员会"三电"办公室先后两次发出紧急通知，对市机械工业局等 11 个系统中部分或全部工厂及中央、省属 3 个工厂实行一周生产 5 天、停产 2 天，即"开五停二"措施，以平衡供需差额。到年底，安装电力定量器增加到 233 台，控制负荷 25 万千瓦，负荷控制率由 1983 年的 80.7%提高到 85%。

节约用电

1952 年，青岛电业局选择四方机车厂为试点单位，协助提高用电效率，合理调整变压器和电动机，达到节约用电的目的。是年，在 18 个电力用户中节约主变压器容量 750 千伏安，配电变压器容量 2784.5 千伏安，调整照明用电 1 万余千瓦时，功率因数由 40%提高到 75%。1952 年开始取消包灯制，先在包灯较少的湛山区进行试验，取得经验后全面推广；营业科 50%以上职工连续工作 6 个月，共调整 11622 户、15139 盏灯具，拆回及节约各种电表、电线等器材约合人民币 13 万元。1953 年，青岛电业局选择国营青岛第二橡胶总厂等单位为试点，推动用户节电。该年用户拆除多余配电变压器容量 2500 千伏安，电动机容量 750 千瓦。在 50 千瓦以上 82 个工业用户中，全面实行二部电价制，消除虚占容量 1410 千瓦，节电 150 万千瓦时。1954 年，青岛市供用电委员会及时召集企业机关团体和部队负责人会议，号召节约用电，支援国家建设。电业局职工利用业余时间组织宣传队，向街道居民进行节约用电宣传。同时，组织生产用户进行测定单位电耗及编制用电计划，贯彻用电管理制度，降低单位产品电耗。在 9 个棉纺织厂推广节电措施。到 1957 年底，对全市各主要用户每季进行一次互查互评，发挥用户在合理节约用电中的积极性。

1958 年，大办钢铁、"大跃进"使电力负荷迅猛上涨，电力供不应求状况严重。为缓解电源紧张局面，市委于 8 月通过《关于全党全民办水办电的决议》，要求贯彻大中小并举方针，千方百计开源节流。全民办电、土法办电在全市展开，当年除新增发电设备容量 24000 千瓦外，还组织有条件办电单位安装小型发电设备。到 12 月，青岛电业局新建 8 座土电站，总容量 4000 千瓦。1959 年，青岛电业局抽调人员大力进行调荷节电与提高力率的工作。1960 年，地区力率仅有 69%～73%。1961 年 5 月，市委根据部分工厂企业在使用电力方面存在管理混乱、纪律松弛、浪费严重的情况发出通知，要求在全市范围内掀起群众性增产节约运动。到 1965年，合理用电、节约用电情况好转。但在"文化大革命"中，节电工作又陷于混乱。

1978 年，青岛市"三电"办公室组织推广远红外节电新技术，先按行业进行试点，对全市 149 台电热设备全部改进，节电 1141 千瓦。当年，山东省电力工业局在青岛召开推广远红外节电新技术经验交流会，推广这项新技术。1979 年，12 个行业继续推行节电措施，全市 152 个企业、478 台计 11416 千瓦的电热烘炉、烘道、烘箱等设备应用远红外技术，全部推广薄型定带、尼龙定带、布机合成油等节电措施。11 月，全市开展"节能月"活动，继续推广应用远红外新技术，使 600℃以上电炉全部得到应用；全市 11365 千瓦的热处理箱式、井式炉全部改为采用硅酸铝耐火纤维保温材料。

1981 年，市"三电"办公室首次在全市进行电能平衡工作。到 1982 年，先后对用电负荷 560 千伏安及以上企业和占全市工业用电量的 80% 的 120 个用电炉进行电能平衡，共测试 15.5 万台用电设备，分析 197.7 万个数据，查明电力浪费原因，制订 32170 条整改措施。到 1983 年底，全市有专业节电管理人员 3089 人，兼职节电管理人员 13128 人，建立健全市、局、企业和厂部、车间、班组两个三级节电管理网，使节电工作做到经常化、制度化、群众化，形成比较完整的节电管理体系。对用电负荷在 500 千瓦以上的 120 个企业，安装一级到三级生产用电表 4400 只，装表率达到 94.36%。全市

120 个企业按系统划分为 11 个大组，广泛开展节电竞赛活动，有 119 个企业实行节电奖，每年可节电 4280 万千瓦时。

1984—1985 年，全市继续开展以节电挖潜为主要内容的电能平衡整改。1985 年 12 月完成整改措施 31646 条，整改率为 98.37%，年节电5700 万千瓦时。在抓好 120 个大户电能平衡整改工作的同时，对中小型企业也开展电能平衡工作。各企业配合市节能办公室认真开展节能"千分计评"活动，"节能等外企业"全部消除。

安全用电

1952 年第一季度，青岛电业局对 50 千瓦以上电力用户用电设备进行全面检查，对存在缺陷的电气设备协助进行改造。1953 年下半年，青岛电业局对用户排队，确定全市重要军事用户 22 户、重要工厂用户 24 户；对 50 千瓦以上 82 个用户建立定期检查和设备缺陷记录制度。1954 年，青岛电业局开始实行监察人员分行业下厂检查巡视，对 48 户变（配）电所严重不合格的设备进行改造。1955 年编制现场运行操作规程，以华新纱厂为试点，通过培训考试熟悉操作方法，然后由各工业主管局在所属大厂内推广；对中小型高压电用户编制简明操作规程。同年 9 月，制定接地线管理办法。在用电监察机构中设立专门人员，指导用户对继电保护装置进行改造和定期校验。1956 年上半年，青岛电业局继续督促和协助 96 户高压用户修订运行规程；下半年组织用户电气技术人员对用户电气安全情况进行全面检查，消除缺陷。同时举办用户电工规程学习等短期培训班，1953—1957 年共举办 30 次，培训电工约 2500 人次。

1960—1961 年用户负荷继续增长，青岛供电所第一次推行供电系统简化、升压、"四合一"（厂内自合、厂与厂合、厂与居民合、公用区和公用区合）环形供电，形式上改造一家一户分散的供电方式，但用户不安全局面严重。1962 年设立专职机要用电监察员，负责国

防、军工等单位安全用电监察；供电部门还利用张贴标语、分发宣传画、电台广播、放映电影等形式，开展防止触电和触电急救的宣传教育活动。

1970—1971年，青岛供电局第二次在全市推行"四合一"环形供电，将485个动力户"四合一"为125个大用户供电。但由于安全用电管理制度遭到破坏，全市不断发生严重事故。1979年7月29日—9月26日接连发生人身触电事故，死亡8人，10月份又接连发生带负荷拉刀闸、带地线合刀闸等5起恶性误操作事故。为扭转不安全局面，青岛供电公司及时召开全市安全用电紧急会议，加强用户安全用电大检查。1980年5月在第一个"安全月"活动中，青岛电业局制定《青岛地区用户安全用电规程》《电力定量器运行管理规程》，修订电度表安装规程等规程、制度，举办各种培训班、学习班和电气技术讲座，培训人员2600余人次，协助有关主管局举办电工训练班8期。通过培训，用户电工在电气理论和实践技术方面得到提高。1983年恢复电工管理制度，至1985年，全市大中型电力用户配备专职电工11600名，经市劳动局和青岛电业局联合组成的考试委员会考试合格，并颁发合格证书。

第九篇　电子仪表

30年代，电子元器件与无线电广播通讯一起进入本埠。当时，为满足社会上无线电爱好者的需求，上海民族工商业者建立多家无线电设备零件厂生产、出售电容器、电阻等[①]，但本市无此类生产者。40年代，市区始有私营电料行从事收音机和电台的修理、装配业务，但多为日本人开办。至40年代末，民族工商业电料行近30家，仍以修理业为主，仅能装配少量电台、收音机。

新中国成立后，电子仪表修理业、装配业发展较快。振兴电机行开始改制电压表、电流表，青岛电器生产合作社成立。社会主义改造期间，全市110多户私营电料行、小手工业者组织起来，开始生产漆包线、小型变压器等电子仪表工业基础产品，在技术、设备、人才、产品等方面为本市电子仪表工业的建立准备一定条件。第二个五年计划时期，一批电子仪器仪表生产企业先后成立，在缺少厂房、设备和技术人员的条件下，以手工作坊式生产开始试制碳膜电阻、真空整流二极管、电子管收音机、锗二极管、锗三极管及开关板电表、DD1型单相电度表等电子仪表产品。本市电子仪表行业完成从修配业向工业性生产的过渡。

60年代初，本市仪器仪表业在整顿调整的基础上加快发展，青岛电子管厂试制成功国内第一批2CZ50A硅器件，成为全国生产硅整流二极管的第一家；青岛电器开关厂研制成功汽车拖拉机电器万能试验台，为本市仪器生产之先声。青岛电器厂、青岛建筑工程机械修配厂和青岛南华小五金厂被第四机械工业部分别确定为微电机无线电专用设备和接插元件生产定点厂，开始研制微电机、无线电专用设备和接插元件。60年代中期，国家六部委在青岛举行"全国海洋仪器战役"，试制出具有较高精度的海洋水文气象遥测浮标站、海流计、波浪潮汐测试仪等46项海洋调查和测试仪器。同期，本市组织全市无线电产品大会战，生产出低频、高频小功率晶体三极管和电阻、电容等元件，并生产出首批140台7晶体管单波段外差式收音机。海洋仪器与无线电产品两大会战，拉开本市电子仪表工业发展序幕。60年代后期，一批企业先后建立，并先后试制并投产单管氢气炉、扩散炉、数字打印机、硅双向可控整流元件、磁钢、体视显微镜、半导体无触点距离保护装置等新产品。

70年代末，本市电子仪表工业重新规划，18家企业先后划归市电子仪表工业局管理，形成一批骨干企业及科研单位，研制生产出20余种国优、部优、省优及在全国同行业中具有先进水平的产品。

至1985年，本市电子仪表工业形成广播电视产品占有优势、元器件和整机配套、产品结构日趋合理的新兴工业部门，能够生产广播电视、通讯设备、电子计算机外围设备、雷达、

[①] 黄晞.旧中国无线电技术的发展及其传播[J].中国科技史料，1986(4)：11-14+20.

电子专用设备与测量仪器、电子元器件、电子材料、电工仪表、自动化仪表、照相机、空调设备仪器、实验室仪器和仪表元件等品种繁多、军民用结合的电子仪表产品。全市电子仪表工业企事业单位45个（其中电子工业30个），其中，全民所有制企、事业单位17个，集体所有制企业单位28个。

第一章　音像设备

30年代，青岛广播电台创建之后，才有人利用国外废弃的元器件自装矿石收音机。40年代后期，有少数私营电料行使用盘踞青岛的美军淘汰、流散的电子元器件装配少量电子管收音机。

50年代初期，市人民广播电台服务部组装少量5管电子管收音机。50年代末，在"抓基础，促整机""抓整机，带基础"的指导思想下，山东电子工业先后把收音机、电视机作为"龙头"产品。60年代初，本地组装山东省第一台8管外差式收音机。60年代中期，青岛无线电厂、青岛电影机修配厂相继成立，开始研发收音机和电影机产品；60年代末开始试制电子管放音机、黑白电视机。其间，先后设计制造出电子管收音机和晶体管收音机，研制成功电影机、电子管扩音机。70年代收音机行业调整产品结构，开始研制生产高级收音机。同时，开始试制多品种、多型号晶体管扩音机、仿制电唱盘，组装完成本市第一台电子管黑白电视机；电影机生产厂转产照相机，组建青岛电唱机总厂，电唱机生产走上专业化道路。70年代中期，青岛无线电二厂、青岛无线电五厂、青岛微电机厂分别研制生产晶体管电视机、电唱机和录音机。此后，青岛无线电厂、青岛无线电二厂、青岛无线电三厂也分别引进收录机生产线，进行收录机生产或组装。至70年代末，

停产扩音机和部分长线收音机产品，先后试制生产多种规格晶体管黑白电视机和集成电路式黑白电视机，逐步取代晶体管式黑白电视机。

80年代初，收音机市场出现供不应求局面，全市出现多家工厂竞相生产收音机的局面，成为收音机生产发展的鼎盛时期。同时开始研制生产电唱机整机和多种型号收录机产品，两三年后由于销路问题，与收音机一起陆续停产。80年代中期，开始生产彩色电视机。

第一节　收音机

1933年，为传播在青岛举行的第十六届华北运动会消息，市政府投资1万多元在朝城路7号民众教育馆内创建青岛广播电台。此后，市区利用国外废弃元器件自装的矿石收音机日渐增多。

60年代初，青岛无线电研究所自行组装山东省第一台8管外差式收音机，四方无线电厂和台西无线电器材厂合作设计制造6管2波段电子管收音机，台西无线电器材厂开始设计并研制成功晶体管收音机。60年代中期，台西无线电器材厂与无线电元件一、二、三厂和无线电模具厂合并组成青岛无线电总厂，试制成功便携式晶体管收音机。60年代末，市总工会所属"五七"工厂更名为青岛无线电二厂，成为本市第二个收音机专业生产厂。

70年代，收音机行业调整产品结构，降低便携式收音机比重，重点发展台式多波段收音机，青岛无线电厂和青岛无线电二厂先后试制完成6管2波段和7管2波段台式晶体管收音机，第四机械工业部组织全国高级收音机攻关，本地厂家开始研制生产高级收音机。青岛无线电厂、青岛无线电二厂先后研制并投产6管2波段晶体管收音机和6波段57管（晶体管）收音机。青岛无线电二厂还试制完成9管四级交直流台式晶体管收音机、13管2波段三级晶体

管收音机和 63 管 22 波段高级晶体管收音机。70 年代末期，停产部分长线收音机产品。在青岛无线电二厂改建成青岛电视机总厂后，将产品及其生产设备移交给青岛市南纸盒厂（后改制为青岛电视机总厂一分厂）。

80 年代初，收音机市场出现供不应求局面，成为收音机生产发展的鼎盛时期。青岛无线电厂、青岛电视机总厂一分厂、青岛无线电三厂相继试制开发出便携式晶体管收音机、台式晶体管收音机及电子管收音机。青岛微电机厂和青岛第一仪器厂还分别研制出台式交流晶体管收音机和带电唱机落地式晶体管收音机等多种型号收音机。青岛无线电三厂仿制上海"海燕"牌收音机试制并投产 6 管 2 波段电子管收音机，定型为"玫瑰"牌 D801；青岛微电机厂和青岛第一仪器厂还分别研制出"樱花"牌 702 型台式交流晶体管收音机和带有电唱机的"天鹅"牌 801 型落地式晶体管收音机；青岛半导体研究所和青岛晶体管实验所还分别研制并投产两种落地式晶体管收音机，其中青岛晶体管实验所生产"海鸥"牌，青岛半导体研究所生产无牌号。1981 年，青岛无线电厂生产的"红声"牌 2T31 型在山东省第四届收音机评比中被评为二级收音机第一名，"海歌"牌 3T31 型被评为三级收音机第二名；青岛电视机总厂生产的"青岛"牌 3TS2A 型三级收音机获同类机和总分两个第一名。

1982 年，随着进口录音机增多和国内收录机生产的发展，收音机市场开始萎缩。是年，青岛电视机厂生产收音机 2819 台后停产，累计收音机总产量为 425872 台。青岛无线电厂、青岛无线电二厂则分别研制成功新款产品并投入批量生产，产量均有所下降。1983 年，青岛收音机生产处于最低潮，只有青岛无线电厂和青岛无线电二厂两个专业生产厂先后试制出新款台式晶体管收音机和袖珍式晶体管收音机。其中，青岛无线电厂 9 月份试制"海歌"牌 4X-1 型袖珍式收音机是本市最后开发的一个收音机新产品。至年

底，青岛无线电厂 10 个型号晶体管收音机全部停产。其中，"海燕"牌 H-2 型 6 管 2 波段台式晶体管收音机居全市收音机产品产量之最。1984 年，青岛无线电二厂也停产全部收音机产品；是年，青岛无线电厂生产收音机 42645 台，次年停产，累计生产各种收音机 88 万台。至此，全市停止收音机产品生产。至 1984 年，全市收音机生产共计研制 49 个型号、批量投产 40 个型号，各种型号累计产量 15194 万台。

青岛无线电厂

1965 年 12 月，青岛台西无线电器材厂、无线电模具厂与无线电元件一厂、二厂、三厂合并组成青岛无线电总厂。建厂之初，以上海"美多"牌晶体管收音机为样机，试制成功"海燕"牌 HI-7A 型 7 管便携式 1 波段收音机。1968 年，按照全国联合设计的四管和五管晶体管收音机线路，先后试制成功"海燕"牌 HI-4C 型 4 管便携式收音机和 HI-5A 型 5 管来复外差式便携收音机。

1969 年，青岛无线电总厂改名为青岛无线电厂。70 年代初，先后试制成功并生产 5701 型 5 管和 72601 型 6 管袖珍式收音机，试制成功"红声"牌 T-602 型 6 管 2 波段台式收音机并投入批量生产，共生产 149611 台。70 年代中期试制成功"红声"牌 H-604 型 6 管便携式收音机和 H-2 型 6 管 2 波段台式三级收音机。其中，H-2 型至 1983 年累计产量 447543 台，是工厂经济效益最好的产品，也是山东省产量较高的一种收音机。

80 年代初，先后试制并投产"海歌"牌、"红声"牌 T 系列台式收音机。1984 年生产收音机 42645 台，1985 年停产收音机。其间，全厂累计生产各种收音机 88 万台。

青岛无线电二厂

1979 年 1 月，经第四机械工业部、省电子工业局批准，在青岛无线电二厂基础上成立青岛电视机总厂后，原产品及其生产设备移交青

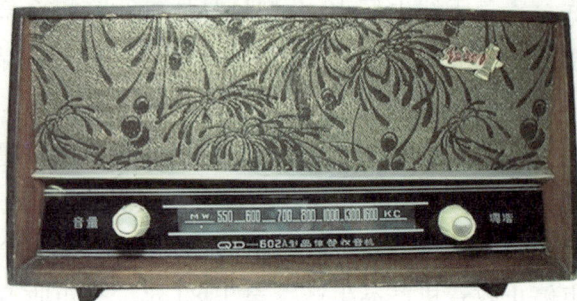

图 9-1　青岛无线电二厂生产的"红灯"牌 602-A 型收音机

岛市南纸盒厂，并将其改组为电视机总厂一分厂。此后，该厂在继续生产"红灯"牌 602-A 型（图 9-1）和 602-D 型收音机的同时，又相继开发出"青岛"牌 3TS3 型 7 管 2 波段三级台式晶体管收音机和 3TS6A 型 6 管 2 波段三级晶体管收音机。

1981 年 10 月，电视机总厂一分厂从电视机总厂划出，命名为"青岛无线电二厂"[①]。1982 年，将 3TS6A 直流晶体管收音机改为交直流两用，试制出 3TS7 型、3TS8 型三级晶体管收音机。1983 年，开发出"神曲"牌 SQD601 型袖珍式晶体管收音机。其间，该厂试制出"青岛"牌 3TS10 型台式收录机和 3TS11 型收录机。至 1984 年底，"青岛"牌 3TS8 型和"神曲"牌 SQD601 型两个型号收音机在累计生产 16702 台和 13334 台后停产。至此，全市停止收音机产品生产。

1985 年，该厂先后研制成功"扬帆"牌 GF-690 和 9696 两种型号全塑便携式调频调辐双声道收录机。

"海燕"牌收音机

1966 年 6 月，青岛无线电总厂参照上海"美多"牌晶体管收音机线路并加以改进，试制成功 7 管便携式一波段收音机，定型为"海燕"牌 HI-7A，由市无线电工业公司对样机鉴定后，

在全系统组织模具会战，为批量生产创造条件。当年 10 月开始批量生产，至年底生产 140 台，这是本市首批投放市场的晶体管收音机。产品在省经委组织的同类新产品评比中获第一名。

1968 年 12 月，青岛无线电总厂按照全国联合设计的 4 管和 5 管晶体管收音机线路，先后试制出 4 管便携式收音机和 5 管来复外差式便携收音机，分别定型为"海燕"牌 HI-4C 和 HI-5A，次年投入批量生产。1969 年底，"海燕"牌 HI-7A 停产，前后累计生产 2000 台。1970 年 7 月，青岛无线电厂试制出 5 管袖珍式晶体管收音机，定型为"海燕"牌 5701，翌年投入批量生产。1971 年 11 月试制出 6 管袖珍式晶体管收音机，定型为"海燕"牌 72601，随即投入批量生产。是年，收音机行业开始对产品结构进行调整，降低便携式收音机比重，重点发展台式多波段收音机。年底，"海燕"牌 HI-4C 和 HI-5A 两种型号便携式晶体管收音机在分别累计生产 13487 台和 29169 台后停止生产。

1980 年 3 月，青岛无线电厂试制出 6 管便携式晶体管收音机——"海燕"牌 H-614。1983 年，青岛无线电厂生产的"海燕"牌 H-2 型晶体管收音机在累计生产 4475 万台后停产。其中，"海燕"牌 H-2 型 6 管 2 波段台式晶体管收音机居全市收音机产品产量之最。

"红灯""红声"牌收音机

1969 年青岛无线电二厂试制成功 5 管外差式晶体管收音机，取名为"五七"牌，至年底生产 500 台，由于性能指标平平再未生产。1970 年 3 月，在"五七"牌电路基础上，改进外观造型，试制出"红灯"牌 501 型 5 管台式 1 波段收音机（图 9-2），到 1972 年共生产 18048 台。

1972 年 3 月，青岛无线电厂试制成功"红声"牌 T-602 型 6 管 2 波段台式收音机并投入批量生产，至 1982 年累计产量 149611 台。

---

① 马小维,等.青岛市机械总公司史志(1950-2012年)[M].青岛:内部编印,2013:309-310.

图9-2 1970年3月，青岛无线电二厂试制出"红灯"牌501型5管台式1波段收音机，到1972年共生产18048台

1974年5月试制出"红声"牌H-604型6管便携式收音机，1975年1月通过省级鉴定后投产，其特点是采用4英寸大扬声器和170毫米磁棒，1号电池供电，功率大，音质好，受到用户欢迎，到1978年共生产360001台。

1975年8月，在第四机械工业部组织的全国收音机攻关中，青岛无线电总厂研制成功"红声"牌H-2型6管2波段台式三级收音机，1979年3月通过鉴定，到1983年累计产量447543台，是该厂获经济效益最高的产品，也是山东省产量较高的一种收音机。1979年10月研制成功"红声"牌2T31型13管3波段二级台式收音机，1982年获青岛市科技成果三等奖，并在全省收音机评比中获同类产品第一名，到1984年共生产1425台。

"青岛"牌收音机

1975年，第四机械工业部组织全国高级收音机攻关，青岛无线电二厂试制成功6波段57管（晶体管）收音机，定型为"青岛"牌571。1976年4月试制完成9管四级交直流台式晶体管收音机，定型为"青岛"牌3TS4。1977年又试制出13管2波段三级晶体管收音机和63管22波段高级晶体管收音机，分别定型为"青岛"牌3TS2和TSIB。因高档收音机普及性差，市场狭窄，571型收音机和TSIB型高级收音机只生产几台样品。

1980年，收音机市场出现供不应求局面，青岛电视机总厂一分厂开发出7管2波段三级台式晶体管收音机，定型为"青岛"牌3TS3。是年生产收音机产量从1979年的1.14万台猛增到9.1万台。1981年，青岛电视机总厂一分厂依照上海"美多"牌收音机线路，加上AGC控制电路、射极跟随电路，试制出6管2波段三级晶体管收音机，定型为"青岛"牌3TS6A，年底投入批量生产。其间，青岛电视机总厂生产的"青岛"牌3TS2A型三级收音机，获同类机和总分两个第一名。1982年，青岛无线电二厂将"青岛"牌3TS6A直流晶体管收音机改为交直流两用，试制出"青岛"牌3TS7型三级晶体管收音机，随后又在线路上加上二次AGC控制电路、衰减单音调控制旋钮等，试制出"青岛"牌3TS8型三级收音机，均先后投入批量生产。1983年，青岛无线电二厂试制出"神曲"牌SQD601型袖珍式晶体管收音机，"青岛"牌3TS6A、3TS7在分别累计生产37900台、527台后停产。7月在全国第七届收音机评比中，"青岛"牌3TS2A型三级收音机获三等奖。1984年，只有青岛无线电二厂生产的"青岛"牌3TS8型和"神曲"牌SQD601型两个型号的收音机产品继续生产；至年底，在分别累计生产16702台和13334台后亦停产。至此，全市停止收音机产品生产。

"海歌"牌收音机

1981年10—12月，青岛无线电厂研制出7管3波段三级台式晶体管收音机，定型为"海歌"牌3T32。是年，"海歌"牌3T31型被评为三级收音机第二名。1982年，青岛无线电厂研制出全市第一台12管4波段双声道3分频全硅管台式晶体管收音机，定型为"海歌"牌2T33。同时研制成功的还有"海歌"牌3T21型6管2波段台式三级晶体管收音机。

1983年，青岛收音机生产处于最低潮，青岛无线电厂先后试制出"海歌"牌4T11型6管台式晶体管收音机、"海歌"牌4X-1型袖珍式晶体管收音机。其中，青岛无线电厂9月份试制出的"海歌"牌4X-1型袖珍式收音机是本市最后开发的一个收音机新产品。至年底，青岛无线电厂生产的"海歌"牌3T21、4T11、4X-1、3T31和3T32型5个型号晶体管收音机在分别累计生产24890台、16973台、29929台、32672台和1664台后全部停产。

第二节 "青岛"牌系列电视机

1970年8月，青岛无线电二厂组装完成本市第一台14英寸电子管黑白电视机，后因显像管供应不足致产量不高，70年代末停产。70年代中期，试制12英寸晶体管式黑白电视机，其后又试制生产14英寸、17英寸、18英寸等规格晶体管黑白电视机。70年代末，试制成功12英寸、14英寸、17英寸集成电路式黑白电视机，逐步取代晶体管式黑白电视机。

1984年引进日本松下彩电生产线，开始生产彩色电视。至1986年，青岛电视机厂累计生产14英寸电子管黑白电视机2775台，9英寸晶体管黑白电视机1969台，12英寸晶体管和集成电路黑白电视机16.20万台，14英寸、17英寸晶体管黑白电视机34.28万台，14英寸、18英寸、20英寸、22英寸等各种规格彩色电视机15.69万台。1986年，青岛电视机产品年工业总产值达2.14亿元，实现利税1631万元（其中利润886万元），收到良好的经济效益和社会效益，成为全国电视机重点生产厂家之一。

电子管式黑白电视机

1970年5月，济南军区、山东省革命委员会电讯工业领导小组召开电视机生产会议，确定青岛无线电二厂试制电子管式黑白电视机。会后，青岛无线电二厂派技术人员到天津七一二厂学习；8月，即用七一二厂散件组装成功一台14英寸电子管黑白电视机。为向国庆21周年献礼，9月底又用天津、成都产散件组装3台，定型为21-1，次年开始小批量生产。投产后由于显像管紧缺，年产量均在200台上下，1977年产量最高达800台，到1979年共生产2775台。其后停止电子管式黑白电视机生产，集中力量生产晶体管式和集成电路式黑白电视机[①]。

晶体管式和集成电路式黑白电视机

1974年，青岛无线电二厂开始试制9英寸晶体管式黑白电视机，次年5月第一台样机试制成功并批量生产300台，定型为"青岛"牌D9-1。由于达不到技术指标，次年削价处理。1976年2月，成立新9英寸和12英寸晶体管式黑白电视机试制组，由陈焕鑫和李德珍分别担任主设计[②]。

李德珍两次去上海进行技术考察，制定试制方案，购买试制两种电视机零部件，并索取"飞跃"牌9英寸机结构件模具资料作参考，组织模具设计和制造会战。11月，经过改进的9英寸和新研制立式12英寸晶体管黑白电视机试制完成，分别定型为"青岛"牌JD9-1和JD12-1。12月，采用自动绕制线圈机安装三条简易装配流水线（图9-3），开始批量生产9英寸晶体管式黑白电视机，至1979年共生产1969台。1978年，JD12-1型晶体管立式黑白电视机投入小批量生产，并通过部级生产定型鉴定，1979年底年产量达11329台。

1976年12月，青岛无线电工厂试制成功卧式12英寸晶体管黑白电视机3台样机，次年又试制样机10台，型号定为31HD1型，当年底参加全国黑白电视机首届质量评比和12英寸机新品样机观摩展览，受到好评。之后又试制生产80台，经天津七一二厂例行试验站

---

① 山东省志：电子工业志[M].济南：山东人民出版社,1995:46.
② 山东省志：电子工业志[M].济南：山东人民出版社,1995:48.

和北京无线电研究所定型试验，技术指标全部合格。1978 年，31HD1 型机通过生产定型试验，投入批量生产，并加工成功全套模具，当年生产 1100 台。

1979 年 1 月，青岛无线电二厂被电子工业部、省电子工业局批准为电视机定点生产厂，7 月，改称青岛电视机总厂。9 月，"青岛"牌 31HD1 型 12 英寸晶体管黑白电视机在全国第二届电视机质量评比中获二等奖，是山东省唯一获奖产品。直到 1981 年，31HD1 型 12 英寸黑白电视机产销两旺。1979 年，李德珍等又设计试制成功 31HD1-J 型集成电路式 12 英寸黑白电视机，1980 年通过生产定型鉴定。

1980 年，青岛电视机厂开发出立式 12 英寸集成电路 31HD1-J 型和卧式 12 英寸 31HD2 型黑白电视机。6 月，31HD1-J 型通过生产定型鉴定并投入批量生产，31HD2 型则未能通过定型鉴定。1981 年又开发出 31HD3 型、31HD4 型，31HD3 型因性能不好停产，而 31HD4 型未投产。至年底，12 英寸晶体管黑白电视机年产量达 53000 台，比 1979 年增长 3.68 倍。

1982 年初，李德珍、朱维静等设计试制成功成本较低式样新颖的 12 英寸 31HD5 型、14 英寸 35HD1 型和 17 英寸 44HD1 型晶体管式黑白电视机，并组织 17 英寸电视机模具会战。1983 年 6 月，35HD1 型和 44HD1 型黑白电视机同时通过部级生产鉴定。同年，44HD1 型机在全国第四届电视机质量评比中获二等奖。当年，35HD1 型和 44HD1 型黑白电视机取代 12 英寸黑

图 9-3 70 年代，青岛无线电二厂建成"青岛"晶体管黑白电视机生产线

白电视机成为主导产品。1983 年和 1984 年，青岛电视机厂经济效益在全国同行业评比中列十万台级企业第一名。

彩色电视机

1977—1984 年，青岛电视机厂先后试制少量 18 英寸、20 英寸、22 英寸和 14 英寸彩色电视机样机，其中 22 英寸彩色电视机试产 100 台，但均未进行生产定型和批量生产。为加速山东彩色电视机工业发展，山东省政府和青岛市政府给青岛电视机厂以大力支持，1984 年山东省即向该厂贷款 100 万美元（其中拨款 200 万元人民币），

用于引进彩电生产线,发展彩色电视机生产。[①]

技术副厂长李德珍等经过广泛调查研究,从国内彩电生产前景和企业发展长远利益出发,提出高起点引进彩电技术方案,1984年6月11日与日本松下公司签约。为确保引进设备技术尽快发挥效益,该厂领导人到日本考察,选派12名技术人员到日本学习彩电生产技术、质量管理和仪器仪表与生产工具使用,并派14名工人出国培训,学习插件与波峰焊、配线工程、调整、检查、总装、包装等工序技术和修理技术,把引进先进设备与引进先进技术和先进管理方法结合起来,把引进与培养自己的技术骨干和管理人才结合起来。在引进彩电生产线的同时,还引进塑料注塑机和喷涂自动流水线,使彩电生产形成"一条龙",增强自配能力。按照日本松下公司文件规定,生产线36周后达到日产500台的产量。而经青岛电视机厂全体职工共同努力,仅用10周就达到日产500台水平。彩电可靠性(无故障工作时间)达到6万小时,比国家规定标准(1.5万小时)高3倍。1985年产彩电66540台。

在引进技术基础上,积极消化、吸收、创新,增强设计队伍力量,加速新产品的试制开发。51CD1型20英寸(51厘米)彩色电视机是引进日本松下公司的新产品,47CD840QDX型18英寸(47厘米)彩色电视机、37CD445QDX型14英寸(37厘米)彩色电视机均是与日本松下公司联合设计的新产品,两种产品均实现结构件和部分元器件国产化,国产化率达70%,当年进行9次国产化件上机试验工作,确保国产件质量合格。经国家有关部门测定,这两种新型彩电不仅全部技术性能达到原型机水平,而且在声性能、直流恢复性能和安全性等方面有所提高。1986年6月通过电子工业部设计生产定型鉴定,成为青岛电视机厂主导产品。

第三节　收录机

70年代中期,青岛微电机厂试制出单卡盒式录音机样机,80年代开始生产台式收录机,并被第四机械工业部确定为录音机电机重点生产厂家。此后,青岛无线电厂、青岛无线电二厂、青岛无线电三厂分别引进生产线和收录机散件进行多型号便携式、台式收录机的品牌生产或贴牌组装。

到1986年,全市累计生产和组装收录机93173台。其中,微电机厂生产3606台、无线电厂生产组装51010台、无线电二厂生产组装36557台、无线电三厂组装2000台。

"樱花"牌收录机

1975年收录机产品在国内问世,青岛微电机厂随即组织工程技术人员开始试制单卡盒式录音机,1977年试制出1台样机。因工艺和技术存在问题未能投产。

1981年,青岛微电机厂试制出"樱花"牌LST-1型台式收录机,当年生产605台。同年,该厂被第四机械工业部确定为录音机电机重点生产厂家。为集中力量投入录音机电机的生产,1982年,"樱花"牌收录机在继续生产2001台后停产。

"青岛"牌、"海燕"牌、"海歌"牌收录机

1982年8月,青岛无线电二厂参照上海"美多"牌收录机机型,使用北京录音机厂机芯,自行设计制造底盘,试制出"青岛"牌塑木结合的3TS10型台式收录机,当年生产90台。1983年建成班产150台收录机生产线,同时试制出3TS11型收录机并投入生产,年产量上升到7716台,产销两旺。1984年生产3TS10、3TS11两种型号的收录机8436台,年底3TS10型停产,3TS11型于1985年3月停产。其中,

---

① 山东省志:电子工业志[M].济南:山东人民出版社,1995:62.

1982—1984 年累计生产 3TS10 型"青岛"牌收录机 8128 台，1983—1985 年累计生产 3TS11 型"青岛"牌收录机 9925 台。

1982 年 12 月，青岛无线电厂试制成功"海燕"牌 2TSL-1 型台式 3 波段 4 喇叭单卡盒式收录机，至 1985 年累计生产 8375 台后停产。

1983 年 10 月设计试制"海歌"牌 SL-575 型 4 波段 4 喇叭双卡双声道携式收录机，并批量投产。同时，电子工业部批准青岛无线电厂为收录机生产定点厂。

第四节 电影机 扩音机 电唱机

60 年代中期，青岛电影机修配厂响应国家有关部门号召，承担 8.75 毫米电影机试制任务。在消化吸收引进国外机型的基础上，研制成功 8.75-1 型电影机。此后，不断对机型进行改进，形成 8.75 型电影机系列产品。

60 年代末，青岛无线电厂试制成功电子管扩音机并小批量投产。70 年代开始试制不同用途的多品种多型号晶体管扩音机，由于销路和质量问题产量不佳，至 70 年代中期停产。

70 年代中期，青岛无线电五厂开始仿制电唱盘，后期通过兼并扩建、增加设备组建青岛电唱机总厂，使全市电唱机生产走上专业化道路。

80 年代，青岛电唱机总厂开始研制电唱机整机产品，其立体声电唱机产品打开市场销路。后又针对农村市场，研发成功多种型号电唱机，产销两旺。

青岛机械修配社

1963 年 2 月，单县路五金加工厂、南村路五金加工厂和郓城北路机械厂合并成立青岛机械修配社，后改称青岛无线电设备维修厂。1975 年，青岛无线电五厂以手套、围巾、手提式电动砂轮机为主要产品开始转向电唱盘生产，翌年 12 月试制成功交流四速手提式电唱盘问世，定型为海鹰 206，并迅速形成批量生产能力。1979 年 1 月，青岛第二钟表厂开始生产电唱机唱盘、面板、音臂底板和马达底板四大冲压件。

1979 年 7 月，青岛无线电设备维修厂与青岛第二钟表厂、青岛无线电五厂合并组建青岛电唱机总厂，隶属市电子仪表工业总公司，拥有嘉祥路 26 号、济阳路 12 号两处厂区①，主要产品为电唱盘，同时开始电唱机整机研制。同年 12 月，在海鹰 206 型电唱盘基础上，增加收、放音部分，试制成功 SF-2 型落地式收放两用机，1980 年春节投放市场。

80 年代，该厂开始研制立体声电唱盘，相继研制成功 821J 型音臂和 822S 型音臂双声道立体声电唱盘和 842A 型、842B 型和 842C 型电唱机。到 1987 年，共生产各种电唱盘、电唱机 215453 台，其中 206 型电唱盘 18.38 万台，821 型和 822 型立体声电唱盘 6090 台，SF-2 型和 842A、B、C 型电唱机 23438 台（图 9-4）。

8.75 型系列电影机

1964 年，由第一机械工业部、文化部、国家科委组成的中央电影支农指挥部，号召全国各省市有关厂家试制 8.75 毫米电影放映机。青岛电影机修配厂因有多年维修电影机和试制三镜头幻灯机的基础，1965 年底承担 8.75 毫米电影机试制任务。次年，根据中央电影支农指挥部提出的"简易、轻便、坚固、经济"的要求，该厂先后派人去上海八一电影洗印厂和南京电影机械厂等单位学习考察，并参照从日本引进的 8 毫米无声小型放映机工作原理，开始设计研制。10 月试制出样机，定型为 8.75-1。而后针对试映出现的问题对样机进行改进，在其马达后面增加一个涡轮，将分离的收片机改放在放映机上。这一改进缩小了体积并减轻了重量，

---

① 马小维，等.青岛市机械总公司史志(1950-2012 年)[M].青岛:内部编印,2013:311-312.

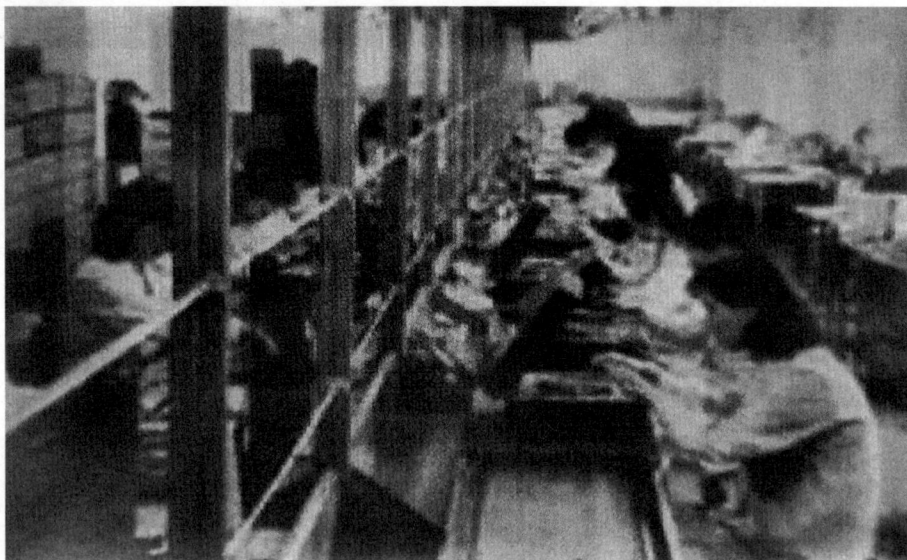

图9-4 80年代，青岛电唱机厂的电唱机装配线

定型为8.75-2。1967年，在此基础上又改装供片盘和收片盘位置，定型为8.75-3。此后又取消放映机变压器，改为马达变电，定型为8.75-4。1968年，将4型样机扩音机改装在放映机后盖上，进一步缩小放映机体积，定型为8.75-5。同年，为提高放映机放映质量，再度将画面与声音同步由80个格改为40个格，定型为8.75-6。1969年将放映机放音功率从5瓦加大到8瓦，使观看人数从300人左右扩大到500人左右，定型为8.75-7。

1970年3月，青岛电影机修配厂改称青岛电影机厂，专产8.75毫米放映机。是年，该厂在对产品图纸进行系统整理与修改的基础上，最后定型为8.75-8，并投入批量生产，当年生产80台。该型电影放映机批量投产以后，山东省和青岛市有关部门先后投资25万元，增添各种设备仪器112台，使生产能力达到年产100台。至1973年，累计生产8.75型系列电影机280台。

"咏梅" 牌扩音机

1969年5月，青岛无线电厂开始试制扩音机。7月，试制成功150瓦电子管落地式扩音机，定型为"咏梅"牌R150，随后投入小批量

生产。其中R150A型150W电子管落地式收扩音机，到1973年生产251台后停产。

1970年6月，该厂采用晶体管电路的WK-200A型200W晶体管台式收扩音机问世，生产114台后因销路不畅于1971年停产。1971年试制成功WK2×400瓦晶体管落地式扩音机，当年生产2台。1973年又开发出QY-550瓦新产品，同时用库存积压电子管组装完成600瓦扩音机供城市防空指挥部专用，一并投入试生产。1975年，由于市场供过于求，QY-550瓦(CY2×275型550W)和电子管600瓦(WK-2×300型600W)收扩音机在累计生产58台和16台后也停止生产。

此外，青岛无线电厂还于1970年生产晶体管便携式5W扩音机18台；1971年生产6720型1.5W台式带唱系统的四用扩音机19台，供各地广播站使用。1975年扩音机全部停产。

"海鹰" 牌电唱机

1975年，青岛无线电五厂开始转向电唱盘生产，在前往上海中国唱片厂、上海漕河泾唱机厂和无锡唱机厂学习考察后，选定上海中国唱片厂的206电唱盘作为仿制品开始试制。翌年12月，第一批30台交流四速手提式电唱盘问世，定型为"海鹰206"型。为迅速形成批量生产能力，又再次派人到中国唱片厂进行技术培训，由上级主管部门投资33万元购进冲床、仪表车床等设备，使月产量从十几台增加到1978年12月的200多台。

1979年1月起，青岛无线电五厂将唱盘、面板、音臂底板、马达底板四大冲压件扩散到

青岛起重电器厂和青岛第二钟表厂生产，使电唱盘月产量增加到600多台。7月，青岛无线电五厂、青岛无线电设备维修厂、青岛第二钟表厂合并成立青岛电唱机总厂后，开始研制电唱机整机。在"海鹰206"型电唱盘基础上，增加收音、放唱部分，试制成功落地式整机样机，收音部分达到三级机标准，定型为SF-2型收音放唱两用机。1980年春节投放市场50台，当年生产1042台，1981年生产2568台。同年6月，开始立体声电唱盘研制，1982年3月研制成功J型音臂和S型音臂双声道立体声电唱盘，分别定型为821型和822型，实现206型机由单声道向双声道过渡。

为适应农村市场需要，1984年5月青岛电唱机总厂研制出一种比SF-2型体积小，加收、放功能的电唱机，定型为842A型。1985年6月又将842A型木制面板改为塑料收音机面板，定型为842B型。

第二章 电子元件

50年代末，本市开始电子元件的研制生产。60年代初，台西无线电器材厂、市南区第八纺绳社、四方无线电厂、市南服务站电容器研制小组、胶县印刷厂、市北区工业局第二发制品厂、青岛无线电厂先后开始试制碳膜电阻器、电位器、电容器等电子元件产品，市南异型管厂、青岛接插件厂、青岛无线电厂、青岛微电机厂试制拉杆天线、系列插座开关及印刷机电路板插座系列、接产中频变压器产品和微型电机产品等。之后，随着经济计划的实施和市场对产品的需求，市及区县主管部门不断对生产厂家和产品进行撤并调整、新建改建。60年代中期，四方无线电厂试制成功本市第一只电位器，后又有青岛无线电厂、青岛第一木器厂、青岛电位器厂批量生产多型号产品；市南服务站电容器研制小组、青岛无线电厂开始研制瓷介电容器和可变电容器。市南异型管厂试制拉杆天线，青岛接插件厂试制CY1系列插座、KB波段开关及印刷机电路板插座系列，青岛无线电厂接产中频变压器产品，成为本市第一个批量生产中频变压器企业。

60年代末70年代初，市南异型管厂先后试制出低音扬声器和筒式高音扬声器，青岛接插件厂先后试制成功旋转式小型胶纸板波段开关和系列绕接插座，青岛日用五金一厂先后试制出舌簧扬声器和筒式高音扬声器，市南区金口路街道服务站开始试制音频变压器。胶县印刷厂、市北区工业局所属第二发制品厂先后试制生产金属化纸介电容器和铝电解电容器，后又分别交由胶县无线电材料厂、市北区工业局所属青岛红卫元件厂接产。70年代中后期，青岛接插件厂接受省电子工业局下达的试制全国联合设计的VHF甚高频机械调谐器任务，当年研制定型并生产；青岛半导体零件厂签订补偿贸易合同，来料加工生产收录机同调频中频变压器，实现当年生产。70年代末，随着家用电器普及，对瓷介电容器品种规格和产量提出新需求，青岛东方红无线电厂、青岛电子元件三厂相继加入瓷介电容器生产。

进入80年代，黄岛无线电元件厂开始生产同心插头座及电源插头座等接插件产品；市南异型管厂改称青岛电子元件二厂并停止扬声器生产；青岛接插件厂改名为青岛电子元件一厂，接受试制UHF特高频机械式调谐器任务，产品在全国第四届同行业产品评比中获二等奖并被评为山东省优质产品；青岛半导体零件厂试生产调频中频变压器，形成调频、调幅、线圈等3个系列8个型号91个规格系列化产品，其中FM10型调频中频变压器荣获山东省优质产品称号；青岛电子元件一厂引进电子式调谐器生产线，开始生产电子调谐器；青岛半导体器件二厂、青岛电子元件三厂合并组成新的电子元件三厂，引进生产中频滤波器；青岛电唱机厂开始引进生产并为用户安装电视共用天线系统。

第一节 电阻器

50年代末，本市试制成功第一只碳膜电阻器。60年代，市南区第八纺绳社试制成功碳膜电阻器并持续生产。70年代，青岛电位器厂开始生产碳膜电位器，80年代中期达到生产高峰。80年代，青岛电子元件三厂试制成功并量产环状压敏电阻。

青岛半导体器件二厂

1958年，青岛半导体器件二厂组建，有职工20人，生产面积100平方米，设备1台，总额值1.8万元。1965年8月，市南服务站组成电容器研制小组；10月，市南区第八纺绳社开始转产电阻器。1966年，上述单位合并组建为青岛东方红无线电厂，有职工37人，生产面积450平方米，设备1台，总额值0.8万元。

1981年12月，青岛东方红无线电厂更名为青岛电子元件三厂。1985年4月，青岛电子元件三厂与青岛半导体器件二厂合并组建新的电子元件三厂。主要产品为中频滤波器、瓷介电容器、压敏电阻器。其中，D4型声表面波电视中频滤波器是山东省优质产品。

1984年12月，该厂从香港引进电容器生产线一条，次年投产使用，年产量3000万只。1985年，从联邦德国、美国等国引进生产声表面波电视中频滤波器的后工序关键设备和仪器，形成年产250万只的能力，居国内首位，产品销往北京、上海、天津等市及香港地区。

碳膜电阻器

1957年，青岛人民广播电台服务部试制出第一批1/2瓦碳膜电阻器，至1961年生产1000只后停产。1961年5月，青岛台西无线电器材厂试制出碳膜电阻器，至1963年总计生产2.9万只后停产。

1965年10月，市南区第八纺绳社派人到北京综合元件厂学习生产工艺，并自制简易生产设备，于1966年12月试制成功0.125瓦碳膜电阻器，阻值范围为5.1欧姆至2兆欧姆，额定功率0.125瓦，最大工作电压150伏，定型为RTX-0.125瓦。1974年通过更新改造设备实现半自动化生产。70年代末增添专用设备20多台，至1985年停产，累计生产碳膜电阻（包括部分金属膜电阻）7313.31万只。

此外，青岛东方红无线电厂还从1977年开始试制生产精密金属膜电阻，到1984年停产，累计产量940.78万；1983年研制生产负温度系数热敏电阻器，次年8月停产，累计产量30.10万只。

碳膜及合成碳膜电位器

1973年，青岛第一木器厂试制出WTK型电位器，次年投入批量生产。1975年将产品交给青岛电位器厂生产，1977年产量达到43万只。同年，青岛电位器厂试制成功WTH型电位器，此后相继试制出WT、WT111、WH5和WH20A型等多型号电位器新产品，产量连年大幅度上升，1981年达124.5万只，创历史最高水平。

1982年，因收音机滞销，电位器产量大幅度下降，当年仅产37.7万只，1985年降到29.7万只。

环状压敏电阻

1983年3月，青岛电子元件三厂试制成功用于稳定晶体管偏流的MF11负温度系数热敏电阻器；5月试制成功用于微型电机消除电气噪声的MYZ消噪声型环状压敏电阻，适应温度-25℃～85℃、耐压3.3～27伏、额定功率0.5瓦、非线性系数≥2.3。该产品具有银层均匀，电极附着力好，易焊接，机械强度高，不易破碎，电压非线性系数大，抑制火花效果显著等特点。主要用于普及型永磁直流稳速电机，具有消除电气干扰的作用。1984年4月获青岛市科技成果三等奖，1985年产量17.94万只。

第二节 电容器

60 年代中期，市南区开始瓷介电容器的研制生产。70 年代初，胶县、市北区分别试制纸介电容器和电解电容器成功，并形成量产。至 80 年代中期，瓷介电容器形成 5 个品种 100 多个规格的产品系列，纸介电容器生产转向为电风扇、洗衣机配套为主，电解电容器则随着其配套产品的销量而出现产量起伏，青岛电子元件五厂生产的云母电容器由于整机市场需求的降低而停止生产。

瓷介电容器

1965 年 8 月，市南服务站组成电容器研制小组，并派员到上海无线电一厂学习，开始研制瓷介电容器。1966 年 4 月，在自制成功 1 台关键设备——烧结炉，并相应解决成型、被银、涂复、测试等工装设备基础上，试制成功第一批电容量为 1～4700 微微法、适应温度为 -55℃～125℃、耐压为 63～500 伏的瓷介电容器样品，定型为 CCX-1 型。1967 年扩大生产用房、购置设备，产量大幅度上升至 21.61 万只，1970 年达 101 万只。

1971 年，电容器市场供过于求，本市瓷介电容器产量降至 84 万只，次年下降至 25 万只。1973 年生产开始回升，市南区投资 38.9 万元易址芝泉路新建 1750 平方米厂房，加强技术改造，扩大生产规模，月产能力由 1975 年的 22 万只提高到 1976 年的 50 万只，销售量达 500 万只。1980 年，瓷介电容器产量达到 1092.86 万只。

随着电视机等家用电器的开发和普及，对瓷介电容器品种规格和产量提出新的需求，青岛东方红无线电厂 1979 年研制出 CCX-D、CCDD 等迭片瓷介电容器，1984 年 6 月试制 CT52 型圆片穿心瓷介电容器，用于电子线路中作旁路，电容量为 1000～4700 微微法、适用温度为 -40℃～85℃、耐压为 63 伏；10 月试制 CC11 型、CT11 型圆片无引线瓷介电容器，电容量为 1000 微微法、适用温度范围为 -25℃～85℃、耐压为 160 伏。

1985 年，本市各种型号瓷介电容器年产量达到 3002.46 万只，创历史最高水平。次年，瓷介电容器从单一品种发展到 5 个品种 100 多个规格，累计产量达到 13914.4 万只，累计出口 800 万只。

纸介电容器

1970 年，胶县印刷厂派员赴济南无线电厂及上海、常州电容器生产厂家学习电容器生产技术和工艺，开始试制金属化纸介电容器。1972 年试制成功 CJ40、CJ41 两种型号和 0.1 微法 /400 伏、0.47 微法 /400 伏、0.22 微法 /400 伏 3 个规格的金属化纸介电容器，并投入小批量生产。1974 年在行业归口中，金属化纸介电容器转由胶县无线电材料厂生产。1977 年胶县统一规划经济发展布局，又将金属化纸介电容器生产转由胶县五金厂。

1978 年，胶县五金厂更名胶县电容器厂，相继研制出使单相异步电动机产生较大转矩的 CJS、CJ48 两种型号电容器和 1 微法 /500 伏、1.2 微法 /500 伏、1.5 微法 /500 伏、8 微法 /400 伏、14 微法 /400 伏 5 种规格的电容器新产品。同时，为青岛电视机配套的 CJ4 型金属化纸介电容器亦研制成功。1982 年，胶县电容器厂调整产品结构，从以生产为收音机配套的 CJ40、CJ41 两种型号为主转向以生产为电风扇、洗衣机配套的 CJS、CJ48 两种型号为主。

1984 年，胶县电容器厂更名为青岛电容器厂。至 1986 年，青岛电容器厂形成年产金属化纸介电容器 90 万只生产能力，产品成品率由 96 %～97 %上升到 98 %～99 %，累计产量达 414 万只。

电解电容器

1970 年，市北区工业局所属第二发制品厂试制并投产 CD11 型铝电解电容器，成为本市第一个生产电解电容器的厂家。1972年底，市北区工业局决定由其所属青岛红卫元件厂接产CD11型铝电解电容器，1973年试制成功并投入小批量试生产。1974年，为形成批量生产能力，青岛红卫元件厂增添碰焊机8台、开片机1台、铆片机3台和自制老炼架100台，生产车间人员增至76人；当年生产CD11型铝电解电容器20种规格5万余只。到1977年，电解电容器车间人员增至150人，产品规格达105种，年产量上升为120.87万只。

随着黑白电视机等家用电器市场不断扩大，2000微法以上大容量电解电容器需求量相应增加。1978年，青岛红卫元件厂派员赴上海无线电二十一厂学习CD13型大容量电解电容器制造技术，着手试制并获得成功，12个规格的产品相继投入批量生产。

1980年11月，青岛红卫元件厂改称青岛电子元件四厂。1982年试制成功CD26型8个规格的铝电解电容器，使铝电解电容器达到3个型号125个规格。1983年黑白电视机和收音机市场萎缩，其CD系列电解电容器产量下降。1984年引进设备27台（套）、国内配套设备12台（套），与香港联发实业公司合作进行来料加工，按日本工业相关标准生产耐压6.3～63伏、容量0.47～3300微微法铝电解电容器，当年累计生产CD11、CD13和CD26三种型号铝电解电容器2129万只，后停产。1985年再次引进配套生产设备，年底试产产量达200万只。

云母电容器

1980年3—5月，青岛电子元件五厂两次派员赴上海无线电六厂考察学习，开始设计制造年产400万只云母电容器生产线，10月开始试生产CY-0云母电容器，月产能力5万只，翌年形成CY-0、CY-1、CY-2、CY-3四个系列160个规格。随着销售市场扩大和各配套工序完善，1982年生产能力达600万只，当年生产597.1万只。

1984年，家用电子整机市场对云母电容器需求量大幅度下降，青岛电子元件五厂在累计生产1660.57万只后停止生产。

第三节 信号变压器

60年代中期，青岛无线电厂接产中频变压器产品，成为本市第一个批量生产中频变压器的企业。60年代末，市南区一街道服务站五金加工小组试制成功音频变压器。80年代初，市南区海滨无线电元件厂成立，产品产量创历史最高水平。同期，青岛半导体零件厂签订补偿贸易合同，改进产品设计和性能，研制出调频和调幅二体结构中频变压器，技术参数达到国际先进水平，为国内首创。

中频变压器

1966年5月，青岛无线电厂接产电子工业部797厂QTX调幅中频变压器产品，次年形成生产能力，成为本市第一个批量生产中频变压器的企业。至1976年累计生产90万只后停产。

1979年8月，青岛半导体零件厂与香港宝利电子有限公司签订引进中频变压器生产线和年产1000万只中频变压器的补偿贸易合同及为期两年的来料加工生产收录机同调频中频变压器的合同。12月，引进42台绕线机及9台示波器、1台扫频仪等安装完毕并开始试生产，当年生产10型调频中频变压器5万只。至1983年，共计生产外销中频变压器3308.4万只，内销中频变压器239.42万只。

1984年，青岛半导体零件厂改进产品设计和性能，研制出FM10型调频和AM10型调幅二体结构中频变压器，技术参数达到国际先进水平，当年生产216.05万只。1985年自制成功调幅中频变压器"扫频法"测试装置，改变传统"点频法"检测方式，保证检测质量，提高检测效率3倍，年产量上升至397.71万只。同年，在全国国产收录机质量评比中，6个产品获一等奖，其中上海"美多"牌、"上海"牌、常州

"星球"牌收录机均采用青岛半导体零件厂生产的中频变压器。

音频变压器

1968年，由市南区金口路街道服务站30余人组成的生产自救五金加工小组试制成功5瓦、15瓦、25瓦输送变压器，年产量4000只。之后，音频变压器产量逐年增长，到1977年达15.79万只。

1980年，在五金加工小组基础上成立青岛市南区海滨无线电元件厂，职工增加到137人，当年产量达36.11万只，创历史最高水平。1982年，由于收音机市场被收录机市场所替代，导致音频变压器滞销，产量降至最低点1800只。到1986年，累计生产304.77万只。

第四节 电视机调谐器

70年代中期，青岛接插件厂接受甚高频机械调谐器试制任务并定型生产。80年代，青岛接插件厂改称青岛电子元件一厂，接受试制特高频机械式调谐器任务，并引进国外技术生产电子式调谐器，两种调谐器均实现持续量产。

青岛接插件厂

1964年，青岛南华小五金厂被第四机械工业部确定试制生产接插件，遂于1965年改称青岛接插件厂。主要研制生产CY1系列插座和KB波段开关，相继试制成功CY401型印刷电路板插座之7线、11线、14线、15线、22线、30线、62线等7种规格产品，以及2CY25E型印刷电路板插座和KZX型（6种规格）、KZX-1型（47种规格）旋转式小型胶纸板波段开关。1973年，厂址由台东区南仲家洼迁至上清路12号，建筑面积3.7万平方米。此后，增加专用设备，改进生产工艺，进一步提高产品质量。在第四机械工业部召开的全国接插件绕接技术座谈会上，确定由青岛接插件厂试制绕接印刷电路插座，先后试制成功并投产CY301-72SD型和

CY254-86SD型绕接插座。

1980年，青岛接插件厂改称青岛电子元件一厂，隶属市电子仪表工业局。其间，该厂先后接受VHF甚高频调谐器和UHF机械特高频调谐器试制任务，相继试制出KP12-2、KP12-3、KP12-4、TJS-2A型调谐器和TJT-2型特高频调谐器。还自行设计制造两条VHF甚高频和两条UHF特高频生产流水线，使两种型号调谐器达到年产30万只能力。

至1985年，青岛电子元件一厂有职工1049人，其中工程技术人员81人；厂区建筑面积12409平方米，设备279台，仪器402台；固定资产原值519万元，净值404万元，工业总产值1582万元，利润总额32.5万元，劳动生产率15081元/人。

机械式调谐器

1975年，青岛接插件厂接受山东省电子工业局下达的试制全国联合设计的VHF甚高频机械调谐器任务，当年研制出样品，定型为KP12-2型。在当年9月份举行的全国同行业评比中，该调谐器性能名列第三。1978年，该厂对调谐器进行改型设计，将推入式微调改为摩擦式，定型为KP12-3型。KP12-3型调谐器转换方便，微调灵活，接触可靠，性能稳定，增益高，噪声低，适用于各种规格黑白电视机高频调谐部分，接收并转换1-12频道的电视信号，而且通过UIF输入接口（零频道）与特高频（UHF）调谐器连接配合，可接收13-57频道的电视信号。

1980年，青岛接插件厂接受试制UHF特高频机械式调谐器任务，参照日本P24型调谐器，于1981年6月试制出9只样机，定型为TJ2-2型。1983年形成平均月产特高频调谐器2600多只简易生产流水线，年产量3.14万只。

1984年，为解决KP12-3型甚高频机械式调谐器与UHF特高频调谐器的配套使用，青岛电子元件一厂对KP12-3型调谐器增加UHF输入，

定型为KP12-4型，后经过进一步改型设计，定型为TJS-2A型。是年，在全国第四届调谐器同行业评比中，该厂生产的UHF机械式特高频调谐器荣获二等奖。

1985年，改产生产的TJT-2型特高频机械调谐器分别获得全国高频头评比二等奖和山东省优质产品称号。同年，UHF特高频机械式调谐器在全国第四届同行业产品评比中获二等奖，并被评为山东省优质产品。

电子式调谐器

1983年，青岛电子元件一厂选定引进日本松下公司具有80年代初期水平的年生产能力30万只的ET17C型U/V一体化电子式调谐器生产线。1985年9月12日，后道工序SKD引进设备31台（套）连同国内配套的16台设备仪器安装完毕，开始试生产。

1986年3月14日，前道工序CKD生产设备安装完毕，开始试生产。在此基础上，电子调谐器的结构件、电感元件、片状电阻、碳膜电阻、线路板等先后实现国产化，国产化元、器件占电子调谐器元、器件总数的40％，占价格比的41％，为全部实现国产化打下基础。

第五节 微型电机

1964年，第四机械工业部第三次全国微电机会议确定，青岛电器厂从以生产民用电机为主改为生产军用微电机为主。1965年，第四机械工业部安排青岛电器厂接产上海736厂生产的仿苏LX60、LX12信号电机。青岛电器厂接产后对产品结构进行简化改进，设计更改电机组件占样机的30％；改进后达到油箱不泄漏、凸轮精度提高、装调工艺简化、信号分配正确率符合技术条件。1966年1月，青岛电器厂更名为青岛微电机厂，并与部属上海微电机研究所挂钩。1967年，改进后的LX-60-1和LX-12-1两个型号信号电机正式投入批量生产，当年为北京738厂配

套，组装后整机出口到坦桑尼亚、越南等国，至年底产量为461台。1968年，青岛微电机厂按照第四机械工业部要求，当年研制完成投产机座外形尺寸为直径45毫米的伺服电动机。1970年又试制成功机座外形尺寸直径45毫米、具有反馈速度信号的伺服测速发电机组，定型为45CS6-5A。1974年，青岛微电机厂与部属上海二十一所合作完成机座外形尺寸直径28毫米和36毫米专用伺服电动机的试制投产。

1972年，青岛微电机厂根据天津微电机厂图纸，试制生产55BF3A/B和110BF两个型号的步进电动机，为数字打印机配套；并在产品只有30度角一个档次的基础上，增加15度和7.5度角两个档次。同年，青岛微电机厂采用南京微电机厂图纸试制磁滞同步电动机，为数字打印机和纸带穿孔机等配套产品，次年投入生产，共有45T25C/D/E三个型号。1974年，青岛微电机厂从江苏涟水电机厂接产50FJ10型通风电动机后，对原设计中电磁转矩偏小、电机转速和风压（在额定风筒风量下测定）偏低的缺陷，进行电磁和风叶几何形状的改进，使电机转速由19000转/分提高到21000转/分，风压由45毫米汞柱高提高到大于50毫米汞柱高。1979年，青岛微电机厂从上海二十一所接产150FJ5A型通风电动机，当年试制完成并投入生产。

此外，青岛微电机厂还先后研制成功用于航空系统、雷达指挥系统的系列微特电机，有旋转变压器、自整角机、伺服电机、步进电机、磁滞同步电机、测角器、交流通风电机等60个品种194个规格，总产量14.4万多台。其微电机体积小、重量轻、精度高、质量稳定可靠，多次为国家重点工程如运载火箭和雷达、飞机等配套，有些产品如CHG18-1测角器、28XG6-1电位计等填补了国内空白。其"青微"牌旋转变压器和自整角机系列产品，主要为雷达指挥仪等整机配套，1979年和1985年获山东省优质产品奖。

国营青岛电器厂

1958年1月13日，青岛电气工程生产合作社改建为国营青岛电器厂，企业性质由集体所有制企业改为全民所有制，在册职工1286人，其中知识分子4人；生产厂房面积7000平方米，普通加工设备28台，年工业总产值421.7万元，利润221.6万元。主要生产拉线开关、电熨斗、行程开关等民用电器产品，后开始生产排气风扇、吊风扇、电流电压互感器、闸刀开关、电动机、变压器、电焊机、砂轮机、开关板、配电盘等工业电器产品。1959年，青岛北洋送风机厂并入国营青岛电器厂。同年，该厂逐渐转到以生产中小型交流电动机和电力变压器、高低压开关板为主。1963年，青岛重型机械厂停产后，将254名职工和部分设备调入国营青岛电器厂，该厂又由全民所有制转为集体所有制。

1965年7月，国营青岛电器厂因转产微电机改名为国营青岛微电机厂，10月转为全民所有制企业，开始转产用于国防军工方面多系列控制微电机产品。1966年1月划归市无线电工业公司，产品归口第四机械工业部管理。1966年7月在菏泽地区建设微电机分厂，1968年4月改建为菏泽油泵油嘴厂后移交当地政府管理。1968年试制投产用于自动记录系统的低、高速打印机产品，1975年又试制投产为电子计算机配套的穿孔机产品。

1979年7月，青岛微电机厂与青岛无线电四厂、青岛工农电机厂组建青岛微电机总厂。同年开始试制投产录音机电机产品。1983年6月，企业恢复"青岛微电机厂"厂名。

1984年，青岛微电机厂引进日本生产技术及设备对录音机电机生产进行技术改造，生产能力跃居全国同行业首位，质量达到国际同类产品水平。

至1985年，全厂有职工1622人，其中工程技术人员109人；建筑面积26254平方米；生产设备866台，仪器仪表458台；固定资产原值1175万元、净值611万元；工业总产值2840万元，利润总额591万元，全员劳动生产率17511元／人。

录音机电机

1977年，青岛微电机厂开始试制录音机电机，1978年产量为531台。为加速企业技术进步，扩大和加快录音机电机生产发展，1979年12月建成录音机电机生产大楼。

1980年1月，青岛微电机厂开始设计36WYL系列直流永磁电动机，8月试制样机15台，技术标准达到日本同类产品水平。1981年1月，在全国日用机电产品工作会议上，青岛微电机厂被定为全国三个录音机电机定点生产厂之一。1982年投资120万元自行设计制造一条36WYL系列录音机电机生产线（图9-5），12

图9-5 1982年，青岛微电机厂建成录音机用永磁直流电动机生产线

月形成日产 500 台生产能力，年产量由 1979 年的 9000 多台提高到 2 万多台。同年，36WYL 录音机电机被评为山东省优质产品，次年获国家优秀新产品"金龙奖"和山东省科技成果二等奖。

1983 年 1 月，电子工业部元件局在青岛召开全国录音机电机定型会，2 月 2 日批准 36WYL 录音机电机生产定型。是年，青岛微电机厂被国家列为"六五"期间首批机电行业 550 项技术改造的重点企业之一。至 1986 年，经国家批准共投资 922.9 万元，先后三次从日本引进 38L 型和 36L 型两条录音机电机生产线和一条零部件加工生产线，生产效率和产品质量均有大幅提高。至 1986 年，青岛微电机厂累计生产录音机电机 571.73 万台，占全国总产量的 1/3，质量居全国领先。

第六节 其他电子元件

50 年代末，青岛试制功舌簧扬声器。60 年代还分别试制成功接插件、拉杆天线和低音扬声器，并实现量产。70 年代，随着生产厂家的增多，相关产品品类、品种不断增多。至 80 年代中期，全市扬声器产品停产，接插件和拉杆天线仍然持续批量生产。

青岛五金拔丝合作社

1966 年 7 月，青岛五金拔丝合作社土法上马试制成功收音机拉杆天线，翌年 4 月投入批量生产。1969 年，青岛五金拔丝合作社改建为青岛市南异型管厂，厂址位于市南区肥城路，隶属市南区工业局。是年 3 月，该厂试制出 YD025-651 型动圈式低音扬声器，4 月份通过市级鉴定投入批量生产；8 月试制成功 YD025-652 型、YD05-1002 型以及 YD05-1001 型的扬声器新产品并投入批量生产。1970 年进行技术改造，扩大厂房面积 366 平方米，并对工艺流程进行合理布局，生产能力大大提高。其间，陆续试

制出 YD1-1301 型、YD1-1302 型和 YH-5 型、YH-10 型等多种扬声器，投入批量生产。1975 年产品开始出口，成为中国电子元件出口最早的产品之一。1978 年转向电视机天线生产。1979 年，青岛市南异型管厂划归市无线电仪表工业局。是年，进一步研制出 YD5-2501 型和 YD10-3001 型两种低音扬声器。

1980 年，青岛市南异型管厂改名为青岛电子元件二厂。随后，将扬声器车间由肥城路迁至亢家庄新址，扬声器生产场地面积由 80 平方米扩大到 400 平方米，建有两条扬声器生产流水线。1981 年，电视机天线突破百万支大关，居全国领先地位。其后，又相继试制出 YD2-1651 型低音扬声器、YD3-1 型高频扬声器、YG2-1 型高频扬声器、YD5-2001 型低音扬声器和 YZ1.5-1、YZ5-1、YZ8-1 型音箱，扬声器品种增至 14 个。

1984 年 12 月，该厂参照上海无线电二厂天线样品和有关技术资料，研制出 150 兆周和 400 兆周吸盘式车载通讯天线，并分别定型为 TLX-DOA 和 TXP-DOA。这两种通讯天线的技术参数与日本、联邦德国同类产品相当。

扬声器

1957 年，青岛人民广播电台服务部试制成功 8 英寸舌簧扬声器，年产 1 万只，后停产。1966 年，青岛无线电厂试制出 2.5 英寸舌簧扬声器并投入批量生产，在连续生产 9.99 万只后于 1968 年停产。

1969 年，青岛日用五金一厂试制出 7.7 英寸舌簧扬声器和 25 瓦筒式高音扬声器，开发出 8 英寸低音扬声器并投入生产。是年 3 月，青岛市南异型管厂试制出第一批 35 只阻抗 8 欧姆、频率范围 300~3500 赫兹的低音扬声器，产品定型为 YD025-651；8 月，YD025-652 型、YD05-1002 型以及 YD05-1001 型扬声器新产品相继试制成功，并投入批量生产。1971 年，青岛市南异型管厂又试制出 2 种低音扬声器和 2

种筒式高音扬声器，分别定型为 YD1-1301、YD1-1302 和 YH-5、YH-10，并投入批量生产。1979 年，青岛市南异型管厂进一步研制出 YD5-2501 型和 YD10-3001 型两种低音扬声器。

1980 年，青岛日用五金一厂试制出 5×7 英寸椭圆扬声器并批量生产。1981 年，青岛电子元件二厂试制出 YD2-1651 型低音和 YD3-1 型高频扬声器。是年，扬声器产量达 52.86 万只，为历史最高。同时，为适应市场变化，积极研发 YD5-2001 型低音扬声器和 YZ1.5-1、YZ5-1、YZ8-1 型音箱，1983 年又开发出 YG2-1 型高频扬声器。至此，扬声器的品种增至 14 个。但新品种的增加未能使扬声器市场好转，产量仍急剧下降，1984 年再度降至 720 只。是年，青岛电子元件二厂停止扬声器生产。

接插件

1964 年，青岛接插件厂接受为法国进口印刷线路板配套的 CY1 系列插座和 KB 波段开关试制任务后，于 1966 年 6 月试制成功 CY1 型插座样品。在通过省级鉴定后，CY1-7K、20K、30K 三种规格投入批量生产。7 月，开始研制 DY401 型印刷机电路板插座。1967 年，长方形、横排调档的 KB 波段开关试制成功并投入生产，其型号有 KB-1、KB-2。

1967—1971 年，CY401 型印刷电路板插座之 7 线、11 线、14 线、15 线、22 线、30 线、62 线 7 种规格的产品相继试制成功，先后投入批量生产。同期试制成功的 2CY25E 印刷电路板插座和 KZX 型（6 种规格）、KZX-1 型（47 种规格）的旋转式小型胶纸板波段开关，也一并投入生产。

1975 年，在第四机械工业部召开的全国接插件绕接技术座谈会上，确定由青岛接插件厂试制绕接印刷电路插座。翌年第一季度即试制成功并投产 CY301-72SD 型绕接插座。1977 年又试制成功并投产 CY254-86SD 型绕接插座。同年，市南区无线电元件一厂（后改称青岛电子

元件七厂）接产青岛接插件厂接插件产品，开始生产 KZX 型波段开关。

1980 年，黄岛无线电元件厂（后改称青岛电子元件六厂）开始生产 TX 型同心插头座及 STZ 型、DYT 型电源插头座等接插件产品。是年，青岛接插件生产厂家发展到 3 个。

至 1986 年，全市累计生产插座 2330 万只、波段开关 806.5 万只，形成多品种、多规格接插件生产能力，产品行销全国 17 个省市的 70 个厂家。

拉杆天线

1966 年，青岛市南异型管厂开始试制拉杆天线，1967 年初成立拉杆天线专业生产小组，1970 年拉杆天线年产量 4.03 万只，1974 年发展到年产 18.26 万只。1975 年接受出口任务，当年总产量首次超过 20 万只，完成出口任务 5.4 万只。

随着国内电视机生产的发展，1978 年，青岛市南异型管厂决定从以生产收音机天线为主转为以生产电视机天线为主，研制成功天线管加工自动联合机床，提高拔管、簧片加工自动化程度，5 月试制成功 TL 型电视机室内天线并批量投产。1981 年产量达到 189 万只，居全国同行业第一位。1982 年制定电视机天线企业标准，后来成为山东省标准。同时，将收口天线改为叠口天线，增加天线轴向承载力；将舌簧片改为凸点簧片，提高天线使用寿命；将天线单层镀铬改为铜、镍、铬三层电镀工艺，增强天线抗腐蚀能力，从而使天线质量稳定提高。在 1985 年全国第一次同行业评比中，其电视机拉杆天线获三等奖和抗腐蚀能力优秀奖。

第三章　电子器件

50 年代初，本地半导体器件工业兴起。60 年代初，在全国半导体器件尚处于萌芽状态时，

青岛电子管厂开始研制生产硅整流二极管，为本市第一家专业化生产半导体器件的厂家。该厂为中国第一颗原子弹爆炸成功提供了质量可靠的产品，受到中共中央、国务院、中央军委通电表彰。60年代末，青岛半导体实验所接受国防科委下达的研制双稳态触发器（系数字集成电路）任务，开始第一块集成电路的试制。自此，青岛电子元件工业走上自主生产的专业化发展道路。

70年代，为适应市场半导体收音机、电视显像管的需要，本市有计划地安排一批元器件试制生产，举行"显像管会战"，研制成功全省第一只9英寸黑白显像管，填补了山东省空白，使青岛发展成为全国显像管生产基地。70年代中期开始，青岛半导体实验所开始线性集成电路研制，先后进行用于自动化仪器仪表、无线电通讯、模拟电子计算机遥测等电路的多型运算放大器的研制生产，为中国第一颗人造地球卫星发射成功提供质量可靠的硅整流二级器件，再次受到中共中央、国务院和中央军委的通电表彰，青岛逐渐成为全国半导体元器件主要产地之一。随着电子工业技术逐渐"军转民用"，在国家要求"重点抓好电子元器件的生产"的形势下，黑白电视机和中、高档收音机越来越多的出现在生活中，电子器件工业发展踏上快车道。根据上级指示安排，不断对生产厂家进行调整或改建、新建，逐渐形成10余家器件骨干企业，电子元器件工业产值一度占到全市电子工业总产值的60%。

70年代末80年代初，本市及时调整、联合、改组，结合引进设备进行技术改造，以青岛半导体研究所为基础建立研究中心，在重点企业引进技术设备、调整结构，迅速扩大显像管、集成电路等短线产品的生产能力。到80年代中期，本市电子器件质量和生产能力明显提高，标准化、系列化、通用化有很大进步，基本保证和满足了市场大幅度增长的需要和性能

要求，由此成为国家硅整流元件、晶体管、运算放大器、黑白显像管生产基地。

第一节 半导体器件

50年代末60年代初，青岛无线电研究所与中国科学院山东分院半导体研究所（山东大学物理系）合作研制成功锗晶体三极管，青岛电子管厂最先研制生产出硅整流二极管和电子管，市南区晶体管厂、市北区红卫元件厂、胶县城关人民公社无线电元件厂、青岛半导体器件二厂、青岛半导体器件三厂、青岛电子元件五厂相继试制或接产各式二极管或三极管。60年代中期，胶县城关人民公社无线电元件厂生产2AP锗二极管产品，填补了省内空白。60年代末70年代初，青岛晶体管实验所、青岛市五金制品厂、青岛铁夹厂、青岛电器元件厂相继试制出硅晶体三极管，全市生产硅晶体三极管厂家增至4个；青岛晶体管实验所锗三极管从2个系列6个品种发展到5个系列26个品种，成为全国生产3AD产品的主要厂家之一。

70年代，青岛晶体管厂试制成功锗温度补偿二极管。至此，青岛锗二极管生产厂家增为2个。同期，青岛晶体管实验所、胶县半导体器件五厂、胶县无线电材料厂先后开始试制锗晶体三极管，全市生产锗三极管的厂家发展为3个。70年代末，青岛晶体管厂因产品市场供过于求停止生产，胶县无线电元件厂成为全市唯一生产锗二极管的厂家，青岛无线电器件三厂则成为本市生产其他硅晶体二极管的唯一厂家。70年代末80年代初，胶县无线电材料厂锗晶体三极管形成8个系列24个品种，后因市场滞销全部停止生产；胶县半导体器件五厂亦转产电视机配套产品。全市锗三极管生产厂家由3个减为1个。

80年代初，胶县无线电元件厂改称胶县半导体器件五厂，后又更名为青岛半导体器件五

厂,产品产量连年大幅度增长,成为山东省生产锗二极管主要厂家。1980年,青岛半导体实验所改称青岛半导体研究所后,试制出硅双基极二极管,并与青岛电器元件厂分别推出新产品并批量生产。其中,青岛半导体研究所3CGHT填补了国内空白,3CG8C产品装配于中国第一颗同步人造卫星,受到国务院通令嘉奖;青岛晶体管实验所3DG6、3DG 8系列获山东省优质产品奖。

至1986年,全市硅晶体三极管有3CG、3CK、3CA、3CFH、3CGHT、3DD、3DG、3DK共8个系列,年生产能力分别为280万只、110万只、10万只、1万只、1万只、62万只、1800万只和1800万只。是年,全市累计生产锗晶体三极管3214.78万只,其中青岛晶体管实验所生产173.78万只、青岛半导体器件五厂生产2020万只、青岛半导体器件四厂生产1021万只。其中,青岛无线电器件三厂产品远销28个省、市的300个厂家。

青岛电子管厂

1960年7月,青岛电子管厂创办,厂址位于市北区铁山路83号,有职工64人,厂房面积4154平方米,固定资产90.64万元,设备仪器15台。主要试制整流二级电子管5U4、872A电子管及2CZ5A、2C210A和2C250A三种规格整流元件,并研制成功国家工业性生产第一批2CZ50A200V元件和中国首台手动调压2GS-100A/150V通信用硅整流设备,填补了国内空白。完成GVA全系列20余种规格的通信浮充电用自动稳压硅整流电源和600A/12V、1200A/12V两种大电流电源研制任务,并开始为通信兵部队提供国防通信设施用硅整流设备,被誉为"自力更生、白手起家"的"山东一枝花"。

1962年3月,青岛电子管厂更名为青岛电

器元件厂,划归市重工业局。1964年4月接受国家原子弹地面发射电源制造任务,设计制造原子弹地面发射电源,为中国第一颗原子弹爆炸成功做出贡献。此后试制成功GTA-200A/275V矿用整流器,开始试制6000/400电化学用大容量硅整流设备,并试制成功2C7200/400V正烧反烧硅整流元件。1966年10月,根据专业化生产原则,青岛电器元件厂分立为两家工厂。其中,整流器部分迁至沧口区楼山路1号,组建为青岛整流器厂,隶属市重工业局(机械工业局);元件部分归口第四机械工业部,隶属市无线电工业公司,厂址迁至四方区北岭,仍为青岛电器元件厂。[①]

工厂分立后,青岛电器元件厂成为电子器件生产专门厂,主要生产2CZ(ZP)型整流二极管、3CT(KP)型半导体晶闸管、KS型双向晶闸管、PUT/SUS/SBS/DAC型晶闸管触发元件、硅NPN低频高压大功率三极管、三相硅堆高压整流桥6大类56种规格半导体器件。其中,2CZ57是山东省和电子工业部优质产品,2CZ60、3CT103被评为山东省优质产品,2CZ、3CT系列在华东地区变流行业评比中荣获第一名,晶闸管触发器和小双向可控硅荣获国家优秀新产品奖。

"六五"计划期间,青岛电器元件厂被国家机械电子行业确定为首批技术改造企业之一。至1985年,有职工986人,其中工程技术人员81人;厂房建筑面积18282平方米,主要生产设备383台,仪器仪表228台;固定资产原值753万元、净值346万元,工业总产值1591万元;利润总额142万元,全员劳动生产率16042元/人。

青岛整流器厂

1966年10月,青岛电器元件厂分立为两家工厂,其中整流器部分迁至沧口区娄山路1号,组建为青岛整流器厂,隶属市重工业局(机械

① 青岛市电子仪表工业公司志[M].青岛:内部编印,1989:215-216.

图9-6 1970年，青岛整流器厂研制成功的"东风四号"KGYA-60/81火箭发射电源设备

图9-7 1970年，青岛整流器厂研制成功的7种舰船用GYA-CY系列硅整流设备

工业局)。① 此后，该厂集中力量采用可控硅技术发展新品种。1970年先后研制成功"东风三号""东风四号"(图9-6)"东风五号"火箭发射电源设备、7种舰船用GYA-CV系列硅整流设备和2C75A、20A、200A和3C720A、5A、200A电子元件，1971年研制成功"东风六号"KGYA-50/40和KGYA150/40可控硅整流电源；1972—1976年先后为海军研制成功"海鹰"2号整流设备、09型核潜艇用变频装置，研制生产通信用KGVA系列可控硅浮充电整流设备和KGSA、KGBA、GBA、KGVA系列整流设备，KGSA-300/230可控硅可逆无环龙门刨无级调速装置，GYA-80/31-CY船用整流装置(图9-7)，离子氮化KGBA-50A/850V微波烘干用硅整流设备，高压牵引用GTA-300/270-KY、GTA-400/275-KY硅整流设备，GBA、KGBA等7个系列37种规格硅整流设备。

1980年9月，该厂生产的"东岳"牌GA-CY系列舰船用硅整流设备获山东省优质产品奖，12月又获机械工业部优质产品奖，次年获国家银质产品奖，创中国电力电子行业第一个国优产品奖。1983年，青岛整流器厂荣获国家质量奖，1985年荣获省机械工业厅质量管理奖。

至80年代中期，青岛整流器厂成为机械工业部生产硅功率半导体元件和变流器的重点企业，也是全国第一个功率硅半导体元件和整机的生产厂家，其研制的原子弹地面发射电源

---

① 马小维,等.青岛市机械总公司史志(1950-2012年)[M].青岛:内部编印,2013:216-219.

等产品荣获中共中央、国务院、中央军委贺电嘉奖，"东风三号"整流设备获全国科学大会奖，晶体管稳压电源、"东风四号""东风五号"、船用整流器获国防科学技术工业委员会奖。

硅整流二极管

1960年，在全国半导体器件尚处于萌芽状态时，青岛电子管厂决定研制生产硅整流二极管。9月，先后派人赴北京电器科学院和上海有关单位参观学习生产工艺和技术，继而开始试制。此后，第一机械工业部78局选定青岛电子管厂为半导体器件生产厂，并将其更名为青岛电器元件厂，正式下达生产硅整流二极管任务。在缺乏资金、技术力量和专用生产设备的困难条件下，试制人员自制烧结炉、煤气发生炉等关键设备，克服钼片镀镍合金层高温下爆皮等困难，于1962年2月试制成功第一只2CZ50A硅整流二极管样品，填补了山东省一项空白。当年，2CZ5A、10A、20A、50A、100A型等亦相继试制成功，1963年10月投入大批量生产。1964年试制成功2CZ200A型，从而使硅整流二极管向大电流方向发展迈出新的一步。同时掌握了2CZ200A/400V正、反烧新工艺，为进一步提高产品质量奠定基础。

1966年2月，青岛半导体研究所筹建省内第一条半导体平面工艺线，试制出第一批硅平面双基极二极管，并于同年交由市南区所属晶体管厂接产其2CZ5A～50A、2CP41～60型系列产品。同年，青岛晶体管厂（1981年改称青岛半导体器件三厂）试投产2CZ52A-X系列小功率硅整流二极管，红卫元件厂（1981年改称青岛电子元件四厂）试制成功2CZ5A型硅整流二极管。1969年，青岛电器元件厂试制成功2CZ800A水冷式大电流硅整流二极管，填补行业空白；红卫元件厂试制成功2CZ3A、100A、200A

三个品种42个规格新产品。

1972年，青岛晶体管厂开始生产2CZ55A-X型半导体硅整流二极管。1976年，青岛电子元件五厂试制成功2CZ整流二极管，1977年正式投入生产，主要型号有2CZ55-60、2CZ80-85等；整流电流从0.1安到50安，最高反向电压可达1500伏，有塑封（1安以下）和铁壳两种封装。[①]

1980年5月，青岛电器元件厂和青岛红卫元件厂为中国发射远程运载火箭提供2CZ产品，受到国务院、中央军委通电表彰。9月，青岛电器元件厂2CZ57被评为山东省名牌产品，其"青元"牌商标获著名商标称号。同年，青岛电器元件厂生产的2CZ产品在电子工业部质量评比中获第一名，2CZ5A被国防科委、国防工办评为军品一等品，2CZ50A评为山东省"信得过"产品。1983年，青岛电器元件厂2CZ60A被评为山东省优质产品。1984年，该厂2CZ5A亦评为山东省"信得过"产品，2CZ57达到"7804"条件一等品，受到国务院、国防科委和电子工业部表扬和奖励。

硅晶体二极管

1966年，青岛半导体实验所试制出BT硅双基极二极管（又称BT单结管），主要有BT31-32A-F型和BT33A-G型两种型号。1977年初，青岛半导体实验所BT31～33系列双基极二极管转由青岛无线电器件三厂生产。青岛无线电器件三厂成为本市生产其他硅晶体二极管的唯一厂家。是年6月，该厂试制成功多种型号单结晶二极管，主要用于电器设备的弛张振荡、定时控制、多谐振荡、分频等电路。到1985年累计生产67.5万只。[②]

1979年3月，青岛无线电器件三厂开始试制2CW系列硅稳压二极管，次年3月试制完成

---

① 山东省志:电子工业志[M].济南:山东人民出版社,1995:354+357.

② 山东省志:电子工业志[M].济南:山东人民出版社,1995: 页.

2CW50～149、2CW50B～71B 两个品种，计有 1/4 瓦、1 瓦、3 瓦三个规格并投入生产，主要用于电器设备的稳压电路及其他线路。到 1985 年累计生产 95.4 万只。[①]

锗检波与整流二极管

1966 年 8 月，胶县城关人民公社建立无线电元件厂，学习 2AK 锗二极管生产工艺和技术。后因 2AP 锗检波二极管为省内空白，便转为生产 2AP 系列产品并投入批量生产。1968 年开发成功检波效率更高且参数配对的 2AP8 和专用于电子工业部第五十三研究所波道测量线的 2AP30。1972 年采用镀铟新工艺，使锗材料平均电阻率从 14～20 降为 0.25～0.4，提高了检波效率。1975 年又开发出 2AP21～29 新品种，使 2AP 锗检波二极管形成 20 个规格。1979 年，市场对 2AP 产品需求量激增。1980 年，胶县无线电元件厂投资 50 万元建起 800 平方米超净车间，增加设备仪器，扩大生产规模。

1982 年，胶县无线电元件厂改称胶县半导体器件五厂，1984 年又更名为青岛半导体器件五厂。1986 年产量达 300 万只，比 1979 年增长 29 倍；产品产合格率由 75% 升为 85%。

硅闸管

1963 年，青岛电器元件厂开始生产电力半导体器件——硅闸流管；次年底试制成功 3CT(KP) 型晶闸管，可用于发电机励磁、交直流逆变、直流牵引、调光、调温、变频、无触点开关等方面。1972 年，采用高频氧化新工艺进行 3CT 表面保护，提高工效 20 倍；年底试制生产 KS 型硅双向晶闸管样品。1978 年，添置红外线、真空干燥箱及过滤器等重要设备仪器，试制成功 KS5A 新品种并投入生产。1979 年试制成功 3CT、2CZ 全动态测试台，确保可控硅技术参数的正确测试。1980 年集中力量对 3CT 系列 -55℃ 低温新产品进行科研攻关并获

得成功，同时 3CT200A 大电流硅闸流管亦试制成功并投入生产。其中 3CT103 在 1981 年被评为山东省优质产品，在华东地区行业交流评比中荣获第一名。1982 年再度试制出 DAC、SUS、SBS、PUT 系列硅晶闸管触发器新产品并投入生产，1983 年通过技术鉴定并荣获国家优秀新产品"金龙"奖。PUT 程控单结晶体管、SUS 硅单向开关管、SBS 硅双向开关管、DAC 双向触发管主要用于双向晶闸管和普通晶闸管的触发电路、张弛振荡、定时、限压、调光、调速、调温、脉冲电路、电机调速、环形计算器、零电压开关等。

1983 年，青岛电器元件厂 KS05、KS1、KS5 型硅双向晶闸管获国家优秀新产品"金龙"奖。1985 年，DAC、SBS、SUS、PUT 硅晶闸管触发器和 KS05、KS11、KS5 硅双向晶闸管分获青岛市科技成果三等奖。

锗晶体三极管

1959 年 12 月，青岛无线电研究所与中国科学院山东分院半导体研究所合作研制出 3AX、3AG 锗合金高、低频小功率晶体三极管，1962 年因被撤销而停止生产。

1966 年 9 月，青岛晶体管实验所试制成功 3AX1～5 和 3AG11～14 锗晶体三极管并批量生产。1968 年，胶县半导体器件五厂试制出 3AX71、81 锗合金低频小功率三极管。同年，青岛晶体管实验所成功试制 3AD1～6、3AD11～17、3AA1～5、3AA7～10 四个品种、22 个规格产品。1969 年，胶县无线电材料厂试制成功 3AG21～24、3AG25～28 和 3AG29A、B、C、D 三个品种 12 个规格的锗合金高频小功率三极管。是年，青岛晶体管实验所为集中力量发展 3AD、3AA 产品，3AX 和 3AG 小功率三极管在累计生产 50.58 万只后停产；由于硅晶体管逐步兴起，3AA 系列产品在累计生产 1 万余只后于 1971 年停产。

---

① 山东省志:电子工业志[M].济南:山东人民出版社,1995:页.

1972 年，青岛晶体管实验所试制 3AD6（F1）、3AD30（F2）两个品种 5 个规格产品获得成功并批量生产。鉴于市场对 PCM 为 50 瓦的低频大功率管需求量增大，即采用两只 3AD30 芯片组合制成 PCM 为 50 瓦的 3AD18、19 两种大功率管，有效增加散热面积，提高耐压，改善产品技术性能。至此，青岛晶体管实验所锗三极管从 2 个系列 6 个品种发展到 5 个系列 26 个品种，成为全国生产 3AD 产品的主要厂家之一。1973 年，胶县无线电材料厂试制成功 3AG1B、C、D、E 和 3AG2 两个品种 5 个规格的高频小功率三极管并投入批量生产。同年，胶县半导体器件五厂将 3AX71 由玻璃外壳改为金属外壳，定型为 3AX31 并投入批量生产，1975 年停产。1976 年，该厂将 3AX81 由玻璃外壳改为金属外壳。至此，3AX 系列全部由金属壳取代玻璃壳，工艺简化，外形缩小，密封程度亦提高。1979年，胶县无线电材料厂试制成功 3AG56B、C、D、E1、E2 系列 5 个品种的高频小功率三极管和 3AX81、3AX83 两个系列的锗低频小功率三极管，当年全部投入生产。至此，该厂 3AG、3AX 锗晶体三极管形成 8 个系列 24 个品种。1980 年因市场滞销，其中五个系列 17 个品种停止生产。

1982 年，胶县半导体器件五厂试制出为电视机配套的 3AX83，至年底生产 6 万只后停产。同年，胶县无线电材料厂 3AG56B、C、D、E1、E2 和 3AX81、3AX83 三个系列 7 个品种亦全部停止生产。

至 1986 年，全市锗晶体三极管生产形成年产 3AD 产品 60 万只和 3AX 产品 400 万只生产能力，累计生产锗晶体三极管 3214.78 万只。其中，青岛晶体管实验所生产 3AD 系列 173.78 万只，青岛半导体器件五厂生产 3AX 系列 2020 万只，青岛半导体器件四厂生产 3AG、3AX 系列 1021 万只。1973—1986 年，3AD、3AG 系列在山东省质量检查评比中均为一等品（1975 年 3AD 系列除外）。

硅晶体三极管

1966 年，青岛半导体实验所开始用合金工艺试制硅晶体三极管，12 月试制出用于自动控制网络中心的 BT17 硅 NPN 双基极三极管（四极管）。1968 年 10 月，改用平面工艺试制成功 3CG 硅 PNP 高频小功率三极管，用作电路中高频放大、振荡或与相应 NPN 型硅管做互补放大。经过试生产形成 3CG1、3CG4、3CG8 共 3 个型号 18 个规格产品和 BT17 型 6 个规格产品，并投入批量生产。1969 年 4 月研制出 CD32 硅 NPN 超高频大功率三极管 5 个规格样品，用于超高频发射及接收机电路中作本振。1970 年将 3CG 生产由扩散工艺改为固—固扩散工艺，并增加真空热处理工序，成品率由 1% 升为 5%，为中国第一颗人造地球卫星提供 3CG 产品，受到中共中央、国务院、中央军委通电表彰。1982 年 3CG 系列获山东省优质产品奖。1971 年 8 月研制出 3CK 硅 PNP 高频小功率开关三极管和 FHD 硅 NPN 外延隔离微电流双三极管。至此，3CK 和 FHD 产品形成系列，有 3CK 7 个型号 42 个规格和 FHD 2 个型号 6 个规格。1973 年底，FHD 硅 NPN 外延隔离微电流双三极管在累计生产 1.1 万只后停产。1975 年开始试制 GZD 结型场效应配对三极管，至 1980 年底累计生产 8000 只后停产。1980 年，青岛半导体实验所改称青岛半导体研究所，1981 年试制出 3CA 系列硅外延平面高频大功率三极管和 3CFH 硅外延平面高频小功率双三极管，1983 年试制成功耐高温 3CGHT 硅高频小功率三极管和超高频三极管 3CG113、3CG122，其中 3CGHT 系列填补了国内空白。1984 年，为中国第一颗同步人造卫星提供高可靠 3CG8 三极管，受到国务院通令嘉奖。

1970 年 5 月，青岛晶体管实验所开始试制 NPN 硅小功率三极管 3DG400 系列，至 1979 年底累计生产 11.3 万只后停产，3DG6、8 系列 1983 年获山东省优质产品奖。1972 年 6 月开始试制 3DK 系列硅平面高速开关小功率三极管，年底全部试制完成并投入生产。1975年、1979年分别试制完成3DD系列低频大功率三极管和3DG6、8系列新产品，并投入批量生产。

1970年7月，青岛市五金制品厂派员赴山东师范学院学习生产3DD硅扩散台面低频大功率三极管技术，并自制扩散炉、烧结炉等专用设备，11月试制出10多只样品，经测试合格后投入小批量生产。

1972年，青岛电器元件厂开始筹备试制3DD低频大功率三极管，翌年试制成功并投入批量生产。1979年试制出新产品3DD15并投入批量生产，1981年试制出3DD104硅大功率低频三极管并于当年投入批量生产。

1970年9月，青岛铁夹厂试制出3CG系列硅晶体三极管，1973年又试制出3CK系列新产品并投入批量生产。1979年，青岛铁夹厂改称青岛半导体器件二厂，主要生产晶体管器件。当年试制出3CG系列硅外延平面高频小功率晶体三极管、3CG系列硅高频中功率晶体三极管和3CG15硅小功率超高频晶体三极管，3CK系列也增加三个新型号。1981年再试制出GP系列、3DG系列和3DA87系列硅NPN高频中小功率三极管。

为集中力量转产声表面波滤波器，1983年青岛半导体器件二厂将3CG、3CK系列产品转由胶县半导体器件五厂继续生产，同时停产3DA、3DG、GP三个系列产品。1983年，青岛半导体器件五厂试制的3DG6~12系列均批量投入生产，1986年试制成功3DK4硅NPN高频中小功率开关三极管并投入生产。

第二节 半导体集成电路

60年代末，青岛半导体实验所开始试制数字集成电路，先后开发出MOS数字集成电路和TTL单与非门数字集成电路，均未形成批量生产。70年代中期，青岛半导体实验所开始线性

集成电路研制，先后进行GZJ01、02高输8阻抗运算放大器，通用型FC52高增益运算放大器和FC54低功耗运算放大器的研制。后又接第七机械工业部任务，开始研制通用型F005（4E304）Ⅱ型运算放大器以及4E322通用Ⅲ型运算放大器、高阻抗型F073高输入阻抗运算放大器和混合型BH-1相敏变换放大器。青岛电器元件厂亦研制出HTL型集成电路。至此，本市集成电路生产厂增为2家，共研制各种型号数字、线性集成电路11种，7种投入生产。

70年代末，青岛半导体实验所开始研制高阻抗型DT05高输入阻抗放大器和高速运放型TD01集成低漂移前置放大器、XZX3相敏整流集成电路和高速运放型TD10高精度运算放大器。青岛电器元件厂HTL集成电路因销路不畅停产，停止集成电路研制。本市集成电路生产厂减为1家。80年代，先后试制TD系列音频集成电路和4E304HT高温中增益运算放大器，以及5G37音频集成电路、TD080运算放大器、TH-2恒流源混合集成电路和F007通用Ⅲ型运算放大器，研制成功TD810录音机音频功率放大器、F007HT（4E322HT）高温高增益运算放大器。开始进行有较高抗干扰能力的TD9073微机、数字电路用电子开关和具有多功能模拟运算电路的集成电路组件的研制。

至1986年，全市共研制34个型号的集成电路停产13个，累计产量为60万块，形成较强的开发研制和生产集成电路能力。其中青岛半导体研究所1979—1986年共研制开发集成电路新产品20个型号，是前10年10个型号的2.4倍。

数字集成电路

1969年6月，青岛半导体研究所承担为某军工项目试制数字集成电路双稳态触发器任务，遂分别派人到中国科学院半导体研究所学习用介质隔离工艺制造集成电路技术、到上海无线电元件五厂学习用P-N结隔离工艺制造集成电路技术。同时，分别请中科院半导体所和上海

元件五厂协助将双稳态触发器电路电原理图转换成工艺试制版图，并于当年9月开始采用介质隔离工艺试制双稳态触发器集成电路；次年上半年试制出样品。

为适应半导体器件及集成电路研制与生产需要，1969年，青岛半导体研究所陆续添置必需半导体平面工艺专用设备和仪器、仪表，其中包括从日本引进一套完整的初缩照像、六头分步重复精缩制版设备，1970年初投入使用。自筹资金建造1500平方米工艺大楼，于1971年9月投入使用。1971年上半年试制DTL、HTL集成电路、硅微电流、微功耗三极管MOS器件和双PNP晶体管（S3CG），1972年上半年试制中速TTL单与非门数字集成电路，并用介质隔离工艺试制微电流NPN双三极管。1973—1974年试制出TTL中速单与非门数字集成电路和微功耗双三极管、场效应管与对管，并开始试制铝栅MOS数字集成电路。1975年10月根据山东省电子工业局下达的试制任务，开始制订《关于1024位随机存储器（大规模集成电路）的试制方案》，并进行试制工作。上述产品均未批量生产。

线性集成电路

1976年7月，青岛半导体研究所确定以通用集成运算放大器电路（简称运放电路）4E304替代专用集成运放电路与场效应对管管芯组成的二片式高阻抗集成电路，试制出4E304中增益运放电路，继而试制出高阻抗运放电路（二片式）。1977年5月试制出低功耗集成运放电路FC54、高增益集成运放电路FC52和中增益集成运放电路4E304，均形成小批量生产能力；8月开始着手进行高增益集成运放电路4E322的试制工作。1978年，与第七机械工业部一院十三所签订试制混合集成电路——变换放大器BH-1协议书，3月承接国防重点工程任务急需的BT17、4E304、3CG1、3CG4、3CG8、BT33以及BH-1变换放大器混合集成电路的试制及生产任务。1979年5月—6月，线性集成运放电路

F010Y（FC54）、F005Y（4E304）通过生产定型鉴定，9月开始采用二次离子注入技术和兼容工艺研制高阻抗集成运放电路。用这种工艺研制集成电路在国内尚属首次。1980年1月研制出样品，7月—8月试制出硅片MOS电容（100-250PF），为研制BH-1混合集成电路提供电容芯片，在国内混合集成电路研发史上开创先例。10月—11月试制出XZX3相敏整流集成电路样品，12月采用薄膜工艺与多种多块半导体集成电路芯片二次集成技术研制出BH-1相敏解调变换放大器混合集成电路，经第七机械工业部一院十三所测试验收合格。这是山东省首次采用二次集成技术研制的混合集成电路，在国内处于领先地位，为全国混合集成电路发展及其应用开辟新的途径。FC54运放电路1980年获全国同行业评比第一名，1982年被评为山东省优质产品。

1980年，添置一台20万电子伏特离子注入机，更新部分半导体专用设备，进行低漂移前置放大器TD01、收录机用集成电路TD4100、高阻抗运放电路TD04、TD05、高温中增益运放电路4E304HT、300PF硅片、MOS电容、运放测试仪等新产品的试制工作，并对F073、TD01、F070运放测试仪进行鉴定。同时，TD4100也试制出样品，1981年被青岛市科委评为青岛市优秀产品。

1980年11月，与第八机械工业部五五八厂签订研制温控恒流源混合集成电路协议，1981年8月完成第一阶段研制任务，向五五八厂提供样品并进行验收。同期开展F006、F007、F010、4E322以及高速、高输入阻抗运算放大器电路TD080等新产品试制工作。1982年试制成功功放集成运放电路TD810和高输入阻抗双运放电路。1983年试制高温集成电路F007HT和高温半导体器件3CGHT等产品。高温半导体运放电路试制与生产及高温半导体器件试制，开辟了国内半导体器件与集成电路发展新领域，在全国处于领先地位。1983年，高温中增益运算

放大器4E304HT与TD05高输入阻抗运放电路分别获国家优秀新产品"金龙奖"。1985年6月，F007HT高温高增益运算放大器，3CG110HT、3CG120HT高温高频小功率PNP晶体管，TD080高阻高速运算放大器和4E304HT高温中增益运算放大器等五项新产品通过部、省级设计和生产定型鉴定，4E304HT获山东省优质产品奖。

1983年，在国防科学技术工业委员会济南会议上，青岛半导体研究所正式被接受为"七专"产品预备点。由于为发射同步卫星提供性能可靠产品，1984年5月获电子工业部和国防科学技术工业委员会颁发奖状。1986年，先后为气象卫星发射等10多项国家重点工程和军事装备提供15个品种近1500只高可靠"七专"集成电路和晶体三极管。

第三节 电真空器件

50年代末，市北区组织电子管试制并于60年代初生产出本市第一只电子管，后又有数家单位先后试制成功多种型号电子管，均未形成生产能力。

随着晶体管的兴起，70年代初，青岛市组织显像管会战，研制成功第一只9英寸黑白显像管，填补了山东省空白。在国家和省有关部门支持下，本市先后组建、扩建青岛显像管厂，形成两种型号黑白显像管生产能力，于70年代末进行批量生产。

80年代初，通过财政补贴扶持显像管生产，12英寸黑白显像管在第三届全国黑白显像管质量评比中获第一名。又先后从日本公司引进14英寸、17英寸显像管生产关键设备，与国内生产和自制设备形成两条生产线。80年代中期，两种产品双双被电子工业部认定为高质量H管，达到国内同类产品先进水平。

青岛显像管厂

1970年，市国防工业办公室统一组织青岛球拍厂等单位进行显像管会战；12月，青岛球拍厂显像管车间试制成功并试产9英寸黑白显像管。

1974年4月，青岛第五仪器厂改称青岛显像管厂，青岛球拍厂显像管车间于7月并入。建厂之初有职工273人，工程技术人员5人；厂区建筑面积4206平方米，各种设备31台，仪器31台；固定资产77万元，工业总产值20.30万元，劳动生产率706.9元/人。

1975年5月，原定在青岛东风玻璃厂的扩建玻壳车间项目也并入青岛显像管厂一同建设。同年，第四机械工业部和省电子工业局将投资扩大到905万元，对青岛显像管厂进行扩建。

1979年，青岛显像管厂试制并投产12英寸黑白显像管。1981年12月与日本帝国电子工业株式会社签订合同，投资人民币400万元（内含100万美元）引进自动排气台等14种关键设备及工艺技术，加之改造原有设备和自制传送带，组成第一条生产流水线。1985年投资543万元（含139万美元）再次引进9种18台（套）关键设备，并辅以国内购置和自制设备，形成第二条生产线，年生产能力达30万只17英寸黑白显像管。

至1985年，该厂有职工1101人，其中工程技术人员74人；厂区建筑面积20699平方米，拥有设备323台，仪器170台；固定资产原值1781万元，净值1610万元，工业总产值3325万元，利润总额685万元；劳动生产率30195元/人。年产黑白显像管38万只。

电子管

1958年，市北区技术革命办公室组织电子管试制与生产，1960年7月试制成功5U4G收讯放大管，这是本市第一只电子管，并在此基础上成立青岛电子管厂；10月又试制成功807型发射电子管。同年8月，青岛四方无线电厂也开始试制电子管，9月试制成功5U4G型收讯放大电子管，由于不具备批量生产条件未投产。

1961年1月，第三机械工业部十局下达给青岛电子管厂批量生产807型发射电子管及研制872A型整流二极管任务，年底872A型整流电子管研制成功。1962年3月，青岛电子管厂改称青岛电器元件厂。1963年研制成功ZG1-5/2型闸流电子管，也是全市研制的最后一个电子管型号。

1960—1963年，全市共试制5种型号电子管（图9-8），由于各种原因均未形成批量生产能力。随着晶体管逐步取代电子管，电子管研制与生产全部停止。

黑白显像管

1970年12月26日，青岛球拍厂显像管车间试制成功23SX2B型9英寸黑白显像管，同年通过第四机械工业部鉴定并投入小批量生产。1974年8月，在该厂显像管车间和青岛第五仪器厂基础上建立青岛显像管厂，到1979年累计生产23SX2B型显像管3404只。

1979年12月，青岛显像管厂试制成功31SX3B型12英寸黑白显像管，经国家鉴定后正式投产，年生产能力3万只，产品寿命超过7000小时，1981年在全国同行业评比中获第一名。到1984年12月停产，累计生产208758只。

1981年12月，青岛显像管厂与日本帝国电子工业（株）签订合同，引进自动排气台等14种关键设备及工艺技术，总投资100万美元，加上改造原有35台设备及自制6条传送带，组成第一条生产流水线，1982年7月试制成功并投产14英寸和17英寸两种黑白显像管。1984年实际生产显像管32万只，显像管寿命由5000小时提高到10000小时。1985年进行第二期技术改造工程，投资856万元（含230万美元）从日本引进18台（套）9种关键设备，并且辅之国内购置和自制设备，形成第三条生产线，达到年产30万只17英寸黑白显像管生产能力，当年14英寸、17英寸黑白显像管总产量达40.5万只，工业总产值1985年比1984年增长

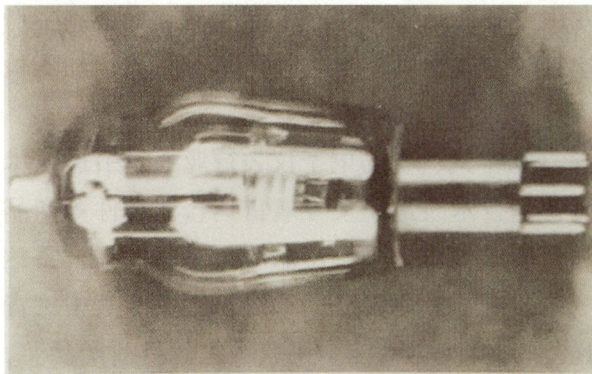

图9-8 60年代，青岛电子管厂生产的电子管

50%。

青岛显像管厂生产的"青岛牌"黑白显像管，为静电聚焦，磁偏转90°角，铝化荧光屏，发光颜色为白色，矩形屏面，采用低功率快速热子、带式防爆结构，具有图像清晰、色调柔和、可靠性好、使用安全等特点。1985年，14英寸黑白显像管获山东省优质产品奖，次年17英寸黑白显像管也获得山东省优质产品奖。

第四章 电子应用整机与专用设备

60年代中期，在全国海洋仪器会战和全市无线电产品会战的基础上，青岛市组织相关企业开始仪器仪表的研制和生产。其中，青岛印刷机械厂研制生产军用雷达，主要产品有炮瞄雷达、导航雷达、小型船用导航雷达、岸对海警戒机动雷达、岸对海警戒侦查雷达等；青岛海洋仪器仪表研究所研制生产海洋仪器配套用计算机及数字打印机等连接设备；青岛无线电专用设备厂试制并投产单管氢气炉、扩散炉等电子专用新产品。

70年代初期，各企业先后开始研制并生产雷达、指挥仪和短波通讯机等军工产品，控制微电机、打印机、长恒温扩散炉等电子整机及

专用设备也相继问世。70年代后陆续研制生产塑料注射成型机、PFJ2型平行缝焊机、加压检漏台和热稳态压力机。

80年代，青岛电子仪表行业通过引进技术设备和技术改造，使导航雷达、注塑件等产品设备形成生产基础，产品质量不断提高，雷达产品及电子专用设备品种逐渐增多。其中"青巍"牌30克自动注塑机获国家优秀新产品奖，"青巍"牌高温扩散炉获得电子工业部优质产品称号，411雷达获国防工业重大技术改进奖。

第一节 雷达设备

60年代中期，青岛印刷机械厂开始研制生产军用雷达。60年代末，青岛市根据国家有关安排开始试制炮瞄雷达，主要试制（研制）和生产舰船火炮用342炮瞄雷达及地面高炮用311乙炮瞄雷达。船用导航雷达主要有751及7511船用导航雷达、970BT彩色画面雷达和RM1070清晰扫描雷达等，警戒侦察雷达主要有411型岸对海警戒雷达及412型岸对海警戒侦察雷达。

青岛无线电三厂

1960年2月，青岛市劳动局技校成立；1965年3月改为山东省劳动厅半工半读机械学校青岛分校。其间，承接第一机械工业部试制TR801型八开印刷机的任务，并于1968年5月试制成功并投产。1969年3月，市劳动局技校改建为青岛印刷机械厂，此后开始试制TT402型四开印刷机。建厂初期有职工371人，其中工程技术人员16人；建筑面积1.5万平方米，其中生产厂房面积6789平方米；设备105台，固定资产原值152.77万元、净值140.94万元；工业总产值95.48万元，利润总额11.27万元。[①]

1971年3月，青岛微电机厂342雷达车间

并入青岛印刷机械厂，逐渐转向雷达通讯设备生产，主要产品有炮瞄雷达、导航雷达、小型船用导航雷达、岸对海警戒机动雷达、岸对海警戒侦察雷达等。1971年试制成功751型船用导航雷达。1973年试制成功342型炮瞄雷达转605厂批量生产；是年12月，在751型船用导航雷达基础上，研制成功7511型小型船用导航雷达。1976年8月由隶属市重工业局划归市无线电仪表工业局。

1976年11月，青岛印刷机械厂改名为青岛无线电三厂。[②]是年，TT402型四开印刷机批量投产，产品行销全国各省、市、自治区的1000多个厂家。

1983年12月，研制完成412型岸对海警戒侦察雷达，是国内首次研制成功的3厘米非相参数控频率捷变雷达，填补了国内空白。1985年获山东省科技成果二等奖，1987年获电子工业部科技进步三等奖。

342炮瞄雷达

1968年，国家计划委员会、国家科学技术委员会、国防工业办公室和第四机械工业部将342炮瞄雷达的研制和生产任务下达给青岛市。市"七·七"办公室确定青岛微电机厂、青岛机床厂分别承担雷达电气和机械部分的研制工作。1970年底，在国防科委七院二十三所协助下，青岛微电机厂组装成功雷达样机，这是山东省生产的第一部雷达。经海军装舰打靶试验，各项技术指标基本达到设计要求。该雷达是国内自行设计的为导弹驱逐舰配套炮瞄雷达，与双57火炮构成火力控制系统。

1971年4月，市革命委员会选定青岛印刷机械厂为雷达生产厂，将青岛微电机厂、青岛机床厂的雷达研制和生产任务及有关技术人员、工人和设备仪器一并移交该厂。在七院二十三

---

① 山东省志：电子工业志[M].济南：山东人民出版社，1995：167-168.

② 马小维，等.青岛市机械总公司史志（1950—2012年）[M].青岛：内部编印，2013：310-311.

所协助下，1973年试制成功第二部342炮瞄雷达并交付海军使用。同年，海军司令部、后勤部决定将342炮瞄雷达转交六〇五厂生产。

751船用导航雷达

751船用导航雷达主要用于装备大型舰船，不受能见度限制，可观测舰船周围目标并测定本身船位，以利于在狭窄航道中安全航行。

1970年，青岛机床厂接受第四机械工业部下达的试制751船用导航雷达任务后，随即派人到上海无线电四厂学习雷达生产技术，并带回751雷达全套图纸及一套散件，年底组装样机1部。1971年1月装于海军"海拖221"船进行试验，各项技术参数达到设计要求。

1971年4月，青岛印刷机械厂接受751船用导航雷达生产任务，同年试制3部样机。1972年6月进行海上试验，各项战术指标均达到设计要求；10月通过部级鉴定并投入批量生产。该雷达是海军大中型舰船列装产品，并用于远洋公司、航运公司和渔业公司船只。由于部队需求量有限，1979年停止生产。1985年应部队需要又续产20部。

1973年12月，青岛印刷机械厂在751导航雷达基础上，自行设计并试制发射功率较小的小型船用导航雷达供渔船使用。1974年底试制成功样机，定型为7511；1976年9月投入小批量生产。1976年底生产18部后停产。

411岸对海警戒雷达

411岸对海警戒雷达为车载对海警戒机动雷达，主要用于装备海防守备部队，战时应急机动，能够加强和接替某一方向对海、对低空目标进行搜索警戒，为舰艇引导时提供目标的有关数据，为第二代岸对海警戒雷达。1976年5月，青岛无线电三厂承接海军司令部下达的研制411型岸对海警戒雷达任务，1977年4月通过战术技术方案论证，1978年7月试制成功第一部样机，并进行例行试验。同年12月14日在云台山作海上试验，证明雷达性能稳定，具

有体积小、重量轻、机动性能好等特点。1979年4月，经海军某观通站使用500小时，海军鉴定委员会检查组11月进行定型检查，12月通过设计定型并投入批量生产，填补了国内空白，1979年获国防工业重大技术改进三等奖。1984年停产。

412岸对海警戒侦察雷达

为加强海防建设，1980年，总参谋部通过第四机械工业部雷达局下达任务给青岛无线电三厂，要求研制一种具有现代水平的新型岸对海警戒侦察雷达。1981年11月，青岛无线电三厂完成412雷达设计方案。

1982年2月，解放军总参谋部、国务院国防工业办公室和国家机械工业委员会正式批准该厂上报的雷达设计方案和论证后的战术技术指标，1983年完成性能样机研制任务。同年12月，总参谋部二部在青岛主持召开412雷达技术审定会，认为该雷达各项战术技术指标均达到设计要求。1984年生产两部正式样机，1985年交付部队使用，反映良好。

412雷达能够在各种气候条件和敌人施放干扰情况下，不间断地侦察近海敌情，为海防守备部队提供新的强有力警戒侦察工具。1985年11月，412雷达通过部级设计定型鉴定，1986年1月总参谋部二部军工产品定型委员会批准412雷达设计定型，同年投入正式生产。该雷达抗干扰能力强、可靠性高、功能齐全，属于第三代雷达产品，其技术水平达到70年代末80年代初国际同类产品水平。1985年获山东省科技成果二等奖，1987年获电子工业部科技进步三等奖。

第二节 电子计算机及外部设备

60年代末及70年代，青岛海洋仪器仪表研究所先后试制成功专用电子计算机，分别为舰艇和海洋仪器配套。80年代，青岛半导体研究

所、青岛微电机厂分别研制成功仪用微型计算机、商用计算机,青岛微电机厂还接受山东省科学技术委员会和第四机械工业部下达任务,分别研制成功微机配套数字打印机和快速纸带穿孔机。

专用计算机

1968年12月,青岛海洋仪器仪表研究所接受中央军委国防科学技术委员会和国务院国防工业办公室联合下达、由第八机械工业部第十六研究所研究设计的火炮指挥仪(系专用电子计算机)试制任务,随后集中40余名工程技术人员和工人,于1971年5月试制成功,并将样机移交海军为舰艇装备配套。通过这次试制,为青岛市培养了第一批计算机专业技术人员。

在完成指挥仪试制任务基础上,1975—1977年,青岛海洋仪器仪表研究所先后研制成功5万次专用计算机2台,用于海洋仪器配套。1978年开始研制DJS-19计算机;1979年试制出样机2台,运算速度20万次/秒,储运器4K、可扩展到32K,指令单地址、访问指令6条,基本运算微指令32条。同年12月经市级鉴定认为,该样机性能良好,其主要技术参数达到设计要求。

微型计算机

1975—1977年,青岛海洋仪器仪表研究所为海洋仪器配套研制成功051型微型计算机1台。1979年,青岛无线电三厂开始研制TQ-12G台式计算器,采用青岛电子元件四厂生产的芯片研制出样机,当年生产20台。翌年又生产83台后停止生产。

80年代,微型计算机在国内推广使用。1984年,青岛电子研究所开始致力于微机软件开发,先后为100余家企事业单位设计工资管理、人事档案、财务管理、干部测评等应用软件。同年,青岛无线电三厂从香港联发行、永佳、集益公司购进PC-301XT型微型计算机散件,组装微型计算机35台;次年又组装PC-401XT型微型计算机51台、IBM-PC/XT型微型计算机29台。

1985年,青岛半导体研究所根据仪器仪表智能化要求,自行设计研制成功主振为3.5759兆周、内存为2千～4千比特、功耗小于39毫安、带40-LCD显示的MiNi-6850型低功耗仪用微型计算机,是国内功耗最小、可构成各种智能仪器及工业自动控制系统等配套的仪用微型电子计算机。

商用计算机

1983年,在电子工业部第四十三所研制的计算机启发下,青岛微电机厂确定在SY-5A1型打印机基础上研制商用计算机。次年首批10台商用计算机研制成功,并送往河南省产棉区试用,收购效率由10余人每天工作24小时收购500多份,提高到仅两人每天工作8小时可收购1300多份。翌年批量投产80台。

由于设计方面尚存有缺陷,青岛微电机厂针对用户需要增加储存容量和汇总项目的要求及反映墨带盒故障太多和机座结构不合理等问题,先后将储存容量由10千比特逐步增加到12千比特、20千比特和30千比特,可变项目由12项扩大到45项,墨带盒从容纳6米墨带增加到12～13米,盒带由平接改为扭接,盒体由塑料注射成型改为铸铝整体,机座由箱式结构改为积木式结构。同时,对机头座板、电源印刷板、反面板、支架等零部件亦做不同程度改进。

至1986年,商用计算机累计产量140台,行销河南、湖北及本省产棉区。

数字打印机

1966年5月,根据第四机械工业部部署,青岛微电机厂与北京无线电研究所合作,参照日本样机试制数字打印机。1967年研制成功SY-1型数字打印机,打印速度5行/秒、16种字符,是国内生产的第一台全晶体管化打印机。在此基础上,青岛微电机厂于1969年研制成功SY-2型数字打印机,打印速度提高到10行/

秒,有两种接口,为第二代产品。为扩大打印机生产,同年,青岛微电机厂改建生产车间3100平方米。

70年代,国内数字化仪表发展速度加快,品种规格增多,要求数字打印机与其配套的接口多样化。为满足用户需求,1970年,青岛微电机厂设计试制SY-3型数字打印机,增加接口多样化功能(兼有二进制、十进制和正负逻辑),同时采用步进电机拖动墨带和送纸,替代SY-2型机械传动装置,简化结构,提高了运行可靠性。该机为毛主席纪念堂、南京天文台、首都钢铁公司等工程配套受到好评。

随着国内微型计算机的出现和应用,青岛微电机厂于1978年接受省科学技术委员会下达的为微机配套数字打印机研制任务,1980年9月研制成功SY-5型数字打印机,1981年8月通过省级鉴定。该机采用全集成电路和通用接口电路,可与采用TTL、HTL、MOS集成电路或分立器件的各类前机直接接口,打印速度10行/秒,位数12位,字符16种,具有打印速度快、通用性强、可靠性高、电路全部集成化等特点,属于第三代产品。整机技术性能、可靠性、体积、重量等方面均处于国内先进水平,相当于70年代初国际同类产品水平,1983年获国家优秀新产品奖。至1986年,SY系列打印机累计生产3175台。

纸带穿孔机

1972年,青岛微电机厂根据第四机械工业部下达的任务,开始研制为国家"708"重点工程配套的快速纸带穿孔机。以瑞士诺瓦机配套的穿孔机为参照样机进行重点改进,由低速穿孔改为高速穿孔,滑动走纸改为滚动走纸,增加光电松纸机构等,1975年研制成功样机,型号为CK-160,穿孔速度为100排/秒,穿孔位数为8单位或5单位,误码率为十万分之一。

该机采用单排摆杆冲针式机械穿孔,分立元件电路控制,在穿孔速度、孔距精度、误码率、可靠性等方面居全国领先地位,1978年荣获全国科学大会奖。被选定为中国首次设计的DJS-100系列计算机主要外部设备,在国内第一次与国产计算机接口,为中国计算机研制和生产起到积极作用。

1979年,青岛微电机厂在CK-160穿孔机基础上研制成功CDZ-D型穿孔机。该机由分立器件改为集成电路控制,机器可靠性进一步提高,穿孔速度达到160排/秒。曾为向太平洋发射洲际运载火箭工程配套。1985年,总参谋部购买百余台CDZ-D穿孔机配备各大军区,为微型计算机配套。

第三节 电子专用设备

60年代中期,青岛无线电专用设备厂采用北京700厂全套图纸,试制成功单管氢气炉、高温扩散炉,揭开本市生产无线电专用设备的历史。[①] 60年代末,又采用上海无线电设备厂全套图纸,试制成功本市最早的真空烧结炉。

70年代,青岛无线电专用设备厂根据电子仪表行业生产小型塑料成型件的需要,根据上海塑料机械厂XS-Z-30型卧式注塑机图纸开始设计研制塑料注射成型机,并试制成功C4730-型30克高压全自动立式注塑机,80年代试制成功C4730II型注塑机。

1981年6月,在北京半导体器件二厂支持下,青岛无线电专用设备厂试制成功PFJ2型平行缝焊机。1982年春试制成功Y80-1/RZQ加压检漏台。1985年研制成功可用于64K陶瓷金属化管壳大规模集成电路焊接的大型平行缝焊机,以适应生产大规模集成电路的需要。1982年,青岛无线电专用设厂与西安整流器研究所联合研

---

① 马小维,等.青岛市机械总公司史志(1950-2012年)[M].青岛:内部编印,2013:318-319.

制开发出 HY-4000 型恒压装置（热稳态压力机），此为用于电子半导体器件测试的电子专用设备。次年 7 月，样机研制成功，1984 年批量投产。

1981 年，PFJ-2 型平行缝焊机荣获市优秀新产品奖。1982 年，青岛无线电专用设备厂生产的 L4514II 型硅碳管扩散炉荣获省科委科研成果一等奖；Y80-1/RZQ 型加压检漏台荣获市科技成果三等奖。1983 年，C4730-II 型注塑机荣获省科技成果三等奖和国家经济委员会优秀新产品金龙奖；PFJ-2 型平行缝焊机获国家经委优秀新产品奖。1984 年，L4514II 型无内炉管扩散炉荣获电子工业部和省优质产品奖；HY-4000 型恒压装置分别荣获电子工业部科技成果二等奖和市科技成果二等奖。

青岛无线电专用设备厂

1965 年 6 月，青岛建筑工程机械修配厂改建成青岛无线电专用设备厂，1966 年开始生产电子专用设备。建厂初期有职工 149 人，其中技术人员 2 人，建筑面积 7350 平方米，设备 12 台，固定资产原值 59 万元、净值 36 万元，工业总产值 81 万元，利润 19 万元，全员劳动生产率 7181 元 / 人。[①]

建厂以来，先后生产单管氢气炉、高温扩散炉、短温区扩散炉、长恒温区扩散炉、链式烘干炉、单晶炉、平行缝焊机等 70 多个品种，其中 33 个品种属于自行研制，产品多次获奖，其中高温扩散炉获全国科技大会奖和电子工业部优质产品奖，半自动注塑机、平行缝焊机获国家优秀新产品奖，热稳态压力机获电子工业部科技成果二等奖，电脑温控仪获国家优秀成果奖等；11 个品种出口到朝鲜、罗马尼亚、阿尔巴尼亚等国。

该厂是山东省电子工业重点生产企业，长期从事电子专用设备的研制和生产，技术力量较强，设备仪器齐全。1986 年有职工 539 人，其中工程技术人员 30 人，厂区占地面积 72447 平方米，建筑面积 19251 平方米，锻压设备 22 台，金属切削机床 78 台，仪器仪表 81 台，固定资产原值 373 万元、净值 113 万元，工业总产值 350 万元，利润总额 47 万元，全员劳动生产率 6432 元 / 人。

单管氢气炉

1966 年，青岛无线电专用设备厂采用北京 700 厂全套图纸，试制成功第一台单管氢气炉，定型为 L651511-4。经北京 774 厂工程技术人员验收，达到设计要求，当年生产 14 台，揭开了青岛市生产无线电专用设备的历史。

单管氢气炉试制投放之后，先后进行几项重要技术改进。增加磁放大器励磁电流回零装置，以限制电流过大；增设齿轮传递开启机构，减轻操作人员开动炉门的劳动强度。单管氢气炉生产不仅满足国内用户需要，还于 1973—1975 年、1977 年先后援助朝鲜、罗马尼亚和阿尔巴尼亚。在援外过程中，还根据朝鲜受援时没有氢气站、电流频率仅为 60 赫兹的实际情况，对磁放大器的线圈匝数重新设计，将加热钼丝改为不用氢气保护的镍铝丝，保证了援朝任务圆满完成。

到 1986 年，累计生产单管氢气炉 287 台。

高温扩散炉

1967 年 9 月，青岛无线电专用设备厂在仅有一名无线电专业大学生、两名技术工人及一只万用仪表的条件下，试制成功第一台炉管口径为 62 毫米的高温扩散炉，定型为 D051-32。为提高控温精度的稳定性，生产更高水平的扩散炉，1968 年对 D051-32 型扩散炉进行改进，将机械与电子混合式改为全电子管式，取消磁放大器，利用可控硅作功率放大，定型为 D070-1。

1970 年，青岛无线电专用设备厂与上海仪

---

① 青岛市电子仪表工业公司志[M].青岛:内部编印,1989:222.

表研究所合作共同研制成功精密温控仪，用于高温扩散炉，定型为CQW-70，为全国第一台高精度长温区扩散炉，达到日本扩散炉的水平。

1977年，青岛无线电专用设备厂开始对比国内同行业先进水平对扩散炉做进一步改进，将炉体结构改为积木式，使整机既可以是整体式，也可以是分离式，新型样机于年末调试成功，定型为QK1-3。新型炉口径为直径80毫米，控温精度为±0.5℃/24小时，恒温区长度为600毫米/±0.5℃，处于国内先进水平。1978年底产量60台，为历年之最。1979—1980年相继研制成功直径为100毫米和120毫米的大口径扩散炉。为延长扩散炉使用寿命，用硅碳管作为新的发热元件的L4514Ⅱ型扩散炉，于1980年8月通过省级鉴定并投入生产。硅碳管扩散炉具有"两高"（控温精度高、使用温度高）、"两长"（使用寿命长、恒温区长）的特点，在国内居领先地位，1982年获山东省科委科研成果一等奖。

至1982年，该厂生产的扩散炉口径有80毫米、90毫米、100毫米、120毫米等规格，炉体有整体式、分离式，扩散炉生产基本形成系列化。

1983年下半年，L4514Ⅱ型扩散炉由硅碳管炉改为无内炉管扩散炉，使用寿命、温度（1300℃，短时间可达1350℃）、温度升降速度、动态特性等指标均有提升，并节约电力；1984年在电子工业部第二次全国扩散炉质量检测中，有九项指标（控温精度、恒温稳定性、升温功率、升温时间、稳定时间、恒温功率、电网电压波动影响、定值重复性、推舟恢复时间）名列全国第一，168小时连续试验考核合格，不仅达到部颁标准，有些指标还超过美国、日本、英国等国产品的指标，获电子工业部和山东省优质产品奖。

至1985年，本市高温扩散炉产品各种型号累计总产量达852台，行销全国21个省市200

多个单位。是年11月，新一代微机程控高温扩散炉在青岛无线电专用设备厂研制成功。

"青巍"牌真空烧结炉

1969年，青岛无线电专用设备厂采用上海无线电设备厂全套图纸，试制成功并生产17台圆形炉体真空烧结炉，命名为"青巍"牌。此为本市最早生产的真空烧结炉。

1972年，青岛无线电专用设备厂自行设计一种工作温度为900℃、最高可达1100℃，恒温区长度为150毫米/±3℃、200毫米/±5℃，单点精度为±2℃，工作室真空度为10-4～10-5毫米汞柱的真空烧结炉，采用可控硅和丝杠推进加料装置，定型为L46750/QWZ。1980年又重新设计和试制一种卧式真空烧结炉，炉管口径80毫米，工作温度400℃～1200℃，控制精度≤±1℃/24小时，恒温区≥200毫米/±1℃，冷态真空度为5×10-5毫米汞柱，定型为L4611ⅠⅠ-C/QWZ。在此基础上，1984年采用高温扩散炉的全套控温和加热系统作为新型烧结炉加热控制系统，并改进炉丝结构，研制成功立式真空烧结炉，定型为L4811ⅠⅠ，其工作温度为400℃～1050℃，冷态真空度≤5×10-5毫米汞柱，真空室直径100×500毫米。

1986年，青岛无线电专用设备厂研制真空室直径120×500毫米的新品种。至是年底，"青巍"牌真空烧结炉累计生产239台，行销全国18个省市120个厂家，成为国内半导体器件生产厂的必备设备。

第五章 仪器器材

50年代，随着国民经济恢复和社会发展，对各类仪器的需求与日俱增，本市开始建立专业生产厂。青岛人民广播电台服务部和青岛业余无线电补修班主要为崂山县、四方机车车辆制造厂、纺织行业、海军北海舰队等单位提供广播设备维修业务，修复6台发射机（美式）支援抗美援朝战争，还利用美军、日军遗留器材安装一部收音机。60年代初，为适应国民经济发展需要，本市调整部分生产设备较好、技术力量较强的机械厂转产仪器，先后开发光学仪器、空调设备、轴承仪器、动力机试验台等产品，分别填补了省内和国内空白。60年代中期，第一机械工业部于本市组织"全国海洋仪器战役"，开始研制重力测波仪、温盐深自记仪。其间，先后建立青岛电影机械修配厂、青岛光学仪器研究所、青岛复印机厂、青岛第一仪器厂、青岛第二仪器厂、青岛第三仪器厂和青岛海洋仪器厂等专业生产企业，促进了山东仪器仪表工业的发展。

70年代初，山东省电子工业主管部门将民用仪器整机正式列入年度生产计划，安排各地市生产为农业、工业、卫生等部门服务的民用整机项目，组织省内一批工厂试制生产，大力推动全省电子仪器仪表的发展。[1]本市通过企业整合和新产品研发，加快电子仪器生产，尤其是为国民经济各部门及国防现代化服务的应用仪器设备增长较快，很多产品填补了国内空白，在工业生产应用中发挥重要作用。其中，汽车测试、石油地质检测、环境保护、海洋检测、医疗诊治等仪器开始有计划地分类分批研发生产，并逐渐服务应用到社会生产生活的各个方面。70年代末，青岛电子仪表工业进行企业整顿和产品结构调整，重点发展照相机、空调及活动冷库、汽车测试仪器、海洋气象仪器、大气采样器等产品，先后有多种产品获省级以上优质产品奖。

至1985年，青岛仪器工业拥有青岛空调设备仪器厂、青岛照相机厂、青岛第一仪器厂等多家骨干企业及山东海洋仪器仪表研究所。

第一节　影像器材

1956年，山东省教育厅电影机械修理服务中心在青岛建立电影器材供应修理站，分片承担修理任务。1958年电影机械行业开始大发展，青岛市电影器材供应修理站扩建为电影机械修配厂，归口文化部门管理。1966年，在"全国海洋仪器战役"期间，青岛海洋仪器厂试制成功海底自动照相机。1968年，青岛光学仪器厂试制成功用于印刷制板、翻拍文件、印染雕刻的照相分色镜头，填补了国内空白。60年代末，电影机械修配厂研制成功8.75毫米电影放映机，70年代大批投产。

1970年，青岛电影机械修配厂划归机械工业系统管理，研制成功8.75毫米电影放映机，为广大农村特别是偏僻山区、牧区、海岛等地流动放映提供轻便放映机，受到各地欢迎，开始大批投产。[2]1974年，省机械工业局确定青岛电影机械厂兼产照相机，试制成功SF-1型120照相机，1975年改为青岛照相机厂。70年代后期，为尽快形成生产能力，采取分散加工、集中安装的方式，由青岛电度表厂生产快门、青岛计数器厂生产主体、青岛照相机厂加工镜头和组装整机。1979年，青岛计数器厂、青岛电度表厂生产照相机的设备移交给青岛照相机厂，先后研制成功军用ZYC1-6型和民用ZYC-1型一次成像照相机，填补了国内空白。照相机的投产带动照相器材发展，青岛照相器材厂由此改建，青岛光学仪器厂和青岛市北机修厂也相继投产照相器材。

80年代，青岛照相机总厂试制成功SF-2A型照相机，投资263万元建设"青岛"牌120相机项目，引进国外生产线生产出第一架"青

---

① 中国电子工业地区概览：山东卷[M].北京：电子工业出版社，1987：114.

② 山东省志：机械工业志[M].济南：山东人民出版社，1994：457-458.

岛"6型自动曝光135照相机。135照相机形成年产20万架照相机能力,在同类产品中产量和质量均居全国首位。1985年,青岛照相机总厂是全省机械工业系统唯一照相机生产厂。

青岛电影机械修配厂

1956年,青岛电影器材供应修理站组建,主要从事电影机械修理。1958年扩建为电影机械修配厂,归口文化部门管理;1970年划归机械工业系统,当年研制成功8.75毫米电影放映机。1974年,青岛电影机械修配厂改产照相机,当年试制成功SF-1型120照相机。

1975年,青岛电影机械修配厂改名青岛照相机厂。同年开始生产120双镜头反光式照相机,主要产品有"青岛"牌SF-1型、SF-2型和SF-2A型,其中SF-2A型曾获全国同类相机质量评比第一名。

1979年,青岛照相机厂开始研制生产泥浆仪器。主要生产品种有泥浆参数测定仪、六速旋转粘度计、扭簧测力计、粘附仪、加式比重仪、固相含量测定仪、失水仪、解卡分析仪等21种产品。其中,六速旋转粘度计获青岛市优秀新产品奖、青岛市科技成果一等奖和山东省优质产品称号;解卡分析仪分获青岛市和山东省"五小"智慧杯一等奖和二等奖。

1981年,青岛照相机厂与青岛复印机厂、青岛光学仪器厂合并组建青岛照相机总厂。

青岛模具厂

1959年,台东模具厂改建为青岛模具厂。1975年9月试制成功1台工程图纸复

印机样品Se-A。在1978年全国第一届复印机生产规划会上,青岛模具厂被定为全国两个大型图纸复印机生产厂之一。

1979年,青岛模具厂更名青岛复印机厂,开始试制PJ-1200型小型复印机。此后三次对Se-A型复印机进行改进,最后定型为Se-D,在1982年4月累计生产48台后停产。

1981年,青岛复印机厂与青岛照相机厂、青岛光学仪器厂合并组建青岛照相机总厂。

青岛照相机总厂

1981年8月,青岛照相机厂、青岛光学仪器厂、青岛复印机厂合并组建青岛照相机总厂,同年试制成功3片3组柯光镜头SF-2A型照相机(图9-9)。此后,为提高照相机水平,投资2000多万元(含外汇400万美元),从联邦德国阿克发(Agfa)公司引进135照相机生产线和生产技术,先后引进设备仪器160多台(套)、国内配套200多台(套),新建厂房6149平方米,总投资2000万元,形成年产20万架照相机的能力,开始生产具有80年代初期国际先进水平的QD-6型"青岛"牌135自动曝光照相

图9-9 1981年,青岛照相机总厂试制成功SF-2A型照相机,并投资建设"青岛"牌120相机项目

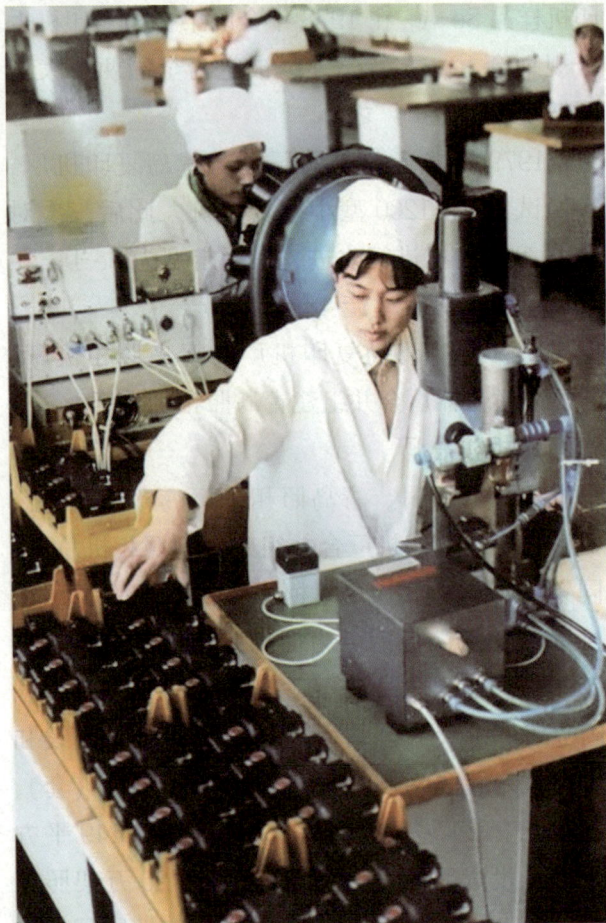

图 9-10 80年代，青岛照相机厂与联邦德国合资生产"青岛"牌135照相机

机。1985年3月16日生产出第一架"青岛"牌6型135照相机（图9-10），至年底产量达27240架，在同类产品中，产量和质量均居全国首位。

至1985年，青岛照相机总厂拥有职工1350人，其中工程技术人员74人；企业总占地面积6.4万平方米，建筑面积2.7万平方米，其中厂房建筑面积1.5万平方米；拥有主要设备391台，其中金属切削机床247台、锻压设备104台，拥有80年代初国际水平照相机生产线；固定资产原值1278.4万元、净值1065.1万元；具备年产20万架135照相机的能力，实产

27240架，另外生产石油仪器1712台；工业总产值596.2万元，利润总额85.5万元，实交利税199.1万元。[①]

第二节　实验室仪器

1956年，青岛电冰箱生产组成立，只有职工6人，厂房面积50平方米，固定资产2万余元，年产值4万元。1957年改为青岛电冰箱生产合作社，1958年并入市手工业管理局电机厂。

60年代初，为适应生产需要，省机械工业厅开始安排实验室通用空调设备、干燥箱、天平等仪器与设备的研究与生产。1961年，青岛电冰箱生产合作社从电机厂划出，开始研制可作低温试验、低温冷藏、低温处理等用处的实验室用低温冰箱，翌年研制成功第一台乙醇溶液双机压缩低温冰箱；后研制成功 ZWS-1 型自动恒温恒湿器，适用于实验室、精密加工车间及会议室、餐厅等。1965年，青岛第二铁器厂试制成功鼓风系列和恒温系列干燥箱。是年12月，青岛电冰箱生产合作社更名为青岛第三仪器厂，次年开始研制生产空调冷冻设备仪器，主要产品有自动恒温恒湿器（机）、干燥箱、冷藏箱、冷风箱、空气去湿机、活动冷库、冰棒机等，产品行销20多个省市。其中，干燥箱曾出口坦桑尼亚、赞比亚、尼泊尔等国家。其间，青岛第二铁器厂试制成功 Te-101 鼓风系列和 Te-102 恒温系列干燥箱。

70年代，青岛第四仪器厂投产教学用物理天平。1976年，青岛第二铁器厂试制成功远红外系列干燥箱，同年更名为青岛第二仪器厂。70年代末，青岛第三仪器厂开始研制更新换代产品，研制成功 H10-1 型自动恒温恒湿器。1980年，青岛第二、第三仪器厂合并为青岛空调设备仪器厂。

① 山东省志:机械工业志[M].济南:山东人民出版社,1994:455-456.

青岛空调设备仪器厂

1980年10月，青岛第三仪器厂与青岛第二仪器厂合并，更名为青岛空调设备仪器厂，隶属市电子仪表工业公司。主要产品有自动恒温恒湿器（机）、干燥箱、冷藏箱、冷风箱、空气去湿机、活动冷库、冰棒机等，产品行销20多个省、市。其中，干燥箱曾出口坦桑尼亚、赞比亚、尼泊尔等国家。其间，研制生产LK-10型等各类多用途多制冷方式多机型结构的活动冷库，产品远销河北、内蒙古、辽宁等地。1985年，青岛空调设备仪器厂从日本三洋电机株式会社引进具有80年代先进水平、年产5万台分体式房间空调器的关键设备和工艺技术，次年投入批量生产。

至1985年，青岛空调设备仪器厂有职工931人，其中工程技术人员58人；厂区建筑面积14548平方米，拥有金属切削机床56台、锻压设备19台、主要仪器7台，固定资产原值2007万元、净值1824万元。当年产干燥箱212台、低温箱18台、恒温恒湿器390台、食品保鲜设备251台；工业总产值617万元，利润总额46.5万元，实交利税94.1万元，全员劳动生产率6695元/人。

低温冰箱

1963年，青岛电冰箱生产合作社参考国外进口低温冰箱样机，凭多年维修电冰箱经验开始低温冰箱的研制工作。1964年春，在仿制上海压缩机厂2F-63型主机取得成功的基础上，研制出第一台-60℃乙醇溶液双机压缩低温冰箱，但只交由使用单位试用，没有投入批量生产。

1966年，青岛第三仪器厂研制出-40℃乙醇溶液单机压缩立式低温箱，产品亦未投产。1968年汲取-60℃和-40℃两台样机优点，采用本厂2F-7型压缩机为主机，研制成功-40℃单机压缩卧式低温冰箱。当年通过市级鉴定，定型为WD-402S。1975年投入批量生产，当年生产31台，至1985年累计生产362台后停产。

自动恒温恒湿器

1965年初，青岛电冰箱合作社开始研制自动恒温恒湿器，年底试制出2台样机，但因存在技术问题未投产。

1966年，青岛第三仪器厂参照广州前进冷冻机械厂制冷压缩机图纸，试制出新型样机并通过市级鉴定，定型为ZWS-1。1967年批量投入生产，当年生产66台。之后将ZWS-1型蒸发器、冷凝器散热片由铁片改为铝片，散热效率提高。1978年，青岛第三仪器厂根据第一机械工业部通用机械研究所提供的信息和技术，开始试制更新换代产品——H10-1型自动恒温恒湿器。产品用3FY4Q型全封闭制冷压缩机为主机，并分别采用远红外管式加热器、高低压过滤器、低肋纹管式冷凝器和整套装蒸发器等器件，在提高制冷量、降低耗电量、提高使用寿命、减少过滤堵塞方面数据均有所优化。1980年3月样机试制成功，8月通过省级鉴定并荣获青岛市科技成果二等奖。同年，该厂ZWS-1型蒸发器、冷凝器散热片在省机械工业厅组织的全省同行业质量评比中被定为一等品。

1983年，青岛空调设备仪器厂从日本进口505FH2-H型全封闭制冷压缩机与H10-1型自动恒温恒湿器配套，当年形成批量生产能力，至年底生产90台。同时自制串片机、割罗纹机和胀管机等专用设备，使H10-1型年产能力达到1500台。到1986年，总计生产自动恒温恒湿器4058台，其中ZWS-1型3294台、H10-1型764台。

活动冷库

1968年，青岛第三仪器厂凭多年修理冷冻设备经验开始研制活动冷库。当年底，第一台大门盘管式10立方米活动冷库问世。活动冷库主要性能为制冷量4000大卡/时，库内最低工作温度-15℃，库内有效容积为9立方米、10立方米、12立方米、18立方米4种不同规格，制冷剂R12，制冷剂注入量8公斤，压缩机配有开启式 2F-7 型、日本三洋公司产半封闭式 C-L37M8A 型 2 种，电机功率 3 千瓦、3.75 千瓦，使用电源为三相 380 伏；外形尺寸因型号各异，如 LK-12 型为 1000×21000×2120 毫米（长×宽×高）。1970 年再度研制一台冰板式 10 立方米活动冷库，1976 年又研制成功吹风空调房式 10 立方米活动冷库。其间，研制生产的活动冷库均系来料加工，未批量投产。

1980 年，青岛空调设备仪器厂集三种型式活动冷库优点于一体，研制成功一大门 9 立方米新型活动冷库，定型为 LK-10 型并投入批量生产，当年生产 81 台；年底又将容积由 9 立方米改为 10 立方米。1981 年研制出 LK-12 型两大门一小门 12 立方米活动冷库；当年两种型号冷库生产 130 台。1984 年，为赴南极考察船特制两台 LK-12 型 12 立方米吹风空调式活动冷库，装船使用后经历赤道高温的考验，完好保存第一批南极磷虾运回国内。1985 年将 12 立方米水冷式活动冷库改进为风冷式和水风冷两用活动冷库。1986 年进一步开发出 LK-18 型 18 立方米活动冷库。

到 1986 年，青岛空调设备仪器厂累计生产活动冷库 678 台。其中有 LK-10 型、LK-12 型和 LK-18 型 3 个型号，水冷、风冷、水风冷两用和速冷 4 种制冷方式以及盘管、冰板和吹风空调房式 3 种机型结构。在冷库生产行业中具有型号、品种和规格齐全的优势。

第三节 动力机测试设备

60 年代，内燃机、拖拉机、汽车工业开始大发展，为确保产品质量，省机械工业厅安排动力机械试验仪器与设备的试制与生产。在省机械设计研究院协助下，青岛电器开关厂研制成功 TQD-2 型拖拉机汽车电器万能试验台，填

补了国内汽车、拖拉机电器测试仪器空白，投产后行销全国，并先后出口朝鲜、罗马尼亚、坦桑尼亚等国家。嗣后，又试制成功点火系检验器。1966 年，青岛电器开关厂改称青岛第一仪器厂。同期，青岛机床厂试制成功磨合测功试验台。

70 年代末，青岛动力机测试产品向智能化发展。青岛第一仪器厂先后研制成功发动机台架性能试验程序控制机、电涡流测功机、扭矩转数测量仪、重量法油耗计、五轮仪、制动仪、汽车分电器试验台等填补国内空白的汽车测试仪器，其中流量计、五轮仪、制动仪均采用微电脑控制。1985 年，青岛第一仪器厂成为本省仅有的两个生产动力机试验仪器设备企业之一。

青岛电器开关厂

1942 年，利丰铁工所始建。此后，几经合并、扩大、易名，于 1961 年改称青岛电器开关厂，转产低压电器和开关。1966 年，青岛电器开关厂改称青岛第一仪器厂，成为全省第一个生产发动机与汽车测试仪器的专业厂，主要产品有 TQD-2 型汽车拖拉机电器万能试验台。

70 年代，青岛第一仪器厂研制成功 SWY-1 型五轮仪，采用磁电交换输出电脉冲和数字电路记数、显示技术，并与打字机配套使用；研制成功 DWC-2 型电涡流测功机。80 年代研制成功 WLY-4 型微机五轮仪，1985 年获交通部优秀新产品金杯奖。另外还研制成功 SZY-2 型微机控制制动仪，填补国内空白；先后研制的 LCH-1 型流量仪、SLJ-2 型微机流量仪，实现产品智能化。

至 1985 年，青岛第一仪器厂位于沧口区四流南路 11 号，系全民所有制企业，隶属市电子仪表工业公司，是全国唯一生产汽车电子仪器的专业厂[①]。有职工 476 人，其中工程技术人员 33 人；企业总占地面积 2.4 万平方米，建筑面积 1.3 万平方米，其中厂房建筑面积 0.7 万平方

---

① 山东省志:机械工业志[M].济南:山东人民出版社,1994:451.

米；拥有生产设备 84 台、仪器 109 台，其中金属切削机床 66 台、锻压设备 8 台；固定资产原值 280.5 万元、净值 121.1 万元；工业总产值 330.1 万元，利润总额 58.8 万元，实交利税 51 万元。

汽车拖拉机电器万能试验台

1962 年，青岛电器开关厂开始试制汽车拖拉机电器万能试验台，翌年试制出 2 台样机，定型为 TQD-2。其主要技术参数为电源交流 220 伏，直流 6 伏、12 伏、24 伏；采用 TS-2 推斥电机，功率 1.74 瓦，调速范围 0±500 转 / 分。产品的试制成功填补了国内汽车测试仪器空白，亦为本市仪器生产之先声。1964 年通过省级鉴定，同年参加全国新产品展览会获新产品试制三等奖。1979 年产量达 500 台，为最高年产量。1983—1985 年连续三年在山东省同行业评比中被评为一等奖。

至 1986 年，累计总产量为 5088 台，行销全国 26 个省市的 3000 余厂家。

扭矩转速测量仪

1975 年，青岛第一仪器厂开始试制数字式扭矩转速测量仪，当年试制出样机并通过省级鉴定，定型为 SNZ-1。产品具有测量精度高、测量结果直接显示、不需换算等特点，翌年投入批量生产。至 1978 年总计生产 120 台后再未生产。

1978 年，青岛第一仪器厂在 SNZ-1 型基础上，用 PMOS 集成电路取代分立元件试制成功 SNZ-2 型，至 1982 年总计生产 70 台后停产。

五轮仪

1977 年，青岛第一仪器厂开始试制五轮仪，并先后派人到吉林长春汽车研究所、清华大学及湖北武汉、辽宁沈阳等地汽车制造厂家进行调查研究，选定 SPA-12 型汽车速度分析仪为样机，同年 9 月试制成功，定型为 SWL-1。产品采用磁电变换输出电脉冲和数字电路记数、显示的先进技术，并与打印机配套使用。1978 年 4 月 16 日通过省级鉴定并投产后，又先后两次对五轮仪仪表部分进一步改进，从采用分立器件改为采用 PMOS 和 CMOS 集成电路，并分别于 1979 年 1 月和 1980 年 6 月研制出两种新型五轮仪。

1983 年 10 月，青岛第一仪器厂对五轮仪电子仪表部分再次作重大改进，从原采用集成电路改为采用 TP801-Z80 单板计算机，使五轮仪仪表速度范围从 0～120 公里 / 小时提高到 0～999 公里 / 小时，最小分辨距离从 10 厘米提高到 1 厘米，距离范围从分段累计提高到可以连续记录，显示记录从电磁记数最多为记 12 点提高到数字显示记数点无限。1984 年 12 月通过省级鉴定，定型为 WLY-4。1985 年获交通部优秀产品金杯奖和青岛市科技成果三等奖。

至 1986 年，五轮仪累计总产量为 245 台，填补了中国汽车测试仪器一项空白。

汽车分电器试验台

1983 年，青岛第一仪器厂派员到北京分电器厂、上海汽车配件二厂和湖南长沙汽车电器厂等分电器重点生产厂调查了解、搜集资料，开始设计研制汽车分电器试验台。1985 年 1 月完成样机研制，各项主要技术指标达到设计要求，定型为 QFS-1。翌年投入小批量生产，12 月 20 日通过省级鉴定，至年底生产 5 台。

QFS-1 型汽车分电器试验台研制成功并投入生产，填补了中国汽车检测仪器生产一项空白。

第四节　光学仪器及组件

60 年代中期，青岛光学仪器研究所研制成功 100 倍双目体视显微镜，后改为光学仪器厂，专事光学仪器制造。70 年代，研制成功 JC3A 型机床显微镜、光导纤维电凝器以及 ZJ-4 型光导纤维子宫内窥镜，填补了国家医疗器械一项空白。

80 年代初，青岛光学仪器厂研制成功的 XSB-2 型生物显微镜达到国际先进水平，2 米光导纤维传像束结束长期依赖进口的局面。1982年，青岛光学仪器厂改组为照相机总厂后，停产光学仪器。

青岛光学仪器厂

1966年，青岛光学仪器研究所在一个眼镜修配厂基础上成立，集科研与生产于一体。1968年改为青岛光学仪器厂。

60年代末，青岛光学仪器厂研制成功并投产放大100倍双目体视显微镜。70年代先后研制成功用于精密机床直接对刀的JC3A型机床显微镜、用于眼科视网膜脱离手术中做裂孔定位及电凝的光导纤维电凝器，研制成功能够直接观察子宫颈管、子宫腔、子宫底、输卵管等死角的ZJ-4型光导纤维子宫内窥镜，用于观察、诊断，并可利用激光电灼做绝育手术，填补了国家医疗器械一项空白。

80年代，青岛光学仪器厂研制成功放大100~1600倍XSB-2型生物显微镜，达到国际先进水平。

光学显微镜

1966年，青岛光学仪器研究所在派人去上海长江光学仪器厂学习后开始研制光学显微镜。当年试制出5台放大倍率100倍的双目体视显微镜，定型为XTS-1，1968年投入批量生产，当年生产102台。

1971年，青岛光学仪器厂试制成功放大倍率为200倍的XTS-2型体视显微镜，未批量生产。1972年，开始研制用于精密机床直接对刀加工的机床显微镜，当年研制成功并通过鉴定，至年底生产20台后停产。1973年，开始研制放大倍率为1500倍的XSB-1型生物显微镜，经派人去江苏南京江南光学仪器厂学习后，于1975年试制成功样机，同年投入批量生产，至年底生产150台。1977年在省机械工业局行业质量大检查中，XSB-1型被评为一等品。1979年，青岛光学仪器厂参照日本欧林巴斯样机，开始研制XSB-2型生物显微镜；次年5月样机试制

成功，后因企业与青岛照相机厂合并未投产。

1981年，XSB-1型生物显微镜产量达300台，之后本市停止显微镜研制和生产。至此，全市共生产各种型号光学显微镜6697台。

子宫内窥镜

1973年2月，青岛光学仪器厂在吉林省姚南镇医院协助下开始设计、研制光学纤维子宫内窥镜，卫生部拨科研费13万元予以支持。之后研制工作一度中断，1976年又重新组织，1978年9月研制成功弯式子宫镜样品，定型为ZJ-1。因样机镜管较粗和成像不清不能临床使用，随将镜管由10毫米减为8.5毫米，10月试制完成新式样机，定型为ZJ-2。但试用中成像与鉴别力仍然达不到要求，并出现漏水现象。之后再次进行改进，将弯式镜管改为直式镜管，减为7.5毫米，并采用光学传像新工艺。年底试制出样机，定型为ZJ-3，但因技术仍存在不少问题，没有形成产品。

在总结三个型号样机优缺点的基础上，青岛光学仪器厂继续进行改进，将镜管由7.5毫米减为6.2毫米，将直式改回为弯式，1979年10月试制完成样机，定型为ZJ-4。改进后结构简单、操作方便、视角大，能直接观察到子宫颈管、子宫腔、子宫底输卵管等死角，获得成功。是年底通过技术鉴定，领取中国工商行政管理局颁发的"青岛"牌子宫镜商标注册证，并获青岛市科技成果一等奖。

1980年，ZJ-4子宫内窥镜投入批量生产，1981年生产50台；1982年停产。

光导纤维

1974年，青岛光学仪器厂决定试制光导纤维，随即从陕西西安光学精密机械研究所购进专用设备，当年试制出光导纤维传光束、光导纤维传像束等产品并投入批量生产。传光束和传像束的透光率1米内可达40%~50%，高于国内其他厂家水平。两种产品的当年产量分别为100条和10条。1979年又研制出眼科光导纤

维电凝器，获省卫生厅颁发的三等奖。

1982年3月，青岛电子研究所成立并开始光导纤维研制；1983年1月，在国内首次研制成功柔软性好、耐辐射、抗干扰、耦合损耗低及加工方便的全塑料光导纤维，并投入批量生产，当年生产100公斤。7月，光导纤维传光束试制成功，当年投入生产，产量500条。8月，将塑料光导纤维试制成功塑料光纤彩灯，当年生产2000只。

1984年初，青岛电子研究所与青岛市立医院合作，将光导纤维传光束用于医疗器械，研制成功光导纤维玻璃体切割刀、眼科光导纤维电凝器、光导纤维口腔镜和袖珍光纤耳鼻腔镜等，临床试用效果良好。其中，光导纤维玻璃切割刀和眼科光导纤维电凝器分获省卫生厅科技成果及青岛市科技成果三等奖。同时，还研制成功用于军事部门的光导螺丝刀、光导手套等产品。因不具备批量生产能力，上述研究成果未形成产品。

1985年初，青岛电子研究所开始研制光导纤维传像束，次年12月研制成功2米光导纤维传像束，当年生产2条。2米光导纤维传像束在拉丝、排丝工艺上采用微机控制和自动倒换鼓轮先进技术，系国内首创；其单丝直径、分辨率、断丝率及透光率等指标均居国内先进水平。它的研制成功解决了2米传像束长期依靠进口的局面，为医用及工业内窥镜提供了关键传像元件。

至1986年，全市累计生产传光束3700条、传像束27条、塑料光导纤维190公斤，产品销往全国各地。

第五节 海洋仪器

60年代，在全国海洋仪器会战期间，本市开始研制重力测波仪、温盐深自记仪，并在此基础上进行岸用声学测波仪、温盐深探测仪、遥测浮标站的研制并获得成功，继而开展海洋气象仪器研制，青岛成为中国海洋仪器生产基地之一。此后，通过对原有型号不断改进、升级，仪器性能、质量得到提升。其中，岸用声学测波仪获1978年全国科学大会奖，HFB1-1型海洋水文气象遥测浮标站1979年获省科学技术委员会科研成果三等奖。

青岛海洋仪器厂

1958年，第一钟表社和第三钟表社合并成立第一仪表厂，职工100余名，主要生产百分表、打字机、转速表、压力表、电流表等产品。1962年，第一仪表厂合并市南区无线电厂，改名为青岛海洋仪器厂，正式转产海洋仪器，隶属市重工业局，有职工约200人。1963年前后，青岛海洋仪器厂开始仿制深度温度计、携带式水压验潮仪、船用波浪自记仪、手摇绞车等产品，至1965年已能生产17种29个规格的海洋仪器和工具，成为中国海洋仪器生产基地之一。

1965年8月，国家科学技术委员会、第一机械工业部和国家海洋局会同有关部门研究磋商，确定由第一机械工业部、国家海洋局、中国科学院、第四机械工业部、第六机械工业部、交通部、地质部、水产部等部委及山东省、青岛市所属30多个单位，从上海、天津、长春、西安、哈尔滨等地抽调数百名科技人员，以青岛海洋仪器厂为主体，组织全国海洋仪器战役。

1966年9月，第一机械工业部同意以会战科技人员和青岛海洋仪器厂为基础组建青岛仪器仪表研究所，隶属市仪器仪表局，业务归口第一机械工业部。

1978年2月，省计划委员会将青岛仪器仪表研究所改建为省科学技术委员会直属研究单位，更名为山东省仪器仪表研究所。1979年11月，山东省仪器仪表研究所划归省科学院建制，1982年8月被第一机械工业部仪器仪表工业局确定为海洋仪器行业所。1983年11月，改称山东省海洋仪器仪表研究所，隶属省科学院。

波浪仪器

在1965—1966年的全国海洋仪器会战期间，本市研制完成一台电子管式重力测波仪科研样机。其技术指标为波高0.3～6米±10％，周期3～10秒±0.5秒。1971年4月，开始对科研样机进行改型，将电子管式改为晶体管化，采用双振弦式传感器。1973年，研制完成重力测波仪Ⅰ型样机1台。1974—1979年在Ⅰ型样机基础上完成Ⅱ型重力测波仪研制任务，使仪器水上部分小型化，波浪信号实现无线电遥测。发射载频为25兆周，输出功率不小于2瓦，通讯距离为10海里。经海上试验和通过部级鉴定后，进行小批量生产和使用。在此基础上，还试制升沉仪和船用遥测波浪仪等。

其间，为解决岸边、港湾长期自动记录波浪的波高和周期问题，青岛仪器仪表研究所还研制岸用声学测波仪。1977年12月完成研制样机任务，其技术指标为波高0.5～1米±0.2米、1～10米±0.5％（全量程），周期2～4米±0.2米、4秒以上±0.5米，工作水深5～10米，传输距离1000米。通过部级鉴定后投产14台，1978年获全国科学大会奖。

温盐深仪器

在1965—1966年的全国海洋仪器会战期间，本市完成一台温盐深自记仪研制任务。其主要技术指标为温度0～±32℃±0.1℃，盐度28～36±0.1，深度0～150米±1.5％。仪器由传感器、电导池、弹簧—波纹管组成，采用不平衡电桥输出电压值，由电子电位差计记录。由于不够稳定未投入生产。

1968年，青岛仪器仪表研究所开始研制温盐深探测仪，1974年研制完成1台样机并通过部级鉴定，从而完成中国第一台可供使用的温盐深仪器。其三项技术指标精度分别从±0.1℃、±0.1、0～150米±1.5％提高到±1.5％、±0.04和0～200米±0.5％（全量程）。

1975年，青岛仪器仪表研究所开始对科研样机进行改进。电导率传感器屏蔽盒采用尼龙盒，导流孔处加上玻璃管，重新设计探头。温度线路采用集成块组成的正交振荡器，控制部分组装成一起，改用电动电缆绞车等。改进后的温盐深仪器通过国家海洋局验收，1977年开始小批量生产，并配上1台5万次电子计算机，实现数据直读，可计算声速和密度，居国内先进水平。

遥测浮标站

1968年，青岛仪器仪表研究所受国家海洋局委托，开始研制2H23型遥测浮标站，其主要性能是7个测量项目采用传感器输出频率信号，通过控制部分处理，编成莫尔斯电码输送到发报机，每3小时向岸站发报1次。程序控制采用无触点全晶体化方式，为国内首创。1971年完成样机1台，1972年进行两次海上试验，后由于水下电缆被割破海流计丢失而停止。

1975年，青岛仪器仪表研究所开始研制HFB1-1型海洋水文气象遥测浮标站，其测量要素增加相对湿度、10层水温及盐度3个项目。浮标体直径10米，厚圆盘形，中央是仪器舱，外圆是带导水孔的双圆环形浮力舱，三锚系泊。控制部分全部为分离器件，通信采用4兆和6兆频率，电码为不归零制莫尔斯电码，用10瓦单边带收，发报机为人工抄收，电源用GN500型碱性蓄电池，通信距离150公里，可在海上工作4个月。1978年完成研制任务，经海上试验后，于当年12月由第一机械工业部和国家海洋局主持通过部级鉴定，从而完成中国第一台大型可供使用的海洋水文气象遥测浮标站，填补了国内空白。

海洋气象仪器

1972年，青岛仪器仪表研究所根据上海气象仪器厂提供的全套图纸和技术资料，开始试制船舶气象仪，1973年6月试制成功，定型位HZY1并开始批量投产。至1979年共生产800台后停产。

1973年12月，青岛仪器仪表研究所受国家海洋局委托，研制船舶气象仪Ⅱ型HZY2型数字气象仪。1979年6月试制样机1台，11月通过部级鉴定后进行试生产和使用。仪器采用螺旋桨式风速、风向传感器（是国内首创），湿度线路采用数字式自动平衡电桥，风向采用光电码盘、非标准循环码等先进技术。

第六节 环境保护仪器

70年代中期，崂山电子仪器实验所开始研制空气采样和大气采样装置，其空气采样泵通过更新换代形成系列产品，并于1978年获全国科学大会奖；大气采样器经过不断改进工艺、更新设置，形成多用途、多型号、多种类系列产品，其中DK-12C型被卫生部选定为世界卫生组织"全球监测"中国片大气采样器。

80年代，青岛环保设备仪器厂、青岛半导体零件厂分别研发工业噪声控制装置和水净化、污水处理装置，并通过不断加强新品研发，扩大使用范围，形成工业噪声控制装置多用途系列，水处理形成净化处理和污水处理两大领域。

空气采样泵

1975年，崂山电子仪器实验所与核工业部华北第七研究所开始共同研制空气采样泵。1978年研制成功KB-120型空气采样泵，并获全国科学大会奖和国防科学技术委员会三等奖。之后，为适应空气不同流量采样需要，先后研制出空载流量4升/分至400升/分的KB-4至KB-400D型等10个型号空气采样泵。KB型系列空气采样泵系国内首创，1980年被国务院定为国家统一方法的飘尘采样仪器。

1985年，KB型空气采样泵形成系列，至1986年累计总产量达6183台。

大气采样器

1978年，崂山电子仪器实验所开始研制大气采样器，当年先后试制成功普通型大气采样

器和由气球携带进行梯度采样的空中大气采样器，并通过部级鉴定，分别定型为DQ-2和DQ-3。翌年，具有自动转换装置、可定时定量采样的大气自动采样器也研制成功，并通过部级鉴定，定型为DK-12。1980年3个型号产品均投入生产。

1980年，DQ-3型空中大气采样器由RC谐振电路改为高频率石英晶体谐振器，DK-12型大气自动采样器由分离式改为组合式，分别定型为DQ-3B和DK-12B。

1981年，DK-12型大气自动采样器改RC谐振电路为石英电子钟，定型为DK12-C。次年又改进功能转换机构，定型为DK-12D。1985年增加可同时采集两组平行样或双样功能，定型为DK-12E。

1982年，DQ-2普通型大气采样器改用隔膜泵为刮板泵，稳定性提高，使用自动寿命延长，定型为KB-6A。1986年加装负压表，定型为KB-6C。

1983年，根据农村和边远地区要求，崂山电子实验所研制出结构简单、价格便宜的DQ-2A型便携式普通型大气采样器，当年投入生产。

至1986年，全市累计生产各种类型的大气采样器7327台。其中，DQ-3B型1979年获青岛市科技成果三等奖，DK-12C型1980年获山东省科研成果二等奖。1982年9月，在由城乡建设环境保护部和国家仪表总局组织的全国大气采样器质量评定中，DK-12C型被卫生部选定为世界卫生组织"全球监测"中国片大气采样器。

工业噪声控制装置

1981年，青岛环保设备仪器厂确定研制生产工业噪声控制装置，1982年5月—1983年先后研制成功XZ型轴流风机消声器系列、XK型空压机消声器系列、XL型罗茨风机消声器系列、XD型中低压风机消声器系列、K型空压机消声器及钢管空间吸声体。在中国水产科学研究院黄海水产研究所和青岛建新浴池安装的XZ型

消声器，使水泵、鼓风机和引风机噪声分别从95分贝(A)和72分贝(A)下降至76分贝(A)和38分贝(A)；在胶南县水泥厂和青岛内燃机厂安装的XL型消声器，使罗茨风机房噪声和环境噪声分别从114分贝(A)和91分贝(A)下降到78分贝(A)和56分贝(A)。

1982年，青岛半导体零件厂开始试制工业噪声装置，1985年试制出XW型空压机消声器系列、XG型空压机消声器系列、XP型盘式消声器系列、XY型引风机消声器系列以及BX系列吸声体、GXP系列隔声屏等新产品，同时对XW型、XD型和XP型加工工艺进行改进，降低产品成本。到1986年发展为13个系列，累计生产82台和1450平方米。

水净化及污水处理装置

1981年，青岛环保设备仪器厂在参考吸收国内既有多功能净水器和离子交换装置优点的基础上，开始试制移动式水质净化器，10月试制完成，定型为LJS-A，当年生产20台。同年，青岛半导体零件厂开始研制生产污水处理装置。1982年又研制成功每小时可处理废水1.5～2立方米净化器，主要用于消除废水中铬离子的LJS-A型离子交换除铬装置以及每小时可产水1.5立方米、出水100万欧姆·厘米，适用于电镀配药及无离子水淋洗的LJS-B型双级复床纯水专用装置。当年投产后分别生产10台和6台。

1983年国家颁布污水排放标准后，青岛环保设备仪器厂开始研制医院污水处理装置，当年研制出使用加氯消毒、日处理污水500吨的YWC-1型医院污水处理装置，并通过市级鉴定。经省内外医疗单位使用，污水处理全部达到国家规定排放标准，其处理费用为电解食盐水生产次氯酸钠消毒装置的1/2～1/3。

1985年5月，青岛环保设备仪器厂研制成功运用投氯消毒原理，能够定时、定量和快速灭菌的ZL-Y1型饮用水消毒装置，当年试生产10台。是年，还对LJS-B型水质净化装置作改

进，变顺流再生为逆流再生，提高了交换树脂使用效率。

第六章　仪表及其元件

40年代末，青岛仅有振兴电机行等电料行从事电流电压表的维修。50年代初，振兴铁工厂从上海购进直流表头改制成交流电压表和电流表，至50年代末先后开发出开关板电表、2.5级单相电度表、携带式电度表等电工仪表产品。60年代中期，为适应仪表工业发展需要，山东省开始有计划地安排计数器、压力表机芯、宝石轴承等仪表元件生产。青岛海洋仪器厂试制成功椭圆计数器和全国第一只JD6-1型6位数电磁计数器，青岛第四仪器厂试制成功两种不锈钢油压力表机芯，青岛四方仪表表头厂仿制成功多种压力表，青岛热工仪表厂研制成功多介质压力表。60年代后期，青岛计数器厂和青岛第五仪器厂先后建立。

70年代，本市对电子工业厂点重新进行规划、调整并规划发展方向，先后有青岛热工仪表厂、青岛压力表厂等企业划归市无线电仪表工业局。其间，随着电力工业发展，电工仪表供不应求，企业通过扩建、新建、改建等方式建厂，采取自行设计、联合设计、引进生产方式开发新产品。青岛电表厂扩建生产规模为并易名青岛电度表厂，青岛第四仪器厂、青岛显像管厂、青岛市南电铃厂等也相继投产电工仪表。

70年代末至80年代，经过调整、整顿及引进国外先进技术设备，电工仪表产品种类、产量逐年增加，质量逐步提高。青岛电度表厂、青岛计数器厂相继研制成功多种电力定量器、三相三线有功电度表和多种类型计数（度）器，青岛第四仪器厂也开发计度器和电度表。至1985年，全市电子仪表工业有仪表生产厂4个，能够生产电工仪表、自动化仪表和仪表元件等

仪表产品。

第一节 电工仪表

1950 年，振兴铁工厂从上海购进直流表头改制成交流电压表和电流表。至 1957 年，全省仅此一厂，年产量 200 只左右。1958 年，公私合营振兴铁工厂改建为国营青岛电表厂，先后开发开关板电表、2.5 级单相电度表、携带式电度表、互感器、火车配电箱等产品；1961 年生产电工仪表 2.6 万只、配电箱 907 台。1962 年，青岛电表厂接产黑龙江哈尔滨电器仪表厂由苏联援建的精度 2.5 级的 DD1 型单相电度表，1964 年研制成功精度为 2.0 级的 DD10 型电度表。

60 年代后期至 70 年代末，随着电力工业发展，电工仪表供不应求，企业通过扩建、新建、改建等方式建厂，采取自行设计、联合设计、引进生产方式开发新产品。1965 年，省机械工业厅批准青岛电表厂扩建规划，国家投资 150 万元扩建规模为年产 25 万只单相电度表、5 万只三相电度表；青岛钟表修配三厂开始试制 ZC2 系列直流表。1966 年，青岛电表厂易名青岛电度表厂，并按照省革命委员会部署，1968 年抽调职工 53 名和设备、仪器等分建菏泽仪表厂，建设规模为年产 10 万只 DD1 型电度表。同年，青岛电度表厂首次向阿尔巴尼亚出口 DD1 型电度表 2.4 万只。1970 年，青岛第五仪器厂投产直流电度表。嗣后，青岛第四仪器厂、青岛显像管厂、市南电铃厂等也相继投产电工仪表。

70 年代末至 80 年代，经过调整、整顿，电工仪表产品种类、产量逐年增加，质量逐步提高。1979 年，青岛电度表厂研制成功 5.0 级电力定量器，1983 年又采用集成线路代替分离元件，精度升为 2.0 级；接着又试制成功既能控制负荷、又能控制电量的无级调速电力负荷定量

器；同年还研制成功精度为 1.0 级的三相三线有功电度表。同时，加强技术改造和横向联合，先后利用国家投资和贷款 535 万元，新建和改建厂房 5220 平方米，从联邦德国、日本、美国引进设备 29 台，新添国产自动机床和普通机床 35 台，自行设计和改造电镀、电泳浸漆、静电喷漆等 3 条自动线和电度表安装流水线，并将电度表零件扩散到青岛第四仪器厂等 10 多家厂点。

振兴铁工厂

1936 年，私营振兴电器行建立，后改为振兴铁工厂，至青岛解放时，仅有 19 名职工。50 年代中期，主要生产开关板表，是本市第一家生产电器仪表的工厂；同期开始改制电压表和电流表。1958 年 12 月，公私合营振兴铁工厂改为国营青岛电表厂，60 年代初转产电度表，产品品种从 DD1 单相电度表 1 个品种发展到单相电度表、三相三线有功电度表、三相四线无功电度表及电力定量器等 10 多个品种。1965 年改为青岛电度表厂。

70 年代末，为扩大生产能力，通过加强技术改造和横向联合、新建和改建厂房、添置设备和仪器 64 台、设计和改造 3 条自动生产线，并将电度表零部件扩散到 10 多家生产厂点，使单相电度表年生产能力超过 100 万只、三相电度表达到 45 万只、电力定量器达 4000 台。至 1985 年累计出口单相电度表 189.93 万只、三相电度表 9 万多只，创汇 1000 多万美元，在全国电度表出口厂家中居第二位。单相电度表国内销售量居全国第一位。[①]

1985 年，青岛电度表厂位于雒口路 34 号，隶属市电子仪表工业公司，系全民所有制企业，也是机械工业部生产电度表的骨干企业。拥有职工 1622 人，其中工程技术人员 84 人；企业总占地面积 2 万平方米，建筑面积 2.2 万平方米，其中厂房建筑面积 0.9 万平方米；拥有金属切削机

---

① 青岛市电子仪表工业公司志[M].青岛:内部编印,1989:220.

床98台、锻压设备48台；固定资产原值1080.5万元、净值694.7万元；年产单相电度表139.54万只、三相电度表16.41万只；全员劳动生产率25166元，工业总产值4139.8万元，利润总额445.8万元，实交利税369.7万元。

四方仪表表头厂

1964年，四方仪表表头厂成立。建厂初期有职工19人，无技术人员，建筑面积100平方米，设备和仪器10余台，固定资产0.77万元，工业总产值3.77万元，利税总额0.66万元，全员劳动生产率1108元/人；工厂以修理水位表为主，60年代中期开始仿制压力表，先后试制出Y系列真空压力表、YX-150型电接点压力表、YB150型精密压力表、YU系列活塞压力计和YJY-型多种压力表校验泵4种新产品。

1968年，四方仪表表头厂改称青岛压力表厂[1]（一说1966年3月[2]）。70年代，先后试制成功并投产Y系列多种型号一般压力表，形成8个型号99个规格系列产品。其中出口7个型号，成为全国同行业首家压力表出口企业。在1978年举行的华北地区质量行检中，一般压力表产品获第二名。

80年代，先后试制投产船用压力表、氟利昂（三刻度）压力表以及氨用压力表、真空压力表、耐震压力表、出风压力表、压力吨位阻尼表、差动运转压力表和隔膜耐蚀压力表，产品达8个系列16个型号2700个规格，一般压力表连续3年获全国同行业质量检测一等奖。

至1985年，青岛压力表厂隶属市电子仪表公司，年生产普通压力表25.4万只，职工369人，固定资产原值210万元、净值156.2万元，

主要设备金属切削机床27台、锻压设备6台，工业总产值544.5万元，利润120.9万元。[3]

青岛热工仪表厂

1966年6月，在台东区工业局氧气减压器试制小组基础上，调入并招收部分技术人员和工人组建成立青岛热工仪表厂。[4]建厂初期有职工128人，技术人员1人，设备10台，固定资产原值4.2万元，工业总产值1.7万元，利润总额全员劳动生产率132元/人；主要产品是氧气减压器。

1969年，台东区工业局将青岛电工仪表厂和青岛钟表修配三厂并入，组成新的青岛热工仪表厂。此后，电压电流表系列产品成为主导产品之一。60年代末，先后试制成功乙炔压力表、汽车水温表、油压表和空气压力表（刹车表）。70年代，试制成功汽车仪表板总成。

至1985年，形成生产氧气减压器、乙炔减压器、氧气压力表、乙炔压力表、工业自动化仪表和开关板式电磁系电工仪表，以及汽车仪表3大类18个品种188个规格的系列产品，生产基本实现机械化和自动化。[5]有职工607人，固定资产原值232.6万元、净值178.6万元，主要设备有金属切削机床44台、锻压设备13台；当年产1T1电表3.77万只，氧气减压器8.02万只，工业总产值671.4万元，利润131万元。[6]

青岛第四仪器厂

1966年5月，青岛手表厂分出部分人员筹建青岛第四仪器厂，有职工87人，其中工程技术人员1人，建筑面积3200平方米，设备38台，仪器1台，固定资产原值12.6万元，净值3.6万元，工业总产值41.6万元，利润总额7

① 马小维,等.青岛市机械总公司史志(1950-2012年)[M].青岛:内部编印,2013:226.
② 青岛市电子仪表工业公司志[M].青岛:内部编印,1989:235.
③ 山东省志:机械工业志[M].济南:山东人民出版社,1994:430.
④ 马小维,等.青岛市机械总公司史志(1950-2012年)[M].青岛:内部编印,2013:226.
⑤ 青岛市电子仪表工业公司志[M].青岛:内部编印,1989:235.
⑥ 山东省志:机械工业志[M].济南:山东人民出版社,1994:430.

万元，全员劳动生产率 4800 元／人。[1]1979 年 9 月，更名为青岛电度表厂一分厂，1983 年 9 月恢复厂名青岛第四仪器厂。其间，先后生产过方园钟、氨用压力表、万用表、百分表、千分表、数学天平、海洋仪器及军工产品，其主要产品压力表机芯发展到 4 个品种 18 个规格，运转平稳灵活，无跳动和停滞现象，坚固耐用。1985 年试制成功并投产 YC 系列四个型号新产品，产品质量跃居全国同行业第二位，荣获山东省"优质品质证书"，全国市场占有率达22.8％，市场覆盖率达 66.7％。[2]

1985 年，青岛第四仪器厂隶属市电子仪表公司，年产计度器 157.85 万只、压力表机芯137.01 万只，职工 471 人，固定资产原值153.4 万元、净值 73.6 万元，主要设备金属切削机床 48 台、锻压设备 18 台，工业总产值473.3 万元，利润 70.5 万元。[3]

"青表"牌电度表

1962 年 2 月，青岛电表厂接产黑龙江哈尔滨电表仪器厂 DD1 型单相电度表，当年产 14010只。为提高电度表的精度并改进外观造型，1964 年研制成功新型样机并通过部级鉴定，精度为 2.0 级，定型为 DD10 型。经过工艺手段不断完善，1966 年达到 JB793—66 部颁标准并批量投产，当年生产 1016 只。1966 年自行设计并试制成功 DT、DX4 三相四线电度表。1969 年，DD1 型电度表转由菏泽电度表分厂生产。

1971 年，青岛电度表厂以 DD10 型单相电度表为基础，设计出派生产品 DS10 型 2.0 级三相三线有功电度表、DT10 型 2.0 级三相四线有功电度表、DX10 型 3.0 级三相三线无功电度表。1977 年研制出功能更为完善的 DX10-1 型三相无功电度表。1979 年产品产量由 1976 年的 30 万

只上升到 52 万只。1980 年开始打破"大而全、小而全"的生产方式，大力发展横向联合，为电度表生产注入活力，1981 年产量达到 120 万只。

1983 年研制成功 DS101 型 1.0 级三相三级有功电度表，次年又开发出 DS10 型 2.0 级三相三线有功电度表 3 个规格，使 DT10 型 2.0 级三相四线有功电度表达到 4 个规格。1984 年三相电度表年产量达到 26 万只，1985 年产量达 139万只。1979 年起，DD10 型单相电度表连续六年获山东省优质产品奖。1983 年起，DS10、DT10型三相电度表连续三年获山东省优质产品奖，DS101 型获青岛市科技成果奖。

至 1985 年，DD1 型、DD10 型单相电度表总产量达 1137.57 万只，DS10 型、DT10 型、DX10-1 型、DS101 型三相电度表总产量达 75.28 万只。

开关板式仪表

50 年代末，青岛电表厂开始试制开关板式仪表。1958 年起，多次派员赴上海和成电度表厂、光华仪表厂和丽华科学仪器厂学习生产 1T1型开关板式仪表，1959 年生产 8372 只，由于产品积压于 1961 年停产。

1965 年，青岛钟表修配三厂开始仿制天津电表厂 1C2 系列直流电表，1966 年试制完成1C2 系列直流电压、电流表，经哈尔滨电工仪表所鉴定合格；新组建的青岛电工仪表厂在派员赴天津电表厂学习 1T1 系列交流电表生产技术与工艺后亦开始试制，次年 1T1 系列交流电压、电流表也试制完成，经哈尔滨电工仪表所鉴定后投入生产，年内生产 1274 只。1969 年，台东区工业局将青岛电工仪表厂和青岛钟表修配三厂并入青岛热工仪表厂，同年 1C2 系列直流电表开始投入批量生产。此后，青岛热工仪表厂连续生产 1T1、1C2 两种系列产品。1981 年 1C2

① 青岛市电子仪表工业公司志[M].青岛:内部编印,1989:234.

② 马小维,等.青岛市机械总公司史志(1950-2012 年)[M].青岛:内部编印,2013:226.

③ 山东省志:机械工业志[M].济南:山东人民出版社,1994:430.

系列产品供过于求，在累计生产30953只后终止生产。青岛热工仪表厂是本省生产交、直流开关板式仪表的最早厂家之一，到1986年累计产量为39.62万只，产品行销全国12个省、直辖市260个厂家。

1966年，青岛第五仪器厂赴上海学习开关板表生产技术，翌年先后试制出62C6、65C5、81C1、83C1四个型号直流电压、电流表，当年产量5000只。1971年、1972年和1974年又分别试制出44C2、85C1两个型号直流电压、电流表，81T1交流电压、电流表和91C4、91L4两个型号交、直流两用电压、电流表，并分别于完成试制任务当年投入生产。

1974年，青岛第五仪器厂更名为青岛显像管厂，为全力发展显像管生产，至1980年累计生产24.8万只开关板式仪表后停产。

第二节 自动化仪表

60年代初，在国民经济调整期间，本市建立仪表附件与零件生产厂。1966年，仅有34名职工的四方仪表表头厂仿制成功Y型多种普通压力表，此后又仿制成功YZ系列真空压力表，相继试制成功YY系列电接点压力表、YB系列精密压力表、YD系列活塞压力表、YTY系列压力校验泵4个系列24种规格的产品。同年，台东区工业局以3名退休工人为主组成氧气减压器试制组，试制成功氧气减压器（含氧气表），并成立青岛热工仪表厂。1968年，研制成功YY-60、YY-60Z型乙炔压力表、CA-10型空气压力表和油压表；1969年又试制成功由水温表、油压表、感应塞、感应室、电流表组成的汽车仪表板总成，逐步发展成为本省生产自动化仪表的主要企业之一。

60年代后期至70年代末，为适应新建企业和老企业技术改造需要，本市相继发展一批新的仪表生产厂，大部分是集体所有制小型机械厂、修配厂、街道生产组。1973年Y-75、Y-100型两种压力表进入国际市场，出口到新加坡、伊朗、巴基斯坦、孟加拉等国家，成为全国第一个出口压力表的厂家。另外，崂山仪表厂1977年开始生产温度仪表，青岛第二仪器厂1978年开始生产调节器。

压力仪表

1966年初，四方仪表表头厂以西安仪表厂和上海工业化仪表四厂产品作为样机仿制压力表，4月试制出三个型号的一般压力表。同年，台东区工业局组织由3名退休工人为主的5人试制小组，以上海产氧气减压器（含氧气压力表）为样机开始试制I型氧气减压器，4月试制成功；6月台东区工业局决定以氧气减压器试制小组为基础，调入并招收部分技术人员和工人，成立青岛热工仪表厂。1967年，青岛热工仪表厂氧气减压器开始投入批量生产，至年底产量达4200只。同年，四方仪表表头厂试制出三个型号的压力真空表，1968年改称青岛压力表厂。1968—1969年，青岛热工仪表厂先后试制出YY-60和YY-60Z型乙炔压力表、CA-10型空气压力表和油压表；1969年把氧气压力表从氧气减压器中分出，作为单项产品生产。

1970年，青岛热工仪表厂对氧气压力表进行改进，表壳直径由70毫米改为60毫米，工作压力由10公斤/平方厘米改为16公斤/平方厘米，表面玻璃由钢丝圈压紧改为罩圈压紧，外壳由喷漆改为电镀，结构部件由单一散件向多功能组合件发展。同年，为扩大生产能力，青岛压力表厂扩建1200平方米厂房，添置设备仪器，压力表年产量达5万只。1971年，青岛压力表厂参照上海自动化仪表四厂和陕西西安仪表厂图纸、资料，试制出YX-150型电接点压力表、YB-150型精密压力表、YU-0.6、6、60型活塞压力计和YJY-6MPa、YJY-60MPa型压力表校验泵4种新产品，并先后投入生产。1973年，青岛压力表厂试制成功并投产2个型号的一般压力表，同时将Y-75、Y-100两个型号一般压力表改为全铜壳，出口至新加坡、伊朗、巴基斯坦、孟加拉等国，成为全国同行业压力表出口之首家。1974年，青岛压力表厂试制并投产Y-200和Y-250型一般压力表，1978年再次试制投产Y-40型一般压力表。至此，一般压力表形成8个型号、99个规格系列产品；其中出口一般压力表有7个型号。同年，在华北地区质量行检中，该厂产一般压力表获第二名。1979年，青岛压力表厂扩建生产厂房6238平方米，增添精密及普通设备仪器47台，具备高温箱、低温箱、疲劳试验机、远红外热风机、标准天平、超压台等质量保证手段。当年试制投产YC-100型船用压力表和YF-60、YZF-60六个规格氟利昂（三刻度）压力表以及YA-100、YZA-100八个规格氨用压力表。

1980年，青岛压力表厂试制投产YZ-75两个规格真空压力表。1982—1984年，青岛压力表厂的一般压力表连续3年获全国同行业质量检测一等奖。1984年，青岛压力表厂试制投产YTNZ-100型耐震压力表，次年试制投产YC-150ZT两个规格出风压力表、YTN-100ZT十个规格压力吨位阻尼表、YTT-150B二十个规格差动运转压力表以及YTG-100-F七个规格隔膜耐蚀压力表。1985年，青岛压力表厂压力表产品达8个系列16个型号2700个规格，产品产量亦大幅度上升，年产达到25.4万只。

1986年，全市累计总产量达212.88万只，其中青岛压力表厂164.24万只、青岛热工仪表厂48.64万只，产品行销全国27个省、直辖市和自治区的653个厂家。青岛压力表厂累计出口压力表12.48万只，为国家重点出口压力表专业厂家之一。

汽车仪表板总成

1968年9月，青岛热工仪表厂组成汽车仪表试制小组，赴上海黄河仪表厂进行为期两个月的技术学习，此后开始试制工作。翌年试制

出汽车水温表24只、油压表48只和空气压力表（刹车表）741只。1970年开始试制汽车仪表板总成的重要元件——感温塞和感应塞，当年第一批40只感温塞试制成功，为"解放"牌汽车配套的解放CA-10型汽车仪表板总成开始投入生产、组装。解放CA-10型汽车仪表板总成由5只仪表组成，其中水温表、油压表由青岛热工仪表厂自产，电流表和油量表由青岛第二仪器厂生产，车速里程表则由青岛计数器厂生产，当年生产、组装汽车仪表板总成100台。1972年感应塞亦试制成功并投入批量生产，配套于汽车仪表板总成，当年生产1513只。

1984年，市电子仪表工业公司将青岛空调设备仪器厂的电流表、油量表产品及部分人员调入青岛热工仪表厂，青岛热工仪表厂开始承担汽车仪表板总成中的电流表和油量表生产任务，并对汽车仪表板总成进行改进，仪表表头由分离式改为组合式，即将电流表、水温表合为一表，将油量表、油压表合为一表，机芯由弹簧片铰链结构改为转轴式结构，灯光由外照改为内照，表盘由白色改为彩色。

作为山东省唯一生产汽车仪表板总成的厂家，青岛热工仪表厂年产能力达30万台，至1986年累计生产各种型号汽车仪表板总成50624台，产品行销全国各地。

第三节 仪表元件

60年代中期，适应仪表工业发展需要，山东省开始有计划地安排计数器、压力表机芯、宝石轴承等仪表元件生产。1965年，青岛海洋仪器厂试制成功椭圆计数器和全国第一只JD6-1型6位数电磁计数器。为发展计数器生产，1966年将青岛海洋仪器厂研制筹备生产计数器的部分职工及专用设备析出成立青岛计数器厂，当年试制成功JD3型3位数电磁计数器和JJ5-01型5位数机械计数器。为满足上海减压

器厂需求，青岛第四仪器厂试制成功YC100-A12、YC100-A18型两种不锈钢油压力表机芯，以代替黄铜机芯。

60年代后期至70年代后期，平度仪表厂投产仪表元件，分别于1975年和1978年试制投产YC100、YC150两个系列压力表机芯，年产量达7.84万只；青岛第四仪器厂自行设计新产品，先后研究开发不锈钢、磷青铜、黄铜机芯14种，1978年产量突破100万只；胶南草制品厂试制成功千分表用宝石轴承，更名胶南晶体元件厂，1978年又研制成功球形宝石轴承和锥形玛瑙轴承，当年生产5.5万粒。青岛计数器厂改进6位数电磁计数器结构和制造工艺，使其成本降低30%，并应用户需要开发4位数和1位数计数器。

70年代末，第一机械工业部批准青岛计数器厂生产DD28型电度表计度器的规划，按年产300万只能力进行技术改造，1980年采用电蚀工艺加工轮片等技术制出样机，当年生产30万只。1981年对计度器承座铆合工艺进行改进，并将承座铜件改为注塑件，提高工效10倍，使DD28计度器年产量增至214万件，单只成本由1.9元降至1.1元；同年试制成功煤气表计数器，1982年又试制成功DD10型电度表计度器；1983年研制成功腰轮计数器、D301光电计数器及D307人造卫星计数器，产品进入高精度层次；1985年引进联邦德国技术，试制成功875型电磁回零计数器、876型和422型电磁计数器等4种新产品，均达到国际同类产品先进水平。青岛第四仪器厂也开发计度器产品，并迅速达到年产100万只生产能力。

青岛计数器厂

1966年7月，为发展计数器生产，青岛海洋仪器厂将研制并筹备生产计数器的部分职工和专业设备划出，成立青岛计数器厂。建厂初期有职工62人，其中技术人员1人，厂房建筑面积546平方米，设备17台，固定资产原值11.7万元、净值11.5万元，工业总产值11.5万元，利润总额5.4万元，全员劳动生产率1870元/人[1]。主要产品有六位电磁计数器、解放汽车里程表和计度器。

此后，经过多年发展，青岛计数器厂成为国家机械工业委员会定点厂、中国唯一专业化生产计数器的厂家；产品也由建厂之初的单一产品发展成为可以生产机械式、电子式3个系列30多个品种100多个规格的计数器。其中，六位电磁计数器和解放汽车里程表于1982—1985年连续四年被评为省机械工业厅一等品，DD28计度器1985年获省机械工业厅优质产品称号。1985年引进联邦德国亨斯特勒公司先进技术生产的422型电磁预选计数器达到国际先进水平，经销全国26个省、市、自治区。

1985年，青岛计数器厂隶属市电子仪表公司，年生产计度器27.9万只、计数器7.1万只，职工418人，固定资产原值153.7万元、净值112.8万元，主要设备金属切削机床72台、锻压设备15台，工业总产值346.7万元，利润66.7万元[2]。

平度县钟表修配厂

1956年，平度县金华修表刻字社成立，次年分为修表组、刻字组两个企业。1958年，修表组、刻字组与蓼兰修表刻字组合并为平度县修表刻字合作社，在县城和蓼兰两地各设门市部营业。1962年，刻字门市部下放；1963年，又收回为平度县修表刻字合作社。1967年度量衡修配组并入，改称平度县钟表修配厂，厂址迁至西环城路东。1969年，改名为平度县钟表修造厂。是年，开始生产舌簧喇叭；1973年又

---

① 青岛市电子仪表工业公司志[M].青岛:内部编印,1989:232.
② 山东省志:机械工业志[M].济南:山东人民出版社,1994:466.

开始生产百分表、内径量表。1975 年更名为山东省平度仪表厂，1976 年投资 8.6 万元迁址交通路北段路东，1977 年投资 25 万元增置设备，由修表、刻字为主转为以生产百分表、内径量表为主。1979 年转产压力表机芯及麻袋缝纫机，压力表机芯生产发展到 6 个品种 27 个规格，销售省内外近 20 个厂家，麻袋缝纫机出口①。

1984 年，山东省平度仪表厂改名为青岛第三仪器厂②，隶属平度县机械公司。

1985 年，青岛第三仪器厂有职工 168 人，固定资产原值 65.4 万元、净值 41.6 万元，主要设备金属切削机床 19 台、锻压设备 7 台；年产压力表机芯 58.44 万只，工业总产值 65 万元，利润 6.8 万元③。

计数（度）器

1965 年，青岛海洋仪器厂试验成功中国第一只 JD6-1 型六位电磁计数器。1966 年，青岛计数器厂试制出 JD3 型三位数电磁计数器和 JJ5-01 型五位数机械计数器，并对 JD6-1 型计数器改为 JD6-2 型，均未能投产。1967 年，以联邦德国五位数电磁计数器为样机，对 JD6-2 型再次改进，定型为 JD6-3 并投入批量生产，当年生产 206 只。1971 年对 JD6-3 型计数器用料及加工工艺进行改进，字轮由黄铜件改为塑料压注件，数字由滚刀压轧改为印刷。

另外，青岛计数器厂还于 1967 年试制专用椭圆流量机械计数器 1622 只、1973 年试制生产一批一位计数器 378 只，1978 年又先后研制 JJ151 和 JDM160 型两种计数器，在分别连续生产两年和三年、累计生产 114 只和 675 只后停止生产。1979 年试制出 JJ141 型机械四位计数器并投入批量生产，1981 年试制生产煤气表计数器 703 只。

1980 年，青岛计数器厂开始 DD28 型电度表计度器试制工作。采用电蚀工艺加工轮片等先进技术，当年 6 月试制成功，样品经试用全部达到设计要求。其中，摩擦力矩达 3.5 毫克/厘米，优于部标 3.8 毫克/厘米，当年生产 30 万只。1981 年，对其大齿轮承座铆合工艺进行改进，并将承座由铜材件改为注塑件，提高工效 10 倍，使计度器产量猛增至 214 万只，创历史最高纪录。1982 年试制出 DD10 型电度表计度器并随即投入批量生产。

1983 年，青岛计数器厂又试制出 JJ5-02 型拉动式计数器、JJ5-14 型大五位计数器和 JJ5-1 型五位机械计数器 3 种新产品，在分别生产 1960 只、46 只和 1810 只后停产。1984 年又试制出腰轮计数器、D301 型光电计数器以及 D307 型人造卫星计数器 3 种新产品，并分别一次性生产 117 只、34 只和 10 只。1985 年先后研制出 JD7-7 型三位计数器、JD6-5 型五位计数器、J102 型流量计数器、JJ5-15 型五位机械计数器、JJ10-00 型五位拉动计数器和 HY-8 型摩托车里程表计数器 6 种新产品，是计数器新品种开发最多的一年。

至 1985 年，青岛计数器厂产品有机械计数器、电磁计数器、脉冲计数器、光电计数器及 DD28、DD10 计度器等 20 多种。其中 876-2 型复印机计数器达到国外同类产品水平、DD28 电度表计度器达到国家标准要求。产品行销国内 28 个省、市、自治区，并与主机配套出口到坦桑尼亚、罗马尼亚、朝鲜等国家。

压力表机芯

1966 年 8 月，青岛第四仪器厂开始试制全国第一只不锈钢压力表机芯，12 月试制成功 YC100-A12、YC100-A18 两种规格的不锈钢油压

① 青岛市电子仪表工业公司志[M].青岛:内部编印,1989:234.
② 平度县志[M].济南:山东省出版管理处,内部资料印制许可证(1987)140 号,1987:311.
③ 山东省志:机械工业志[M].济南:山东人民出版社,1994:466.

机芯，当年生产2000只。1967年春派人到上海自动化仪表四厂、九厂学习，并买回部分压力表产品图纸及样机进行测绘，试制不锈钢YC150-A12、YC150-A18和黄铜YC100-H12、YC100-H18、YC150-H12、YC150-H18共6个规格的压力表机芯，并投入批量生产，当年生产3.6万只。至1972年各种压力表机芯发展到10个规格，总产量达46.3万只。

70年代中期，青岛第四仪器厂由主要仿制转向自主设计研制，先后设制出磷青铜YC100-Q4和黄铜YC40-16、YC40-H12三个型号的新产品。1976年，平度仪表厂成为压力表机芯专业生产厂，当年试制成功YC100系列压力表机芯并生产2000只。此后开发YC150系列新产品，1978年产量达到7.5万只。70年代后期，青岛第四仪器厂相继开发出YC60系列5个规格，1978年压力表机芯产量突破百万，达到101.53万只。80年代初，国家调整轻重工业比例，机械产品计划下调，压力表机芯生产受到较大影响，青岛第四仪器厂从年产100万只下降到平均年产24万只左右，最低降到16.34万只。1983年，平度仪表厂机芯产量从1982年的28.4万只上升到35.8万只。是年，在市电子仪表工业公司抽查中，YC60-H18和YC100-H18两个型号合格率分别达到97.6%和100%，被评为一等品。同年，机芯年产量从1982年的33.6万只上升到85.01万只，1984年达到132.39万只。

1985年，青岛第四仪器厂又试制成功并投产YC膜盒、YC双层、YC60Q10、YC60Q17四个型号新产品，机芯产量达到137.61万只，机芯一次合格率达到98.6%，主件、主项一次合格率达到91.7%，产品质量跃居全国同行业第二位，获山东省"优质产品证书"。

1985年，青岛第三、第四仪器厂压力表机芯产品主要有YC40、YC60、YC100、YC150、YCA100、YCA150、YC膜盒、YC双层8个系列，其材质分别有黄铜、磷青铜、不锈钢等，两厂总生产能力为260万只。其中，青岛第四仪器厂YC100-H1801压力表机芯获山东省优质品称号。

胶南县草制品厂

1976年，胶南县工业局决定由胶南县草制品厂试制生产宝石轴承。9月，该厂派人到陕西西安宝石轴承厂学习生产工艺和技术，翌年1月试制成功千分表用平面宝石轴承，2月批量投入生产。时因千分表供过于求，当年生产宝石轴承8.8万粒后停产。同年，胶南县草制品厂更名为胶南县晶体元件厂。

1977年8月，胶南县晶体元件厂派人分别到四川重庆仪表八厂和烟台宝石轴承厂学习、研制电度表用球形玛瑙轴承和仪表用锥形玛瑙轴承方法。次年1月样品试制成功，当年生产锥形玛瑙轴承和球形宝石轴承5.5万粒。1979年4月通过省级定型鉴定。

1981年，胶南县晶体元件厂增添切割机、外圆磨、挖槽机、投影仪等设备25台，改造旧式切割机、抛光机等5台，使宝石轴承年产量从1980年的101.9万粒增加到1982年的417.1万粒。1984年，胶南县晶体元件厂改称青岛宝石轴承厂（又名青岛晶体元件厂）。之后，由于电度表趋向饱和，宝石轴承产量亦随之下降，1985年为410.5万粒。"青松"牌QC2.5×1.5刚玉球形轴承1983年、1985年连续获山东省优质品称号。

1985年，青岛宝石轴承厂隶属胶南县机械公司，主要产品有刚玉球形轴承、玛瑙锥形轴承，职工315人，固定资产原值163万元、净值133.5万元，主要设备有金属切削机床10台、锻压设备3台，工业总产值269.2万元，利润25.7万元。[①]

① 山东省志:机械工业志[M].济南:山东人民出版社,1994:466.

后 记

　　根据 2010 年 7 月青岛市人民政府第 52 次市长办公会议精神，原青岛市史志办公室以首轮志书 69 卷 1400 万字为基础，同时吸收最新研究成果，以新视角、新观点、新方法、新资料进一步突出时代特点和地域特色，编纂《青岛市志》精编本 8 卷。

　　《青岛市志》精编（卷三）编修工作自启动以来，采用专家全程参与编修的方式，经过篇目研讨论证、调整框架归属、资料征集补充、文稿撰写统编、照片选取编排、送审把关等环节工作，于 2020 年 10 月交由中国海洋大学出版社编辑印刷。

　　本卷志书涵盖首轮《青岛市志》中"盐业""建材""机械冶金""纺织""化学""一轻""二轻""电力""医药"9 部分志内容。按照编纂方案要求，去除冗余杂陈，保留主要信息和重要事件；添设原志缺项，增记最新研究成果，补记遗漏内容；部分记述按照事物衍生关系，重新谋篇布局。

　　本卷志书编修采用点线结合的方式。篇章下设概述，主要反映归属内容的发展脉络、轨迹及特点；节下设目，选用事物进程中起推动、延缓或停滞作用的关键事件或节点进行记述。一方面，力求通过概述对归属内容有一个全面、清晰的阐述把握；另一方面，通过深化关键节点描述，方便读者对归属内容的发展变化有更生动、具体和翔实的认识。相较于前卷，本卷对引用吸收的学术著述及相关研究成果，以页下注的形式注明出处。

　　本卷志书的编修得到市社会科学院、市档案馆、市博物馆、华通集团等单位的大力指导和帮助，在此一并表示感谢！

　　由于本卷志书断限时间跨度长、涉及内容多、涵盖范围广，水平所限，书中疏漏和缺憾再所难免，敬请读者教正。

编 者

2020 年 10 月